Guerra
e pacto colonial

Guerra
e pacto colonial

A Bahia contra o Brasil Holandês
(1624-1654)

Wolfgang Lenk

Grafia atualizada segundo o Acordo Ortográfico da Língua Portuguesa de 1990,
que entrou em vigor no Brasil em 2009

Publishers: Joana Monteleone/Haroldo Ceravolo Sereza/Roberto Cosso
Edição: Joana Monteleone
Editor assistente: Vitor Rodrigo Donofrio Arruda
Projeto gráfico, capa e diagramação: Gabriela Cavallari
Revisão: Agnaldo Alves
Imagem da capa: *La Recuperación de Bahia*, óleo de Juan Bautista Maíno
(do Museu do Prado)
Coordenador da coleção História Econômica: José Jobson de Andrade Arruda

Este livro foi publicado com o apoio da Fapesp

CIP-BRASIL. CATALOGAÇÃO-NA-FONTE
SINDICATO NACIONAL DOS EDITORES DE LIVROS, RJ

L584g

Lenk, Wolfgang
GUERRA E PACTO COLONIAL: A BAHIA CONTRA O BRASIL HOLANDÊS (1624-1654)
Wolfgang Lenk.
São Paulo: Alameda, 2013.
480p.

Inclui bibliografia
ISBN 978-85-7939-200-9

1. Brasil – História – Período colonial, 1500-1822. 2. Brasil – História – Domínio
holandês, 1624-1654. I. Título.

13-1970.   CDD: 981
                  CDU: 94(81)

                                              043817

ALAMEDA CASA EDITORIAL
Rua Conselheiro Ramalho, 694 – Bela Vista
CEP: 01325-000 – São Paulo, SP
Tel.: (11) 3012 2400
www.alamedaeditorial.com.br

Para Leila e Nara, este livro e tudo mais.

Sumário

Índice de tabelas e gráficos

Este povo, queiram Vossas Senhorias entendê-lo, é um rebanho de carneiros que se tosquiam, mas quando a tosquia vai até a carne, produz infalivelmente dor, e como esses carneiros raciocinam, por isso mesmo se convertem muitas vezes em animais terríveis.

João Maurício de Nassau-Siegen

Introdução

A *Europa em crise*: esse é o título que Geoffrey Parker deu a uma monografia sobre a primeira metade do século XVII.[1] "Crise geral", como se tornou hábito
descrevê-la, pelo modo como foi observada em várias esferas e por haver-se difundido
sobre uma parte significativa do continente europeu. Há o movimento do clima, a
indicar uma "pequena idade glacial" que foi particularmente fria naqueles anos, chegando a um ponto mínimo entre 1640 e 1650. Há a súbita reversão no crescimento do
comércio, a partir de 1619, que aparece em algumas das principais séries de dados disponíveis. Entre os fenômenos de curto e de longo prazo que caracterizaram o debate,
aquele de importância mais direta para a história do Brasil foi a decadência do poder
castelhano na balança europeia. Conforme o esforço militar imperial era consumido
em teatros europeus onde a vitória mostrava-se cada vez mais difícil, abria-se o flanco
ultramarino às potências rivais, inaugurando entre elas um novo período de disputa
colonialista, ao mesmo tempo em que a crise econômica resultava na passagem definitiva do centro dinâmico do crescimento comercial do Mediterrâneo para o Atlântico.[2]

No desenrolar da decadência ibérica e do rearranjo do comércio europeu, de-
sencadeou-se uma corrida pelo esbulho do império formado pela união dinástica de
1580. Na costa ocidental da América, foram devassadas as rotas espanholas, inclusive
pelo rápido crescimento da pirataria. Deu-se início a uma cadeia de novas colônias,
com povos diferentes, reinventou-se a colonização do *Spanish Main*. No Índico, a
penetração flamenga e britânica na rota do Cabo já era anterior, quando a supremacia
portuguesa fora desafiada por malaios, mamelucos, mongóis, entre outros. No século
XVII, porém, torna-se evidente que Portugal já estava longe do posto mais alto nessa
disputa – sobretudo, depois que os holandeses estabeleceram seu centro operacional

---

1   Geoffrey Parker. *Europe in Crisis, 1598-1648*. Ithaca: Cornell University, 1980.

2   Sobre essa temática, veja-se: Geoffrey Parker e Lesley Smith (eds.). *The general crisis of the seven-
    teenth century*. Londres, Henley, Boston: Routledge & Kegan-Paul, 1978; Jan de Vries. *The economy
    of Europe in an age of crisis, 1600-1750*. Cambridge: Cambridge University, 1976; Jonathan I. Israel.
    Dutch Primacy in World Trade, 1585-1740. Oxford: Clarendon, 1990, cap. 5.

em Batávia, em 1619. A África também seria infestada de feitorias rivais, sobretudo na costa mais ocidental, a Guiné e a Mina, enquanto as colônias portuguesas prosseguiam com a destruição do Congo e demais Reinos centro-africanos.

Como parte deste quadro, Bahia e Pernambuco estiveram entre as primeiras colônias a sofrer da ocupação estrangeira, em grande escala, com a intenção de se estabelecer no território e na produção do açúcar. Foi a maior das guerras coloniais no Atlântico daquele tempo; na duração, na abrangência do confronto, na população mobilizada. Entretanto, foi também um cenário onde a "velha" potência colonial manteve seu domínio contra a "nova", apesar da fragilidade da metrópole em travar a disputa e da disparidade de recursos ante o invasor, em plena "era de ouro" de sua supremacia naval e comercial. Este, o cerne do problema, como já havia aparecido na obra de Hermann Wätjen.[3]

Desde cedo, percebeu-se que o domínio holandês de Pernambuco fora fragilizado por tensões internas, que viriam a determinar o insucesso da empresa. A partir de Wätjen, autores como Charles Boxer e Jonathan Israel mostraram os desencontros entre a administração da Companhia Holandesa das Índias Ocidentais e a comunidade mercantil de Amsterdam, o que nos aponta em uma direção importante: houvesse maior coesão e apoio interno ao ímpeto neerlandês, teria Portugal condições de reverter a situação?[4]

Por outro lado, o protagonismo da insurreição pernambucana no resultado do confronto leva-nos a outro campo das disputas que inviabilizaram a empresa. Em *Tempo dos Flamengos*, de José Antônio Gonsalves de Mello, o problema aparece como uma tensão entre meio urbano e meio rural, pela incapacidade do batavo em ocupar as faixas de terra da hinterlândia açucareira.[5] O hábitat do invasor era Recife, o mangue de trapiches e palafitas que transformou em uma cidade. Drenou-se o terreno, fizeram-se diques, canais, a grande ponte sobre o Capibaribe; então, os palácios da Cidade Maurícia, na Ilha de Antônio Vaz – do alto, Olinda olhava quieta a transformação do pequeno almoxarife

---

3   Hermann Wätjen. *O domínio colonial hollandez no Brasil*. Trad. Pedro Celso Uchôa Cavalcanti. São Paulo: Nacional, 1938, p. 27.

4   Veja-se, por exemplo: Charles R. Boxer. *The Dutch in Brazil*. Oxford: Clarendon, 1957; Israel. *Dutch primacy, op. cit.*; Jonathan I. Israel. *Empires and entrepots: the Dutch, the Spanish monarchy and the Jews, 1585-1713*. Londres: Hambledon Press, 1990; Eddy Stols. "Convivências e conivências luso--flamengas na rota do açúcar brasileiro". In: *Ler História*, v. 32, 1997; Violet Barbour. *Capitalism in Amsterdam in the 17th Century*. Ann Arbor: University of Michigan, 1963; entre outros.

5   José Antônio Gonsalves de Mello. *Tempo dos Flamengos: influência da ocupação holandesa na vida e na cultura do Norte do Brasil*. Rio de Janeiro: J. Olympio, 1947.

enlodado donde antes se despachava sua opulência. Foi o primeiro núcleo de efetiva vida urbana do litoral brasileiro, que finalmente pereceu na fragilidade do vínculo com sua base rural, posto a perder pela cobrança pouco habilidosa das dívidas dos senhores de engenho com o comércio. O argumento incrementou-se nos demais trabalhos do pernambucano, depois também na obra de Boxer, e aparece consolidado principalmente em *Olinda Restaurada*, de Evaldo Cabral de Mello.[6] Com este, pôde-se ver não apenas a guerra pelo açúcar, mas o açúcar pela guerra, o negócio no financiamento dos exércitos e da marinha. Sobretudo, com a "querela dos engenhos", viu-se a que ponto o rompimento com os holandeses era imprescindível para a casta local daqueles senhores, muitos dos quais haviam feito sua fortuna no comércio com o invasor, entre eles o próprio líder da rebelião.

Tributário desse argumento, este livro pretende fazer-lhe uma prova dos nove: indicar o modo pelo qual, durante a ocupação neerlandesa em Pernambuco, o vínculo com a açucarocracia baiana sustentou a ação política, militar e administrativa da Coroa de Portugal naquela capitania. Com isso, foi possível garantir uma sólida defesa para o Estado do Brasil, de maneira a se tornar um obstáculo decisivo à permanência do rival (por ser o principal ponto de apoio da guerrilha campanhista e da articulação da insurreição), mesmo enquanto a economia baiana era sobrecarregada pela tributação e pelo prejuízo geral causado pelo confronto. Nossa tarefa será a de avaliar os problemas causados pela guerra ao senhoriato colonial, os elementos de desgaste em sua relação com o poder metropolitano e a maneira como foram contidos e contornados por aqueles que intermediavam essa relação, com o claro objetivo de garantir a lealdade dos moradores da Bahia.

Do ponto de vista da análise conceitual, este trabalho remete ao tema da relação entre a acumulação primitiva de capital mercantil promovida pela colonização mercantilista (ou seja, a transferência de excedente da economia colonial para a europeia) e a reprodução das formas de organização social e manutenção da ordem na colônia (a distribuição da parcela de excedente que é apropriada internamente). Desde logo, porque a guerra imediatamente teve um enorme impacto financeiro no Império. É

---

6   Boxer. *The Dutch in Brazil*; Evaldo Cabral de Mello. *Olinda restaurada: guerra e açúcar no Nordeste, 1630-1654*. 2ª ed. Rio de Janeiro: Topbooks, 1998. Naturalmente, há uma grande quantidade de obras excelentes sobre o Brasil Holandês. Aqui, estão mencionados apenas alguns trabalhos principais, que se aprofundaram segundo essa problematização específica do tema. Ao longo do texto, haverá ampla oportunidade de mobilizar e revisar, na medida do necessário, essa vasta bibliografia, em trechos específicos do argumento que se pretende construir. O autor reconhece que este provavelmente não é o procedimento ideal, mas ele não significa que há qualquer análise ou ordenação historiográfica implícita.

seguro estimar, como veremos, que a manutenção do exército em Salvador criou de súbito uma conta anual de algo entre 10% e 15% do produto da economia açucareira na capitania, pelo menos, a depender da safra e dos preços. Com um pouco menos de precisão, pode-se igualmente estimar que o apresto de uma armada de galeões, como a de D. Antônio de Oquendo (que teria custado 800.000 cruzados ao tesouro ibérico), em dados momentos chegou a significar mais do que a totalidade do produto anual baiano, talvez a metade de toda a produção brasileira. Vale dizer, o conflito exigiu a imediata aplicação de uma parcela substantiva do excedente, provocando disputas, alterações e acordos sobre os mecanismos de sua exploração pela metrópole e sua distribuição interna.

Isso pressupõe, de início, que o senhoriato era uma categoria subordinada, mas não totalmente excluída do espólio colonial. Embora os instrumentos de transferência à Coroa e ao capital mercantil encontrassem graus variados de resistência, esta sempre foi compensada pelo envolvimento de setores importantes daquela sociedade no processo. É difícil imaginar que isso tenha sido completamente diferente na história geral da dominação dos povos – todos tiveram os seus traidores. Mas é possível encontrar em *Formação do Brasil contemporâneo* uma primeira sugestão da especificidade dessa relação nas colônias de exploração: o "sentido da colonização", a realização do povoamento pela formação de uma "vasta empresa comercial", para o atendimento de uma demanda europeia, conferiu à sociedade colonial um caráter extrovertido que lhe era intrínseco, aferrado a seu próprio processo de formação nacional, como "algo de novo", como um povo, impedindo-lhe o avanço. Uma situação em que a exploração colonial e a estratificação social confundiam-se, quase que de forma natural, como se não precisasse de dominação para ser explorada – não porque produzisse um gênero humano particularmente dócil, mas por viver em uma organização social interna, de privilégios e disparidades, que pede a dominação externa para se reproduzir:

> O resultado dessa política, reduzindo o Brasil à simples situação de produtor de alguns gêneros destinados ao comércio internacional, acabou por se identificar a tal ponto com a sua vida que já não se apoiava unicamente em nossa subordinação de colônia, já não derivava apenas a administração do Reino. Orientada em tal sentido desde o início da colonização, determinada por fatores mais profundos que simplesmente a política deliberada do Reino, fatores que já analisei no primeiro capítulo e que vão condicionar a formação e toda a evolução da economia brasileira, esta última assim se organiza e tal se tornara, no fim da era colonial, a natureza íntima de sua estrutura. A responsabilidade da metrópole estava já então apenas em contribuir com sua ação soberana para manter uma situação que se tornara,

mesmo apesar dela, efetiva; mais forte aliás que seus propósitos, fossem eles em sentido contrário, o que não era o caso.[7]

Desde Caio Prado Jr., portanto, o tema já é abordado no contexto específico da colônia de exploração. Celso Furtado, em sua obra mais conhecida, procurou uma descrição sintética dos fluxos econômicos que caracterizavam a relação entre o nível de renda na colônia, suas transferências ao exterior e os condicionantes da acumulação produtiva. A onipresença do trabalho escravo resultava em elevadíssima concentração de renda, que por sua vez era, em grande medida, "renda de não residentes", dada a "íntima coordenação existente entre as etapas de produção e comercialização". A inversão produtiva dessa "enorme margem para capitalização" nos setores voltados "para dentro" era limitada porque durante a baixa dos preços de exportação deprimia-se a renda colonial, em detrimento do mercado, e na alta o setor exportador concentrava fatores de produção, em detrimento da acumulação. Ademais, com a dispersão territorial da pecuária para o abastecimento interno e a possibilidade de crescimento extensivo, agravava-se a tendência ao atrofiamento das relações mercantis e a precarização das condições técnicas de produção. Com tais limites ao emprego produtivo do excedente, a economia colonial era levada a uma expansão predominantemente quantitativa, reproduzindo em escala crescente o mesmo esquema inicial de inversão, concentração e transferência de renda.[8]

Dois outros autores, em obras publicadas na década de 1970, oferecem subsídios importantes para este enquadramento geral do tema. Fernando Novais deu precisão à análise da exploração colonial, como elemento decisivo do processo de acumulação primitiva de capital. Seu mecanismo por excelência era o exclusivo mercantilista, pelo qual o capitalismo mercantil reservava os mercados coloniais e manipulava seus termos de troca, em favor dos lucros extraordinários, da balança comercial favorável e, em última instância, do desenvolvimento manufatureiro. Os estancos, o regime de frotas e as companhias privilegiadas eram formas particulares desse mecanismo, em graus e escopos diferentes. A condição era a dominação política da colônia, sem a qual o programa mercantilista não teria efetividade. Com a "externalidade da acumulação primitiva de capital comercial autônomo" como o sentido do processo, sua decorrência principal foi a predominância de formas variadas de trabalho compulsório nas colônias de exploração. Em última instância, se o próprio trabalhador pode ser reduzido à condição

---

7   Caio Prado Jr. *Formação do Brasil contemporâneo*. 29ª ed. São Paulo: Brasiliense, 2000, p. 125.

8   Celso Furtado. *Formação econômica do Brasil*. 22ª ed. São Paulo: Nacional, 1987, caps. VIII-XII.

de mercadoria, a possibilidade de sobrelucros pelo tráfico de escravos resultou na preferência pela escravidão, como forma social que melhor se adequava à lógica do sistema como um todo. Desse modo, os mecanismos de exploração colonial determinaram a formação social nas colônias em suas características essenciais, e as relações entre senhores, oficiais e "agregados" permaneceriam envolvidas dentro desse quadro.[9]

Da obra de Florestan Fernandes, interessa-nos principalmente sua análise da formação social e das formas de apropriação do excedente na colônia. Dados os pilares fundamentais, a escravidão mercantil e a subordinação ao capitalismo comercial, há portanto uma sobreposição de duas relações: primeiro, a realizada pelo senhor na exploração do trabalho escravo; segundo, "um circuito de apropriação, em parte legal, político e fiscal e em parte econômico, que constituía a essência da apropriação colonial". Entre uma e outra relação, "o senhor não passava de um duplo agente, em condição mistificada e ambígua, da Coroa e do capital comercial". Em sua órbita, há uma população livre "de posição ambígua", mestiça em sua maior parte, "que se identificava com o segmento dominante em termos de lealdade e de solidariedade, mas que nem sempre se incluía na ordem estamental". Uma "argamassa paramilitar" que faz a defesa da colônia (e a segurança do escravismo), e no entanto era tratada como se pertencesse à subordem dos escravos.[10]

Assim, a estratificação social estabeleceu-se mediante uma composição de formas de dominação. A transferência das características do Estado patrimonial em Portugal foi meio de reprodução da ordem estamental, sobretudo mediante as doações de terra, de forma a concentrar a propriedade desse fator de produção e, com isso, do poder local. A heterogeneidade da estratificação deu-lhe "eficácia e flexibilidade", desdobrando-se entre donatários, posseiros e meeiros, entre oficiais mecânicos e trabalhadores, entre militares, padres, burocratas. A prática de barreiras sociais variadas restringiu os efeitos das "inconsistências institucionais" e "fissuras potenciais" da escravidão mercantil (como a miscigenação e a possibilidade de alforria). Não é nosso intuito reproduzir todo o argumento, mas ressaltar que "o substrato humano da economia de plantação era heterogêneo, e que a força de trabalho escravo não existia no vácuo, mas em um mundo social no qual a presença do branco era imperativa em várias posições estratégicas". Há ao mesmo tempo unidade e variedade na estratificação

---

9   Fernando Antônio Novais. *Portugal e Brasil na crise do antigo sistema colonial* (1979). 7ª ed. São Paulo: Hucitec, 2001, p. 111-2; Veja-se mais em: "A evolução da sociedade brasileira: alguns aspectos do processo histórico da formação social no Brasil", In: Fernando Antônio Novais. *Aproximações: estudos de história e historiografia*. São Paulo: Cosac Naify, 2008.

10   Florestan Fernandes. *Circuito fechado: quatro ensaios sobre o "poder institucional"*. São Paulo: Globo, 2010.

social, digamos, e é nesse quadro que se deve compreender a distribuição dos encargos do enorme esforço material para a oposição ao invasor.[11]

Dois temas subordinados a este devem ser mencionados, porquanto estarão mais presentes ao longo deste volume. Em primeiro lugar, deve-se atentar para a existência de relações sociais na colônia típicas do capital mercantil, atreladas à ordem estamental. Não apenas porque era possível, e frequente em certos períodos, a integração vertical do negócio açucareiro, pela aquisição ou construção de engenhos por mercadores ou por contratos de casamento.[12] Principalmente, porque os senhores assumiam no cotidiano a posição do atravessador e do usurário. Pode-se vê-los administrando crédito a lavradores de cana, proprietários de escravos e canaviais, com o que o dono do engenho barateava o fornecimento da matéria-prima, e apropriava-se de parte da produção alheia. Eram comuns os "lavradores obrigados", na produção de "cana cativa", comprometidos com engenhos específicos por contratos de arrendamento ou concessão de terra, entre outros meios.[13] Ademais, a dispendiosa estrutural fabril necessária ao beneficiamento do açúcar também subordinava ao seu proprietário os demais senhores da lavoura canavieira, além de agregar aspectos de cooperação e de organização manufatureira à disciplina do trabalho escravo. A posição dominante do senhor de engenho na estrutura técnica da produção e comercialização do açúcar lhe conferia inúmeras vantagens, inclusive livrar-se do ônus e do risco de possuir grandes turmas de escravos em conjunturas de baixa, por exemplo.[14]

Deste modo, as condições do negócio resultavam em uma importante disparidade entre frações da casta dominante de brancos proprietários. Havia senhores e senhores: os "principais da terra" (entre outras denominações), integrantes das famílias tradicionais e ordens religiosas; os senhores de engenho em geral, com ou sem acesso a vias fluviais ou ao fornecimento barato de lenha; o lavrador de cana "rico", o lavrador "livre" e o lavrador "obrigado", de "cana cativa"; o lavrador de tabaco e de outras culturas, em terras marginais. Isso, naturalmente, na agricultura litorânea. A pecuária também teve seus régulos e subordinados, e povoações maiores e menores incluíam outra variedade de ofícios e posições de poder. Por outro lado, as relações de trabalho também comportavam formas de compulsão distintas, inclusive com graus

---

11 *Ibidem*, p. 64 e segs.

12 Leonor Freire Costa. *O transporte no Atlântico e a Companhia Geral de Comércio do Brasil (1580-1663).* 2 vols. Lisboa: CNCDP, 2002, v. I, p. 424.

13 Stuart Schwartz. *Segredos Internos: engenhos e escravos na sociedade colonial, 1550-1835.* Trad. Laura Teixeira Motta. São Paulo: Companhia das Letras, 1988, p. 179-89.

14 Vera Lucia Amaral Ferlini. *Terra, trabalho e poder.* 2ª ed. São Paulo: Edusc, 2003, cap. III.

diferentes de autonomia na posse da terra e nas decisões de produção.[15] Entretanto, em meio à predominância do "rei açúcar", a divisão social do trabalho que lhe era característica tornou-se o determinante principal desse conjunto de relações, a começar pela liderança dessa figura muito brasileira, o "senhor de engenho". Daí o nosso emprego desta palavra, "açucarocracia", como síntese das características específicas da sociedade colonial.[16]

Em segundo lugar, é preciso ressaltar as principais características da dimensão política do tema, o papel do colono no exercício da administração colonial. Esta pode ser objeto de duas linhas interpretativas, segundo a capacidade ou não de centralização política e administrativa do Estado. Por um lado, principalmente sob a pena de Caio Prado Jr., enfatiza-se a autonomia política do senhoriato, dotado de "um poder de fato que ofusca a própria soberania teórica da Coroa". A administração portanto era "ineficaz" e "rudimentar". A simples reprodução de fórmulas naturais de Portugal, sem a criação de instituições adequadas à nova realidade, resultava no distanciamento entre normas e práticas administrativas, na difusão da contabilidade paralela, na falta de autoridade e indisciplina geral.[17] Por outro lado, em autores como Raymundo Faoro, destaca-se a "subordinação impiedosa" às "garras" da Coroa, dotada de "autoridade incontestável". Esta aparece como um Estado patrimonial que "se projeta de cima para baixo", resultado de uma centralização precoce que impede a autonomia de empreendimento dos particulares, a produzir um "estamento burocrático" autônomo, engrossado pelo capitalismo de Estado e pela expansão ultramarina.[18] É claro, nenhum dos dois autores mencionados foi insensível à realidade histórica, que naturalmente movimentou-se entre os extremos. Em geral, se a política colonial é pensada em termos da oposição de tendências centrípetas ou centrífugas, a conclusão é que a partir da segunda metade do século XVII, ou da descoberta do ouro, ocorreu um processo de progressiva centralização e racionalização administrativa, em favor do núcleo da monarquia e detrimento das instituições periféricas, as Câmaras municipais, as capitanias donatariais e a burocracia colonial em seus elementos específicos.

Não obstante, centralização ou descentralização administrativa não é exatamente sinônimo de autonomia ou determinação do político pelo social, e deve-se

---

15 Ciro Flamarion Cardoso. *Agricultura, escravidão e capitalismo*. Petrópolis: Vozes, 1982.

16 Evaldo Cabral de Mello. *Rubro veio*. 2ª ed. Rio de Janeiro: Topbooks, 1997.

17 Caio Prado Jr. *Evolução política do Brasil e outros estudos*. 5ª ed. São Paulo: Brasiliense, 1966, p. 26-7; *Formação do Brasil contemporâneo*, p. 307-352.

18 Raymundo Faoro. *Os donos do poder: formação do patronato político brasileiro* (1959). 10ª ed. 2 vols. São Paulo: Publifolha, 2000, caps. I-VI.

observá-las cada uma a seu tempo. Todo sistema político, por menor que seja, tem suas formas específicas de intermediação entre as partes e o todo, e das partes entre si. Conforme a sugestão de A. J. R. Russel-Wood, havia relações "verticais" (entre os níveis da estrutura territorial e administrativa do Império) e "horizontais" (entre os "agentes", o capital mercantil, o senhoriato escravista e a Coroa).[19] O protagonismo de iniciativas particulares de conquista e colonização no século XVI e início do XVII não significava portanto que havia autonomia política do senhoriato. Pelo contrário, era indicativo de sua simbiose com a estrutura imperial, porquanto o patrimônio da "elite" constituía-se como recompensa pela consolidação do domínio português, de Belém do Pará a São Vicente.[20] Da mesma forma, a atuação das Câmaras municipais, longe de constituir apenas um "poder local" contraposto à política metropolitana, servia de base para o estabelecimento e operação de uma estrutura administrativa, de forma que "a sociedade colonial é ela mesma ao mesmo tempo produto e produtora da ação do governo-geral e, por seu intermédio, do consequente concerto político da força estatal metropolitana com os poderes locais, cristalizados nas vilas".[21] Por outro lado, o caráter patrimonialista do aparelho estatal também significou que, mesmo durante a implementação das reformas do século XVIII, a Coroa nunca pôde prescindir da articulação com o núcleo político da sociedade colonial. Mesmo quando a ordem pública local estava no limiar do rompimento, os governadores não podiam deixar de "bater e soprar", punir e contemporizar.[22] É inútil negar a preeminência da monarquia na estrutura do Império, sobretudo com o avanço da centralização administrativa. Todavia, isso não quer dizer que, na órbita imediata do monarca, a cúpula do sistema político estava fechada a interesses coloniais específicos. Apenas o cacife para conseguir um lugar à mesa era mais alto.[23]

---

19   A. J. R. Russel-Wood, "Governantes e agentes", In: Bethencourt, Francisco e Kirti Chaudhuri (eds.). *História da Expansão Portuguesa*. Lisboa: Círculo de Leitores, 1998, vol. 3; Para um balanço historiográfico do tema, veja-se: Laura de Mello e Souza. *O sol e a sombra: politica e administracao na América portuguesa do século XVIII*. São Paulo: Companhia das Letras, 2006, cap. I.

20   Rodrigo M. Ricupero. *Honras e mercês: poder e patrimônio nos primódios do Brasil*, tese de doutorado. FFLCH. São Paulo, USP, 2005.

21   Pedro Puntoni. "O Estado do Brasil: poderes médios e administração na periferia do Império Português". In: *Brasil-Portugal: História, agenda para o milênio*. São Paulo: Edusc, 2001, p. 251-269; Edmundo Zenha. *O município no Brasil, 1532-1700*. São Paulo: Ipê, 1948.

22   Laura de Mello e Souza. *Desclassificados do ouro: a pobreza mineira no século XVIII*. São Paulo: Graal, 1982, cap. 3.

23   Veja-se, por exemplo: Patrícia Valim. *Da sedição dos mulatos à Conjuração Baiana de 1798: a construção de uma memória histórica*, dissertação de mestrado. FFLCH. São Paulo, USP, 2007.

Neste sentido, o processo de formação administrativa não foi estranho à formação social, mas esteve profundamente imbricado a ela, desde a condução do povoamento e a fundação das primeiras vilas por aqueles que encabeçaram a conquista em nome d'El-Rei. Seus agentes foram, ao mesmo tempo, colonos e colonizadores, na feliz expressão de Vera Ferlini. Cabia a eles próprios a reprodução e perpetuação da ordem, tanto no tocante à relação senhor-escravo quanto na relação metrópole--colônia.[24] Um exemplo importante desse fato para o presente trabalho é o papel do senhor de engenho na arrecadação fiscal, que ocorria sob a supervisão de seus caixeiros, em conjunto com os ramistas e contratadores do dízimo. No mais, existe uma quantidade infindável de relatos do envolvimento entre burocratas da Coroa e proprietários locais, em todos os níveis e sob todas as formas, espúrias ou legítimas, de associação política e comercial.[25] O ingresso nos círculos da administração municipal era inclusive um mecanismo de distinção social, como um "atestado de nobreza". Por sua vez, as restrições à participação política, exclusiva de "homens bons" e donatários de terras, ditava o caráter oligárquico da administração. Fortalecia o pequeno grupo de "principais da terra", que eram assim privilegiados no cotidiano administrativo, ainda que institucionalmente subordinados à estrutura imperial e pautados de forma geral pela agenda política metropolitana. Se houvesse qualquer abertura dos espaços de representação política na colônia ao senhoriato como um todo, a exploração colonial tenderia a entrar na berlinda.[26] Assim, a pauta cotidiana não era apenas dominada pelas tensões do espólio colonial, tanto quanto pelos conflitos internos, enquanto a sociedade colonial retaliava-se na disputa por tais privilégios.

De maneira sintética, uma formulação alternativa para esse questionamento geral pode ser feita a partir de uma passagem de *A revolução burguesa no Brasil*:

> Em outras palavras, o capitalismo comercial provocou o aparecimento e exigia o incremento da produção colonial. Contudo, não inseriu o produtor colonial no processo pelo qual a circulação dos produtos coloniais, como mercadorias, engendrava uma forma específica de capitalização. No fim, o que ficava nas mãos do

---

24   Vera Lucia Amaral Ferlini. *Açúcar e colonização*. São Paulo: Alameda, 2010, caps. I e II.

25   Para um único exemplo, clássico, veja-se: Stuart Schwartz. *Sovereignty and society in colonial Brazil: the high court of Bahia and its judges, 1609-1751*. Berkeley: University of California, 1973.

26   Maria Fernanda Baptista Bicalho. "As câmaras ultramarinas e o governo do Império". In: João Fragoso, Maria Fernanda Baptista Bicalho e Maria De Fátima Silva Gouvêa (eds.), *O Antigo Regime nos trópicos: a dinâmica imperial portuguesa (séculos XVI-XVIII)*. Rio de Janeiro: Civilização Brasileira, 2001; Avanete Pereira de Sousa. *Poder local, cidade e atividades econômicas: Bahia, século XVIII*, tese de doutorado. FFLCH. São Paulo, USP, 2003, p. 104.

produtor colonial não era um excedente gerado por esta forma de capitalização; mas constituía, literalmente, *uma espécie de remuneração* (em dinheiro, em crédito ou em outros valores) à parcela da apropriação colonial que não era absorvida pela Coroa e pelas companhias ou agências comerciais.[27]

Dado que nosso problema é o da lealdade baiana à metrópole portuguesa, em contraponto à insurreição pernambucana contra a Companhia das Índias Ocidentais, é justamente a natureza dessa "remuneração" que se necessita compreender. Nesse trecho, ela aparece de forma geral como uma parcela do excedente separada do processo de exploração, que se transforma em renda do senhoriato, dados os limites ao seu emprego em um processo autônomo de acumulação.[28] Não valerá a pena reconstituir a maneira pela qual essa parcela foi "separada", historicamente? É insuficiente supor que se tratava apenas de operações de venda e financiamento da produção colonial pelo capital comercial – vale dizer, que se tratava de uma relação estritamente mercantil. Fica portanto implícito que, em determinadas situações, havia-se de conter a exploração colonial em prol da integração do senhoriato ao processo. A "mão pesada" da Coroa não haveria de sustentá-la, por si só. Mas quem era beneficiado e quem era excluído desse "pacto colonial"? As renegociações acarretavam em oportunidade histórica para os desfavorecidos? Quem e como conduzia esse processo, politicamente? Houve interferência na prática do exclusivo metropolitano? Houve ameaça à posição política ou fiscal da monarquia?

Note-se que a meta do presente trabalho não é exatamente entrar no debate teórico, nem retomar ou revisar qualquer de suas proposições. É fato reconhecido o rápido crescimento do trabalho científico no Brasil, desde meados da década de 1980, e isso significa que há transformações qualitativas em curso, como o papel atual das equipes de pesquisa e redes de discussão. Talvez vivamos uma perigosa despolitização e rotinização burocrática da labuta intelectual, mas certamente uma redefinição de suas tarefas específicas. Nesse sentido, há toda uma vertente contemporânea de trabalhos inteiramente dedicados a revisões bibliográficas, alguns de grande valor didático e acadêmico, para o leitor e o pesquisador que tiver tal interesse. Tampouco deve-se

---

27 Florestan Fernandes. *A revolução burguesa no Brasil: ensaio de interpretação sociológica.* 5ª ed. São Paulo: Globo, 2006, p. 41-2 (grifo nosso).

28 "Acumulação para fora, externa, refere-se à tendência dominante do processo de acumulação, não evidentemente à sua exclusividade; é claro que alguma porção do excedente devia permanecer ('capital residente') na colônia, do contrário não haveria reprodução do sistema" (Novais. *Aproximações: estudos de história e historiografia, op. cit.,* p. 217, nota 15).

procurar neste volume testes empíricos de modelos interpretativos ou proposições de aplicação geral construídas a partir de um caso particular. Nesta introdução, perfilamos um elenco representativo de autores, cujas formulações devem-nos fornecer um critério para a organização do nosso argumento e, acreditamos, permitir uma melhor aproximação à realidade dos acontecimentos que estamos por observar. Embora não sejam consensuais, são perspectivas sobre um problema real. A relação entre a condição periférica do Brasil e a reprodução de sua organização social foi objeto de transformações que estão na profundidade de nossa história. A reconstituição precisa desse processo, em todas as suas etapas, é de suma importância, e ao fim destas páginas teremos aprendido um pouco mais sobre um de seus momentos.

O plano do livro segue um argumento muito simples. No capítulo I, faremos uma revisão da guerra que se inicia com a ocupação de Salvador, em 1624, e se arrasta até a rendição do exército neerlandês em Recife, trinta anos depois. A história militar do período será retomada, reservando-se o espaço para descrever em detalhe os embates que foram travados em mares e campos baianos. O choque entre os exércitos europeus, entretanto, estava muito longe de ser a única forma de violência praticada em grande escala naquela região, de maneira que serão abordadas as relações entre a prática militar e o confronto paramilitar que existia no cotidiano do escravismo colonial. O capítulo II trata da relação do exército com a sociedade baiana: os números, alguns dos nomes, as formas de associação. Procura-se revelar algo sobre as relações entre militares e moradores e sobre as condições de manutenção do exército na capitania.

A partir de então, buscaremos compreender os meios de financiamento do exército em Salvador. No capítulo III, verifica-se as possibilidades e mecanismos de financiamento pela Coroa e pelo capital mercantil. Deste modo, o "socorro do Brasil" é visto do ponto de vista de Madri e Lisboa, durante o governo filipino de Portugal e após a ascensão de D. João IV ao trono. Isso nos permitirá também uma análise do ponto de vista soteropolitano sobre a Restauração de 1640. No capítulo IV, encontraremos os meios de financiamento pela economia baiana daquele tempo. Primeiro, pela análise de suas conjunturas, naturalmente dependentes das vicissitudes do mercado europeu de açúcar. Em seguida, pela relação dos instrumentos tributários e não tributários de arrecadação para a Fazenda Real e o pagamento dos soldos do "presídio", a guarnição portuguesa em Salvador. No capítulo V, buscaremos reconstituir o impacto da conjuntura e da tributação extraordinária na agenda política da administração colonial: os problemas resultantes para a gestão fazendária, as reações da sociedade colonial, o papel do Senado da Câmara de Salvador na administração, os principais conflitos e acordos que resultaram desse processo.

A documentação pesquisada não é inteiramente inédita. O "período holandês" deixou uma quantidade muito grande de registros de todos os tipos, mais do que é comum se encontrar para outros períodos de nossa história colonial. A maior parte do trabalho envolveu a releitura de fontes já conhecidas, principalmente coleções de documentos da administração, além de alguns relatos individuais e correspondências particulares. Há uma boa quantidade de séries e documentos impressos: testemunhos da invasão de 1624 e do assédio de 1638, a correspondência do Conde da Torre, registros da provedoria e correspondência dos governadores-gerais, as atas e cartas da Câmara de Salvador. A maioria é de manuscritos e digitalizações do acervo do Arquivo Público do Estado da Bahia, do Arquivo Histórico Municipal de Salvador, do Arquivo Histórico Ultramarino, do Arquivo Nacional da Torre do Tombo, da Biblioteca do Palácio da Ajuda, da Biblioteca Nacional de Lisboa, da Biblioteca Nacional do Rio de Janeiro e da Biblioteca Geral da Universidade de Coimbra. A Casa dos Contos, que supervisionava os oficiais da Fazenda Real e verificava seus livros, lamentavelmente não deixou registros, devido à destruição de seu acervo no terremoto de 1755 (a parca documentação remanescente hoje encontra-se no Arquivo Histórico do Tribunal de Contas, em Lisboa). A maior falta, entretanto, é certamente dos livros quarto e quinto de registro da provedoria de Salvador, provavelmente perdidos ainda no século XVII. Os demais estão no acervo do arquivo estadual da Bahia, e foram publicados pela série "Documentos Históricos da Biblioteca Nacional".

*

Este livro é baseado na tese de doutoramento do autor, defendida na Universidade Estadual de Campinas em fevereiro de 2009. Ela encontra-se aqui reescrita em grande parte, de maneira a corrigir trechos lacônicos e incompletos, que haviam resultado da necessidade de se apresentar o fundamento da tese dentro dos prazos. Expandiu-se o primeiro capítulo, de forma a incluir uma breve tentativa de síntese da história política e econômica do Brasil Holandês, necessária para a compreensão dos acontecimentos na Bahia. Além disso, acrescentou-se uma análise da conjuntura econômica da produção açucareira. O argumento, não obstante, é exatamente o mesmo. Buscou-se uma redação mais simples e acessível, o que determinou inclusive a opção pela transcrição de documentos segundo a ortografia e a pontuação contemporâneas, e a conversão de algumas unidades de medida ao sistema métrico, quando relevante. Dois pequenos trechos já foram publicados, com modificações, na revista *Navigator*, do Serviço de Documentação da Marinha, e na revista *História Econômica & História de Empresas*, da ABPHE.

Uma nota de agradecimentos, a começar pelo orientador da tese de doutorado, José Jobson de Andrade Arruda, com seu domínio da história e sua experiência como professor e pesquisador: não fosse o apoio e a confiança que depositou no autor, este trabalho nunca teria chegado a seu termo. Aos membros da banca: Fernando Novais, sempre o mestre, cuja orientação durante esses anos foi um enorme privilégio; Eduardo Mariutti, um grande parceiro que, quando o autor dava os primeiros passos no magistério, conseguiu trabalho para ele em duas oportunidades; Pedro Puntoni, mestre e amigo, cujos comentários respondem por uma boa parcela dos méritos deste trabalho; e Angelo Carrara, o poliglota que, inclusive, fala como ninguém a língua dos contos da Fazenda. Ademais, vale lembrar de Vera Ferlini, que em vários ocasiões auxiliou na compreensão dos temas envolvidos, e Leila Mezan Algranti, que um dia cobrou do autor que respondesse claramente quem é que de fato pagava a conta da guerra.

Todos os professores da pós-graduação no Instituto de Economia da Unicamp, principalmente Rui Granziera, o primeiro orientador deste trabalho, durante a iniciação científica, e o saudoso Mário Presser. Os demais interlocutores, nas universidades brasileiras: Avanete Sousa, Carlos Gabriel Guimarães, Rodrigo Ricupero, Lucas Jannoni, Adelir Weber, Maximiliano Menz, portador de boas sugestões e de prosa melhor ainda, e Patrícia Valim, uma historiadora afiada e corajosa, com quem nunca se quer encerrar uma conversa. Em Portugal, Leonor Freire Costa e Tiago Miranda foram magnânimos no apoio ao trabalho de arquivo. Em Helsinki, os colegas da rede de pesquisa sobre o Estado fiscal-militar, principalmente Huw Bowen, que fez apontamentos muito produtivos sobre este trabalho. Na Madeira, o memorável José Pereira da Costa, falecido em 2010: "o centro concentra", ele dizia. Os colegas de pós-graduação, amigos essenciais do cotidiano: Betina Ferraz, Arethuza Helena Zero, Cláudio Amitrano e Cristina Carvalho, Joana Mostafa e Bráulio Cerqueira, Renata Belzunces, Stela Ansanelli, Alexandre Saes, o grande amigo Ricardo Zimbrão, Tatiana Belanga, Bruno Aidar e os demais colegas de edição da revista LEP, além de Rogério Faleiros, Fernando Henrique Lemos e Fábio Campos, os parceiros na montagem de cursos e nos eventos de saudável e descomedida boemia. Em Bauru, pouco se teria realizado não fosse a ajuda de Ângela Moraes. Todos os funcionários que diariamente trabalham na manutenção dos arquivos mencionados e da Universidade Estadual de Campinas.

No campo institucional, este trabalho recebeu financiamento da Fundação de Apoio à Pesquisa do Estado de São Paulo (Fapesp); do Conselho Nacional de Desenvolvimento Científico e Tecnológico (CNPq); da Cátedra Jaime Cortesão da Faculdade de Filosofia, Letras e Ciências Humanas da USP, em conjunto ao Instituto

Camões, em Portugal; finalmente, do Fundo Roberto Cortés Conde, da Associação Internacional de História Econômica.

Por fim, a redação do texto cimentou-se com o dia a dia em sala de aula. Fica o agradecimento aos colegas da Escola de Sociologia Política e das Faculdades de Campinas, e principalmente aos companheiros, professores, funcionários e alunos do Instituto de Economia da Universidade Federal de Uberlândia. Entre os componentes desse grupo privilegiado, deve-se destacar José Rubens Garlipp, que emprestou de sua biblioteca uma prática coletânea de documentos, publicada por Evaldo Cabral de Mello recentemente, e Ebenézer Pereira Couto, parceiro no curso de Formação Econômica do Brasil. A elaboração dos mapas e preparo das ilustrações contou com o apoio de Henrique Barros Pereira e Marcelo Lisboa Braga.

Aos amigos e familiares e aos queridos pais, vai um abraço muito agradecido, particularmente a Erika Lenk e Bernadete Rossete, que deram ajuda na busca de cópias em vários momentos. Todos conviveram e participaram da autoria, embora ninguém como Leila Pezzato, meu amor sem fim.

CAPÍTULO I

A defesa da Bahia

A 28 de abril de 1624, pela manhã, uma frota com 26 embarcações cruzava o paralelo 06 ao sul do Equador quando uma das 450 peças de artilharia fez-se ouvir. No mastro grande da almiranta, içaram-se velas e insígnias três vezes, a convidar os oficiais para o conselho de guerra. Na ocasião, estava ausente o comandante dos 3.300 homens, Jan van Dorth, pois a nau que o levava perdera-se do corpo da armada. Em sua cabine, o almirante Jacob Willekens abriu a carta de prego e leu, em voz alta: os diretores da Companhia das Índias Ocidentais, "em proveito dela e em bem da pátria", ordenavam o assalto e a conquista do "Reino do Brasil".[1]

A guerra hispano-neerlandesa chegava às colônias do açúcar. Sabe-se bem, o conflito nos Países Baixos havia começado em 1568, depois do acúmulo de hostilidades causado pelas guerras de religião nos países vizinhos, pela repressão sangrenta ao protestantismo e pela subordinação do governo da região, terra natal de Carlos V e parte da monarquia espanhola, ao projeto imperial dos Habsburgo de Madri. Até o fim do século XVI, a linha do *front* havia se formado em um sistema de cidades fortificadas, na margem meridional do Reno e do Mosa. A intervenção do exército espanhol na França, em 1590, deu a iniciativa às forças das Províncias Unidas, que consolidou a fronteira nos anos seguintes, garantindo o acesso à navegação fluvial e às rotas terrestres para o interior europeu. Assim, ao tempo da assinatura da Trégua dos Doze Anos, em 1609, a independência do país estava consumada, e a integridade do território praticamente segura. Quando o confronto foi reaberto, em 1621, a meta dos espanhóis era, ao máximo, limitar a ascensão da jovem potência e sustentar a reputação de suas armas com uma paz vitoriosa, de maneira a liberar o exército de Flandres para pressionar a fronteira francesa. Ademais, buscava-se reverter a supremacia marítima das "províncias rebeldes" e seu avanço sobre o comércio colonial ibérico, em todas as partes do ultramar. A presença das embarcações holandesas no Império havia escalado

---

1   Johann Gregor Aldenburgk, *Relação da conquista e perda da cidade do Salvador pelos holandeses em 1624-5* (1627). Trad. Alfredo de Carvalho. São Paulo: Revista dos Tribunais, 1961, p. 170. "Carta de prego" era um papel lacrado com instruções secretas, a ser aberto em situação predeterminada.

drasticamente durante a Trégua, graças ao seu baixo custo de transporte, tornando-se um problema crescente para Madri.[2]

Nas Províncias Unidas, as razões da guerra ao espanhol também haviam mudado. Existia, aliás, um poderoso partido da paz, para quem o conflito significava aumento da arrecadação tributária e restrição à liberdade de comércio, além do claro fortalecimento do poder central. Baseava-se em grande parte no patriciado urbano daquela região de urbanização densa e antiga, numa época em que isso ainda significava, em grande medida, autonomia municipal e particularismos de toda sorte. Por sua vez, o partido da guerra reunia-se sob o Príncipe de Orange, Maurício de Nassau, o *stadhouder* neerlandês (grosso modo, o chefe de Estado das principais províncias), acompanhado do calvinismo contrarremonstrante e de frações do grande capital mercantil, interessadas na pirataria e na expansão colonial. Depois de anos de disputa, a reunião de um sínodo "nacional" da Igreja Reformada, em Dordrecht, o fracasso do separatismo da Província da Holanda e a execução de seu advogado, Johann van Oldenbarnevelt, entre 1618 e 1619, determinaram a vitória dos interesses expansionistas. Pouco depois, as Províncias Unidas avisaram Madri que não haveria acordo pela renovação da Trégua. Em abril de 1621, a Espanha decretou o fechamento dos portos do império ao comércio neerlandês. Em junho, era fundada a Companhia holandesa das Índias Ocidentais (*Geoctroyeerde West-Indische Compagnie*, ou WIC).[3]

A companhia, portanto, foi organizada para agredir o tendão colonial do poder espanhol, no contexto da reabertura do confronto. Ademais, foi uma política tipicamente mercantilista, que buscava estabelecer uma administração centralizada para o negócio do açúcar, que fosse ao encontro dos interesses e necessidades das Províncias Unidas. Como se sabe, o comércio flamengo esteve enraizado nas origens da indústria açucareira no Brasil, durante o século XVI – basta lembrar o engenho dos Schetz, construído em São Vicente em 1534. Seja pela migração de comerciantes judeus, perseguidos em Portugal, seja pela própria posição das cidades neerlandesas na economia-mundo europeia, o principal entreposto do comércio de açúcar permaneceu em Antuérpia, ao longo do século. Era ali que entravam em contato os mercados vendedores e compradores, e dali o produto era distribuído para o continente, fosse por via terrestre, fluvial, ou pelo rico comércio do Báltico, cuja importância aumentava rapidamente. Com a queda de Antuérpia para os espanhóis, em 1585, Amsterdam

---

2   Israel. *Empires and entrepots: the Dutch, the Spanish monarchy and the Jews, 1585-1713*, p. 189-212; John H. Elliott. *Imperial Spain*. [s.l.]: New American Library, 1966, p. 319-324.

3   Mello. *Olinda restaurada*, p. 21 e segs; Israel. *Dutch primacy*, caps. 4 e 5.

passou a receber uma fatia crescente do mercado de açúcar, junto ao contexto geral de desenvolvimento comercial e manufatureiro da cidade, em detrimento dos portos flamengos e dos Países Baixos espanhóis. Mas ainda era preciso disputar com o antigo entreposto, além de outros centros açucareiros, como Hamburgo e Ruão, que também hospedavam agentes de redes mercantis portuguesas. A preponderância de Amsterdam no ramo parece surgir na década de 1610 (durante a Trégua dos Doze Anos, portanto): as refinarias de açúcar na cidade, que eram três ou quatro em 1590, passam para 25 em 1620, mais algumas em Middelburg, Delft e Zaan.[4]

Não obstante, o trato açucareiro permanecia relativamente cosmopolita, conduzido por redes mercantis de origens diferentes e baixa concentração de capital (se comparado, por exemplo, com o tráfico de escravos africanos ou de especiarias asiáticas). Um negócio com grande participação portuguesa, cujas colônias detinham na prática o monopólio do produto, administrada principalmente pela rica comunidade de judeus sefarditas. Além dos portugueses, também atuavam no ramo flamengos emigrados de Antuérpia, com sua rede de correspondentes no Brasil e em Portugal. A fundação da WIC, portanto, era uma política que visava administrar um comércio importante para a república, mas em grande medida controlado por comunidades estrangeiras, com fortes vínculos ao inimigo. Tratava-se, segundo Eddy Stols, de uma "nacionalização *avant la lettre*", apoiada por uma pequena burguesia, nacionalista e calvinista, das províncias do interior.[5] As ações da Companhia eram vendidas, por exemplo, como uma vingança aos massacres da repressão espanhola, do Duque de Alba, antes da guerra. Ademais, buscava-se dirimir as diferenças internas àquela burguesia tradicional, "internacionalista", e com os interesses de burgueses e corsários das Províncias Unidas, integrando-os em um único bloco, articulado a uma agenda de penetração no império espanhol. Jonathan Israel menciona, inclusive, a necessidade de aproximação com a comunidade sefardita, crucial para que o contrabando holandês pudesse driblar o embargo imposto por Madri nos portos peninsulares, desde abril de 1621.[6]

---

4   Israel. *Dutch primacy, op. cit.*; Matthew Edel. "The brazilian sugar cycle of the 17th. century and the rise of the West-Indian competition". In: *Caribbean Studies*, v. 9, n. 1; Edmund O. von Lippmann. *História do açúcar: desde a época mais remota até o começo da fabricação do açúcar de beterraba*. Trad. Rodolfo Coutinho. Rio de Janeiro: Leuzinger, 1941, p. 160 e segs.

5   Eddy Stols. "Os mercadores flamengos em Portugal e no Brasil antes das conquistas holandesas". In: *Anais de História do ILHP de Assis*, 1973; Stols. "Convivências e conivências luso-flamengas na rota do açúcar brasileiro".

6   Israel. *Dutch primacy, op. cit.*, p. 155-165.

Portanto, não era exatamente a preservação de interesses comerciais holandeses, atingidos pela retomada do confronto, que dava sentido à WIC. De fato, a empresa encontrou forte oposição na comunidade mercantil, e teve dificuldades em levantar seu capital inicial. Em Amsterdam, o desinteresse é atestado por sua pequena participação relativa, com aproximadamente um quarto dos 6,6 milhões de florins que formaram a empresa. Como consequência, a câmara da cidade não detinha a maioria dos votos do conselho diretor da companhia, o Conselho dos Dezenove (*Heeren xix*). Os frísios também se opuseram à constituição da WIC e à hostilidade com os portugueses, devido à dependência da pesca em alto-mar do sal produzido em Setúbal. Além disso, fazia-se sentir o peso da conjuntura econômica, que sofria o impacto do fechamento dos portos ibéricos, interrompendo o longo ciclo de crescimento que vinha desde meados de 1590, em direção à onda depressiva da "crise geral do século xvii", que derrubaria os preços nos mercados europeus já a partir de 1622.[7] A razão da empresa estava na política dos Estados Gerais (o legislativo neerlandês, e autoridade maior da república), que portanto buscava orientar o capital mercantil de acordo com as vicissitudes da guerra contra a Espanha, e assim encontrar no Atlântico espanhol um novo horizonte de expansão econômica. A reunião e o controle desse capital pressupunha a sua subordinação a um regime de comércio administrado pela Companhia. Assim, seu estatuto foi definido, em primeiro lugar, pela concessão pública do monopólio do comércio entre os portos holandeses e a África Ocidental, o Novo Mundo ibérico e o oceano Pacífico até a Nova Guiné – à mesma maneira de sua irmã, a Companhia das Índias Orientais (*Vereenigde Oost-Indische Compagnie*, ou VOC), de 1602. Também como a irmã, levantaria recursos na circulação de suas ações e demais valores na Bolsa de Amsterdam.

A escolha do Brasil como espaço principal de atuação da empresa seria decorrência da dualidade que caracterizava as demais companhias privilegiadas de seu tempo: numa só empresa, a razão de Estado e o regime do capital. Outorgava-se a tais empreendimentos, em graus variados, o direito de governo sobre sua área de concessão: distribuir terras, empregar exércitos, fazer acordos, conquistar e administrar territórios. Variavam também os períodos de concessão e os meios de financiamento e formação do capital, inclusive por meio de ações. Em geral, foram meios de dominação política, pavimentando o processo de integração de áreas conquistadas aos Impérios europeus. Ao mesmo tempo, eram geralmente regidas em primeira instância pela busca de ganho comercial, o que as orientava em direção à prática do mercantilismo – e o

---

7   *Ibidem*, p. 158-9; Ruggiero Romano. *Conyunturas opuestas: la crisis del siglo xvii en Europa e Hispanoamérica*. Trad. Esp. Cidade do México: Fondo de Cultura Económica, 1993.

exclusivo de comércio era o meio principal de assegurar o interesse e a solidariedade entre os capitais reunidos na empresa. Assim, tornavam-se "elo necessário na cadeia de instituições que, por sua vez, deu luz ao capitalismo moderno".[8]

Segundo o relato de um dos diretores da WIC, Johannes de Laet:

> Tendo sido providenciado devidamente o comércio da Guiné, e outros lugares d'África e América, os diretores, que então administravam a Companhia, entraram a deliberar a que empresa poriam mãos, por melhor debelar os inimigos do Estado; pois bem sabiam que não satisfaziam os votos dos leais habitantes das Províncias Unidas, nem correspondiam à geral expectação de grandes cousas, com promover unicamente aquele tráfico, que anteriormente já era feito por outros. Além disto, não se devia esperar obter de pronto grandes lucros e proveitos do comércio com selvagens, ainda não reduzidos à obediência pelo Rei de Espanha (excetuando o comércio de Guiné, cujas vantagens eram de todos conhecidas). (…) E posto pensassem que não só se não devia dar de mão aquele comércio, mas antes de algum modo aumentá-lo e engrossá-lo, todavia bem compreendiam que lhes cumpria de algum modo meter ombros a alguma empresa, com que ou forçassem os Espanhóis e Portugueses a negociarem e assentarem pazes com os nossos, ou, se a isto se recusassem, os privassem de seus lucros, e no lugar deles estabelecessem os nacionais. (…) necessário se fazia cortar à Espanha o nervo, por assim dizer, de suas rendas anuais, e com o tempo estancar as fontes, donde o sangue e a vida se derramam naquele grande corpo.[9]

Como indicado por Charles Boxer, é visível a dualidade nos objetivos da empresa, entre a busca dos dividendos da exploração e dos objetivos estratégicos do confronto hispano-neerlandês, da qual surgiam dúvidas sobre a condução de suas atividades. Cogitou-se ataques ao Panamá, dividindo o império espanhol na América em dois, ou a Cuba, para interceptar frotas espanholas nos estreitos da Flórida e de Yucatán. Mesmo o ataque a algum porto na Península Ibérica foi considerado, como os ingleses haviam feito em Cádiz, em 1596, o que faria da WIC pouco mais que

---

8   E. L. J. Coornaert, "European institutions and the New World: the Chartered Companies". In: E. E. Rich e Charles. H. Wilson. *The Cambridge economic history of Europe*. Cambridge: Cambridge University, 1975, p. 224. Veja-se também, entre outros: José Ribeiro Jr. *Colonização e monopólio no Nordeste brasileiro: a Companhia Geral de Pernambuco e Paraíba, 1759-1780*. São Paulo: Hucitec, 2004, cap. 1; L. Blussé e F. Gaastra (eds.). *Companies and trade: essays in overseas trading companies during the Ancién-Regime*. Haia: [s.n.], 1981.

9   Johannes de Laet. "História ou Annaes dos feitos da Companhia Privilegiada das Índias Ocidentaes desde o seu começo até ao fim do anno de 1636". In: *Anais da Biblioteca Nacional*, v. 30-42, 1912-20, p. 36.

um grêmio de corsários. Contra os projetos mais ambiciosos, pesava a limitação de recursos no caixa da companhia. Outra possibilidade foi permanecer com a frota no oceano Atlântico durante um ano, percorrendo a costa americana "a começar pelo Brasil", procurando os pontos de menor resistência e recolhendo com isso os frutos mais efêmeros do assédio. Indenizava-se assim os custos da empresa, e ficava o Rei de Espanha forçado à tarefa hercúlea de prover a defesa de todo o vasto litoral. Já a ocupação de portos africanos era reputada inútil, sem que houvesse antes a posse de "colônias agrícolas próprias".[10]

O idealizador da Companhia, Willen Usselincx, propunha que primeiro se fundasse uma colônia em algum ponto de menor ou nenhuma presença ibérica (na "costa selvagem" das Guianas, provavelmente, onde o comércio holandês e inglês com ameríndios já era considerável). Conseguiu-se que o privilégio concedido à Companhia fosse estendido ao comércio do sal de Punta del Rey. Ao saber da escolha pelo Brasil, Usselincx replicou que o plano era muito ambicioso, que contava com o apoio duvidoso de cristãos-novos e escravos em revolta.[11] Outros temeram um revide definitivo e arrasador das coroas de Portugal e Espanha, um risco muito alto para uma companhia comercial em seus primeiros passos.

Contudo, o Brasil era o que melhor contemplava os interesses comerciais e os objetivos políticos da WIC, como defende o panfleto de Jan Andries Moerbeeck. O argumento divide-se em três linhas. Primeiro, as vantagens de uma campanha militar no Brasil: a inexperiência de suas defesas, a possível colaboração de portugueses e cristãos-novos, perseguidos pela intolerância papista. Principalmente, a importância de poucos centros vulneráveis para o domínio de toda a vastidão da colônia – com as praças da Bahia e de Pernambuco ocupadas e fortificadas, "a Companhia das Índias Ocidentais não somente se tornará senhora do país inteiro, como poderá manter a sua posse".[12] Segundo, os muitos proveitos que o Brasil renderia à Companhia: as riquezas

---

10 Boxer. *The Dutch in Brazil*; Wätjen. *O domíno colonial hollandez*, p. 82; Laet. "História". p. 38; Wätjen. *O domíno colonial hollandez*, p. 83.

11 Foram outras, aliás, as desalegrias do calvinista Usselincx, segundo Hermann Wätjen: "Como poderia uma Companhia, que devia servir de instrumento de guerra, e cujo principal empenho seria o apoio militar às sete províncias novamente em luta com o adversário espanhol, estabelecer ao mesmo tempo núcleos coloniais, exercer comércio de trocas com aborígenes e pregar o Cristianismo aos povos pagãos?" (Wätjen. *O domíno colonial hollandez*, p. 80-81).

12 Jan Andreas Moerbeeck. "Motivos porque a Companhia das Índias Ocidentais deve tentar tirar ao Rei da Espanha a terra do Brasil" (1624). In: *Documentos históricos*, Trad. Agostinho Keijzrs e José Honório Rodrigues. 1º vol. Rio de Janeiro: Instituto do Açúcar e do Álcool, 1942, p. 30.

do saque, o produto da tributação e do comércio de açúcar e outras mercadorias – frutos que compensariam os gastos da campanha e da defesa e ainda seriam fonte de um lucro anual de cinquenta toneladas de ouro. Em terceiro lugar, estimava-se os danos que a conquista do Brasil infligiria à monarquia espanhola: a perda dos impostos sobre o comércio de açúcar e de escravos; o aumento dos custos de defesa do restante das Índias Ocidentais e, sobretudo, a repercussões da ocupação em Portugal e a pressão decorrentes sobre a União Ibérica. Definido o Brasil como o alvo da empresa, o assalto começaria pela sede do governo-geral, a Bahia, "cabeça e praça de armas geral para a conquista e conservação de tudo o mais".[13]

Ocupação e reconquista de Salvador

Ao tempo em que o almirante Willekens fazia a leitura da carta de prego, algumas embarcações, desgarradas do corpo da frota, já se insinuavam pela costa brasileira. A nau *Hollandia*, em que viajava o comandante van Dorth, aparecera na barra da Baía de Todos os Santos no início de abril. Ao dia 13, pairava entre o Morro de São Paulo e Boipeba, onde foi tomada por embarcação pacífica pelo capitão daquela vila, talvez interessado no contrabando.[14] Era prática comum, em qualquer porto do mundo, que um piloto da localidade fosse orientar navios que chegavam entre os baixios. Estranhou-se, portanto, quando a canoa que foi ao encontro da *Hollandia* não voltou, nem reapareceram os pilotos (três indígenas e um negro). O governador, Diogo de Mendonça Furtado, no mesmo dia recebeu notícia do acontecido. Sua pretensão era enviar uma das naus de Angola ao encontro da embarcação desconhecida, mas foi demovido pelos desembargadores da Relação, mais cautelosos. Resolveram apenas enviar um socorro de munições para a população de Boipeba.[15]

Ao dia seguinte, porém, a remessa de munição foi cancelada. Duas outras naus haviam aparecido na entrada da baía, e ali interceptaram mais um embarcação que chegava de Angola. Ao dia 15, outro tumbeiro angolano foi assediado pelos holandeses próximo à costa; este, porém, eludiu seus captores e arribou a salvo na praia de Salvador. A tripulação contou que havia escapado da *Hollandia*, que nela havia

---

13 Bartolomeu Guerreiro. *Jornada dos vassalos da Coroa de Portugal* (1625). Rio de Janeiro: Biblioteca Nacional, 1966.

14 Tomas Tamayo de Vargas. *Restauración de la cidad del Salvador, y bahia de todos os santos, en la provincia del Brasil*. Madri: Viuda Alonso Martin, 1628, p. 35-6.

15 *Ibidem*, p. 32.

24 peças de artilharia e 210 homens, que era capitânea de uma frota e trazia *"alguna persona de auctoridad"*.[16]

Em Salvador, um ataque holandês já era esperado havia alguns anos. Desde o fim da trégua, em 1621, era plausível que o reinício do conflito hispano-neerlandês transbordasse sobre a América portuguesa. Na época, as Coroas de Portugal e Espanha estavam unificadas sob a dinastia dos Habsburgo, com Filipe IV (Filipe III em Portugal) no trono. Além da Península, na Europa era soberano sobre Milão, Nápoles, a Sicília e a Sardenha, o Franco-Condado e as províncias leais nos Países Baixos. O governo, centralizado em Madri, particularmente na figura de Gaspar de Guzmán, o Conde-Duque de Olivares, tinha notícias do que acontecia em Amsterdam, como o apresto de uma grande armada, bem como dispunha de uma rede de agentes e informantes, desde aqueles diretamente vinculados à Arquiduquesa Isabela (governante das província espanholas em Flandres), até mercadores e seus correspondentes.

Assim, enquanto acabava o triênio de D. Luís de Sousa no governo do Brasil, a Coroa ordenou ao novo governador que desse primeira atenção aos assuntos da defesa e ao governo das armas na colônia. Tratou-se primeiro de nomear pessoa de prática nestes assuntos para o posto na Bahia, onde governavam "ministros que nunca viram presídios nem sabiam a defesa que requerem".[17] Diogo de Mendonça Furtado, que já servira a El-Rey na praça de Málaga, desembarcou em Salvador em outubro de 1621, com regimento para providenciar a defesa daquela costa. Segundo Frei Vicente do Salvador, depois de arribar ao porto, "quando antes que entrasse em casa, e se desenjoasse, e descansasse da viagem, quis ver o armazém de armas".[18]

Nos meses seguintes, Mendonça Furtado receberia novos avisos da iminência do ataque holandês. Em 1622, não por conta da WIC, mas pela suspeita de que D. Cristóvão de Portugal, filho do velho Prior do Crato, acometeria a Bahia com navios de guerra holandeses e franceses. Em face da possibilidade de conspiração, o governador devia agir com toda precaução quando da presença de vasos de guerra em sua praia.[19] Com o tempo, as notícias da armada flamenga para a costa da América ga-

---

16   *Ibidem*, p. 39.

17   Cópia de alguns capítulos do regimento da Junta de André Farto da Costa, 08/10/1612, AHU, Bahia, série Luísa da Fonseca, cx. 1, doc. 36.

18   Frei Vicente do Salvador. *História do Brasil: 1500-1627* (1627). 7ª ed. Belo Horizonte: Itatiaia, 1982, cap. 19.

19   *Relacion sumaria de los avisos que ha avido en razon de las pretenciones que se hacian en Olanda para el Brasil*, c. 1623, In: Antônio da Silva Rego. *Documentação ultramarina portuguesa*. 5 vols. Lisboa: CEHU, 1960, v. 3, p. 287.

nhariam densidade, embora faltasse conhecer o local planejado para o desembarque. Por exemplo, em Madri, ordenou-se ao Conselho de Portugal *"que se poblase la costa que corre del Brasil hasta Santo Tome de Guayana y vocas del Prago (sic)"*, onde se sabia haver povoações de ingleses e holandeses, *"para la seguridad de las flotas de las Indias Ocidentales"*, e *"esto podria correr por mano del governador del Brasil"*.[20]

O ex-governador do Brasil, Gaspar de Souza, foi consultado pelo Conselho, mas refutou o realismo dessa proposta. Só do Maranhão seria possível patrulhar a navegação da costa Norte, e o governador na Bahia teria de ser avisado por terra, por conta do regime das correntes, que levava as embarcações dali para o mar do Caribe. Já a costa do Brasil (como se chamava, naquele tempo, a costa Leste do atual território nacional) deveria fortificar-se na medida do possível. Gaspar de Souza esperava que a Bahia então tivesse fortes razoáveis; Pernambuco e o Rio Grande teriam praças um pouco melhores, pela atenção que haviam recebido durante seu governo; mas a praça melhor fortificada, acreditava, era o Rio de Janeiro. Ainda assim, dava por certo que em toda a costa haveria falta de artilharia e munições, e que as demais capitanias não dispunham de quaisquer meios de se defender. O melhor era que o governador do Brasil e o capitão de Pernambuco distribuíssem munições e pólvora pelas partes do Norte e do Sul. Como tudo aquilo fazia mais de setecentas léguas de litoral, "sendo pela maior parte mui pouco defensáveis", todo trabalho seria muito pouco. Deixou-se assim de aviso todos os seus capitães, para obrar naquilo que fosse possível, mas ainda sem que houvesse maior comprometimento da Coroa com as atividades da defesa.[21]

Neste sentido, os esforços de Mendonça Furtado também foram concentrados na construção e reforma dos fortes. A 8 de abril de 1623, comunicava Lisboa da necessidade de fazer na Bahia uma cidadela onde se pudesse resistir aos inimigos, por "não ser aquela cidade defensável por sítio, nem por fábrica e ser muito importante ter uma retirada segura, em que se possa recolher, e reparar a gente e apontar meios para se ordenar"[22] – o governador antecipava a necessidade de organizar a resistência a uma Salvador holandesa. A cidade, então, contava com duzentos homens de guarnição, se tanto.[23] O paiol de munição era uma casa de taipa "mui antiga", vizinha da alfândega, muito mal adequada

---

20 *Ibidem*, p. 289.

21 *Ibidem*, p. 290, 498.

22 *Ibidem*, p. 498.

23 Veja-se o próximo capítulo. O número é confirmado pelo relato da viagem de Pyrard de Laval, de passagem pela Bahia em 1610 (Afonso de E. Taunay. *Na Bahia colonial (1610-1774)*: impressões de viajantes estrangeiros. Rio de Janeiro: Nacional, 1925, p. 251). A estimativa de George Edmunson (500 homens) parecem-nos, portanto, exagerada (G. Edmundson, "The Dutch power in Brazil

para preservar a pólvora, onde ficava sob risco de "grande desgraça". Outro paiol foi construído na cidade, para servir de "galeria", o que despertou a oposição dos moradores, avizinhados de toda aquela pólvora. Dois fortes passaram por reformas: o de Santo Antônio, na ponta da barra da baía, e São Filipe, na ponta de Itapagipe.[24]

Sobretudo, o governador arrematou a construção do Forte do Mar, no recife defronte à cidade baixa, "sobre a água".[25] Respondia pelo desenho o engenheiro-mor Francisco de Frias da Mesquita, que desde 1603 erguia fortins e baluartes ao longo da costa. Mendonça Furtado buscava assim proporcionar a defesa das embarcações no porto, antes de as deixar à mercê de captura pelo inimigo. A exemplo deste perigo, contava como Afonso de Castro foi levado a queimar a nau que comandava, por não ter os meios de defendê-la. Ele mesmo tivera de atear fogo a três galeões, em Málaga, pelo mesmo motivo.[26] Nem por isso sensibilizou-se o bispo, D. Marcos Teixeira, que via a construção no recife um motivo para interromper as obras na Sé. Excomungou o procurador da Coroa e andou a fazer profecias de que a justiça divina cairia sobre a cidade. Vê-se também no testemunho de Frei Vicente que o governador cercou por terra a cidade com "vala de torrões", sem mais esclarecimentos. De Madri, o Conselho de Portugal buscava alertar para que o restante da costa fosse igualmente preparada, com a fortificação dos portos, a distribuição de vigias pelo litoral e a prontidão das defesas, "de maneira que possam resistir aos muitos inimigos que se sabe as desejam ocupar".[27] A partida da armada da WIC, em dezembro de 1623, foi igualmente comunicada com antecedência a Mendonça Furtado, que por sua vez alertou as demais capitanias da iminência do ataque.

Portanto, quando a nau *Hollandia* começou a aparecer, furtiva, pela costa baiana, e confirmou-se, a 15 de abril de 1624, que era capitânea de uma frota das províncias

---

(1624-1654). Part 1 – The Struggle for Bahia (1624-1627)", In: *The English Historical Review*, v. 11, n. 42 (1896), p. 240).

24 Certidão passada pelo escrivão da Misericórdia, c. 1622, AHU, Bahia, série Luísa da Fonseca, cx. 2, doc. 239; Cópia de capítulo de carta régia de 24/05/1622, AHU, Bahia, série Luísa da Fonseca, cx. 2, doc. 241; Salvador. *História*, cap. 21.

25 *Relación sumária*, p. 498; Laet. "História"., v. 30, p. 46. Este forte é facilmente confundido com aquele que atualmente guarda o porto de Salvador, mas que entretanto foi construído posteriormente.

26 Certidão passada pelo escrivão da Misericórdia, c. 1622, AHU, Bahia, série Luísa da Fonseca, doc. 239.

27 Cópia de capítulo de carta régia de 22/06/1623, AHU, Bahia, série Luísa da Fonseca, cx. 3, doc. 271; "Porém, nem por isto se pode ele perder de tantos outros portos e lugares que há no Brazil, estendidos por mais de oitocentas léguas de costa sendo pela maior parte muy pouco defensáveis, e tendo o socorro muy longe, e ficando o arbítrio dos inimigos demandar qual lhes parecer que poderá tomar com mais facilidade". *Relación sumária*, p. 498.

rebeldes do Norte, não havia motivo para surpresa. O governador preparou a colônia para o inevitável. Convocou as companhias de ordenança do Recôncavo (tropas de segunda linha) para guarnecer a cidade. "Um batalhão bizarro de três mil homens", segundo Afonso Ruy; ou, talvez, não ultrapassasse as 1.600 almas mencionadas por Ignácio Accioli.[28] Novos avisos da vigia continuaram a chegar, de Sergipe e da Torre de Garcia D'Ávila. A 27 e 28 de abril, dizia-se que a costa estava infestada de grandes navios "com intento de roubar separadas o que pudessem, e depois juntar-se a fazer presa de alguma das principais paragens".[29]

Enquanto isso, porém, a gente de ordenança reunida em Salvador dava sinais de incontinência. A Baía de Todos os Santos, por tão larga que é sua barra, já fora vítima de pirataria em diferentes ocasiões – nunca, porém, fora assediada por uma grande força militar que buscasse se estabelecer no território.[30] Com o passar do tempo, os preparativos da defesa esmoreceriam na incredulidade dos defensores – a começar pelo bispo, D. Marcos Teixeira, que continuava a desautorizar o governador, dizendo que "não acreditava em ataque de estrangeiros".[31] A 8 de maio, 23 dias depois da convocação das companhias do Recôncavo, o bispo teria finalmente declarado que não havia motivo para alarme e que todos faziam melhor em voltar aos seus afazeres.[32]

Mas a quizília entre o prelado e o comandante ainda é pouco para explicar o abandono das defesas de Salvador. Vale lembrar que o cotidiano escravista do Recôncavo dificilmente prescindiria de seus capangas por três semanas inteiras, sem nenhum desarranjo entre a população da senzala. Ademais, e apesar dos avisos de Madri, os colonos provavelmente esperavam do holandês um saque de Salvador, não

---

28 Ignacio Accioli de Cerqueira e Silva. *Memórias históricas e políticas da província da Bahia*. Salvador: Imprensa Oficial do Estado, 1925, v. 2, p. 36; Afonso Ruy. *História política e administrativa da cidade do Salvador*. Salvador: Beneditina, 1949, p. 133, provavelmente baseado em Francisco Adolfo de Varnhagen, *História das lutas com os holandeses no Brasil*. 2 ed. São Paulo: Cultura, 1945, p. 57, ou em George Edmundson. "The Dutch power in Brazil, 1624-1654". In: *English Historical Review*, v. 11, 14-15, 1896-1900; Silva. *Memórias*, v. 2, p. 2.

29 Tamayo de Vargas. *Restauración*, p. 35.

30 Para descrições de ataques da pirataria a Salvador, antes de 1624, veja-se: Max Justo Guedes. *História naval brasileira*. Rio de Janeiro: Serviço de documentação geral da Marinha, 1975; Ricardo Henrique Behrens. *A capital colonial e a presença holandesa de 1624-1625*, dissertação de mestrado. Salvador, UFBA, 2004.

31 Braz do Amaral. *Resenha historica da Bahia*. Bahia: Tipografia naval, 1941. Para Varnhagen, o bispo era "escravo dos estímulos da ambição", e aproveitava a situação para ganhar popularidade (*História*, p. 57).

32 Para uma análise mais profunda e bem elaborada sobre a disputa entre o governador e o bispo, veja-se: Behrens, *A capital colonial*.

a sua conquista, como fora o caso de todos os assaltos anteriores à Bahia: restringiam-se à pilhagem dos navios e trapiches no porto e de poucos engenhos no litoral.[33] É compreensível, portanto, que a tropa convocada por Diogo de Mendonça Furtado tenha optado por defender os engenhos à beira-mar. Cada um por si, os capitães da ordenança optaram pela defesa de suas propriedades. Às pressas, o governador conseguiu um empréstimo de Duarte da Silva para animar as companhias de ordenança a permanecer na defesa da capital, mas isso não foi suficiente. Quando a frota da WIC entrou na baía, na madrugada de 9 de maio, toda a milícia havia se retirado.

Não havia rompido o dia ainda, quando a armada fundeou na entrada da baía. Trazia todos os faróis acesos, "para que fossem vistos pelos habitantes". Trocaram alguns disparos, poucos, com a escassa artilharia do Forte de Santo Antônio. O comando tinha ordem da Companhia para, antes de qualquer confronto, tentar um pacto com os colonos portugueses, buscando a rendição da cidade em troca da liberdade de comércio e de religião, com a promessa de que seriam tutelados pelas armas da WIC. Esperava-se que um acordo nestes termos seria possível se o rancor antiespanhol entre os portugueses fosse devidamente explorado.[34] Contudo, ao primeiro raiar do sol, e durante a manhã, a frota manobrou-se para dentro da baía, diante da cidade, onde foi recebida com o furioso bombardeio dos fortes de Itapagipe e de Água de Meninos, principalmente da bateria do Forte do Mar, inviabilizando qualquer tipo de negociação. De bordo, a frota respondeu "violentamente" a esse fogo ao longo do dia.[35]

Com três navios, o *Geldria*, o *Groningen* e o *Nassau*, os holandeses acometeram o Forte do Mar. Eram liderados pelo *Netuno*, do vice-almirante Pieter Pieterszoon Heyn, o "Terror dos Mares de Delfshaven".[36] Os três navios falharam na aproxima-

---

33   Em 1587, piratas ingleses acometeram o porto. Em 1599, os holandeses Hartmann e Broer pilharam o Recôncavo por 25 dias (segundo Wanderley Pinho; para Francisco Borges de Barros foram 55 dias). Novamente, em 1604, mais engenhos foram atacados por outro holandês. Em 1613 outro ataque de um corsário flamengo foi rechaçado por civis portugueses em um velho navio do Recôncavo (Salvador. *História*, p. 273, 300-1; Wanderley Pinho. *História de um engenho no Recôncavo*: Matoim – Novo Caboto – Freguesia, 1552-1944. 2 ed. São Paulo: Nacional, 1982, p. 82-3; Francisco Borges de Barros. *Margem historica da Bahia*. Bahia: Impr. Oficial, 1934, p. 222; Pedro Calmon. *História da Bahia*. São Paulo: Melhoramentos, s.d., p. 60, 62; J. F. de Almeida Prado. *A idade de ouro na Bahia, 1530-1626*. São Paulo: Nacional, 1950, p. 60, 110.)

34   Edmundson. "The Dutch power", parte i, p. 241.

35   Johann Gregor Aldenburgk. *Relação da conquista e perda da cidade do Salvador pelos holandeses em 1624-5* (1627). Trad. Alfredo de Carvalho. São Paulo: Revista dos Tribunais, 1961, p. 172.

36   Wätjen. *O domíno colonial hollandez*, p. 92. Na documentação portuguesa, Piet Heyn recebe o nome de Pedro Peres, ou Petrid.

ção ao forte, pelo grande dano que recebiam da mosquetaria e canhões portugueses; o *Groningen* foi "tão varado de balas que não tardaria a ficar reduzido à ultima
extremidade", com muitas baixas.[37] Mudou-se a tática para um assalto direto, com
pequenas embarcações visando abordagem e luta corpo a corpo. Não obstante a posição privilegiada, houve "desânimo e a precipitada fuga" dos portugueses. Entre os
navios da praia, a resistência desamparou-se, e os portugueses atearam fogo à maior
de suas naus para que não fosse capturada. Três embarcações queimaram, oito caíram
em poder da Companhia.

O Forte do Mar também não conseguiu resistir. Os holandeses investiram contra
os muros (de oito a nove pés de altura) com um destacamento de batéis e trezentos homens comandados por Piet Heyn. Segundo Johann de Laet, havia mais de
quinhentos homens ali – um evidente exagero, a justificar o dano provavelmente
elevado que a pequena guarnição pôde infligir, daquele posto "em que os brasileiros
(*sic*) se defenderam valentemente".[38] No forte, plejava uma companhia de infantaria,
alguns homens de Antônio de Mendonça (filho do governador) e os aventureiros de
Lourenço de Brito Corrêa.[39] O grupo holandês foi capaz de galgar os muros, "ajudan-
do-se dos ombros uns dos outros, e dos croques dos batéis", e a guarnição portuguesa
fugiu a nado para a praia, apenas "deixando alguns mortos". Segundo Tamayo de
Vargas, Mendonça Furtado, que comandava seus homens da praia, teria mergulhado
até o pescoço para evitar a retirada, sem sucesso. Com isso, estavam expostos, uns aos
outros, os holandeses no forte e os portugueses na praia. Piet Heyn ameaçou usar a
artilharia, mas o cair da noite malogrou seu intento e os holandeses abandonaram
aquele posto, não sem antes encravar os canhões. Apenas quatro dos seus perderam a
vida, depois de tomado aquele forte.

Se foi pequena a resistência oferecida pelos portugueses na praia, no Forte do
Mar e nas embarcações ancoradas no porto, não houve, na parte de terra, quem fizesse frente ao holandês. Um total de 1.200 soldados e 240 marinheiros foram destacados
para o desembarque na enseada ao Sul da cidade – não muito longe da Vila Velha,
a antiga sede de Francisco Pereira Coutinho. Ali, onde os holandeses encontraram
"uma grande casa de campo", mostraram-se dois cavaleiros à defesa da praia, com
bravatas, "galopando à rédea solta, cobertos de luzentes couraças e armados de lanças,
manejando os seus corcéis ao som das trombetas e dos tambores da frota toda, os

---

37   Laet. "História"., v. 30, p. 46.

38   *Ibidem*, p. 47; Aldenburgk. *Relação*, p. 172.

39   Salvador. *História*, p. 208.

quais rufavam alegremente, enquanto as peças de seis e sete despejavam sobre eles, até que, achando o chão quente demais, afastaram-se a correr".[40] Além dos dois, havia um grupo de arcabuzeiros e arqueiros indígenas, abrigados pelo mato, de onde pretendiam impedir o desembarque. Entre eles, um jesuíta que mostrava como da mata se poderia fazer mosquetaços ao flamengo sem que este visse de onde era alvejado.[41]

Contudo, o contingente avassalador do inimigo desanimou qualquer esboço de resistência. Com 50 ou 60 arcabuzeiros na vanguarda, os holandeses começaram a marcha de uma hora que os levaria à cidade do Salvador, embrenhando-se perfilados na picada que subia o morro, seguindo a indicação de seis capitães que já estiveram no Brasil e "conheciam mui bem os caminhos e avenidas".[42] Neste caminho, "bem podia o inimigo (português) com pouca gente tolher-nos o passo, pôr-nos em grande embaraço, e fazer-nos muito mal; mas tamanho era o desânimo dos portugueses que não ousavam sequer de encarar com os nossos".[43] Dos muros do convento beneditino que havia nesta área, por exemplo, a tropa holandesa seria um presa dócil. O pequeno grupo de colonos, armado de "mosquetes, arcos e azagaias", mostrou-se incapaz ou completamente indisposto a barrar o avanço de um exército regular como o da Companhia.[44]

A vanguarda holandesa caiu em percalço dos portugueses em retirada, de modo a garantir o desembarque da retaguarda. Chegaram até os arredores da cidade, onde houve resistência. Começou a anoitecer, e o invasor sofria algumas baixas. O major Schouten, que comandava a marcha na ausência de Van Dorth, reagrupou os homens e conteve o avanço. Com a bandeira alaranjada sinalizando que a "citada mansão", as trincheiras e os matos estavam seguros, o desembarque foi concluído, inclusive munições, canhões e escadas. Um grupo descansou durante a noite no convento beneditino – onde novamente poderia ser vítima de uma incursão minimamente organizada. Instalou-se artilharia em terra. Às oito horas da noite, um corpo de 100 soldados "armados de escopetas" avançou silenciosamente, "sem rufos de tambor", através de um desfiladeiro até a Porta de São Bento, na extremidade Sul da vila que era Salvador.[45] Correu o alarma entre as casas: "já entraram os inimigos, já entraram". A lua estava no início da minguante, não se pode dizer que a visibilidade era das pio-

40 Aldenburgk. *Relação*, p. 172.

41 Salvador. *História*, p. 207.

42 Laet, "História", v. 30, p. 47.

43 *Ibidem*, p. 48.

44 *Ibidem*, p. 48; Edmundson, *The Dutch power*, p. 243.

45 Aldenburgk, *Relação*, p. 173.

res. Ainda assim, a população foi tomada pelo pânico: "pelejando a noite pela parte contrária, ninguém se conhecia; fugiam uns dos outros, e quantos cada um via, tantos holandeses lhe representavam".[46] O bispo foi um dos primeiros a partir, com os 600 homens da folha eclesiástica.

Pela manhã do dia 10, quando os tambores da WIC decretaram o alvorecer, os holandeses marcharam pela porta, com hesitação e desconfiança, mas sem receber um só disparo. A cidade fora abandonada pelos colonos. A única resistência foi oferecida pelo próprio Diogo de Mendonça Furtado, com dezessete soldados de sua guarda, na praça da cidade e nas portas da casa do governo. Cercado, o governador ainda ameaçou atiçar a pólvora que havia estocado, levando a casa, o filho, a guarda, alguns clérigos e holandeses consigo para os ares; mas o ouvidor-geral tomou o morrão aceso de suas mãos e impediu o desastre.[47] Relata o soldado Johann Aldenburgk que "na mencionada cidade de S. Salvador, não encontramos outra gente senão negros, mas, grandes riquezas em pedras preciosas, prata, ouro, âmbar, moscada, bálsamo, veludo, sedas, tecidos de ouro e prata, cordovão, açúcar, conservas, especiarias, fumo, vinho de Espanha e de Portugal, vinho das canárias, vinho tinto de Palma, excelentes cordiais, frutas e bebidas, com o que muito nos maravilhamos".[48] Seguiu-se, portanto, o butim, tradicional recompensa do combatente, mas "com infração da disciplina militar", de modo que, ao subir o comando à cidade, "contemplaram eles um enormíssimo estrago (...), pois estavam as fazendas espalhadas por toda parte, calcadas aos pés como se foram lixo".[49] O melhor da riqueza obtida ficou armazenada no colégio dos jesuítas até ser remetida à Holanda, a bordo de quatro mercantes que partiram em junho; levando inclusive o cativo Diogo de Mendonça Furtado.

O padre Bartolomeu Guerreiro lamentava, em sua narrativa da invasão, entre surpreso e indignado, a falta de valor que o lusitano mostrou na defesa de Salvador. Lembrava-se de como Macau resistiu, ainda que sem boas fortificações. Moçambique já se havia sustentado contra duas frotas holandesas, com treze velas, e São Jorge da Mina, por sua vez, com apenas oitenta homens. Ambas sem os avisos e precauções que foram possíveis no Brasil. "E quanto mais sucessos destes sabia a nação portuguesa de seus passados, tanto mais se magoava em tempos presentes, (...) por ver perdida

---

46 Antônio Vieira. *A invasão holandesa da Bahia*. Salvador: Progresso, 1935, p. 25.

47 Entre estes estava o vice-almirante holandês Piet Heyn e o capitão Lourenço de Brito Correia (Laet, "História", p. 49).

48 Aldenburgk, *Relação*, p. 174.

49 Laet, "História", p. 49. Ao final do butim, a Companhia havia se apoderado de 3.900 caixas de açúcar e 400 pipas de vinho, entre todas as demais riquezas (Edmundson, *The Dutch power*, p. 244).

a cabeça de um estado sem que em sua defesa corressem pelas ruas da Bahia rios de sangue português e holandês".[50]

Pela primeira vez, figurava-se a disposição que seria recorrente na disputa luso--neerlandesa por Brasil e Angola: o flamengo, senhor das rotas marítimas, confinado a redutos e portos litorâneos; o português, a lhe fazer resistência na hinterlândia, nas roças e nos caminhos por terra. A 12 de maio, os holandeses guarneciam e aparelhavam os baluartes ocupados. O Forte de Santo Antônio, na barra, rendeu-se; os de Itapagipe e de Água de Meninos o fariam pouco depois. Passados dois dias, os colonos arriscaram uma aproximação à cidade, sem resultados. Em breve, os holandeses abririam o diálogo, com vistas à troca de prisioneiros: 200 homens do exército da Companhia, em um iate e várias chalupas, encontraram-se com um grupo português em uma das ilhas da baía. Foram "a fim de parlamentar com os portugueses, a ver se queriam aceitar a soberania dos Estados Gerais e viver e agir como seus vassalos".[51] Os colonos tomaram uma noite em reunião, para responder no dia seguinte. Poucos aceitaram retornar à cidade, sob o governo da Companhia – segundo Johannes de Laet, por medo das represálias do bispo.[52]

Entrementes, a população que fugira de Salvador buscava se organizar, principalmente ao se verificar que as intenções do agressor eram muito mais duradouras que de costume. Diariamente, os holandeses eram vítimas de escaramuças nos arredores da cidade. Van Dorth ocupava-se em perseguir os grupos de emboscada e assegurar--se das imediações. Além disso, os flamengos trabalhavam constantemente nas fortificações, construindo "trincheiras, baluartes, hornaveques, meias-luas e revelins".[53] Não obstante, o estratagema dos colonos parecia surtir efeito. Anos depois, um certo Manuel Gonçalves, nascido na colônia, gabar-se-ia de ser "o primeiro inventor dos assaltos e emboscadas que se fizeram pelos caminhos e estradas aos que saíam dela (a cidade)... no distrito de Itapagipe, e das partes do Carmo, com que se fez muito dano aos inimigos e os obrigaram a não sair da cidade".[54] Os colonos organizaram-se a partir de um Arraial no rio Vermelho, onde D. Marcos Teixeira e seu séquito haviam

---

50 Bartolomeu Guerreiro. *Jornada dos vassalos da Coroa de Portugal*. Rio de Janeiro: Biblioteca Nacional, 1966, p. 24

51 Aldenburgk, *Relação*, p. 174. Os Estados Gerais, órgão de representação das províncias neerlandesas, eram a instituição política suprema do Estado neerlandês. O Príncipe de Orange, como *stadhouder*, governava em seu nome, embora pudesse agir com bastante autonomia.

52 Francisco Adolfo de Varnhagen. *História geral do Brasil*. 3ª ed. São Paulo: Melhoramentos, c. 1920, p. 61.

53 Aldenburgk, *Relação*, p. 176.

54 Requerimento do capitão Manuel Gonçalves, 08/07/1628, AHU, Bahia, série Luísa da Fonseca, doc. 466.

se instalado. A aposta estava em isolar o holandês na cidade e aguardar pelo reforço de Lisboa ou Madri. Com a população de Salvador e dos aldeamentos mais próximos, reuniu-se um corpo de 600 homens, em 27 "companhias" de vinte e poucos combatentes. Entretanto, "além destes soldados, e capitães, haviam outros no Recôncavo da cidade que estavam prestes para socorrer a qualquer necessidade, e divididos pelos portos donde os inimigos podiam sair, em tal ordem, que em qualquer parte que desembarcavam, já os nossos eram com eles, e por boas vindas os recebiam com uma salva de arcabuzes e flecharia, com que lhe impediam o passo, ou lhe tiravam as vidas".[55]

Dois aspectos da resistência, portanto, eram derivados do modo pelo qual se estruturava a sociedade colonial: primeiro, a importância do indígena e da guerra de escaramuça; segundo, a defesa *in loco* da colonização, na hinterlândia açucareira da capitania, onde aquela sociedade mais carecia de meios de violência. Ambos os aspectos, aliás, se completam, dado o papel do aldeamento indígena na segurança da exploração do trabalho escravo. Frei Vicente do Salvador é testemunha de que, em 1624, ordenou-se "aos que tinham engenhos e fazendas junto à praia se fortificassem e assistissem nelas".[56]

Uma vez que estava no engenho a razão da empresa flamenga, não haveria alternativa a Van Dorth senão aceitar o campo de batalha da resistência. Contudo, faltar-lhe-ia o efetivo para, ao mesmo tempo, guarnecer a cidade e dominar a hinterlândia. Em junho, por exemplo, Van Dorth embarcou 300 homens com o intuito de conquistar a Ilha de Itaparica. Por conta de erros na preparação, um dos iates com a tropa teve problemas e foi necessário abortar a empresa, com o que se perdeu um dia. Na manhã seguinte, os iates na praia de Salvador perceberam que, na cidade, a porta sudoeste (ainda não fortificada) era ofendida pelo português. Foi preciso correr encosta acima para aliviar a guarnição da cidade, "ficando vários dos nossos mortalmente feridos de flechas ervadas".[57] Derrubaram-se todas as casas nos arrabaldes da cidade, para que não pudessem servir a tocaias. Mas o êxito português em tais "brigas, assaltos e emboscadas" foi coroado quando, ainda em junho, o próprio Jan Van Dorth foi morto. Defendia a porta do Carmo contra um ataque "de grande força" quando se enveredou irremediavelmente por um dos matos, acompanhado de um grupo pequeno. Foi surpreendido pelo grupo de Francisco de Padilha, e um tiro matou-lhe o

---

55 Vieira, *A invasão*, p. 34-6.

56 Salvador, *História*.

57 Aldenburgk, *Relação*, p. 176

cavalo. No chão, rogou quartel aos agressores, dizendo que era um general, mas foi morto, mutilado e sua cabeça devolvida à cidade, como humilhação.[58]

O comando holandês passou a Albert Schouten, que havia liderado os homens na invasão. O isolamento na cidade continuou. Embora as ordens da companhia eram de paz e comércio com os locais, em pouco tempo a falta de mantimentos forçou a organização de reides contra o Recôncavo, as vilas de Camamu e Boipeba, até o Espírito Santo. Por mais de uma vez, os holandeses desembarcaram com bandeiras de paz para comprar gado e farinha. Ofereciam em troca escravos da população negra capturada junto com a cidade, ou dos navios que chegavam da África. Em Itaparica, chegaram a oferecer escravos "e todas as fábricas necessárias" para que se retomasse a produção de açúcar; em Camamu, propuseram troca de escravos por vacas, porcos ou galinhas.[59] Assaltaram engenhos, em busca de mantimentos ou algumas caixas de açúcar, mas em geral foram malsucedidos. Aparentemente, o único engenho que não resistiu e foi queimado foi um dos de Freguesia, de onde se levou vinte caixas do produto.[60]

Houve ainda, entre junho e setembro, tentativas de romper com o isolamento. Um breve esboço de diálogo entre D. Marcos e os holandeses não teve resultado.[61] Ataques a Itaparica, um combate numa fazenda em Sapetiba, outro em Itapagipe. Finalmente, um novo confronto deu vitória ao português, na Vila Velha. Em agosto, agravou-se a insuficiência dos efetivos da Companhia, quando um décimo do contingente militar e o melhor da frota foi escalado para tentar a conquista de Angola, sob o comando de Piet Heyn. Ademais, o comando da tropa sofria da captura e morte nas mãos dos portugueses, invariavelmente de forma brutal – em meados de setembro, "uma vez que não se podia esperar clemência dos portugueses, brasilienses ou negros",

---

58   Eugenio de Narbona y Zuñiga. "Historia de la recuperación del Brasil hecha por las armas de España y Portugal el año de 1623 (*sic*)". In: *Anais da Biblioteca Nacional*, v. 69, p. 191. Segundo Aldenburgk, a mutilação do corpo do general, de "narizes, orelhas, mãos e outras porções mais" ocorreu por um de dois motivos: "ou os portugueses conduziram em grande triunfo ao seu acampamento, ou os selvagens devoraram". O canibalismo entre indígenas aldeados dificilmente seria verídico. Veja-se também, sobre a participação de Francisco de Padilha no combate: Manuel de Menezes. "Recuperação da cidade do Salvador". In: *Revista do Instituto Histórico Geográfico Brasileiro*, 1850, p. 400; Laet, "História", p. 151.

59   Salvador, *História*, p. 405; Aldenburgck, *Relação*, p. 193.

60   Vieira, *A invasão*, p. 36-42; Tamayo de Vargas. *Restauración*, p. 98; Salvador, *História*, p. 414; Wanderley Pinho. *História social da cidade do Salvador*. Salvador: Prefeitura Municipal, 1968, p. 86.

61   Laet, "História", p. 52.

todos os prisioneiros em Salvador foram conduzidos à porta de S. Bento e fuzilados com o arcabuz.[62]

De outro lado, chegava no Arraial do rio Vermelho este mês um socorro de Pernambuco. Havia-se reunido homens e material à custa da Fazenda Real em Olinda, e foram conduzidos à Bahia por Francisco Nunes Marinho D'Eça, nomeado por Matias de Albuquerque para chefiar a resistência em seu nome. D. Marcos Teixeira, que fora aclamado governador interino em maio, mas era um homem de "longos anos", faleceu poucos dias depois, "de cansaço e trabalho".[63] Chegaram do Reino caravelas com algumas companhias e um provimento de armas e munição – em dezembro, viria D. Francisco de Moura Rolim governar a colônia, com mais três caravelas de reforços.[64] As ações contra o holandês se intensificaram. Em certa ocasião, tomou-se o melhor dos bergantins holandeses, e que causava muito dano nas incursões pelo Recôncavo. Cavaram-se trincheiras e covas contra a artilharia que disparava "continuamente" da cidade.[65] Em dezembro, com a chegada de reforços holandeses e a notícia de que uma nova armada da Companhia estava a caminho, o comando em Salvador decidiu esperar, assumindo a defensiva e proibindo saídas da cidade.[66]

Contida ali dentro, naquele inferno colonial, a guarnição da WIC recebeu apenas o apoio de alguns grupos de escravos fugitivos. Disso o relato de Johann Aldenburgk deixou muita notícia: "como viessem ter conosco muitos escravos e negros cativos dos portugueses, foram alguns destinados a trabalhar, e outros, armados de arcos, flechas, velhas espadas espanholas, rodelas, piques e sabres de abordagem, se organizaram numa companhia de negros, para capitão da qual foi escolhido um deles próprio, chamado Francisco (...) Segundo o bávaro de Coburg, esta companhia não apresentava grande préstimo para combater; mas servia para espreitar o inimigo, mostrar os

---

62 Aldenburgk, *Relação*, p. 187.

63 Vieira, *A invasão*, p. 48-9; Guerreiro. *Jornada*; Treslado de um despacho de Francisco Nunes Marinho, Arraial do rio Vermelho, 30/11/1624, BPA, Cód. 49-X-10, fl. 110.

64 Matias de Albuquerque, o governador de Pernambuco que deveria aceder ao lugar do governador-geral Diogo de Mendonça Furtado, cativo dos holandeses, não se dispôs ao papel e enviou para a Bahia Francisco Nunes Marinho D'Eça, que daria a posse a D. Francisco de Moura Rolim (Memória dos governadores interinos que tem servido na Bahia, s.d., BNL, Cód. 630, fl. 64). D. Francisco de Moura havia governado o Cabo Verde entre 1621 e 1623.

65 Vieira, *A invasão*, p. 51-2; Requerimento do alferes Luís de Macedo, 20/06/1642, AHU, Bahia, série Luísa da Fonseca, cx. 8, doc. 968.

66 Vieira, *A invasão*, p. 53-4; O reforço holandês a Salvador foi restrito uma vez que as notícias da armada que se preparava em Castela levaram aos diretores da Companhia a acumular seus recursos em uma outra armada que a fizesse frente. (Laet, "História", p. 57)

passos, e transportar os soldados contundidos, feridos ou mortos".[67] Por ocasião de um ataque ao Recôncavo, um grupo de quatro fugitivos que roubara uma canoa para escapar foi acolhido. Houve quem levou para Salvador informações valiosas sobre a resistência portuguesa. Todos se vinham somar aos 700 negros que já estavam na cidade no momento da ocupação.[68]

A postura dos portugueses em relação a estes era ambivalente. Tamayo de Vargas denunciava a ingratidão do escravo pela colonização: "(...) *muchos negros, los más cogidos en navíos que traían a vender de Angola al Brasil y Indias, y algunos que, creyendo huir la servidumbre de sus dueños fieles, buscaban libertad en la tiranía de los herejes"*. Certa vez, dois embaixadores portugueses, parlamentando com o comando flamengo, foram pegos com cartas ocultas dirigidas a escravos fugidos. Coisa que, antes de morrer pela forca, disseram ter feito por "influência dos padres de sua religião". Talvez aproveitavam a guerra para "reivindicar": fugir e negociar o retorno.[69] Em geral, contudo, a companhia de negros e os que trabalhavam na cultura e coleta de víveres para a cidade foram tratados pelos portugueses indistintamente, como alvos militares. Seu papel na defesa de Salvador foi crescente; a certa altura de tempo, parecem mesmo combater lado a lado, holandeses e africanos.[70] Quando, porém, o isolamento começou a resultar em escassez, o comando flamengo viu com outros olhos essa cooperação: "tiveram ordem de se reunir, na praça do mercado velho, todos os negros da cidade inteira, assim moços como velhos, homens e mulheres; devido não só à escassez de víveres com ainda a haver deles negros em demasia na cidade, foram escolhidos

---

67 *Aldenburgk, Relação*, p. 177. A visão que este soldado tinha dos africanos é curiosa. Ainda que censurasse o fato de lutarem "como porcos, inteiramente nus", com "estranhos saltos e gritos", tinha uma leitura razoavelmente humanista de sua situação: "Com essa pobre gente acontece o seguinte: os portugueses e espanhóis dirigem-se à África, particularmente à Costa da Guiné, Angola, Serra Leoa e outros lugares situados na zona tórrida, perseguem os negros, fazem-nos prisioneiros e conduzem-nos a outra terras, onde os vendem como se fôssem animais irracionais; alcança um negro vigoroso e apto pra o trabalho o preço de 100, 60, 70 e 80 etc. espartos espanhóis, pistolas ou cequins. Os compradores marcam-lhes, com ferros em rbasa, sinais nos corpos, a indicarem serem eles escravos, e obrigam-nos a mover as grandes rodas nos engenhos de açúcar" (p. 187).

68 Tomas Tamayo de Vargas, *Restauración de la cidad del Salvador, y bahia de todos os santos, en la provincia del Brasil*. Madri: Viuda Alonso Martin, 1628, p. 49.

69 Sobre as "fugas-reivindicatórias", veja-se: João José Reis e Eduardo Silva. *Negociação e conflito: a resistência negra no Brasil escravista*. São Paulo: Companhia das Letras, 1989.

70 Em certa escaramuça portuguesa, "de improviso, saíram sobre eles, pela porta de Bastefeld (do Carmo) duzentos mosqueteiros e negros, e, penetrando no mato, mataram a muitos e fizeram dois prisioneiros" (*Ibidem*, p. 190).

cinquenta dos mesmos e embarcados em um navio". Tentou-se trocar escravos por víveres, junto aos moradores de Camamu, cuja negativa resultou no desembarque do grupo em Itaparica.[71]

Em poucos meses, seria lastimável o estado dos holandeses na Bahia. O comando fora quase completamente eliminado, um a um. As emboscadas impediam que buscassem víveres, mesmo cal para as fortificações. Com o racionamento, acreditava--se ter comida para até o fim de maio. Mas comia-se de tudo: cavalos, cães, gatos e lagartos. Até que o desaparecimento dos bichanos provocou um surto odioso de ratos, e ninguém podia mais dormir sem chateações. Em março, o irmão de Albert Schouten (Wilhelm, que havia assumido o comando da cidade após sua morte), talvez já adoecido ou fora de si, ordenou que se comemorasse "magnificamente" o Carnaval, com oito dias de banquetes, folguedos e disparos para o alto da artilharia mais grossa. Se foi mera coincidência, ou a pior ressaca de que há notícia, fato é que o coronel Schouten faleceu dias depois, pelo súbito acometimento de uma moléstia desconhecida, tão fulminante que foi "devorado ainda em vida pelos vermes". Por trás da máscara, das negações com que se buscava erguer o moral, os soldados contavam minutos para ver chegar, da Holanda, a armada de reforço prometida.[72]

A 27 de março de 1625, porém, foi a armada reunida de Portugal e Castela que amanheceu à vista de Salvador. Era, de fato, uma força extraordinária; a maior a cruzar o equinócio até então. A "Jornada dos Vassalos" (como ficou conhecida, em apelo à fidalguia participante) contava com 56 vasos de guerra, 1.185 peças de artilharia e 12.463 homens de Castela, Portugal e Nápoles. O comando cabia a D. Fadrique de Toledo y Osorio, capitão da armada espanhola em diferentes embates contra a marinha neerlandesa, e "a liderança militar mais capaz de toda a Espanha".[73] Estacionada, atrás da ponta de Santo Antônio, a frota recebeu mensagem de D. Francisco de Moura: havia 2.800 holandeses na cidade, mas nenhum sinal do reforço que vinha de Amsterdam.[74]

---

71 *Ibidem*, p. 193.

72 *Ibidem*, p. 200-1.

73 Stuart Schwartz, "The voyage of the vassals: royal power, noble obligations and merchant capital before the portuguese restoration of independence, 1624-1640", In: *American Historical Review*, v. 96, n. 3 (1991).

74 Segundo Tamayo de Vargas, os defensores eram 2.000 do exército da *WIC* – 1.500 flamengos e 500 estrangeiros – mais os "muchos negros" que se haviam agregado a estes, de modo que o número de 2.800 é bastante plausível. Por traições entre os mercenários franceses, os castelhanos a todo momento tiveram boa informação do que se passava em Salvador.

Era quinta-feira santa. Com a "Jornada", os espanhóis haviam vencido a corrida com a WIC para o apresto e envio de uma armada à capitania.[75]

Com a ajuda de lanchas, carros e escravos dos moradores, quatro mil desembarcaram com facilidade na ponta de Santo Antônio.[76] D. Fadrique, com a alta patente, veio à terra liderar o assédio. Depois de um ano isolados na cidade, sofrendo as escaramuças da milícia portuguesa, aqui e ali, os holandeses haviam feito o possível para reforçar os muros.[77] Essa, portanto, a fronteira que os grupos de colonos portugueses não conseguiria superar. Não que faltasse a ideia: em sua aclamação, D. Marcos Teixeira acreditava que a população local poderia expulsar o invasor de sua sede.[78] Conseguiram, vimo-lo bem, impedir que o domínio flamengo se espraiasse para a hinterlândia açucareira. Mas desalojá-lo da cidade estava além do que podiam.

O exército de D. Fadrique subiu até a porta de São Bento, estabelecendo-se em quartel no convento. Dois terços napolitanos, com o Marquês de Cropani, assentaram-se no convento dos Carmelitas. Depois, ladeando a cidade por leste, viu-se o exército defronte à porta do Carmo, onde ergueram outra bandeira. Enquanto isso, a armada atravessou a barra e perfilou-se, em meia-lua, de ponta a ponta da enseada; da ponta de Itapagipe até a de Santo Antônio, "de tal modo que da nossa parte (dos flamengos) nem um cão poderia escapar".[79] As embarcações no porto, quatro belonaves e muitas presas portuguesas, haviam sido agrupadas, cinco a cinco, ao lado do Forte do Mar. Três brulotes, pequenas embarcações incendiárias com alcatrão e enxofre, tiveram pouco efeito contra as naus do bloqueio. De Itapagipe, os holandeses fizeram fogo até a noite, quando optaram por levar tudo o que pudessem e recuar para a cidade alta. Ali, o flamengo bem teve o seu momento. No dia seguinte ao desembarque, Dia da Paixão, 300 dos seus atravessaram a porta de S. Bento, pela manhã, mataram

---

75   Edmundson, p. 247-8. Esta data é abonada pelo relato de Aldenburgk, de que os holandeses recebiam as rações especiais para as festas da Páscoa quando avistaram a frota no horizonte, ainda sem saber se vinha de Espanha ou da Holanda (*Aldenburgk, Relação*, p. 201). Pragmático e bom jesuíta, o jovem Antônio Vieira confundiu-se nas datas: "o mesmo Senhor, no dia de redenção do mundo, quis mostrar a nossa, antecipando-nos as aleluias com a primeira vista da nossa armada, a qual, dia de Páscoa da Ressureição, primeiro de abril de 1625, amanheceu toda dentro na baía" (Vieira, *A invasão*, p. 61). O Domingo de Páscoa, naquele ano, caiu em 30 de março.

76   Estevão de Brito Freire apenas "acodiu com carros, barcos e duzentos escravos de serviço" (Guerreiro, p. 84; Narbona Y Zuñiga, p. 195-6).

77   "Por toda a parte em terra, onde havia passagem, levantamos parapeitos, paliçadas, trincheiras e toda a casta de obras de defesa". Até minas haviam sido preparadas. Aldenburgk, *Relação*, p. 202.

78   Salvador, p. 366.

79   Aldenburgk, *Relação*, p. 202.

as sentinelas do convento e desabaram sobre o destacamento espanhol. Estes, sem organização, não puderam evitar a matança – pelo menos 170 homens, inclusive de D. Pedro Osório, mestre de campo, e outros sete com graça de Dom – até que os napolitanos de Cropani viessem em seu socorro.[80] Os holandeses então voltaram à cidade por uma porta falsa. Segundo Aldenburgk, o combate de escaramuças ao longo da paliçada continuou nos dias seguintes, com resultados favoráveis aos holandeses.[81]

Todavia, pouco poderiam fazer contra o cerco e a artilharia espanhola. Embora tivesse consciência de que o socorro da WIC não tardaria, D. Fadrique preferiu prolongar o assédio em vez de se arriscar no confronto imediato. O bombardeio começou ao dia 3 de abril e durou por quatro semanas, até que a cidade se rendesse. Começou forte, ininterrupto, principalmente dos quartéis do Carmo e de São Bento, inclusive dos italianos no convento das Carmelitas. Neste comenos, os canhões da armada sobrepujaram-se ao fogo das embarcações no porto e do Forte do Mar, que também foram abandonados.[82] Batia-se contra as obras de fortificação dos holandeses – algumas tinham até seis pés de espessura. Apesar do bombardeio, a defesa da cidade manteve-se viva, "sem embargo de assim poderosos, e, de dia, levarem a melhor com os seus canhões, de noite nos avantajávamos a eles com os nossos mosquetes".[83] Aliás, passava-se a noite a fechar as brechas na paliçada, com sacos de terra. Um soldado inglês profetizou a chegada dos navios da Companhia. Na cidade, os holandeses haviam içado uma bandeira no cume da Sé, de onde pudesse ser vista pela esperada frota de socorro, sinalizando que ainda resistiam.[84]

Depois de catorze dias, D. Fadrique instalou uma nova bateria no Quartel das Palmas, em posição privilegiada, com o que ficava, "em volta da cidade, tremenda artilharia de quartaus inteiros e meios, e de falcões, cruzando fogo de não menos de quarenta e cinco canhões para bater brecha, pondo as nossas obras e casas em tal estado que mal nos podíamos conservar nelas, nem sequer fazer parada, porquanto a armada espanhola varria todas as ruas".[85] Em Salvador, as deserções aumentaram:

---

80 Salvador, *op. cit.*; Edmundson, p. 249.

81 Aldenburgk, *Relação*, p. 203.

82 Os holandeses haviam afundado alguns navios na enseada para evitar a aproximação da armada castelhana.

83 *Ibidem*, p. 204.

84 Salvador, p. 401.

85 Aldenburgk, *Relação*, p. 204; Vieira, *A invasão*, p. 66. A ênfase sobre o bombardeio na restauração de Salvador aparece também nos relatos de Narbona y Zuñiga (p. 200-5) e Diogo Barbosa Machado ("Relação verdadeira de todo o sucedido na restauração da Bahia de Todos os Santos", In: *RIHGB*. v. 5, 2ª. ed., 1895, p. 478-483.)

principalmente, entre mercenários ingleses, franceses e alemães. Todos receberam ordem para rezar, no mínimo, duas horas por dia. Os muros de assédio do exército espanhol se aproximavam, até que podiam jogar pedras, uns nos outros. Houve um motim, e o comando, enfraquecido desde o ano anterior, novamente trocou de mãos. O último motivo para resistir foi o medo da rendição, "porquanto sabíamos não haver quartel a esperar, visto como naquela região, o inimigo em tal caso a ninguém dá trégua, muito pelo contrário, a todos persegue com o fogo de Santo Antônio e os cordões de São Francisco, esquartejando os prisioneiros e lançando-os ao mar, atados dois a dois pelas costas".[86] Assim, ficavam à espera de um assalto definitivo do exército espanhol, ao qual pudessem lutar dignamente até a morte.

Finalmente, a 28 de abril, os holandeses perceberam uma grande movimentação entre os castelhanos. Marchavam de todos os baluartes e alojamentos, com as bandeiras desfraldadas, em direção às portas da cidade. Ali, detiveram-se e "amavelmente" sinalizaram a intenção de parlamentar.[87] Em dois dias de negociação, sem tiros de artilharia ou obras de fortificação, acordou-se a entrega da cidade. Os holandeses tiveram permissão para levar suas bandeiras, bagagens que coubessem nos braços, guardar morrões acesos e mosquetes carregados até que embarcassem, em sete navios aparelhados e suficientemente abastecidos.[88] Semanas depois, apareceria a armada da WIC, atrasada devido ao tempo ruim, que a manteve presa no porto, em Amsterdam. Tentaram atrair a armada espanhola para um combate naval, longe das baterias da cidade, sem sucesso. Incapaz de qualquer outro efeito, deixaram a Bahia dias depois.[89]

D. Fadrique cumpriu honrosamente os termos acordados com os holandeses, mas agiu com mão de ferro sobre os seus. A começar pelos portugueses, que não

---

86 *Ibidem*, p. 209.

87 *Ibidem*, p. 210-1.

88 A versão "ibérica" da rendição (em Valencia y Guzmán e Bartolomeu Guerreiro) é naturalmente outra: o comandante holandês, Ernst Kijf, é quem teria procurado os espanhóis, por escrito, abrindo as negociações a 28 de abril. Baseado nisso, George Edmundson atribui a rendição à incapacidade do comando flamengo. Entretanto, o relato de Johann Aldenburgk é muito superior em detalhes, assim como se confirmam os termos da rendição. Diga-se, aliás, que Aldenburgk era bávaro de Coburg, e dedicou seu livro (cujo foco está mais nos frutos e estranhezas do mundo tropical do que na guerra) a príncipes alemães que nenhuma relação poderiam ter com os acontecimentos acima descritos. Veja-se também Narbona y Zuñiga, p. 201 e segs.

89 Guerreiro, p. 64. No torna-viagem, abasteceram-se de água e víveres na costa da Paraíba, onde os holandeses travaram seu primeiro contato com os tapuias. (Veja-se Lodewijk Hulsman, "Guerras e Alianças na História dos Índios: Antonio Paraupaba e a aliança potiguar-holandêsa", In: *Perspectivas Interdisciplinares 2005*).

puderam se alojar na cidade conquistada (privilégio da tropa castelhana) e permaneceram nos quartéis. Durante a ocupação, a cidade foi novamente saqueada, com enorme fuzuê, pelos soldados do próprio exército de restauração. Houve quem os visse largar as bandeiras de seus terços para se adiantar no butim. Foi necessário organizar rondas pela cidade ocupada, para coibir os excessos – entretanto, não se pode acusar simplesmente a tropa de "cega cobiça", como José de Mirales. Habitualmente, o saque de uma cidade sitiada era parte importante da remuneração do maltrapilho combatente seiscentista.[90] Ademais, causou embaraço o hasteamento das armas de Leão e Castela no campanário da igreja, sem que a bandeira portuguesa tivesse o mesmo tratamento.[91] Segundo Aldenburgk, D. Fadrique teria inclusive decretado a abertura do comércio de importação e exportação com a Espanha.

Para os africanos que combateram ao lado do invasor não houve misericórdia: presos, marcados a ferro com o sinete espanhol, foram re-escravizados. Além disso, enquanto os portugueses e espanhóis traidores foram enforcados, vestidos de frade, no colégio dos jesuítas, o capitão Francisco e demais oficiais da companhia negra "foram enforcados em lugar particularmente horrível, e, depois de mortos, esquartejados, sendo seus despojos expostos nas ruas, pregados em postes". Em agosto, lavada a roupa suja[92] e terminada a carenagem dos navios, a armada fez vela para a Europa.

Antes de retornar a Madri, porém, D. Fadrique de Toledo decidiu sobre o meio de se promover a defesa da cidade – a "*disposición nueva de las cosas del Brasil*". A criação da WIC e a invasão de 1624 rendiam obsoleta uma guarnição de 300 arcabuzeiros, suficiente no máximo para demover os assaltos da pirataria mais miúda. A "cabeça do Estado" na América Portuguesa tinha defesas naturais, mas carecia de uma guarnição fixa, o "presídio", com um número suficiente de soltados regulares que garantisse a sua segurança.[93] O comando do exército castelhano tinha tudo para perceber que,

---

90 José de Mirales. *História militar do Brasil: desde o ano de mil quinhentos e quarenta e nove, em que teve principio a fundação da cidade de S. Salvador da Bahia de Todos os Santos, ate o ano de 1762* (1762). Rio de Janeiro: Leuzinger, 1900, p. 21; G. Parker. *The Army of Flanders and the Spanish Road, 1567-1659: the logistics of Spanish victory and defeat in the Low Countries' Wars*: Cambridge Univ., 2004, cap. 7.

91 O equilíbrio entre a disposição das armas de Castela e Portugal fora objeto de extremo cuidado, quando da preparação da Jornada dos Vassalos, para respeitar o espírito dos acordos de Tomar.

92 Por exemplo, a do vice-rei do Peru, que arribara na Bahia no torna-viagem à Europa, em 1624, e fora capturado pelos holandeses. Seu imenso tesouro foi restituído por minucioso tribunal castelhano, no qual cada capitão do exército flamengo teve de devolver a parte que havia, com seus homens, tomado no butim (Aldenburgk, *Relação*)

93 Tamayo de Vargas, p. 129 (tradução do autor).

não fosse o atraso no socorro da WIC e a falta de comando entre os holandeses de Salvador, a restauração teria cobrado muito mais das armas de Filipe IV. Talvez, nem sequer teria sido possível.

Cabia, no entanto, considerar os meios limitados que a Bahia possuía de sustentar um exército numeroso para a sua defesa. D. Fadrique afirmou sua preocupação em deixar uma tropa que servisse à Bahia mais de alívio que de encargo, por ser "uma província, ainda que fértil em seus frutos, estéril no necessário para tanta gente". D. Juan de Fajardo sugeriu que ali se deixasse 1.200 homens, entre portugueses, espanhóis e napolitanos. O Marquês de Cropani, comandante dos últimos, opinou por uma guarnição de dois mil homens, todos ibéricos, "por ser aquela terra mais a propósito para somente estes".[94] A opção de D. Fadrique foi por um presídio de mil portugueses, em dez companhias, a serem "governados" pelo sargento-mor Pedro Corrêa da Gama.[95] Segundo as primeiras listas, porém, eram 887 soldados, inclusive 12 artilheiros. "Todos ficaram armados com mosquetes, arcabuzes e piques [a composição normal dos terços castelhanos], e a cada um se deu camisa, sapatos e meias" – apenas a pólvora foi pouco abastecida, por sua falta mesmo na armada.[96] São tantos quanto os 900 homens que D. Francisco de Moura dizia liderar durante a resistência, mas todos "soldados pagos", efetivos regulares retirados do contingente português de D. Manuel de Meneses.

Ficava a Bahia, nos termos de Antônio Vieira, "oprimida" pelo fardo de abastecer o contingente do presídio.[97] Imediatamente após a partida da armada, a 6 e 8 de setembro de 1625, D. Francisco de Moura (como governador interino) já lamentava o "estado miserável" da guarnição: "estamos cá com um presídio tão grande que, se Vossa Majestade não manda socorrer com a brevidade possível, entendo que esta mui miserável cidade se acabará e nós com ela. (…) porque os soldados que aqui ficam todos são miseráveis e os capitães pobres, que todos é necessário socorrê-los (sic)".[98] No entanto, o crescimento da guarnição era uma necessidade imposta pela guerra, e a Coroa nem sequer cogitava que a defesa da colônia pudesse ser confiada a sua pró-

---

94   *Ibidem*, p. 128.

95   Treslado do regimento de provisão que passou o general D. Fadrique de Toledo sobre o presídio que nesta cidade deixou, s.d., BPA, Cód. 49-X-10, fl. 101 e segs.

96   Relação do provimento que ficou na Bahia por ordem de D. Fadrique, 25/07/1625, AHU, Bahia, série Luísa da Fonseca, cx. 3, doc. 375.

97   Vieira, *A invasão*, p. 73.

98   Carta do provedor-mor Francisco de Barros a S.M., 06/09/1625, AHU, Bahia, série Luísa da Fonseca, cx. 3, doc. 372; Capítulo de carta de Pero Correia da Gama, 27/09/1625, AHU, Bahia, série Luísa da Fonseca, cx. 3, doc. 374.

pria força militar, organizada em companhias de ordenança. Sobretudo quando, já em 1626, chegavam notícias a Lisboa (e, por meio de carta régia, à Bahia) de que na Inglaterra e na Holanda a WIC preparava uma nova frota, e toda a costa portuguesa na América precisava manter-se em alerta.[99]

A OFENSIVA HOLANDESA EM PERNAMBUCO

Apesar do revés em Salvador, os navios da WIC continuaram a cruzar o Atlântico, em busca de presas entre as embarcações de Portugal e Espanha. As frotas holandesas dividiam-se em grupos para explorar áreas diferentes da África Ocidental, da costa do Brasil, do mar do Caribe, de maneira que o oceano parece infestado deles. Há mesmo ocasiões em que expedições diferentes encontram-se ao acaso em algum local. Embora nem sempre tenham sido vitoriosos, os holandeses assaltaram praças coloniais em ambos os lados do Atlântico, assediaram e capturaram o quanto puderam da navegação ibérica, reconheceram a topografia dos litorais e os melhores portos para aguada e abastecimento. O ápice seria a captura da frota que transportava a prata americana para a Europa, derrotada pela armada de Piet Heyn, na Baía de Matanzas, Cuba, em setembro de 1628.[100] Na espuma dos navios da Companhia, enquanto se batiam com os galeões de Espanha, abriam-se os espaços para outras expedições, para britânicos e franceses, ou mesmo para a pirataria miúda, o que viria a transformar a geografia colonial (sobretudo, no Caribe) com o passar dos anos.

A costa do Brasil e a navegação portuguesa não escaparam da conjuntura. Ainda em 1625, a esquadra de oito navios de Piet Heyn retornou da costa africana sem conseguir a conquista de Luanda, em Angola (muito melhor guarnecida do que de início os holandeses imaginavam). Depois de passar pelo Congo e abastecer-se na ilha do Ano Bom, na Guiné, o almirante decidiu voltar ao Brasil para averiguar a situação de Salvador e fazer presas entre as embarcações portuguesas. Em março, assaltaram a capitania do Espírito Santo, mas foram rechaçados na Vila de Vitória. Alertados da presença do inimigo, os portugueses (entre eles, um destacamento de 200 homens sob o comando de Salvador Correia de Sá e Benevides, que estava a caminho de Salvador e encontrava-se ali por acaso), levaram um morteiro de bronze da praia para uma passagem estreita na vila, onde emboscaram a tropa da Companhia.[101] Os holandeses ainda trocariam disparos

99 Capítulo de carta régia de 19/05/1626, AHU, Bahia, série Luísa da Fonseca, cx. 3, doc. n. 426.

100 Laet, "História", *op. cit.*, livros II-VI.

101 Requerimento de Gervásio Leitão de Braga, 27/07/1636, AHU, Bahia, série Luísa da Fonseca, doc. 732. Segundo José Hygino, o capitão-mor Francisco de Aguiar Coutinho não teria condições de resistir ao ataque, não fosse a auspiciosa presença desse destacamento do Rio de Janeiro.

com a vila, e teriam uma pequena expedição dizimada por indígenas, antes de se dedicar ao mapeamento dos baixios e das possibilidades da região. Depois de capturar um navio com açúcar do Rio de Janeiro, em abril a esquadra de Piet Heyn alcançou a Bahia, onde puderam assistir de longe o bombardeio da cidade de Salvador pelo exército de D. Fadrique. Ciente de que uma armada da WIC estava a caminho, os navios patrulharam o litoral até Pernambuco, com esperança de fazer contato. Em maio, com notícia da rendição, Piet Heyn decidiu fazer a viagem de volta à Holanda.[102]

A frota da Companhia, como vimos, chegaria no dia 23. Sem condições de enfrentar as armadas de Portugal e Espanha, o almirante Boudewijn Hendricksz procurou outro ponto no litoral para abastecer. Cinco léguas ao norte da Paraíba, os holandeses encontraram refúgio na Baía da Traição, onde foram recebidos pelos potiguares, que andavam em revolta contra o domínio português.[103] Entenderam-se bem, e desse contato iniciou-se uma das alianças entre neerlandeses e ameríndios, que seriam fundamentais aos projetos futuros da WIC. Embarcaram aos Países Baixos os chefes Pedro Poti e Antônio Paraupaba, entre outros. Depois da aguada e algumas semanas de reconhecimento da região, destacaram-se uma esquadra para a costa africana e alguns navios para manter patrulha na costa brasileira, enquanto o resto da frota partiu para as Caraíbas, em agosto.[104]

Meses depois, em abril de 1626, chegavam à costa do Brasil mais duas naus de corsários da Companhia, sob o capitão Thomas Sickes. Deram caça a embarcações carregadas de vinho da Madeira, açúcar das capitanias do Brasil ou tumbeiros com escravos africanos, capturando as embarcações que podiam, afundando outras. Ao dia 20, reuniram-se com outros dois corsários e entraram na Baía de Todos os Santos, sem lograr nenhum intento contra a cidade. Uma quinta embarcação se reuniu às anteriores, e em maio rondaram a costa de Pernambuco. Na manhã do dia 21, Sickes "avistou cinco velas, que de mar em fora vinham contra ele, e supondo ser o bispo, que os portugueses esperavam todos os dias de Portugal, levou âncora e se apercebeu para o combate". Ao se aproximar, entretanto, constatou que eram mais cinco navios da WIC. O grupo voltou a se espalhar por aquela costa, enquanto alguns velejaram para o Caribe ou a África, usando a ilha de Fernando de Noronha para o "refresco".

---

102 Laet, "História", *op. cit.*, p. 82-3.

103 Regina Célia Gonçalves. *Guerras e açúcares: política e economia na Capitania da Parayba, 1585-1630.* Bauru: Edusc, 2007, p. 83-5.

104 *Ibidem*, p. 93-4; Assento que se tomou sobre os índios da Paraíba e Rio Grande, 09/01/1628. DHBN, v. 15, p. 174-9.

Thomas Sickes partiu para Serra Leoa.[105] Sua história aparece aqui como ilustração da superioridade naval holandesa, o que, durante aqueles anos, reduziria seriamente a navegação entre os portugueses e suas colônias americanas. No primeiro semestre de 1626, por exemplo, os lisboetas calculavam que apenas vinte embarcações chegaram do Brasil, de um trânsito que normalmente seria bem maior que uma centena.[106] Para os anos seguintes, Johannes de Laet registra expedições de Dirck van Uytgeest e de Adriaen Pater. Houve ainda a efêmera ocupação da Ilha de Fernando de Noronha por Cornelis Jol, o "Pé de Pau", em 1629. Ali, o holandês tentou estabelecer uma povoação, mas foi expulso da ilha por um contingente português enviado de Pernambuco.[107]

Entre todas as expedições, aquela que mais causou embaraço à Bahia certamente foi a de Piet Heyn, em 1627. Suas treze embarcações atingiram a Baía de Todos os Santos no dia 3 de março.[108] Avisados com certa antecedência, os portugueses tiveram o tempo de agrupar as embarcações na praia para se defender. Isso, porém, não impediu o assalto do holandês. Heyn ignorou a artilharia dos fortes e arremeteu-se, com sua almiranta, entre as embarcações ancoradas. Isso, sem mais, num misto de cálculo audacioso e desprezo pela vida, sua e de seus homens. A nau foi inteira varejada de tiros, mas logrou tamanha confusão na praia, metido entre os navios de Portugal, que os dali se viram atingidos por sua própria artilharia. Um dos navios afundou, e as demais tripulações fugiram a nado. Debaixo do fogo intenso, os holandeses, com batéis, tomaram posse dos 22 navios lusitanos e fizeram vela, a todo pano, para fora da enseada. Por azar, a almiranta de Piet Heyn encalhou num banco, ainda no alcance da artilharia portuguesa. No dia seguinte, os holandeses perderiam um navio e muitas vidas no malogrado esforço de pôr a nado aquela nau. Depois do assalto, mandaram-se a Amsterdam quatro das embarcações capturadas, com 2.654 caixas de açúcar – algo como a sexta parte da produção anual do Recôncavo –, tabaco, couros, algodão, ouro e prata, mesmo alguns nacos de pão-santo.[109]

105 *Ibidem*, p. 131-135.

106 Mello. *Olinda restaurada*, p. 223.

107 Sebastião da Rocha Pita. *História da América portuguesa* (1730). Belo Horizonte: Itatiaia, 1976, p. 118.

108 Segundo Johannes de Laet (*op. cit.*, p. 147); veja-se também Hessel Gerritz ("Curto relato dos bem-sucedidos feitos do valente Pieter Pieterz. Heyn comandando oito navios e cinco patachos da Companhia Privilegiada das Índias Ocidentais de março a junho de 1627 no Brasil, na Bahia e arredores da cidade de Salvador" (1628). In: Joaquim de Sousa Leão. *Salvador da Bahia de Todos os Santos*: iconografia seiscentista desconhecida. Amsterdam: Meulenhoff, 1957)

109 Laet, "História", p. 146-8.

A esquadra holandesa permaneceu na baía, fazendo reparos, desfazendo-se dos navios capturados que não interessavam, distribuindo o butim. Quatro velas foram designadas para impedir que qualquer navio saísse de Salvador e alertasse os mercantes que chegavam da ameaça. Assim, os holandeses ainda capturaram dois tumbeiros que atravessaram a barra, desavisados. Piet Heyn ainda tentou o diálogo com o governador, Diogo Luís de Oliveira, pois não tinha interesse na população escrava que havia capturado. No entanto, a resposta do português foi "mui arrogante" – provavelmente, estranhavam-se o pragmatismo neerlandês com a teatralidade ibérica. Mas talvez o governador calculasse que Piet Heyn não teria como vender ou transportar a "mercadoria", e de fato os escravos foram deixados em Itaparica dias depois.

Ao fim do mês, a esquadra deixou a Bahia para as partes do Sul. Por algumas semanas, velejaram pela costa. No paralelo 24, tomaram duas embarcações que vinham do Rio de Janeiro, pelas quais souberam que havia apenas um navio carregado na capitania e que estava bem defendido. Foi o suficiente para demover Piet Heyn de um ataque. O almirante voltou-se então para o Espírito Santo, que já conhecia. Com os iates menores da esquadra, os holandeses ameaçaram atacar a povoação, mas sua intenção era "trazer o inimigo entretido lá em cima, enquanto os nossos desembarcavam em um vale, onde abundavam os limoeiros e laranjeiras". Depois de 24 dias naquele porto, abastecidos com cinco meses de provisões e água doce, deixaram os prisioneiros portugueses em terra e fizeram vela para nordeste.[110] Em junho, Piet Heyn dividiu sua força em três esquadrilhas, enquanto ele mesmo voltava à Bahia, com algumas velas de menor porte. Dominando a baía, foi informado por uma barca que transportava couro e açúcar que haviam navios carregados escondidos no rio Pitanga. Um destacamento de iates subiu o rio em sua busca, a despeito dos ataques que vinham de terra. Por uma semana o corsário forçou passagem pelos meandros e, por pouco, escapou de uma armadilha, encouraçando seus batéis com o couro que havia saqueado. Não obstante a resistência, Piet Heyn conseguiu tomar duas das naus escondidas, com 850 caixas de açúcar. Ao dia 18, os holandeses deixaram a Bahia, mas continuaram a patrulhar a costa. Abasteceram-se em Fernando de Noronha, em fins de julho e agosto, para retornar à Europa ao dia 26.[111]

Em Amsterdam, a captura da frota da prata havia rendido a enorme fortuna de 11 milhões de florins para os cofres da Companhia, mais do que compensando a derrota em Salvador. Mas deve-se ressaltar que a pirataria sobre a navegação de açúcar,

---

110 Laet, "História", p. 148-9.

111 *Ibidem,* p. 150-3.

naqueles anos, também havia capturado algo como 40.000 caixas de açúcar brasileiro, avaliadas em 8 milhões de florins – um valor indicativo do tamanho da riqueza
produzida naquelas colônias. Todavia, a WIC ainda precisava realizar-se como empreendimento mercantil, a contribuir para a posição das Províncias Unidas no comércio internacional. Com a riqueza adquirida foi possível financiar uma nova empresa
de conquista e colonização: desta vez, o alvo seria Pernambuco. A direção avaliava
(corretamente), que devido à má situação dos espanhóis nos Países Baixos e na Guerra
de Mântua, somada à bancarrota de 1627 e à perda da frota da prata, sua capacidade
de atuação nas colônias sul-americanas estaria bem reduzida. Ademais, esperava-se
que Pernambuco, por ser capitania donatarial, e não pertencer diretamente à Coroa,
não receberia de Filipe IV a mesma atenção que a Bahia.[112] Em poucos meses, a WIC
reuniu uma força de 65 embarcações, 1.170 peças de artilharia e 7.280 homens em
armas, enquanto combatia os boatos de que haveria paz com os espanhóis – segundo
um panfleto da época, a continuidade da guerra era "questão de vida e morte para
a Companhia".[113] A armada partiu de Amsterdam ao fim de junho, início de julho.

A par da ameaça, o governo de Madri estava longe de possuir os meios para
uma força naval com as mesmas proporções. Houve quem clamasse, sobretudo em
Portugal, pelo apresto de outra armada como a Jornada dos Vassalos. Entretanto,
Filipe IV e Olivares podiam apenas esperar que a população em armas na colônia
lograsse impedir ou retardar o avanço holandês. A tarefa foi confiada a Matias de
Albuquerque, irmão do donatário de Pernambuco. Na colônia, a notícia chegou por
uma caravela, em meados do ano, junto com uma carga de munições e uma pequena
companhia de 27 homens.[114] Da Bahia, o governador Diogo Luís de Oliveira despachou o sargento-mor do presídio baiano, Pedro Correia da Gama, para cuidar da fortificação de Olinda. Matias de Albuquerque chegaria alguns meses depois, com três
caravelas de socorro. Até então, a guarnição da cidade contava 130 soldados pagos.[115]

A armada da Companhia despontou no horizonte pernambucano a 14 de fevereiro de 1630. A gente de mar e os vasos de guerra maiores, sob o comando de Hendrick
Loncq, rumaram para o Recife, mas foram contidos na embocadura do porto, onde

112 Israel. *Dutch primacy*, p. 162; Evaldo Cabral de Mello. *O Brasil Holandês*. São Paulo: Penguin Classics,
2010, p. 53.

113 Wätjen. *O domíno colonial hollandez*, p. 95.

114 *Relación verdadera de las causas por que los holandeses gañaron a esta prassa de Pernambuco*, c. 1637,
BNL, Mss. 201, n. 1.

115 Carta de S.M. a Diogo Luís de Oliveira, 03/08/1629. DHBN, v. 15, p. 333; Manuel Calado. *O valeroso
lucideno e triunfo da liberdade* (1648). Belo Horizonte: Itatiaia, 1987, p. 49.

a população havia afundado sete navios que obstruíam a passagem. O exército, então composto por 2.400 homens comandado por Diederik van Waerdenburch, desembarcou no Pau Amarelo. No dia 16, sua força avançou contra a cidade, enfrentando a resistência de aproximadamente 1.800 homens, entrincheirados à margem do rio Doce (mais o fogo que recebia de inimigos esparsos, escondidos na mata, ao seu flanco). Depois de vencido aquele "combate encarniçado, com grande número de mortos e feridos", os holandeses marcharam incólumes para a ocupação de Olinda, rapidamente abandonada pelos portugueses.[116] Assim como Salvador, um dia de luta fora suficiente para ocupar a praça – com a diferença, talvez, de que a memória do que havia acontecido em 1624, bem como o bloqueio do acesso ao Beberibe e o Capibaribe (mais seguros para a hinterlândia açucareira do que o Recôncavo, naturalmente aberto) possivelmente favoreceram a organização do contingente de colonos que defendeu a trincheira no rio Doce.

Por duas semanas, os portugueses ainda resistiriam no Forte do Mar, em Recife. Contudo, diante da posição inimiga e do número de deserções entre os seus, Matias de Albuquerque decidiu pelo incêndio das casas e armazéns, com toda a mercadoria, para atingir a Companhia no bolso. Segundo o testemunho de um soldado da WIC, além de tabaco, víveres e vinho, foram 15.000 caixas de açúcar destruídas (um número provavelmente exagerado). Algumas foram jogadas na entrada do porto, para incrementar a obstrução, mas o açúcar se perdeu no mar salgado, e as caixas, vazias, boiaram ao sabor da maré.[117] O bombardeio flamengo levou à rendição do Forte, seguida da ocupação da Ilha de Antônio Vaz, no início de março. Nos meses seguintes, a resistência portuguesa passaria a ser organizada a partir do Arraial do Bom Jesus, à montante do Capibaribe, de forma a impedir o acesso dos holandeses à hinterlândia açucareira. Assim como havia acontecido na Bahia, o invasor fortaleceu o Recife e a Ilha de Antônio Vaz (Olinda seria abandonada e destruída, em dezembro de 1631), para impedir a aproximação de ataques e escaramuças do defensor. Mas encontrava-se novamente isolado, sem nenhuma fonte de abastecimento além da navegação transoceânica.

Desta vez, entretanto, não haveria em Portugal e Espanha meios de reunir uma armada de restauração como a de D. Fadrique, nem com os mesmos números, nem com a mesma velocidade. A WIC, por sua vez, armou um reforço de 16 embarcações, que arribou em Recife já em abril de 1631, sob o comando de Adriaen Pater e Marten Thijssen – a essa altura, tinha à sua disposição no Brasil aproximadamente 4.000

---

116 Mello. *O Brasil Holandês*, p. 55-6.

117 *Ibidem*, p. 57-69.

homens de terra e 2.000 homens de mar. As Coroas ibéricas conseguiram reunir 27 vasos de guerra, com 440 canhões e 5.000 homens aproximadamente, comandados por D. Antônio de Oquendo. Todavia, acreditava-se em Madri que a cidade de Salvador poderia já estar sitiada pelos holandeses. Assim, suas ordens eram, em primeiro lugar, navegar em direitura à Bahia e aliviar suas defesas, para depois combater a força naval em Recife e reforçar a resistência em Pernambuco.[118] Em julho, chegaram a Salvador, que foi reforçada com um terço de infantaria adicional, o Terço Novo, e agora passaria a ser defendida por um presídio de aproximadamente 2.000 homens. Depois de abastecida a armada, Oquendo partiu de Salvador para Pernambuco, até que em setembro tiveram vista da frota da WIC. Seguiu-se então uma luta sangrenta, a bordo dos principais navios de ambas as frotas. Pater foi morto, mas não houve verdadeiramente uma vitória espanhola. Ambos os lados perderam suas melhores belonaves, e a batalha cessou. Os espanhóis ainda desembarcaram armas, artilharia e algo em torno de 800 homens para a resistência, inclusive um terço napolitano comandado por Giovanni de San Felice, o Conde de Bagnuolo. Oquendo quedou-se na Baía da Traição, para a aguada, depois partiu para a Europa.

Na impossibilidade de se derrotar a marinha holandesa em Recife, os defensores podiam apenas manter o *status quo*, o que chamavam eufemisticamente de "guerra lenta".[119] O exército da Companhia só poderia ser levado à rendição caso o porto fosse bloqueado, do contrário permaneceria abastecido, ainda que parcamente. De fato, os primeiros anos da ocupação foram de escassez e insalubridade. Waerdenburch direcionava suas forças contra as demais praças-fortes de Portugal naquela costa. Na Paraíba, no Rio Grande do Norte e no sul de Pernambuco, assaltos holandeses foram por várias vezes rechaçados. O mais que conseguiram foi uma cabeça de ponte em Itamaracá, onde ergueram o Forte de Orange. Em 1632, porém, a guerra começou a mudar de figura. Ao mês de abril, apareceu em Recife Domingos Fernandes Calabar, o mal-afamado traidor das interpretações ufanistas desta história. Sua figura, no entanto, mostra a ampliação do colaboracionismo em geral, entre os colonos, e a crescente disposição em dialogar com o invasor. Em maio, com o ataque à vila de Igaraçu, mudam também as prioridades de Waerdenburch. Segundo Evaldo Cabral,

118 Charles R. Boxer. *The action between Pater and Oquendo, 12 September 1631*. Londres: [s.n.], 1959.

119 Duarte de Albuquerque Coelho. *Memórias diárias da guerra do Brasil, 1630-1638*. Recife: Secretaria do Interior, 1944, p. 47.

os holandeses adaptavam-se à "guerra brasílica", na medida do possível, e deu-se início a uma estratégia de contraguerrilha.[120]

Com embarcações pequenas, transitavam rapidamente do litoral para o interior, por meio dos rios da região, atacando vilas e fazendas além do cordão imposto pelo adversário. Com isso, acertava-se as fontes de abastecimento e o apoio da população às forças da resistência. As forças da resistência sentiram o golpe. Na prática, os ataques mostravam aos colonos o quanto estavam efetivamente à mercê das armas holandesas, desmoralizando os homens de Bagnuolo e Albuquerque. Embora continuassem a defender o Arraial do Bom Jesus contra as investidas do exército da WIC, perdiam apoios na retaguarda. Em março de 1633, caiu o Forte dos Afogados, a sudoeste da Ilha de Antônio Vaz, o que rompia o cordão de isolamento montado pela resistência. Em novembro, os holandeses entraram em contato com "o Rei Janduí", chefe dos tarairiús, que junto aos cariris eram hostis à presença portuguesa, no Rio Grande do Norte. Logo em seguida, o Forte dos Reis Magos capitulou. Em dezembro de 1634, já com o polonês Crestofle Arciszewski e o alemão Sigismund von Schkoppe no comando, deu-se a tomada do Forte de Cabedelo e a conquista da Paraíba.

Ao mesmo tempo, a consolidação da presença holandesa liberava a marinha da Companhia para o corso na costa do Brasil. Durante os primeiros anos da invasão, a navegação portuguesa com a Bahia e o Rio de Janeiro gozou de relativa tranquilidade. É plausível supor, inclusive, que ao menos uma parcela do capital comercial que circulava o açúcar pernambucano tenha se dirigido para as capitanias ao sul, que assim podem ter sido beneficiadas. Segundo Wätjen, depois da retirada da frota de D. Antônio de Oquendo, um total de 12 velas deixou o Recife para patrulhar o oceano.[121] Nos anos que se seguiram, as embarcações portuguesas apresadas na rota do Brasil passaram de 14 a mais de 60. A escalada nas atividades dos corsários estabelecidos em Recife levou o governador Diogo Luís de Oliveira a suspender todas as saídas do porto de Salvador, entre 1634 e 1636 – medida que, entretanto, foi amplamente criticada, tanto em Portugal quanto na Bahia. Por quase dois anos, o açúcar praticamente não saiu da capitania.[122]

Em Pernambuco, após a queda da Paraíba e o acordo de paz oferecido pela Companhia a seus moradores, o fim da resistência tornou-se uma questão de tempo.

---

120 Mello. *Olinda restaurada*, p. 62 e segs.

121 Wätjen. *O domíno colonial hollandez*, p. 115.

122 Carta da Câmara de Salvador a S.M., 21/01/1635, AHU, Bahia, série Luísa da Fonseca, doc. 546; Mello. *Olinda restaurada*, p. 449.

Seis meses depois, em junho de 1635, o Arraial do Bom Jesus e o Forte do Pontal de Nazaré, no Cabo de Santo Agostinho, foram simultaneamente sitiados e ocupados pelo exército da WIC. Com isso, toda a várzea do rio Capibaribe, a área mais rica de produção de açúcar da capitania, passou ao controle holandês. O governo em Recife procurou ampliar os laços com os senhores mais influentes da região, e os mesmos termos oferecidos para os moradores da Paraíba foram estendidos a todos nas colônias do Rio Grande do Norte a Pernambuco: liberdade de religião; defesa da propriedade; tutela militar, contra os espanhóis ou quaisquer outros; ausência de recrutamento obrigatório; manutenção da cobrança dos dízimos; igualdade de tratamento, pela justiça, entre "holandeses, portugueses e naturais"; e, finalmente, "poderão usar livremente armas ofensivas ou defensivas, mosquetes e outras, por causa dos bandidos, negros e outros inimigos".[123]

Matias de Albuquerque decidiu mover-se, com seu séquito, para a Bahia. Começou então a emigração em massa daqueles que não aceitaram, ou não puderam aceitar, a soberania da WIC (ainda que alguns dos moradores já houvessem se retirado para o sul depois de 1632, quando começaram as incursões sobre as fazendas da capitania). Também o provincial da Bahia, Domingos Coelho, ordenou a retirada para Salvador dos jesuítas, deportados pelo governo do Brasil Holandês. Todos passaram "por caminhos nunca usados, sem mantimentos e com muita quantidade de enfermos, velhos e meninos, impossibilitados a semelhante jornada, a vieram fazendo com tantos trabalhos e fomes que foi particular concorrência de Deus poderem haver trazido tanta gente mais de 50 léguas (*sic*) de áspera peregrinação".[124] Nesse ano, os emigrantes estiveram entre 7 e 9 mil pessoas; pouco mais da metade eram índios dos aldeamentos. Em 1636, retirou-se para a Bahia parte da população da capitania de Itamaracá, 2.500 pessoas (1.500 negros e índios), com escolta da companhia de Antônio Filipe Camarão.

Alguns tiveram tempo para se organizar, levar o que podiam e enterrar o que não podiam: em Serinhaém, os moradores destruíram os engenhos.[125] Mas houve quem partiu "entre aflição e miséria, deixando em poder do inimigo seus engenhos, canaviais, casas de purgar cheias de açúcar, suas roças, seus gados, todo o meneio de suas casas, e seus escravos, os quais nesta água envolta lhe fugiam quase todos, por se livra-

---

123 Mello. *O Brasil Holandês*, p. 125-8; veja-se, também, Wätjen, p. 130.

124 Certidões abonando o procedimento dos jesuítas, 15/03/1641, AHU, Bahia, série Luísa da Fonseca, cx. 3, doc. 927.

125 Mello, *Olinda restaurada*, p. 219-20; Duarte de Albuquerque Coelho, *Memórias diárias da guerra do Brasil, 1630-1638*. Recife: Secretaria do Interior, 1944, p. 205.

rem do trabalho".[126] Para Duarte de Albuquerque Coelho, o donatário da Capitania, quem mais sofria eram os senhores de escravos, que "sempre passavam pior, porque trazendo consigo a maior parte de seus negros e não tendo ainda tempo de fazer as plantações de mandioca e outros alimentos, viam-se na obrigação de sustentá-los, crescendo com isso cada dia a fome, sem acharem meios de remediar-se".[127] A retirada, assim como a guerra de Pernambuco em geral, representava uma chance particular de liberdade para a população escrava.

Na passagem por Alagoas, em agosto de 1635, o exército de Matias de Albuquerque tomou a vila de Porto Calvo, que estava fortificada e guarnecida por um destacamento holandês. Ali, foi rapidamente preso e morto o Calabar, antes que espalhasse o que sabia sobre as relações de pessoas importantes da capitania com o invasor.[128] Sem os meios de defender aquela posição, os portugueses então arrasaram e abandonaram a vila. Não obstante, foram muitos os que permaneceram nas Alagoas, à espera da armada espanhola que sabia-se estar a caminho; entre eles, o terço napolitano de Bagnuolo.[129] Contudo, mais uma vez a força enviada de Portugal e Espanha era muito inferior ao necessário para reverter a situação. Em dezembro, o contingente de infantaria foi desembarcado em Jaraguá, às ordens de D. Luís de Rojas y Borja. Mas chegou tão desabastecido que não deixava outra opção além de um confronto desfavorável com o exército holandês que se aproximava. Na batalha da Mata Redonda, em janeiro de 1636, as armas de Filipe IV foram novamente derrotadas, e Rojas y Borja morreu, por um disparo de fogo amigo. O comando do exército foi assumido pelo Conde de Bagnuolo, que procurou se restabelecer em Porto Calvo. A vila localizava-se em região particularmente bem abastecida de víveres, e acolheu o exército ibérico até que as forças da WIC estivessem dispostas a um novo confronto.

Em janeiro de 1637, chegou para governar a "Nova Holanda" o Conde alemão João Maurício de Nassau-Siegen, com um novo reforço de homens e petrechos. Logo no início de fevereiro, Nassau atacou o exército português, no Porto Calvo. Ainda que em número inferior, as forças de Bagnuolo resistiram por duas semanas, até que fossem desalojadas. Ao Conde napolitano, não restou alternativa além da retirada para a Bahia. Uma parcela que ali restava de moradores irredutíveis acompanhou o

---

126 Calado. *O valeroso lucideno*, p. 66.

127 *Ibidem*, p. 214.

128 Mello. *Olinda restaurada*, p. 245-6.

129 Coelho. *Memórias diárias*, p. 182-203.

exército – seis mil pessoas ao todo, "não sendo poucos dos mais nobres".[130] O exército passou as Lagunas e, a 8 de março, rumou para o rio São Francisco, onde pretenderam levantar um forte. Porém, com o Conde de Nassau no seu encalço, Bagnuolo decidiu pela travessia. Ao fim do mês, assentava-se em Sergipe D'El Rey.

Meses depois, diante da ameaça de nova ofensiva holandesa, o exército de Pernambuco finalmente passou a Salvador. Ainda que estivessem desmoralizados pelo "excesso de retiradas", os portugueses e Bagnuolo avaliaram que o melhor era se reunir às defesas da cidade. A última retirada começou a 7 de novembro. "Renovou-se a dor aos pobres moradores, que já tinham suas choupanas e plantações junto à cidade de Sergipe; ao assoalhar-se a retirada do Conde, por serem obrigados a segui-lo, estando a maior parte deles impossibilitados de o fazer, porque a uns tinham morto os negros sem os quais mal se pode viver no Brasil, a outros os cavalos e bois, e muitos os haviam vendido para sustentarem-se".[131] Entraram a Salvador no dia 15 de dezembro de 1637. Um ano e meio depois, outros três mil habitantes da área meridional de Pernambuco agregaram-se à coluna de Luís Barbalho Bezerra, que atravessava o Nordeste em direção a Bahia. Evaldo Cabral de Mello estima, para o total do movimento migratório, entre sete e oito mil moradores livres, brancos e mestiços, e quatro mil negros escravizados.[132]

Ao mesmo tempo, durante o ano de 1637, o Conde de Nassau consolidava a conquista holandesa. A economia açucareira já se recuperava da guerra, e o volume de exportações havia atingido 4.700 caixas em 1636. Os engenhos abandonados (a "fogo morto") eram postos a leilão, e reativados por uma nova classe de senhores de engenho, recrutada também entre holandeses, mas sobretudo entre portugueses que haviam aderido ao domínio da WIC. As tachas, moendas e lavouras em atividade exigiam mais braços para o trabalho – "sem Angola, não há Brasil", dizia Antônio Vieira. Assim, em julho, a marinha holandesa empreendeu a conquista do Forte de São Jorge da Mina, na costa ocidental do Golfo da Guiné, abrindo o comércio de escravos para a Companhia (e este seria o seu principal negócio por muito tempo, até depois de 1654). Continuaram os ataques ao longo do litoral da Bahia, do Recôncavo a Ilhéus. Em outubro, os holandeses tomaram o pequeno reduto português no Ceará. Em Alagoas e Sergipe, ações cruzadas em ambos os lados do São Francisco levam ao arrasamento da terra. A vila de

130 *Ibidem*, p. 259.

131 *Ibidem*, p. 267 e segs.

132 Consulta do Conselho Ultramarino, 08/05/1645, AHU, Bahia, série Luísa da Fonseca, cx. 10, doc. 1113; Mello, *Olinda restaurada*, p. 219-220.

Sergipe D'El Rey foi destruída. A terra de ninguém que se tornou a região, mais um forte holandês em Penedo, constituíram a aposta de Nassau para a segurança daquela fronteira, porquanto durasse a presença portuguesa na Bahia.

A fronteira, porém, não seria suficiente. Para os diretores da WIC, enquanto os espanhóis mantivessem o posto em Salvador, o Brasil Holandês não estaria seguro. "Era ali, diziam eles, o principal refúgio dos portugueses; era ali que se dava a máxima atenção à resistência contra o invasor e à honra do Rei da Espanha; em nenhuma outra parte havia mais engenhos de açúcar e presa mais rica; com aquela vitória poderia o Brasil, dentro em breve, estar todo sujeito à Holanda, e nenhuma outra cidade galardoaria mais dignamente os vencedores e causaria danos mais certos aos adversários".[133] Segundo Adrian van der Dussen, "a experiência nos ensinou que a conquista do Brasil é permanentemente ameaçada pelos da Bahia de Todos os Santos, e enquanto os espanhóis forem senhores da Bahia terão sempre muitas oportunidades para nos molestarem, tanto por terra, como por mar".[134] Entretanto, a Companhia economizava nos recursos, deixando pouco para que Nassau pudesse empreender o sítio de Salvador. Em carta a Amsterdam, pedia um reforço de 3.600 homens, com o que somaria uma força de 7.000 para o ataque. Segundo ele, não era momento para hesitações e economias por parte da Companhia: "A sorte está lançada: passamos não o Rubicão, mas o Oceano". Mesmo sem ser atendido, em abril de 1638, Nassau deixou o Recife com 3.400 infantes, acompanhado de 1.000 índios "brasileiros", em 22 embarcações, para novamente tentar a conquista da Bahia.[135]

O vento forte atrapalhou ligeiramente o desembarque, uma parte do contingente foi a terra nos arredores do rio Vermelho (o que seria visto por alguns como uma manobra de diversão). A força principal fundeou, a 14 de abril, na ponta da Ribeira (ou "Ribeira das Naus", onde se dava carena às embarcações), próximo à foz do rio Pirajá, ao Norte da cidade. Em alguns dias, foram tomados os fortes portugueses na

---

133 Gaspar Barleus. *História dos feitos recentemente praticados durante oito anos no Brasil etc.* (1647). Trad. Claudio Brandão. Rio de Janeiro: Ministério da Educação, 1940. É de se considerar que o autor, ao colocar a responsabilidade pelo ataque a Salvador de 1638 nas mãos da direção da *WIC*, buscasse assim livrar o conde de Nassau de culpa pela derrota. O mesmo motivo, de proteger João Maurício, pode pôr em dúvida outras partes do relato de Barleus.

134 Adrian Van Der Dussen. *Relatório sobre as capitanias conquistadas no Brasil pelos holandeses, suas condições econômicas e sociais.* Rio de Janeiro: Instituto do Açúcar e do Álcool, 1947, p. 137.

135 *Ibidem*, p. 89-90. Segundo uma fonte portuguesa, o exército holandês contava com 6.000 homens, em 30 velas (Requerimento de Manuel Rodrigues, 04/01/1642, AHU, Bahia, série Luísa da Fonseca, cx. 8, doc. 947). O provedor-mor, em Salvador, estimava esse exército em 7.500 homens (Pedro de Cadena Vilhasanti, *Relação diária do cerco da Baía de 1638.* Lisboa: [s.n.], 1941, p. 18).

ponta de Itapagipe. Na cidade, onde já se esperava o ataque holandês havia algumas semanas, estavam os dois terços do presídio mais o exército retirado de Pernambuco, com pelo menos 3.800 homens.[136] Depois de alguns dias fora de vista, o exército de Nassau marchou até um outeiro diante da Porta do Carmo, e ali armou três baterias de canhão. Sabia-se que o Conde de Bagnuolo andava em conflito com o governador, Pedro da Silva, por conta de soldos não pagos e irregularidades na distribuição do pagamento, coisa que causava revolta e facção no contingente português. A esperança de Nassau era explorar essa fraqueza, aguçando-a com o assédio à cidade e a escassez.[137]

Porém, com efetivos insuficientes, não foi completo o cerco. Para tanto, Nassau teria que dividir sua força, e facilmente seria vencido por uma sortida do inimigo. Assim, a Porta de São Bento ficou livre do sítio. Por ali, a cidade continuou abastecida de gado, que vinha de uma propriedade beneditina em Itapoã. A farinha de mandioca continuou a chegar pelo porto, sem maiores problemas. Conta Antônio Vieira que nem sequer alteraram-se os preços, nas vendas da cidade.[138] O bombardeio da artilharia flamenga também não surtiu o efeito desejado: "uns [pelouros] caíam saltando, e rodavam furiosamente pelas ruas e praças, outros rompiam as paredes, outros destroncavam os telhados, despedindo outras tantas balas quanto eram as pedras e as telhas, e foi coisa verdadeiramente milagrosa, que a nenhuma pessoa matassem nem ferissem".[139] Segundo um soldado, o britânico Cuthbert Pudsey, os homens da Companhia não queriam estragar o butim, e por isso evitavam que o canhoneiro atingisse os navios e armazéns de Salvador.[140] A posição dos defensores era, portanto, confortável. O foco das atividades de defesa concentrou-se sobre o hornaveque na Porta do Carmo, que estava praticamente em ruínas. Ali se construiu uma trincheira, da porta até a passagem do dique, que recebeu o nome de trincheira de Santo Antônio. Enquanto isso, Bagnuolo mantinha uma companhia fora da cidade, à espreita do acampamento holandês, pronta a lhe distrair assim que engajasse em qualquer ofensiva. Durante as primeiras semanas de maio, holandeses e portugueses foram ocupando

136 Ata da Câmara de Salvador, 20/03/1638, DHAM: AC, vol. I, p. 356-7.

137 Diogo Lopes de Santiago, *História da guerra de Pernambuco e feitos memoráveis do mestre de campo João Fernandes Vieira etc.* (1650), Recife: Secretaria do Interior, 1943, p. 154; Ignacio Accioli, v. II, p. 13; Francisco A. Varnhagen, p. 175; Mello. *O Brasil Holandês*, p. 189.

138 Ignacio Accioli, v. II, p. 16; Antônio Vieira, *Por Brasil e Portugal*, p. 36-7.

139 Antônio Vieira. *Por Brasil e Portugal*: sermões comentados por Pedro Calmon. São Paulo: Nacional, 1938, p. 35; Coelho, *Memórias diárias da guerra do Brasil*, 1630-1638, p. 265.

140 Cuthbert Pudsey. "Diário de uma estada no Brasil". In: Leonardo Dantas Silva (ed.) *Brasil holandês*, Trad. Nelson Papavero. 3º vol. Petrópolis: Index, 2000, p. 133.

posições e levantando redutos ao Norte de Salvador, sem se bater abertamente. Aos poucos, o sitiante tornava-se o sitiado.[141]

Enquanto isso, o exército da WIC dedicava-se à captura de escravos das propriedades baianas. A Companhia oferecia aos soldados dezesseis patacas para cada escravo capturado, ou a metade para cada escrava, o que provavelmente faziam em bandos.[142] No dia 7, um desses cativos escapou do campo holandês, e informou que o moral daquela tropa estava fraco, que o Conde de Nassau "os vai entretendo" com assaltos ao Recôncavo.[143] Segundo outro escravo, o engenho de seu senhor, em Pernamirim, fora assaltado por trezentos holandeses, porém "tudo estava (escondido) no mato". Decepcionados, avançaram sobre o engenho de Santo Estêvão, onde foram rechaçados.[144] Os assaltos aos engenhos parecem ter durado por alguns dias, até que se levantou um reduto português, com o terço de Luiz Barbalho, muito próximo ao acampamento flamengo. Ao mesmo tempo, Nassau começou a dar pela falta de mantimentos, o que lhe forçava a tentar um ataque decisivo.[145] À noite do dia 18, após diversões contra o reduto de Luís Barbalho, lançou o grosso de seus homens à frente da trincheira de Santo Antônio. A multidão bateu-se em guerra através da noite, "chegando o inimigo a entrar nas nossas canhoneiras", mas a balança logo pendeu para os defensores, que estavam em melhor posição e desferiam golpes contra o flanco holandês. Pela manhã, houve trégua para contar os mortos: de holandeses, foram pelo menos algumas centenas.[146] Segundo a narrativa do confronto pelo próprio Conde de Nassau:

---

141 Coelho, *Memórias diárias*, 283-286.

142 Pudsey, p. 137. A tradução escreve "peça de oitava", mas suponho que deva se tratar de uma confusão com o inglês *piece of eight*, do autor, que na verdade é outro nome para o onipresente *real de a ocho* espanhol. Aqui, optamos por manter a denominação da moeda de prata que era costumaz no Brasil seiscentista.

143 Vilhasanti, *Relação diária*, 48.

144 *Ibidem*, 49-50.

145 Coelho, p. 288-90.

146 Vieira, *Por Brasil*, p. 34 e segs; Pedro Calmon. *História do Brasil*. Rio de Janeiro: José Olympo, 1959, v. 3, p. 611; Vilhasanti, *Relação diária*, p. 64 e segs; Certidão de Belchior Machado a Antônio de Souza Andrade, anexo a: Requerimento de Manuel Rodrigues, AHU, Bahia, série Luísa da Fonseca, cx. 8, doc. 947. Diz Pedro Cadena de Vilhasanti que, neste dia, entregaram-se 347 corpos a Nassau, "dos mais formosos homens que se viram nunca, que pareciam gigantes". Segundo a certidão de Belchior Machado, que capitaneava uma das companhias na trincheira, os holandeses deixaram mais de mil mortos no campo. A matemática melhorava com Pedro da Silva, o governador, que clamava a vida de 2.000 holandeses, enquanto só 200 dos seus haviam morrido. (Carta de Pedro da Silva ao rei, 12/06/1638, AHU, Bahia, série Luísa da Fonseca, cx. 7, doc. 799)

A 18 de maio, no hornaveque sobre a eminência do convento do Carmo, o inimigo, no propósito de garantir os seus defensores dos tiros da nossa artilharia, fez numa noite levantar de quatro pés toda a sua frente, de sorte que, com os seus mosquetes, não podia defendê-lo. Deliberei mandar atacá-lo e para este fim fiz seguir quatrocentos homens, com vinte granadeiros e duzentos sapadores, que chegando em frente à mesma obra deram no sopé do monte com uma grande emboscada inimiga de quatrocentos homens, através dos quais os nossos tiveram de abrir passagem pelejando e onde, no primeiro embate, tanto dos nossos como dos inimigos muitos pereceram. Tendo passado por entre estes quatrocentos homens, a nossa gente encontrou ainda uma forte guarda avançada de duzentos, bem debaixo da obra, que quase todos foram mortos, a menos que, lançando fora as armas, pedissem quartel. Enfim às oito horas da noite, com luar, os nossos assaltaram e levaram à escala o referido hornaveque, lutando por espaço de duas horas braço a braço com os contrários. […] Pela manhã, vimos que o caminho estava juncado de cadáveres de inimigos, de modo que não posso saber ao certo quanta gente perdeu. Mas, pelas informações dos desertores, devo julgar que caíram muitos mais dos contrários do que dos nossos.[147]

No testemunho de Nassau, o assalto no dia 18 parece mais resultado de sua análise do teatro de operações do que da atenção a sua reputação particular, como afirmaria o provedor-mor Pedro Cadena de Vilhasanti. Entretanto, é fato que o Conde (que já havia se destacado militarmente na reconquista de Schenkenschans, dois anos antes) precisava de uma grande vitória pessoal na guerra do Brasil, para consolidar sua liderança entre o exército e dobrar o conflito com os principais comandantes da conquista de Pernambuco, Arcizewski e Von Schkoppe. Ambos haviam sido francamente contrários à expedição contra Salvador, naquelas condições, e assim tornavam-se dois dos maiores rivais de Nassau no Brasil Holandês. Independente de suas motivações, também é difícil que a avaliação do Conde alemão tenha sido condizente com o resultado final do confronto. Àquela altura dos acontecimentos, "a desvantagem do inimigo [holandês] conhecia-se em todas as suas ações".[148] Depois de mais alguns dias de canhonaço (suficiente apenas para manter os portugueses na defensiva), Nassau aproveitou a chuva de 26 de maio para embarcar sua tropa despercebido. Segundo Pudsey, 1.500 soldados da Companhia

---

147 "Cartas nassovianas". In: *Revista do Instituto Arqueológico Pernambucano*, Trad. Alfredo de Carvalho. n. 56, 1902, p. 35-40.

148 Coelho. *Memórias diárias*, p. 294.

pereceram na expedição. Partiram dois dias depois, levando consigo 400 escravos capturados, mais o açúcar apreendido nos engenhos assaltados.[149]

A Bahia continuaria, portanto, a ser vista como a principal ameaça à consolidação do Brasil Holandês. A direção da Companhia orientava Nassau a "não dar aos baianos repouso e fazer de sentirem as próprias misérias. Deviam estes, portanto, ficar ocupados na terra e no mar, para não causarem danos, nem andarem de nos fazer violência, porquanto armados eram temidos, mas, inermes e inertes eram desprezados".[150] O razão mais imediata para o *delenda Bahia* era o assédio constante dos campanhistas, as tropas, em geral formados pela população colonial, que assediavam a hinterlândia do Brasil holandês. A fama guerrilheira da resistência deriva-se, em grande parte, desses bandos. Em Pernambuco, assim como em Salvador, estiveram presentes desde os primeiros tempos da invasão de Olinda, conduzindo a guerra de "brigas, emboscadas e escaramuças". Depois da derrota na Mata Redonda, a ordem da Coroa aos campanhistas era penetrar em território inimigo e pôr fogo no Brasil Holandês. Nisso ocupavam-se as companhias de André Vidal de Negreiros, Sebastião do Souto, Antônio Filipe Camarão e Henrique Dias. Houve quem optou por não se retirar à Bahia junto ao exército de Pernambuco, como Manuel Dias de Andrade, cuja companhia aparece na escolta de migrantes pela terra de ninguém das Alagoas, depois da passagem do exército de Bagnuolo.[151]

As campanhas apoiavam-se em Salvador, como quartel, e transitavam entre as capitanias por terra. Os destacamentos holandeses encarregados de vigiar a fronteira eram incapazes de impedir essa movimentação. Sebastião de Souto e doze homens seus, por exemplo, depois de um mês e meio na "campanha que foram a queimar os canaviais em Capibaribe", passaram à Bahia em 1638 para pelejar na defesa de Salvador. Trouxeram quatro cativos holandeses, do posto que Nassau erguera no rio São Francisco, para vigiar aquela fronteira.[152] Depois da retirada de Nassau, Bagnuolo continuou a despejar campanhistas em Pernambuco.[153] Segundo o depoimento do

149 Pudsey. "Diário". In: p. 137.

150 Barleus. *História dos feitos*, p. 90. Já em novembro, um engenho em Itapagipe foi saqueado por uma flotilha da *W.I.C.* (Coelho, *Memórias Diárias*, p. 298).

151 Diogo Lopes de Santiago, *História da guerra de Pernambuco e feitos memoráveis do mestre de campo João Fernandes Vieira etc.* (c1650). Recife: Secretaria do Interior, 1943, p. 150-1.

152 Consulta do Conselho da Fazenda, 12/06/1638, AHU, Bahia, série Luísa da Fonseca, cx. 7, doc. 802.

153 Portaria do governador Pedro da Silva, 01/07/1638, DHBN, v. 17, p. 80, AHU, Bahia, série Luísa da Fonseca, doc. 806; Treslado do assento que se tomou sobre a conservação desta praça da Bahia, 27/09/1638, AHU, Bahia, série Luísa da Fonseca, cx. 7, doc. 807.

coronel Arciszewski: "O inimigo é extremamente ágil. Esconde-se nos matos ou nos canaviais, obriga os habitantes a lhe fornecerem informações. (...) Conhecem perfeitamente as nossas fraquezas e sabem que não podemos carregar às costas provisões para mais de oito dias. A funesta escassez de provisões de boca está sempre a nos impedir o desferir golpes decisivos contra os saqueadores".[154]

Enquanto isso, as Coroas de Portugal e Espanha preparavam-se para lançar uma grande ofensiva contra o poder naval dos Países Baixos. Foi composta de duas armadas: uma para Flandres, onde enfrentaria o bloqueio de Dunquerque (que resultou em vitória holandesa, na Batalha das Dunas), e outra para Pernambuco, decidida a desalojar a WIC da colônia portuguesa. Com 38 velas e 5.218 homens de guerra (além da gente de mar), a armada foi confiada a D. Fernando de Mascarenhas, o Conde da Torre, e deixou a Península em setembro de 1638. Porém, na passagem pelo Cabo Verde (uma escala sempre insalubre), uma terrível epidemia dizimou um terço do contingente. Assim, combalidos, avistaram o Recife a 10 de janeiro de 1639, sem que a armada holandesa oferecesse resistência. Com o Brasil Holandês desguarnecido, Nassau tinha certeza de que, caso houvesse acontecido o ataque, não teria condições de resistir. Entretanto, o conselho de guerra do Conde da Torre decidiu (apesar de alguns protestos) que, naquele estado, doentes e desabastecidos, os espanhóis não teriam força para combater, e a frota rumou diretamente para a Bahia, de onde um novo ataque seria preparado.[155] Com isto, os homens de D. Fernando vieram a se somar ao presídio e ao exército de Pernambuco, sobrecarregando a cidade: os mantimentos se escassearam além do tolerável, a falta de alojamentos tornou-se crítica e a população sofria com as licenciosidades da soldadesca. Com o contingente desembarcado pela frota, mais três pequenas companhias enviadas do Rio de Janeiro e de São Vicente havia certamente mais de cinco mil soldados apinhados ali.[156]

Foram dez meses em preparativos para um novo ataque contra Recife. Ao longo desse tempo, intensificou a atividade dos campanhistas. O Conde da Torre recebia, em Salvador, ampla informação do estado de coisas do Brasil Holandês, por meio de três capitães de infantaria que, com perto de 300 homens, andavam em diferentes paragens. Um deles, o capitão André Vidal de Negreiros, enveredara-se até pouco

---

154 Wätjen, p. 135; veja-se, também: Van Der Dussen. *Relatório*, p. 138.

155 Boxer. *The Dutch in Brazil*, p. 86 e segs.; Antônio Vieira criticou muito esta decisão em seu "Sermão da Santa Cruz", de 30 de maio de 1639 (In: Vieira, *Por brasil e Portugal*).

156 Treslado do assento que se tomou sobre a conservação desta praça da Bahia, 27/09/1638, AHU, Bahia, série Luísa da Fonseca, cx. 7, doc. 807; Certificado da mostra geral do exército de 27/01/1639, BPA, Cód. 51-x-7, fl. 488-93.

mais de meia légua de Recife, distribuindo cartas do Conde da Torre para os senhores pernambucanos. Anos depois, Amador de Araújo lembraria que, naquele ano de 1639, "a campanha andava cheia de tropas da Bahia", movimento que também foi registrado por Francisco Dias D'Ávila, que de Sergipe abastecia os campanhistas em trânsito para Pernambuco.[157] Na Bahia, buscava-se recompor o exército, sobretudo pelo alistamento dos retirados de Pernambuco, e preparar as embarcações da armada, a despeito da grande a falta de material e artífices qualificados. Segundo o governador, porque "estes oficiais trabalhavam dois dias na semana, os quatro não trabalhavam e as férias levavam-nas por inteiro", graças à negligência do almirante Vega Bazán. Também era insuficiente o abastecimento de víveres na capitania, e só foi possível acumular mantimentos para o ataque depois da chegada de uma frota dos Açores, em outubro. Tudo foi conseguido com grande atraso, e o comando do inexperiente e indeciso Conde da Torre era entrecortado de brigas e inimizades.[158]

Acreditava-se que o Conde de Nassau dispunha de 6.000 homens, dos quais, subtraídas as guarnições dos fortes, ficavam 4.000 para buscar o português no campo de batalha. Em verdade, as forças da Companhia em Recife eram bem menores, devido à ordem de Amsterdam para ceder navios e infantaria a Cornelius Jol, que passara por Recife antes de tentar, mais uma vez, a captura a frota da prata espanhola. De fato, havia apenas 4.400 homens à disposição de Nassau, dos quais 1.200 foram necessários para a esquadra de Willem Loos, que defenderia o Brasil Holandês.[159] A estratégia adotada pelo conselho de guerra de D. Fernando começava com a intensificação da campanha na hinterlândia de Pernambuco, convocando a população portuguesa que permanecia "cativa" e distraindo as guarnições holandesas para o interior. A gente dos terços espanhóis partiria em transportes junto ao corpo principal da armada, que agiria conforme as oportunidades. Com reforços das ilhas atlânticas, das capitanias do Sul e do presídio baiano, dispunha-se de 5.014 infantes para o desembarque no Brasil

---

157 Certidão de Luís Barbalho Bezerra, Bahia, 22/09/1639, BPA, Cód. 51-x-7, fl. 497. Os outros dois capitães mencionados eram João Lopes Barbalho e João de Magalhães; Calado. *O valeroso lucideno*, v. I, p. 245; Copia das seis cartas que o capitão André Vidal levou em campanha, 12/05/1639, CCT, v. II, fl. 371; Carta de Francisco Dias D'Ávila ao Conde da Torre, 13/07/1639, CCT, v. II, fl. 340.

158 Vide as carta do Conde da Torre à península, p.e.: Carta ao Duque de Villahermosa, 26/11/1639, CCT, vol. I, fl. 334v; Guedes. *História naval brasileira*, vol. II, tomo IA.

159 Evaldo Cabral de Mello. *Nassau: governador do Brasil holandês*. São Paulo: Companhia das Letras, 2006, p. 82. A expedição de Cornelius Jol mostra a situação que se encontrava a *W.I.C.*, carente da apreciação de suas ações, bem como a perspectiva dos diretores. Apostava-se alto na incerta probabilidade de repetir o ganho rápido e farto de 1628, enquanto se deixava perigosamente vulnerável sua principal colônia.

Holandês, além da gente de mar. A Bahia, no decorrer da operação, ficaria apenas guarnecida pelo Terço Velho, ou 1.500 homens, "que é a menor guarnição que conforme o sítio dela pode ficar". A essa altura, o melhor que se esperava do confronto era a retomada do Forte de Nazaré, reabrindo a navegação portuguesa no Cabo de Santo Agostinho, por onde se poderia entregar reforços e reiniciar a resistência a partir das áreas mais bem abastecidas do interior.[160] Mesmo que o assédio a Recife propriamente dito não fosse possível, apenas a disposição bem-sucedida daquele contingente em terreno inimigo desorganizaria a produção açucareira na colônia e faria desaparecer cinco anos de conquistas da Companhia.[161]

A armada deixou a Bahia em 19 de novembro. Com os reforços do Reino e a integração de navios mercantes, somava 87 embarcações, 12 das quais eram galeões "extraordinariamente grandes". Devido a ventos desfavoráveis e uma navegação desastrada, a viagem até Recife demorou quase dois meses. Neste ínterim, os holandeses puderam reforçar, também com 11 embarcações particulares, os 30 vasos do almirante Loos, que desde o início de dezembro procuravam interceptar o inimigo. Seu objetivo principal era impedir o desembarque do exército ibérico. A 8 de janeiro de 1640, os galeões do Conde da Torre conseguiram alcançar a posição a barlavento dos holandeses, no litoral da Paraíba. Ao se aproximar de Recife, porém, o vento mudou. Abortou-se o desembarque, que já estava preparado, e a armada precisou afastar-se da costa. A esquadra da Companhia deu-lhe perseguição, ao que se seguiram cinco dias de batalha, ao longo do litoral. Com o vento contrário e quase sem água de beber, os espanhóis eram forçados a recuar, para o norte, sem que o inimigo lhes permitisse arribar, para o desembarque e a aguada. Apesar da intensidade do canhoneiro, o número de baixas não era muito elevado, uma vez que a armada espanhola manteve-se na defensiva, e os holandeses evitaram as abordagens, preferidas pelo rival.[162]

O resultado teria sido completamente desastroso para as armas ibéricas, com perdas irrisórias entre os holandeses (22 mortos, inclusive Loos, e 82 feridos), não fosse um equívoco de última hora. Ao dia 18, ambas as esquadras aproximaram-se do Cabo de São Roque, extremo nordeste do Rio Grande do Norte, uma área de navegação

---

160 Correspondência do conde da Torre, BPA, Cód. 51-x-7, fls. 090, 113-5, 309; Ata da junta do comando ibérico, 07/02/1639, CCT, v. I, fl. 194. Os códices desta correspondência, inclusive aqueles em custódia do arquivo do Itamaraty, estão publicados em: João Paulo Salvado e Susana Münch Miranda (eds.). *Cartas do primeiro Conde da Torre*. 4 vols. [s.l.]: Comissão Nacional para as Comemorações dos Descobrimentos Portugueses, 2001.

161 Mello. *Nassau*, p. 106.

162 Guedes. *História naval brasileira*, v. II, t. IA, p. 272 e segs.; Mello. *O Brasil Holandês*, p. 199.

muito perigosa, devido aos baixios que há ali. Durante o cair da noite, os galeões espanhóis evadiram-se, fazendo vela para alto-mar. O comando holandês supôs que a armada do Conde da Torre havia derrotado para o norte, ou para o mar do Caribe. Como também sofriam escassez de água e provisões, decidiram retornar ao Recife. No dia seguinte, entretanto, voltaram-se aqueles para o litoral, em busca de local para a aguada. Fundearam na Baía de Touros, próximo aos baixios. Ali, definiu-se novo plano de ataque: parte da infantaria desembarcaria ali, sob o comando de Luís Barbalho Bezerra, para fazer campanha no interior do Brasil Holandês, e o restante seria desembarcado em um ponto determinado, ao sul de Recife. Entrementes, atinava-se para a ameaça que pairava sobre a Bahia, desprotegida. A essa altura, porém, o fraco comando de D. Fernando, a proximidade dos baixios e a rivalidade do clima cobraram seu preço.[163] Caiu uma tempestade, e a armada desbaratou-se. Dois galeões encalharam e naufragaram ali, e os demais navios espalharam-se pelo mar do Caribe, enquanto outros retornaram à Europa. D. Fernando voltou a Bahia com apenas um bergantim. Luís Barbalho desembarcou às pressas no local, com algo entre 1.200 e 1.500 homens, "para com eles ir socorrer a Bahia e de caminho fazer ao inimigo todo quanto dano pudesse na campanha".[164]

Na violenta marcha que se seguiu, Luís Barbalho e seus homens arruinaram todas as propriedades holandesas que puderam, e queimaram seus canaviais, enquanto eram caçados por destacamentos do exército holandês. Passando por rios, matas, veredas e fazendas, o terço trilhou 2.400 quilômetros de terra, quase sem o que comer ou beber, forçados a marchar noite e dia pelo perseguidor. Depois de atravessar as capitanias de Paraíba e Itamaracá, oscilando entre os sertões e a mata litorânea, Barbalho reuniu-se com os campanhistas que apoiaram o malogrado ataque do Conde da Torre por terra, somando 3.500 homens.[165] Por três vezes, trocaram escaramuças com colunas holandesas de 1.200, 1.400 e 1.800 soldados (mais bem organizados e abastecidos, presuma-se, pois as ações portuguesas eram evasivas). Prisioneiros, de ambos os lados, foram executados. Barbalho usaria a situação em que se encontrava para justificar a

---

163 *Ibidem*, fl. 323-4. Algumas das naus, que faziam água porque demais carregadas de açúcar, já se havia ordenado de volta para Salvador, entre elas a da companhia napolitana de Ettore dela Calce (*Ibidem*, fl. 333.). Veja-se também Guedes. *História naval brasileira*, p. 285.

164 J. P. Leite Cordeiro. *São Paulo e a invasão holandesa no Brasil*. São Paulo: [s.n.], 1949, p. 140; Boxer. *The Dutch in Brazil*, p. 90-2.

165 Possivelmente, participava da marcha a companhia de paulistas levantada por Antônio Raposo Tavares (*Ibidem*, p. 93, 145; Mello. *Olinda restaurada*, p. 220); Carta do Conde da Torre ao Conde-Duque de Olivares, 30/03/1640, CCT, v. I, fl. 347.

brutalidade. Por sua vez, o Conde de Nassau tinha cartas do comando da armada para Barbalho orientando que não se desse quartel aos feridos holandeses, portanto, não estava disposto a oferecer cortesias a quem não estivesse pronto para retribuir. Narrativas portuguesas afirmam que a marcha alcançou a Bahia sem perdas, em junho de 1640. Nassau, por seu lado, estimava que metade dos homens de Barbalho haviam perecido no caminho.[166] Segundo as mostras da guarnição soteropolitana, de fevereiro e setembro daquele ano, dificilmente a coluna chegou em Salvador com mais de 1.000 soldados de primeira linha.

Restava, portanto, que nem o exército da WIC foi capaz de desalojar o português da Bahia, tampouco a contraofensiva castelhana pôde restaurar Pernambuco do jugo holandês. Na hinterlândia açucareira, entretanto, as campanhas do colono português continuavam a por em xeque a produção de Pernambuco. O saque e ruína de sítios da produção açucareira, fenômeno que Charles Boxer chamou de "incendiarismo", tinha duas consequências excepcionalmente prejudiciais, além das necessidades gerais de reconstrução. A primeira era o roubo dos cobres do engenho, especialmente as caldeiras do setor de cozimento do caldo da cana. Cada caldeira usava entre 25 e 40 arrobas daquele material; segundo o cálculo de Frédéric Mauro, os "cobres" respondiam por onze por cento das despesas anuais do engenho, pouco mais do que a aquisição de escravos.[167] A segunda era a queimas dos canaviais. Evaldo Cabral mostra-nos que "o incêndio de um partido de cana destruía também as socas e ressocas, 'de maneira que os canaviais de um engenho se podem extinguir num ano e não tornar a plantar-se em seis e, se não vier a semente de outra parte, não tornarão a ser canaviais em dez anos'. Em princípio, podia-se replantar tudo em um ano ou dois, 'mas ainda não houve quem o pudesse fazer porque requer gasto imenso e excessivo número de cultivadores e outras despesas e impedimentos prolixos de relatar'".[168] Ademais, era fácil para qualquer pessoa começar um incêndio, a qualquer hora do dia ou da noite, e desaparecer em seguida. Desde a retirada de Pernambuco, o Conselho da Fazenda,

---

166 Veja-se: Bernardino José de Souza, *Luiz Barbalho*, Lisboa: Agência Geral das Colónias, 1940; Cordeiro. *São Paulo*, p. 140-163; Carta de Sebastião Parvi de Brito ao rei, 03/02/1640, BPA, Cód. 51-VI-21, fl. 294; Minuta de consulta do Conselho da Fazenda, c. 1640, AHU, Bahia, série Luísa da Fonseca, cx. 8, doc. 918.

167 Boxer, *The Dutch in Brazil*, p. 88; Stuart Schwartz. *Segredos Internos*: engenhos e escravos na sociedade colonial, 1550-1835. Trad. Laura Teixeira Motta. São Paulo: Companhia das Letras, 1988, p. 110; Frédéric Mauro. *Portugal, Brasil e o Atlântico, 1570-1670*. Trad. Manuela Barreto. Lisboa: Estampa, 1989, v. 1, p. 283.

168 Mello, *Olinda restaurada*, p. 72, baseado em testemunho de Gaspar Dias Ferreira.

em Lisboa, tinha parecer de que "todos os canaviais queimem para que o inimigo não goze o útil da terra, que é a maior guerra que se lhe pode fazer".[169] Por sua vez, a guerra aos engenhos e canaviais era uma alternativa consciente ao governo de Recife, pelo menos, desde 1638. Nassau e o Supremo Conselho cogitaram uma expedição incendiária à Bahia, quando da passagem da frota de Cornelius Jol. O Conde alemão, porém, hesitava em partir para uma estratégia na qual ambos os lados sairiam perdedores.[170]

Contudo, mesmo que Nassau acreditasse que os danos à produção pernambucana não eram tão graves, a ação predatória dos campanhistas e da coluna de Luís Barbalho ainda exigia uma resposta à altura. Em 27 de março de 1640 chegou em Pernambuco novo reforço de Amsterdam, com 28 embarcações e 2.500 homens a bordo. "Deliberou-se sobre o que conviria fazer-se em proveito da Companhia e, pelo voto de todos, punha-se a mira na cidade de S. Salvador". O presídio baiano encontrava-se, naquele momento, defendido apenas pelo Terço Velho, mas os holandeses consideravam não dispor de forças suficientes para sitiar a praça. "Resolveu-se, pois, enviar nossos soldados às terras inimigas, os quais, à imitação do que amiúde tentara e executara Barbalho dentro das nossas fronteiras, deveriam talar e saquear a ferro e fogo o que encontrassem, e assim, tornando-se o adversário mais prudente à custa dos próprios danos, de futuro faria a guerra com mais clemência. Praticada a devastação, haviam de faltar-lhe vitualhas para sustentar as guarnições, resultando disso lucro para os mercadores, rendas para o erário e descanso e sossego para nós".[171]

Sob o comando do vice-almirante J. Cornelis Lichthart e do coronel Charles Toulon, uma força de 20 velas e 2.500 homens apareceu na Bahia nos últimos dias de abril. Os moradores souberam da aproximação da frota, mas pouco podiam fazer em sua defesa.[172] Os holandeses então "deram provas horrendas e cruéis do seu furor bélico. Reduziram a cinzas todos os engenhos de portugueses, menos três; tomaram ou queimaram quantos navios pequenos encontravam aqui e acolá, devastaram e depredaram, à vista dos cidadãos, as lavouras circunvizinhas, os casais, granjas e prédios".[173] Assaltaram tudo que havia nas margens dos rios Pitanga, São Paulo, São Francisco do

---

169 AHU, Bahia, série Luísa da Fonseca, doc. 802.

170 Barleus. *História dos feitos*, p. 94. Em pelo menos uma ocasião, o pau-brasil da Paraíba também foi alvo de campanhistas portugueses. Veja-se: Afrânio Peixoto. *Martim Soares Moreno*. [s.l.]: Agência Geral das Colônias, 1940, p. 39.

171 Barleus, *op. cit.*, p. 198.

172 *Documentos Históricos do Arquivo Municipal*: Atas da Câmara, v. 1, 1941, p. 434-5.

173 No retorno a Recife, Lichthart também saqueou as povoações do rio Real, desta vez em busca de mantimentos (Barléu, p. 199).

Conde, Paraguaçu e Iguape, na Ilha de Itaparica e nos canais de Caípe e Paramirim.[174] Segundo Nassau, foram destruídos 27 engenhos, enquanto oito haviam escapado (estes no rio Matoim, mais próximo à cidade, defendido uma companhia do presídio).[175] Um relatório do Conde da Torre diz serem 28 os engenhos destruídos, mas aqui ele possivelmente inclui a fábrica de óleo na ponta das Baleias, em Itaparica.[176] Em carta à metrópole, os oficiais do Senado da Câmara de Salvador diziam haver queimado "vinte e sete engenhos de trezentos que havia nesta capitania".[177]

Deste modo, Nassau buscava equilibrar a guerra de destruição da hinterlândia açucareira, levando os portugueses a um acordo. Logo que tomou posse como primeiro Vice-Rei do Estado do Brasil, a 5 de junho, o Marquês de Montalvão recebeu informação de que o Conde havia proposto termos sobre a concessão de quartel a prisioneiros e o encerramento das operações incendiárias. Ao que indicam as muitas reclamações do "miserável estado" em que se encontrava a capitania, "saqueada e queimada", a açucarocracia baiana não estava contente e era favorável aos termos propostos.[178] No púlpito, Antônio Vieira manifestava esse sentimento. O jesuíta lamentava a ingratidão divina com aqueles fiéis, e rogava que mostrasse misericórdia, além de justiça. Caso contrário, dizia, o Senhor se arrependeria, ao ver a perda da colônia para os hereges. Vieira também ironizou a elevação do título do governante, em meio à destruição em que a terra se encontrava, comparando-a a Inês de Castro: "pois a vemos levantada a vice-reino entre as mortalhas, bem se pode dizer por ela também: que depois de morta foi rainha".[179]

Montalvão acreditava (corretamente) que o acordo era prejudicial para os portugueses, pois o Brasil Holandês era muito mais vulnerável ao incendiarismo do que a Bahia. De fato, a fragilidade do primeiro estava no conhecimento pelo campanhista da população e dos matos de Pernambuco, enquanto a segunda sofria pela abertura de sua baía e suas bacias hidrográficas. Mas o campanhista movimentava-se e escondia-se em Pernambuco com mais facilidade que as esquadrilhas holandesas na Baía de Todos os Santos, na falta de um posto avançado. Não obstante, o vice-rei

---

174 Accioli, *op. cit.*, v. II, p. 98; Pinho, p. 120.

175 Carta do conde de Nassau de 11 de setembro de 1640 (*Apud*: Francisco A. Varnhagen, *op. cit.*, p. 194).

176 *Ibidem*, p. 120.

177 *Documentos Históricos do Arquivo Municipal*: Cartas do Senado, v. I, 1949, p. 14-6.

178 Atas da Câmara de Salvador, c. 1640 (DHAM: CS, v. I, p. 6-12).

179 Antônio Vieira. *Por Brasil e Portugal*: sermões comentados por Pedro Calmon. São Paulo: Nacional, 1938, p. 630.

aceitou discutir termos. Depois da derrota do Conde da Torre, o governo de Madri planejava a restauração das capitanias conquistadas por outras vias, a diplomacia com as Províncias Unidas, ou o suborno do Conde de Nassau. O acordo sobre a guerra nos canaviais permitiu a abertura de tal negociação (que nunca veio a cabo).[180] Segundo Bernardino de Souza, a última das expedições a Pernambuco bateu-se com tropas holandesas em agosto, embora haja notícia de um incêndio causado por campanhistas na várzea do Capibaribe em novembro.[181] De todo modo, a busca de entendimento entre os governantes das duas colônias esfriava o conflito no Brasil.

Em dezembro de 1640, um golpe palaciano levou o Duque de Bragança ao trono de Lisboa, rompendo a união com Madri. Com uma guerra pela autonomia de Portugal no horizonte, em poucos meses D. João IV acordou com as Províncias Unidas uma trégua. Em fevereiro, suspendeu-se as hostilidades acima do Equador, reabrindo o comércio entre os dois países. A WIC resistiu a termos que não incluíssem o reconhecimento português de suas conquistas desde 1630, mas foi vencida pelo interesse de neerlandeses e franceses no desmonte da união ibérica. Em junho, assinou-se a trégua na guerra do Brasil.[182]

Na Bahia também havia interesse no apaziguamento. Como veremos adiante, a esperança de que a autonomia da Coroa de Portugal proporcionaria o fim do conflito com os rebeldes dos Países Baixos foi um dos principais motivos pelos quais a aclamação do Duque de Bragança em Salvador foi rápida e segura. Não havia ainda se passado um ano desde o incêndio de engenhos do Recôncavo, que os baianos fizeram questão de mencionar em sua missiva a D. João IV. Além disso, ressentiam-se do corso holandês sobre a navegação atlântica, que havia mesmo interrompido a comunicação com Portugal entre 1634 e 1636, e resultava em geral aumento no prêmio dos seguros e no preço dos fretes. Não surpreende, portanto, que logo em seguida à aclamação, a Câmara de Salvador expedisse recomendações às demais capitanias de que a sedição portuguesa fosse igualmente confirmada. O Marquês de Montalvão foi deposto, e a

---

180 Maurício de Nassau alimentou as expectativas espanholas de que aceitaria o suborno e renderia o Brasil Holandês, mas nunca teve verdadeira intenção de trair sua casa. Buscava, de fato, usar a negociação para conseguir o fim das campanhas portuguesas na sua zona açucareira, bem como levantar o quanto pudesse de informações sobre o inimigo (Mello. *Nassau*, p. 105 e segs).

181 Souza. *Luís Barbalho*; Mello. *O Brasil Holandês*, p. 207.

182 Carta-patente de D. João IV, 20/03/1641. AHMS, Provisões Reais, livro 1, fl. 283v; Evaldo Cabral de Mello. *O negócio do Brasil*. Rio de Janeiro: Topbooks, 1999, p. 30-33.

junta que assumiu o governo de Salvador finalizou o acordo com o Conde de Nassau, antes que chegasse notícia da trégua assinada pelas metrópoles em junho.[183]

O conflito, é claro, permaneceria imanente. Sobretudo porque a WIC, em paralelo às negociações diplomáticas e justificando-se com a suposta demora na publicação da trégua no hemisfério sul, aproveitou o ano para estender suas conquistas. Suas forças ocuparam Sergipe, em busca de abastecimento de gado, e São Luís, apontando para o controle do Grão-Pará e da bacia do Amazonas. Sobretudo, os holandeses tomaram Luanda e São Tomé, com o que almejavam não apenas suprir os engenhos do Brasil Holandês como, pelo controle do tráfico escravista, assenhorear-se da Bahia e das capitanias sul-americanas que dariam acesso à prata espanhola de Potosí.[184] Por sua vez, os portugueses também alimentavam seus projetos de restauração, e não estavam prontos para reconhecer a soberania holandesa de Pernambuco. Sabia-se que a WIC tinha dificuldade crescente em levantar capital na bolsa de Amsterdam e que seu domínio sobre a população colonial tinha bases de areia. Ainda assim, por alguns anos, após a publicação da trégua, cessou o envio ostensivo de campanhistas da Bahia à zona açucareira do Brasil Holandês, bem como a guerra de corso no Atlântico meridional. Deu-se início a um período que Evaldo Cabral chamou de "paz nassoviana", e a colônia neerlandesa atingiu o ápice de sua prosperidade.

A trégua, no entanto, não suspendeu a guerra colonial cotidiana, o exercício da violência sobre os povos conquistados no processo de colonização. Em verdade, a luta contra o holandês sempre foi conduzida em paralelo a esse conflito intrínseco, com a resistência do ameríndio hostil e do africano escravizado. Portanto, é preciso compreender de que modo se relacionavam as formas de beligerância nas duas "frentes" de defesa do Império: a de oposição à potência europeia rival e a de imposição do colonialismo moderno europeu.

GUERRA E VIOLÊNCIA COLONIAL

Quando os holandeses chegaram ao Brasil, já fazia cem anos desde o começo da conquista do território pelo português. Ao longo desse tempo, havia-se construído uma estrutura político-militar razoável, bastante atrelada à produção e à exploração colonial, que garantiu a Portugal o controle da costa entre o Amazonas e São Vicente

183 Afonso Ruy. *História política e administrativa da cidade do Salvador*. Salvador: Beneditina, 1949, p. 174.

184 Mello. *Nassau*, p. 126-9.

e que, portanto, foi determinante na constituição da sociedade colonial.[185] O processo de ocupação exigia que todo colono fosse um soldado, e o regimento de Tomé de Sousa, primeiro governador-geral do Brasil, cobrava de cada morador a posse de "besta, espingarda, lança ou chuça". O negócio do açúcar orientava o avanço do povoamento, de maneira que cada engenho era, ao mesmo tempo, um centro de beneficiamento, administração e exportação do produto, para uma certa área de lavouras de cana, e também posto avançado da conquista, ele mesmo fortificado (ou a casa-grande) com "casa-forte ou torre", na qual se haveria de reunir armas e munições para a defesa contra quaisquer inimigos.[186] O regimento das ordenanças de D. Sebastião, implementado na colônia em 1572, conferiu legitimidade aos chefes militares e seus bandos, cada um como capitão-mor de uma companhia de combatentes irregulares, sem soldo. Desta forma, a sociedade organizava-se ao redor de tal estrato de administradores coloniais, caudilhos, mercadores e senhores de engenho, simbioticamente articulados. Pode-se mesmo encontrar vários dos chefes do sertanismo português, ou seus herdeiros, perfeitamente ativos durante a guerra holandesa, no comando de companhias de ordenança: gente como Francisco Dias D'Ávila, Martim Soares Moreno (o conquistador do Ceará), João Álvares da Fonseca e Afonso Rodrigues Adorno. Todos membros de famílias profundamente enraizadas no processo de conquista do território.[187]

Deve-se lembrar, entretanto, que o problema não estava simplesmente no passado próximo de conquista, porém no fato de que se conquistava *para a colonização mercantilista, movida pelo capitalismo comercial*. Enquanto o motor do processo de expansão europeia era o comércio, as diferentes regiões atingidas pelo homem branco eram integradas ou não a seu sistema econômico a depender de sua capacidade de oferecer mercadorias de interesse para a Europa. Como vimos, é o açúcar que chama os holandeses ao Brasil, no século XVII. As características específicas desses vínculos mercantis moldaram a presença e as atividades do europeu, e portanto foram definitivas para a organização social de todas essas regiões, particularmente (mas não exclusivamente) para as colônias que se formaram no Novo Mundo. Para alimentar o

185 Duas análises recentes desse processo, para o Nordeste do início do século XVII, são: Ricupero. *Honras e mercês*; Gonçalves. *Guerras e açúcares*.

186 Marcos Carneiro de Mendonça. *Raízes da formação administrativa do Brasil.* 2 vols. Rio de Janeiro: IHGB, 1972, v. I, p. 47.

187 Ricupero, caps. 6 e 7; Francisco Borges de Barros. *Bandeirantes e sertanistas baianos.* Salvador: Impr. Oficial, 1920; Luís da Câmara Cascudo. *Geografia do Brasil holandês.* Rio de Janeiro: José Olympio, 1956, p. 108-115.

mecanismo do comércio colonial, a organização da produção nas colônias necessariamente dependia de graus diferentes de trabalho compulsório, da servidão temporária
de imigrantes europeus à escravidão de africanos em larga escala.[188] A produção do
açúcar, desde seu primórdio, no século xiv, de Chipre para a Sicília, depois para os
arquipélagos da Madeira e das Canárias, até se organizar a agroindústria açucareira
do Brasil, sempre foi baseada em trabalho escravo. Foi a busca de cativos, aliás, que
fermentou as hostilidades com os povos indígenas da América do Sul, no século xvi.
Enquanto o negócio do açúcar expandia-se pela Europa, e massificava-se o seu consumo (o açúcar foi, até os setecentos, uma droga exótica), no mundo colonial multipli-
cavam-se os engenhos, que funcionavam a pleno vapor – isto é, a pleno consumo da
população escrava, num regime de trabalho incessante, respaldado pelas formas mais
sangrentas de violência.

Na escravidão, "trabalho e castigo são termos indissociáveis".[189] A organização da
produção e dos meios de violência são conjuntos concêntricos, pois a alienação completa do escravo em um bem faz de qualquer momento de sua existência humana um
potencial ato de transgressão, que deve ser punido. Por sua vez, o senhor jamais pode
prescindir de seu direito particular de impor violentamente a disciplina, e reconduzir
o escravo à sua condição de propriedade. É claro, a realidade das relações sociais estava
muito longe de se resumir a essa distinção fundamental, mas nem por isso deixava de
ser inteiramente atingida por ela, de tal maneira que o primeiro olhar de um viajante
sobre um país escravista geralmente foi de assombro ou repugnância. Se o senhor
deveria cuidar de seu patrimônio racionalmente, e administrar "pão, pano e pau" aos
seus escravos com parcimônia, não era surpreendente se tal relação descambasse em
sadismos gratuitos. Já nas mãos de um feitor assalariado, desqualificado na hierarquia
social, a violência era a única forma de poder, a marcar sua diferença com o escravo.
Fosse pelo mero sadismo ou pela punição exemplar, a colônia açucareira era um pesa-
delo dantesco de troncos, varas, correntes, gonilhas e máscaras de flandres, cicatrizes
e mutilações, torturas e maus-tratos de todo tipo, alguns inclusive aprendidos com o
Santo Ofício da Inquisição – apenas o horror explica que um escravo chegasse a ter
medo de pensar "o que diria meu senhor, se esta gente me matasse?". De parte a parte,
a escravidão era, nas palavras de Frederick Douglass, *"a system of lawless violence"*.[190]

---

188 Veja-se, sobretudo, Novais. *Portugal e Brasil*, p. 97-102; Eric Williams. *Capitalism & slavery*. 4ª ed.
Nova York: Capricorn, 1966, cap. i.

189 Jacob Gorender. *O escravismo colonial*. 6ª ed. São Paulo: Ática, 2001, p. 56-7.

190 *Ibidem*, p. 51; Stuart Schwartz. *Segredos Internos: engenhos e escravos na sociedade colonial, 1550-1835*.
Trad. Laura Teixeira Motta. São Paulo: Companhia das Letras, 1988, caps. 9-14; Stuart Schwartz.

A sociedade, portanto, organizava-se a partir da dispersão dos meios de violência, em sentido contrário à centralização e organização policial-militar do uso das armas que se observava na Europa absolutista. Os senhores da colônia eram necessariamente chefes de bandos armados, e agiam como régulos até onde com eles pudessem atingir. A fragmentação política não era completa, dada a dependência destes senhores aos mercados de escravos e de açúcar, de modo que permaneciam relativamente dentro da ordem, integrados à administração judicial e fazendária da Coroa portuguesa (que, ademais, os favorecia). Ainda assim, era comum que desavenças entre tais chefes acabassem em confrontos armados, particularmente devido à grilagem constante e às disputas de terras, resultado da técnica rudimentar e exaustiva da agricultura escravista. Mas lutava-se também por matas para o suprimento de lenha, espaços para o aproveitamento da força hidráulica dos rios, pastagens que não deixassem o gado comer a cana plantada, ou porque os bois comiam no canavial do vizinho, tudo somado às causas comuns de intriga e desinteligência.[191]

Quanto à população escrava, suas atitudes foram muitas e diferentes. Sobretudo, porque os pilares daquele sistema brutal de exploração de trabalho humano não se resumiam ao exercício da violência física. A catequese e o "freio" da religião, a constituição de família, os vícios e mesmo o divertimento coletivo também foram meios "ideológicos" de redução do africano ao escravismo. Há que se lembrar também das roças onde o escravo chegava a ter alguma autonomia, posse da terra e dos meios de produção, até onde produzia para os mercados de abastecimento. Essa "brecha camponesa" nas relações escravistas foi vista por muitos como uma conquista importante de grupos escravos, em situações específicas, mas não se deve ignorar que também se configuravam como meios de cooptação e estabilidade – afinal, esses já tinham bastante o que perder, para participar de insurreições.[192]

Não obstante, tais meios de dominação eram garantidos, em última instância, pelas práticas de violência à disposição dos senhores e do governo colonial. Assim, o comportamento subversivo, o rompimento com o paradigma ideológico colonial, sempre foi respondido com truculência. Em geral, a morte horrenda e os corpos desmembrados dos escravos irredutíveis serviam de exemplo para toda a população. Não se trata apenas de um "ritual", como algumas versões preferem descrever – no

---

Slaves, peasants and rebels: reconsidering brazilian slavery. Urbana: University of Illinois, 1996 – há tradução portuguesa, pela Edusc; Vera Lucia Amaral Ferlini. *Terra, trabalho e poder*. 2ª ed. São Paulo: Edusc, 2003, p. 185-7.

191 Schwartz. *Segredos internos*, p. 234-5.

192 Cardoso. *Agricultura, escravidão e capitalismo*, cap. IV; Reis e Silva. *Negociação e conflito*, cap. 1-2.

mínimo, era um ritual estimulado pelo contexto social. As formas de cooptação do escravo, aliás, incluíam o seu recrutamento para esse trabalho. Havia escravos e ex--escravos como feitores, habituados ou abrutalhados com o açoite, de alguma forma favorecidos ao se encarregar do castigo a seus pares de cativeiro. A presença de "escravos armados" a serviço de seus senhores, entre bandos de capangas e caçadores de fugitivos, sempre foi conhecido.[193] Mas haveria outras possibilidades de trabalho, mais ou menos qualificado, para quem se mostrasse obediente. Entre as formas variadas de resistência, havia o escravo que fugia não para romper com sua condição, mas para reivindicar alguma melhoria de vida, ou protestar contra um castigo indevido, e voltava depois de alguns dias. São as "fugas-reivindicatórias" de que nos falam João José Reis e Eduardo Silva. Dentro do engenho, o escravo era capaz de sabotar o processo de produção, e talvez interrompê-lo por algum tempo, metendo um bom pedregulho na moenda, por exemplo. Havia quem buscasse vingança. Gilberto Freyre fala de famílias inteiras de senhores, assassinados por envenenamento. Outros conseguiram dominar o senhor por meio da sedução, ou da superstição, valendo-se do medo generalizado de mandingas e feitiçaria. Muitos, entretanto, só puderam resistir à escravidão pelo suicídio, ou pelo infanticídio.[194]

Finalmente, houve fuga e rebelião escrava em várias proporções, com objetivos e graus diferentes de organização. Proporcionalmente, eram poucos os que fugiam, mas o efeito da fuga propagava-se no local, de maneira que eram objeto de preocupação constante para os senhores da colônia. Houve aqueles que tentaram roubar uma embarcação e voltar à África. Em geral, porém, os fugitivos assentavam-se em mocambos, ou quilombos (aparentemente maiores), no mais das vezes com algumas dezenas de pessoas, a uma distância não muito grande das áreas de povoamento colonial. Ao que parece, o terreno dificilmente era dos melhores, e os mocambos em geral não podiam viver apenas de suas roças. Dependiam em grande medida do banditismo, por isso não se afastavam demais da colônia. Ao que se sabe, sua organização social parece ter sido definida pela necessidade de conciliação de componentes étnicos distintos, o que possivelmente incluía um regime similar ao dos jagas, do Centro-Oeste africano. Houve raros casos de acordo entre quilombolas e as autoridades coloniais, mas nunca como no Suriname ou na Guiana Francesa, ou como os *maroons* da Jamaica, que em 1739, após oito anos de guerra, impuseram um tratado aos britânicos que seria observado pelo governo da ilha

---

193 Veja-se, por exemplo: Gorender, p. 60; Schwartz. *Segredos internos*, p. 235.

194 Reis e Silva. *Negociação e conflito*, cap. 3; Gilberto Freyre. *Casa-grande & senzala: formação da família brasileira sob o regime patriarcal*. 51ª ed. São Paulo: Global, 2006.

até sua independência, no século xx. O maior dos quilombos da América portuguesa foi, sabidamente, o dos Palmares, um sistema de povoações fortificadas ao longo de região afastada e serrana do sertão de Pernambuco, que teria supostamente reunido até 20.000 pessoas.[195] A administração colonial buscava manter-se atenta às possibilidades de insurreição escrava, e os mocambos em geral foram tratados a ferro e fogo, seus componentes exterminados e devolvidos à escravidão, antes que aumentassem seus assaltos e sua população.

Em certos períodos da guerra holandesa, a fuga de escravos e a formação de mocambos parece haver se intensificado, devido à desorganização de vilas, engenhos e lavouras durante as invasões. Serafim Leite, por exemplo, registra que, durante a reconquista de Salvador, os escravos do Colégio da Companhia de Jesus "por estarem desbaratados, eram bem poucos".[196] Quando o Senado da Câmara da Bahia retomou suas atividades, em 1625, no topo das prioridades estava o problema dos escravos fugidos. Segundo a ata de 09 de agosto, a ordem era regulamentar a remuneração do "capitão do campo". A atividade, que depois seria mais conhecida como "capitão do mato", foi mencionada pela primeira vez em Pernambuco, em 1612. Cada um vivia de prêmios por escravo recuperado, a ser pago pelo dono, embora estes recusassem, ocasionalmente, pagar por escravos que estavam velhos, adoecidos ou que não eram mais "domesticados". Os valores foram determinados em função da distância do local da captura: $800 até o rio Vermelho; 2$000 entre este e o rio Joannes; 3$000 até a Torre de Garcia D'Ávila; 4$000 na "terra nova" além da Torre.[197] Embora não haja notícia do número dos fugitivos, é plausível supor que estes tenham saído bem mais dos arredores de Salvador, onde se concentraram os conflitos, do que do restante do Recôncavo. Por terra, a rota natural de fuga seria para o norte-nordeste, além do rio Vermelho, aparentemente uma área produtora de mantimentos.

Nos anos seguintes, a Câmara de Salvador adotaria duas outras medidas, nas quais a repressão escravista mostrava-se visivelmente como opressão da população negra. Em 1626, foi ordenado o desarmamento de todos os negros da cidade, sob pena

---

195 Schwartz. *Slaves, peasants and rebels*, cap. 4; Cardoso, C. F, *op. cit.*, p. 134-5; Edison Carneiro. *O quilombo dos Palmares*. 3ª ed. Rio de Janeiro: Civilização brasileira, 1966; Clóvis Moura. *Rebeliões de senzala*. Rio de Janeiro: Conquista, 1972.

196 Serafim Leite. *História da Companhia de Jesus no Brasil*. 5 vols. Rio de Janeiro: INL, [s.d.], t. 5, p. 35.

197 Prioridade mesmo maior que a reedição das posturas da Câmara, as leis específicas à capitania, cujos registros se haviam perdido durante a ocupação (Atas da Câmara de Salvador, 09/08/1625, 27/08/1625, 24/01/1626, DHAM: AC, v. 1, p. 04-9, 19-20); Mais sobre o "capitão do mato", veja-se Schwartz. *Slaves, peasants and rebels*, p. 109-10.

de multa de $500, ou prisão, em caso de reincidência. Dois anos depois, proibiu-se que pessoas negras, livres ou não, morassem sozinhas, "fora das casas de seus senhores", sob pena de demolição de sua casa. Ex-escravos alforriados tiveram seis dias para nomear um "amo", com quem passariam a morar. Também no Brasil Holandês, o negro aparecia no acordo entre a população luso-brasileira e o governo da WIC como o inimigo natural da sociedade, junto a "bandidos e outros", a justificar a permissão geral do porte de armas.[198]

Em 1629, o governador Diogo Luiz de Oliveira chamou uma expedição contra um mocambo situado no rio Vermelho. A 24 de janeiro, antes da partida, a Câmara procurou Francisco Dias D'Ávila, o capitão da empresa (e grande proprietário de terras naquela região), para juntos assentarem sobre o destino dos "negros resgatados". Pelo acordo, o capitão receberia 9$000 por peça trazida até a cidade. Crianças nascidas no mocambo seriam suas e, "tendo as ditas crias mãe ou pai será obrigado o dito capitão a dá-los a seus senhores pagando-lhe o que de serem dois homens, um que tomará o dito Francisco Dias e outro o dono das crias". Outros capitães do mato receberiam por escravo recapturado naquela região o mesmo estipulado em 1625. Por fugitivo preso no Recôncavo, o prêmio seria de 1$500, se estivesse a mais de três léguas das terras do seu senhor, ou $800 no caso contrário. Em abril, a Câmara determinava que os escravos do mocambo fossem marcados a ferro com um M e que, caso seus donos não os viessem buscar em até quatro meses, ou se dali fugissem novamente, perderiam a propriedade deles.[199] Em fevereiro de 1632, a Câmara registrou os resultados da campanha, que possivelmente exigiu duas ou mais expedições: "na entrada que Francisco Dias D'Ávila e João Barbosa de Almeida fizeram ao mocambo dos negros fugidos, em que gastaram muito tempo na jornada, e despesa que fizeram, e os poucos negros que tomaram na dita entrada, acordaram que de cada negro que tomaram lhe pagará o dono dele dez mil réis com obrigação do dono dele o vender para fora da cidade" – demonstrando uma preferência pela manutenção de ex-fugitivos em sítios do Recôncavo.[200]

---

198 Atas da Câmara de Salvador, 01/04/1626, 18/03/1628, DHAM: AC, v. 1, p. 33,90; Mello. *O Brasil Holandês*, p. 128.

199 *Ibidem*, p. 123.

200 *Ibidem*, p. 213. Em 24 de abril a Câmara ainda temia pelos negros recapturados, que continuavam presos na cadeia da cidade; pedia-se que seus donos os fossem buscar o quanto antes (*Ibidem*, p. 214). Segundo Clóvis Moura, este mocambo (se era apenas um) situava-se nas margens do rio Vermelho em 1629. Para Afonso Ruy, o reduto estava no Itapicuru quando foi extinto em 1635 (Clóvis Moura. *Rebeliões de senzala*, p. 106; Ruy, p. 160).

Anos depois, em maio de 1636, renovou-se o conflito contra os mocambeiros da região. Falava-se, em Salvador, de seus assaltos sobre os moradores dali, "levando--lhes muitos negros induzidos, e se temia que fosse o dano em mais crescimento, e tinham morto homens brancos e pessoas de qualidade".[201] Nesta ocasião, o mocambo situava-se "nos palmares do rio Itapicuru", talvez no mesmo sítio em que, no início do século, outro mocambo fora dizimado pelos potiguares de Zorobabé. Como eram povoações geralmente defendidas por uma densa paliçada de estacas e armadilhas, à maneira de fortificações africanas, é plausível que as ruínas de um mocambo despovoado pudessem ser reformadas e novamente ocupadas. A referência às palmeiras do local parece confirmar a suspeita de Stuart Schwartz, quanto à preferência dos mocambeiros por regiões de onde pudessem produzir vinho de palma.[202] Já o interesse dos portugueses na área era a pecuária, visto que, pouco tempo depois, a área seria concedida em sesmaria a Belchior da Fonseca, membro de uma família de sertanistas baianos, que possuía "umas cabeças de gado sem ter terra". Foi companheiro de armas do coronel e senhor de engenho Belchior Brandão, que comandou a expedição ao Itapicuru. Desta vez, os capturadores receberiam 12$000 por escravo resgatado, enquanto os nascidos no mocambo (sem proprietário, portanto) poderiam ser vendidos, pagando-se o quinto ao governador.[203]

A expedição parece ter ocorrido entre novembro e janeiro de 1637, com armas, munições e soldados da guarnição de Salvador, mais oitenta indígenas oferecidos pela Companhia de Jesus. Logo após, o governador Pedro da Silva mandava avisar aos senhores de escravos recapturados que os viessem buscar na cadeia dentro de dez dias, ou seriam postos em pregão público, pois estavam adoecendo, morrendo e seu sustento pesava às finanças do governo. Até 13 de fevereiro haviam sido leiloados treze idosos (recusados pelos seus donos) a 120$000 réis e uma mulher por 20$000, sem contar o prêmio de 12$000 por peça. O grande comprador foi Mateus Lopes Franco, contratador dos dízimos por toda aquela década.[204] Em 16 de março, Pedro da Silva sentou-se com os oficiais da Câmara para calcular o sucesso da expedição: dos 2:682$000 de rendimento bruto da vendas dos resgatados, tiravam-se 158$770

201 Ata da Câmara de Salvador, 24/05/1636, DHAM: AC, v. 1, p. 310-2.

202 Frei Vicente do Salvador. *História do Brasil, 1500-1627* (1627). 4ª ed. São Paulo: Melhoramentos, 1954, p. 287; Gonçalves. *Guerras e açúcares*, p. 124.

203 Registro de sesmaria de Belquior da Fonseca, 27/01/1637, DHBN, v. 16, p. 438-42; Atas da Câmara de Salvador, 07/11/1636, DHAM: AC, v. 1, p. 319-20; Requerimento de Francisco Lamberto, 05/05/1635, AHU, Bahia, série Luísa da Fonseca, cx. 5, doc. 574.

204 Atas da Câmara de Salvador, 07/02/1637, DHAM: AC, v. 1, p. 327.

réis dos gastos de custeio, 400$000 enviados como socorro aos pernambucanos em Porto Calvo, 424$646 do quinto real; os 1:698$584 restantes foram distribuídos entre o governador, o coronel Belchior Brandão, os jesuítas e os participantes da jornada. Como Pedro Puntoni já salientou, a guerra com os holandeses tanto facilitava a fuga dos escravos quanto favorecia os chefes militares e capitães do mato, que trabalhavam na sua recaptura.[205]

Há um relato da expedição, registrado entre os papéis da Câmara, pelo sargento Rubelio Dias. Aparentemente, depois das primeiras vitórias, o coronel Belchior Brandão retirou-se para a Bahia, com os homens e mulheres que havia capturado, deixando Dias e alguns homens em posse do mocambo. Então:

> (...) logo fui com minha gente, gentio e tapuias, correr os matos, e demos com três companhias de Tapanhuna de muita gente de que tivemos uma grande briga, da qual nos quis Deus dar vitória em que tomei quarenta peças afora de muitos que foram feridos e mortos (...), e nestes negros que tomei, tomei também o seu Governador, e Ouvidor-geral, e Provedor e dois Desembargadores e o seu Bispo; e trazendo-os ao seu sítio do mocambo e vendo-me que não tinha prisão nem por quem os pudesse mandar a Vossa Senhoria (...) me foi forçado a fazer confiança dos próprios negros (...) e tendo-os nesta forma que digo a Vossa Senhoria quietos, me foi adoecendo o gentio e morrendo, e o que estava são se ia cada dia, que fiquei só no mocambo, e estando avisando a Vossa Senhoria me deu uma grande febre de que me foi forçado a vir muito à pressa para minha casa donde estou no fim da vida sangrando com oito sangrias (...); contudo deixei tudo quieto com meus escravos de que até agora está tudo em paz dizendo-lhe que vinha buscar clérigo passa assistir ali com eles: dando-me Deus vida tornarei logo ao mocambo escrevendo Vossa Senhoria ao capitão de Sergipe em que me dê os índios de Tapiraguá com os de Patigipeba e que não haja falta: mandando-me Vossa Senhoria as prisões para setenta ou oitenta peças as quais hão de vir com muito segredo à Casa de Mateus Martins pela praia que mora no Tariri. Espero em Deus levar à Vossa Senhoria

205 Puntoni, p. 169-74; A partilha foi: 200$000 para Pedro da Silva, 100$000 para Belchior Brandão, 32$000 para cada um de quatro capitães, 25$000 para o Convento de Sto. Antônio (por dois padres e um ornamento perdido), 10$000 para cada um de três capitães de índios e 100$000 para os oitenta e dois índios da expedição, montante a ser distribuído pelos jesuítas. Note-se que ainda ficam faltando mais de um conto de réis para fechar a conta (Ata da Câmara de Salvador, 16/03/1637, DHAM: AC, v. I, p. 333-5).

uma grande presa porque me não hei de vir sem dar fim a este mocambo assim de mortos como de vivo.[206]

O testemunho revela que uma das maneiras encontradas por certos mocambeiros, para enganar as expedições portuguesas, foi esconder-se nos matos, enquanto os soldados da colônia continuassem por perto. Segundo o sargento, a coluna de Belchior Brandão derrotou um dos grupos do mocambo, mas não o principal, e segundo ele ainda haveriam muitos na povoação até que retornasse com novos efetivos. É possível que Rubelio Dias e seus homens tenham sido vencidos, e ele teve que fugir, usando sua saúde para disfarçar a derrota, e acaba por solicitar mais homens para nova expedição. Sua descrição da organização social do mocambo é curiosa, mas é difícil saber se eram os mocambeiros que teriam reproduzido instituições políticas portuguesas, ou se era ele que traduzia a hierarquia entre os mesmos com as referências que conhecia da colônia na Bahia.

Outro mocambo foi atacado em fins de 1640. Desta vez, no rio Real. O tema foi discutido em duas sessões do Senado da Câmara, em 24 e 25 de novembro. Diziam seus oficiais que anualmente os habitantes do mocambo faziam incursões ao Recôncavo, obrando furtos e resgatando escravos, enquanto outros eram levados à força (o que de fato era comum, sobretudo mulheres). O Marquês de Montalvão sugeriu uma missão diplomática ao mocambo, formada por Henrique Dias e um jesuíta que soubesse sua língua. A Câmara discordou com veemência: "por nenhum modo convinha tratar de concertos nem dar lugar aos escravos a que conciliassem sobre este negócio, e o que convinha somente era extingui-los e conquistá-los, para os que estavam domésticos não fossem para eles e os levantados não aspirassem maiores danos".[207] Diziam ainda que os negros recapturados tinham pouca serventia. Talvez houvessem aprendido a escapar com facilidade, ou então perdiam o pavor dos índios da terra inóspita – certamente, ressentiam-se do retorno ao enclausuramento. A Câmara resolveu por condenar às galés "que Sua Majestade estava fazendo" os negros que se capturassem na jornada. Por exceção, as mulheres e aqueles "enganados ou tomados à força" seriam recapturados, com prêmio de 12$000 aos seus captores. As crianças seriam entregues à custódia do governo, para servir aos oficiais da Coroa. A relação do colonizador com

---

206 Ata da Câmara de Salvador, 06/02/1637, DHAM: AC, v. 1, p. 329-30. O sargento era, supostamente, filho de Belchior Brandão. O nome talvez seja homenagem a Robério Dias, filho de Belchior Dias Moreia, sertanistas baianos de renome.

207 Ata da Câmara de Salvador, 25/11/1640, DHAM: AC, v. 1, p. 477-9.

o escravo, entretanto, ficou bastante clara: não poderia haver acordo com os quilom-bolas, ou todo o escravismo estaria em questionamento.

Há registro de uma outra expedição contra um mocambo, desta vez em local des-conhecido, levada a cabo em 1643. Seu comandante foi Martim Soares Moreno, e teria custado dois mil cruzados à Fazenda Real.[208] Contudo, não houve registro de seus re-sultados, Muito provavelmente, a elevada militarização de Salvador durante a guerra holandesa afastava os mocambos para o norte, ou para o sertão, como era o caso do quilombo dos Palmares. Este teria igualmente crescido a partir de 1630, com a desorga-nização da hinterlândia açucareira de Pernambuco e a retirada de uma parcela de seus moradores para a Bahia. Foi igualmente objetivo de campanhas do exército da WIC, em 1644 e 1645. Com o tamanho de sua população e o assentamento em terras mais ri-cas, o "país dos Palmares" teria sido capaz de atingir um razoável desenvolvimento agrí-cola e artesanal, e resistiria a sucessivas expedições dos governos coloniais, como se sabe, até o fim do século XVII.[209] Em 1647, quando o governador da Bahia, Antônio Teles de Menezes, ordenou a abertura de uma estrada até os rebeldes de João Fernandes Vieira, com o propósito de levar gado, farinha e artefatos bélicos, os portugueses tiveram de limpar o caminho de mocambos e bandos de escravos fugidos. Mais tarde, em 1656, eram os escravos das lavouras no rio Vermelho que fugiam, aproveitando a mobilização da colônia para combater os indígenas hostis a oeste do Recôncavo.[210]

A organização dos capitães do mato na Bahia parece haver avançado durante a década de 1650, consolidando práticas anteriores e aperfeiçoando o sistema de repressão ao escravo insurrecto. A função de "capitão do campo" passou a ser distribuída por localidades específicas pelo governo-geral. Por exemplo, o capitão nomeado para o "distrito do rio Real" era pessoa prática em sua região, e com "particular notícia dos negros fugidos e levantados". As patentes mostram, inclu-sive, o entrelaçamento destes capitães com as companhias de ordenança da capita-nia. Ademais, criou-se uma patente de "capitão-mor da entrada dos mocambos", com superioridade sobre "todos os capitães de campo, que havia nas freguesias do Recôncavo, para assim se extinguirem mais eficazmente as povoações dos negros fugidos", e subordinado ao sargento-mor da capitania, que também era coman-dante das ordenanças. O intuito de tal articulação, aparentemente, era mobilizar contingentes maiores com mais agilidade, "pelo prejuízo de se empreenderem

---

208 Ata da Câmara de Salvador, 21/07/1643, DHAM: AC, v. II, p. 175.

209 Carneiro. *O quilombo dos Palmares, op. cit.*

210 Ruy. *História política*, p. 205; Carta para o capitão Garcia D'Ávila, 22/04/1656, DHBN, v. 3, p. 329.

com pouca gente, e se não fazer presa considerável nos mocambos".[211] A Câmara de Salvador continuou responsável pela custódia dos fugitivos recapturados, até que seus donos pagassem a comissão ao capitão do mato. Lembre-se que a cadeia da cidade ficava no térreo do edifício da Câmara desde sua construção, no século XVI. As sessões aconteciam na sobreloja.[212]

A principal arma na repressão aos mocambos, entretanto, era certamente o indígena. A primeira menção aos "capitães de campo", em 1612, já os indica como chefes de famílias ameríndias (doze cada um), de onde recrutavam seus bandos de perseguição aos escravos fugitivos. Nas expedições aos mocambos, igualmente, eram fundamentais os homens recrutados entre povos aliados, sobretudo entre aldeamentos da Companhia de Jesus, que compunham a maior parte das tropas. No relato de Rubelio Dias, da expedição de 1636, percebe-se a sua importância na organização da operação (inclusive com alguns tapuias, de nação indeterminada), e o próprio sargento chamava os negros do mocambo pelo seu nome tupi, *tapanhunas*. Aliás, provavelmente a maioria dos sertanistas baianos também tinha ascendência nativa, a começar por aqueles que se diziam descendentes do Caramuru – como já havia percebido Caio Prado Jr., a integração de grupos indígenas ao povoamento das capitanias portuguesas fazia deles "*participantes* do processo de colonização".[213]

Nesse sentido, foi fundamental o "descimento", a política de deslocamento das tribos aliadas de suas áreas originais, para a catequese em proximidade da colônia açucareira. Complementavam o trabalho nos engenhos, especialmente para atividades arriscadas ou insalubres, como a derrubada da mata e o recolhimento de lenha, no que era pouco recomendável empregar um escravo de valor elevado. Ao mesmo tempo, os aldeamentos constituíam-se em povoações que tanto agiam em defesa da colônia contra os ataques de índios hostis, quanto criavam uma barreira para a fuga de escravos da zona açucareira. Para facilitar as negociações, usava-se de pequenas

---

211 Patente de capitão de campo, 01/04/1650. DHBN, v. 31, p. 53; Patente de capitão-mor da entrada dos mocambos, 14/05/1653. DHBN, v. 31, p. 125-7; Patente de capitão do campo da vila de Cairu, 22/04/1656. DHBN, v. 31, p. 186; entre outras.

212 Em 1643, por exemplo, os governadores da junta que derrubara Montalvão foram denunciados por vender, a seu lucro, 46 negros que estavam na cadeia da cidade (Consulta do Conselho da Fazenda, 20/11/1643, AHU, Bahia, série Luísa da Fonseca, cx. 9, doc. 1020).

213 Veja-se: Stuart Schwartz. "Tapanhuns, negros da terra e curiboças: causas comuns e confrontos entre negros e indígenas.". In: *Afro-Asia*, n. 29/30, 2003; Schwartz. *Slaves, peasants and rebels, op. cit.*; Barros. *Bandeirantes e sertanistas baianos*, p. 22-4, 36-8; Prado Jr. *Formação do Brasil contemporâneo*, p. 87; Pedro Puntoni. *A guerra dos bárbaros: povos indígenas e a colonização do sertão nordeste do Brasil, 1650-1720*. São Paulo: Hucitec, 2002, p. 49 e segs.

amostras da vida material europeia: panos, pentes, facas, machados, tesouras, espelhi-
nhos, anzóis etc. Durante a guerra com os holandeses, falou-se mesmo em acumular
um estoque seguro de quinquilharias para os índios, "para tê-los mui prontos no
serviço de Sua Magestade". Mas pode-se também encontrar, na contabilidade de um
engenho, registros de pagamento em dinheiro "para alguns índios que capturaram
um negro que escapou da fazenda".[214] Além disso, os escravos que escapassem dos
índios aldeados e capitães do mato teriam ainda de lidar com povos indígenas indômitos, possivelmente hostis e falantes de "línguas travadas" (idiomas não tupis, ou
tapuias). Em 1610, o viajante francês Pyrard de Laval foi informado, na Bahia, que os
escravos africanos "não se atrevem a fugir nem a escapar-se, porque a gente da terra
os apanharia e os comeria".[215]

Dado esse contexto social de conflito étnico acirrado, não causa surpresa que
em tantos episódios da guerra apareçam gestos de brutal violência com o inimigo,
deixando cadáveres decapitados e irreconhecíveis. Em certa ocasião, houve uma alga-
zarra de soldados negros a serviço dos holandeses, que, após capturar alguns índios
que lutavam ao lado de Portugal, cortaram suas cabeças e com elas desfilaram por
Recife, "cantando e dançando à sua moda, jogaram bola com as mesmas e depois
lançaram-nas no mar".[216] Houve o capitão holandês que caiu numa emboscada, e teve
a língua cortada "ao nível do pescoço", ou o destacamento que desapareceu no mato,
foi trucidado pelo inimigo e devorado por "índios selvagens, jacarés e cães".[217] No Rio
Grande, uma expedição de flamengos e potiguares terminou no extermínio de duas
povoações, Uruaçu e Cunhaú. Os habitantes foram reunidos, de joelhos, desarmados
e despidos, e então massacrados e desfigurados, e mais "coisas que a boca não pode
pronunciar".[218] Além da guerra de nervos, a violência geral do processo de colonização
e o papel do indígena na repressão escravista incitavam o ódio racial. É bem possível
que muitos dos atos de degola e mutilação tivessem fundo nesse sentimento, uma

---

214 Schwartz, "Tapanhuns", p. 21; Representação de Francisco Barreto sobre necessidades da guerra de
Pernambuco, c. 1647, AHU, Bahia, série Luísa da Fonseca, cx. 10, doc. 1237; Carta de S.M. a Matias
de Albuquerque, 14/05/1633. DHBN, v. 16, p. 466.

215 François Pyrard. *Viagem de Francisco Pyrard, de Laval*. Rio de Janeiro: Civilização Brasileira, 1944,
p. 234.

216 Mello. *Olinda restaurada*, p. 238; Outro exemplo de incitação do ódio racial na colônia pode ser visto
na correspondência do governo na guerra aos mocambos do Rio Vermelho (Carta para o capitão
Garcia D'Ávila, 22/04/1656, DHBN, v. 3, p. 329).

217 Aldenburgk. *Relação*, p. 185-6.

218 Mello. *O Brasil Holandês*, p. 385-6; Wätjen. *O domíno colonial hollandez*, p. 242.

vez que desfiguram a face, ameaçadora ou abominada, do inimigo, que é diferente. Reduzem, rosto e corpo, lábios grossos, olhos puxados ou azuis, à pobre condição de carne, comum a todos os homens.[219]

Por outro lado, a participação de índios na repressão escravista não quer dizer que a colonização não tenha encontrado resistências entre um sem-número de povos indígenas, e também nessa frente a guerra continuava, em paralelo à disputa pelo Brasil com os holandeses. Em 1624, o processo de conquista da Bahia já estava relativamente concluído, se comparado, por exemplo, com a relação difícil entre portugueses e potiguares na Paraíba ou com a força dos tarairiús no Rio Grande.[220] Todavia, a região a oeste do Recôncavo ainda era palco do movimento chamado pelos portugueses de Santidade. Tratava-se de um culto religioso, iniciado em meados de 1560, que congregava índios e africanos em revolta contra o português, e que reunia, sincreticamente, práticas católicas e indígenas. O movimento acolhia ex-escravos e aborígenes não escravizados em povoações ao sul do rio Paraguaçu, de onde assaltavam "fazendas e currais" da região, e chegaram a destruir um engenho. Apesar de sucessivas expedições punitivas, a Santidade persistiu ao longo do final do século XVI. Houve uma campanha de extermínio contra a seita em 1613, mas sem sucesso.[221]

É plausível que tal solidariedade entre índios e africanos, para a resistência ao escravismo, tenha sido mais forte no período em que o trabalho indígena na produção de açúcar foi mais intenso, o mesmo período em que perdurou a Santidade. Enquanto se expandia o tráfico no Atlântico, e transitava-se na Bahia para o emprego em larga escala de escravos africanos, o trabalho lado a lado de índios e negros talvez permitisse que das identidades étnicas emergisse a consciência de sua condição social, ou então, simplesmente, reunia-os em oportunidades e planos conjuntos de fuga. Aparentemente, a colaboração que formou a Santidade reduziu-se com o passar dos anos. Em 1654, dois negros que viviam com os indígenas naquela região fugiram para

---

219 Naturalmente, não é menos bárbara uma morte como a de Willem Loos, o almirante holandês que teve sua cabeça arrancada por um disparo de artilharia, na batalha naval de 1640. Tampouco se pode olvidar da violência na Europa Moderna (como descrita por Michel Foucault, por exemplo), nem de certas práticas da expansão europeia, como despedaçar inimigos amarrados nas bocas dos canhões ou passar povos inteiros a fio de espada, em atendimento de interesses comerciais. Portanto, não devemos correr em aceitar a denúncia da bestialidade dos combatentes indígenas e africanos, feita pelos testemunhos da guerra holandesa. O que se trata de apontar é o fundo social, específico das colônias, do ódio racial e do caráter privado na violência.

220 Gonçalves, p. 139-141.

221 Schwartz, *Segredos internos*, p. 54-7.

a colônia portuguesa, "um que há muitos anos estava metido com eles, e outro que agora [o gentio] levou nesta última ocasião [de assalto aos moradores]".[222] Sabe-se, também, que o quilombo dos Palmares recebeu indígenas, mestiços e mesmo brancos, e que os tarairiús do Rio Grande do Norte também protegeram ex-escravos, fugitivos da Paraíba. Todavia, no século XVII, o emprego diuturno e cotidiano de índios dos aldeamentos na repressão ao escravo africano, como vimos, mediante os instrumentos de cooptação da política indigenista da Coroa, certamente foi o limite para esse tipo de colaboração.

Ao longo da década de 1620, a Santidade foi alvo de uma sucessão de expedições portuguesas. Em 1626, foi combatida com índios dos aldeamentos de São João, Cachoeira, Sergipe do Conde e com "tapuias de Inhambupe".[223] Em dezembro de 1627, o governo considerou que os assaltos "dos índios da Santidade", com "o gentio da Guiné que se lhe tinha coadunado", eram uma ameaça a toda a capitania. Organizou-se uma nova expedição, sob o comando de Afonso Rodrigues Adorno, com munições e petrechos do presídio de Salvador.[224] Além disso, convocou-se Antônio Rodrigues da Cachoeira, um chefe de potiguares da Paraíba, "por ser filho da terra, e com experiência do Sertão, e da guerra de índios, e ter muitos tapuias e índios da sua administração", que seriam descidos ao Recôncavo Baiano – inclusive aqueles que haviam recebido a frota de Boudewijn Hendricksz, na baía da Traição.[225] Adorno regressou vitorioso da "jornada do sertão" em março de 1629, com 120 cativos que seriam distribuídos entre os participantes e o governador-geral. A Coroa havia proibido a escravidão dos índios em 1609, mas a lei de 1611, que regulamentava as "guerras justas" contra povos hostis do Brasil, manteve o regime de administração do trabalho, a se impor aos índios vencidos em tais campanhas.[226]

A entrada de Afonso Rodrigues Adorno parece ter sido forte o suficiente para pacificar a região mais próxima ao Recôncavo. Ou então, como acredita Taunay, o início da guerra holandesa suspendeu as campanhas contra os índios hostis do

222 Carta do Conde de Atouguia para o sargento-mor Pedro Gomes, 17/10/1654, DHBN, v. 3, p. 224.

223 Ata da Câmara de Salvador, 08/08/1626, DHAM: AC, v. 1, p. 45-6. O governador Diogo de Menezes afirmava que o movimento contava com mais de 20 mil pessoas, mas isso é, evidentemente, um enorme exagero. Schwartz, *Segredos internos*, p. 54-7.

224 Ata da Câmara de Salvador, 19/12/1627, DHAM: AC, v. 1, p. 80.

225 Assento que se tomou sobre os índios da Paraíba e Rio Grande, 09/01/1628, DHBN, v., v. 15, p. 174-9; "Livro segundo do governo do Brasil". In: *Anais do Museu Paulista*, v. 3, 1927, p. 125-8.

226 Eram 109 cativos, dos quais Afonso Rodrigues Adorno recebeu 32 e Diogo Luís de Oliveira, 29. Dava-se preferência aos escravos negros, contra os ameríndios, para quem a fuga era mais fácil.

Paraguaçu.[227] Outra "guerra justa" ao gentio seria novamente solicitada ao governo em 1644, já não por conta de ataques aos moradores, mas, explicitamente, pela falta de mão de obra nos engenhos, após a conquista flamenga de Luanda e a redução do tráfico.[228] Contudo, a guerra contra os povos indígenas irredutíveis só seria retomada em 1651, com a primeira de uma sequência de "jornadas do sertão", com a meta de "castigar o gentio bárbaro e reduzir as aldeias que se quiserem sujeitar pela paz".[229] Entre maio e setembro, buscou-se levantar números para a expedição, com índios da Torre de Garcia D'Ávila, aimorés das vilas de Ilhéus ("que me dizem trazem guerras com estes tapuias"), desertores do exército de Salvador e de Pernambuco, em troca do perdão, e todos mais que tivessem interesse no "prêmio da presa, que espero que seja grande".[230] A campanha seria financiada por uma finta (um donativo) oferecida pelas freguesias de Sergipe do Conde e Pernamirim, no valor de 200$000, e o comando ficou com Gaspar Rodrigues Adorno, filho de Afonso Rodrigues, ambos senhores de engenho na região.[231]

Não há notícia do resultado da campanha, e é mesmo possível que ela sequer tenha acontecido. Em setembro de 1652, o governador dava conta de ataques indígenas aos moradores de Jaguaripe e cobrava a realização da finta, atrasada aparentemente por problemas nessa freguesia.[232] De qualquer maneira, a região continuava em pé de guerra. Em 1654, o novo governador-geral, o Conde de Atouguia, buscava convencer a Câmara de Salvador, que achava muito alta a despesa da campanha. Ele afirmava que era preciso reunir um poder considerável, pois as experiências passadas indicavam

---

227 Affonso d'E. Taunay. *História geral das bandeiras paulistas.* 11 vols. São Paulo: Imprensa Oficial, 1949, v. 4, p. 316-8; Veja-se, sobretudo: Puntoni. *A guerra dos bárbaros,* cap. 3.

228 Carta de Antero Gaspar de Brito Freire de 13/08/1644, In: *Anais do 1 Congresso de História da Bahia.* Salvador: Instituto Geográfico e Histórico da Bahia, 1955, v. 11, p. 458. Lembre-se que a preação escravista não era razão legal para a autorização de uma "guerra justa" contra o indígena, segundo a Lei de 1611 (Lei do governo do gentio do Brasil, 10/09/1611, In: *Colecção Chronológica da Legislação Portugueza,* v. 1, 1603-1612, p. 309-312).

229 Patente de Gaspar Rodrigues Adorno, 04/09/1651, DHBN, v. 31, p. 96-8.

230 Carta do Conde de Castelo-Melhor para o sargento-mor Diogo de Oliveira Serpa, 22/05/1651. DHBN, v. 3, p. 107; Carta do Conde de Castelo-Melhor para o sargento-mor Gaspar Rodrigues Adorno, 22/05/1651. DHBN, v. 3, p. 110; Carta do Conde de Castelo-Melhor para Antônio de Couros Carneiro, 20/06/1651; DHBN, v. 3, p. 113.

231 Carta do Conde de Castelo-Melhor a Antônio de Couros Carneiro, 22/05/1651, DHBN, v. 3, p. 107. Patente do capitão Gaspar Rodrigues Adorno, 04/09/1651, DHBN, v. 31, p. 96-8; Ata da Câmara de Salvador, 12/07/1651, DHAM: AC, v. 111, p. 167-9.

232 Carta do Conde de Castelo-Melhor aos oficiais da Câmara, 02/09/1652, DHBN, v. 3, p. 185.

que expedições pequenas e pouco abastecidas não avançavam o suficiente no sertão, o que as obrigou "a retirar-se sem obrar cousa alguma e animaram ao gentio a que descesse com menos temor a continuar as hostilidades de que o Recôncavo se queixa".[233] Em outubro, o governo convocava "todos os índios e mestiços das aldeias desta capitania", e "em particular recomendo os que costumam ir com Diogo de Oliveira Serpa aos mocambos, porque são soldados dos de mais satisfação".[234] Contava-se ainda com os dois negros que haviam escapado dos índios hostis, e que dariam informação aos portugueses sobre a região. Para o custeio da jornada, recolheu-se pelo Recôncavo 1:600$000, além de um rol extenso de machados, foices, facas, pentes, tesouras e anzóis às centenas para os índios da tropa, pois "se eles foram contentes com o pouco que se lhes deu, agora irão muito mais, pois o capitão-mor leva tão grande quantidade de resgates destinados para eles".[235] Em novembro, os preparativos foram suspensos devido à expectativa de uma retaliação holandesa à restauração de Recife, e deu-se início a providências para a defesa de Salvador.[236] Contudo, as tensões com aqueles índios continuavam, e havia-se reunido 600 índios, "50 infantes" e 230 soldados das companhias de ordenança, com espingardas e rodelas emprestadas do moradores. Esperava-se ainda a adesão de 400 índios com Gaspar Rodrigues Adorno, que novamente comandaria a empresa. Em janeiro de 1655, o governador comunicou à Coroa a partida da expedição, e D. João IV agradeceu-lhe sobretudo por guardar obediência à lei de 1611, "por do contrário se poderem seguir e continuar os graves danos que daqueles bárbaros têm recebido por várias vezes esses meus vassalos".[237]

O objetivo da entrada de Gaspar Rodrigues Adorno era partir de Cachoeira, às margens do rio Paraguaçu, avaliar a informação dos índios "mais noticiosos" e seguir ao sertão pelo caminho que achasse mais conveniente, fazendo guerra aos "bárbaros". Suas aldeias seriam desbaratadas e destruídas, os sobreviventes seriam trazidos cativos, e aqueles que quisessem se submeter à paz seriam descidos "para as vizinhanças do

233 Carta do Conde de Atouguia aos oficiais da Câmara, 02/09/1652, DHBN, v. 3, p. 223.

234 Carta do governador a Luís da Silva, 01/10/1654, DHBN, v. 3, p. 217; Carta do governador para a aldeia de Jaguaripe, 01/10/1654, DHBN, v. 3, p. 217; Carta do governador para a aldeia de Maragogipe, 01/10/1654, DHBN, v. 3, p. 218; Carta do Conde de Atouguia para o capitão Garcia D'Ávila, 19/10/1654, DHBN, v. 3, p. 228.

235 Carta do Conde de Atouguia para o sargento-mor Pedro Gomes, 17/10/1654, DHBN, v. 3, p. 224; Ata da Câmara de Salvador, 17/10/1654. DHAM: AC, vol III, p. 271; Carta do Conde de Atouguia para Luís da Silva, 06/12/1654, DHBN, v. 3, p. 248.

236 Carta do Conde de Atouguia para o sargento-mor Pedro Gomes, 18/11/1654, DHBN, v. 3, p. 237.

237 Carta de Sua Magestade ao Conde de Atouguia, 05/06/1655, DHBN, v. 66, p. 89.

mar".[238] Uma nova expedição, em 1656, agiria de forma similar. Entretanto, a continuidade dos ataques indígenas demonstrava a ineficácia dessas expedições, e a estratégia portuguesa teve que se desenvolver. A partir do governo de Francisco Barreto, as expedições passaram a ser mais organizadas, com objetivos mais definidos, de maneira que fosse possível lidar com as distâncias e o número elevado de indígenas hostis. Para as campanhas portuguesas à serra do Orobó, entre 1658 e 1662, foi necessário um sistema de casas-fortes e linhas de abastecimento, até a organização de roças em posições avançadas. O governo também convocou o auxílio, que seria crucial, de tropas do bandeirantismo paulista, em troca da concessão do cativeiro dos índios aprisionados naquela "guerra justa". Além disso, o governo passou a enfatizar a necessidade de uma guerra "total", para o extermínio completo dos indígenas irredutíveis e a escravização dos remanescentes. Sobretudo, após a descoberta do astucioso jogo duplo que faziam os paiaiases em Jacobina (região produtora de gado, onde a resistência indígena também gerava confrontos cotidianos). Nas campanhas à serra do Aporá, entre 1669 e 1673, mediante a tortura de prisioneiros e o cativeiro de mulheres e crianças, foi vencido o último grande foco de ataques indígenas à Bahia, das nações maracaçu e topim, de língua tupi. Os últimos resistentes foram acossados até o rio São Francisco, onde se renderam. Em 1672 e 1673, duas expedições dos paulistas retornaram triunfantes a Salvador, cada uma com aproximadamente um milhar de prisioneiros em desfile. A esse tempo, as expedições já haviam se encontrado no sertão com bandeiras que partiam de São Paulo por terra. Não havia mais ameaça indígena à zona açucareira do Recôncavo, e as entradas posteriores seriam todas orientadas pela preação escravista e pela abertura de espaço para os rebanhos de gado.[239]

Por conseguinte, a guerra com os holandeses no Brasil foi travada em paralelo à guerra de conquista e colonização, contra a resistência de povos indígenas específicos, e dentro do contexto social de violência produzido pelo escravismo. Como vimos, isso implicava que a sociedade colonial vivia às armas, mobilizada (ainda que de forma irregular e oscilante) em facções de pequenos e grandes caudilhos, bandos dispersos de quilombolas ou feitores e capitães do mato, construções rurais mais ou menos fortificadas e destacamentos recrutados entre aldeias indígenas.[240] O exército da WIC

---

238 Regimento que levou Gaspar Rodrigues Adorno na jornada do sertão, 24/12/1654. DHBN, v. 4, p. 37-42.

239 Puntoni. *A guerra dos bárbaros*, cap. 3.

240 Essa belicosidade geral esteve associada à exploração colonial, e também foi influenciada por suas transformações, ao longo do tempo. Assim, a expansão da produção açucareira, se redundasse em ocupação das terras e da força de trabalho da "brecha camponesa", era capaz de causar tensões,

conheceu a resistência oferecida por tal estado de beligerância em todos os principais cenários do conflito. Na Bahia, como em Pernambuco e Angola, a ocupação da praça litorânea, porto e sede de governo, foi seguida de seu isolamento da hinterlândia por um cordão de forças da população colonial. Tal situação tornava a conquista sempre muito mais difícil do que supunham os planos iniciais da Companhia. Os colonos sustentavam-se e resistiam mais que o esperado, a despeito da ruptura do vínculo marítimo com a metrópole, enquanto o invasor, na praça ocupada, sofria com o desabastecimento. Se tentasse sair de seus muros, era forçado a combater escaramuças inimigas em terreno hostil e desconhecido.

Para obter sucesso na "guerra brasílica", ambos os lados dependeram do envolvimento com as forças irregulares da colônia. Para o holandês, os aliados naturais, nesse campo, foram os povos indígenas avessos à presença portuguesa. Os potiguares e tapuias foram fundamentais ao aprendizado da terra ocupada e ao combate à "guerra volante" dos portugueses. Como vimos, Nassau contou com aproximadamente 1.000 deles em 1638, no ataque que lançou à Bahia, e durante a ofensiva portuguesa no início de 1640 os holandeses fizeram 2.000 tapuias descer à costa, para defender o Brasil Holandês dos índios leais a Portugal. Também tinham sua importância para o abastecimento da colônia, bem como nos trabalhos de transporte e construção em geral. Ademais, os holandeses também não escapavam da necessidade de combater povos indômitos da América, e também eram os tapuias que defendiam essa fronteira, no sertão do Ceará.[241] Todavia, ainda que existam casos de colaboracionismo entre chefes militares da colônia (como o jesuíta Manuel de Morais, hábil combatente e chefe de uma tropa de índios potiguares), a grande maioria de seus bandos pelejou contra o invasor, compondo as várias quadrilhas de "campanhistas" que fariam arder os canaviais do Brasil Holandês. Os indígenas dos aldeamentos pernambucanos foram organizados em uma unidade, o terço de D. Antônio Filipe Camarão, também um potiguar, sempre muito bem tratado pela Coroa portuguesa, e visto como o principal agente da aproximação e aliciamento dos povos do Brasil. Seu "terço" reunia algumas centenas de índios: 406 em 1639, antes do ataque do Conde da Torre, e algo como 350 nas

desacordo, repressão e desabastecimeno. Por outro lado, a integração de faixas de terra à colônia (com a pecuária na vanguarda) pressionava a fronteira com os povos autóctones, anunciando uma nova etapa para a conquista do território. (Reis e Silva. *Negociação e conflito*, p. 68; Puntoni. *A guerra dos bárbaros*, cap. 1).

241 Wätjen. *O domíno colonial hollandez*, p. 405; Mello. *Olinda restaurada*, p. 242-247.

batalhas dos Guararapes, em 1648 e 1649.[242] Entretanto, havia mais indígenas integrados nas demais companhias de moradores. Apesar do enorme escopo de sua participação no confronto, e embora não fosse impossível o treinamento de colonos, índios ou mamelucos, nas disciplinas da guerra europeia, sua inscrição no exército português foi muito rara, e permaneceram no serviço como tropas de segunda linha.[243]

Não foi tão ampla a mobilização de homens negros, forros ou fugitivos, embora tenha existido em ambos os lados do conflito. Os holandeses libertaram e armaram africanos em Salvador e em Olinda, enquanto estiveram ocupadas, assim como houve fugitivos das senzalas portuguesas que procuraram a liberdade junto ao invasor. Entre os portugueses, é conhecido o bando de mocambeiros liderados por Henrique Dias, que aderiu à resistência de Matias de Albuquerque durante a invasão. Como Camarão, o "governador dos negros" recebeu atenção especial da Coroa, e ambos seriam admitidos ao panteão dos restauradores, segundo o imaginário pernambucano, como exemplos de lealdade para ambas as "raças". Seu comando, que agregava cento e sessenta homens em 1639, daria origem aos regimentos de "henriques" e "caçadores-henriques", de farda branca, até meados do século xix.[244] Evaldo Cabral já tratou de desmistificar a "democracia racial" do exército português: houve recrutamento de negros, mas sempre acompanhado do pavor de um levante generalizado da mão de obra escrava. Assim, a companhia de Dias recebeu escravos fugidos, até emprestados por seus donos, mas era empregada na captura de escravos do inimigo e na própria coerção sobre os escravos de Pernambuco, tudo sempre em posição cuidadosamente escolhida, cercada pelo exército regular.[245] No presídio de Salvador, os negros apa-

---

242 Por exemplo, veja-se: Carta de S.M. a D. Antônio Filipe Camarão, 09/05/1639, DHBN, v. 17, p. 290-3; Mello. *Olinda restaurada*, p. 246-9; Certidão de Gonçalo Pinto de Freitas sobre o que se tomou em junta do Conselho de Guerra do Conde da Torre, 07/02/1639, BPA, Cód. 51-x-7, fl. 499. Sobre Manuel de Morais, veja-se: Ronaldo Vainfas. *Traição: um jesuíta a serviço do Brasil holandês processado pela Inquisição*. São Paulo: Companhia das Letras, 2008.

243 Mello. *Olinda restaurada*, p. 228-9. No papel, o serviço militar dos moradores à Coroa poderia se dar conforme o regimento de ordenanças de D. Sebastião, de 1570, ou por meio de dispositivo similar incluído na lei indígena de 1611 ("Regimento das Ordenanças", In: Mendonça. *Raízes, op. cit.*; Colecção Chronológica da Legislação Portugueza, v. 1, 1603-1612, p. 309-312).

244 Mello. *Rubro veio*, cap. 5; Mirales. *História militar, op. cit.*; Gustavo Barroso. *História militar do Brasil*. São Paulo: Nacional, 1935, p. 12; Certidão de Gonçalo Pinto de Freitas, 07/02/1639, BPA, Cód. 51-x-7, fl. 499.

245 Mello, *Olinda restaurada*, p. 237-247. Como era de se esperar, os escravos emprestados ao exército não aceitaram reduzir-se novamente às senzalas, e tiveram de ser alforriados, mediante indenização aos proprietários.

recem ocasionalmente, em funções que revelam a mesma projeção de sua situação social. Daí se encontrar, em papéis claramente servis, "negrinhos de doze até dezoito anos" na folha de oficiais do exército, ou "tambores negros" que serviam sem soldo (ao contrário do tambor branco, pago normalmente, o negro apenas recebia "calção e gibão branco").[246]

Houve também na Bahia a possibilidade de recrutamento de uma companhia de mocambeiros. Em maio de 1638, quatrocentos deles apareceram na Torre de Garcia D'Ávila "se oferecendo para combater em troca de liberdade (…). Parece que lhe faremos tudo o que eles quiserem", diz o registro de Pedro Cadena de Vilhasanti.[247] Os termos de tal acordo, para nossa infelicidade, não são mencionados, se é que houve de fato. Paz e integração seriam promessas que a sociedade colonial teria dificuldade em cumprir, já que em 1640 e 1643 haveria novas expedições contra os mocambos daquela mesma região, e as proibições de 1626 e 1628 mostram o que um homem negro e livre podia esperar na cidade. Ademais, falava-se entre os moradores que os soldados negros do exército raptavam ou libertavam outros escravos. Não surpreende, portanto, que a Câmara tenha rechaçado veementemente a proposta de diplomacia com o mocambo anteriormente mencionada, quando foi cogitada pelo Marquês de Montalvão, em 1640.[248] Na ausência de uma ameaça real, como a do ataque holandês de 1638, seria difícil encontrar qualquer interesse dos colonos no reconhecimento da liberdade e da mobilização daquelas pessoas.

De tal maneira, é a mesma necessidade de imposição do escravismo e de sua defesa contra formas violentas de resistência dos povos colonizados e escravizados que, enquanto conferia à sociedade um estado geral de beligerância e dificultava o controle holandês do interior, ao mesmo tempo restringia a mobilização especificamente militar de sua população. O problema reside na necessária dispersão dos meios de violência, as quadrilhas armadas da colônia, pelo espaço rural onde se dava a exploração do trabalho escravo propriamente dito, em oposição à concentração de homens e armas

---

246 Certidão de Gonçalo Pinto de Freitas sobre o que se tomou em junta do Conselho de Guerra do Conde da Torre, BPA, Cód. 51-x-7, fl. 499; Certificado da mostra geral do exército de 27/01/1639, BPA, Cód. 51-x-7, fl. 488-93; Relação da Fazenda Real na Bahia, 09/11/1643, AHU, Bahia, série Luísa da Fonseca, cx. 9, docs. 1030-4. Vale lembrar que também houve negros a serviço da Coroa de Portugal como soldados durante a Guerra de Restauração, embora seus números certamente tenham sido insignificantes. (Jorge Penim de Freitas. *O combatente durante a Guerra da Restauração*. Lisboa: Prefácio, 2007 p. 107).

247 Vilhasanti, *op. cit.*, p. 49-50.

248 Ata da Câmara de Salvador, 25/11/1640, DHAM: AC, v. 1, p. 477; Mello. *Olinda restaurada*, p. 236-9.

que caracteriza os maiores movimentos militares. Isso é visível, por exemplo, nos limites ao recrutamento da população colonial para combater o exército da WIC. As descrições da América portuguesa afirmavam com frequência que vários milhares de colonos poderiam pegar em armas, caso fosse necessário, mas tais estimativas foram geralmente exageradas. O autor dos *Diálogos das grandezas do Brasil* dizia, por exemplo, que nas capitanias do norte era possível levantar 10.000 homens armados, muitos deles a cavalo.[249] Entretanto, o máximo que foi possível recrutar entre os moradores daquela região foram os 2.500, aproximadamente, que participaram das duas batalhas dos Guararapes, em 1648 e 1649.[250]

É preciso considerar que, da população colonial de homens aptos ao serviço militar, uma parcela considerável era de escravos dos engenhos e grandes lavouras, enquanto outra parcela estava empregada em sua repressão, sendo que nenhuma poderia ser armada e mobilizada para o fronte sem que disso resultasse um problema para a ordem social escravista. O setor da população de recrutamento mais fácil estava entre os lavradores de propriedade modesta, meeiros e parceiros de toda sorte, possivelmente escravos, onde a necessidade de repressão violenta não se fazia tão presente. Nesse setor, entretanto, encontrava-se grande parte da produção de subsistência, de maneira que o recrutamento nessa população ameaçava o minguado abastecimento da capitania. Durante a guerra de restauração do Brasil holandês, entre 1645 e 1654, os pernambucanos insurrectos fizeram o possível para alargar os limites do recrutamento. Ainda assim, foi necessário um sistema de rodízio, pelo qual as companhias de moradores revezavam-se no combate aos holandeses, em turnos de três meses. Como dois terços desse contingente eram recrutados no setor de subsistência, o suprimento de víveres para a tropa tornou-se crítico, e foi necessário, em 1648, conceder uma licença de dez meses a todos os "soldados da terra", devido à falta da munição de boca. Na Bahia, como já pudemos observar, foi igualmente frágil a convocação das companhias de ordenança para a defesa da capital, durante a invasão de 1624. Ao longo do confronto, as tropas baianas puderam apenas oferecer resistência ao holandês em seu hábitat natural, os engenhos e canaviais do Recôncavo, até as imediações de Salvador.

Assim, a partir dos problemas na base social do recrutamento na colônia surgiam limitações também quanto ao emprego tático de seus homens. De fato, a guerrilha de tocaias e escaramuças daqueles bandos e a movimentação dos regimentos de um exército europeu constituíam dois campos distintos de exercício da violência, e é

---

249 Ambrósio Fernandes Brandão. *Diálogo das grandezas do Brasil*. Recife: Fundaj, 1997, p. 198.

250 Mello. *Olinda restaurada*, p. 232.

grande a diferença entre seus métodos e objetivos. O encontro entre ambas as formas de combater foi registrado em várias ocasiões da guerra no Brasil, como neste relato do soldado da WIC Johann Aldenburgk:

> Desembarcamos então junto a um engenho de açúcar, e, não percebendo sombra de inimigos, metade de nossas força marchou para cima dum monte, em direção a uma capela, e a outra metade ficou acampada ao pé do engenho, a fim de garantir o livre acesso à praia. Contudo, não tardou que sobre nós saltassem vários centos de índios selvagens, sem temor dos mosquetes e esgueirando-se por baixo das armas da primeira fileira, até que os cerra-filas abriram fogo sobre seus corpos nus, quando se dispersaram pela encosta dum monte, desfechando cruelmente sobre nós flechas ervadas e lançando suas azagaias, que aliás, pouco dano nos causaram, morrendo, ao contrário, muitos deles.[251]

É possível encontrar descrições similares entre outros confrontos de formatos militares "tradicionais" com exércitos da Europa moderna. A narrativa é comparável, por exemplo, à batalha de Killiecrankie, onde os escoceses abandonaram os mosquetes e despejaram-se sobre a infantaria orangista, com golpes de machado. Nesta ocasião, a formação do exército de linha foi derrotada pela *highland charge*, como seria várias vezes vítima de assaltos de forças irregulares no Brasil. O relato de Aldenburgk expõe um contraste parecido entre as formações dos oponentes: a disposição em fileiras contra o indígena "esgueirando-se", o movimento coeso contra o ímpeto desordenado, a salva de tiro contra o disparo espontâneo.[252]

---

251 A descrição de Aldenburgk do modo de vida dos indígenas que combatia é pouco lisonjeira, de modo que exige uma leitura desconfiada: "esta gente, diversamente chamada de brasilienses, índios, selvagens, canibais ou caribes (...) crê pouco em Deus, não respeita aos seus nacionais nem aos estrangeiros, adora o demônio, tem o aspecto de figura humana, anda inteiramente nua, excepto a que vive junto aos portugueses, espanholou-se e paga tributo ao rei de Espanha; (...) Em suas primitivas terras, quando, há muitos anos, foram achados pelos portugueses, principalmente nos belos sítios à beira-mar, consentiram que estes erguessem cidades, fortalezas, fortes, trincheiras, conventos, armazéns, para os quais afluiu gente, em parte voluntariamente, em parte desterrada, povoando aqueles ermos, multiplicando-se, prosperando, pagando seus tributos, e cujos descendentes ainda hoje ali habitam; mas, devido à perfídia e à crueldade dos selvagens, não podem aventurar-se a penetrar quinze a dezesseis milhas no seio deles, por isso que correm perigo de vida". (Aldenburgk. *Relação*, p. 180-1).

252 Segundo a síntese de Geoffrey Parker: "*En las batallas u operaciones de masas los jefes pedían a sus hombres disciplina de cuerpo, buen orden, realización cuidadosa de determinados movimientos colectivos y, sobre todo, estoicismo bajo el fuego enemigo. Por contraste, para la escaramuza y para la sorpresa de la guerra de guerrilla, la disciplina y la organización de cuerpo apenas contaban; las cualidades fundamentales eran la máxima pericia individual y que cada uno estuviera perfectamente familiarizado con el uso*

De tal maneira, a guerra holandesa no Brasil refletia aquele momento do processo mais geral da "revolução militar", assim como foi chamada por Michael Roberts.[253] Na Europa ocidental, a infantaria já predominava sobre a cavalaria desde a crise do feudalismo, e desenvolvia-se onde houvesse progresso na organização política, contra a fragmentação e a instabilidade social, de forma a permitir a evolução nas formas de recrutamento e de tributação. Assim, a construção desse aparelho "fiscal-militar" estava nos fundamentos da formação do Estado moderno europeu.[254] A partir do século XVI, o crescente emprego da pólvora transformou a atividade militar em todas as suas esferas. Após a invasão francesa da Itália, difundiu-se o "traço italiano" da engenharia militar, para a efetiva fortificação contra o bombardeio. Os muros foram redesenhados em ângulos e formatos variados (baluartes, hornaveques, revelins etc.), de modo a melhor proteger os muros do assalto inimigo e devolver com maior eficácia o fogo de artilharia. Desenvolveu-se então todo um arsenal para a guerra de sítio, com a construção de muros de assédio e câmaras subterrâneas. A composição do exército alterou-se gradativamente, enquanto o arcabuz e o mosquete substituíam piques, alabardas, montantes e arcos. Mas a eficiência da mosquetaria, devido à imprecisão do disparo e ao intervalo de recarga, dependeu do treino de revezamento de salvas de tiro (*volley fire*). A marcha transformou-se em ordem unida, na busca da perfeita coesão dos regimentos, enquanto aumentava a população total de homens mobilizados. Segundo a síntese de Antônio Manuel Hespanha, a manobra torna-se mecânica, e "a espontaneidade individual é praticamente excluída da 'coreografia', todos os movimentos do soldado são objetos de regulamentação precisa".[255] Em seus menores detalhes, os gestos do combatente, as formas de disposição de forças e de revezamento de tiro eram objetos de estudo "científico" nas academias militares, ao que se dedicavam

---

de las armas" (Geoffrey Parker. *El ejército de Flandes y el Camiño español: 1567-1659*. Trad. F. R. Martín e M. R. Alonso. Madri: Alianza, 1985, p. 47).

253 Geoffrey Parker. *The military revolution: military innovation and the rise of the west, 1500-1800*. 2ª ed. Cambridge: Cambridge Univ., 1996; Jeremy Black. *Rethinking military history*. Nova York: Routledge, 2004; Para um trabalho historiográfico, veja-se: Clifford Rogers (ed.) *The military revolution debate: readings on military transformation of early modern Europe*. Oxford: Westview, 1995.

254 Charles Tilly. *The formation of national States in Western Europe*. Princeton: University Press, 1975, *op. cit.*; John Brewer. *The sinews of power: war, money and the English State*. 2ª ed. Cambridge: Harvard Univ., 1990.

255 Antônio Manuel Hespanha (ed.) *Nova História Militar de Portugal*. Lisboa: Círculo dos Leitores, 2004, p. 16-25.

pessoalmente, por exemplo, o Príncipe de Orange, Maurício de Nassau (primo do governante do Brasil Holandês) e o Rei Gustavo Adolfo, que governaram Holanda e Suécia (respectivamente) durante a guerra dos Trinta Anos.

As formações de combatentes da população colonial, como os campanhistas em Pernambuco ou as companhias da resistência portuguesa na Bahia, tinham outras características. As patrulhas dos "capitães de emboscada" de Matias de Albuquerque reuniam trinta ou quarenta homens, ou em bandos menores, de doze homens, embora contingentes maiores de "soldados da terra" pudessem ser reunidos. Sua vantagem estava no conhecimento e na adaptação ao ambiente, que os permitia cruzar grandes distâncias com velocidade, ou movimentar-se despercebidos pelos matos, onde eram "invisíveis", assediando o inimigo com golpes rápidos, a cada hora em um flanco. O colono ainda vivia melhor no clima tropical, sofria menos com os mosquitos e alimentava-se com mais facilidade, o que lhe dava resistência superior para as campanhas pelo território. Combatiam de forma anárquica, sem uma ordem de batalha precisa. A organização de fileiras era estranha à vegetação tropical, onde cada árvore pode ser uma proteção individual, um apoio para o disparo. É sintomático que "na Europa, enquanto a segurança da população civil residia nas fortificações a que se recolhiam com seus bens móveis, no Brasil a segurança estava no interior, onde ela podia comodamente esconder-se".[256] Na Bahia, a "guerra do mato" foi precisa o suficiente para eliminar o comando do exército holandês, vítima de emboscadas nos arredores da cidade. Ademais, por aqueles "caminhos ocultos e cegos", tinham capacidade de exercer o controle sobre canaviais e lavouras de abastecimento, causando grande embaraço aos propósitos da WIC, de desenvolvimento e exploração da colônia açucareira.[257]

Devido ao seu papel na conquista e na segurança da colônia, os indígenas naturalmente exerciam toda sua influência na organização de tais formações. Assim, junto aos colonos, irregularmente armados de mosquete, cutelo, gibão, chuço e rodela, marchavam índios com azagaias (dardos), zarabatanas e bordunas. Os arcos podiam ter até o tamanho de um homem, mas com eles cada combatente carregava apenas algumas flechas. A importância da guerra para os povos autóctones também levava-os a erguer paliçadas em suas aldeias, e alguns chegaram a desenvolver pequenas máquinas de assédio, semelhantes à torre de sítio da Europa medieval. Sobretudo, como afirmava Vicente do Salvador, "têm grande

---

256 Mello. *Olinda restaurada*, p. 258-9, 375.

257 Aldenburgk. *Relação*, p. 178; Pedro Puntoni. *A mísera sorte: a escravidão africana no Brasil holandês e as guerras do tráfico no Atlântico sul, 1621-1648*. São Paulo: Hucitec, 1999, p. 59-60.

conhecimento da terra, e não só o caminho, por onde uma vez foram, atinam por mais cerrado que já esteja, mas ainda por onde nunca foram". Entre os campanhistas, também eram valorizados os negros de Henrique Dias, pois conheciam os melhores esconderijos da capitania.[258]

De tal maneira, era característico da formação das tropas da colônia essa composição multiétnica, com "muitos índios e negros" entre seus números, como atestava Pedro Cadena de Vilhasanti, referindo-se aos bandos de campanhistas.[259] Assim, tinham particular valor os chefes falantes da "língua geral", ou de línguas tapuias, como Francisco Fernandes Preto, que em 1651 era buscado em Boipeba para participar da expedição de Gaspar Adorno, porque "foi muitas vezes ao sertão e é um grande língua".[260] Em Salvador, Raposo Tavares defendia um protegido seu para o posto de alferes de sua companhia de paulistas, pois "para se conservarem é necessário que os governem seus mesmos naturais". Naturalmente, destacavam-se nesse papel os jesuítas. Durante a ocupação de Salvador, quatro "companhias" da resistência foram comandadas por eles, em particular, pelo padre Francisco Vilhena. Anos depois, durante a retirada de Pernambuco, levaram consigo para a Bahia 5.000 pessoas dos aldeamentos indígenas. Por essas e outras, afirmavam, sem modéstia, que seria perdido o Brasil aos holandeses, não fosse a Companhia de Jesus.[261]

Entre os exércitos europeus daquele período da "revolução militar" e as companhias de colonos, portanto, há uma clara diferença de métodos e escalas. Em movimento, na hinterlândia das capitanias do Brasil, a infantaria regular de soldados pagos sofria da hostilidade do ambiente, da atrofia da produção de víveres, movimentava-se com lentidão e, assim, era incapaz de envolver as forças da guerrilha colonial em uma peleja decisiva. De tal maneira, viu-se a grande dificuldade do exército da WIC no controle das áreas agrícolas, tanto na Bahia como em Pernambuco, alegando falta do contingente necessário para a tarefa. Só foi possível para os holandeses romper o isolamento nas praças ocupadas após a adoção de táticas de contraguerrilha, com o apoio do colaboracionismo de colonos e indígenas.

258 Salvador. *História do Brasil*, p. 85; João Batista Magalhães. *A evolução militar do Brasil: anotações para a historia*. Rio de Janeiro: Biblioteca do Exército, 1958, p. 46-49; Mello. *Olinda restaurada, op. cit.*

259 Treslado de assento em mesa da fazenda sobre as rações para o exército de Pernambuco, 06/10/1638, AHU, Bahia, série Luísa da Fonseca, cx. 7, doc. 806.

260 Carta para o sargento-mor Gaspar Rodrigues Adorno, 22/05/1651. DHBN, v. 3, p. 110.

261 Cordeiro. *São Paulo*, p. 131; Certidões abonando o procedimento dos jesuítas em Pernambuco, 15/03/1641, AHU, Bahia, série Luísa da Fonseca, cx. 8, doc. 927.

Por outro lado, em formações maiores, durante o assédio ou a defesa de praças e posições fortes, as fileiras de colonos mostraram-se volúveis e inconsistentes. Em Salvador, nenhuma das companhias do Recôncavo permaneceu nas defesas da cidade, que foi ocupada pelo invasor praticamente sem oposição. Em Olinda, ainda foi possível organizar uma trincheira de colonos no rio Doce, mas no calor do confronto muitos "foram entrando mais prontos pela mata do que pelo perigo".[262] Os "soldados da terra" eram comumente tratados como "bisonhos" (inexperientes), pois não serviam com regularidade suficiente. Quanto aos indígenas, embora houvesse aqueles que foram treinados para a disciplina militar europeia, em grande parte "era o furor que, de fato, os comandava, cedendo o passo, não raro, ao medo, pelo que mostravam tanto ardor na agressão quanto na precipitação da fuga".[263] Em diferentes ocasiões, os holandeses usaram tiros de canhão para os assustar. Segundo Evaldo Cabral, a "guerra volante" sempre foi um recurso "meramente defensivo", disponível apenas à defesa da hinterlândia.[264]

Deve-se lembrar também que a deserção sempre foi mais fácil para aquele que é natural da zona de conflito, e o soldado "estrangeiro", portanto, era mais propenso à disciplina da caserna. Sobretudo, o caráter privatista e pessoal das forças coloniais minava a sua mobilização. Moviam segundo a livre iniciativa do chefe, e debandavam em caso de sua morte, como a companhia de Antônio Ribeira de Lacerda, que não prestou mais que três dias de serviço à resistência em Pernambuco. O emprego da "guerra volante" implicava autonomia de ação para seus combatentes, reduzindo na prática o papel da hierarquia no comando e enfraquecendo-o em relação os chefes locais, o que era motivo de preocupação para os generais enviados pela Coroa, como Bagnuolo e Barreto, ou mesmo para o donatário de Pernambuco. A conclusão de Matias de Albuquerque, sobre suas patrulhas de colonos, foi "que o seu natural era vagar nos bosques".[265]

De tal maneira, a guerra do Brasil sempre foi travada com o emprego de ambas as formações, "sem nunca ser inteiramente uma ou outra".[266] Uma boa representação dessa síntese foi o sargento-mor Antônio Dias Cardoso, experiente na "guerra do mato", chefe de inúmeras emboscadas, mas também com prática militar suficiente para treinar moradores de Pernambuco na guerra de fileira, com o que venceram o exército da WIC na batalha das Tabocas. Mas também houve quem se deixou adaptar francamente à "guerra

---

262 Coelho. *Memórias diárias*, p. 22.

263 Magalhães. *A evolução militar*, p. 46-49.

264 Mello. *Olinda restaurada*, p. 355.

265 *Ibidem*, p. 227, 358.

266 *Ibidem*, p. 318.

brasílica", como talvez Gilberto Freyre pudesse imaginar. Martim Soares Moreno, o mestre de campo e conquistador do Ceará, admitia aos amigos que seu gosto era pelejar nu entre seus índios, de barba raspada e pele tingida, com arco e flecha.[267]

A colaboração e complementaridade entre ambas as formações, aliás, não é estranha. Mesmo na origem na "revolução militar", as operações de guerrilha mantiveram seu valor estratégico. Como descreveu Geoffrey Parker, a guerra de cerco e as grandes batalhas constituíam apenas o cume da estrutura militar que se desenvolvia. Na periferia das grandes manobras, permaneceram (em maior ou menor medida) as ações de bandos pequenos e especializados, aterrorizando a população civil, roubando o que pudessem carregar, ou atingindo o inimigo por detrás de suas linhas.[268] Na Bahia seiscentista, é possível encontrar o presídio soteropolitano oferecendo homens para expedições ao indígena bravio, no sertão, ou contribuindo com armas e munições. Contudo, assim como as tropas irregulares de colonos compuseram a segunda linha da guerra holandesa, atuando em conjunto ao exército português – mesmo durante a insurreição pernambucana, que dependeu de tropas regulares enviadas pelo governo de Salvador – também é sabido que as companhias de soldados pagos foram apenas complementares na guerra de Palmares e na conquista do sertão, ambas vencidas pelo "terço dos paulistas".

Por conseguinte, era possível que qualquer das duas formações atuasse no campo da outra, *mas apenas de forma improvisada, ou como uma força de reserva*. Em geral, a sociedade colonial atestava sua incapacidade de mobilização para as operações maiores e de maior intensidade, inclusive a própria defesa contra potências europeias, como se viu na invasão holandesa de Salvador e Olinda, na guerra entre paulistas e emboabas ou na breve ocupação francesa do Rio de Janeiro, em 1711. Embora os colonos tenham oferecido uma resistência feroz na hinterlândia, a restauração da praça exigia a atuação de um exército regular, por terra, e o bloqueio naval por uma força marítima razoável. Enquanto isso, o máximo que se fazia era ganhar tempo, mantendo o invasor isolado na cidade ocupada – aliás, uma situação semelhante à que viveriam os baianos durante a guerra de independência: a organização a partir do Recôncavo, a troca de escaramuças com os portugueses de Salvador, o desabastecimento da cidade e a vitória pelo bloqueio naval da armada de Thomas Cochrane. Na retaguarda, as mesmas reticências com a mobilização militar, ante as possibilidades de

267 *Ibidem*, p. 353, 373; Pedro Puntoni. "As guerras no Atlântico-Sul". In: Antonio Manuel Hespanha (ed.) *Nova História Militar de Portugal*. 2º vol. Lisboa: Círculo dos Leitores, 2004, p. 255-300.

268 Parker. *El ejército de Flandres*, p. 46-7.

escalada e transbordamento do conflito para as senzalas, a dirimir o ímpeto político do senhoriato escravista.[269]

A CRISE DO BRASIL HOLANDÊS

Havia, portanto, um grave impedimento à mobilização militar da população de uma sociedade escravista moderna. Ela era politicamente fragmentada, dada a dispersão da violência em bandos de chefes locais. Do ponto de vista tático, estes eram também de difícil adaptação à disciplina da "revolução militar" europeia. Os escravos não poderiam ser recrutados em massa, ou toda a ordem social seria subvertida. Os "soldados da terra" não serviam de forma regular, pois o alistamento esgotava os contingentes empregados na segurança do escravismo e no pobre setor de abastecimento. Todas essas limitações, como se viu, aparecem em graus e matizes diferentes ao longo da guerra contra o holandês. Os portugueses, por sua vez, encontravam-se desarmados e desorganizados, por ocasião da restauração de 1640. A elevação do Duque de Bragança ao trono teria de ser defendida em campo de batalha, diante da vasta máquina militar a serviço de Filipe IV. Entretanto, não havia em Portugal uma estrutura militar própria, formas de recrutamento estáveis, tampouco armas modernas e oficiais experientes. A marinha de guerra, após participar da fracassada campanha naval contra os Países Baixos, estava reduzida a alguns poucos galeões que mal atendiam à defesa do litoral lusitano. Não obstante, foi a mobilização dos chefes da açucarocracia pernambucana que deu início à guerra de restauração de Pernambuco, em 1645, e a esquadra portuguesa da Companhia Geral de Comércio do Brasil que bloqueou Recife, em 1654, encerrando o domínio holandês no Brasil. Ao longo desses nove anos, os portugueses de ambas as margens do Atlântico derrotaram a maior potência naval de seu tempo, e muitos foram aqueles que, como o padre Antônio Vieira, favoreciam a paz com os Países Baixos, antes que o conflito resultasse em consequências piores que a perda de Pernambuco.

No início da década de 1640, após a restauração portuguesa e a trégua com as Províncias Unidas, os holandeses dominavam as praças-fortes da costa entre o rio São Francisco e a ilha de São Luís, as zonas de produção agrícola e as rotas de comércio através do Atlântico. Entretanto, o Brasil Holandês era uma conquista recente, e como tal sua posse estava ainda longe de se consolidar. A violência espalhada e cotidiana da sociedade colonial dificultou o avanço neerlandês e ainda estavam abertas as feridas da invasão. Sobretudo, porque o isolamento do exército da Companhia em

---

269 Veja-se também: Mello. *Olinda restaurada*, cap. VII; Reis e Silva. *Negociação e conflito*, cap. 4.

Recife só fora vencido após uma encarniçada campanha de contraguerrilha, iniciada por Diederick van Waerdenburch em 1632. A estratégia, como se viu, era composta de ataques às freguesias que a sustentavam, e os moradores da capitania foram suas vítimas imediatas. As incursões do invasor queimaram vilas, saquearam igrejas e massacraram seus habitantes, bem como aqueles mais que cruzassem seu caminho, para que a posição não fosse revelada. De tal maneira, segundo Mário Neme, a "força de trabalho e de consumo" que a Companhia esperava governar era transformada em alvo de uma "guerra de extermínio", que naturalmente agravaria o estado geral de animosidade contra o conquistador.[270] É preciso ressaltar que a violência da guerra caiu sobre os moradores não apenas pela mão dos flamengos. Os campanhistas portugueses também trouxeram fogo e morte para aquela população, e sua nacionalidade não impediu que fossem, por muitos, tão odiados quanto os holandeses. Entre 1638 e 1640, o comando português ordenava as propriedades de habitantes luso-brasileiros não fossem atingidas, mas isso era difícil de se cumprir, pois o objetivo era arrasar a terra. O massacre de colaboracionistas e incêndio de plantações tornaram os "heróis" da resistência extremamente impopulares. Anos depois, senhores de engenho do Brasil Holandês pediriam a Salvador a retirada das tropas de Camarão e Henrique Dias, ou "todas estas capitanias serão dentro em pouco tempo destruídas, seguir-se--ão incríveis misérias e derramar-se-á muito sangue inocente por causa da brutalidade desses homens selvagens".[271] Como vimos, a violência geral da colônia exacerbou a brutalidade da guerra, e levaria tempo até que o Brasil Holandês se apaziguasse.

Assim, o domínio da WIC sobre Pernambuco era precário. No meio rural, a grande maioria da população era luso-brasileira. Para o povoamento com imigrantes neerlandeses, ou de outras regiões da Europa, era preciso atrair indivíduos ocupados na marinha mercante, na gente de guerra ou quem mais gravitasse as rotas de navegação de Amsterdam e do Novo Mundo. Nas Províncias Unidas, propriamente, com a consolidação da independência, a tolerância religiosa e a prosperidade econômica, havia pouco motivo para emigrar. A administração do Brasil Holandês era consciente do problema, e buscava trazer conterrâneos à colônia (comerciantes e artífices, principalmente), de modo a reduzir o desequilíbrio demográfico. Entretanto, a política de imigração e concessão de terras era subordinada à busca do lucro, e a Companhia evadia-se do necessário financiamento do fluxo migratório, esperando que viessem ao

270 Mário Neme. *Fórmulas políticas do Brasil holandês*. São Paulo: Difel, 1971, p. 66-69.

271 Mello. *Nassau*, p. 118; Mello. *O Brasil Holandês*, p. 155-7, 350-1; "Carta de alguns moradores ao bispo da Bahia", In: *Revista do Instituto Archeológico e Geographico Pernambucano*, n. 35 (1888), p. 32-4.

Brasil apenas os mais abastados. Como mostrou Caio Prado Jr., o emigrante europeu autônomo em geral haveria de preferir os Novos Países Baixos, na América do Norte, onde o ambiente lhe seria menos estranho, o peso da dominação política menor, e mais abertas as oportunidades no comércio de peles. Note-se, aliás, a contradição em tal postura da WIC, que procurava atrair apenas o migrante que possuísse um mínimo de cabedal, algo que pudesse investir na produção e compra de escravos, enquanto era abundante o financiamento para o luso-brasileiro, e não faltava em Recife a venda de escravaria a prazo.[272]

Enquanto a hinterlândia agrícola e a produção açucareira permaneceram, na maior parte, propriedade de colonos luso-brasileiros, a população imigrante permaneceu no Recife, que fervia de corsários, mercadores, artesãos, taberneiros e gente de diferentes nações europeias.[273] A presença holandesa também era fragilizada pela escassez do abastecimento local, segundo Van der Dussen, "sobretudo nos engenhos, onde raramente se plantam roças". As seguidas tentativas do governo de Recife de aumentar a produção de mandioca e o corte de gado fracassaram. Mesmo em 1640, época em que já estava remediada a produção na colônia e o comércio prosperava, Nassau afirmava que, caso fosse possível o desembarque do exército hispano-português transportado pelo Conde da Torre, a hinterlândia agrícola seria rapidamente perdida e o exército da Companhia perderia suas parcas fontes de abastecimento, com o que "havíamos de retirar-nos para os fortes sem víveres, em cujos armazéns os ratos morrem de fome!".[274]

A resistência portuguesa tinha consciência da fragilidade do controle militar da WIC sobre Pernambuco, e pela correspondência desses moradores a Coroa portuguesa mantinha-se informada dessa realidade. Uma das cartas pode ser vista entre os papéis do Conselho Ultramarino:

> Só a guerra desta terra está em cala, e toda a mais parte do mundo arde nela; se bem se está perdendo à míngua, por falta de diligência, que assim como estes estão em Holanda desculpando-se com Sua Majestade, os Estados [Gerais] com a Companhia, a Companhia com o Brasil, e o Brasil com Angola: e debaixo disso

---

272 Prado Jr. *Formação do Brasil contemporâneo*; Mello. *Nassau*, p. 69.

273 Wätjen. *O domíno colonial hollandez*, cap. 3; Prado Jr. *Formação do Brasil contemporâneo*; Sérgio Buarque de Holanda. *Raízes do Brasil* (1936). 26ª ed. São Paulo: Companhia das Letras, 1995, p. 62-5; Mello. *Tempo dos flamengos*.

274 "A batalha naval de 1640 e outras peripécias da guerra holandesa no Brasil". In: *Revista do Instituto Histórico Geográfico Brasileiro*, v. 58, 1895, p. 29; Mello. *O Brasil Holandês*, p. 292.

fazem o que querem; também, senhor, poderá haver uma desculpa para o Brasil; que bom fora de se inquietá-lo.[275]

Enquanto solicitava abertamente o apoio de D. João IV para reabrir o conflito, que continuava quente sob as "desculpas" do jogo diplomático, esse morador anônimo também descrevia a que estado se encontravam as defesas do Brasil Holandês e fazia sugestões estratégicas para a movimentação luso-brasileira. O governo-geral (pelo menos desde que Antônio Teles da Silva assumiu o posto) e pessoas particulares, em Salvador, forneciam armas e munições aos pernambucanos. Em janeiro de 1643, encontramo-lo a remeter pólvora, morrão e balas de mosquete também para o Maranhão, onde um levante da população (indígena, em sua maioria) havia degolado uma guarnição neerlandesa.[276] É sintomático, aliás, que a trégua de 1641 tenha sido desobedecida por campanhistas sediados em Salvador, pelo prejuízo que lhes causava, pois dela já haviam feito um meio de vida, roubando bens e escravos para vender na Bahia. Relatava o provedor-mor Sebastião Parvi de Brito, que "tanto que esta gente de guerra e soldados de Pernambuco viram tréguas e que estavam em quietação, com menos esperanças de poderem ir a Pernambuco e sua campanha, logo se alteraram e trataram que com [o soldo de] um vintém cada dia e um alqueire de farinha para quarenta dias os não podia sustentar, e antes, com as esperanças dos proveitos da campanha, todos dissimulavam e assim, uns e outros, se concordavam pelas desavenças que pretendiam fazer".[277]

Instabilidade da ocupação e focos de resistência são necessariamente problemas que devem ser administrados em qualquer processo de conquista, e devem ser compreendidos em sua especificidade. No Oriente, os portugueses foram um obstáculo inferior à VOC, pois o Império ali era, efetivamente, uma superestrutura da potência naval, imposta às rotas mais antigas do comércio asiático.[278] Ao longo da conquista

---

275 Cópia de uma carta que um morador de Pernambuco escreveu ao governador e capitão-geral do Estado do Brasil Antônio Teles da Silva, em 7 de agosto de 644, AHU, Bahia, série Luísa da Fonseca, cx. 9, doc. 1092.

276 Carta de Antônio Teles da Silva a S.M., 30/01/1643, AHU, Bahia, série Luísa da Fonseca, cx. 9, doc. 1002; Evaldo Cabral de Mello, *O negócio do Brasil*. Rio de Janeiro: Topbooks, 1999, p. 41

277 Carta do provedor-mor Sebastião Parvi de Britto a S.M., 30/01/1643, AHU, Bahia, série Luísa da Fonseca, cx. 3, doc. 1001.

278 O império português do Oriente, ademais, já não tinha supremacia sobre o Índico desde meados do século XVI, devido à reação das forças navais de vários dos povos asiáticos. (Vide: Vitorino Magalhães Godinho. *Ensaios*. 2ª ed. 2 vols. Lisboa: Sá da Costa, 1978).

neerlandesa (e em toda sua história colonial, em seguida), foi necessário armar e manter forças consideráveis em operação no oceano Índico, a partir de um porto e arsenal estratégico em Batávia (Jacarta), mais uma cadeia de guarnições em praças portuárias. Mas ali o conflito com os portugueses esteve limitado a essa esfera. Perante a VOC, não havia união entre o colonizador rival e o colono a ser governado. No Brasil, entretanto, a população tinha suas raízes no povoamento português, de maneira que Lisboa tinha outros meios de preservar sua influência sobre a colônia, além do contato marítimo direto. Ao mesmo tempo, o poder efetivo dos moradores ante o governo do Brasil Holandês era favorecido pela ligação natural com a ex-metrópole, sobretudo quando esta permanecia bem estabelecida no território baiano, que poderia ser alcançado por terra ou pela navegação litorânea.[279]

Contudo, além da esperada resistência e beligerância da conquista, havia outras razões para o mau relacionamento entre o governo da WIC e os moradores do Brasil Holandês. O choque ético e cultural, que nem sempre resultou em desentendimento entre conquistador e conquistado, desta feita era agravado pelo cisma na cristandade, entre católicos e reformados, que já havia causado sedições e massacres muito maiores que a revolta pernambucana. Os Países Baixos haviam recebido fugitivos das guerras de religião, na França e nos Estados alemães, e apesar das ondas momentâneas de iconoclastia, o Estado neerlandês havia se formado com base na liberdade de consciência, e era possível a convivência entre as variadas seitas protestantes e a ligeira maioria de católicos.[280] Sendo assim, o regimento da WIC para o governo das conquistas, de 1629, garantia aquela liberdade aos moradores, confirmada nos termos de rendição da Paraíba, em 1634. Contudo, o regimento também estabelecia o calvinismo como religião oficial da Nova Holanda, e a disputa entre "hereges" e "papistas" pelas almas do Novo Mundo não foi abandonada. Com o estabelecimento do Conselho Eclesiástico Recifense, em 1636, os reformados intensificaram a militância, resultando em perseguições e violência. Os jesuítas, "gafanhotos do inferno" odiados e perigosos, foram

---

279 Segundo Willen Usselinx, durante o debate sobre a fusão entre as duas companhias, a *V.O.C.* "exercitava o comércio no Arquipélago da Sonda, com principados nativos já ali desde muito estabelecidos, cujos governantes entretinham as melhores relações de amizade com os Holandeses, e por isso poucos gastos bélicos causavam à Companhia. Sobre a *W. I. C.*, porém, pesava o encargo de lutar incessantemente contra o inimigo pátrio, com o que teria provavelmente poupado à sua irmã das Índias Orientais e mais possessões violentos ataques por parte do adversário espanhol" (Wätjen. *O domínio colonial hollandez*, p. 253).

280 Paul Zumthor. *A Holanda no tempo de Rembrandt.* Trad. Maria Lucia Machado. São Paulo: Companhia das Letras, 1989; Henry Mechoulan. *Dinheiro e liberdade: Amsterdam no tempo de Spinosa.* Trad. Lucy Magalhães. Rio de Janeiro: Zahar, 1992.

deportados em fevereiro daquele ano, e seu colégio foi destruído. Em 1639, todas as outras ordens católicas seriam igualmente expulsas. Foram proibidas as missas e procissões, restringindo-se o culto à esfera privada (exceto para os mais íntimos do Conde de Nassau, que protegia a igrejinha do frei Manuel Calado). As sinagogas que foram construídas sob o signo da liberdade religiosa também foram fechadas em poucos anos.[281] A pregação calvinista, horrorizada com os costumes da terra, procurava o confronto com o morador comum, devido a sacrilégios como a bênção de engenhos e canaviais, antes da safra, ou o trabalho de escravos e mercadores aos domingos. Por outro lado, a população católica sofria das proibições e da destruição de conventos e igrejas, saqueadas pelos combatentes e usadas como armazéns ou alojamentos pelo exército, enquanto repugnava a liberdade e desinibição dos judeus sefarditas. O Conde João Maurício estava atento para a necessidade de distensão entre religiosos, e o risco que o fanatismo causava para a colônia. Entretanto, incapaz de entrar em choque com a Igreja reformada, podia apenas proteger seus associados mais próximos, e fazer ouvidos de mercador para as queixas do Conselho Eclesiástico.[282]

No exercício da política, da administração colonial e da justiça, também houve falhas que dificultavam a acomodação ao domínio neerlandês. Durante os vinte e quatro anos entre o início da ocupação até a reconquista, o regime foi formulado e reformulado, de alto a baixo, em três ocasiões (em 1629, 1637 e 1646), sem que fossem resolvidos seus principais problemas. Pecava-se na centralização excessiva, ao restringir-se o funcionalismo à estrita observação dos regimentos, ou no veto à elaboração de normas na colônia, sequer para as posturas mais simples de gestão local. Decisões simplórias, quanto à regulamentação de tabernas, por exemplo, ou quaisquer casos imprevistos nas ordens, eram regularmente encaminhados para o conselho diretor da WIC, o Conselho dos "Dezenove Senhores" (*Heeren XIX*). Em Recife, as autoridades da administração (ou "poderes médios", na expressão de Pedro Puntoni) eram desarticulados e sobrecarregados. A cúpula do aparelho administrativo (o Conselho Político, a partir de 1630; o governador, Maurício de Nassau, e o Alto e Secreto Conselho – que não era secreto – depois de 1637; e o Alto Governo, depois de 1646) esteve atribuída em tarefas inconciliáveis, e seus componentes, às vezes, divididos entre o interior e a capital. Em 1634, Arciszewski recomendou a Amsterdam que formasse um governo

---

281 "Regimento das Praças Conquistadas ou que forem conquistadas nas Índias Ocidentais de 1629", In: *RIAP*, n. 31 (1886), 289-310; Neme. *Fórmulas políticas*, p. 158 e segs.; Wätjen. *O domíno colonial hollandez*, p. 346-9.

282 Mello. *Nassau*, p. 87-91; Mello. *O Brasil Holandês*, p. 220-239.

forte em Recife, com um general "com pulso de ferro".[283] Mas os Dezenove temiam o excesso de autonomia da burocracia colonial, sobretudo do comando do exército, e a presença de diretores como Matias van Ceulen e Johann Gijsseling, como supervisores ou membros do governo, minava a autoridade do governante. Quando da nomeação do Conde João Maurício de Nassau, com todo o peso político que tinha o parente do *stadhouder* neerlandês, a direção ainda lhe podava os movimentos, com a instituição de um "sistema misto", com o governador como presidente de um colegiado (o Alto e Secreto Conselho, com membros da direção). O próprio Arciszewski seria usado por Amsterdam contra o Conde.[284]

A bem da verdade, essa situação era típica da vida política no tempo do absolutismo, perdida de ambiguidades e desrazões, em geral em favor do monarca, como árbitro maior do sistema (embora, pessoalmente, nem sempre fosse vencedor da rede de intrigas cotidiana, nem o centro político saísse fortalecido em todas as ocasiões). Na América portuguesa, sempre foi comum o fomento de rivalidades internas ou conflitos de atribuição, ao sabor das conveniências. Não obstante, era grande a desordem no Brasil Holandês. Não havia um direito uniformizado, nem é possível afirmar quando se haveria de aplicar a norma neerlandesa, holandesa ou portuguesa (mesmo os Países Baixos ainda estavam divididos em várias leis municipais e provinciais, e a uniformização só ocorreria a partir do código napoleônico, depois de 1795). A aplicação da justiça era decidida no Conselho Político, transformado exclusivamente em órgão judicial depois de 1637, e acabava ali. Não havia um tribunal recursivo, nem era possível apelar para uma corte europeia. Ademais, a burocracia não tinha qualquer formação jurídica, ou um preparo mínimo que lhe permitisse lidar, de forma ad hoc, com a administração da justiça numa terra praticamente sem lei.[285]

O mais importante, porém, é que o regime político que foi implantado restringiu o acesso do senhoriato colonial aos meios de representação e exercício do poder. Desde o início da colonização do Brasil, as Câmaras haviam cumprido um papel fundamental na orientação do povoamento e da administração da esfera pública. Nesse processo, como se viu, a camada dominante daquela sociedade em formação foi se constituindo, entre outras formas, a partir de seu protagonismo político, nas Câmaras

---

283 O militar polonês, é claro, pensava em si mesmo para o cargo. Wätjen. *O domínio colonial hollandez*, p. 138; veja-se também: Neme. *Fórmulas políticas*, p. 23-40; Fernanda Trindade Luciani. *Munícipes e escabinos: poder local e guerra de restauração no Brasil Holandês (1630-1654)*, dissertação de mestrado. FFLCH. São Paulo, USP, 2007, cap. 2.

284 Mello. *Nassau*, p. 84; Wätjen. *O domínio colonial hollandez*, p. 164.

285 Neme. *Fórmulas políticas*, p. 99 e segs.; Luciani. *Munícipes e escabinos*, cap. 2.

municipais e demais postos de governo.[286] A invasão holandesa alijou essas pessoas de suas posições, enquanto o aparelho administrativo português era desmantelado. A partir de 1637, a WIC reabriu o sistema político aos pernambucanos por meio das câmaras de escabinos (*schepenen*), formadas com números variáveis de colonos portugueses e neerlandeses, para agir como primeira instância em causas cíveis e criminais. Ao todo, foram sete as Câmaras criadas no Brasil Holandês. Todavia, como mostrou Fernanda Luciani, as atribuições dos escabinos eram pequenas (se comparados aos vereadores e juízes das Câmaras portuguesas), e a ingerência da Companhia era grande. Tampouco possuíam autonomia financeira. Os diretores eram reticentes em contar com a cooperação de colonos que havia pouco eram inimigos no campo de batalha. Em nível local, os escabinos eram eclipsados pelo escolteto (*schout*), um delegado que presidia as sessões, além de atuar como promotor público, administrador, fiscal e agente comercial da WIC. Dado o ambiente geral da conquista, os odiados escoltetos puderam agir incólumes em suas localidades, e o sistema judicial raramente punia os abusos, como prisões arbitrárias e extorsões.[287]

A açucarocracia pernambucana foi igualmente afastada do aparelho fiscal. O governo neerlandês reservava-se o direito de criar ou elevar tributos, para custear as defesas da capitania, sustentar a burocracia e, naturalmente, pagar as contas da corte principesca de Maurício de Nassau. Além disso, os colonos perderam os privilégios de isenção tributária que gozavam junto à Coroa lusitana, bem como qualquer controle sobre as formas de arrecadação. Até os meios de transporte do açúcar para pagamento dos dízimos foi motivo de desavença.[288] Mário Neme é enfático ao descrever a corrupção generalizada da burocracia neerlandesa, mas é possível que esta tenha sido uma entre poucas formas de influência política dos senhores de engenho luso-brasileiros – portanto, um elemento de estabilidade do Brasil Holandês. Note-se que o mais conhecido ataque à imoralidade na administração, o panfleto "A Bolsa do Brasil" (*Brasilsche Gelt-Sack*, impresso e distribuído nos Países Baixos) era, em verdade, uma denúncia do habitual suborno de funcionários pelos moradores, em prejuízo da Companhia. Mas a situação seria melhor resumida com a frase de João Fernandes Vieira aos demais chefes do açúcar pernambucano: "me corro de ver a Vossas Mercês,

286 Puntoni. "O Estado do Brasil: poderes médios e administração na periferia do Império Português". In: Zenha. *O Município no Brasil, 1532-1700*.

287 Luciani. *Munícipes e escabinos*, p. 79-118, 130-139; Neme. *Fórmulas políticas*, p. 29 e segs.

288 Mello. *O Brasil Holandês*, p. 254-6; Neme. *Fórmulas políticas*, p. 137-45.

que antigamente mandaram com tanta soberba em tudo, hoje serem mandados por quatro patifes holandeses".[289]

Do ponto de vista econômico, o Brasil Holandês tinha graves problemas, advindos da dominação da rota transoceânica pelo capital baseado em Amsterdam e do desenvolvimento do mecanismo de exploração colonial que a companhia privilegiada representa. Em primeiro lugar, porque guerra é sinônimo de escassez, e a colônia que os holandeses assumiram controle era vítima de carestia e desorganização. Lembremo-nos que foi demorada a conquista da hinterlândia agrícola, e até 1635 a reconstrução e reinício da produção. Pelo menos até 1637, a vasta maioria das exportações, a partir de Recife, é de açúcar confiscado durante a guerra ou que não pôde ser escoado para o porto. Sobretudo, os engenhos que voltaram a moer tinham que lidar com o rearranjo geral do negócio e a substituição da parceria com o capital comercial lusitano pela relação com o organismo neerlandês. Apesar da rejeição da WIC em monopolizar o transporte com a metrópole, que foi aberto a particulares em 1634, o regime de navegação (exclusivo de acionistas e embarcações fretadas pela Companhia) era ainda assim mais restritivo que o trânsito livre de caravelas entre Pernambuco e Portugal, antes de 1630. Já o tráfico de escravos foi efetivamente monopolizado. Para o colono, a escassez e o reordenamento resultavam em piores condições para a comercialização de seu produto, ao mesmo tempo que subiam os preços de importados, sobretudo do escravo africano. Pagava-se preços três ou quatro vezes maiores que os habituais, e os escravos – vendidos por até 200 ou 300 patacas – estavam tão caros que se hesitava em arriscá-los na produção, onde morriam tão facilmente. Em paralelo, também aumentou o pagamento a trabalhadores livres. Segundo a avaliação de um conselheiro da WIC em Recife, todos os mercadores tiveram lucros extraordinários, seja no retalho quanto no varejo, mesmo taberneiros e pequenos lojistas, exceto aqueles que exageraram nas vendas a crédito.[290]

Os lucros elevados e o ambiente geral do comércio e das finanças holandesas promoveram alguns anos de euforia com a colônia sul-americana. Foi o período em que se urbanizou o Recife e a Cidade Maurícia (a ilha de Antônio Vaz), com obras de infraestrutura, como diques e canais, mas também com jardins, sobrados e palacetes. Tornou-se uma povoação de porte e beleza incomparáveis com quaisquer das demais

---

289 Mello. *O Brasil Holandês*, p. 331-9, 362.

290 *Ibidem*, p. 265-6; Mello. *Olinda restaurada*, p. 413; Neme. *Fórmulas políticas*, p. 147; Joan Nieuhof. *Memorável viagem marítima e terrestre ao Brasil* (1682). Trad. Moacir Vasconcelos. Belo Horizonte: Itatiaia, 1981, III. Sobre o funcionamento dos mecanismos de lucro comercial na relação metrópole-colônia, veja-se: Novais. *Portugal e Brasil*, item 2.2.

vilas da América portuguesa. Em 1637 e 1638, a WIC ofereceu condições bastante favoráveis de crédito para a venda em leilão dos engenhos confiscados durante a guerra:
seis a dez anos de prazo, com seis meses de carência. Os valores estavam entre 30 e
40 mil florins, ao que se somavam de 60 a 80 mil em reformas necessárias e apare-
lhamento, com escravos, cobres, animais de tração e plantio de canaviais, também
comprados de fornecedores particulares na base do fiado. O elevado afluxo desse
capital encarecia o preço da terra e dos bens de produção, a inadimplência era alta,
mas prevalecia o otimismo geral quanto aos retornos esperados. Em 1639, Adriaen
van der Dusssen escrevia: "o Brasil se engrandece notavelmente e continuando assim,
no prazo de um a três anos, chegará a um ponto de progresso jamais atingido no
tempo do rei, com a condição de que o preço do açúcar volte ao que era, visto que
há pouco decaiu".[291]

Porém, ocorreu antes o contrário. O preço da libra de açúcar em Amsterdam, que
atingiu um pico de 0,85 florins em meados de 1637, reduziu-se a 0,60 no ano seguinte, até chegar em 0,46 em 1642, e o capital não se realizou. A inadimplência, que já era
elevada nos anos anteriores, tornou-se crítica, agravada inclusive por uma epidemia
de bexiga (similar à varíola europeia), com elevada mortalidade entre a população
escrava. Em agosto de 1643, estourou a bancarrota entre os comerciantes em Recife, e
falava-se na Holanda em quinze ou vinte agentes de grandes redes comerciais prestes
a retornar à Europa. Ao longo do ano seguinte, o valor dos imóveis caiu em um terço,
a arrecadação fiscal em pouco mais de um quarto, e o fluxo de embarcações no porto
caiu de 56 para 14 ao ano.[292] Joan Nieuhof, funcionário da Companhia, descreveu a
contração do crédito no Brasil Holandês:

> Os comerciantes da metrópole passaram a exigir de seus representantes e comissá-
> rios, no Brasil, importantes somas, em pagamento do que lhes haviam fornecido.
> Obrigados a remeter às matrizes, na Holanda, todo o dinheiro que podiam dispor,
> os negociantes locais passaram a experimentar grande escassez de numerário, o que
> certamente haveria de afetar de maneira profunda o movimento geral. Tendo-se
> repetido, periodicamente, essa situação, verificou-se, finalmente, tamanha preemi-
> nência de dinheiro como dificilmente se poderá fazer ideia. Muitos dos senhores
> de engenho, faltos de recursos com que satisfazer seus débitos nos respectivos ven-
> cimentos, viram-se na contingência de tomar dinheiro a juros de 3 ou 4 por cento

---

291 José Antônio Gonsalves de Mello. *Fontes para a história do Brasil holandês*. Recife: Parque Histórico
Nacional dos Guararapes, 1981, v. 1, p. 177-184; Nieuhof. *Memorável viagem*, p. 109; Mello. *Nassau*,
p. 64.

292 Mello. *Olinda restaurada*, p. 415.

ao mês para saldá-los. Isso reduziu a maioria deles a uma tal penúria que, em pouco tempo, se acharam em situação de não poder pagar nem capital, nem juros.[293]

Reversão de expectativas, liquidação de posições de risco (simbolicamente chamadas, hoje em dia, de "ativos podres" ou "tóxicos"), falência e enxugamento do crédito: a inversão de rumo no Brasil Holandês foi quase típica do estouro de uma bolha – o que, aliás, atesta para o grau avançado de mercantilização da economia açucareira colonial. Segundo Nieuhof, os luso-brasileiros haviam assumido compromissos impossíveis, com os mercadores de Amsterdam, na esperança de que a armada do Conde da Torre desalojaria a WIC de Pernambuco, e "só haviam feito tais compras com a intenção de as não pagar". Mas isso claramente não é a causa do problema, pois o crédito envolve um tomador e um emprestador, e não se teriam assumido tantos compromissos sem a plena disposição dos comerciantes particulares e da Companhia. Como afirma o alto conselheiro Adriaen van Bullestrate, do governo de Recife, "todos teriam tido bom resultado se não tivessem feito adiantamentos tão amplos, querendo muitos comissários principalmente vender as mercadorias dos seus patrões, para ficar desse modo com a comissão". Nieuhof atribui isso à "inépcia", "imprudência" e "ignorância" dos agentes do comércio holandês, mas é mais plausível que estivessem premidos pela concorrência.[294] Ademais, o endividamento de senhores de engenho e lavradores de cana era parte do cotidiano da produção açucareira, e não haveria de ser diferente numa capitania desolada pela guerra, em busca de sua reconstrução e reinício da produção.[295] Note-se que os portugueses já eram arredios ao pagamento de seus compromissos desde 1638, cinco anos antes da bancarrota, portanto.

A maioria dos estudiosos do Brasil Holandês concorda que os infortúnios da empresa foram resultado de uma "política colonial de subordinação estrita à racionalidade dos balancetes".[296] Tudo era submetido ao crivo do dinheiro. A administração, mesmo o Conselho dos Dezenove, ocupava-se em detalhes como recomendações para evitar o desgaste do fardamento dos soldados. Cada despesa era conferida a avaliada várias vezes, até ser liberada. Se era comum, em qualquer exército, que o comando

293 Nieuhof. *Memorável viagem*, p. 109-10.

294 *Ibidem*, p. 110; "Relatório sobre a capitania da Paraíba em 1635", In: Mello. *Fontes*, v. 2, p. 218.

295 Frédéric Mauro. *Portugal, Brasil e o Atlântico, 1570-1670*. Trad. Manuela Barreto. Lisboa: Estampa, 1979; M. Buescu. *História econômica do Brasil, pesquisas e análises*. Rio de Janeiro: APEC, 1970; Vera Lucia Amaral Ferlini. *O Engenho Sergipe do Conde: contar, constatar, questionar*, dissertação de mestrado. São Paulo, USP, 1980.

296 Mello. *Nassau*, p. 18.

vivesse a reclamar da insuficiência de contingente, vitualhas e munições, era típico da WIC responder negativamente e censurar as requisições, pois "já estavam fartos de aliciar continuadamente recrutas para uma Colônia que devorava somas enormes, e em vez de consignar saldos, vivia num interminável regime de déficit".[297] Além disso, o planejamento da Companhia era, em geral, ilusório e deficiente. As críticas de Willem Usselincx aos planos de ataque e colonização do Brasil foram confirmadas, e reapareceriam nos relatórios de Diederick van Waerdenburch. O coronel, que também reclamava da "política de poupança e mesquinharia" da WIC, mostrou que os cálculos do retorno esperado pela Companhia eram exageradamente otimistas, e pressupunham todos os engenhos em plena atividade, a arrecadação dos impostos em dia, de modo que os rendimentos seriam apenas transferidos de Portugal para o caixa da empresa, sem mais problemas. Supunha-se que, uma vez com o controle dos portos, toda a colônia seria submetida, por depender de provisões enviadas pela metrópole, o que era uma grosseira subestimação da produção local e da capacidade de resistência. "Para falar sem rodeios", dizia ele, "o plano de conquistarem-se o país e os habitantes e o começo da empresa não foram nem bem concebidos, nem bem executados".[298]

Segundo Mário Neme, a orientação para o lucro condenava "de antemão" a experiência neerlandesa ao malogro.[299] Entretanto, não é exatamente a recorrência de prejuízos que explica o insucesso da empresa. Os ganhos da exploração colonial são apenas compreendidos por uma visão mais ampla do comércio metropolitano e dos agentes envolvidos. Assim como um saldo deficitário com a colônia pode ser mais que compensado por saldos positivos com outros países, por exemplo, o prejuízo de uma "Companhia das Índias" poderia ocultar, à primeira vista, vantagens no comércio europeu para o Estado de origem ou lucros extraordinários de capitalistas particulares, em operação sob a cobertura política e administrativa da instituição. Talvez seja mesmo ingenuidade pensá-los em separado, Estado e capital – de todo modo, é preciso uma coalizão poderosa de interesses para manter a empresa, e o *modus operandi* pode variar.

Contudo, não era esse o caso da WIC. Como vimos, a composição do seu capital havia sido definida pelo conflito hispano-neerlandês, no início da década de 1620. Daí, a preferência por operações de corso e, sobretudo, a associação do empreendimento açucareiro à guerra aos espanhóis, na escolha do Brasil como alvo. Pesava, inclusive, a participação acionária de calvinistas refugiados na Holanda, ávidos por

---

297 Wätjen. *O domínio colonial hollandez*, p. 194-214.

298 Mello. *Olinda restaurada*, p. 57-8; Neme. *Fórmulas políticas*, p. 73-4.

299 Neme. *Fórmulas políticas*, p. 61.

vingança contra os espanhóis.[300] Porém, permaneciam as diferenças entre os acionistas, especialmente entre aqueles de Amsterdam e os de Middelburg, cidades que hospedavam a direção da empresa, em rodízio semestral. O maior item de divergência foi o regime de comércio, pois os primeiros eram favoráveis à abertura a embarcações aprestadas por particulares, enquanto os zelandeses defendiam a necessidade do monopólio pela WIC. Segundo estes, era inconcebível para as Províncias Unidas "criar uma Companhia que conquistasse terras transmarinas para entregá-las à exploração e proveito dos comerciantes livres. Não, quem conquista um território, deve ter também o direito de desfrutá-lo".[301] Ao seu lado estavam os Estados Gerais, que em 1636 ordenaram que fosse reinstituído o regime fechado de transporte, com embarcações da WIC. Mas os holandeses sairiam vencedores da disputa, principalmente porque o monopólio poderia apenas entrar em efeito com um montante elevado de investimento pela Companhia, que sustentasse o fluxo do comércio, mas para o qual lhe faltariam os fundos. Pela opção de Amsterdam, abria-se o financiamento da colônia para capitais em embarcações particulares, mas a demanda dos comerciantes em manter sua autonomia operacional, ainda que fossem acionistas, é sintomática do problema.[302] Da forma como se havia formado o capital da WIC, como sociedade anônima, somadas as rivalidades no comércio holandês e a agenda de investida e saque do império espanhol, derivou-se uma instituição dependente de lucros no curto prazo, e presa a um "círculo vicioso", pelo qual o financiamento dependia de sucessos militares, que por sua vez só eram possíveis com mais financiamento.[303]

O ano de 1640, entretanto, mudaria todo o cenário. Em seguida às derrotas das armadas hispano-portuguesas, no litoral brasileiro e no canal da Mancha, os Países Baixos Espanhóis foram invadidos em ambos os flancos, por franceses e neerlandeses, em maio. Em junho, a Catalunha rebelou-se contra Madri, aliando-se à França. Em novembro, os franceses reocuparam o ducado de Saboia. Em dezembro, levantou-se

---

300 "*It was not primarily a peaceful colonizing or a trading corporation, but one formed avowedly for colonization and commerce through conquest*" (Boxer. *The Dutch in Brazil*, p. 7-10).

301 Wätjen. *O domíno colonial hollandez*, p. 453-4.

302 Deve-se notar, porém, que o negócio do açúcar era tecnicamente hostil a um regime muito fechado de navegação, devido aos problemas do estocamento prolongado do açúcar na colônia e ao trânsito elevado de embarcações envolvidas no escoamento da produção. Isso é particularmente verdadeiro para o comércio português, cujas caravelas podiam fretar algo entre 60 e 110 toneladas, enquanto a *fluyt* holandesa podia transportar talvez o dobro, ou mais (Leonor Freire Costa. *O transporte no Atlântico e a Companhia Geral de Comércio do Brasil (1580-1663)*. 2 vols. Lisboa: CNCDP, 2002).

303 Mello. *Nassau*, p. 78.

Portugal. O poder espanhol foi abalado de forma irremediável, selando-se o caminho até a derrota em Rocroi, três anos depois. Para os neerlandeses, com o fim de uma guerra de oitenta anos no horizonte, cresceu a resistência à mobilização militar. Por outro lado, voltou a aparecer a rivalidade naval com os ingleses, a qual levaria à edição pela Inglaterra dos Atos de Navegação, em 1651, e às guerras marítimas da segunda metade do século XVII.

Tais mudanças foram altamente desfavoráveis à WIC, para a qual tornava--se necessário um rearranjo de prioridades e relacionamentos. A paz com Portugal reabriu não apenas o fornecimento do açúcar brasileiro, mas sobretudo do sal de Setúbal, insumo fundamental para a pesca do arenque – este sim, negócio central para Amsterdam, um dos pilares de sua indústria naval, sua economia dos transportes e sua presença no Báltico e no Atlântico norte. Durante as décadas anteriores, o governo espanhol de Lisboa racionou o fornecimento de sal para os Países Baixos, buscando favorecer os pescadores da Galícia e das Astúrias. Depois de 1640, o preço em Amsterdam caiu pela metade.[304] Devido a tal valor estratégico da aliança lusitana, reduziam-se os apoios à Companhia. Note-se, por exemplo, que não houve proteção do entreposto holandês para o açúcar de Pernambuco, contra a mercadoria portuguesa (ou mesmo a incipiente produção caribenha), a despeito do sentido mercantilista da empresa e da queda no preço do produto. Do ponto de vista estratégico, os neerlandeses poderiam concluir que era possível obter favoravelmente o açúcar e o sal, ou mesmo ter acesso ao comércio colonial lusitano, mediante a pressão diplomática sobre D. João IV (enfraquecido em seu poder naval e militar) e o controle do fornecimento de cereais e armamentos, sem que fosse necessário manter um exército em atividade no Brasil. De fato, considerando a conjuntura e a diversidade interna de interesses, é compreensível que muitos preferissem jogar contra a WIC, mesmo enquanto havia prosperidade do Brasil Holandês. Apesar do "rápido desenvolvimento comercial" que Nieuhof observava ali, após a segurança oferecida pelo tratado de trégua, as ações da Companhia perderiam valor, ano após ano, sem que a recuperação fosse possível: de 120% do valor de face, em 1640, para 95% em julho de 1643, 80% em novembro, 70% em abril de 1644, e 37% em agosto, após os boatos dos preparativos militares em Lisboa e do retorno do Conde de Nassau.[305]

---

304 Israel. *Dutch primacy*, p. 137-40.

305 Mello. *Olinda restaurada*, p. 416-7; Mello, *O negócio do Brasil*, p. 35; Nieuhof. *Memorável viagem*, p. 109. Para Nieuhof, a queda das ações explicava-se pela insolvência do capital da Companhia, devido à inadimplência em Pernambuco: "os livros estavam repletos de débitos de terceiros, mas, a Caixa, vazia de dinheiro" (p. 112).

A necessidade de produzir dividendos e estancar a depreciação das ações levaria a WIC a uma sequência de decisões que viriam a erodir a segurança do Brasil Holandês. Continuou-se a expansão militar. Em 1641, como vimos, deu-se a conquista de Sergipe, Maranhão, Angola e São Tomé. Segundo o plano, em grande parte elaborado por Nassau, tratava-se de formar um "sistema comercial" no "Atlântico neerlandês", sobretudo pela ampliação do fornecimento de escravos. Todavia, o Conselho dos Dezenove, cioso de uma autonomia excessiva do governo de Recife, manteve a política africana subordinada diretamente a Amsterdam, o que atrapalharia muito a coordenação das forças empregadas no Atlântico meridional e a solução dos problemas políticos e administrativos de Luanda.[306] Entretanto, o mais grave seria que, em paralelo à expansão militar, a WIC foi levada a uma política de desmobilização, para cortar despesas. Circulavam boatos de que a Companhia havia decidido, secretamente, proibir as promoções de patente, o que causou uma debandada de veteranos e oficiais. A administração chegava a encorajar os pedidos de baixa, esperando assim reduzir a conta do exército. O funcionalismo civil também foi atingido pela austeridade, e houve mesmo ameaça de greve. Ao longo da década de 1630, o comando em Recife não tinha todos os seus pedidos atendidos, mas os reforços foram suficientes para manter a colônia razoavelmente bem defendida, e os portugueses em retirada. Em certo momento, chegou-se a dispor de 7.000 homens em prontidão, número que Nassau considerava o mínimo necessário para garantir as defesas de todas as posições principais.[307] Em 1642, entretanto, os Dezenove ordenaram a redução dos efetivos para 2.700 homens, em apenas nove companhias (ou seja, com pouquíssimos oficiais). O Conde enviou seu secretário particular a Amsterdam, para tentar demover os diretores do que seria efetivamente o abandono da Nova Holanda. A prova cabal de seu argumento seria dada pelas revoltas portuguesas contra as pequenas guarnições da WIC no Maranhão, Ceará e São Tomé, entre 1642 e 1643. Não obstante, a direção ainda cobrava de Nassau um novo ataque a Salvador, e em 1643 seria organizada uma expedição a Valdívia, no Chile, em busca das inexistentes minas de prata daquela região. Como mostrou Pedro Puntoni, a campanha africana era necessária para regularizar o fornecimento de escravos, devido a insuficiência da oferta de São Jorge da Mina e da captura de tumbeiros portugueses. Quanto ao Chile, Nassau preferia um ataque a Buenos Aires, que era acesso mais certo à prata e complementaria a

---

306 Mello. *Nassau*, p. 124-8.

307 *Ibidem*, p. 78; Wätjen. *O domíno colonial hollandez*, p. 159.

conquista de Angola.[308] De um modo ou de outro, a WIC assinava a expansão territorial com uma mão, e a redução das despesas militares com a outra.

No início de 1644, a presença do Conde de Nassau em Recife era provavelmente o único esteio da dominação neerlandesa. Ao longo de seu governo, o Conde havia logrado arbitrar as muitas desavenças entre militares, mercadores e colonos portugueses (segundo ele, os três tipos de habitante da colônia), e com isso conquistou o respeito da maioria. Ele descreveu os meios com que buscava essa meta em um "testamento político", deixado a seus sucessores no Alto Conselho: a defesa a população contra os abusos da soldadesca, sobretudo dos escoltetos; a tolerância em assuntos eclesiásticos (que acreditava "mais necessária no Brasil do que entre qualquer outro povo a que se tenha concedido a liberdade de religião"); a "brandura" e a "cortesia" em geral, de maneira a evitar um domínio exclusivamente sustentado pela força. Nassau recomendava que o governo devia manter-se próximo dos principais da terra, por meio de subornos e regalias, de modo a saber de antemão o que pretendiam.[309] O "testamento" não faz menção, mas é conhecido como ele utilizou de folguedos, banquetes e torneios para manter entretidos aqueles senhores, como se fossem aristocratas de uma pequena corte tropical.

Sobretudo, o Conde era contrário ao aumento de impostos e enfatizava a necessidade de proteger os portugueses da ambição dos comerciantes. Aliás, ele recomendava atenção para aqueles que lucravam na distribuição de mercadorias fornecidas pela Companhia, sem nunca pagar por elas – de fato, a dívida dos mercadores com a WIC era bem maior que a dos colonos portugueses.[310] Em suma, pregava a moderação na exploração colonial, em favor da estabilidade e dos ganhos de longo prazo. Em 1640 e em 1644, Nassau instituiu tetos para as taxas de juros cobradas na colônia: 12% ao ano para dívidas imobiliárias, 18% sobre débitos em geral. Defendia também a adoção de medidas contra a execução de dívidas mediante penhora de escravos e bens de produção, o que era proibido na América portuguesa. Segundo ele, disso resultava em paralisação dos engenhos, seguida da depreciação de até 60% em seu valor, o que alimentava o ciclo de inadimplência. Apenas para as dívidas maiores, o leilão da unidade produtiva como um todo era recomendável.[311] Além disso, o Conde entendia que a

---

308 Mello. *Nassau*, p. 165-74; Puntoni. *A mísera sorte*, cap. 3.

309 "Testamento político do conde João Maurício de Nassau". In: *Revista Trimestral do Instituto Histórico e Geográfico Brasileiro*, v. LVIII, 1895.

310 Mello. *Olinda restaurada*, p. 404.

311 Mello. *Nassau*, p. 161.

austeridade da WIC era contraproducente. Acreditava, por exemplo, que o envio de dinheiro "de contado" pela metrópole, de que se escusava a direção, alimentaria a circulação mercantil e retornaria em arrecadação e lucros maiores. Principalmente, alertava para a necessidade de expansão das forças armadas, até que estivesse consolidada a conquista de todos as partes do domínio neerlandês: "A sorte está lançada. Passamos não o Rubicão, mas o oceano. Ou desabará toda a construção do Império brasileiro, ou tem de ser esteada em grande coragem".[312] Sendo assim, a ordem pela redução do contingente do exército, em 1642, foi recebida por ele com desilusão e escárnio. Em resposta ao Conselho dos Dezenove, isentou-se de comentar a medida: "Não achei conveniente tratar dessa matéria na carta que escrevi aos diretores, uma vez que não se trata de questões de lucro, e facilmente seria inscrita no 'livro do esquecimento'". A esse tempo, o Conde já avisava que a situação da colônia era muito frágil e que os pernambucanos organizavam uma conjura, a qual poderia irromper em qualquer momento.[313]

Em maio de 1644, Nassau deixou o governo do Brasil Holandês, depois de trocar desconfianças e desentendimentos com os Dezenove durante todo o tempo de seu serviço. Os luso-brasileiros de Recife haviam escrito aos Estados Gerais, dois anos antes, ufanando-se de sua lealdade às Províncias Unidas e solicitando a permanência do Conde no Brasil.[314] Foram muitos ainda os pedidos de adiamento de seu retorno, sem sucesso, inclusive pelo punho de Janduí, o "rei dos tapuias", e de senhores de engenho que estariam à frente da insurreição. O governo foi assumido pelo Alto Conselho, que seria reformulação por um novo regimento, dois anos depois. A crise do endividamento já grassava entre os senhores de engenho. Segundo o depoimento de Nieuhof, "quase todas as transações da época passaram para os tribunais e para as bancas dos advogados, o que ainda mais concorria para agravar a derrocada geral".[315] Para fugir do assédio dos cobradores, muitos desapareciam no mato, e alguns foram presos tentando fugir. Comerciantes de Recife chegaram a enviar procuradores à Bahia, em busca de devedores. As dívidas eram executadas sobre escravos, imóveis e equipamentos, ou mesmo sobre lavradores de cana associados a um senhor de engenho endividado. As propriedades arrestadas não produziam, pois o credor não assumia sua administração. Na corrida pelo crédito escasso e pela liquidação de haveres, apelava-se para

---

312 *Ibidem*, p. 164.

313 Mello. *Tempo dos flamengos*, p. 196; Wätjen. *O domíno colonial hollandez*, p. 212-4.

314 Carta da Câmara de Escabinos aos Estados Gerais, 14/09/1642, In: Mello. *O Brasil Holandês*, p. 316-7.

315 Nieuhof. *Memorável viagem*, p. 111.

uma variedade de manobras e ilicitudes, enquanto os senhores de engenho passavam a defender suas propriedades pela força, de maneira que se instaurava um ambiente quase anárquico, muito próximo da insurreição.[316]

Em agosto, o governo de Recife atendeu às "aspirações do povo" e encampou suas dívidas junto a mercadores particulares, por sua vez endividados com a Companhia. O acordo serviu como uma repactuação geral sobre os pagamentos, e seus termos foram aplicados em contratos semelhantes entre senhores de engenho e outros comerciantes. Visava-se, assim, conter a revolta, e Nieuhof defendeu a medida como "a única solução para um estado de coisas que se apresentava calamitoso", dadas as humilhações que sofriam os produtores de açúcar na mão de seus credores, contra aqueles que, da metrópole, acusavam o governo de piorar o balanço da WIC e aprofundar a crise na colônia.[317] De fato, algum tipo de moratória seria necessariamente um dos primeiros passos para o apaziguamento geral e a sustentação do produto. Após a encampação, as dívidas dos pernambucanos com a WIC montavam em 4.642.196 florins, o que era equivalente a algo como o dobro do valor total das exportações de açúcar em 1642.[318] Entretanto, além de tardia, a medida seria utilizada efetivamente para reforçar as cobranças sobre os devedores pernambucanos. O contrato mais comum estipulava um prazo irrealista de três anos para a quitação dos débitos, e vetava aos senhores de engenho a contratação de novas dívidas. Ademais, havia ordem do Conselho dos Dezenove para que os escravos da Companhia fossem vendidos apenas à vista, o que depreciava aquela "mercadoria" de elevado custo de carregamento (pois, enquanto não eram vendidos, os escravos tinham de ser encarcerados e mantidos, contra revoltas e doenças). Nesses termos, não havia nenhum instrumento a

---

316 *Ibidem*, p. 112; Mello. *O Brasil Holandês*, p. 306, 248; Na opinião de Hermann Wätjen, "a cobrança das dívidas não precisava ser feita de maneira tão brutal. Para que enviar aos estabelecimentos agrícolas uma multidão de procuradores, entre os quais se achavam personalidades de reputação altamente dúbia, com a ordem estrita de lançar mão do confisco, caso o devedor se recusasse a efetuar o pagamento exigido, em açúcar? Para que mandar, — sem consideração às penosas condições, tão bem conhecidas dos Diretores Gerais, em que se achavam os plantadores, grande número dos quais havia sofrido graves prejuízos em consequência da secas e das más colheitas, — sequestrar de uns as suas reservas de açúcar, de outros os seus negros, bois de trabalho ou utensílios necessários ao funcionamento dos engenhos, de modo a produzir a paralisação geral do trabalho? Muitos devedores foram demandados em juízo, resultando daí que à soma devida acresciam ainda as custas do processo." (Wätjen. *O domínio colonial hollandez*, p. 223-4).

317 Nieuhof. *Memorável viagem*, p. 118-121.

318 Mello. *Olinda restaurada*, p. 404; Wätjen. *O domínio colonial hollandez*, p. 437, 494. O total das dívidas encampadas perfazia 2.125.807 florins (Nieuhof. *Memorável viagem*, p. 118).

promover a recuperação da economia açucareira, a WIC mostrava não ter fôlego para financiar a rolagem das dívidas dos colonos e o acordo não passava de palavras jogadas ao vento.[319] Ao mesmo tempo, continuava-se com uma política radical de austeridade. Segundo Wätjen, depois da partida de Nassau, "onde se podia passar a rasoura, não havia hesitar. Aos soldados que desejavam voltar à pátria, dava-se logo permissão para a viagem de regresso, pois os diretores não queriam sustentar mais na Nova Holanda bocas supérfluas. *Considerando a paz assegurada na Colônia*, opunha-se a Companhia à restauração das fortalezas desmanteladas, alegando o seu elevado custo. Nas obras de fortificação só havia licença para executar os consertos que fossem inteiramente indispensáveis".[320] Fiando-se na validade de um tratado de trégua que ela mesma havia violado, a direção da WIC cometia um erro grosseiro de avaliação, dada a ampla notícia do estado geral de insurreição entre os moradores, no qual progrediam com velocidade os planos portugueses de reconquista.

A Guerra de Restauração

Pouco tempo após a aclamação de D. João IV, o emissário pernambucano à corte de Lisboa e portador dos desejos de longa vida dos moradores do Brasil Holandês, um frade católico, já havia comunicado ao novo monarca a disposição de muitos deles em se rebelar. Desde então, manteve-se um canal de comunicação entre eles e a Coroa lusitana. Deste modo, enquanto o aprofundamento da crise erodia as vantagens do colaboracionismo com o invasor, o projeto da revolta era alimentado pela presença esporádica, em Pernambuco, de campanhistas e conspiradores enviados da Bahia, como o açucarocrata paraibano André Vidal de Negreiros, o mestre de campo Martim Ferreira e o letrado Simão Álvares de la Penha. Desde meados de 1642, as autoridades da WIC recebiam informações do movimento, mas optava por não o reprimir, devido à falta de provas concretas para fazer acusações e ao medo de agravar a hostilidade com os moradores.[321]

Em Salvador, o governador-geral Antônio Teles da Silva ocupava-se com os preparativos e a articulação do levante pernambucano desde sua chegada, em setembro de 1642. Numa breve relação de despesas extraordinárias da Fazenda Real, é possível encontrar "algumas pagas" a militares, pelo "irem e virem das fronteiras da

---

319 Nieuhof. *Memorável viagem*, p. 113-118; Mello. *O Brasil Holandês*, p. 331-9.

320 Wätjen. *O domínio colonial hollandez*, p. 223 (grifo nosso).

321 Mello. *O Brasil Holandês*, p. 314-5, 346-7.

campanha".[322] A Bahia funcionava então como um centro logístico para as operações nas várias frentes do confronto, sempre com o cuidado de não romper abertamente com o tratado de trégua. Dali partiam homens e munições para o Maranhão, Pernambuco e Angola (este, por via do Rio de Janeiro, sempre). Sobretudo, Teles da Silva certamente compreendia que a execução do plano inicial da restauração haveria de ser orquestrado a partir de Salvador. Cioso em romper a trégua com as Províncias Unidas, D. João IV precisava de uma ofensiva que liquidasse rapidamente a peleja, com o que seria reduzida a capacidade de retaliação do inimigo, abrindo-se o caminho para uma posterior resolução diplomática da questão. Para tanto, era preciso concatenar-se de forma eficaz a insurreição no Brasil Holandês e o seu reforço com tropas regulares da Bahia, com o que se faria o cerco de Recife, simultâneo ao bloqueio naval, com a frota portuguesa partindo de Salvador. Sendo assim, o governador solicitava reforços à Coroa sempre que podia, do contrário seria necessário movimentar o contingente alocado para a defesa daquela cidade. Além disso, para manter o presídio em estado de prontidão, Teles da Silva mantinha acordos com fornecedores de modo a sustentar, na cidade, um estoque de alimentos suficiente para seis meses de cerco, caso viessem a se concretizar os boatos de ataque da WIC à Bahia.[323]

Após a partida de João Maurício de Nassau, cujo prestígio entre os moradores e soldados do Brasil Holandês era o único porém ao movimento, aumentariam "diariamente" as atividades da conspiração, como era de conhecimento inclusive de funcionários da WIC em Recife. Ainda no início de 1644, João Fernandes Vieira, que já despontava como a principal liderança, recebeu a confirmação de Lisboa, por via de um frade beneditino. Em setembro, André Vidal de Negreiros e o alferes Nicolau Aranha viajaram a Recife, com justificativas pessoais, mas já transportando farinha, azeite, armas e munições para o levante. Constataram, então, a penúria em que se encontravam as defesas da Nova Holanda. Em dezembro, partiu da Bahia, pelo sertão, o capitão Antônio Dias Cardoso, com alguns soldados, para organizar as forças da insurreição e servir junto a Fernandes Vieira. O Alto e Secreto Conselho suspeitava das atividades dos baianos, e também buscaram averiguar as forças de Salvador com uma missão diplomática, em janeiro de 1645. Ali, estimaram haver 2.700 homens da infantaria regular, cinco dezenas

322 Relação da Fazenda Real na Bahia, 09/11/1643, AHU, Bahia, série Luísa da Fonseca, cx. 9, docs. 1030-4.

323 Consulta do Conselho Ultramarino, 06/02/1644, AHU, Bahia, série Luísa da Fonseca, cx. 9, doc. 1037; Carta de Antônio Teles da Silva a S.M., 04/06/1644, AHU, Bahia, série Luísa da Fonseca, cx. 9, doc 1060; Consulta do Conselho Ultramarino, 05/09/1644, AHU, Bahia, série Luísa da Fonseca, cx. 9, doc. 1073.

de caravelas e pequenas embarcações, sem artilharia, e dois grandes vasos de guerra da
frota de Salvador Correia de Sá. Em fevereiro, intensificou-se o transporte de armas
e munições para Pernambuco. A invasão começou em 25 de março, com a partida
da tropa de Henrique Dias para Pernambuco, logo seguida pelos homens de Filipe
Camarão. Em maio, ambas já estavam na campanha, em Pernambuco e na Paraíba.[324]
Recife enviou uma delegação a Salvador, para protestar contra a agressão, e ouviu de
Antônio Teles da Silva que Dias e Camarão agiam por conta própria, e que a Bahia
mandaria dois terços de infantaria para auxiliar o exército da WIC em sua captura. Com
essa explicação, uma mentira deslavada, os portugueses pretendiam manter a ilusão de
que não haviam rompido o acordo. Não obstante, Teles da Silva respondeu à queixa
dos neerlandeses lembrando-os dos ataques da Companhia após a trégua em 1641, com
igual desfaçatez, e não houve como negá-lo.[325]

Em 13 de junho, João Fernandes Vieira deu início ao levante, partindo com seus
homens para o interior da capitania, recrutando moradores para a "guerra da liberdade divina". Segundo o manifesto que justificava a revolta, suas causas eram a repressão
neerlandesa do culto católico, a manipulação dos preços do açúcar e dos importados
pelos mercadores, a presença de soldados e fiscais da Companhia nos engenhos, os
furtos, insultos e desmandos da soldadesca inimiga, a elevação dos impostos e as ma-
quinações dos judeus em Recife.[326] O movimento, porém, estava longe de ser unívo-
co. José Gonçalves de Mello falava em uma divisão entre "moderados" e "radicais".[327]
A cisão existia devido ao fato de que a açucarocracia pernambucana havia sido reno-
vada durante a guerra, enquanto uma boa parte dos senhores de engenho emigravam
para a Bahia e suas propriedades eram leiloadas a pessoas que, deste modo, enriquece-
ram graças ao colaboracionismo e ao crédito farto oferecido pelos holandeses. Caso a
capitania fosse restaurada para Portugal, sua posição estaria ameaçada pelas demandas
de reintegração de posse pelos emigrados. Para eles, em geral, o dilema estava entre
aderir a um movimento de alto risco, mas assim buscar os favores da Coroa na disputa com os antigos proprietários, ou manter a lealdade aos neerlandeses, e esperar
que a insurreição não tivesse sucesso. Muitos como Sebastião de Carvalho e Jorge
Homem Pinto, entre os maiores devedores da Companhia, mantiveram-se a distância da insurreição. Chegaram a apelar ao bispo de Salvador, para que intercedesse

324 Nieuhof. *Memorável viagem*, p. 128-30; Guedes. *História naval brasileira*, v. 2, t. 1B, p. 9-20.

325 Calado. *O valeroso lucideno*, p. 260-1.

326 *Ibidem*, p. 203-12; Mello. *O Brasil Holandês*, p. 362-3.

327 José Antonio Gonsalves de Mello. *João Fernandes Vieira*. 2 vols. Recife: Universidade do Recife, 1956.

junto ao governo português em favor da paz, em atendimento à trégua de 1641. Não surpreende, aliás, que a deflagração da revolta tivesse de se adiantar, pois um grupo de moradores havia delatado João Fernandes Vieira e sua prisão foi decretada pelo governo da WIC.[328]

Sem embargo das oposições, a revolta progrediu rapidamente entre os moradores, graças ao tamanho do confronto já existente com a Companhia. Ainda assim, muito desse sucesso foi devido às atitudes de Fernandes Vieira. Nascido em Funchal, na ilha da Madeira, migrou aos dez anos para Pernambuco, em 1620. Após a ocupação, enriqueceu rapidamente como feitor de senhores de engenho absenteístas, e casou-se com a filha de Francisco Berenguer, um dos principais chefes da capitania. Deve-se lembrar sua proximidade com o Conde de Nassau, que o colocava em posição privilegiada ante o governo da WIC.[329] Na insurreição, Fernandes Vieira agiu com pulso de ferro, perseguiu e assassinou aqueles que tomariam partido da Companhia, e chegou a roubar escravos e bens de seus desafetos. Anos depois, diria ter recebido de D. João IV liberdade para enforcar e castigar aqueles que não aderissem à revolta.[330] Fazia também promessas de que a vitória contra o herege cancelaria todas as dívidas. Sobretudo, com João Fernandes Vieira, um ex-colaboracionista e proprietário de engenhos confiscados pelo invasor, estava na liderança do movimento a metade da açucarocracia pernambucana que tinha a temer a reintegração de posse pelos exilados. Com a nomeação da Coroa para governar a revolta, o madeirense ficava em posição de conter as iniciativas daqueles que buscariam reaver suas propriedades, o que levaria inclusive a um atentado contra sua vida, em julho de 1646.

Assim, segundo Evaldo Cabral, "o levante de 1645 teria constituído não apenas uma revolta de devedores mas também uma rebelião de colaboracionistas dispostos a matarem dois coelhos de uma só cajadada: livrarem-se das dívidas e garantirem a posse dos engenhos".[331] Além disso, os insurrectos eram encorajados pelo visível enfraquecimento do exército da WIC, pois tinham informação que o comando militar era fraco, as guarnições estavam desabastecidas, os armazéns da Companhia va-

---

328 "Carta de alguns moradores ao bispo e aos padres da Bahia". In: *Revista do Instituto Arqueológico e Geográfico Pernambucano*, v. 35, 1888; Mello. *Olinda restaurada*, p. 405.

329 Veja-se, sobretudo: José Antonio Gonsalves de Mello. *João Fernandes Vieira: mestre-de-campo do terço de infantaria de Pernambuco*. 2ª ed. 2 vols. Lisboa: Comissão Nacional para as Comemorações dos Descobrimentos Portugueses, 2000.

330 "Noticia dada ao prudente sr. dr. Feliciano Dourado para a mandar ler", c. 1671. In: Mello. *O Brasil Holandês*, p. 346-7.

331 Mello. *Olinda restaurada*, p. 405.

zios, de forma que uma campanha bem sucedida pela hinterlândia agrícola acabaria rapidamente com todo o seu suprimento de víveres. A prova disso era a derrota neerlandesa no Maranhão, abandonado em fevereiro de 1644 após dois anos de fracasso no combate aos portugueses e indígenas em revolta. Se durante o governo de Nassau havia uma força consideravelmente maior, e "pouca ou nenhuma probabilidade de êxito tinham os projetos lusos", agora se deparavam com "excelente oportunidade para sacudir o jugo batavo", e não haveriam de perder o momento.[332]

De fato, logo que recomeçou a guerra o exército da Companhia foi derrotado pela revolta, e teve de se retirar para a proteção das fortificações de Recife. Em junho de 1645, colunas neerlandesas partiram em busca dos insurrectos. A essa altura, porém, Vieira já havia arregimentado mais de 900 homens, além de um número incerto de negros e indígenas. Os neerlandeses reforçaram o tenente-coronel Hendrick van Haus, que se encontrava em Ipojuca, com toda a infantaria possível, na esperança que pudesse debelar o principal foco das forças da insurreição. Entretanto, após uma sequência de pequenos confrontos, Vieira alojou-se em posição muito favorável, no monte das Tabocas. A 3 de agosto, bateram-se em combate longo e intenso, com grandes descargas de mosquetaria (treinadas e comandadas, entre os portugueses, por Antônio Dias Cardoso), do qual os pernambucanos saíram vitoriosos.[333] Poucos dias depois, eram desembarcados em Tamandaré os dois terços de infantaria enviados da Bahia, comandados por André Vidal de Negreiros e Martim Soares Moreno, somando algo como 1.300 homens. Vidal reuniu-se a Vieira, e juntos interceptaram a retirada de Haus para o Recife, no engenho da Casa Forte, onde foram cercados, dentro da casa-grande, e rendidos no dia 17. A 3 de setembro, Moreno atingiu com sua tropa o forte do Nazaré, no cabo de Santo Agostinho, cujos 280 homens da guarnição renderam-se e bandearam-se para a causa portuguesa, mediante o suborno de seu capitão, Diederick Hooghstraten. Com esse forte, abria-se a navegação entre os portugueses de Pernambuco, ao sul de Recife, da Bahia e de Portugal. A essa altura, o governo da WIC já havia retirado suas forças no interior para a defesa da cidade. Entre a população do Brasil Holandês, também foram muitos que juntaram seus trapos e fugiram para Recife, com medo do que poderiam sofrer nas mãos dos homens de Fernandes Vieira. Após dois meses de confronto, os

---

332 "Carta do Grande Conselho à Companhia das Indias Ocidentais", 13/02/1645, In: Nieuhof. *Memorável viagem*, p. 136-9.

333 Segundo Manuel Calado, a coluna de Haus somava 1500 homens, mas tal cifra está grosseiramente exagerada. Aquele efetivo dificilmente contava com muito mais do que os quatrocentos homens do destacamento do capitão Blaer, enviado ao norte (Calado. *O valeroso lucideno*, v. 2, p. 13; Guedes. *História naval brasileira*, v. 2, t. 1B, p. 32; Wätjen. *O domínio colonial hollandez*, p. 233)

neerlandeses encontravam-se novamente sitiados ali, todas as estradas para o interior já controladas pela insurreição.[334]

Faltava apenas o bloqueio naval para que acabasse o domínio da WIC sobre Pernambuco. Os portugueses dispunham de duas forças navais na costa brasileira, naquele momento. Em Salvador, enquanto Vieira dava início ao levante, foi possível o apresto de uma esquadrilha de 12 velas, pouco provida de artilharia, para o transporte da infantaria de Vidal e Moreno até Serinhaém. Partiram em 27 de julho, sob o comando de Jerônimo Serrão de Paiva. Em poucos dias, fundearam na baía de Tamandaré, onde se conduziu o desembarque. A essa altura, Serrão de Paiva foi comunicado da chegada em Salvador da frota de Salvador Correia de Sá e Benevides, que voltava do Rio de Janeiro, carregada com sua mercadoria para Portugal. A força reunia então 37 embarcações, inclusive dez "navios fortes" e um dos dois galeões vistos pelos funcionários da WIC no início do ano. O governador-geral ordenou que fizesse vela imediatamente para Pernambuco, onde haveria de se reunir com Serrão de Paiva e impor o bloqueio ao inimigo. Mais uma vez, os navios levantaram âncora com rapidez, e já no dia 11 de agosto fundeavam diante de Recife.

Todavia, Salvador de Sá mandou hastear uma bandeira branca. A par de seus movimentos, os neerlandeses haviam armado cinco ou sete belonaves, comandadas por Lichthart, para a defesa do porto. Entraram em diálogo, ambos os lados, e os delegados de Salvador de Sá sustentaram a versão de que a Bahia e D. João IV nada tinham com a insurreição. De terra, Vidal de Negreiros solicitou que a esquadra aguardasse algumas semanas, em posição favorável, para impor o bloqueio. Salvador de Sá, entretanto, alegando não ter ordens da Coroa para a operação, levantou âncora no dia 13, em rumo a Portugal. Serrão de Paiva, sem contato com a frota, levou sua esquadrilha ao cabo de Santo Agostinho, para apoiar a rendição do forte. Com a esquadra de Lichthart em seu encalço, foi atacado e derrotado na baía de Tamandaré, no início de setembro, com número considerável de baixas. Sobretudo, a nau capitânea foi apresada pelos neerlandeses, e com ela toda a comprometedora correspondência entre os líderes da revolta e o governo da Bahia, prova material de que a Coroa havia rompido a trégua. Na avaliação do almirante Max Justo Guedes, "reunidas as forças, era evidente que os meios à disposição de Lichthart mostrar-se-iam insuficientes para fazer face ao possível inimigo. Era, pois, perfeitamente exequível o plano de Teles da Silva (…) O elo fraco era Salvador Correia, pouco disposto a engajar-se".[335]

334 Guedes. *História naval brasileira*, p. 32-3; Nieuhof. *Memorável viagem*, p. 192 e segs.

335 Guedes. *História naval brasileira*, p. 23-32.

Configurava-se, mais uma vez, o impasse: o neerlandês, instalado na praça marítima e com superioridade naval, isolado da hinterlândia agrícola pelas forças luso-brasileiros, com o domínio dos arredores. O projeto da reconquista de Pernambuco por um único e rápido golpe, a partir da iniciativa da insurreição, dera em água, e os portugueses encontravam-se agora em duas guerras, contra a Espanha e contra a WIC. Enquanto Lisboa debatia-se entre a continuidade e o recuo do confronto, o comando do exército restaurador (sobretudo, Vidal de Negreiros) pôs em prática o aprendizado adquirido nos primeiros anos da invasão. Ergueu-se um Arraial Novo, próximo a Recife, a partir do qual se organizava patrulhas da "guerra volante", a impedir que os neerlandeses saíssem da cidade para buscar água ou mantimentos. Após a reconquista de Itamaracá e da Paraíba, até dezembro de 1645 (o Rio Grande continuaria terra hostil aos portugueses, devido aos tapuias), essa região, ao norte, foi evacuada e sua população levada para Porto Calvo, onde poderia ser mais bem defendida de operações de contraguerrilha. Estabeleceu-se o já citado sistema de rodízio no serviço militar, para os moradores da capitania, que funcionava apenas "graças à estabilização da frente militar desde os primeiros meses da insurreição, que reduziu as operações bélicas a escaramuças ao longo da linha de estâncias que cingia pelo poente o Recife holandês".[336]

As forças de terra da WIC ficaram restritas a uma cadeia de fortes e fortins ao longo do litoral, dependentes do abastecimento de Amsterdam. Em Recife, apinhavam-se 11.000 habitantes, sofrendo de fome, sede e doença. Ainda assim, tinham novamente a superioridade naval no confronto, e Lichthart manteve seus vasos em cruzeiro pelo mar do Brasil, inclusive para prover o Recife com víveres apreendidos entre embarcações portuguesas capturadas. A barra da baía de Todos os Santos foi mantida sob patrulha, e algumas expedições buscaram atingir a cabotagem da farinha de mandioca, que era levada a Salvador pelas vilas de Boipeba, Cairu e Camamu. Não obstante, uma pequena frota de 13 embarcações carregando o açúcar baiano passou incólume, mesmo diante de Recife, em junho de 1646. No ano seguinte, o mestre de campo general Francisco Barreto não teria a mesma sorte. Nomeado para comandar as forças portuguesas em Pernambuco, o patacho no qual viajava foi capturado próximo à Bahia, junto com um importante carregamento de fazendas, vinhos e munições.

A essa altura, já estavam no Brasil os socorros fornecidos pelos Estados Gerais à combalida WIC, totalizando 2.000 homens do exército, sob o comando de Sigismund von Schkoppe, de volta após a quizília com o Conde de Nassau. Apesar do reforço, as sortidas da infantaria de Recife foram todas malsucedidas. Eram emboscadas ainda

---

336 Mello. *Olinda restaurada*, p. 231.

próximas da cidade, e mesmo a busca de água nos arredores era difícil. O comandante alemão concluía que ainda lhe faltavam os meios de inverter a situação. Em novembro, os neerlandeses restabeleceram-se no forte Maurício, em Penedo, na margem do rio São Francisco, com o objetivo de interceptar o apoio de víveres e munições que vinha aos insurrectos da Bahia. Lichthart pereceu na expedição, por uma doença repentina (atribuída ao consumo excessivo de água fresca), e mais uma vez a tarefa mostrou-se impossível de realizar. Após um ataque partido de Salvador, comandado por Francisco Rebelo, ainda em dezembro, a posição foi abandonada no início de 1647.[337]

A partir de então, a estratégia das forças da WIC seria a de assediar a Bahia, como um meio de retirar seu apoio aos rebeldes e, possivelmente, forçar uma re-tirada do exército português em Pernambuco para a defesa da capital. Para isso, o coronel Van Schkoppe lançou mão de um plano antigo: a ocupação e estabeleci-mento de um posto avançado da ilha de Itaparica, de onde se poderia "fustigar o Estado do Brasil no seu próprio coração". Provavelmente, tinha ele alguma infor-mação da fragilidade das defesas de Salvador, após o envio de dois dos seus terços de infantaria em reforço de Fernandes Vieira. Reuniu-se, no rio São Francisco, todo o contingente de que se poderia dispor para uma operação ofensiva, totalizando 19 embarcações, 609 homens de mar e 1.050 de terra, somados a 297 indígenas. Posteriormente, o ataque seria reforçado com mais 400 homens enviados de Recife, com o que o contingente teria somado 2.400 ao todo. A 8 de fevereiro de 1647, a esquadra atravessou a barra da baía de Todos os Santos. Enquanto uma esquadrilha bloqueava o porto, o restante arribou no extremo norte daquela ilha, a ponta das Baleias (local onde havia se instalado a pequena indústria do "azeite de peixe").[338] Segundo a descrição de Rocha Pita, Itaparica era uma área bem povoada, com algo como 2.000 moradores: "não havendo na ilha fundações de vilas, é toda ela uma povoação continuada", com muitos pescadores e lavradores, inclusive dois enge-nhos de açúcar, anotados no mapa de Georg Marcgrave.[339]

De início, Von Schkoppe e Simon van Beaumont utilizaram uma fortificação portuguesa no local, reforçando-a da melhor maneira possível. Em seguida, ergue-ram um forte bem desenvolvido, apoiado por três outros redutos. Durante a obra, sofreu a primeira investida das forças portuguesas, enviadas pelo governador-geral em fevereiro. Teles da Silva buscou aproveitar-se de um terreno elevado, a cavaleiro

---

337 Guedes. *História naval brasileira*, p. 34-39.

338 *Ibidem*, p. 44-7; Boxer. *The Dutch in Brazil*, p. 125.

339 Pita. *História da América portuguesa*, p. 149.

da posição neerlandesa, mas os portugueses foram atacados e derrotados ali antes que pudessem se entrincheirar. Um segundo ataque, de grande vulto, ocorreu a 10 de agosto. Contou com 1.200 infantes do presídio, sob o comando do mestre de campo Francisco Rebelo. Durante a noite, atravessaram o mar da baía até a enseada de Manguinhos, onde havia um engenho. Ao romper do dia, desabaram desordenadamente sobre o inimigo, muito bem fortificado, e foram duramente batidos, com número elevado de perdas (entre 400 e 600 homens), inclusive a do Rebelinho, como era conhecido. Como era dia de São Lourenço, este seria o nome dado a uma fortificação que, tempos depois, foi construída no mesmo local.[340]

Apesar de ambas as vitórias, a ocupação neerlandesa de Itaparica não foi bem-sucedida. Charles Boxer afirmou, ironicamente, que as fortificações de Von Schkoppe eram tão boas que ele não conseguia sair. O alemão comunicava Amsterdam que, caso pudesse dispor de mais 6.000 homens, com aquele posto avançado poderia tomar a Bahia rapidamente, o que poria fim à revolta de Pernambuco e a todas as pretensões lusitanas.[341] Efetivamente, porém, teve poucas condições de agredir a navegação baiana. Desde o ano anterior, Antônio Teles da Silva havia reunido uma força de 24 galeotas expressamente para defender a produção açucareira do Recôncavo. Eram barcos pequenos, com "dez, doze remos por banda, capazes de transportar até quinze mosqueteiros", aparentemente semelhantes aos que eram usados pelos portugueses em portos da Índia – embora os indígenas também soubessem combater em canoas, capazes de transportar 50 ou 60 pessoas. Com embarcações como estas, adaptadas do transporte local de açúcar e lenha, mais o embargo de navios mercantes no porto, o governador fez bom uso da artilharia de que dispunha.[342] Um cabo chamado Giraldo Pereira do Lago deixou vários registros das operações de uma esquadrilha em que militou, com dez lanchas e duas barcaças com quatro peças de bronze "muito grossas". Conta ele que, com elas, defenderam um navio que vinha de Lisboa perseguido por duas naus da WIC, repelidas "debaixo de artilharia". Escoltaram transportes de farinha e de açúcar, e chegaram mesmo a acometer um "galeão do Estado holandês" que

---

340 *Ibidem*, p. 150; Silva. *Memórias*, p. 25-7; "Diário de Henrique Haecxs", In: *Anais da Biblioteca Nacional* (1645-1954). Trad. frei Agostinho Keijzers, n. 69, p. 89; Carta de Antônio Teles de Meneses a Salvador Correia de Sá, 06/01/1648, DHBN, v., 4, 421.

341 Carta de Francisco Soares de Abreu a S.M., Haia, 29/08/1647, BPA, Cód. 49-x-23, fl. 374; Boxer. *The Dutch in Brazil*, p. 186.

342 Carta dos oficiais da Câmara da Bahia a S.M., 30/08/1646, AHU, Bahia, série Luísa da Fonseca, cx. 10, doc. 1223; Minuta de consulta do Conselho Ultramarino, 06/05/1647, AHU, Bahia, série Luísa da Fonseca, cx. 11, doc. 1256; Magalhães. *A evolução militar*, p. 46-95.

patrulhava a baía, fazendo-o retirar-se para o corpo de sua armada.[343] Seu testemunho é confirmado por outros, como o dos mestres de duas fragatas portuguesas, embargadas e artilhadas por Teles da Silva em Salvador, onde haviam arribado perseguidas por sete vasos neerlandeses, e "por milagre se salvaram com ajuda de alguns barcos longos, com que o governador os socorreu".[344] Em julho, os neerlandeses retiraram dali seus três melhores vasos de guerra, que segundo o funcionário da WIC Hendrick Haecxs "eram a força e o nervo de nosso poderio marítimo, que já não podíamos conservar", o que teria animado Teles da Silva a ordenar o ataque do dia 10 de agosto.[345] É impossível calcular as perdas de cada lado, ao longo de 1647, mas tais depoimentos indicam que os portugueses possivelmente levaram a melhor, apesar da geral superioridade da marinha neerlandesa.

Em certa medida, o mesmo vale para as incursões das forças de Von Schkoppe aos engenhos do Recôncavo. Giraldo do Lago participou da defesa das bocas dos rios Matoim e Paripe, onde o governador-geral ordenou a construção de dois fortins, bem providos de artilharia, que resistiram a mais de uma investida holandesa. Há notícia também de combates em Paramirim e Pirajá. Como lembrou Afonso Ruy, da ponta das Baleias os holandeses poderiam com facilidade bloquear a foz do Paraguaçu, ponto de escoamento daquela que era a zona mais nova de produção do Recôncavo. Ali também, entretanto, os neerlandeses encontraram a resistência de pelo menos duas sumacas, que escoltavam os barcos de açúcar até Salvador. Uma delas foi capturada com duas peças de bronze.[346] A 14 de dezembro, com perdas elevadas e a informação de que uma armada portuguesa se aproximava, Von Schkoppe decidiu abandonar sua

---

343 Papéis de Giraldo Pereira do Lago, c. 1642-1647, ANTT, Desembargo do Paço, Justiça e Despacho de mesa, Documentos Avulsos, maço 1632.

344 Consulta do Conselho Ultramarino, 18/07/1647, AHU, Bahia, série Luísa da Fonseca, cx. 11, doc. 1264; Carta de Antônio de Couros Carneiro a S.M., 11/04/1647, AHU, Bahia, série Luísa da Fonseca, cx. 11, 1266; Consulta do Conselho Ultramarino, 31/08/1649, AHU, Bahia, série Luísa da Fonseca, cx. 11, 1341.

345 "Diário de Henrique Haecxs". In: *Anais da Biblioteca Nacional*, n. 69, p. 89; Salomon Savrij, "Carta da Bahia de Todos os Santos e indicação de como nós construímos na ilha Taborycke (Itaparica) seis fortes contra a aproximação dos portugueses na ponta das Baleias" (1647). In: Joaquim de Sousa Leão. *Salvador da Bahia de Todos os Santos: iconografia seiscentista desconhecida*. Amsterdam: Meulenhoff, 1957.

346 Papéis de Giraldo Pereira do Lago, c. 1642-1647, *op. cit.*; Consulta do Conselho Ultramarino, 31/08/1649, AHU, Bahia, série Luísa da Fonseca, cx. 11, doc. 1341; Ruy. *História política*, p. 193.

posição em Itaparica.[347] Segundo Antônio Teles da Silva, tudo que haviam tirado de empresa era "muita quantidade de água", mais o açúcar que puderam roubar. Ufanava-se o governador de que "não tratava o inimigo mais que de se conservar naquela ponta donde começaria a fazer um forte real e que não saía a parte do Recôncavo de que não se reconhece, com perda de gente sua, nem na ilha se atrevia a ir fora das suas fortificações". Quanto à produção de açúcar e os engenhos, dizia que "apesar de Segismundo os mandei lançar todos a moer, à sua mesma vista, vai em três meses, exceto alguns das ilhas". Acrescentava que "foram raros os escravos que se meteram com o inimigo, nem um branco, [mas] muitos de uns e outros que das suas mesmas naus fugiram a nado para nós". Segundo ele, as embarcações portuguesas haviam escapado ao bloqueio, por entre os navios do inimigo, e "em todo este tempo, [houve] paz à navegação da barra e do recôncavo, benefício às plantas e lavor aos engenhos".[348] O Conde de Vila Pouca de Aguiar, Antônio Teles de Meneses, que seis dias depois da partida dos holandeses arribou em Salvador, disse que "a não achei no extremo da falta em que provavelmente a imaginava". Também confirmam o relato do governador-geral as cartas do mestre de campo João de Araújo e de Antônio de Couros Carneiro, na capitania de Ilhéus, que afirmava ter enviado a Salvador dez caravelões carregados de farinha "chegando todos a salvamento, por entre os inimigos".[349]

Por outro lado, o ataque a Itaparica levou ao comprometimento completo da marinha de guerra portuguesa ao conflito colonial. À época, o Conselho Ultramarino também estudava o envio de galeotas portuguesas, supostamente de melhor qualidade, que serviriam "para se conseguir dentro daquele recôncavo grandes facções,

347 Segundo Pierre Moureau, Schkoppe deixou a Bahia para atender à defesa de Recife, contra um baluarte erguido pelos luso-brasileiros, de onde disparavam com a artilharia dentro da cidade (Pierre Moreau. *História das últimas lutas no Brasil entre holandeses e portugueses* (1651). Belo Horizonte: Itatiaia/USP, 1979, p. 84).

348 Carta de Antônio Teles da Silva a S.M., 15/12/1647, In: *Brasilia*. Coimbra: Instituto de Estudos Brasileiros da Faculdade de Letras da Universidade de Coimbra, 1943. v. 2, p. 587-593.

349 Carta de Antônio Teles de Meneses a Salvador Correia de Sá, 06/01/1648, DHBN, v., 4, 421; Carta de Antônio de Couros Carneiro a S.M., 11/04/1647, AHU, Bahia, série Luísa da Fonseca, cx. 11, doc. 1266; Carta de João de Araújo a S.M., 16/01/1648, AHU, Bahia, série Luísa da Fonseca, cx. 11, doc. 1303. Segundo Haecxs, houve sim algum sucesso na operação: "Os da Bahia só agora começam a compreender que se saíram mal por duas vezes na Ilha de Itaparica e é certo que estão em apuros, porque, enquanto pudemos observar, mantém reunidas as suas forças e não deixam sair mais ninguém para a Várzea ou para Pernambuco como acontecia antes". Mas isto dizia em audiência com o Príncipe de Orange para conseguir novo apoio militar dos Estados Gerais – convinha convencê-los de que seus recursos estariam bem aplicados ("Diário de Henrique Haecxs", p. 91.)

e serão o remédio único de se poder socorrer a Bahia dos mantimentos da costa de que se sustenta a Bahia".[350] Mas o medo de que a cidade de Salvador pudesse estar sob sítio levou a Coroa a lançar mão de todo o poder naval que se dispunha, mesmo sob o preço de abandonar a defesa da costa portuguesa. Dos vinte galeões que então compunham a Armada Real do Mar Oceano, menos oito que estavam em viagem à Índia, onze foram enviados em socorro da Bahia, em outubro de 1647, somados a nove embarcações menores, transportando 2.350 soldados, 1.000 homens de mar e 462 "voluntários" da protofidalguia, em busca dos favores d'El Rei.[351] No comando, um ex-governador do Estado da Índia, o Conde de Vila Pouca de Aguiar, Antônio Teles de Menezes. Suas ordens eram aliviar o assédio à Bahia e ali permanecer como governador, enquanto os galeões retornariam como escolta para a frota do açúcar. Em paralelo, aprestou-se em Lisboa uma segunda força, chefiada por Salvador Correia de Sá e Benevides, que seria enviada ao Rio de Janeiro, e dali partiria para a restauração de Angola. Com a constatação de que Salvador estava bem defendida, o Conde de Vila Pouca mandou-lhe cinco dos galeões e ordenou que a expedição partisse o quanto antes. Salvador de Sá deixou a baía de Guanabara em maio, com quinze velas e 1.400 homens, em grande parte custeados por traficantes de escravos e fazendeiros fluminenses. A travessia do Atlântico foi árdua e a luta contra os holandeses desastrada. Ainda assim, a pequena guarnição da WIC em Luanda, sem esperanças de receber socorros de Recife ou Amsterdam, provavelmente desabastecidos de víveres e munições, rendeu-se em agosto de 1648.[352]

Enquanto isso, a WIC havia conseguido do Príncipe de Orange e dos Estados Gerais o apoio militar e financeiro para tentar reverter o quadro da guerra pernambucana. Foram concedidos 6.000 homens do exército neerlandês, desde que a Companhia provesse o seu transporte ao Brasil (o que foi feito em 39 embarcações, de portes variados). Com a informação do apresto em Lisboa da Armada Real portuguesa, Amsterdam decidiu pelo envio de doze belonaves da "esquadra nacional" da Província da Holanda, comandadas pelo renomado vice-almirante Witte Corneliszoon de With, às quais se somariam outros vasos zelandeses. O mau tempo no canal da Mancha, porém, atrasou a partida da armada, que chegou em Recife em março de

---

350   Minuta de consulta do Conselho Ultramarino, 06/05/1647, AHU, Bahia, série Luísa da Fonseca, cx. 11, doc. 1256.

351   Boxer. *The Dutch in Brazil*, p. 133, 186 e segs.; Guedes. *História naval brasileira*, v. 2, t. 1B, p. 54-59.

352   Carta de Antônio Teles de Meneses a Salvador Correia de Sá, 06/01/1648, DHBN, v., 4, 421; Luis Filipe de Alencastro. *O trato dos viventes*. São Paulo: Companhia das Letras, 2000, p. 221-238; Puntoni. "As guerras no Atlântico-Sul". In: *op. cit.*, p. 288.

1648, tarde demais para reforçar Sigismund von Schkoppe em Itaparica ou combater as armadas do Conde de Vila Pouca e de Salvador de Sá. A opção do comando foi, então, um ataque ao Arraial Novo, de forma a romper o cerco da cidade e impedir o abastecimento, pelo cabo de Santo Agostinho, das forças de Francisco Barreto (que havia escapado do cativeiro e comandava os portugueses em Pernambuco). Em abril, Von Schkoppe partiu de Recife com 4.500 soldados – um grande contingente, sem dúvida, porém de homens inexperientes na "guerra brasílica", famintos e mal pagos, além de tudo bastante enfraquecidos pelo rompimento da aliança com os povos tapuias do Rio Grande, em dezembro de 1647, o que havia desprovido o coronel de uma importante força tática de reconhecimento e velocidade. Após uma sequência de escaramuças, encontraram com os 2.400 do exército de Barreto, no monte dos Guararapes. Ao dia 19, travou-se a batalha, na qual pereceram 470 neerlandeses, e mais 530 saíram feridos, inclusive o coronel alemão, enquanto os luso-brasileiro perderam 80 homens, e 400 foram feridos.[353]

Mantido o cerco e a penúria do Recife, o vice-almirante De With buscou lançar mão da esquadra holandesa, que permanecera inútil durante o combate nos Guararapes, e partiu com ela para a Bahia, em busca dos galeões da Coroa portuguesa. Em Salvador, a presença da Armada Real curiosamente inibiu a defesa da baía. Temeroso pela segurança dos galeões, que então constituíam praticamente o grosso do poder naval lusitano, o Conde de Vila Pouca manteve-os escondidos no rio Matoim, longe do alcance do inimigo, e em julho os holandeses voltaram a Recife. Em setembro, De With foi informado que três galeões portugueses patrulhavam o litoral da Bahia, e partiu com sete belonaves em sua caça. Após combate encarniçado, o capitão do galeão *Nossa Senhora do Rosário*, abordado por ambos os lados, ateou fogo na pólvora e explodiu consigo duas das naus flamengas. Uma delas flutuaria, destroçada, até Itaparica, onde foi tomada pelos portugueses. Pouco tempo depois, em outubro, De With reuniu-se com reforços chegados da metrópole e decidiu atingir a produção açucareira no Recôncavo, como Lichthart havia feito em 1640. Ao longo de um mês, a partir de 11 de dezembro, esquadrilhas holandesas, somando 23 velas comandadas por Michiel van Goch e Cornelis van der Brande, saquearam e queimaram algo entre 21 e 30 engenhos da Bahia, além de muitos barcos do transporte local. Mais uma vez, não houve resistência do governador-geral, o Conde de Vila Pouca da Aguiar, ou da

---

353 Wätjen. *O domínio colonial hollandez*, p. 260; Puntoni. "As guerras no Atlântico-Sul". In: p. 286.

Armada Real, que permaneceu ancorada em Matoim.[354] A Câmara de Salvador não entrou em sessão, pois seus oficiais estavam trabalhando na defesa de seus engenhos, cada um por si. Há notícia de uma trincheira levantada em Sergipe do Conde, onde o desembarque holandês foi impedido graças à resistência do mestre de campo João de Araújo, à frente de uma força indefinida. Embora o engenho parece ter escapado, os inacianos (que o administravam) registraram que houve "gravíssimo prejuízo geral, que atingiu a todos, incluindo os padres da Companhia, pois os plantadores de cana prejudicados renunciaram os contratos que tinham com o Colégio da Bahia".[355] Na correspondência com a torre de Garcia D'Ávila e a capitania de Ilhéus, o Conde de Vila Pouca comunicava que a baía era controlada pelo inimigo, e recomendava a máxima cautela naquela navegação. No dia 12 de janeiro, a esquadra da WIC deu por terminado o trabalho e fez vela para Recife, levando consigo 1.500 caixas de açúcar.[356]

Todavia, os ataques de Von Schkoppe, De With e Van Goch foram insuficientes para forçar a retirada de forças portuguesas do cerco de Recife, o que era seu objetivo principal. De fato, o apoio oferecido pela Bahia ao levante pernambucano já era irregular, ainda que o governo de Salvador não estivesse imediatamente ocupado com a própria defesa. Em dezembro de 1646, (antes da ocupação de Itaparica, portanto), o governador já se dizia incapaz de acudir os pernambucanos, e o Conselho Ultramarino discutia a necessidade que tinham de provisões para manterem-se em campanha, "mormente havendo ainda entre eles ódios e paixões, que obrigaram atirar à espingarda ao mestre-de-campo João Fernandes Vieira".[357] Um dos problemas era que tanto as tropas em Salvador, quanto aquelas em Pernambuco, dependiam do fornecimento do gado de Sergipe e do baixo São Francisco, que não conseguia prover o

---

354 Segundo Boxer, "*in strong contrast to Teles da Silva's aggressive attitude during Von Schkoppe's occupation of Itaparica, the count of Vila Pouca inexplicably made no attempt to harass the raiders during their month's stay in the bay*" (Boxer. *The Dutch in Brazil*, p. 201); "Diário de Henrique Haecxs". p. 135-39; Carlos Valeriano de Cerqueira. "A invasão holandesa, seus efeitos na indústria açucareira na Bahia". In: *Anais do I Congresso de História da Bahia*, v. 4, 1950.

355 A trincheira foi em parte erguida com o trabalho dos escravos de Felipe Barbosa de Araújo (talvez, parente do mestre de campo) participou de sua defesa uma "companhia" de seus homens (Consulta do Conselho Ultramarino, 06/09/1653, AHU, Bahia, série Luísa da Fonseca, cx. 12, doc. 1532). Veja-se: Serafim Leite. *História da Companhia de Jesus no Brasil*. Rio de Janeiro: INL; Lisboa: Portugália, t. 5, p. 65; Ata da Câmara de Salvador, 13/01/1649, DHAM: AC, v. 3, p. 7; Consulta do Conselho Ultramarino, 29/07/1651, AHU, Bahia, série Luísa da Fonseca, cx. 12, doc. 1424.

356 Carta do conde de Vila Pouca aos oficiais das vilas de Boipeba, Cairu e Camamu, 11/12/1648, DHBN, v. 3, p. 25; Silva. *Memórias*, p. 27.

357 Consulta do Conselho Ultramarino, 19/12/1646, AHU, Bahia, série Luísa da Fonseca, cx. 10, doc. 1227.

suficiente para ambas. Visto que o governo soteropolitano tinha o controle da região, era ele que administrava a remessa de rebanhos aos pernambucanos, depois de providas as suas próprias necessidades.[358] O mestre de campo general Francisco Barreto, em março de 1649 (dois meses depois do ataque de Van Goch), afirmava que "da Bahia não me acodem com coisa nenhuma, e algum gado e munições que o Conde governador mandou no princípio de seu governo se tem acabado". Havia recebido 500 reses em meados de 1648, e receberia mais 300 alguns meses depois. Em 1651, a Câmara de Salvador e o governador-geral, o Conde de Castelo Melhor, haviam concordado em mandar outras 1.000 para os pernambucanos, mas estava difícil encontrar quem pagasse a fatura. Uma parte do socorro do Reino ao levante também chegava ao cabo de Santo Agostinho pela Bahia, onde era transferido a embarcações menores e mais ligeiras, para furar o bloqueio da marinha neerlandesa, e ali poderiam ocorrer desvios e obstáculos.[359] É nesse contexto que os ataques holandeses à Bahia poderiam interferir em seu apoio aos homens da revolta. Conforme falhava o provimento externo de víveres e munições, o comando do exército pernambucano era levado a se apropriar de quantias maiores da produção local, o que lhe representava um estreito limite.

Assim que a esquadra de Van Goch retornou a Recife, deu-se início aos preparativos para uma nova ofensiva contra os sitiantes, mal abastecidos. A 17 de fevereiro, 3.510 homens do exército da WIC partiram de Recife, em direção aos Guararapes. Barreto, então com 2.660 efetivos, facilitou a aproximação do inimigo. Dois dias depois, disparou a armadilha: enquanto a coluna flamenga movia-se, para ocupar uma posição mais favorável, foi atingida na retaguarda pelo exército luso-pernambucano. A força neerlandesa ainda buscou retomar a posição, mas desbaratou-se, deixando ali 1.048 mortos, inclusive o seu comandante, o coronel Van Den Brinck, junto à maior parte dos oficiais, enquanto os portugueses perderam apenas 45, mais 200 feridos. Além disso, caiu prisioneiro um dos chefes potiguares aliados à WIC, Pedro Poti, que seria brutalmente torturado e morto.[360] Poucas semanas depois da estrondosa vitória, Barreto foi levado a desmobilizar o terço de infantaria pernambucano, algo como um quarto de seu contingente, devido ao desabastecimento. Em seguida, o terço baiano amotinou-se, exigindo vestuário, armamento, soldos e rações completas, o que le-

---

358 Mello. *Olinda restaurada*, p. 304-9.

359 Carta de Francisco Barreto ao rei, 08/03/1649, BPA, Cód. 51-x-16, fl. 210; Ata da Câmara de Salvador, 03/11/1649, DHAM: AC, v. 3, p. 40; Ata da Câmara de Salvador, 24/05/1651, DHAM: AC, v. 3, p. 140-3; Consulta do Conselho Ultramarino, 15/10/1653, AHU, Bahia, série Luísa da Fonseca, cx. 13, doc. 1541.

360 Puntoni. "As guerras no Atlântico-Sul". In: p. 288-9; Wätjen. *O domínio colonial hollandez*, p. 269.

vou inclusive a um atentado contra o seu mestre-de-campo, Francisco de Figueroa (substituto de Martim Soares Moreno). A situação permaneceu crítica ao longo daquele ano, e Barreto afirmou ao Conde de Castelo Melhor que teria sido forçado a levantar o sítio e retirar-se para a Bahia, não fosse as provisões que recebeu da frota da Companhia Geral de Comércio, no início de 1650.[361]

Apesar dos problemas de Francisco Barreto, depois da segunda derrota dos Guararapes não havia mais contingente no Brasil Holandês para qualquer contraofensiva. A Nova Holanda tornara-se um sumidouro insanável de homens e dinheiro, e a WIC manteve-a parcamente abastecida, enquanto buscava uma vitória diplomática sobre D. João IV. Mas a situação da Companhia nos Países Baixos também era ruim. De um ponto de vista estrutural, o capitalismo de Amsterdam não teria interesse em continuar com aquela empresa, ainda mais quando o comércio com Portugal estava aberto, havia acesso ao importante sal de Setúbal, e era possível lucrar mesmo com o açúcar da Bahia e do Rio de Janeiro. Não porque os holandeses fossem amantes do livre mercado, mas porque estava claro que havia fracassado a tentativa de controlar a produção açucareira, e o melhor a fazer era tratar comercialmente com os portugueses. Até o fim do século XVII, o capital holandês no ramo do açúcar voltaria à estratégia do *carrying trade*, de forma aberta e "internacionalista", com denso intercâmbio entre Amsterdam, a WIC, e as colônias de França e Inglaterra no Caribe, até que fossem fechadas pelo mercantilismo das duas potências.[362]

Ademais, ao fim da década de 1640, Amsterdam defendia a pacificação geral de Munster contra os projetos expansionistas do *stadhouder* Guilherme II, opondo-se à continuidade da mobilização militar e tributária. A maior parcela dos prejuízos no Brasil Holandês fora dos judeus portugueses, que continuaram a hostilizar o embaixador português em Haia e pressionar os Estados Gerais, junto a frísios e zelandeses, para que enviasse reforços a Recife. Entretanto, Amsterdam anulou qualquer possibilidade de apoio à WIC. Os holandeses, inclusive, vetaram a proposta de um bloqueio naval do Tejo, que certamente teria um efeito devastador sobre D. João IV, e bem poderia forçá-lo a devolver Pernambuco à WIC. Em Recife, Witte de With cansou de olhar a esquadra holandesa apodrecendo, imobilizada no porto pela falta

---

361 Mello. *Olinda restaurada*, p. 309.

362 Pieter Emmer. *The dutch in the atlantic economy, 1580-1880*. Aldershot-GB, Brookfield-US: Ashgate, 1998; Barbour. *Capitalism in Amsterdam in the 17th Century*, p. 139; Wolfgang Lenk. "Empire-building and the Sugar Business in the South Atlantic (1621-1654)". In: António Ibarra, Bernd Hausberger e Nikolaus Bottcher (eds.), *Redes y negocios globales en el mundo ibérico, siglos XVI-XVII*. Madri: Ibero-Americana, 2011, p. 85-105.

de bastimentos. Em novembro de 1649, o vice-almirante embarcou com uma parte do oficialato, inclusive o coronel Van Den Brande e o conselheiro Beaumont, e partiu com a armada de volta aos Países Baixos. Nem sequer se deu o trabalho de solicitar a dispensa ao Alto Governo. Apenas um vaso de guerra permaneceu no porto.[363]

A única das operações que ainda tinha algum efeito era o corso sobre a navegação lusitana, no Atlântico meridional. Desde 1646, corsários zelandeses haviam se organizado em uma companhia, a *Brazilische Directieende Compagnie*, e velejavam próximos ao litoral em cooperação (ou, por vezes, em competição) com a marinha da WIC. Entre 1648 e 1649, sua atividade era de tal monta que praticamente cessou a comunicação de Portugal com suas colônias. A resposta de D. João IV seria a instituição da Companhia Geral de Comércio do Brasil, concentrando o tráfego mediante a navegação em frotas comboiadas. A primeira destas chegaria ao Brasil em fevereiro de 1650, e a partir de então o corso neerlandês perderia eficácia. Entrementes, buscava-se manter a comunicação entre a Bahia e as capitanias de Ilhéus, e as meridionais, Espírito Santo, Rio de Janeiro e São Vicente. O governo de Salvador aparentemente não dispunha mais da mesma capacidade de defesa naval, observada em 1647: "lanchas não as há, por ora", dizia o Conde de Castelo Melhor à guarnição no morro de São Paulo. Limitava-se ele a recomendar que as embarcações se aproximassem cautelosamente da baía de Todos os Santos, seja reunindo-se ao comboio da Companhia Geral, no Rio de Janeiro, seja "desviando-se bem ao mar das paragens em que o inimigo costuma cruzar esses mares vizinhos", até a altura de Ilhéus, e depois "por dentro, ao morro de São Paulo". Por sua vez, o Conde de Atouguia achava mais seguro "tomar [a barra] de frecha, medindo-se antes de chegar a descobri-la, com a terra, de maneira que se possa meter de noite neste porto, ou debaixo das forças [do forte] de S. Diogo".[364]

Após a vitória nos Guararapes e a criação da Companhia Geral de Comércio, o governo de Salvador cuidou da organização das defesas do Recôncavo, de maneira a impedir (ou dissuadir) que a WIC buscasse uma saída daquela sinuca com novos ataques à Bahia, como aqueles de 1647 e 1649. A iniciativa foi de João Rodrigues de Vasconcelos, o Conde de Castelo Melhor, que governou a capitania entre 1650 e 1654. Segundo a "Informação sobre o Estado do Brasil" (escrita por Francisco Cristóvão de Almeida em 1652, a pedido do Conde), o litoral da baía passou a ser defendido por

363 Mello. *O Brasil Holandês*, p. 462-3; Israel. *Dutch primacy*, p. 169; Boxer. *The Dutch in Brazil*, p. 225.

364 Carta do conde de Castelo-Melhor ao capitão-mor de São Vicente, 20/03/1650, DHBN, v. 03, p. 37; Carta do conde de Castelo-Melhor a Antônio de Couros Carneiro, 02/05/1650, DHBN, v. 03, p. 51; Provisão do governador-geral sobre o abastecimendo de farinha de São Vicente, 20/11/1654, v. 04, p. 33.

uma cadeia de fortins artilhados, "de sorte que é necessário poder para o danificar", pois "antes padeciam os moradores com o ataque de qualquer pouca gente e embarcações de pouco porte, suficiente para entrar e queimar engenhos e canaviais".[365] Ademais, o governador enviou companhias de infantaria do presídio baiano a Sergipe D'El Rei e morro de São Paulo, para defender (e controlar, como veremos) o abastecimento de gado e de farinha de mandioca. Embora tenha se empenhado na tarefa, o Conde de Castelo Melhor era naturalmente limitado pelos recursos disponíveis, perante a amplitude do perímetro da baía. Quanto à artilharia de que dispunha, haveria de ser distribuída entre os principais fortes, as esquadrilhas de defesa da costa e as "plataformas" que construiu. Aparentemente, estas foram três: a de São Vicente "da praia de Salvador"; a de São João, na barra de Matoim; e uma última na barra de Sergipe do Conde. Ademais, somavam-se a estas as "forças" na foz do Paraguaçu e em Itaparica, mais o fortim no morro de São Paulo. Segundo o Conselho Ultramarino, "ainda que em distância tão grande e mui dificultosa a fortificação necessária, contudo deixou disposto [o Conde] o que lhe pareceu mais conveniente".[366]

Os soldados do presídio soteropolitano também foram empregados no Recôncavo, "para onde tenho enviado os terços que pareceu conveniente; e à falta de infantaria paga mando entrar de guarda a de ordenança". Foram separados 146 soldados, entre todas as companhias do presídio, para guarnecer cinco posições no Recôncavo, principalmente o morro de São Paulo, que recebeu 69 destes. Apesar da predileção pelo emprego de tropas regulares, o governador também ocupou-se do ordenamento dos distritos e da eleição de capitães para as companhias de ordenança, em toda a costa desde o rio São Francisco até o rio das Caravelas, sobretudo nas povoações do Recôncavo. Enquanto a defesa dos engenhos passava a receber a atenção do comando soteropolitano, senhores particulares eram mobilizados a tal iniciativa, como o supracitado Felipe Barbosa de Araújo, que emprestou seus escravos para a fortificação em Sergipe do Conde. Ele também seria escolhido o capitão das ordenanças daquele distrito. Ao que indica a concentração dos registros das patentes naqueles anos, esse arranjo esteve atrelado à reorganização da estrutura de capitães do campo, em paralelo ao levantamento de efetivos para as "jornadas do sertão". Além disso, as ordenanças

---

365 Informação sobre o Estado do Brasil, 15/11/1652, BNL, Manuscritos, Mss. 218, n. 134.

366 Carta de Castelo Melhor ao capitão-mor de Sergipe D'El Rei, 16/08/1650, DHBN, v., v. 3, p. 77; Consulta do Conselho Ultramarino, 24/01/1651, AHU, Bahia, série Luísa da Fonseca, cx. 11, doc. 1382; Registros de patentes, c. 1650-1651, DHBN, v. 31, p. 80-89.

foram aparentemente associadas ao aparelho tributário, que também passaria por alterações durante o governo de Castelo Melhor (vide o último capítulo).[367]

A esse tempo, não havia mais o que se fazer em defesa da Nova Holanda, abandonada como fora por sua metrópole. Com o passar dos anos, a atenção dos Estados Gerais voltar-se-ia para o Canal da Mancha, e a tensão que se acumulava com os ingleses, sobretudo depois que Cromwell levou ao Parlamento um ato de exclusão da navegação estrangeira, em outubro de 1651. Em dezembro, ordenou-se o retorno de duas belonaves de Recife, em preparação para a guerra. Meses depois, a WIC seria proibida de socorrer a colônia americana, conforme seus planos. Apenas uma esquadrilha neerlandesa continuava em operação naquela costa – segundo o Conselho Ultramarino, em Lisboa, eram "dez naus do Estado de Holanda, e oito naus pequenas", que se engajaram em combates esporádicos com a segunda frota da Companhia Geral, no fim de fevereiro e início de março de 1652, enquanto essa passava de Pernambuco à Bahia. Meses depois, essa esquadra também desertou de Recife, para voltar à Europa.[368]

Enquanto isso, um par de corsários flamengos rondou o litoral baiano, roubando o que pudesse, mas sem força ou intenção de saquear o Recôncavo. Entraram na baía de Todos os Santos em 21 de janeiro, com duas embarcações, mais um barco de vela latina, que haviam capturado. Castelo Melhor buscou prevenir as freguesias do Recôncavo e da costa, inclusive pelo envio em sua defesa de companhias do presídio, além de "avisar as barcas, que passarem principalmente nas águas vivas, em que costumam decair até a barra". O emprego pelos corsários dos barcos que roubavam, porém, confundia os habitantes, e continuaram ali por alguns meses, aparecendo em pontos diversos.[369] Em março, entraram no rio Jaguaripe e tomaram dois barcos. Em abril, a Bahia parecia em paz, mas ao sul foi saqueada "a casa de um morador", no Rio das Contas. Em maio, ainda cruzavam aquela região, ameaçando o transporte da farinha das vilas de Cairu, Boipeba e Camamu. Pode-se cogitar a possibilidade de que os neerlandeses ali comprassem mantimentos, ilegalmente, para abastecer o Recife,

367 Carta de Castelo Melhor a Antônio de Couros Carneiro, 18/12/1650, DHBN, v., v. 3, p. 75; Consulta do Conselho Ultramarino, 06/09/1653, AHU, Bahia, série Luísa da Fonseca, cx. 12, doc. 1532; Ata da Câmara de Salvador, 01/09/1651, DHAM: AC, v. 3, p. 171-5; Registros de patentes, c. 1650-3, DHBN, v., v. 31.

368 Wätjen. *O domíno colonial hollandez*, p. 275 e segs.; Consulta do Conselho Ultramarino, 13/01/1652, AHU, Bahia, série Luísa da Fonseca, cx. 11, doc. 1375; Boxer. *The Dutch in Brazil*, p. 232.

369 Carta do conde de Castelo-Melhor a Gaspar de Souza Uchoa, 22/01/1652, DHBN, v. 2, p. 144; Carta do conde de Castelo-Melhor a Sebastião de Araújo e Lima, 22/01/1652, DHBN, v. 3, p. 144-5; Informação sobre o Estado do Brasil, 15/11/1652, BNL, Manuscritos, Mss. 218, n. 134.

talvez pagando melhor que o governo de Salvador, mas não há registros de tal atividade. Até o dia 7, o governador continuava preocupado com as caravelas que chegavam, do Reino ou de Angola, pois, exceto durante a noite, "é arriscado qualquer intento de vir entrar nesta Bahia".[370] Depois disso, ainda furtivos, sumiram aqueles corsários.

Por sua vez, D. João IV foi encorajado pela guerra anglo-neerlandesa e finalmente ordenou o bloqueio naval a Recife. Desde a segunda batalha dos Guararapes, Francisco Barreto já pedia à Coroa o apoio necessário para o golpe de misericórdia aos holandeses sitiados. Dizia ele que "não sou anjo que haja de fazer milagres", se não era abastecido o suficiente para manter a ofensiva, mas dava por certo que com 30 velas para o bloqueio e 1.000 homens enviados da Bahia, a cidade cairia.[371] A segunda frota da Companhia Geral, em 1652, talvez pudesse ter posto o plano em efeito, não fosse a resistência oferecida pela marinha flamenga remanescente. Em dezembro de 1653, o inevitável aconteceu. Uma terceira esquadra portuguesa, com 60 embarcações, despontou diante de Recife, com ordem do monarca para impor o bloqueio. Houve resistência em todos os 14 redutos que compunham suas defesas, "coalhadas de tanta artilharia que quase não se pode comparar com a mosquetaria".[372] Mas já não havia esperança, pois, apesar da boa quantidade de munições, faltavam os víveres para o prolongamento do sítio. Von Schkoppe e o Alto Governo chegaram a termos com os portugueses, e a cidade foi restituída em 26 de janeiro. Seguiu-se à capitulação de Recife a entrega dos demais fortes ocupados pela WIC, sem maiores incidentes, e foi esse o fim da ocupação holandesa.

Nos anos seguintes, ainda ocorreram alguns ataques da pirataria neerlandesa à Bahia, esporadicamente. Em março e abril de 1655, uma esquadrilha de corsários atacavam a navegação comercial da capitania, depois de passar por Rio Grande e Pernambuco. Eram entre três e cinco embarcações ao todo (quatro fragatas e uma sumaca, segundo um dos registros). O Conde de Atouguia, no governo de Salvador, tentou organizar uma emboscada na ilha de Quiepe, próxima a Camamu, onde fariam a aguada. Em seguida, encarregou-se o sargento-mor Ascenso da Silva de dar combate aos corsários, com cinco naus escolhidas e aparelhadas à custa da Câmara

370 Carta do conde de Castelo-Melhor ao capitão-mor de Ilhéus, 07/03/1652, DHBN, v. 3, p. 153; Carta do conde de Castelo-Melhor ao capitão-mor de Ilhéus, 12/04/1652, DHBN, v. 3, p. 161; Carta do conde de Castelo-Melhor ao capitão-mor de Ilhéus, 04/05/1652, DHBN, v. 3, p. 165; Carta do conde de Castelo-Melhor ao capitão-mor de Ilhéus, 07/05/1652, DHBN, v. 3, p. 166; Carta do conde de Castelo-Melhor a Antônio da Silveira, 07/05/1652, DHBN, v. 3, p. 166.

371 Carta de Francisco Barreto ao rei, 08/03/1649, BPA, Cód. 51-x-16, fl. 210.

372 Carta de Francisco Barreto ao conde de Castelo Melhor, 05/01/1654, BPA, Cód. 51-VI-19, fl. 104.

de Salvador. Suas ordens eram fazer 30 léguas ao mar, retornar à latitude do rio São Francisco e velejar em direção da Bahia, em busca do inimigo, que então "renderá a canhonaços; e não se rendendo, as abordará". Encontraram uma fragata e um patacho. A primeira fugiu e o segundo foi capturado, com cinco peças e trinta homens.[373] No ano seguinte, uma sumaca, um patacho e um "navio dos padres", que vinham do Rio de Janeiro, foram acossados por piratas "holandeses" na barra da baía. Levaram o patacho, com 1.500 alqueires de farinha, e os outros escaparam. Em 1658, mais uma vez haviam corsários no mar, em duas embarcações, e a Câmara soteropolitana se dispunha a financiar quatro velas para patrulhar a barra por 40 dias, com três companhias de infantaria e a artilharia disponível nas embarcações do porto reunida.[374]

Enquanto o governo buscava manter as vigias da costa em alerta para tais incursões, continuavam os boatos e avisos da Coroa sobre a possibilidade de novos ataques neerlandeses. Em 1651, falava-se em um exército de 14.000, que os Países Baixos levantavam para socorrer Pernambuco e ocupar a Bahia. Em 1652, prisioneiros da WIC afirmaram que se aprestava uma frota para atacar a Bahia e o Rio de Janeiro.[375] Em junho de 1654, chegou notícia de que holandeses e ingleses haviam selado a paz, e D. João IV mandou alerta de que se preparava uma armada reunida, anglo-neerlandesa, com 30 fragatas, para atingir o Brasil.[376] Em 1655, falava-se sobre a preparação de uma armada britânica, com 80 velas e 15.000 homens. Depois, que os flamengos

373 Provisão do governador-geral sobre o abastecimendo de farinha de São Vicente, 20/11/1654, v. 04, p. 33; Carta do conde de Atouguia ao capitão-mor de Ilhéus, 22/03/1655, DHBN, v. 3, p. 267; Carta do conde de Atouguia à Câmara da vila do Camamu, 24/03/1655, v. 03, p. 268; Patente de capitão de gente do mar da esquadra da Bahia, 03/04/1655: v. 31, p. 162-3; Regimento do sargento-mor Ascenso da Silva, 06/04/1655, v. 04, p. 43; Carta do conde de Atouguia ao rei, 24/04/1655, DHBN, v. 4, p. 241.

374 Carta do conde de Atouguia ao governador do morro de São Paulo, 11/04/1656, DHBN, v. 3, p. 326; Carta do conde de Atouguia à Câmara do Rio de Janeiro, 18/08/1656, v. 33, p. 270; Portaria do governador-geral Francisco Barreto, 07/1658, v. 19, p. 362; Patente de capitão de mar e guerra da fragata São Nicolau, 12/09/1659: v. 31, p. 250.

375 Ata da Câmara de Salvador, 28/04/1651, DHAM: AC, v. 3, p. 146-7; Consulta do Conselho Ultramarino, 13/01/1652, AHU, Bahia, série Luísa da Fonseca, cx. 11, doc. 1375.

376 Entre outras, veja-se: Carta régia ao conde de Atouguia, 01/10/1654, DHBN, v. 66, p. 63; Carta do conde de Atouguia ao capitão-mor de Porto Seguro, 15/11/1654, DHBN, v. 3, p. 232; Carta do conde de Atouguia a Antônio de Couros Carneiro, 18/11/1654, DHBN, v. 3, p. 242; Carta do conde de Atouguia à Câmara da vila de São Paulo, 19/11/1654, DHBN, v. 3, p. 240; Carta do conde de Atouguia ao rei, 15/01/1655, DHBN, v. 4, p. 225; Carta régia ao conde de Atouguia, 26/01/1655, DHBN, v. 66, p. 70; Consulta do Conselho Ultramarino, 04/05/1655, AHU, Bahia, série Luísa da Fonseca, cx. 13, doc. 1592.

aprestavam 34 navios e 16 fragatas.[377] Em novembro de 1657, a Coroa comunicou o governador que se havia declarado guerra entre Portugal e os Países Baixos (pois estes demandavam o pagamento de retribuições, pela perda da Nova Holanda). Naquele ano, a marinha holandesa bloqueou a foz do Tejo, como um meio de forçar Lisboa a devolver Pernambuco à WIC. Foram capturadas 21 das 34 embarcações da frota da Companhia Geral, com o açúcar brasileiro. Enquanto permaneceram sem solução as pendências diplomáticas entre os dois países, resultado da guerra sulamericana, continuava-se considerar a possibilidade de um ataque neerlandês ao Brasil – ainda que os portugueses soubessem que o rival não tinha condições de se arriscar a tanto. Ainda em 1667, dois anos antes da assinatura de um tratado de paz definitivo, o governo de Salvador alertava que "pode a cada instante aparecer a armada holandesa que passa a este Estado, e é provável que será a esta praça".[378] Todos esses avisos foram levados a sério pela administração colonial, que buscava manter de pé as fortificações e a prontidão das defesas, e alertas eram enviados a todas as capitanias. O governador--geral continuaria a requisitar o reforço de tropas regulares para o presídio, mesmo que nenhuma expedição militar do inimigo tenha se materializado. A essa altura, porém, o exército de Salvador já cumpria com outras finalidades.

---

377 Carta do conde de Atouguia ao rei, 24/04/1655, DHBN, v. 4, p. 240; Carta do conde de Atouguia ao rei, 25/07/1655, DHBN, v. 4, p. 254; Carta do conde de Atouguia ao rei, 17/11/1655, AHU, Bahia, série Luísa da Fonseca, cx. 13, doc. 1617.

378 Carta régia a Francisco Barreto, 29/11/1657, DHBN, v. 66, p. 140; Carta de Francisco Barreto ao rei, 28/09/1658, DHBN, v. 4, p. 348; Patente de capitão de infantaria de ordenança dos homens mercantis desta cidade, 30/12/1667, DHBN, v. 31, p. 393; Mello. *O negócio do Brasil*, p. 192-3.

CAPÍTULO II

O exército em Salvador

Após a restauração de Salvador, cabia ao conselho de guerra de D. Fadrique de Toledo decidir sobre a defesa futura da capitania. A Coroa tinha notícia das atividades da WIC em Amsterdam desde sua fundação e, apesar da vitória em 1625, a frente colonial mostrara-se aberta. Como vimos, a escalada do confronto havia indicado a necessidade de uma "nova disposição" para as defesas daquela que era a "cabeça do Estado do Brasil", condizente com o tamanho da ameaça representada pelas forças da Companhia. Assim, D. Fadrique e o comando da "Jornada dos Vassalos" decidiram pelo aumento do presídio da Bahia para dez companhias, com 887 soldados regulares e 12 artilheiros, três vezes mais que o contingente de arcabuzeiros que respondia pela posição até 1624. Após a ocupação neerlandesa de Olinda e Recife, Olivares considerou necessário deixar ali um segundo terço de infantaria, que seria transportado pela armada de D. Antônio de Oquendo. Ambos seriam denominados "Terço Velho" e "Terço Novo", cada qual com sua primeira plana de comando, encimadas por um mestre de campo, sob as ordens do governador-geral.[1]

A partir de então, a guarnição portuguesa em Salvador contou dois mil homens em armas, mais ou menos. Com o avanço da WIC sobre as capitanias do norte, uma parte de sua população e do contingente militar lusitano recuou para a Bahia. Em dezembro de 1637, chegou a Salvador, em retirada, o exército de Pernambuco, comandado pelo Conde de Bagnuolo, com 1.000 homens aproximadamente. Um ano depois, veio a armada do Conde da Torre, com algo entre 1.600 e 2.000 homens de terra e mar. Com a chegada de reforços, ao longo de 1639, acumularam-se até 6.000 soldados, em oito terços de infantaria apinhados na cidade e na frota, enquanto faziam-se os preparativos para o ataque aos holandeses de Recife. Durante a

---

1 Tamayo de Vargas, p. 128; Capítulo de carta régia de 11/12/1625, AHU, Bahia, série Luísa da Fonseca, cx. 3, doc. 394; Wätjen. *O domino colonial hollandez*, p. 110; O nome "presídio" era dado às guarnições permanentes da monarquia ibérica, aparentemente a partir do final do século XVI. Derivou do nome latino *præsidium*, que significa proteção ou defesa. (Parker, *El ejército de Flandes y el Camiño español: 1567-1659*, p. 67.)

malograda expedição, no início de 1640, permaneceram em Salvador os 917 homens do Terço Velho, aos quais seriam somados remanescentes da força empregada no ataque. Algumas centenas voltaram em esquadrilhas desgarradas, como o terço napolitano de Ettore della Calce e a companhia de D. Diogo Lobo. Em junho, retornou a coluna de Luís Barbalho, com aproximadamente 1.000 homens dos que haviam desembarcado no Rio Grande. Com a chegada de novos reforços, na esquadra que transportou o Marquês de Montalvão para governar o Brasil, esse contingente foi aparentemente organizado em oito unidades, que em 1642 seriam reformadas em três: o Terço Velho, o Terço Novo e um terço de soldados do exército de Pernambuco (vide tabela 1). Os homens de D. Filipe Camarão e Henrique Dias foram alojados no rio Real, onde permaneceram durante os anos de trégua, separados das tropas brancas e à distância de Salvador. Como vimos, ali era a região onde houve confronto com mocambos, e possivelmente faziam também a defesa contra esses grupos. Quando foram enviados a Pernambuco, em 1645, os portugueses disseram aos funcionários da WIC que iam combater os quilombolas de Palmares.

Até o reinício do confronto, não haveria grandes mudanças na população do presídio. Em 1642, o governador-geral Antônio Teles da Silva solicitou à Coroa um reforço de 1.000 soldados regulares, e para tanto dizia ter o apoio da população: "os moradores, vendo quanto convém para segurança desta praça haver três mil homens, eles mesmos se querem fintar [tributar] para a sustentação deles, pelos meios mais suaves, de que ficam tratando".[2] Entretanto, a folha de oficiais parece ter aumentado mais do que o exército, propriamente. Em 1645, dois dos terços do presídio foram enviados a Pernambuco, em apoio ao levante de João Fernandes Vieira, com aproximadamente 1.300 homens. Ao que parece, eram compostos pelas companhias do exército de Pernambuco e do Terço Novo, sob André Vidal de Negreiros e Martim Soares Moreno. Ainda assim, o Conde de Vila Pouca encontraria quatro terços de infantaria em Salvador, em janeiro 1648. Com a gente de mar da Armada Real, e o reforço de 1.430 soldados enviados pela Coroa (em resposta à ocupação neerlandesa de Itaparica), a cidade mais uma vez teve de sustentar um grande número de soldados (pelo menos, 4.000 homens). A partir da reforma conduzida pelo Conde de Castelo Melhor, em 1651, o exército em Salvador permaneceu com seus dois terços até a revolta do Terço Velho de 1688. A população militar permaneceria em torno de dois mil homens, como se vê na Tabela 1.[3]

---

2   Carta de Antônio Teles da Silva a S.M., 23/09/1642, AHU, Bahia, série Luísa da Fonseca, cx. 8, doc. 976.

3   Relação da Fazenda Real na Bahia, 09/11/1643, AHU, Bahia, série Luísa da Fonseca, cx. 9, docs. 1030-4; Consulta do Conselho Ultramarino, 14/051648, AHU, Bahia, série Luísa da Fonseca, cx. 11, doc. 1296; Consulta do Conselho Ultramarino, 03/10/1651, AHU, Bahia, série Luísa da Fonseca, cx. 12, doc. 1437.

Tabela 1: Exército regular em Salvador, 1612-1660

Ano	População do presídio	Fontes e observações
1612	"300 arcabuzeiros"	D. C. Moreno, *Livro que dá razão ao Estado do Brasil.*
1617	174 soldados	Registro da Folha Geral do Estado do Brasil, c. 1617, In: DHBN, v. 15, p. 25-66.
1625	899 soldados	Relação do provimento que ficou na Bahia por ordem de D. Fadrique, 25/07/1625, AHU, Bahia, série Luísa da Fonseca, cx. 3, doc. 375.
1629	827 soldados	Relação da mostra do presídio de 30/09/1629, BPA, Cód. 49-x-10, fl. 139-41v.
1631	1.800 soldados em 2 terços	D. Coelho, *Memórias diárias da guerra do Brasil*, p. 59.
1638 (novembro)	3.428 soldados em 6 terços	Cartas de Pedro Cadena de Vilhasanti ao rei, 03/11/1638, AHU, Bahia, série Luísa da Fonseca, cx. 7, docs. 803-6. Exclui "as listas da cavalaria, negros e índios".
1639 (fevereiro)	4.065 soldados em 6 terços	Dos quais, 1.311 soldados nos dois terços do presídio. Não inclui 633 homens da cavalaria, negros e índios. CCT III, fls. 175-79.
1639 (agosto)	4.408 soldados em 6 terços	CCT III, fls. 187-189.
1640 (fevereiro)	1.417 soldados	Ajuda, 51-VI-21, fl. 294.
1640 (julho)	3.185 soldados em 10 terços	AHU-Resgate, Bahia, Luísa da Fonseca, n. 1030. Quatro terços chegaram com Montalvão.
1640 (setembro)	2.379 soldados em 8 terços	Relação da gente de guerra, 05/09/1640, AHU, Bahia, série Luísa da Fonseca, cx. 8, doc. 918.
1642	2.455 soldados em 3 terços	AHU-Resgate, Bahia, Luísa da Fonseca, n. 994-6.
1643	2.500 soldados em 3 terços	AHU-Resgate, Bahia, Luísa da Fonseca, n. 1030.
1644	2.342 soldados em 3 terços	AHU-Resgate, Bahia, Luísa da Fonseca, n. 1076.
1645	2.700 soldados	Nieuhof, *Memorável Viagem*, p. 133. Estimativa dos emissários da WIC.
1648	3.016 soldados em 4 terços	Carta do conde de Vila Pouca ao rei, 18/01/1648, AHU, Bahia, série Luísa da Fonseca, cx. 11, doc. 1296.
1650	2.500 soldados em 3 terços	Carta do Senado da Câmara de Salvador ao rei, 04/06/1650, DHAM: CS, v. 1, p. 25.
1652	entre 2.300 e 2.400 soldados	Informação sobre o Estado do Brasil, 15/11/1652, BNL, Manuscritos, Mss. 218, n. 134.
1654	2.026 soldados em 2 terços	Lista da mostra que se passou na infantaria, 15/12/1654, AHU, Bahia, série Luísa da Fonseca, cx. 13, doc. 1580. Exclui 61 homens da artilharia.
1659	1.474 soldados em 2 terços	AHU-Resgate, Bahia, Luísa da Fonseca, n. 1736.
1660	1.615 soldados em 2 terços	AHU-Resgate, Bahia, Luísa da Fonseca, n. 1819.

Naturalmente, são números aproximados. A impressão de estabilidade dos efetivos militares é certamente ilusória, por diferentes motivos. Deserções e baixas, em primeiro lugar. A população do presídio era sustentada pelo reforço de tropas que o Reino esporadicamente lograva remeter ao Brasil. É praticamente impossível, no entanto, aferir quantos deixaram Portugal em função disso, e onde desembarcaram na costa americana. Em geral, vinham em uma ou duas centenas, conduzidos por uma parelha de caravelas, ou talvez mais – como se verá adiante. Mas, em algumas ocasiões, também se embarcava soldados da Bahia para outras praças, como Angola e Rio de Janeiro, ou para a tripulação de armadas, no torna-viagem a Portugal – por exemplo, em 1629, um galeão da Índia foi guarnecido por 55 homens do presídio.[4] Para todos os efeitos, a Coroa parecia almejar uma guarnição ideal de 2.000 homens para a Bahia, em vinte companhias, sem o quê não se considerava segura a praça, nem o presídio capaz de servir de reserva de infantaria para as frotas, as demais praças atlânticas, ou mesmo para o Recôncavo.[5]

À guisa de comparação, recorde-se: o exército lusitano regular em Pernambuco dispôs de aproximadamente 1.300 homens, entre 1631 e 1635. Com o reforço comandado por D. Luís de Rojas y Borja, esse número chegou a 3.000, entre os quais pelo menos 500 soldados castelhanos e 400 napolitanos. Após as sucessivas derrotas para as forças da WIC, eram 1.015 ao todo, quando atravessaram o rio São Francisco, em retirada para a Bahia. Durante a guerra de restauração, os portugueses contaram com algo entre 2.500 e 2.700 homens, dois terços dos quais eram moradores mobilizados (a "infantaria da terra"). A Companhia neerlandesa, por sua vez, contava com 3.819 infantes e 2.214 marujos em 1631. O total chegaria a 7.000 homens em 1637, durante o governo do Conde de Nassau. Durante a revolta pernambucana, a WIC chegou a dispor de 3.500 homens para operações ofensivas, mais 2.000, pelo menos, reservados para a defesa de Recife e dos fortes litorâneos.[6] Em Portugal, ao longo da Guerra de Restauração, a Coroa dos Bragança mobilizava em entre 15.000 e 20.000 homens, um

---

4   Requerimento do capitão Gonçalo Nogueira, c. 1643, AHU, Bahia, série Luísa da Fonseca, cx. 8, doc. 998; Carta de Antônio Teles da Silva a S.M., 04/06/1644, AHU, Bahia, série Luísa da Fonseca, cx. 9, doc. 1060; Consulta do Conselho Ultramarino, 05/09/1644, AHU, Bahia, série Luísa da Fonseca, cx. 10, docs. 1073-6.

5   Consulta do Conselho Ultramarino, 22/11/1644, AHU, Bahia, série Luísa da Fonseca, cx. 10, doc. 1085; Carta de Antônio Teles da Silva a S.M., 30/09/1644, AHU, Bahia, série Luísa da Fonseca, cx. 10, doc. 1090; Consulta do Conselho Ultramarino, 31/10/1653, AHU, Bahia, série Luísa da Fonseca, cx. 12, doc. 1545.

6   Mello. *Olinda restaurada*, p. 220-229; Coelho. *Memórias diárias*; Wätjen. *O domíno colonial hollandez.*

quinto dos quais na cavalaria – até o cume de 37.800 homens, durante a fase final do conflito. No teatro alentejano, o principal, a infantaria portuguesa contou com 7.000 a 9.000 soldados.[7] Tais exércitos eram inferiores àqueles mobilizados para as guerras de Flandres e dos Estados alemães, cuja população total em armas, em cada lado, permaneceu entre 50.000 e 70.000 homens, a maior parte em posições defensivas, exceto em períodos particularmente decisivos. Apesar disso, vale notar que nos Países Baixos, coração estratégico da força militar espanhola, mantinham-se guarnições fixas proporcionais ao presídio soteropolitano: Breda era defendida, em 1637, por 3.000 infantes, e Dunquerque, em 1639, por apenas 1.000.[8]

Em Salvador, a guarnição em geral espremia-se entre os muros da cidade, junto à população civil, na espera ociosa que a posição defensiva proporcionava. Em 1625, isso significou um brusco aumento da população adulta no local, antes mesmo que se pudesse reerguer as casas derrubadas e recomeçar a vida. Pelo que há de registro, Salvador abrigava pouco mais de cinco ou seis mil habitantes naquele tempo. Gabriel Soares de Sousa estimou a população da cidade em 800 vizinhos, no ano de 1587. Jácome Monteiro enxergava "mil e mais vizinhos" em 1610. Se ambos estavam certos, apreende-se a cabeça do Estado português no Brasil como um lugarejo cuja população apenas cresceu, enquanto dobraram os engenhos do Recôncavo.[9] A "idade de ouro da Bahia", nas palavras de Almeida Prado, reluzia muito mais para a hinterlândia canavieira. Em 1612, Diogo Moreno acreditava haver até três mil homens brancos pelo Recôncavo.[10]

Ademais, a vida na cidade era o movimento do porto. O mesmo Jácome Monteiro já havia escrito que Salvador "é abastada de todos os mantimentos, assim da terra como do Reino, e de muito negócio mercantil com que em breve engrossam os mercadores. Cada ano dá carga a perto de cem navios".[11] Segundo Diogo Moreno, "nesta Bahia só, há mais embarcações que em toda a costa, de barcos e caravelões, e outros muitos, de

7   Freitas. *O combatente*, p. 137 e segs.

8   Parker. *El ejército de Flandres*; Jonathan I. Israel. *The Dutch Republic, its rise, greatness and fall, 1477-1806*. Oxford: Clarendon, 1995.

9   Gabriel Soares de Sousa, *Tratado descritivo do Brasil em 1587* (1587). São Paulo: Nacional, 1971, p. 132; Jácome Monteiro. "Relação da Província do Brasil" (1610). In: Serafim Leite (ed.) *História da Companhia de Jesus no Brasil*. 8º vol. Rio de Janeiro: INL, p. 371-425.

10   Diogo do Campos Moreno, *Livro que dá razão do Estado do Brasil* (1612). Rio de Janeiro: Instituto Nacional do Livro, 1968, p. 140.

11   Monteiro. "Relação". In: *op. cit.*, p. 404.

diferentes modos, para o carreto de canas e lenhas".[12] Se uma caravela era conduzida por pelo menos dezoito tripulantes (a depender do seu deslocamento), cem caravelas implicavam uma população flutuante de quase dois mil homens. Uma grande armada era capaz de rapidamente elevar esse número: apenas um galeão, como o *Santiago de Oliste*, chegava a trazer 400 tripulantes, artilheiros e soldados.[13] Por outro lado, a ausência da frota esvaziava o sentido da povoação. Mesmo o vinho consumido era muito menor, como lamentava o Conselho da Fazenda em 1636, pois "há menos vizinhos hoje na Bahia pela razão de que vieram todos os navios que lá havia para este Reino".[14] Consideradas as intermitências da navegação, durante a guerra, pode-se ter uma ideia dos efeitos do conflito sobre essa população flutuante: reduzida pelo corso neerlandês, sobretudo entre 1627 e 1628, e depois, em 1648 e 1649; concentrada entre 1634 e 1636, quando o governo manteve as embarcações retidas no porto, ou durante o regime de navegação em frota, que regulou, a conta-gotas, o comércio transoceânico português.

Por conseguinte, há de se pensar não apenas no peso absoluto da guarnição sobre a cidade, mas também nas grandes flutuações da população civil. Lembremo-nos, aliás, que tivesse ela cinco ou seis mil habitantes, assentados em seis décadas de colonização, bastou uma noite, em maio de 1624, para que se despovoasse inteira, enquanto os moradores fugiam para os matos ao redor. Depois disso, não é fácil imaginar como a população se rearranjou, com a restauração da cidade no ano seguinte. Provavelmente, foi preciso conviver com os danos materiais da invasão por algum tempo, já que não havia dinheiro para as obras de reconstrução. Não obstante, a cidade parece crescer. Com a ocupação holandesa de Pernambuco, algo como quinze ou vinte mil habitantes retiraram-se, em etapas, para as capitanias da Bahia e do Rio de Janeiro, onde foram gradativamente absorvidos.[15] Em 1644, a extensão dos muros de Salvador tornava-se um problema, pois a população já habitava e cultivava o lado exterior, mas o alargamento

---

12   Moreno, *Livro que dá razão, op. cit.*, p. 140.

13   Charles R. Boxer, *The action between Pater and Oquendo, 12 September 1631.* Londres: [s.n.], 1959, p. 182.

14   Papel em favor de Pedro Cadena de Vilhasanti, 13/01/1637, AHU, Bahia, série Luísa da Fonseca, cx. 8, doc. 894.

15   Foram aproximadamente 3.000 brancos e 4.000 índios, talvez mais, em 1635; 2.500 habitantes da capitania de Itamaracá, no ano seguinte; 6.000 pessoas acompanharam a retirada do exército de resistência, em 1637; 4.000 (ou mais) finalmente deixaram Pernambuco escoltados pela coluna de Luís Barbalho, em 1640. (Mello, *Olinda restaurada*, p. 220.)

das fortificações tornaria a cidade indefensável para guarnição ali presente. Em 1681, três mil vizinhos moravam ali – algo em torno de quinze mil pessoas.[16]

A demografia da cidade, portanto, alterou-se profundamente com o contingente militar ali estacionado – aliás, como no tempo de sua fundação, quando foi povoada de início pelos 600 homens da tropa de Tomé de Sousa. Por conseguinte, valerá a pena compreender, por seus elementos internos, a organização, a vida material e social do exército, em busca de seus impactos sobre a sociedade e a economia soteropolitana.

Recrutamento

É difícil traçar um mapa bem definido da origem geográfica da soldadesca. Há indícios de recrutamento por quase todo o Reino. Os arredores de Lisboa ("até trinta léguas") parecem ter sido a região mais importante. Pela proximidade do governo e do porto de embarque, a cidade apresentava-se "em relativo estado de prontidão", e o recrutamento era particularmente necessário em momentos de urgência ou brevidade.[17] Para a Jornada dos Vassalos, o Alentejo contribuiu com uma companhia de 200 homens – mas só um desembargador de Lisboa atestava ter levantado 22 companhias no termo da cidade. Em 1635, levantavam-se 2.000 homens em Lisboa e Cascais, enquanto da região do Entre-Douro-e-Minho havia ordem para trazer 200 soldados. O Norte português, Porto e Viana do Castelo principalmente, também foi origem importante da soldadesca, em função do vínculo com o povoamento de Pernambuco; houve quem pedisse para embarcar por ter mulher e filhos cativos dos flamengos na capitania.[18]

As ilhas atlânticas também foram chamadas a servir – principalmente depois da Restauração de 1640, quando a capacidade da Coroa de colocar efetivos no Brasil reduz-se drasticamente, em função guerra contra Castela. Mesmo antes, porém, as ilhas já ofereciam contingentes expressivos. D. Diogo Lobo certa vez se propôs a levantar, sozinho, mil homens dos Açores para o Brasil. Os socorros de infantaria para Pernambuco e Bahia, entre 1645 e 1647, contaram com grande participação de açorianos e madeirenses. Francisco Barreto contava com o levantamento nas ilhas

---

16 Consulta do Conselho Ultramarino, 07/05/1644, AHU, Bahia, série Luísa da Fonseca, cx. 9, doc. 1053; J. Pinheiro da Silva, "A capitania da Bahia", In: *Revista Portuguesa de História*, n. 8 (1959), p. 71-2.

17 Freitas, *O combatente*, p. 31.

18 Entre muitos, veja-se: Informação de Vasco Fernandes César, 12/11/1624, AHU, Bahia, série Luísa da Fonseca, cx. 3, doc. 344; Requerimento de Jerônimo Botelho Correia, c. 1626, AHU, Bahia, série Luísa da Fonseca, cx. 4, doc. 437; Carta de João Guedes Alcoforado a S.M., 25/07/1637, AHU, Bahia, série Luísa da Fonseca, cx. 6, doc. 734. Veja-se também, Mello, *Olinda restaurada*, p. 252-3.

para complementar os efetivos de que dispunha.[19] No Cabo Verde (até 1640), podia-se mesmo recrutar gente de marinha, permanentemente em falta no Reino.[20]
Considerava-se a localização das ilhas na rota para o Brasil como uma facilidade a
mais para o socorro: embarcavam-se os capitães em Lisboa, com o aparato de armas e
munições necessário, para levantar e armar os islenhos durante a travessia. O problema estava em lidar com aquela "gente inútil" e "bisonha" (inexperiente) – oficiais ou
soldados, os ilhéus eram descritos como combatentes inferiores.[21]

Ademais, havia soldados de quase toda a Europa católica. Castelhanos e italianos
tiveram seus próprios terços no exército, como se viu. Desde 1631, eram 200 castelhanos em Salvador, como parte do Terço Novo do presídio. Na armada de 1635 havia
aproximadamente 700 portugueses, 500 castelhanos e 400 italianos na infantaria que
reforçou a resistência em Pernambuco.[22] Tal composição do exército colonial não era
meta perseguida com ênfase pelo governo filipino de Portugal, apesar do projeto de
"União de Armas", em favor de um exército supranacional. Filipe IV parecia estar
mais interessado na ocupação de castelos portugueses com infantaria castelhana do
que no aumento de sua influência no Brasil. Provavelmente, partia do princípio que,
garantida a cabeça de Portugal, o resto do corpo obedeceria.[23] Em raras ocasiões,

---

19   Livro de registro do Governo de Portugal, BPA, Cód. 51-x-1, fl. 139v; Requerimento de João Gomes
     Rapouso, 16/09/1638, AHU, Bahia, série Luísa da Fonseca, cx. 8, doc. 862; Minutas de consulta do
     Conselho Ultramarino, 10/05/1645, 27/04/1646, 01/06/1646 e 29/08/1646, AHU, Bahia, série Luísa
     da Fonseca, cx. 10, docs. 1114, 1182, 1192 e 1211; Consultas do Conselho Ultramarino, 17/01/1647 e
     15/03/1651, AHU, Bahia, série Luísa da Fonseca, cx. 10, doc. 1237 e cx. 12, doc. 1421.

20   Livro de registro do Governo de Portugal, BPA, Cód. 51-x-1, fl. 103.

21   Consulta do Conselho Ultramarino, 14/05/1648, AHU, Bahia, série Luísa da Fonseca, cx. 11, doc.
     1296. Jorge Penim de Freitas encontrou o mesmo desprezo pelos islenhos na Guerra de Restauração
     (Freitas, O combatente, p. 252).

22   Patente de capitão de D. Bernardo de Arce, 26/07/1631, DHBN, v. 15, p. 446; Patente do mestre de
     campo Heitor de la Calche, 05/07/1637, DHBN, v. 17, p. 54; Veja-se Mello, Olinda restaurada, p.
     229-30. Um ano depois, os estrangeiros no exército de Pernambuco estavam reduzidos a 359 italianos
     e 335 castelhanos.

23   Isso pode ser observado em dois momentos. Em 1632, quando Madri ordena mil infantes de Castela
     para guarnecer castelos em Portugal, enquanto a infantaria portuguesa embarcava para Pernambuco
     (Livro de registro do Governo de Portugal, BPA, Cód. 51-x-1, fl. 26v). Novamente, em 1637, ano das
     alterações de Évora, quando a Duquesa de Mântua (prima de Filipe IV e regente de Portugal em seu
     nome) ordenou um exército de 4.000 portugueses para a Bahia, de onde se daria socorro às praças
     de Angola, da Mina, do Maranhão e do Rio de Janeiro. O preço da operação era proibitivo, e não
     saiu das consultas do Conselho da Fazenda. É bem plausível que o intento da Duquesa fosse antes
     o deslocamento de forças portuguesas para o Brasil, de modo a enfraquecer um possível projeto de

sobretudo durante a Jornada dos Vassalos, houve conflito entre nacionalidades diferentes dentro do exército. Em 1625, oficiais portugueses e castelhanos trocaram farpas desde a viagem ao Brasil até a ocupação de Salvador. A bordo do galeão *Santa Ana*, chegaram às vias de fato. Mas predominava o bom tratamento dos estrangeiros, expressamente solicitada pela Coroa aos vassalos, como na patente de Ettore dela Calce. Em ocasiões, prevaleceria a camaradagem surgida nas guerras de Flandres. Algumas companhias castelhanas foram mesmo comandadas por capitães portugueses – uma delas era formada de irlandeses e valões (dos Países Baixos Espanhóis).[24]

Com a Restauração, rompeu-se a aliança das armas portuguesas com os demais exércitos católicos governados por Madri, e os terços de Nápoles e Castela deixaram a guarnição de Salvador – aliás, corria o boato de que o retorno à Europa era tudo o que queriam.[25] No entanto, permaneceram alguns traços de cosmopolitismo no presídio soteropolitano. Sobretudo, entre os homens de Diederick Hooghstraten, que foram pagos para abandonar o forte Nazaré, no cabo de Santo Agostinho. No início de 1647, esse terço retirou-se para a Bahia, aparentemente por temer a captura e condenação por traição pelas forças da WIC. Mas também seria possível encontrar em Salvador, por exemplo, um capitão castelhano reformado, D. Afonso Vélez de Guevara, que havia tomado o partido de D. João IV e estava condenado à degola em Castela. Como recompensa, o monarca concedeu-lhe o comando de uma das companhias daquela guarnição.[26] Gradativamente, eram incorporados à sociedade colonial. Em 1651, um grupo de quarenta estrangeiros foram voluntários na "Jornada do Sertão", contra os indígenas ao sul do Recôncavo.[27] Esporadicamente, tais pessoas teriam de contornar as proibições da presença de estrangeiros na colônia. Em 1650, o Conde de Castelo

autonomia lusitana (Minuta de consulta do Conselho da Fazenda, c. 1637, AHU, Bahia, série Luísa da Fonseca, cx. 7, doc. 758).

24 Requerimento do capitão Manuel Lobato, 23/05/1626, AHU, Bahia, série Luísa da Fonseca, cx. 3, doc. 428; Capítulo de carte régia, 05/05/1635, AHU, Bahia, série Luísa da Fonseca, cx. 5, doc. 563; Capítulo de carta régia, 23/05/1635, AHU, Bahia, série Luísa da Fonseca, cx. 5, doc. 588; Minuta de consulta do Conselho da Fazenda, 09/07/1635, AHU, Bahia, série Luísa da Fonseca, cx. 5, doc. 623; Requerimento do capitão D. Dionísio de Castro, 04/11/1637, AHU, Bahia, série Luísa da Fonseca, cx. 7, doc. 753.

25 Mello, *Olinda restaurada*, p. 185.

26 Carta régia de 24/08/1647, DHBN, v. 65, p. 331; Carta régia de 10/05/1651.

27 Requerimento de João Mulder, 09/02/1637, AHU, Bahia, série Luísa da Fonseca, cx. 6, doc. 720; Consulta do Conselho Ultramarino, 28/07/1651, AHU, Bahia, série Luísa da Fonseca, cx. 12, doc. 1424; DHBN, v. 3, p. 113, v. 31, p. 96-98. Puntoni, *A guerra dos bárbaros: povos indígenas ea colonização do sertão nordeste do Brasil, 1650-1720*, p. 91.

Melhor mencionava 60 estrangeiros que não foram embarcados para o Reino por fal-ta de espaço da frota, e ficaram divididos pelos engenhos do Recôncavo "em que mais comodamente, e com menos opressão, possam estar até haver ocasião de os remeter para Portugal" – sabe-se lá a medida de interesse ou de necessidade em tal decisão.[28] Um caso extremo parece ser o de D. Miguel de Andrada, mercenário cuja "nacionali-dade" era difícil de se definir. Nascido em Flandres, de mãe francesa e pai português, serviu ao Rei de Espanha até passar aos portugueses em 1645. Embarcou para o Brasil por ordem do Conde de Odemira e, em 1646, foi agraciado pelo Rei com o comando de uma companhia em Salvador.[29]

É bom lembrar que tais estrangeiros, soldados de fortuna, faziam parte do ele-mento mais hábil e experiente de veteranos do exército. Sobretudo, haviam oficiais ibéricos e napolitanos que eram "soldados velhos", da guerra de Flandres. Entre os portugueses, que não foram recrutados em grande escala para lutar nos Países Baixos, os efetivos com experiência militar anterior eram geralmente aqueles que haviam servido nas praças do norte africano, principalmente Ceuta e Tânger. Pode-se mesmo encontrar, no presídio soteropolitano, um capitão que havia lutado em Alcácer-Quibir, junto a D. Sebastião (pelo menos, havia convencido a Coroa disso).[30]

Por sua vez, o reinol recrutado às pressas para o Brasil não tinha batismo de fogo e era embarcado sem treinamento. Em geral, era trazido ao serviço da Coroa por um sistema semelhante às "comissões" do exército espanhol: a Coroa concedia uma mercê, com patente de capitão, a um militar de serviços certificados, que ficava incumbido de levantar "voluntários" em uma certa comarca do Reino. Este oficial, acompanha-do de seus imediatos (incluindo suboficiais, "embandeirados", "tambores" e "cabos de esquadra", se houvessem, e um "comissário pagador"), dirigia-se às autoridades locais, com quem se acertava as condições do levantamento. Punham a notícia no prego e toca-vam tambores. Por vezes, o processo recaía sobre fidalgos de grande distinção ou mem-bros da alta nobreza, quando suas terras eram chamadas a contribuir. Em dezembro de 1635, um decreto real apontava os "julgadores das comarcas" para o recrutamento. Uma carta régia de 1633 à comarca de Évora pedia a cada vila ou cidade um, dois ou mais

---

28   Carta do Conde de Castelo-Melhor, 12/10/1650, DHBN, v. 3, p. 83.

29   Consulta do Conselho Ultramarino, 08/11/1646, AHU, Bahia, série Luísa da Fonseca, cx. 10, doc. 1220.

30   Registro de padrão de tença, 30/09/1630, DHBN, v. 16, p. 71; Mello. *Olinda restaurada*, p. 352; Freitas. *O combatente*, p. 50.

homens, conforme sua grandeza e capacidade. Esperava-se que viessem a Lisboa com o escrivão daquela correição, com a viagem paga até o embarque.[31]

É claro que tais relações permeavam-se de problemas. Em outubro de 1630, por exemplo, o Duque de Bragança mostrava-se "queixoso" para cumprir a ordem de levantamento de soldados em seus domínios. Ressentia-se do tratamento que recebia dos oficiais régios e lembrou à Coroa que "cabia a Vossa Majestade que se lhe guardassem seus privilégios e jurisdições na forma que se costumou em tempo dos senhores reis antecessores de Vossa Majestade".[32] Se essa era a queixa da fidalguia, outros meios teria a municipalidade. Os oficiais do concelho de Guimarães, em 1633, engambelavam o capitão Agostinho da Cunha Soutomaior, que tinha provisão para "levantar bandeira, tocar caixa e lançar bandos para os que se quiserem alistar". Apesar das afirmativas e concordâncias, os vereadores "não deram mais que palavras", e o capitão ficou sem receber alojamento nem o dinheiro necessário para o sustento dos homens levantados. Os mancebos dispostos a servir, mais um alferes, um sargento, dois cabos de esquadra e o comissário, foram alojados em casas afastadas da cidade, com alguns trapos, mais pratos e tigelas e uma dúzia de "velas de cinco", "como se fora alguma companhia de ciganos". Agostinho temia que os infantes fossem desestimulados ao serviço régio e desertassem para suas casas – e como era aquela vila a "cabeça da comarca", o capitão tinha um mau pressentimento do que ocorreria nos demais lugarejos.[33]

Pressupunha-se, porém, a cooperação da política local. Os oficiais do levantamento então receberiam "voluntários" para a infantaria: homens entre 15 e 50 anos (segundo o sistema espanhol), sadios e solteiros. De preferência, capazes de servir com mosquete, pelo menos com o arcabuz. Por ocasião do alistamento, recebiam alojamento e comida, talvez algum vestuário; em teoria, ganhavam também duas pagas em adiantamento, motivo pelo qual o capitão e seu comissário carregavam consigo um pequeno tesouro. Por vezes, na falta de homens aptos, as câmaras das vilas ofereciam algum dinheiro. Todo o processo poderia levar tempo, consideradas as distâncias e a

31   Carta régia de 03/10/1633, AHU, Bahia, série Luísa da Fonseca, cx. 4, doc. 483; Minuta de consulta do Conselho da Fazenda, 29/11/1634, AHU, Bahia, série Luísa da Fonseca, cx. 4, doc. 505; Carta régia de 29/12/1635, AHU, Bahia, série Luísa da Fonseca, cx. 6, doc. 678; Livro de registro do governo de D. Diogo de Castro, BNL, Col. Pombalina, Cód. 442, fl. 51.

32   Livro de registro do Governo de Portugal, BPA, Cód. 51-X-1, fl. 238v.

33   AHU, Bahia, série Luísa da Fonseca, doc. 500. O capitão procurou o corregedor da comarca, que com o juiz de fora fez um auto do ocorrido. Porém, as últimas folhas do maço, em mau estado, nos impedem de conhecer o desfecho da disputa.

resistência. À guisa de ilustração, sabe-se que duas companhias alistadas em Viana em fevereiro de 1637 chegariam a Lisboa em março de 1638.[34] Uma vez diante do Tejo, os efetivos eram redistribuídos entre as companhias, e o capitão que não havia logrado o número mínimo de recrutas recebia ordem para continuar o levantamento e aguardar nova oportunidade de servir. Os demais "assentavam suas praças" perante os oficiais dos armazéns. Como o soldo só começava a vencer no Brasil, em suas posições (fosse para oficiais, fosse para soldados), havia aquele que andava a levantar recrutas por 14 anos sem ainda haver começado a receber seus ordenados.[35]

A motivação para o serviço "voluntário", em termos sociais, havia de se encontrar em dois tipos. Primeiro, o cavaleiro aspirante, desejoso de fidalguia. Este era o soldado ideal do regimento das levas, a gente "mais nobre, a mais rica, de melhor disposição e a mais desobrigada".[36] Diz-se que o homem barroco, "apesar de suas decepções conservava uma atitude de luta. O voluntarismo é uma das dominantes do tempo".[37] Estoico, egocêntrico, ansioso pela grandeza pessoal – são traços do ativismo que se manifesta no fidalgo, para quem o serviço militar é, afinal, o meio ideal de sublimação. Ele combate pelo reconhecimento de sua valentia. O soldo não lhe é importante, e abdicaria dele se tivesse os meios de se sustentar. De fato, são muitos que pediam autorização para embarcar para o Brasil sem vencimentos, apenas pela oportunidade de servir à Sua Majestade – alguns sustentavam companhias inteiras.[38] Mas é um tipo cada vez mais quixotesco, um peixe fora da água. Sobretudo, segundo Eduardo D'Oliveira França, na expansão ultramarina: "a vida colonial tendia a se identificar com a mercancia. Ia deixando de ser cruzada, fonte de honra e fama. 'Tudo são mentiras, interesses, peitas, pelas quais se granjeia o que não se merece, e se alcança o que não se imaginou'".[39]

---

34 Requerimento dos capitães Antônio Barreto e Jacinto Barbosa, 11/08/1638, AHU, Bahia, série Luísa da Fonseca, cx. 8, doc. 851.

35 Requerimento dos capitães Antônio de Albuquerque, Diogo D'Arcos e André de Gouveia, 20/09/1638, AHU, Bahia, série Luísa da Fonseca, cx. 8, doc. 863; Consulta do Conselho da Fazenda, 19/05/1639, AHU, Bahia, série Luísa da Fonseca, cx. 8, doc. 886. Embora oficias régios na colônia só começassem a vencer seus ordenados depois da chegada e da posse, no embarque recebiam uma ajuda de custo para três meses de sustento, referentes ao período da travessia.

36 "Regimento para os fatores das levas dos soldados em 07 de maio de 1659", *apud*: Freitas, *O combatente*, p. 37. Há mais de um caso de contingentes de "estudantes, que trocando a toga pacífica pelo hábito militar, queriam dar mostras de seus valerosos brios" (*Ibidem*, p. 35).

37 Eduardo D'Oliveira França, *Portugal na época da Restauração*. São Paulo: Hucitec, 1997, p. 59.

38 Consulta do Conselho Ultramarino, 04/09/1654, AHU, Bahia, série Luísa da Fonseca, cx. 13, doc. 1561.

39 França. *Portugal na época da Restauração*, p. 164.

De fato, o "voluntário" predominante é o vilão empobrecido: recrutado entre os miseráveis de sua comarca, faminto e sem alternativa. Hesite-se em dizer que é voluntário, aliás: o recrutamento era desprovido de meios nacionalistas de legitimação, salvo por alguns elementos isolados.[40] Mas há de se convir que o alistamento era boa saída para quem se encontrava desprestigiado ou oprimido, e tentava escapar de mestres, senhores, padres, algozes, familiares; ou da culpa por alguma ofensa, quando não simplesmente da fome. Que ilusões paradisíacas, que visões não alimentariam sobre as Índias de Portugal? Com maior ou menor resistência, compunham a maior parte do contingente alistado no Reino. Indigentes, indisciplinados, ineptos; eram lavradores "tirados das enxadas e dos arados" ou de ofícios mecânicos, de modo que o exército era mal-visto como um depositário do que havia de pior na sociedade.[41]

Reforçava-se, assim, a resistência ao recrutamento, com o que os mecanismos coercitivos para sua execução passaram a predominar, principalmente em comparação com o século XVI. Mesmo o ritmo do crescimento demográfico do Reino não era mais tão generoso para a expansão colonial. Um de tais mecanismos era a "fiança", prática do sistema prisional coevo adotada pelo exército: cada homem alistado tinha um "fiador", que seria responsabilizado em caso de sua fuga ou deserção. Em tal situação, o fiador poderia receber uma coima, ser preso ou substituir o desertor da linha de frente. As punições recaíam mesmo sobre mães e outros familiares do soldado, que ficava constrangido a cumprir com suas obrigações militares.[42] No levantamento para o Brasil, as fianças eram mais importantes para garantir que o soldado não desertasse no caminho até o porto onde embarcaria – o que, por exemplo, parece ter acontecido em grande escala em certa ocasião, em agosto de 1633.[43] Mas a coação também dava

---

40 Fernando Dores Costa. *A guerra da restauração, 1641-1668*. Lisboa: Horizonte, 2004, p. 29-30.

41 Freitas, *O combatente*, p. 37-8.

42 "Ao constranger deste modo pais e fiadores, consagrava-se o reconhecimento de que as fugas não constituíam uma decisão individual dos soldados, mas acções que envolviam pelo menos a cumplicidade, senão mesmo a inspiração, dos seus próximos, reforçando previsivelmente esses mesmos laços de cumplicidade. Podemos dizer com fundamento que há a concorrência de dois poderes, o da administração régia e o poder paternal (tomado em sentido mais amplo, que inclui todas as formas de subordinação dos homens jovens aos chefes das casas onde se inserem), pela capacidade de disposição dos indivíduos (Costa, *A guerra da restauração, 1641-1668*, p. 31-32). Veja-se, por exemplo: Requerimento do capitão João Guedes Alcoforado, 11/01/1638, AHU, Bahia, série Luísa da Fonseca, cx. 7, doc. 761; Consulta do Conselho da Fazenda, 16/01/1638, AHU, Bahia, série Luísa da Fonseca, cx. 7, doc. 766.

43 Reclamava-se do "péssimo exemplo" da falta de punição àqueles que desertavam antes de embarcar, "vendo que nem se executam os fiadores dos tais soldados, nem os buscam, prendem e castigam".

margem a desvios. Um capitão podia enriquecer cobrando subornos para livrar homens do recrutamento, declarando-os incapazes.[44] Assim, a legitimação do processo pedia o envolvimento de pessoas privilegiadas na hierarquia social – de preferência, de maior *status* que qualquer indivíduo de autoridade da região do recrutamento.[45]

Por certo, havia reações. Em 1631, certo capitão Antônio de Oliveira de Azevedo chegou à cidade de Beja para fazer o levantamento. Trazia consigo alguns soldados já alistados, que "movidos de inveja ou de outra paixão particular" foram provocados e trocaram cutiladas com os que se vinham alistando. Estes teriam sido incentivados por um parente, Luiz de Mello, que assim jogou a população contra Oliveira de Azevedo. O capitão acabou fugindo para a casa onde estava com sua mulher, seguido pela rafameia enfurecida, em coro de "palavras muito feias, e de grande desonra, afirmando que não permitiriam o levantamento". Dois anos antes, outro capitão também havia provocado um "motim de algum povo miúdo", alistando soldados na cidade do Porto.[46]

Com todos os conflitos, a Coroa fazia o possível para que o levantamento fosse conduzido com o tato necessário. Em janeiro de 1634, o corregedor do Porto mandou saber que todo marinheiro capaz devia se alistar para servir na armada, sob pena de prisão ou, caso se ausentasse, de ter a mulher presa e os bens confiscados para a Coroa. Ninguém apareceu, por mais que o corregedor dispusesse de 200$000 réis da Comarca para a paga dos recrutados. O Conselho da Fazenda censurou o corregedor por ter lançado aquele pregão, e mandou-se fazer letra de 400$000 para aquela Comarca, para remediar o dano. Algumas ordens régias mencionam o "muito cuidado" com que se devia obrar o levantamento.[47] Uma carta do monarca ao Conselho, do mesmo ano, é bastante clara: "a gente que se há de tomar forçada

A pena para a deserção no embarque era de três anos de degredo na África. (Livro de registro do governo de D. Diogo de Castro, BNL, Col. Pombalina, Cód. 442, fl. 11v; Capítulo de carta régia de 22/06/1635, AHU, Bahia, série Luísa da Fonseca, cx. 5, doc. 612; Carta de João Guedes Alcoforado a S.M., 25/07/1637, AHU, Bahia, série Luísa da Fonseca, cx. 6, doc. 734; Requerimento do capitão João Guedes Alcoforado, 11/01/1638, AHU, Bahia, série Luísa da Fonseca, cx. 7, doc. 761; Consulta do Conselho da Fazenda, 16/01/1638, AHU, Bahia, série Luísa da Fonseca, cx. 7, doc. 766).

44 Freitas, *O combatente*, p. 37; Costa, *A guerra da restauração, 1641-1668*, p. 29.

45 *Ibidem*, p. 29-30.

46 Cartas régias de 08/12/1629 e 19/09/1631, CCLP, 1627-1633, p. 160 e 226.

47 Capítulo de carta régia de 26/09/1634, AHU, Bahia, série Luísa da Fonseca, cx. 4, doc. 494; Carta do corregedor do Porto a S.M., 20/01/1635; AHU, Bahia, série Luísa da Fonseca, cx. 4, doc. 524; Capítulos da carta régia de 18/03/1635, AHU, Bahia, série Luísa da Fonseca, cx. 4, docs. 544 e 545.

deve ser depois de se ver que não bastam todos os meios para a haver voluntária...
por que parece que, começado pela forçada, há de dificultar muito a voluntária".[48]

Um dos meios do qual a Coroa lançava mão era o alistamento de criminosos e condenados por "casos leves", recrutados não apenas na prisão lisboeta do Limoeiro. Pedia-se
mesmo que as Relações, cada uma em seu distrito, sentenciassem com brevidade todos os
presos que merecessem degredo para o Brasil. Também se propunha comutar o degredo
na África pelo serviço na guerra do Brasil, especialmente para os soldados condenados
por terem escapado do embarque.[49] Interessante, porém, foi quando certo Jorge Macedo
Leite, capitão veterano da guerra de Flandres, teve seus homens presos por "culpa leve" na
cadeia da vila de Golegã, não muito longe da capital. Como o juiz da vila negava-se a libertar os homens sem ordem do Desembargo do Paço, o capitão abriu "uma tábua" da cadeia
e tirou-os de lá, com o que puderam embarcar para o Brasil em 1631. A justiça foi em seu
percalço, finalmente embargando-o meses depois. Como o carismático capitão era precioso para o recrutamento, e "desde então tem embarcado em várias armadas e levantado
muita gente", ao Conselho da Fazenda parecia que se devia dar indulto por aquela ofensa.
Ademais, diziam os ministros do Conselho, era notório haver Sua Majestade mandado
vir os presos das comarcas, com descrição dos seus crimes, para embarcar para o Brasil na
armada – de modo que seria grande absurdo embarcar os presos e prender os soldados,
ainda mais aqueles "de um capitão tão benemérito".[50]

Ao cabo, salvo as adaptações necessárias a cada região, o sistema de recrutamento lusitano não era muito diferente do que se fazia no resto da Europa –
segundo Antônio Manuel Hespanha, algo a meio-termo, entre o levantamento
das hostes medievais e o sistema de conscrição moderno. Em várias ocasiões,
dependia-se da preeminência política e do carisma de membros da nobreza, tanto para contornar resistências políticas locais como para mobilizar a população.
Nesse sentido, a Jornada dos Vassalos é simbólica: composta por um grande número de membros da alta fidalguia, foi aprestada com todo o fausto necessário
e, ainda assim, reuniu em pouco tempo a maior força militar de toda a guerra
do Brasil. Foi um "exemplo acabado e último de um modelo de recrutamento
militar baseado no carisma dos tradicionais senhores de guerra".[51] Mas também

---

48 Capítulo de carta régia de 23/01/1635, AHU, Bahia, série Luísa da Fonseca, cx. 4, doc. 525.

49 Carta régia de 10/09/1631, CCLP, 1627-33, p. 219.

50 Minuta de consulta do Conselho da Fazenda, 09/06/1635, AHU, Bahia, série Luísa da Fonseca, cx. 5,
    doc. 623; Livro de registro do Governo de Portugal, BPA, Cód. 51-x-1, fl. 47.

51 Hespanha (ed.). *Nova História Militar de Portugal*, v. 2, p. 23-5.

era o carisma e a influência pessoal que fazia do general e contratador militar Albrecht von Wallenstein um dos principais esteios do poder católico na Guerra dos Trinta Anos. Segundo Geoffrey Parker, já haviam experiências de serviço militar compulsório, como o sistema de alistamento sueco, na década de 1620. Mas, em geral, a base da formação dos exércitos era ainda as comissões e os contratos, de forma patrimonialista, e a fome continuava a ser o principal entre os motivos para servir. Nos dizeres de um general veneziano, em 1572, os homens se alistavam "para escapar do trabalho artesão em lojas, ou de sentenças criminais; para ver novas coisas; para buscar a honra; tudo na esperança de ter o suficiente para viver e algum extra para sapatos, ou algum troco que tornasse a vida suportável".[52]

Note-se também que, no ato de alistamento, não era determinado o tempo de serviço no exército. Depois de sentar sua praça no presídio soteropolitano ou na guarnição dos fortes, o militar só poderia deixar ou transferir sua posição mediante licença concedida pelo governador-geral. A solicitação mais comum, entre os oficiais, era que se pudesse partir para Lisboa, onde tratar dos requerimentos de "mercês" junto à Coroa (recompensas pelo serviço militar, em demonstração do agradecimento do rei, como lotes de terra, cargos e hábitos das ordens militares), antes que fossem perdidas as "comendas vencidas". Ou então, para curar-se de enfermidades, receber uma herança ou tratar de "negócios" indefinidos. D. Vasco Mascarenhas, mestre de campo do Terço Velho, teve seu pedido indeferido por ser considerado por Diogo Luís de Oliveira muito importante para a disciplina de seus homens. Já o Conde de Castelo Melhor concedeu um número elevado de licenças para o retorno, possivelmente para soldados que já haviam servido por muito tempo na guarnição soteropolitana. Por isso, foi censurado pela Coroa, preocupada com os números daquela infantaria.[53] Não se pode afirmar a idade média, ou quantos anos cada homem passava na infantaria. Houve um capitão do terço dos castelhanos que recebeu licença depois de apenas um mês na Bahia. Porém, foram muitos os que passaram grande parte da vida naquele lugar. Havia Francisco Ferreira, o garoto "de cor trigueira" que foi recrutado com dez anos, aparentemente durante a marcha de Luís Barbalho pelo Brasil Holandês, e seria integrado ao presídio de Salvador. Mas também pode-se encontrar soldados com mais de 60 anos, ávidos por uma chance de passar os últimos anos de vida em Portugal. O governador Antônio Teles da Silva considerava que vinte anos no presídio era tempo o bastante, e pretendia que

---

52 Parker. *The military revolution*, p. 46 e segs.

53 Petição de D. Vasco Mascarenhas, 06/09/1631, DHBN, v. 15, p. 457; Carta ao capitão-mor de Sergipe D'El Rei, 16/09/1651, DHBN, v. 3, p. 132.

Lisboa enviasse dez recrutas em cada caravela, com os quais se poderia licenciar aqueles que tivessem completado esse período. Segundo ele, os homens serviriam com "maior gosto" se tivessem alguma perspectiva de conclusão do serviço militar.[54]

O presídio de Salvador foi assim composto por tal apanhado de lavradores, aventureiros, indigentes, condenados e outros emigrantes do Reino e das ilhas atlânticas. Não houve, durante a guerra, recrutamento de soldados regulares entre os habitantes da Bahia. Como se viu, a estrutura da sociedade colonial restringia a mobilização militar de sua população que não fosse para a própria reprodução da colonização e do escravismo. Além das regiões da "grande lavoura", era possível arregimentar moradores ocupados nos ramos de subsistência, mas nesse caso deprimia-se o já limitado fornecimento de víveres para os colonos e os soldados da guarnição. Durante o levante de Pernambuco, a açucarocracia dali foi levada a testar esses limites, levantando dois terços do exército restaurador entre moradores das capitanias do norte. Mas nem por isso deixaram de sentir as ameaças do desabastecimento e da revolta escrava, de forma que "a estratégia adotada na resistência como na restauração visou sobretudo a minimizar o impacto da guerra sobre o funcionamento do setor açucareiro como setor dominante da economia colonial". Ou seja, "guerra lenta", de usura.[55]

Na Bahia, não houve em geral necessidade prática e imediata para o recrutamento. Durante a ocupação flamenga de Salvador, as forças irregulares de portugueses e indígenas cumpriram papel importante na restrição aos movimentos do invasor, porém sem condições para desalojá-lo. Depois de 1625, a defesa da capitania foi atribuída a um terço destacado da armada portuguesa, e o governo-geral não veria necessidade em complementá-lo com habitantes da região. Houve alistamento na Bahia apenas em 1639, por ordem do Conde da Torre, com o objetivo de recompor sua infantaria para o ataque ao Brasil Holandês. Ainda assim, o foco do governador era recrutar os retirados de Pernambuco, que deviam

---

54 Patente do capitão D. Bernardo de Arce, 26/07/1631, DHBN, v. 15, p. 446; Carta régia ao conde de Castelo Melhor, 20/11/1652, DHBN, v. 66, p. 44; Lista de licenças concedidas, anexo a: Consulta do Conselho Ultramarino, 12/10/1654, AHU, Bahia, série Luísa da Fonseca, cx. 13, doc. 1565; Consulta do Conselho Ultramarino, 29/04/1653, AHU, Bahia, série Luísa da Fonseca, cx. 12, doc. 1490; Certidão de serviços de Francisco Ferreira, 22/03/1648, AHU, Bahia, série Luísa da Fonseca, cx. 11, doc. 1291; Carta de Antônio Teles da Silva ao rei, 04/06/1644, AHU, Bahia, série Luísa da Fonseca, cx. 9, doc. 1060.

55 Mello. *Olinda restaurada*, p. 235; Livro de registro do governo de D. Diogo de Castro, BNL, Col. Pombalina, Cód. 442, fl. 25; Capítulo de carta régia de 08/08/1635, AHU, Bahia, série Luísa da Fonseca, cx. 5, doc. 640; Livro de registro do Governo de Portugal, BPA, Cód. 51-x-1, fl. 123.

apresentar-se compulsoriamente à residência do Conde de Óbidos para sentar praça. Aos baianos o alistamento era voluntário, com pagamento imediato de um soldo, exceto para culpados de lesa-majestade, sodomia e moeda falsa. Em pouco tempo, o Conde de Óbidos foi enviado ao Recôncavo em busca de voluntários e imigrantes pernambucanos. Ninguém foi encarregado do levantamento no norte da capitania, os moradores entre Itapoã e a Torre que estivessem interessados deviam apresentar-se em Salvador.[56] Não há registro dos resultados do levantamento, mas é pouco provável que tenham sido significativos. A correspondência do Conde da Torre apenas indica sua enorme inimizade com o Conde de Óbidos, a quem acusa de negligência em todas as tarefas que recebeu. Tampouco há sinais de recrutamento para a infantaria regular durante os eventos de 1638 e 1647, quando a capitania esteve diretamente em risco.

As tropas irregulares das companhias de ordenança também não voltariam a ter importância na defesa contra os holandeses, depois de 1625. Aliás, quando o governo buscou organizá-las, encontrou capitães sem soldados e moradores inscritos fora de seu distrito, sempre de acordo com seus vínculos pessoais, e portanto de difícil mobilização.[57] Quando há mais registros de organização das ordenanças, na década de 1650, suas atividades já se mostram voltadas para assuntos internos, como a execução de ordens do governo e o combate às resistências indígenas. Nesse período, os distritos que servem de base para a nomeação de capitães são: Jaguaripe, Maragogipe, Paraguaçu (em 1663, há o distrito de Cachoeira), Sergipe do Conde, Santo Amaro, "rio de São Francisco", Pitanga, Nossa Senhora do Socorro, Passé, dos "estudantes desta praça", dos "homens mercantis desta cidade", da Torre, do "rio Real até o Inhambupe".[58]

Em algumas ocasiões, esporádicas, o governo-geral contou com homens levantados nas capitanias meridionais. Em Porto Seguro, Castelo Melhor recrutou um agrupamento de homens para a marinha (de boa reputação, aliás). Mais tarde, tanto ali quanto em Sergipe, o Conde de Atouguia buscou alistar "todas aquelas pessoas

---

56   Bando para se alistar a gente de Pernambuco, 11/02/1639, CCT, vol. III, fl. 12; Bando para a gente que quiser vir servir à guerra de Pernambuco, 11/02/1639, CCT, vol. III, fl. 13; Junta sobre a leva que há de fazer o conde de Óbidos, 16/02/1639, CCT, vol. I, fl. 198v; Ordem do governador-geral Conde da Torre, 17/02/1639, vol. II, fl. 210.

57   Bando que se lançou em 07 de maio de 1640, CCT, vol. III, fl. 31; Carta do Conde de Castelo-Melhor a João Ribeiro Villa Franca, 26/05/1651, DHBN, vol. 03, p. III; Carta do Conde de Atouguia aos capitães da ordenança, 19/10/1654, DHBN, vol. 03, p. 227.

58   Patentes de capitão de companhias de ordenança, c. 1650-1660, DHBN, vol. 31, p. 134 e segs.

livres, que nessa capitania não tiverem fazenda de raiz, ou obrigações de mulher e filhos e uns e outros me remeta com segurança a esta praça, encarregando-os de um cabo de satisfação a que não possam fugir".[59] Das capitanias meridionais, algumas companhias foram trazidas principalmente da vila de São Paulo de Piratininga. Em 1625, 250 paulistas (dos quais, 170 indígenas) embarcaram em duas caravelas, que chegaram em Salvador a tempo de combater junto a D. Fadrique. Anos depois, durante os preparativos para o ataque do Conde da Torre, buscou-se recrutar outros 300 homens naquela região, "em troca de certidões de serviços prestados", o que era "garantia futura para o exercício de cargos públicos nas vilas onde residissem". A iniciativa não logrou o resultado esperado, e apenas 76 homens foram alistados. O governo então acenou com a promessa de perdão "dos crimes que hajam cometido, e em especial dos cometidos nas entradas do sertão". Com isso, finalmente, os paulistas se animaram a servir, e 480 partiram para a Bahia, comandados por Raposo Tavares. Este seria nomeado "governador da recruta" da gente de guerra em São Paulo, e teria recrutado um novo contingente em maio de 1641. Não se sabe, contudo, se foram embarcados para o Nordeste.[60] O Rio de Janeiro, a esse tempo, era defendido um presídio de 259 homens, em sete companhias. Salvador Correia de Sá afirmou ter alistado 833 homens para uma força irregular, de reserva, caso a segurança da Guanabara estivesse ameaçada. Mas ele mesmo esperava o recrutamento nas "capitanias de baixo" para compor uma defesa adequada para sua capitania.[61]

ORGANIZAÇÃO

Como se pode observar, o exército era organizado em terços de infantaria espanhola. Esse formato, criado por Gonzalo de Córdoba no fim do século XV, era composto por companhias de piqueiros, mosqueteiros e arcabuzeiros, em razões variáveis. Pode-se observar nele elementos medievais e modernos, de modo que o melhor é classificá-lo a meio termo do processo de revolução militar, como o faz Antônio Manuel Hespanha. Na Guerra dos Oitenta Anos, o *tercio* agregava algo entre 1.000 e 5.000 homens, em 10 a 20 companhias. Em Portugal, até o século XVII, tais unidades eram determinadas por razões menos táticas do que administrativas. Desde a paz das Alcáçovas, em 1479, o Reino havia vivido em paz com

59   Carta do conde de Castelo-Melhor a Antônio de Couros Carneiro, 30/04/1650, DHBN, v. 3, p. 49-50; Carta para o capitão-mor de Perto Seguro, 15/11/1654, DHBN, v. 3, p. 233; Carta para o capitão-mor de Sergipe D'El Rei, 16/11/1654, DHBN, v. 3, p. 256.

60   Cordeiro. *São Paulo*, p. 90-129.

61   Carta de Salvador Correia de Sá e Benevides ao Conde da Torre, 34/03/1639, CCT, vol. II, fl. 372v.

o vizinho castelhano, de maneira que não havia participado do desenvolvimento militar dos demais países europeus ao longo dos Quinhentos. Combatia-se na África e no Império ultramarino, mas ali era de pouco valor a ciência europeia do treinamento e organização de unidades de infantaria.[62] O *Vocabulario Portuguez* de Bluteau registra que "com ânimo de escusar soldos, mais em lisonja da fazenda dos príncipes que em ordem à utilidade militar, instituíram em nossos tempos os terços de dois mil e quinhentos infantes, repartidos em dez companhias, com 250 soldados cada uma, cuja prática cedo se julgou impraticável, nascendo (como é uso) de um mesmo pai a lei e a transgressão". Pelo regulamento de 1643, cada companhia agregava 125 homens, metade dos 250 preconizados pelo regimento das Ordenanças de D. Sebastião, a que Bluteau parece se referir.[63]

Para o presídio de Salvador, a Coroa e o governo colonial consideravam 100 homens por companhia um número ideal, ainda que muito dificilmente tenha sido alcançado. O governador Diogo Luís de Oliveira, militar responsável pela primeira organização da infantaria do presídio, em 1627, formou-as com 80 homens cada, e geralmente as reformas da guarnição terminavam também com este número. Uma companhia dividia-se em quatro esquadras, comandadas por um cabo, com vinte homens, embora "bastará que tenha treze". Nas fortificações, os homens da artilharia eram contados como uma companhia específica, com números bem inferiores. A razão entre atiradores e piqueiros foi variável. De início, o Terço Velho – principal linha de defesa da cidade – era composto em sua maioria por mosqueteiros (500, no mínimo, entre os 900 soldados). Por sua vez, o Terço Novo dispunha de apenas 140 mosqueteiros, em 1634, depois que 80 deles foram enviados em socorro de Pernambuco.[64]

A liderança de cada companhia recaía sobre o capitão. Distinguia-se dos demais pela vara de ponta adornada, a gineta (ou "sineta"), com as quais inclusive trocavam ou

---

62 Parker, *El ejército de Flandes y el Camiño español: 1567-1659*, p. 50; Hespanha (ed.). *Nova História Militar de Portugal*, p. 9; Barroso. *História militar do Brasil*, p. 11; Magalhães. *A evolução militar*, p. 69-93.

63 Freitas, *O combatente*, p. 33; Ricupero, *Honras e mercês*, p. 143; Graça Salgado, *Fiscais e meirinhos: a administração no Brasil Colonial*. 2ª ed. Rio de Janeiro: Nova Fronteira, 1985, p. 100.

64 No Conselho Ultramarino, despachava-se que "as companhias perfeitas e bem guarnecidas costumam ser de cem homens" (Consulta do Conselho Ultramarino, 07/07/1653, AHU, Bahia, série Luísa da Fonseca, cx. 12, doc. 1509). Registro da reformação do presídio que fez o governador Diogo Luís de Oliveira, 31/08/1627, DHBN, v. 15, p. 208; Portaria do governador Diogo Luís de Oliveira, 26/04/1634, DHBN, v. 16, p. 187; Mirales. *História militar*, p. 46.

distribuíam agressões.[65] Esperava-se dele oito anos de experiência no exército, inclusive como alferes ou ajudante, antes de ascender à tal posição. Como primeiro oficial de comando, era um cargo habitualmente designado para auxiliar o governo em tarefas específicas.[66] Seu imediato era o alferes (em árabe, "cavaleiro"), que o podia substituir, interinamente. Era encarregado de levar à marcha a bandeira da companhia. Para ser nomeado alferes, exigia-se do soldado quatro anos de vida militar (dois se fosse da nobreza). Ainda sob as ordens do capitão havia um sargento, munido de alabarda, murrião e peitoral. Cabos de esquadra (quatro por companhia) eram os encarregados do treinamento e da disciplina dos soldados, posto que os castigos fossem aplicados exclusivamente pelo capitão. Também lhes era cobrado conhecer nome e origem de cada soldado de seu destacamento. Finalmente, o soldado raso dava corpo ao exército. Dele se esperava obediência, simplesmente: ao rei, ao seu capitão, em qualquer circunstância. Cada companhia possuía ainda um ou dois tambores (ou "atambor"), além de pajens para o capitão (o "pajem da gineta") e para o alferes (o "embandeirado" ou "abandeirado"), que carregavam gineta e bandeira caso os respectivos oficiais estivessem ocupados com outras tarefas.[67] Capitão, alferes, sargento, pajens e tambores (cabos de esquadra não) constituíam a "primeira plana" de uma companhia.

Na artilharia, a organização era outra. Um destacamento de aproximadamente trinta ou quarenta artilheiros, bombardeiros e ajudantes, manejava as bocas de fogo dos fortes soteropolitanos. O condestável era o oficial imediatamente superior. Dois "condestáveis mestres" cuidavam do treinamento do grupo, ao que o nome indica. De início, um capitão era responsável por todos. Em 1659, eram três os capitães, e havia aparecido em Salvador o posto de tenente-geral da artilharia.[68] Os fortes do Recôncavo e do Morro de São Paulo também contavam com alguns soldados regu-

---

65   Consulta do Conselho da Fazenda, 10/02/1640, AHU, Bahia, série Luísa da Fonseca, cx. 8, doc. 908. Freitas, *O combatente, op. cit.*, p. 281.

66   Como, por exemplo, chefiar os combatentes de um aldeamento indígena, escoltar a diligência ou devassa por um servidor régio, ou fiscalizar o movimento do porto. Luiz Monteiro da Costa, *Na bahia colonial*. Salvador: Progresso, 1958, p. 98; Carta dos oficiais da Câmara da Bahia a S.M., 07/01/1643, AHU, Bahia, série Luísa da Fonseca, cx. 11, doc. 1282.

67   Relação da mostra do presídio de 30/09/1629, BPA, Cód. 49-x-10, fl. 139-41v. Um pife também seria plausível, mas não se encontrou nenhuma referência. Veja-se, particularmente: "Regimento Militar, que trata de como los soldados se hande governar, obedecer, y guardar las ordenes, y como los oficiales los han de governar". *Apud*: Freitas, *O combatente, op. cit.*).

68   Relação da mostra do presídio de 30/09/1629, BPA, Cód. 49-x-10, fl. 139-41v; Consulta do Conselho Ultramarino, 26/06/1651, AHU, Bahia, série Luísa da Fonseca, cx. 12, doc. 1420; Carta dos oficiais da Câmara da Bahia a S.M., 20/02/1659, AHU, Bahia, série Luísa da Fonseca, cx. 15, doc. 1736.

lares, outros trinta ou quarenta homens ao todo. Aliás, os postos de guarnição dos fortes eram anteriores a 1624, e já constavam na folha secular do Estado do Brasil.[69] Sem embargo disso, uma vistoria em 1649 encontrou apenas doze artilheiros, o que era muito pouco para as mais de 200 peças do Recôncavo. Alegava-se que o posto era ingrato – o mesmo soldo da infantaria, para muito maior trabalho, pois "carregavam pesos, passando-os de uns lugares para os outros" – e muito menos reconhecido do que no Reino.[70] Além da artilharia, à margem do presídio havia também a guarda do governador, com algo em torno de vinte homens e, pelo menos, um capitão, por vezes alistados de seu séquito pessoal, com soldos seis ou oito vezes maiores que os da infantaria dos terços. O Conde de Castelo Melhor, por exemplo, tinha a seu serviço dois capitães, três alferes, um sargento e catorze soldados "de sua casa".[71]

A cavalaria, sabe-se bem, foi praticamente irrelevante ao longo do conflito, e aparece apenas raramente na documentação. O cuidado e a alimentação dos animais exigiam recursos que o frágil setor de subsistência da colônia tinha dificuldades em prover. Ademais, a mobilidade dos aliados indígenas no ambiente tropical permitiu que ocupassem a contento as funções táticas do cavaleiro europeu. O emprego de cavalos por combatentes tornou-se aparentemente mais um recurso de *status*, para os senhores da guerra colonial, do que efetivamente um instrumento militar. Assim, não aparecem no exército os postos militares oriundos da cavalaria portuguesa, como o tenente e o furriel (há um tenente e dois furriéis no presídio em 1651), assim como aqueles que detinham o posto reclamavam de sua pouca importância. A única menção que há de "companhias de cavalos" nas mostras gerais, porém, oferece um número relativamente expressivo: eram 123 homens a cavalo, "praças e oficiais", em setembro de 1639.[72]

O comando de cada terço cabia ao mestre de campo, que assim era portador de uma lista maior de prerrogativas e deveres. Destaque-se que tinha assento no

---

69   "Registro da folha geral deste Estado" (1617), In: DHBN, v. 15, p. 25-63; Treslado do assento que se tomou sobre a conservação desta praça da Bahia, 27/09/1638, AHU, Bahia, série Luísa da Fonseca, cx. 7, doc. 807.

70   Consulta do Conselho Ultramarino, 26/06/1649, AHU, Bahia, série Luísa da Fonseca, cx. 11, doc. 1331.

71   Diploma de Diogo de Mendonça Furtado, 10/01/1621, ANTT, Chancelarias, D. Felipe III, lv. 3, fl. 31v; Alvará para a criação do cargo de capitão da guarda do governador, 19/12/1628, DHBN, v. 15, p. 274; Alvará para a guarda do governador Pedro da Silva, 15/01/1636, DHBN, v. 16, p. 360; Lista de licenças para retornar ao Reino, c. 1654, AHU, Bahia, série Luísa da Fonseca, cx. 13, doc. 1566.

72   Consulta do Conselho Ultramarino, 02/06/1651, AHU, Bahia, série Luísa da Fonseca, cx. 12, doc. 1416; Carta dos oficiais da Câmara da Bahia a S.M., 20/02/1659, AHU, Bahia, série Luísa da Fonseca, cx. 15, doc. 1736; Certificado da mostra geral do exército de 27/01/1639, BPA, Cód. 51-x-7, fl. 488-93; Petição de João da Fonseca e Oliveira, 24/11/1630, DHBN, v. 15, p. 403; Mello. *Olinda restaurada*, p. 325-8.

Conselho de Guerra, onde se tomavam decisões das mais importantes, e assim era-
-lhe exigido assistir ao governador-geral daquele Estado. Respondia pelo estado geral
da tropa e era superintendente das fortificações. Há que se mencionar que nem todas
as funções do comando aparecem explicitamente na documentação – é igualmente
importante o papel do mestre-de-campo na distribuição de certidões de serviço que
embasavam os pedidos de mercê.[73] Ademais, a primeira companhia do terço era comandada pessoalmente pelo mestre de campo. Excepcionalmente, todo o exército
poderia ser submetido à liderança de um "mestre de campo general", patente de
Francisco Barreto e do Conde de Bagnuolo. Em Portugal, este posto foi mais comum,
provavelmente devido aos números ligeiramente superiores do contingente militar.

De início, por conta do retorno da Jornada dos Vassalos ao Reino, faltava um mestre
de campo ao terço de infantaria deixado em Salvador. O comando foi exercido interinamente pelo sargento-mor Pedro Correia da Gama. O mestre de campo D. Vasco
Mascarenhas assumiu o comando do Terço Velho em 1627. Futuro Conde de Óbidos e
vice-rei do Brasil, na década de 1660, Mascarenhas foi um chefe carismático e são muitas
as referências do apreço que lhe tinham os moradores e soldados do presídio. Em 1631,
Diogo Luís de Oliveira negou seu pedido de licença, para fazer seus requerimentos na
corte de Lisboa, mas ofereceu-lhe compensações pecuniárias, pela "importância da pessoa
do suplicante para a conservação e disciplina do Terço".[74] Em 1638, passou o comando
para D. Fernando Mascarenhas Mariscal, e logo assumiriam D. Manuel Dias de Andrade
e, em seguida, D. Manuel Carlos Mascarenhas (filho primogênito do Conde da Torre).
O Terço Novo, deixado pela armada em 1631, tinha por comandante o mestre de campo
D. Christóval Mexia Bocanegra. Em 1636, foi substituído por D. Fernando de Lodeña.
Note-se que praticamente todos são membros da nobreza ibérica. A partir de meados da
década de 1640, as mudanças de comando foram mais raras. O Terço Velho foi assumido
por João de Araújo em 1642, que permaneceu no comando até sua morte em 1664. Entre
1640 e 1641, o Terço Novo foi confiado a Martim Soares Moreno. Em 1648, o comando foi
assumido por Nicolau Aranha Pacheco, que nele permaneceu até falecer em 1670. Veja-se
também que ambos não possuíam o título de Dom dos anteriores.[75]

---

73 Algo da funcionalidade do mestre de campo pode ser vista na consulta sobre as exigências de Gaspar
Pinheiro Lobo para assumir o posto, em 1646. Acabou ocupando o posto de tenente-geral da infan-
taria. (Consultas do Conselho Ultramarino, 29/08/1646 e 26/06/1651, AHU, Bahia, série Luísa da
Fonseca, cx. 10, doc. 1208 e cx. 12, doc. 1420.)

74 Petição de D. Vasco Mascarenhas, 06/09/1631, DHBN, v. 15, p. 457.

75 Mirales. *História militar*, p. 38; Costa, *Na bahia colonial*, p. 99; Requerimento de João de Araújo,
12/06/1642, AHU, Bahia, série Luísa da Fonseca, cx. 8, doc. 967; Carta de Antônio Teles da Silva a S.M.,

Além das duas principais unidades do presídio, entre 1638 e 1650 haviam mais ter-
ços na cidade, para os quais se torna mais difícil reconstituir a estrutura e o coman-
do. À frente dos terços do exército retirado de Pernambuco estava o "capitão-general"
Giovanni di San Felice, Conde de Bagnuolo, até seu falecimento em agosto de 1640.
Esse contingente foi então reformado e trazido ao comando do governo-geral pelo
Marquês de Montalvão. As companhias de Bagnuolo passaram ao comando de Joane
Mendes de Vasconcelos, associado do vice-rei, e meses depois para Francisco de Souto
Maior, que em 1644 seria enviado ao Rio de Janeiro, e depois para Angola. No exército
de Pernambuco também haviam os terços de Luís Barbalho, D. Urbano de Ahumada
(depois, assumido por André Vidal de Negreiros), Martim Soares Moreno, D. Filipe de
Moura e Ettore dela Calce.[76] Muitos entre estes partiram de volta à Europa após a aclamação de D. João IV, Luís Barbalho partiu para assumir o governo do Rio de Janeiro,
e o presídio soteropolitano foi reformado para se compor apenas de três terços. Anos
depois, quando Vidal de Negreiros foi a Pernambuco apoiar o levante, o comando dos
remanescentes do "terço pernambucano" em Salvador foi assumido pelo sargento-mor
Ascenço da Silva, e seu efetivos foram integrados aos terços Novo e Velho em 1650.[77]

Cada mestre de campo era cercado por um pequeno grupo de oficiais, soldados
e pajens diretamente subordinados. O mais importante deles era o sargento-mor
(patente que daria origem ao major). Como se viu, era substituto do mestre de
campo em sua ausência. Em tese, havia um sargento-mor em cada terço, mas na
Bahia, efetivamente, esse número poderia ser maior.[78] O mestre de campo e o sargento-mor do seu terço tinham a companhia de dois ou mais ajudantes, oficiais auxiliares cuja importância parece ser maior do que o nome nos permitiria imaginar,
pelo que se afirma nos pedidos de mercê que mencionam o posto. Havia ajudantes
"do número" (ou "proprietários") e ajudantes "supranumerários" (extraordinários,
nomeados além da folha normal de ajudantes), em diferentes tarefas. Em 1652, o
alferes Manuel da Costa foi nomeado ajudante supranumerário, pela "inteligência
que deve ter do Recôncavo" para a estratégica função de "passar sobre a condução

---

19/12/1647, AHU, Bahia, série Luísa da Fonseca, cx. 11, doc. 1301; Patente do mestre-de-campo D. Manuel
Dias de Andrade, 24/03/1639, DHBN, v. 17, p. 197-9; Freitas. *O combatente*, p. 47.

76 Relação da gente de guerra, 05/09/1640, AHU, Bahia, série Luísa da Fonseca, cx. 8, doc. 918.

77 Patente de mestre de campo de Luís Barbalho Bezerra, 31/01/1637, DHBN, v. 17, p. 20; Treslado da
mostra geral do presídio, 20/06/1648, AHU, Bahia, série Luísa da Fonseca, cx. 11, doc. 1296; Carta
régia ao conde de Castelo Melhor, 18/02/1650, DHBN, v. 65, p. 355.

78 Consulta do Conselho Ultramarino, 03/10/1651, AHU, Bahia, série Luísa da Fonseca, cx. 12, docs.
1437-9.

das madeiras que se mandam recolher".[79] Outro oficial auxiliar era o "tenente de mestre de campo", em certa ocasião chamado "tenente de campanha" – mas ainda na posição de auxiliar do comando. O mais conhecido deles é Felipe Bandeira de Melo, tenente-geral de Francisco Barreto. Ainda assim, segundo o regulamento de 1643 a primeira plana da primeira companhia do terço fechava-se com o mestre de campo, o sargento-mor, dois ajudantes e o tambor-mor, além dos suboficiais (alferes, sargento, pajens, tambores).

Não se deve, entretanto, confundi-lo com o sargento-mor da ordenança, ou "sargento-mor da Bahia", ou "do Recôncavo". Este era cargo provido pelo regimento das Ordenanças de 1570, que regrava a mobilização obrigatória de homens aptos nas diversas localidades do Reino, mediante a formação de companhias de ordenança. Pelo regimento, o "sargento-mor da comarca" realizava duas vistorias anuais das ordenanças de sua região, nas quais verificava o estado da tropa, o provimento de armas e o adestramento dos homens. Era o superior dos capitães daquelas companhias, que por sua vez eram eleitos pelo Conselho, pela Câmara, ou pela instituição política local, para cuidar da supervisão e treinamento militar quinzenal dos homens aptos a pegar em armas.[80] Na década de 1650, são nomeados também para supervisionar as ordenanças da capitania de Ilhéus e das "três vilas" de Cairu, Boipeba e Camamu. Por vezes, o termo "coronel" foi usado, na Bahia, para denominar outros comandantes das forças da hinterlândia agrícola. Ao que parece, o título era usado indiscriminadamente. Baltazar Brandão, por exemplo, foi chamado "coronel da gente de ordenança do Recôncavo desta cidade" em uma carta de sesmaria. Mas não aparece nas mostras do presídio, nem nos regimentos que normatizavam o exército.[81]

Os terços do presídio ainda agregavam uma pequena variedade de "oficiais maiores", destacados das companhias de infantaria mas ainda sob as ordens do mestre-de-campo. De fato, a Coroa buscava recrutar entre praticantes de diferentes ofícios

79   Carta-patente do ajudante supranumerário Manuel da Costa, 26/02/1652, AHU, Bahia, série Luísa da Fonseca, cx. 12, doc. 1460; Patente do capitão Rui Carvalho Pinheiro, 19/06/1638, DHBN, v. 17, p. 73.

80   Consulta do Conselho Ultramarino, 05/09/1644, AHU, Bahia, série Luísa da Fonseca, cx. 9, doc. 1073; "Registro da folha geral deste Estado" (1617), In: DHBN, v. 15, p. 34; Salgado, *Fiscais e meirinhos*, p. 102.

81   Carta de sesmaria de Baltazar Brandão, 22/06/1656, DHBN, v. 19, p. 37; Requerimento de João Álvares da Fonseca, 28/10/1637, AHU, Bahia, série Luísa da Fonseca, cx. 7, doc. 752; Certidão de como se obrou a cunhagem de moeda, 17/01/1644, AHU, Bahia, série Luísa da Fonseca, cx. 9, doc. 1033; Patentes de sargento-mor da ordenança de Ilhéus e "sargento-mór das três vilas", c. 1650-60, DHBN, vol. 31.

uma sorte de habilidades úteis ao exército. Há um número razoável de carpinteiros na artilharia, para "fazer chanfrões, tabuões, coiceiras e mais madeiras necessárias para o trem da artilharia", além de vigas e enxaiméis (para a taipa), pontes e hastes de pique. Entre eles havia um armeiro, para consertar mosquetes e arcabuzes. Em Portugal, o governo castelhano chegou a mencionar 76 ofícios para orientar o recrutamento de oficiais.[82]

Médicos e cirurgiões eram particularmente procurados, durante o apresto de armadas para o Brasil. Contudo, se já era difícil encontrá-los servindo ao exército em Portugal, com muita dificuldade a Coroa lograva enviá-los à colônia, onde receberiam pouco mais que um cabo de esquadra. O "licenciado" (vale dizer, portador de licença) Manuel Fernandes de Figueiredo, por exemplo, serviu por 25 anos no Brasil como físico, sem ordenado, depois de ter sido condenado ao degredo (de cinco anos) por ter desonrado uma dama, sendo homem casado.[83] Eram poucos, portanto. Sobretudo para as necessidades do presídio de Salvador e do exército de Pernambuco, constantemente assolado por doenças, pela subalimentação da tropa e pela hostilidade do clima tropical, que se somavam à necessidade de atendimento cirúrgico, comum a qualquer exército, durante e após os combates. À guisa de ilustração, arrisque-se uma proporção de enfermos hospitalizados na razão de um para quarenta, em tempos de paz no presídio. Durante o sítio de 1638, os feridos chegaram a 250, entre os 3.428 homens.[84]

O hospital era mantido pela Santa Casa de Misericórdia na Bahia, que para tanto havia recebido a consignação dos dízimos das "criações miúdas" da cidade: galinhas, ovos, cabritos, leite e leitões. Mas também entrava ali o dinheiro do cofre da Santa Casa, oriundo de aluguéis de casas e doações da irmandade. O equipamento necessário era escasso, muito dependia de abastecimento do Reino. Embora fossem poucas as fontes (o que era reconhecido por oficiais da Coroa), o hospital conseguia assim

---

82   Treslado do assento que se tomou sobre a conservação desta praça da Bahia, 27/09/1638, AHU, Bahia, série Luísa da Fonseca, cx. 7, doc. 807; Livro de registro do governo de D. Diogo de Castro, BNL, Col. Pombalina, Cód. 442, fl. 57v.

83   Consulta do Conselho da Fazenda, 14/08/1635, AHU, Bahia, série Luísa da Fonseca, cx. 5, doc. 642; Sobre médicos praticantes na Guerra de Flandres e na Guerra da Restauração, veja-se Parker, *El ejército de Flandes y el Camiño español: 1567-1659*, p. 209, e Freitas, *O combatente*, p. 239.

84   Em 1639, há 98 enfermos na mostra de 3.154 homens e 157 entre 4.608; em 1640, 138 entre 2.379 homens; e 49 entre 2.087 soldados, em 1654 (Certificado da mostra geral do exército de 27/01/1639, BPA, Cód. 51-x-7, fl. 488-93; Relação da gente de guerra, 05/09/1640, AHU, Bahia, série Luísa da Fonseca, cx. 8, doc. 918; Lista da mostra que se passou na infantaria, 15/12/1654, AHU, Bahia, série Luísa da Fonseca, cx. 13, doc. 1580); Costa, *Na bahia colonial*, p. 98.

prover de abrigo, médico, cirurgião, enfermeiro e demais serventes, mais a "botica", o medicamento necessário. Lembre-se que a prática mais comum, além da aplicação de óleo de ouro nas feridas, era a sangria, que se continuava a usar como panaceia – de modo que a saúde do enfermo certamente dependia de sua própria capacidade de recuperação do tratamento médico.[85]

Se é possível encontrar um inglês, Thomas Potter, entre os médicos, entre os engenheiros a presença de estrangeiros era ainda maior, uma vez que a ciência "italiana" do desenho de fortificações era pouco conhecido em Portugal. Junto ao socorro de Rojas y Borja vieram Miguel Giberton e Assencio Bordolano. Em 1644, Antônio Teles da Silva nomeou um espanhol do Prata, David Ventura, o que foi considerado inconveniente pelo Conselho Ultramarino. Na armada do Conde de Vila Pouca vieram os franceses Pedro Pellefigue e Felipe Gitão. O primeiro participou da restauração de Luanda. O segundo conduziu as obras nas fortificações do Rio de Janeiro e nos alojamentos de Salvador, durante o governo do Conde de Castelo Melhor.[86] Naturalmente, o trabalho concentrava-se nas construções e na reforma dos fortes, dos muros e baluartes, das portas da cidade, diques e quartéis. A construção naval também era ocupação dos engenheiros. Para a Câmara do Salvador, que criticava o aumento das avarias cobradas em Salvador para as obras de fortificação, "nelas não é (o engenheiro-mor) o menos interessado, e que menos se aproveita".[87] É mesmo possível que tenha havido interesse em obras e reformas supérfluas, mas há de se convir que fortificações (como qualquer construção) exigem manutenção. Ademais, o trabalho do engenheiro era pouco prestigiado. Felipe Gitão, cuja obra era reconhe-

85   Carta do provedor e oficiais da Santa Casa de Misericórdia da Bahia a S.M., c. 1639, BPA, Cód. 51-VI-21, fl. 309; Freitas, *O combatente*, p. 241. As condições hospitalares em Pernambuco, durante a guerra, eram certamente muito piores (Mello, *Olinda restaurada*, p. 257. Vale lembrar também que os médicos e cirurgiões não recebiam soldo com o exército, mas aparentemente entravam na folha secular do Estado (pois o rendimento descrito é anual), ou eram pagos pela própria Santa Casa.

86   Requerimento do capitão Manuel Giberton, 30/05/1635, AHU, Bahia, série Luísa da Fonseca, cx. 5, doc. 592; Capítulo de carta-régia de 18/06/1635, AHU, Bahia, série Luísa da Fonseca, cx. 5, doc. 609; Consultas do Conselho Ultramarino, 07/05/1644, 15/02/1650 e 11/01/1652, AHU, Bahia, série Luísa da Fonseca, cx. 9, doc. 1054; cx. 11, doc. 1360 e cx. 12, doc. 1456; Gilberton era veterano da guerra de Flandres, onde certamente teve oportunidade de conhecer a nova engenharia das fortificações de guerra.

87   Consulta do Conselho Ultramarino, 07/05/1644, AHU, Bahia, série Luísa da Fonseca, cx. 9, doc. 1053. Note-se a citação do cargo de "engenheiro-mor", de que não encontramos outra referência. A provisão *ad hoc* de cargos especiais era sempre uma possibilidade, apesar das muitas ordens da Coroa em contrário.

cida pelo governador, esteve desgostoso com a falta de atenção que recebia. Pediu que fosse nomeado capitão da infantaria. Para agradar o engenheiro sem criar um oficial desnecessário, a solução foi conferir ao francês o título de "capitão *ad honore*", dando--se o assunto por encerrado.[88]

Outro oficial de profissão dentro do exército era o capelão militar, cujo ofício era ministrar os sacramentos entre os homens do presídio. Sobretudo, na guerra, dava alento, confissão e enterro ao soldado, para o seu bom morrer. Seria interessante entender a relação deste oficial com a estrutura da diocese do Brasil ou da Companhia de Jesus, mas a pesquisa aqui é inconclusa. O capelão-mor consta nas listas de 1627 e de 1659, com registro do soldo inclusive. Foi incluído no quadro de oficiais por Diogo Luís de Oliveira, que dizia fazer "grande falta por não terem os soldados quem lhes acudissem com o remédio espiritual". Segundo o Conselho da Fazenda, em 1635, o posto não existia, e "deve ser provimento que os governadores daquele Estado fazem", o que não era de sua aprovação. O Conselho ainda afirmava que "segundo o regimento de Vossa Majestade, não pode nenhum religioso ser capelão de terço de infantaria".[89] Todavia, o posto era normalmente pleiteado no Brasil.[90] Normalmente? Na guarnição do Morro de São Paulo, havia-se nomeado alferes a ninguém menos que Santo Antônio, com direito a soldo e ração.[91] Os hábitos religiosos dos soldados luso-brasileiros causaram abjeção a Pierre Moreau, que após a segunda batalha de Itaparica observou as "grandes folhas de papel encontradas sobre os estômagos desses cadáveres, nas quais estavam pintados mosquetes, fuzis, lanças, alabardas, chuços, espadas, setas e flechas que os brasileiros carregam sempre com suas armas, servindo-se dos mesmos em combate, encontrando-se, entre outros, diversas cruzes pequenas e grandes entremeadas com a letra H, e em baixo dessas folhas de papel estavam escritas

88   Consulta do Conselho Ultramarino, 11/01/1652, AHU, Bahia, série Luísa da Fonseca, cx. 12, doc. 1456; Costa, *Na bahia colonial*, p. 83.

89   Registro da reformação do presídio que fez o governador Diogo Luís de Oliveira, 31/08/1627, DHBN, v. 15, p. 208; Registro da provisão do capelão-mor frei Antônio de Jesus, 14/02/1636, DHBN, v. 16, p. 354; AHU, Bahia, série Luísa da Fonseca, cx. 5, doc. 643. Porém, o requerente do cargo, que em 1625 esteve "confessando os feridos e enterrando os mortos", fora nomeado pelo bispo, D. Marcos Teixeira.

90   Consultas do Conselho Ultramarino, 19/10/1648 e 24/07/1648, AHU, Bahia, série Luísa da Fonseca, cx. 11, docs. 1310-1; Carta dos oficiais da Câmara da Bahia a S.M., 20/02/1659, AHU, Bahia, série Luísa da Fonseca, cx. 15, doc. 1736; Registro da reformação do presídio, 31/07/1627, DHBN, v. 15, p. 208-13.

91   *Anais do I Congresso de História da Bahia*, p. 104.

frases em latim contra as armas holandesas". O francês considerava ser isso um "sortilégio visível e engenhoso", "invenção da tola superstição".[92]

Quanto a cargos administrativos, aparecem esporadicamente almoxarifes dentro das listas do exército. Pelo menos, para o registro de receitas e despesas, sobretudo o recebimento e distribuição das armas e munições e das rações semanais, embora não possamos afirmar se esta função foi sempre cumprida por um oficial específico ou por outros componentes das primeiras planas. Em 1654, há registro de uma patente de "administrador geral do exército".[93] Não havia, porém, o vedor-geral do exército, posto principal do Regimento das Fronteiras, de 1645. Devido à necessidade de mobilização para a guerra contra a Espanha, esse código reformava as normas do alistamento e do serviço militar no exército lusitano, à luz das práticas coevas das demais forças europeias. Segundo o mesmo, caberia ao vedor-geral organizar as listas do contingente e a inscrição dos soldados, conduzir o pagamento dos soldos, assinar baixas e licenças, averiguar as despesas da tropa e a qualidade das rações, bem como fazer a cobrança do quinto real sobre os frutos da pilhagem do inimigo. Em geral, não era posto ocupado por militares, mas por um oficial letrado, assistido por um contador, um auditor, um pagador, escrivães e comissários. Com o vedor-geral, evitava-se que o coronel, ou o mestre-de-campo, ficasse com o controle e a responsabilidade pelo pagamento de seu terço, depois de receber o dinheiro necessário para todos.[94] Na Bahia, entretanto, tais funções permaneceram com o provedor-mor e os demais servidores da Fazenda Real. A necessidade de defesa contra a WIC já havia pautado tal reforma na administração da infantaria, em 1626, antes que fosse feita em Portugal, portanto. Tampouco fora executada por ordem régia, mas por iniciativa pessoal de Diogo Luís de Oliveira, que para tanto passou por cima dos regimentos da provedoria, impondo-lhe aquelas atribuições, segundo a prática dos exércitos de Castela, dos quais era veterano. Em 1653, quando se tratou da adoção do Regimento das Fronteiras no Brasil, a Coroa confirmou esse arranjo, "entendendo que na Bahia faz o ofício de vedor-geral o provedor--mor de minha Fazenda, e com os mesmos oficiais se há de servir no tocante à vedoria

---

92 Moreau. *História das últimas lutas*, p. 72.

93 Registro de provisão a Simão de Oliveira Serpa, 13/07/1639, DHBN, v. 17, 298; Carta patente de administrador geral do exército, 13/02/1654, DHBN, v. 18, p. 253; Treslado do assento que se tomou sobre a conservação desta praça da Bahia, 27/09/1638, AHU, Bahia, série Luísa da Fonseca, cx. 7, doc. 807.

94 "Regimento das Fronteiras", 29/08/1645, In: Mendonça. *Raízes*, v. II, p. 627-656; Graça Salgado. *Fiscais e meirinhos: a administração no Brasil Colonial*. 2ª ed. Rio de Janeiro: Nova Fronteira, 1985, p. 300-316.

e contadoria e o tesoureiro fará o ofício de pagador para com isso se escusarem queixas e novos ofícios e ordenados".[95]

Contudo, a despeito do que era a organização ideal do exército, proliferavam-se os postos militares, de maneira que o excesso de oficiais era notório. Lima Barreto disse que o exército bruzundanga tinha 175 generais e nenhum soldado; os números aqui não são os mesmos, mas o espírito era esse. Dificilmente, as companhias de infantaria reuniam mais de oitenta homens – o que significa mais oficiais do que o regulamentar. Em número aproximados, durante a guerra o presídio baiano contou com uma razão de sete a dez praças por oficial. Em 1638, após o cerco holandês de Salvador, essa razão não chegava a quatro para um; cada companhia tinha, em média, apenas 35 soldados rasos.[96] No exército de Pernambuco, não apenas havia poucas praças para o número de capitães e suboficiais assentados, como havia grande número de oficiais maiores (da "plana da corte" do Conde de Bagnuolo): aguazil-mor, quartel-mestre-general, preboste general (da cavalaria), tambor-general, mordomo de artilharia, boticário-mor, barbeiro-mor e marchante-mor (do fornecimento de gado); quatro tenentes, do mestre-de-campo general e do preboste; 24 ajudantes, de tenente, supranumerários e "proprietários", além dos postos comuns do terço; no total, eram 48 oficiais maiores.[97]

Não é o caso de responsabilizar Bagnuolo ou a resistência em Pernambuco. Tais excessos eram resultado do patrimonialismo e do absolutismo no Estado: servia-se ao Rei para ascender em sua graça. Portanto, a tropa não apenas era carregada, já no alistamento, de anseios por uma promissora carreira militar, como a Coroa necessitava da mobilização de tais aspirações. Nada disso era menos que acintoso: em 1631, D. Álvaro de Mello verificava que "no terço da Armada de Portugal se não assentam criados de Sua Majestade nem homens nobres, que é a melhor e mais lúcida gente daquele Reino, e como os de menor condição servem os ofícios mecânicos e de cultivar

---

95 Treslado do assento que se tomou em mesa da Fazenda, 10/09/1629, BPA, Cód. 49-x-10, fl. 111-15; Carta régia para a Câmara de Salvador, 23/08/1653, AHMS, Provisões régias, lv. 1, fl. 35.

96 Cartas do provedor-mor Pedro Cadena de Vilhasanti a S.M., 09/1637-11/1637, AHU, Bahia, série Luísa da Fonseca, cx. 7, docs. 803-7; Minuta de consulta do Conselho da Fazenda, c. 1640, AHU, Bahia, série Luísa da Fonseca, cx. 8, doc. 918; Carta dos oficiais da Câmara da Bahia a S.M., 20/02/1659, AHU, Bahia, série Luísa da Fonseca, cx. 15, doc. 1736; Relação da mostra do presídio de 30/09/1629, BPA, Cód. 49-x-10, fl. 139-41v. A estrutura dos terços preconizada pelo regimento de 1643 implicaria numa razão praça-oficial de doze para um, aproximadamente.

97 Treslado do assento que se tomou sobre a conservação desta praça da Bahia, 27/09/1638, AHU, Bahia, série Luísa da Fonseca, cx. 7, doc. 807; Patente de mordomo de artilharia do exército de Pernambuco, 09/08/1635, DHBN, v. 17, 130; Patente de cargo de boticário-mor do exército, 24/10/1639, DHBN, v. 18, p. 127.

as terras, faltam os serviços na República e sobejam os ociosos". O remédio era facilitar a ascensão na hierarquia militar para atrair a fidalguia, aqueles que "aceitarão com pensamento de passar a capitães". Além disso, sugeria a distribuição mais generosa dos títulos de Dom, como via de elevar o moral na base do oficialato.[98]

Portanto, apesar de consciente "da grande despesa que da Fazenda Real se faz no Brasil com as primeiras planas", o Conselho da Fazenda continuava a distribuir promessas e pedir consideração do monarca ou do comando do exército para aquele que era julgado merecedor aos postos militares mais importantes. Principalmente, se ponderavam sobre o peso de chefes locais na boa condução do levantamento, fato que já pudemos apontar aqui.[99] Ao que parece, tal política tinha a sua medida de sucesso: o recrutamento era conduzido pessoalmente por tais candidatos à ascensão social e a disputa era grande por postos de comando ou qualquer outra vaga nas armadas para o Brasil. O problema era que, como apontava o contador do exército de Pernambuco, "em vez de soldados, chegavam continuamente do Reino capitães munidos de ordens régias para se lhes fazerem companhias".[100] Na colônia, a procura de postos oficiais era alimentada não apenas por tais aspirações de fidalguia, como pela fuga do soldado raso da pobreza e pelo interesse de militares já enraizados no processo de colonização – visto que muitas das nomeações davam-se ali. Suboficiais e auxiliares eram escolhidos pelos capitães entre os soldados de suas companhias e confirmados no posto pelo mestre de campo. Em geral, estes eram seus "criados e apaniguados". Capitães e oficiais maiores eram nomeados por provisão régia ou, interinamente, pelo governador-geral, "enquanto avisar (da vaga) a Vossa Majestade, e Vossa Majestade os prover" – esta era a nomeação "de serventia", de postos militares e da administração colonial.[101] Assim, o oficial provido pelo governador precisava de mercê régia que lhe

---

98   Livro de registro do Governo de Portugal, BPA, Cód. 51-x-1, fl. 65. Veja-se mais em Freitas, *O combatente*, p. 43 e segs e Fernanda Olival, *As ordens militares e o Estado moderno: honra, mercê e venalidade em Portugal (1641-1789)*. [s.l.]: Estar, 2001.

99   Requerimento de D. Diogo Lobo, 20/05/1635, AHU, Bahia, série Luísa da Fonseca, cx., 5, doc. 583.

100 Mello, *Olinda restaurada*, p. 185; Requerimento de Francisco Barroso, 28/08/1638, AHU, Bahia, série Luísa da Fonseca, cx. 8, doc. 859; Consulta do Conselho da Fazenda, 16/02/1638, AHU, Bahia, série Luísa da Fonseca, cx. 8, doc. 861; Requerimento dos capitães Antônio de Albuquerque, Diogo D'Arcos e André de Gouveia, 20/09/1638, AHU, Bahia, série Luísa da Fonseca, cx. 8, doc. 863; Consulta do Conselho da Fazenda, 17/02/1638, AHU, Bahia, série Luísa da Fonseca, cx. 8, doc. 880.

101 Carta do provedor-mor Pedro Cadena de Vilhasanti a S.M., 05/03/1636, AHU, Bahia, série Luísa da Fonseca, cx. 6, doc. 688; Consulta do Conselho Ultramarino, 05/10/1651, AHU, Bahia, série Luísa da Fonseca, cx. 12, doc. 1440; Salgado, *Fiscais e meirinhos*, p. 57, 308-9. Ao conde da Torre foi permitido nomear os mestres de campo do exército que levaria ao Brasil, durante as preparações da armada de

confirmasse no posto, com o que se passava a sua patente. Em mais de uma ocasião, porém, a Coroa enviou patentes em branco para que fossem distribuídas no Brasil – em alguns momentos, com o intuito de mobilizar os moradores para o confronto.[102]

Vale lembrar que, se a demanda era grande, as tensões e disputas eram inevitáveis. Era frequente que o mesmo posto tivesse mais de um candidato agraciado por mercê da Coroa, e muitos só eram empossados depois de passar alguns anos na fila – alguns jamais chegavam a assumir o posto.[103] Os problemas da Coroa com os governadores também eram antigos. Em 1621, o alvará que limitava as nomeações pelos governadores combatia a recusa destes em dar posse a quem era provido em Lisboa. Trinta anos depois, o Conselho Ultramarino ainda recomendava pressa no provimento régio de ofícios no Brasil, pois no atraso "ficam à disposição dos governadores, que nunca os fazem com acerto, e consideração, que é necessário".[104] Em 1648, a Coroa sugeriu que o provimento dos sargentos-mores poderia ficar a cargo dos governadores, "conforme fossem vagando os postos". Três anos depois, voltou-se a exigir confirmação régia para os providos nas "sargentias".[105]

Tal acumulação de oficiais no exército havia de se contra-arrestar em reformas periódicas do quadro de oficiais, ou o pagamento do exército seria impossível. O principal alvo era o capitão cuja companhia estava muito reduzida. Reformado, passava para a reserva dos "vivos" – mas apenas voltava a assumir um comando na ausência do

---

1639 – o que fazia, portanto, mais como comandante daquele exército do que como governador do Brasil, cargo em que estava provido (Requerimento de D. Diogo Lobo, 20/05/1635, supracitado).

102 Capítulo de carta régia de 18/06/1635, AHU, Bahia, série Luísa da Fonseca, cx. 5, doc. 609; Consultas do Conselho Ultramarino, 20/03/1645, 22/09/1653 e 31/10/1653, AHU, Bahia, série Luísa da Fonseca, cx. 9, doc. 1106, cx. 12, docs. 1534 e 1545.

103 O oficial que estava na fila para receber patente do posto concedido era chamado de "entretenido". Capítulo de carta régia de 04/10/1634, AHU, Bahia, série Luísa da Fonseca, cx. 4, doc. 495; Requerimento do capitão Jorge Ferreira, 22/04/1636, AHU, Bahia, série Luísa da Fonseca, cx. 6, doc. 697; Requerimento de João Mulder, 09/02/1637, AHU, Bahia, série Luísa da Fonseca, cx. 6, doc. 720; Consulta do Conselho da Fazenda, 23/02/1639, AHU, Bahia, série Luísa da Fonseca, cx. 8, doc. 881; Requerimento de Francisco Rebelo, 11/06/1642, AHU, Bahia, série Luísa da Fonseca, cx. 8, doc. 965; Consulta do Conselho Ultramarino, 07/05/1649, AHU, Bahia, série Luísa da Fonseca, cx. 11, doc. 1337; Cleonir Xavier de Albuquerque, *A remuneração de serviços da guerra holandesa*. Recife: UFPE, 1968, p. 65-69; Ricupero, *Honras e mercês*, p. 34.

104 Consultas do Conselho Ultramarino, 05/10/1651 e 17/03/1654, AHU, Bahia, série Luísa da Fonseca, cx. 12, doc. 1440; cx. 13, doc. 1553a.

105 Consulta do Conselho Ultramarino, 15/06/1648, AHU, Bahia, série Luísa da Fonseca, cx. 11, doc. 1301 e anexos; Consultas do Conselho Ultramarino, 30/07/1649, 03/10/1651 e 03/11/1651, AHU, Bahia, série Luísa da Fonseca, cx. 11, doc. 1335ª, cx. 12, docs. 1437-9 e 1448.

alferes responsável ou de capitães "entretenidos", à espera de uma vaga no quadro.[106] Naturalmente, a desonra era grande, e maior a preocupação dos oficias ameaçados de reforma. Daí, por exemplo, a insuficiência de gente na artilharia, pois o destacamento de homens para os fortes era feito "com grande dificuldade dos oficiais da infantaria, que lhos estorvam (…) pelo cuidado com que procuram ter suas companhias mais numerosas".[107] Da mesma forma, contingentes incorporados ao exército ou destacados para tarefas no Recôncavo, ou fora da Bahia, precisavam ser feitos de forma equitativa, entre todas as companhias, para não prejudicar nenhum capitão em particular. Como parte de sua folha de serviços em 1648, Gaspar de Souza Uchoa incluía o fato de ter "sobrevivido" às sucessivas reformas do quadro de oficiais.[108]

Em 1626, a Coroa firmou que "a reformação do presídio e dos capitães dele se fará pelo governador na forma que mais conveniente lhe parecer, sem que se falte ao bom exercício da guerra e que a gente esteja bem disciplinada nela". Mas nem sempre a força do dignitário esteve à altura da tarefa, pois a resistência do exército era muito grande. Foram quatro os processos mais profundos de "reformação geral" do presídio. O primeiro, em 1627, tinha por objetivo a organização do terço deixado em Salvador pela Jornada dos Vassalos e a adequação da soldadesca à ordem coeva das infantarias espanholas. Foi realizada por Diogo Luís de Oliveira, que havia servido em Flandres e na guarnição castelhana do castelo de Lisboa. Das treze companhias que havia, "com menos soldados em cada uma, do que costumam ter e se podem governar", quatro foram dissolvidas entre as demais e seus capitães foram reformados. Substituiu-se o arcabuz pelo mosquete, e desapareceu a distinção entre os dois postos. O pagamento em folha foi substituído pelo pagamento em lista, durante as mostras gerais do exército. Finalmente, foram extintas todas as patentes extraordinárias, "dadas e registradas nos livros de Sua Majestade". Ao cabo, o governador esperava economizar mais de 11.000 cruzados da fatura anual do presídio.[109]

---

106 Consulta do Conselho Ultramarino, 15/03/1651, AHU, Bahia, série Luísa da Fonseca, cx. 12, doc. 1421.

107 Consulta do Conselho Ultramarino, 26/06/1649, AHU, Bahia, série Luísa da Fonseca, cx. 11, doc. 1331. O leitor atento perceberá, nas mostras do presídio, que os homens da artilharia nunca se apresentavam como um corpo destacado. Eram apenas cedidos por suas companhias, de modo que continuavam contando entre seus números.

108 Carta de Antônio Teles da Silva a S.M., 19/12/1647, AHU, Bahia, série Luísa da Fonseca, cx. 11, doc. 1301.

109 Capítulo de carta régia de 26/03/1626, AHU, Bahia, série Luísa da Fonseca, cx. 3, doc. 405; Relação e recenseamento de toda a gente de guerra, 22/06/1629, BPA, Cód. 49-X-10, fl. 136. Daqui provavelmente se originou a longa inimizade entre Diogo Luís de Oliveira e João de Araújo. O futuro mestre

A segunda reforma tratou da complicada incorporação do exército da resistência de Pernambuco ao presídio soteropolitano, e ocorreu entre setembro de 1638 e fevereiro de 1639. Após o esforço financeiro em prol da defesa de Salvador, durante o cerco imposto pelo Conde de Nassau, foi exaurido o tesouro da Fazenda Real na Bahia. No entanto, o provedor-mor (que já vinha sofrendo inúmeras "descortesias") via-se incapaz de racionar os pagamentos, devido às recorrentes demandas que lhe punham os oficiais, maiores e menores, indiferentes da pobreza nos cofres.[110] As listas daquele exército incluíam viúvas e retirantes de Pernambuco, "tão beneméritos como miseráveis". Sozinho, o governador Pedro da Silva foi incapaz de impor a hierarquia – talvez por isso tenha sido cognominado "o mole". Como o Conde de Bagnuolo não arredava pé, e a farinha começava a faltar, tornou-se consensual que era preciso racionalizar a distribuição. A Câmara de Salvador e o terço de Luís Barbalho entraram no páreo. Tomou-se assento sobre a questão, mas Bagnuolo recusou-se a assinar a ata. Isolado, teve que ceder; a verificação das listas foi aceita, mas a reformação só seria concluída com a chegada do Conde da Torre, em fevereiro de 1639. Na ocasião, determinou-se que cada companhia tivesse no mínimo 60 soldados efetivos, além da primeira plana, e que cada terço tivesse apenas quatro ajudantes.[111]

A terceira "reformação geral" do presídio ocorreu em 1642, com a chegada de Antônio Teles da Silva. Os terços remanescentes do exército de Pernambuco e do presídio de Salvador foram reduzidos a três. Segundo o governador, de 51 capitães que havia no contingente, 27 permaneceram no posto; as companhias foram formadas com uma centena de homens cada; o grande número de ajudantes foi reduzido a dois por terço, como era do regimento.[112]

---

de campo foi um dos oficiais reformados em 1627, e sua promoção seria depois novamente preterida pelo governador. A disputa nos tribunais da Coroa prosseguiu até a morte deste, em fins de 1639 ou início de 1640 (Consulta do Conselho da Fazenda, 23/02/1639, AHU, Bahia, série Luísa da Fonseca, cx. 8, doc. 881; Consultas do Conselho da Fazenda, 23/02/1639 e 11/02/1640, BPA, Cód. 51-VI-21s, fls. 201 e 273).

110 "Eu sou fraca figura e com pouca assistência dos superiores para poder remediar estas cousas", dizia ele (Auto que mandou fazer o provedor-mor Pedro Cadena de Vilhasanti, 01/06/1648, AHU, Bahia, série Luísa da Fonseca, cx. 7, doc. 801; Carta de Pedro Cadena de Vilhasanti a S.M., 03/11/1638, AHU, Bahia, série Luísa da Fonseca, cx. 7, doc. 803).

111 Santiago, *História da guerra de Pernambuco e feitos memoráveis do mestre de campo João Fernandes Vieira etc.*, p. 154; Carta de Pedro Cadena de Vilhasanti a S.M., 03/11/1638, AHU, Bahia, série Luísa da Fonseca, docs. 803, 805 e anexos; Assentos que se tomaram em junta, 02/02/1639, CCT, v. I, fl. 190-212v.

112 Carta de Antônio Teles da Silva a S.M., 29/11/1642, AHU, Bahia, série Luísa da Fonseca, cx. 8, doc. 994.

A quarta reforma arrastou-se entre 1648 e 1652. Acusava-se haver no presídio quarenta e seis capitães "vivos" (na ativa), além de "grande número de reformados a que se paga soldo", e "praças fantásticas" cuja legalidade era preciso verificar. A despeito do inchaço no quadro de oficiais, ao Conselho Ultramarino informava-se que faltavam pessoas com experiência de guerra, e por isso estavam sem comando dois dos terços da guarnição, após a partida de Vidal de Negreiros e Moreno para Pernambuco. Por requerimento da Câmara e do governador, o Conde de Vila Pouca de Aguiar, a Coroa ordenou a redução dos três terços do presídio em dois, mais o enxugamento do quadro de tenentes, sargentos-mores e ajudantes. Determinou-se a extinção da patente de capelão-mor, ponderando-se que os cavaleiros da Ordem de Cristo poderiam ministrar os sacramentos aos soldados.[113] Por vários motivos, a resistência dos oficiais foi mais forte. A recente ocupação e expulsão dos holandeses da Ilha de Itaparica dava moral à tropa e delicadeza à situação. A reforma só foi retomada por novo mandado régio no início de 1651 e concluída pelo Conde de Castelo Melhor. Na ocasião, um dos prejudicados foi Diederick Hooghstraten, o coronel que passou para os portugueses no cabo de Santo Agostinho, e militava na defesa da Bahia. Apesar das promessas que lhe foram feitas, a Coroa ordenou que se desconfiasse dele, por ser flamengo, e foi reformado do posto de mestre de campo. Os cristãos-novos, como sempre, também levaram a pior, e todos os oficiais da "nação hebreia" tiveram cassadas as suas patentes. Também recomendou-se a baixa, ou a redução dos ordenados, de militares "ocupados em outros ofícios".[114]

Segundo o governador, até 1652 havia-se reformado todos os postos desnecessários, "extinguindo-se tudo o mais que pode ser alívio às despesas deste povo, a quem os desejo grandes; e por essa causa se há de continuar ainda a reformação em alguns sujeitos a que por ora a impedem alguns inconvenientes que brevemente cessarão".[115] Não obstante a convicção do Conde, as demandas pelo oficialato eram uma constante, pois (como se viu) constituíam um dos elementos mais importantes da administração colonial. Ademais, o problema encetava conflitos com a Coroa, que

---

113 Minuta de consulta do Conselho Ultramarino, 06/05/1646, AHU, Bahia, série Luísa da Fonseca, cx. 11, doc. 1256; Carta régia ao conde de Castelo Melhor, 30/05/1650, DHBN, v. 15, p. 358; AHU, Bahia, série Luísa da Fonseca, doc. 1296, 1331, 1439.

114 Carta dos oficiais da Câmara da Bahia a S.M., 04/06/1650, DHAM: CS, v. 1, p. 25-7; Carta régia ao conde de Castelo Melhor, 10/05/1651, DHBN, v. 66, p. 12; Carta régia ao conde de Castelo Melhor, 30/05/1651, DHBN, v. 66, p. 13.

115 Consulta do Conselho Ultramarino, 08/11/1651, AHU, Bahia, série Luísa da Fonseca, doc. 1448; Cartas dos oficiais da Câmara da Bahia a S.M., 04/06/1650 e 29/05/1651, DHAM: CS, v. 1, p. 25-6, 34-5; DHBN, v. 3, p. 173.

tinha suas próprias ideias e favoritos para os postos do Brasil. D. João iv, por exemplo, foi contrário à extinção do capelão-mor, e ordenou que cada terço voltasse a ter o seu, como dantes. O Conde de Atouguia, por sua vez, reclamava de tal ingerência, que desautorizava o governo de Salvador durante as reformas: "se o intento de Vossa Majestade é querer honrar este governo, com se restituir a sua antiga autoridade, em nenhuma ação a tem mais perdida que na forma em que hoje provê os postos militares", afirmava. Castelo Melhor também precisou confrontar-se com a Coroa, e negou-se a dar posse no cargo de sargento-mor a Pedro Gomes, apesar da patente passada pelo monarca. Em 1660, uma nova reforma dos oficiais já se fazia necessária, para adequar novo excesso de capitães no presídio à queda na arrecadação, por conta da concorrência do açúcar antilhano.[116]

Remuneração e disciplina

Pode-se compreender melhor a organização do exército e o fardo que representava para a sociedade colonial com os valores (ideais e efetivos) do soldo, bem como seus métodos de pagamento. No papel, os ordenados variavam de seis cruzados ao mês para o soldado raso, 40 para o capitão, a mais de 200 para o mestre de campo (ver tabela 2). Entre os postos principais da hierarquia, o soldo crescia rapidamente. Os Condes de Bagnuolo e da Torre venciam mesadas de quinhentos cruzados (ou 200 mil réis). O Marquês de Montalvão, sozinho, podia sacar até 1.000 cruzados ao mês, o que dava em quase cinco contos de réis ao ano.[117] Ainda que incompleto, um padrão para esses valores foi estabelecido na mencionada reforma do presídio de 1627, de maneira a readequar a estrutura e a forma dos pagamentos à escala da "nova disposição" das defesas. Tratava-se, então, de agregar companhias de infantaria de origens diferentes, com valores e regimes de pagamento variáveis. Por exemplo, havia capitães da marinha designados por D. Manuel de Meneses, almirante da armada portuguesa, que venciam dez cruzados mensais a menos que os demais. O governador nivelou, por cima, os soldos de todos eles. Além disso, os oficiais menores perderam vencimentos, de modo a aliviar a despesa total do exército: mosqueteiros passaram a

---

116   Carta régia ao conde de Castelo Melhor, 21/09/1652, DHBN, v. 66, p. 37; Carta do conde de Atouguia ao rei, 29/07/1655, DHBN, v. 4, p. 256; Carta régia ao conde de Castelo Melhor, 14/09/1652, DHBN, v. 66, p. 34; Carta dos oficiais da Câmara da Bahia a S.M., 14/09/1660, AHU, Bahia, série Luísa da Fonseca, cx. 15, doc. 1780.

117   Dos 5.000 cruzados de ordenado que tinha, Montalvão ainda solicitava que 1.500 fossem pagos a sua esposa, no Reino. Tinha provisão do rei de Castela para tanto. (Consulta do Conselho da Fazenda, 15/06/1641, AHU, Bahia, série Luísa da Fonseca, cx. 8, doc. 945).

receber o mesmo que o praça comum e o arcabuzeiro (seis cruzados ao mês), desaparecendo assim a distinção entre eles. Alferes, sargentos, cabos-de-esquadra e pajens também tiveram seus ordenados nivelados por baixo, em comparação com o que recebiam na guarnição antiga de Salvador.

Para alguns militares, independente da patente, o valor nominal do soldo era complementado pela concessão régia de "escudos de vantagem", de um a oito. Estes eram equivalentes ao cruzado, ou seja, cada "vantagem" agregava de $400 a 3$200 nos vencimentos que o beneficiado tinha direito, todo mês. Era um dos meios pelos quais se recompensava o serviço à Coroa e os feitos militares de destaque. Em 1639, ano em que estiveram reunidos em Salvador os terços do presídio, do exército de Pernambuco e da armada do Conde da Torre, há uma grande concentração de 224 registros de vantagens concedidas, o que implicava em pelo menos 2.700 cruzados acrescidos à conta do exército.[118] Deve-se também mencionar as "ajudas de custo", que os oficiais poderiam receber, em aporte único, geralmente no embarque para o Brasil. O Conde da Torre, porém, tinha provisão do monarca para sacar, a esse título, 2.000 cruzados com o tesoureiro-geral em Salvador.[119] Por conseguinte, mesmo do ponto de vista formal os valores devidos aos infantes não obedeciam religiosamente a hierarquia, dada a ubiquidade de exceções e privilégios pessoais, como as vantagens. Do mesmo modo, o soldo dos oficiais reformados era determinado caso a caso, e podia mesmo não ser muito inferior ao soldo do mesmo oficial "vivo", na ativa. Assim, pode-se encontrar um alferes reformado que vence mais que um capitão, ou grandes diferenças entre os soldos dos capitães dos fortes.[120]

---

118 Cédula de vantagem de quatro escudos de D. Jerônimo de Valenzuela, 06/04/1629, DHBN, v. 15, p. 427; veja-se, ademais, as cédulas registradas no v. 17, p. 400 em diante; Freitas. *O combatente*, p. 199; Cleonir Xavier de Albuquerque. *A remuneração de serviços da guerra holandesa: a propósito de um sermão do Padre Vieira*. Recife: UFPE, 1968, p. 69.

119 Provisão de ajuda de custo a D. Fernando Mascarenhas, 13/05/1638, DHBN, v. 18, p. 49.

120 Coletânea de documentos de Francisco Soares de Abreu, BPA, Cód. 49-X-10, fl. 137-146; Requerimento de Antônio Pereira, 28/10/1637, AHU, Bahia, série Luísa da Fonseca, doc. 751; Carta do provedor-mor Mateus Ferreira Villas Boas, AHU, Bahia, série Luísa da Fonseca, cx. 13, doc. 1612; Carta dos oficiais da Câmara da Bahia a S.M., 20/02/1659, AHU, Bahia, série Luísa da Fonseca, cx. 15, doc. 1736.

Tabela 2: Soldos do exército na Bahia, 1616-1659

Posto militar	Soldo mensal	
	1627	1659
soldado raso	2$400	1$200
cabo de esquadra	2$800	–
tambor	2$400	–
embandeirado	1$200	–
pajem da gineta	1$600	–
sargento	4$000	–
alferes	6$000	–
capitão de infantaria	16$000	5$320
ajudante de artilheiro	1$600	1$200
artilheiro	2$800	1$200
condestável	3$200	2$800
escrivão do almoxarife	–	2$400
armeiro	1$200	–
condestável-mestre	8$000	–
capitão da artilharia	–	6$000
capitães dos fortes	de 4$800 a 6$400	de 1$200 a 5$600
furriel	–	3$000
ajudante supranumerário	–	3$000
ajudante do número	8$000	4$000
ajudante de tenente	–	8$000
tambor-mor	4$000	1$200
tenente de mestre de campo	2$400	20$400
tenente da artilharia	–	10$400
sargento-mor	26$000	de 13$000 a 20$400
mestre de campo	–	de 48$000 a 94$400
capelão (de Morro de São Paulo)	–	5$700
capelão-mor	10$000	5$000
médico	3$200	–
cirurgião	2$400	–
capitão de campanha	2$400	–
engenheiro-mor	13$200	40$000
sargento reformado	4$800	6$500
alferes reformado	5$600	5$600
capitão "entretenido" ou reformado	de 10$000 a 14$000	–

Fontes: Registro da reformação do presídio que fez o governador Diogo Luís de Oliveira, 31/08/1627,

DHBN, v. 15, p. 208; Ajuda 49-x-10, fl. 137-146; AHU-Resgate, Bahia, Luísa da Fonseca, n. 1736.

Antes de 1624, os pagamentos eram realizados anualmente, em conjunto com as folhas secular e eclesiástica do governo. Imediatamente após a restituição da Bahia, a desorganização e a falta de recursos impediam a continuidade dessa prática. Segundo Diogo Luís de Oliveira, quando chegou ao Brasil (com ordem da Coroa para reformar a organização do exército conforme melhor lhe parecesse) pagava-se a cada homem "um vintém cada dia, e um arrátel de carne", sendo que o restante dos soldos eram pagos *ad hoc*, caso a caso. O governador registrou que o pagamento por folha, portanto, não funcionava, e na Bahia não se poderia mais fazê-lo, "como se usa nos mais presídios, que há nas capitanias". Ordenou a feitura de um "livro de listas", uma para cada companhia, para orientar os pagamentos.[121] Estes eram feitos em mostras da infantaria: indicava-se dia e local, de preferência "pátio ou parte que não tenha mais saída que uma porta", conferia-se a presença e a condição dos soldados, o estado de suas armas, então recebiam dos servidores da Fazenda Real sua parte no dinheiro, que era registrada nos livros, dando-se prioridade (em tese) à paga dos soldados rasos.[122] Sendo assim, não é precisa a afirmação de José de Mirales, segundo a qual até 1653, ano de adoção do Regimento das Fronteiras no Brasil, "não tínhamos [no presídio] regimento que prescrevesse o método certo que se havia de seguir, tampouco a forma com que os soldados deviam ser pagos de seus soldos". Embora a Coroa não houvesse editado nenhuma norma sobre isso, havia as provisões de Diogo Luís de Oliveira, que estabeleceram um método mais ou menos organizado para as pagas da infantaria.[123]

Não obstante, há razão nas palavras de Mirales, devido ao simples fato de que não havia dinheiro para que fossem pagos todos os soldos, conforme foram registrados na reforma de 1627. Como escrevia o provedor-mor Francisco Soares de Abreu, explicando sua situação à Coroa, "o presídio não tem dinheiro separado, de que se sustente, nem todo o que se pode alcançar basta".[124] Imagine-se, aliás, a somatória do quanto se pagaria a dois terços de infantaria, segundo os valores anotados, considerando-se apenas um quadro ideal de soldados e oficiais, em dez companhias, sem nenhum excesso

---

121 Registro da reformação do presídio que fez o governador Diogo Luís de Oliveira, 31/08/1627, DHBN, v. 15, p. 208; Ordem do governador Diogo Luís de Oliveira sobre os socorros do presídio, 08/06/1628, DHBN, v. 15, p. 196.

122 Freitas. *O combatente*, p. 212-3. Esta era a prática das mostras, segundo o Regimento do Vedor-Geral do Exército, que supervisionava a mostra como o provedor-mor, na Bahia. Aqui, ela poderia ser algo diferente, segundo as especificidades do presídio, mas não poderíamos afirmá-lo como e porque.

123 Mirales. *História militar*, p. 31.

124 Registro das consulta tomada em mesa da Fazenda, 3/04/1629, DHBN, v. 15, p. 262.

ou acrescimento de vantagens. Chegaríamos a algo em torno de 60 contos de réis, ou 150.000 cruzados, muito além do total que se arrecadava para a Fazenda Real. Só não faltaria o dinheiro ao provedor-mor se pudesse tirar prata de seus sonhos. Assim sendo, o valor que cada homem tinha direito, no papel, era apenas uma referência, um tanto teórica, e de forma nenhuma correspondia com aquilo que recebia efetivamente. Aliás, como lembra Geoffrey Parker, era normal que a paga dos exércitos europeus fosse irregular e incerta, dada a apenas incipiente racionalização do fisco, do alistamento, enfim, do próprio aparelho estatal. Nesse sentido, a organização do *New Model Army*, do Parlamento britânico, que desde 1645 pagava o décimo terceiro soldo a seus componentes, é certamente uma exceção muito distante da regra. Em geral, segundo um satirista alemão, os pagamentos e a hierarquia militar eram como aves na copa de uma árvore: "quando a ave pagadora balançava um saco de ouro sobre a copa, as aves dos galhos mais altos pegavam o que podiam, e o resto era disputado pelos galhos mais baixos".[125]

De fato, os pagamentos em dinheiro à soldadesca dependiam de um racionamento do que houvesse à disposição da Fazenda Real na Bahia. Chamava-se a isso de distribuição de "socorros", que era aquilo que, na prática, cada homem recebia em moeda. Até meados da década de 1640, o montante e a regularidade dos socorros variava conforme a situação, de maneira que é muito difícil saber quanto era pago e quando. Em 1626 e 1627, como vimos, pagava-se um vintém ao dia, com um arrátel de carne. Em junho de 1628, o socorro diário do soldado raso foi dobrado para dois vinténs, o que ainda era metade do valor formal do soldo. Nos dias de ração de peixe, o socorro em moeda era um pouco maior. Para os oficiais, a proporção dos socorros distribuídos no soldo total era mais generosa. O alferes, por exemplo, receberia assim 80% do solto. Apesar da irregularidade, visto que em ocasiões o dinheiro acabava e o governador solicitava donativos extraordinários aos moradores, talvez esse tenha sido o melhor período para os vencimentos do presídio soteropolitano, graças à tributação do vinho pela Câmara de Salvador. Pode-se encontrar, por exemplo, autorização do governador para o pagamento de uma "livrança" (ou seja, liberação de parcelas do soldo total que um militar tinha a receber) a um capitão que desejava se casar vestido dignamente.[126]

---

125 Parker. *The military revolution*, p. 65; Freitas. *O combatente*, p. 210.

126 Ordem do governador Diogo Luís de Oliveira sobre os socorros do presídio, 08/06/1628, DHBN, v. 15, p. 196; Ata da Câmara de Salvador, 04/11/1628, DHAM: AC, v. 1, p. 111; Carta de Pedro Correia da Gama a S.M., 27/09/1625, AHU, Bahia, série Luísa da Fonseca, cx. 3, doc. 374; Coletânea de documentos de Francisco Soares de Abreu, BPA, Cód. 49-x-10, fls. 137-141.

Todavia, o tesouro real na Bahia não teria fôlego sequer para tanto. O problema foi agravado com a chegada do Terço Novo. Na ocasião, Oliveira resistiu ao seu alojamento em Salvador, e por dois anos os oficiais de D. Cristóvão Bocanegra foram aparentemente preteridos na distribuição de rações e socorros, apesar de ordem da Coroa para que recebessem com a mesma regularidade que o Terço Velho. O governador justificava-se afirmando que os papéis apresentados por Oquendo e Bocanegra eram assinados em Madri, sem ter passado pelo Conselho de Portugal, como era devido.[127] Em meados de 1635, aparentemente, foi necessário suspender os pagamentos até outubro do ano seguinte, quando se fez um pagamento geral de uma parcela dos atrasados.[128] A partir de então, o dinheiro seria distribuído apenas em tais "remates", acertos de contas, parciais e esporádicos. Mais do que isso seria impossível, principalmente com o acúmulo ao presídio baiano do exército de Pernambuco e do contingente das armadas. Houve pagamento em abril de 1639, com a chegada do Conde da Torre: em dinheiro e fazendas que a frota havia trazido. Depois, em agosto de 1640, houve novo pagamento: para os oficiais, somas entre quatro e onze mil réis em dinheiro, mais um vestido; para os praças, dois cruzados e "uma farda"; índios e negros do exército receberam "um vestido branco e uma mochila". Outros pagamentos ocorreram em dezembro de 1641 e de 1642, só com fazendas, perfazendo um total de dez e treze contos cada um (três vezes menos que os pagamentos anteriores). Em 1643, com a elevação na arrecadação e a moeda tirada da recunhagem das patacas, os soldados receberam um novo "socorro geral" em dinheiro, e os pagamentos voltaram e ter alguma regularidade.[129]

A essa altura, D. João IV já havia editado uma provisão pela qual todos os soldos do Reino eram reduzidos pela metade, em contribuição ao esforço necessário à Guerra da Restauração. O padrão do "meio-soldo" logo estendeu-se a quase todos os vencimentos do exército, de modo que o recebimento integral do soldo registrado em patente passou a depender de concessão régia particular. É incerta a sua data de

127 Portaria do governador Diogo Luís de Oliveira, 09/09/1631, DHBN, v. 15, p. 458; Provisão régia sobre os soldados do terço de D. Cristóvão Mejia Bocanegra, 06/04/1633, DHBN, v. 16, p. 240.

128 Carta de Pedro Cadena de Vilhasanti a S.M., 25/10/1636, AHU, Bahia, série Luísa da Fonseca, doc. 707; Papel em favor de Pedro Cadena de Vilhasanti, 13/01/1637, AHU, Bahia, série Luísa da Fonseca, cx. 8, doc. 894; Consulta do Conselho da Fazenda, 13/09/1641, AHU, Bahia, série Luísa da Fonseca, cx. 8, doc. 933.

129 Relação da Fazenda Real na Bahia, 09/11/1643, AHU, Bahia, série Luísa da Fonseca, cx. 9, docs. 1030-4. Vale lembrar, os *arreglos de cuentas* também eram os momentos mais aguardados do faminto exército castelhano de Flandres.

implementação na colônia, mas deve-se notar que os soldos nunca haviam sido pagos integralmente, e um meio-soldo já havia sido tomado, em 1628, como o valor diário dos socorros da infantaria. Em 1654, o Conde de Atouguia ordenou que os oficiais da Fazenda Real considerassem o meio-soldo como o teto de referência para os acertos de conta individuais. Em geral, contudo, estas ainda eram restritas: "aos oficiais e soldados que servem nesta praça se não fazem remates, nem são pagos integralmente dos soldos que lhes tocam, pela qual se mandam fazer algumas livranças particulares aos oficiais necessitados e enfermos".[130]

Note-se, ademais, que o soldo não era percebido como remuneração do combatente, mas como aporte necessário a sua subsistência, enquanto a serviço da Coroa. Ideologicamente, o soldado lutava apenas por sua fidelidade ao Rei (por vezes, à religião), esperando a recompensa nas graças da monarquia. Assim, a prata que recebia não era exatamente sua, para poupar ou o que mais quisesse. Isidoro de Almeida, autor de livros de instrução militar no século XVI, afirmava não conseguir entender "que o soldado seja avarento, e deixe de comer e gastar o devido, fazendo-se inimigo de si mesmo; antes o advirto que o soldo que se lhe dá é para o seu sustentamento, e não para se enriquecer com ele".[131] Era legítimo, portanto, que seus vencimentos fossem sujeitos a deduções, relativas ao fornecimento de víveres, vestuário, alojamento e equipamento pela Coroa. Mesmo as armas e munições usadas chegaram a ser abatidas do soldo, o que finalmente se reputou prejudicial, visto que o atirador economizava a munição que tinha de pagar.

Na Bahia, não era diferente. Em espécie, o soldado recebia rações de carne bovina e de peixe, farinhas (de trigo, excepcionalmente; mas principalmente a farinha de mandioca, chamada "farinha de guerra" ou "farinha de pau"), além do vestuário, como parte do soldo total. A quantidade dependia das condições de abastecimento de Salvador, mas uma ração razoável parece ter sido algo como um arrátel de carne por dia (equivalente a 460 gramas) e um alqueire de farinha por mês (pouco mais de 36 litros).[132] Na escassez, chegou-se a pagar o soldo com o açúcar armazenado no porto, substituindo até um terço da ração de farinha. Trazia-se o doce da praia e com ele se fazia garapa, que era

---

130 Provisão régia sobre o pagamento do meio-soldo, 26/07/1641, In: CCLP, 1640-47, p. 90; Portaria do governador conde de Atouguia, 22/07/1654, DHBN, v. 18, p. 266; Freitas. *O combatente*, p. 192.

131 Freitas. *O combatente*, p. 191.

132 Ordem do governador Diogo Luís de Oliveira, 08/06/1628, DHBN, v. 15, p. 196-8; Mello, *Olinda restaurada*, p. 287.

distribuída pela infantaria "para seu mantimento e refresco".[133] Vale lembrar que a distribuição de rações e o pagamento de soldos com mercadoria também obedecia a estrutura hierárquica dos terços do presídio. Assim, podia-se encontrar um oficial inscrito para receber sozinho até seis rações, mesmo em períodos de escassez. Cada capitão tinha direito a quatro rações ou, se era reformado, recebia a ração dupla dos oficiais menores.[134] À guisa de comparação, anote-se: no Brasil Holandês, as rações semanais do soldado eram de "quatro vasilhas de farinha (*kannekens*), quatro libras de carne e onze *stuivers* em dinheiro". Vale dizer, pouco mais que a metade da ração ordinária do presídio soteropolitano e do socorro diário de dois vinténs, se fossem entregues regularmente. No auge do isolamento militar de Recife, a ração chegou a apenas uma libra (494 gramas) de pão por semana. Em geral, portanto, considerando que todos essas quantidades certamente eram oscilantes, o soldado dos terços de Salvador parecem ter vivido melhor que aqueles das guarnições da WIC.[135]

Quanto à vestimenta, os soldados estavam sempre sumariamente vestidos, quase todos descalços, causando alarme ao governo colonial em mais de uma ocasião. Além da preferência pelo traje escasso e leve, o material dado à tropa como soldo era de qualidade inferior, e dificilmente resistia por muito tempo. Ademais, na falta de pagamento, houve quem vendesse o que vestia para se sustentar. Deste modo, era sempre possível pagar o soldo com "vestidos de munição", e os pedidos de remessa eram comuns.[136] A documentação menciona a distribuição de "fardas", mas os vestidos não eram uniformizados. Como identificação, em campo de batalha, os capitães e oficiais maiores usavam uma faixa de pano, diagonal ou horizontal, na altura do diafragma. Os neerlandeses usavam a cor de laranja, naturalmente. Os exércitos dos Habsburgo marcavam-se com o vermelho, como se pode bem ver na pintura de Juan Bautista Maino, *La recuperación*

---

133 Provisão do governador Pedro da Silva, 28/04/1638, DHBN, v. 17, p. 61. Também houve quem tivesse preferência por receber rações em açúcar, como o capelão-mor do exército, em 1643 (Carta do padre Amador Antunes, 24/04/1643, AHU, Bahia, série Luísa da Fonseca, cx. 9, doc. 1006).

134 Certidão de como se obrou a cunhagem de moeda, 17/01/1644, AHU, Bahia, série Luísa da Fonseca, cx. 9, doc. 1033.

135 Considerou-se, para a comparação, o *stuiver* equivalente a 10 réis, a libra de carne do Brasil Holandês equivalente à de Amsterdam (494 gramas), mas não foi possível Neme. *Fórmulas políticas*, p. 141; Mello. *Olinda restaurada*, p. 448.

136 Veja-se, por exemplo: Carta de Pedro Cadena de Vilhasanti a S.M., 03/11/1638, AHU, Bahia, série Luísa da Fonseca, cx. 7, doc. 803; Relação da Fazenda Real na Bahia, 09/11/1643, AHU, Bahia, série Luísa da Fonseca, cx. 9, docs. 1030-4; Carta de D. Juan da Vega Bazán ao Conde da Torre, 10/06/1639, BPA, Cód., 51-x-7, fl. 260v; Mais detalhes sobre a indumentária de guerra em Mello, *Olinda restaurada*, p. 260 e segs.

de Bahia, e em muitas outras. As forças portuguesas no Brasil, depois de 1640, prova-velmente usavam uma faixa branca, se tanto, como no retrato de Francisco Barreto.[137]

Um dos componentes mais importantes da remuneração do combatente seis-centista, o butim, não integrava os rendimentos dos homens da guarnição da Bahia, por motivos óbvios. A única exceção foi o saque da cidade de Salvador pelo exército hispano-português, em 1625. Ainda assim, é possível encontrar a pilhagem como mo-tivação para o alistamento em operações contra o corso inimigo, na barra da baía, em 1652. Entre as ordens do capitão Bernardo de Aguirre, que comandou quatro naus aparelhadas para esse propósito, previa-se que "rendidas as velas do inimigo, ou qualquer delas, dará saque livre aos soldados, reservando a artilharia e petrechos dela, mas de tal maneira que não ocasione a ambição dos soldados nos despojos, qualquer desordem das que muitas vezes sucedem em semelhantes ocasiões". Provavelmente, foram problemas na cobrança do quinto da Coroa (que incidia sobre os frutos do butim), ou alguma outra irregularidade na venda do patacho holandês que se logrou capturar naquela costa, que resultaram na prisão de Aguirre, meses depois.[138]

É claro, portanto, que todo soldado tinha sua conta de soldos a receber, da qual eram deduzidos os valores dos socorros em dinheiro, das rações e vestimen-tas que lhe eram dados. Este cálculo podia ser feito junto aos oficiais da Fazenda, a partir dos registros dos pagamentos ocorridos e da data em que o dito soldado havia sentado praça. Na falta de esperança de ressarcimento no Brasil, foram muitos os que apelaram a Lisboa. A soma de atrasados de que se pedia satisfação variava bastante, dos 4$000 de um soldado a 700$000 de um capitão, passando pelos "cento e trinta e tantos" de um gentil-homem da artilharia. Em 1652, o sargento-mor Antônio Pereira dizia estar há doze anos sem nenhum ajuste de contas. O pagamento de tais atrasados pelos cofres do Reino foi proibido logo em 1631, "considerando que se houvesse de fazer tais remates não haveria dinheiro que bastasse", e tal resolução seria constantemente reafirmada pelos Conselhos da Coroa, dali em diante. Assim, os requerimentos continuaram a chegar na pro-vedoria de Salvador, anos depois de terminado o conflito. Segundo o Conde de Atouguia, "muitas pessoas que me serviram nas guerras desse Estado me pedem aqui, e lhes concedo provisões e cartas para se lhes pagarem algumas quantias que

---

137 Portaria do governador Conde de Atouguia, 21/01/1657, DHBN, v. 19, p. 114; Parker. *The military revolution*, p. 71.

138 Regimento do sargento-mor Ascenço da Silva, 06/04/1655, DHBN, v. 4, p. 43; Carta régia ao conde de Atouguia, 28/09/1655, DHBN, v. 66, p. 82.

se lhes ficaram devendo de seus soldos vencidos", sendo que "nos ditos pagamentos devem preceder os dos soldados aleijados e pobres".[139]

Não obstante, também era comum que a Coroa buscasse se mostrar indulgente, e alguns dos pedidos que iam a Portugal eram considerados. Assim, soldados estropiados e fugitivos do cativeiro holandês costumavam ter suas petições atendidas – sempre com a ressalva de que a concessão estava à parte da regra. O mesmo podia acontecer com a viúva que perdera o marido na guerra do Brasil, às vezes também um filho. Aquele que andava metido em descaminhos de especiarias da Índia teve o pedido recusado, apenas com base no julgamento de sua índole. Salvo no exercício da piedade, os valores concedidos jamais atingiam a soma pedida, que geralmente estava entre 100 e 200 mil réis. O montante incluía o tempo em que o soldado estivera fora da Bahia, capturado, em guerra ou em trânsito. O procurador da Coroa, em 1641, sugeriu um teto de trinta cruzados. O Conselho Ultramarino teve por praxe um limite de 20 mil réis. Além do recebimento (reduzido) em dinheiro, uma opção para quem tinha haveres com a Coroa era incluir suas contas junto a uma petição de mercê, na qual os soldos atrasados entravam como serviço a ser recompensado por graça real.[140]

A concessão de mercês era aquilo que se considerava a verdadeira remuneração do mérito militar. A "justiça distributiva" de prêmios e castigos era a base da conservação de qualquer monarquia, segundo Antônio Vieira.[141] O requerimento podia ser enviado à Coroa do Brasil, mas o andamento dos despachos precisava ser conferido em Lisboa pelo próprio pleiteante ou por um procurador – o que, invariavelmente, implicava em custos consideráveis. A boa relação com os superiores era importante, pois a decisão de outorga dependia das certidões que emitiam, reconhecendo os serviços do requerente. Certas mercês podiam mesmo ser concedidas pelo governador – prin-

---

139 Requerimento de Gaspar Fernandes, 23/10/1641, AHU, Bahia, série Luísa da Fonseca, cx. 8, doc. 935; Ordem para o pagamentos de soldos no Brasil, 21/12/1651, BPA, Cód. 50-v-32, fl. 354; Carta régia ao conde de Castelo Melhor, 15/04/1652, DHBN, v. 66, p. 28; Carta régia ao conde de Atouguia, 07/10/1654, DHBN, v. 66, p. 65.

140 AHU, Bahia, série Luísa da Fonseca, cx. 4, doc. 469; cx. 5, doc. 599; cx. 7, docs. 747, 749, 763, 775; cx. 8, docs. 865, 878, 933, 938, 939, 943, 952, 973, 997; cx. 11, doc. 1320; cx. 12, docs. 1450, 1477. Em pelo menos um caso, a Coroa emitiu ordem para que a Fazenda Real no Brasil pagasse os atrasado a um dos militares (ANTT, Chancelarias, D. João IV, livro 16, fl. 204v).

141 O tema é largamente coberto por uam variedade de autores. Cite-se, entre muitos: Antônio Manuel Hespanha, *La gracia del derecho*. Madri: Centro de Estudios Constitucionales, 1993; Olival, *As ordens militares, op. cit.* Para o regime de concessão de mercês na administração colonial, veja-se Ricupero, *Honras e mercês, op. cit.*

cipalmente, sesmarias. Mas as graças mais pedidas eram os hábitos das ordens militares (principalmente, da Ordem de Cristo), que conferiam ao irmão uma renda anual
em moeda e isenções no pagamento de tributos. Além, é claro, da estatura social que
conferiam. Como se viu, um posto de comando (de companhias, principalmente) ou
na administração eram outros meios de agradecimento. Mas também haviam os foros
de fidalgo, os escudos de vantagem sobre o soldo, ou mesmo privilégios específicos,
relativos a certa condição ou posição individual.[142]

Não obstante a largueza do assunto, interessa-nos aqui estimar a força da "economia da graça" em garantir a mobilização e a disciplina da infantaria do presídio. O
problema existe fundamentalmente porque privilégios não se podem banalizar, distribuídos entre o vulgo, sem que ao mesmo tempo percam o seu sentido. Mas é o vulgo
que dá a população da infantaria. Ademais, a concessão de terras exigia do agraciado
capital suficiente para dela tirar proveito, o que já não seria pouco em meados do
século XVII, quando já havia aproveitamento de terrenos marginais e a aquisição de escravos podia ser custosa. Tampouco era possível manter o exército com a distribuição
de postos administrativos, ou incorporá-lo todo a uma das ordens militares, nem se
poderia empregar mais oficiais que soldados. Assim, com a preeminência da guerra de
infantaria e do exército permanente, "o soldo foi assumindo definitivamente o caráter
de contrapartida justa e essencial à prestação do serviço militar".[143] Do ponto de vista
da sustentação do exército, o sistema de concessão de mercês teve um papel apenas
complementar, restrito aos oficiais (alferes ou superiores). Com todas as deficiências
e atrasos, o soldo ainda era o meio mais importante de controle e disciplina dos homens do presídio de Salvador.

Segundo o ambiente ideológico de então, esse controle não haveria de ser importante. Todo soldado haveria de cumprir, por sua vontade, com seu papel no ordenamento do exército. Como já vimos, seria leal à Coroa e obediente a seus governadores,
zeloso na despesa do soldo, mas generoso no serviço de Sua Majestade, certo de contar com seu agradecimento. Além disso, o *Regimiento Militar* de 1644 prescrevia que:

> Deve guardar-se com grandíssimo cuidado de cair em infâmia, como é estar aman-
> cebado, trazer consigo mulher que não seja a sua, beber de modo que se prive com
> o vinho do seu sentido: e a estes tais bêbados deve-se-lhes retirar a praça. Não
> sejam ladrões, nem encobridores, nem amotinadores, que se lhes dará morte com

---

142 Albuquerque, *A remuneração de serviços*; Carta do conde de Atouguia ao rei, 16/10/1655, DHBN, v.
     4, p. 263.

143 Freitas, *O combatente*, p. 194.

desonra. Não seja falador, ouvir aqui e murmurar ali, que fará inimigos, e ninguém o quererá ver (…)

Seja curioso de saber jogar a espada, adaga, broquel e rodela, pique, arcabuz e mosquete, que é importante a este hábito militar.

Será vigilantíssimo a fazer a sua guarda, assim de posto como de ronda, em qualquer lugar que o puserem, que é a principal obrigação que tem. (…)

Se o seu capitão, alferes, ou sargento, ou cabo de esquadra, ou sargento-mor deitarem mão à espada ou à insígnia que trazem para o castigar com cólera, ainda que não tenham razão, ouça-os e não replique (…). E aviso-o que não deite a mão à espada, nem a outra arma alguma para resistir e defender-se, que lhe custará a vida (…).

Não há de jogar sobre as armas, que sem elas não se pode servir a El-Rey; nem jogará vestidos (…), nem sobre palavra, que é a causa de perder o crédito.[144]

Este *Regimiento*, logo se vê, enquadra-se na vasta "literatura normativa e conceitualista, inçada de erudição moralizadora e pedagógica", que se proliferou durante o século XVII português.[145] Especificamente, é voltado para a administração joanina dos terços militares, durante a Guerra da Restauração. Aqui, aparece como um modelo do que era esperado do combatente, com o qual se pode aferir distâncias e proximidades entre o real e o ideal.

Dizia-se, então, que o soldado havia de ser pudente para não cair na infâmia. Pedia-se o recrutamento de homens solteiros, e decerto lhes era permitido o casamento na Bahia. Talvez isso fosse mesmo desejável, como força civilizadora. O perigo eram as amizades, o chichisbeísmo, o amor da murixaba e os entreveros concomitantes. Com que esforço, aliás, haveriam de ignorar as mulheres negras de Salvador, às quais o próprio Diogo Luís de Oliveira parecia bem se afeiçoar.[146] Não que o contrário fosse tão comum. Em Portugal, "não há capitão nenhum que não tenha sua amiga das portas adentro, e isso custa muito". Nos terços espanhóis em Flandres, era notório ao comando que cada companhia de 200 homens necessitava de quatro a oito *femmes publiques*

144 *Regimiento militar*, fls. 1-3. *Apud*: Freitas, *O combatente*, p. 194.

145 França, *Portugal na época da Restauração*, p. 147.

146 Carta do governador de Angola Fernando de Souza a Diogo Luís de Oliveira, 25/02/1628, BPA, Cód. 51-IX-20, fl. 378v; Pagamentos aos capitães do presídio por conta de sus soldos, c. 1629, BPA, Cód. 49-X-10, fl. 141.

(ainda que o regulamento exigisse trabalharem "disfarçadas de lavadeiras ou algo similar").[147] A América tropical não haveria, pois, de arrefecer os trópicos do soldado.

Com a bebida, como se viu, censurava-se o excesso, o beber até a privação dos sentidos. Não há notícia de grandes problemas causados pela bebida entre soldados do presídio baiano, mas em Portugal eles eram comuns. A temperança parece prevalecer especialmente se o português é comparado aos holandeses e demais soldados da WIC, que tinham fama de beberrões. Em alguma medida, porque os soldados oriundos das cidades maiores dos Paises Baixos tinham hábito de beber desde muito pequenos, dada a escassez de água potável. Ali, a cerveja era tida como bebida livre de germes e perigos à saúde, provavelmente piores que o alcoolismo. Diga-se, aliás, que o tabaco brasileiro também era bastante apreciado entre os militares.[148]

Ainda no campo dos prazeres, o *Regimiento* menciona o jogo. Desde que fosse limpo, não era proibido aos militares. Entre os portugueses, a preocupação residia, mais uma vez, nos excessos, "porque se um soldado joga a paga, também vende os sapatos para jogar". Um dos motivos para o pagamento do soldo em pequenos socorros diários era que "os soldados não podem esperar tão largo prazo nem receber tanto dinheiro junto, porque ou fogem das bandeiras com ele ou jogam-no e ficam morrendo de fome, com ocasião de fazerem os excessos que a necessidade costuma causar".[149] O mais grave, como se vê, era que apostassem suas armas, para o que o exército previa punição de aprisionamento em golilha. Em abril de 1639, aliás, o Conde da Torre achou necessário lembrar os soldados que a venda das armas e munições providas pelo exército era proibida, sobretudo para os habitantes de uma colônia escravista certamente dispostos a pagar bem por instrumentos de violência.[150]

Até aqui, tudo se limita a certa liberalidade, por parte dos militares, e o comedimento já bastava. Com as negligências e deserções, o problema era mais grave e as consequências estavam além do pudor público. Se a infantaria era incapaz de sustentar suas posições em campo, não haveria muita esperança na guerra. Como já se discutiu, a indisposição para permanecer nos seus postos era um dos motivos pelos quais as milícias de moradores eram incapazes de prover a defesa da colônia. Perto de casa,

---

147 Freitas, *O combatente*, p. 281; Parker, *El ejército de Flandes y el Camiño español: 1567-1659*, p. 217.

148 Freitas, *O combatente*, p. 285-7; Mello, *Olinda restaurada* p. 264.

149 Coletânea de documentos de Francisco Soares de Abreu, BPA, Cód. 49-x-10, fl. 111-115; Freitas, *O combatente*, p. 286-7. Entre os holandeses, conta-se que, após a ocupação e saque de Salvador "não tardou em começar o jogo à vous, à moi, dividindo-se o ouro e a prata em chapéus, e havendo quem arriscasse numa carta trezentos e quatrocentso florins" (Aldenburgk, *Relação*, p. 174).

150 Bando que se lançou sobre as munições que se dão aos soldados, 01/04/1639, CCT, vol. III, fl. 24.

não era tão difícil abandonar o combate.[151] Geoffrey Parker estimou que, nos exércitos europeus daquele tempo, as deserções e a mortalidade chegavam a causar baixas de 20% dos contingentes militares, em apenas um ano. As fugas poderiam alcançar até 7% do contingente, em um único mês. Como vimos, as deserções já eram elevadas no ato do recrutamento, e Antônio Hespanha considera que um sétimo dos efetivos recrutados para a Guerra da Restauração desertava (em situações específicas, essa razão poderia chegar a 50%).[152] Naturalmente, estes são números extremos, e embora seja difícil estimar quantos soldados desertaram do presídio soteropolitano ao longo da guerra, nunca se chegou a tal proporção.

Para o soldado que tentava deixar a guerra e o exército para trás, era preciso abrir um caminho até o destino procurado, ou considerar as oportunidades. Entre as colônias, era possível buscar refúgio na hinterlândia agrícola, na trilha do gado ou em outras capitanias. O rumo mais favorável parece ter sido a passagem para as colônias meridionais, Porto Seguro em primeiro lugar, e "por ela vai passando para as do Sul". Muitos se estabeleciam em Sergipe D'El Rei. Em 1658, cinco soldados do presídio roubaram um barco e fugiram, uns para o Espírito Santo, outros para São Vicente, e a lei foi no seu encalço. Para conter as deserções, o governo geralmente agia com rigidez. Como no presídio todos eram alistados, e havia controle por parte dos oficiais menores, era possível dar nome àqueles que se ausentavam. Se eram notados os embarques sem licença para Portugal ou outras praças, os nomes eram enviados e o desertor poderia ser preso ao desembarcar. Em Salvador, a punição podia chegar ao enforcamento.[153] Mas nem sempre foi essa a atitude do governo. Na década de 1650, buscou-se recrutar desertores de volta para o exército, para participar das Jornadas do Sertão, contra os indígenas, em troca de indultos. Em outra ocasião, oferecia-se perdão a quem estivesse casado, mas ordenava-se que não fossem mais dados currais e lavouras a desertores, e que "todos os que não for preciso assistirem nos currais em

---

151 Veja-se a fragilidade das linhas de milicianos em Mello, *Olinda restaurada*, p. 226, ou Freitas, *O combatente*, p. 40.

152 Parker. *The military revolution*, p. 53; Hespanha (ed.). *Nova História Militar de Portugal*, v. 2, p. 25.

153 Carta de D. Juan da Vega Bazán ao Conde da Torre, 09/02/1639, CCT, v. 1, p. 119; Auto que requereu o mestre do navio *San Nicolau*, 15/06/1639, BPA, Cód. 51-x-7, fl. 455; Carta de Antônio Teles da Silva a S.M., 04/06/1644, AHU, Bahia, série Luísa da Fonseca, cx. 9, doc. 1060; Consultas do Conselho Ultramarino, 21/04/1651, 23/10/1653 e 12/10/1654, AHU, Bahia, série Luísa da Fonseca, cx. 12, docs. 1404, 1542, cx. 13, doc. 1565.

que estão, os quais serão muito raros", fossem presos e enviados de volta a Salvador.[154] O Conde de Atouguia foi aquele mais trabalhou nesse sentido. Em 1654, o governador conseguiu reintegrar ao presídio 349 homens que estavam afastados, alguns por até dez anos, com ou sem licença.[155]

Voltar para Portugal era o desejo de tantos outros. Se a vigilância do porto era fraca, podia-se embarcar às escondidas, e apresentar-se para o serviço na tripulação dos navios. Isso aconteceu em "grande número" em 1644 e em "número considerável" no torna-viagem das frotas da Companhia Geral de Comércio, a despeito das medidas em contrário lançadas pelo governo-geral. Se isso não fosse possível, era melhor passar ao Rio de Janeiro, ou alguma das praças meridionais, e de lá para os portos lusitanos.[156]

Havia militares de todas as patentes e funções a desertar de seus postos, inclusive no comando. O Conde de Óbidos, D. Vasco Mascarenhas, comandante da artilharia no exército do Conde da Torre, em março de 1640 voltou a Portugal sem licença do governador, escondido em uma caravela. Ao que parece, por causa das dívidas que havia acumulado em Salvador, por fretes de açúcar que despachou a fiado e saques que fez junto ao tesoureiro dos órfãos e defuntos.[157] No confronto naval ocorrido em proximidade dos Abrolhos, no litoral baiano, grande parte das embarcações de ambos os lados hesitaram em se aproximar do combate, em várias momentos deixando os navios principais à mercê do fogo inimigo. O engajamento dos recalcitrantes na batalha teria sido decisivo para ambos os lados.[158] Em 1647, Francisco Barreto foi apri-

---

154 Carta de Francisco Barreto ao governador do Rio de Janeiro, 26/02/1658, DHBN, v. 33, p. 281; Carta do conde de Castelo-Melhor ao capitão-mor de Sergipe D'El Rei, 01/06/1650, DHBN, v. 3, p. 61; Carta do conde de Atouguia ao capitão-mor de Sergipe D'El Rei, 16/11/1654, DHBN, v. 3, p. 237; Carta do conde de Castelo-Melhor ao sargento-mor Diogo de Oliveira Serpa, 22/05/1651, DHBN, v. 3, p. 108.

155 Consulta do Conselho Ultramarino 23/10/1653, AHU, Bahia, série Luísa da Fonseca, cx. 12, doc. 1542; Carta do conde de Atouguia ao rei, 12/10/1654, AHU, Bahia, série Luísa da Fonseca, cx. 12, doc. 1565; Carta do conde de Atouguia ao capitão-mor de Porto Seguro, 15/11/1654, DHBN, v. 3, p. 232; Lista da mostra que se passou na infantaria, 15/12/1654, AHU, Bahia, série Luísa da Fonseca, cx. 13, doc. 1580.

156 Carta de Antônio Teles da Silva a S.M., 29/06/1644, AHU, Bahia, série Luísa da Fonseca, cx. 9, doc. 1074, Consulta do Conselho Ultramarino, 21/04/1651, AHU, Bahia, série Luísa da Fonseca, cx. 12, doc. 1404; Carta de D. Juan da Vega Bazán ao Conde da Torre, 10/06/1639, BPA, Cód. 51-x-7, fl. 261; Carta do conde de Castelo-Melhor aos administradores da Companhia Geral, 31/05/1653, DHBN, v. 3. 157.

157 Cartas do Conde da Torre ao Duque de Villahermosa, 25/03/1640 e 29/03/1640, CCT, vol. 1, fls. 348v, 350v.

158 Boxer, *The action between Pater and Oquendo, 12 September 1631*, op. cit.

sionado com facilidade no litoral por duas fragatas holandesas porque as caravelas que acompanhavam seu navio excluíram-se de uma briga de poucos riscos.[159] Mesmo pequenos atos de negligência causava transtornos. O almirante D. Juan de Vega Bazán reclamava que "nos navios das armadas de ambas as Coroas não há vigias nem rondas, e que à terra vem dormir todos os marinheiros que querem, e como se vem em sua liberdade e em campanha aberta, e é gente vil, fazem o que costumam".[160]

A deserção para o inimigo era naturalmente a que causava mais preocupação, pois assim "levam cartas e notícias de tudo o que se por cá passa, mas também publicarão as novas que o rebelde lhe ordenarem que publiquem para desanimarem alguns poucos fiéis que na campanha de Pernambuco temos". Quando sete flamengos do exército castelhano fugiram de Salvador, o Conde da Torre isolou todos os demais entre os navios da armada, e procurou descobrir como e com a ajuda de quem haviam conseguido escapar – no fim, foram alcançados nos arredores da Torre dos D'Ávila. Um capitão castelhano, em 1652, roubou um barco e juntou-se à pequena flotilha neerlandesa que rondava a baía. Do mesmo modo, buscava-se atrair o desertor do exército da WIC, principalmente o inglês e o francês, garantindo-lhes o salvo-conduto até Castela, e de lá para sua terra. Já mencionamos a história do coronel Hooghstraten, e os homens de seu comando.[161] Mas houve tantos outros, entre os soldados da Companhia, que fugiam de Recife para a Bahia, onde buscavam passaportes para passar a Portugal, e de lá para seus países de origem. O próprio Francisco Barreto conseguiu escapar do cativeiro após convencer um holandês, o filho de seu carcereiro, a desertar.[162]

Ainda que os motivos para a deserção possam ser inúmeros, em geral creditava-se a fuga à falta de pagamento. Por vezes, o soldado que cometia algum delito, por vício, descuido ou necessidade, desertava para escapar dos oficiais da justiça. Não obstante, responsabilizava-se a situação geral do presídio, o "miserável estado" em que se encontravam os soldados, "por haver muitos anos que estavam nesta praça

---

159 O capitão e o alferes responsáveis pelo resto da esquadrilha foram presos assim que desembarcaram em Salvador, e morreram nas prisões de Lisboa, depois recusados todos os seus pedidos de indulto (AHU, Bahia, série Luísa da Fonseca, cx. 11, docs. 1279, 1280, 1312; cx. 12, docs, 1435, 1471).

160 Carta do Conde da Torre a Salvador Correia de Sá, 18/04/1639, BPA, Cód. 51-x-7, fl. 246-v.

161 Carta do Conde da Torre a S.M., 11/01/1640, BPA, Cód. 51-x-7, fl. 125; Carta do Conde da Torre a D. Juán da Vega Bazán, 01/04/1639, BPA, Cód. 51-x-7, fl. 242; Carta de Antônio de Couros Carneiro ao Conde da Torre, 05/06/1639, BPA, Cód. 51-x-7, fl. 254; Certidão de Gonçalo Pinto de Freitas, 06/07/1639, BPA, Cód. 51-x-7, fl. 459; Carta do conde de Castelo-Melhor ao capitão-mor de Ilhéus, 07/03/1652, DHBN, v. 3, p. 152.

162 Albuquerque, *A remuneração de serviços*, p. 39; Moreau. *História das últimas lutas*, p. 73.

padecendo grandes misérias, e por esse respeito desesperados, que por mais preven-
ções que faço para que não fujam, se arriscam a serem enforcados, só por se verem
em sua liberdade".[163]

No entanto, pior do que desertores, os soldados podiam se mostrar "ladrões,
encobridores e amotinadores", e são muitos os registros deixados dos crimes cometidos por gente do exército. Hermann Wätjen já havia registrado a violência gerada pela soldadesca no Brasil Holandês: "furto, roubo, assassínios e homicídios (sic),
embriaguez e excessos desordenados com mulheres faziam parte da ordem do dia".
Conta Barleus que rondava entre a infantaria o ditame: "além do Equador, não existe
pecado".[164] Em Recife, também porque a fome extrema que ali se viveu em certos
períodos podia levar um homem ao desespero. Mas algo similar parece ter ocorrido
na Bahia. Em 1639, por exemplo, os vizinhos da ilha de Itaparica foram vítimas de um
grupo de salteadores partidos da nau *Sansão*, que ali era submetida a reparos. Era um
grupo de dezesseis ou mais soldados, portugueses e castelhanos. Roubaram as casas e
mataram um morador de tal modo que a população estava aterrorizada mesmo para
fazer a denúncia, em Salvador. O próprio exército podia ser a vítima, e o provedor-
-mor averiguou em 1638 a ocorrência de "grandes roubos de ferramentas, pólvora,
armas e munições".[165] Nos momentos de maior miséria do presídio, como em setembro de 1638, temeu-se inclusive que a tropa se amotinasse, abolindo a hierarquia, e
"se metessem pelas casas dos moradores a roubar e pelas estradas, como já o fazem".
Em 1649, o boato era que o exército de Pernambuco estava pronto para revoltar-se.
Diogo Luís de Oliveira, veterano de Flandres, já avisava a Câmara de Salvador desde
1627: "como a necessidade não é sujeita à lei, e os soldados gente por natureza livre,
serão certas as insolências".[166]

O motim aberto dos terços nunca chegou a acontecer – o que é relevante, visto
a frequência com que ocorriam em guerras daquele tempo. Antônio Teles da Silva,

---

163 Carta de Antônio Teles da Silva a S.M., 04/06/1644, AHU, Bahia, série Luísa da Fonseca, cx. 9, doc.
1060; Consulta do Conselho Ultramarino, 08/11/1651, AHU, Bahia, série Luísa da Fonseca, cx. 12,
doc. 1448; Carta do Conde de Castelo-Melhor a Diogo de Oliveira Serpa, 22/05/1651, DHBN, v. 3,
p. 108.

164 Wätjen. *O domíno colonial hollandez*, p. 146; Mello. *Nassau*, p. 57.

165 Carta do Conde da Torre a D. Juán da Vega Bazán, 09/11/1639, BPA, Cód. 51-x-7, fl. 294.

166 Atas da Câmara de Salvador, 16/05/1631 e 30/07/1638, DHAM:AC, v. I, p. 188-92, 370-2; Carta de
Antônio Teles de Menezes a S.M., 08/06/1649, AHU, Bahia, série Luísa da Fonseca, cx. 11, doc.
1349; Carta do Conde de Castelo-Melhor ao capitão Francisco de Araújo, 02/05/1651, DHBN, v. 3,
p. 98.

em 1642, disse que estavam à beira da insubordinação quando assumiu o governo, mas logo seriam aquietados por uma mostra geral, com distribuição de socorros em dinheiro.[167] Ainda assim, houve momentos em que os soldados fizeram de Salvador uma terra de ninguém. Mulheres davam razão a intrigas que, sem mais, chegavam à morte. Não eram raras agressões como a que sofreu Margarida da Costa, a esposa do meirinho da cidade. Depois de discutir na Igreja (por razões desconhecidas) com a esposa de Antônio de Brito de Castro, sargento-mor de um dos terços, este (com dois dos seus) encontrou-a na rua e cortou-lhe os cordéis da rede, fazendo-a tombar ao chão, onde lhe deu seguidas bengaladas e coices, no rosto inclusive.[168] Se alguns eram assediados em público, outros o eram depois que escurecia. Uma pedra jogada na noite e o porteiro da Alfândega ficou cego de um olho. Pior foi o sucedido com o irmão de Bernardo de Aguirre, baleado pelas costas quando se recolhia a sua casa – talvez pelos inimigos do irmão, enquanto este comparecia à corte de Lisboa. Na falta de punição ao delito, o capitão afirmou desesperançoso que "não esperava remédio daquele Estado".[169] A luta de facções internas ao exército era a raiz de outra parcela da violência. Entre as várias ocorrências, surpreende-nos a frequência com que o capitão, depois mestre-de-campo, João de Araújo aparece como uma das partes, sobretudo contra aqueles que acusava de "criados de Diogo Luís de Oliveira". Aliás, foi Bernardo de Aguirre quem o socorreu, quando o "governador da artilharia" Gaspar Pinheiro Lobo desferia-lhe cutiladas.[170] Em 1651, a Bahia era descrita como um teatro de

> injustiças, tiranias e moléstias, chegando o excesso a tanto que não ficou donzela, nem casada, que ou por força ou por ameaças não fossem constrangidas e violentadas em suas honras, e não tão somente ficaram estas exorbitâncias sem castigo, mas também o ficaram muitas mortes e cutiladas, que se deram na mesma praça por respeitos particulares; antes os criminosos foram, alguns, premiados com insígnias, e que, ao

---

167 Auto sobre o pagamento de 30.000 cruzados a Manuel Garcia Franco, 15/09/1643, AHU, Bahia, série Luísa da Fonseca, cx. 9, doc. 1019; Vide Parker, *El ejército de Flandes y el Camiño español: 1567-1659, op. cit.*

168 Não cabe aqui descrever as demais agressões que Margarida da Costa sofreu. Para mais casos de violência contra mulheres, veja-se: Consultas do Conselho Ultramarino, AHU, Bahia, série Luísa da Fonseca, cx. 11, doc. 1285, cx. 12, 1469, 1470, cx. 13, 1579.

169 Consultas do Conselho Ultramarino, 11/01/1652 e 24/01/1652, AHU, Bahia, série Luísa da Fonseca, cx. 12, docs. 1456, 1458; veja-se também: Ordens do governador-geral Conde da Torre, 02/1639. CCT, vol. III, pfls.18-22.

170 Na falta de ocasião para entrar no assunto, registre-se aqui alguns documentos onde se pode ver João de Araújo às voltas com seus inimigos: AHU, Bahia, série Luísa da Fonseca, docs. 598, 751, 881, 908, 1421, 1513; BPA, Cód. 51-VI-21, fls. 201, 273.

mesmo passo, se fizeram muitos roubos na Fazenda de Vossa Majestade, havendo pessoa que não levou deste Reino coisa alguma, e traz mais de cinquenta mil cruzados, como é fama pública, e que chegou o ponto a tanto que se dizia naquela praça publicamente que melhor seria experimentar o jugo dos holandeses...[171]

A razão de tal impunidade, vista na leniência nas devassas e execuções, não é difícil de se avaliar: os facínoras que se buscava punir estavam no comando do exército, ou eram seus associados. Provavelmente, muitos eram os mesmos que se destacavam nas ocasiões de guerra. O auto-controle do exército barrava-se, de início, no pouco caso que os oficiais maiores faziam dos problemas dos moradores, além de um "sentimento de desconfiança em relação aos indivíduos que não faziam parte do universo militar", que os levava a coadunar com as atitudes dos praças e transigir nas penitências.[172] Em 1639, D. Fernando de Lodeña foi exemplar no encobrimento de dois dos soldados do seu pequeno terço, condenados à morte por alguma ofensa desconhecida. No dia da execução, dirigiu-se ao Conde da Torre para pedir, de joelhos, misericórdia para os condenados. O Conde, que já tinha negado o mesmo pedido a um grupo de clérigos, respondeu que "faria justiça e misericórdia juntamente". O mestre de campo injuriou-se com a negativa – "blasfemando e descomposto", reuniu o capitão dos dois soldados, com sua companhia, e armou tamanho motim no local da execução que foi possível libertar os dois condenados e refugiá-los no convento de Nossa Senhora do Carmo. D. Fernando foi preso no Forte de Tapagipe, para embarcar a ferros para a Europa, mas o Conde logo lhe devolveria o comando – "era e sempre fora seu amigo", ele havia dito; "sirvamos a El Rey".[173] Não que nada disso deixasse de acontecer em Portugal, onde a Coroa sempre ponderava o valor de um militar na hora de julgá-lo por certo delito. Mesmo aquele Antônio de Brito de Castro, que se viu haver surrado a esposa do meirinho de Salvador, era protegido pelo governador Antônio Teles de Menezes. Em outra ocasião, quando Bernardo de Aguirre e Gaspar Pinheiro Lobo entraram em conflito pelo comando de uma companhia, o monarca recomendava

---

171 Consulta do Conselho Ultramarino sobre carta de Antônio de Couros Carneiro, 08/03/1651, AHU, Bahia, série Luísa da Fonseca, cx. 12, doc. 1395. Em Pernambuco, as atrocidades eram ainda mais graves (Mello, *Olinda restaurada*, p. 214).

172 Freitas, *O combatente*, p. 256; Para uma bela ilustração do tema, veja-se o filme *A noite dos generais,* de Anatole Litvak.

173 CCT, v. 3, fl. 411-430v.

que "é conveniente abreviar judicialmente as culpas dos capitães suspensos para seus livramentos largos não darem ocasião a maiores despesas".[174]

Muito da indisciplina estava ligado aos ares de fidalguia que se respirava no exército, um ambiente de estoicismo egocêntrico que fazia do militar um idealista, soberbo ao ponto da insolência, obcecado pelo sentimento de honra – um frágil acordo entre a autonomia do homem e o moralismo do espírito, "a um tempo espontâneo e artificial".[175] É D. Quixote e D. Juan, a um só tempo, e aparece satirizado no *Capitano*, da comédia *dell'arte*. Os *hidalgos* espanhóis são certamente os mais característicos; o fidalgo de Portugal, com suas dúvidas de sangue e sua nostalgia sebastianista, era certamente mais entrevado; sobretudo na comparação com o *honnête-homme* francês, como o impagável Cyrano de Bergerac. Transparece o "heroísmo improdutivo", ou "heroicidade autopunitiva", mencionados por Oliveira França. Dava-se grande valor a gestos de valentia, mesmo quando suicida. Corria entre os homens a história de uma vitória contra os franceses, no cerco de Fonte Rabia (Hondarribia), na qual um destacamento português enervou-se com a cobardia da guerra de sítio e desafiou o inimigo para um confronto em campo aberto, levando as armas católicas à vitória. Há mesmo a tese de que os ideais de fidalguia levaram à decadência do poder marítimo português, graças à insistência nos galeões de alto bordo (próprios para o combate de abordagem, corpo a corpo), enquanto holandeses e ingleses apostaram em navios de melhor manobra e artilharia de longo alcance.[176]

Por esse ponto de vista, há diferentes problemas que surgiam desse espírito inquieto. São conhecidas as dificuldades que enfrentou o Conde da Torre, que via inimigos em praticamente todos os seus oficiais de maior patente, e acabou por perder a liderança. Mesmo antes de se consumar a derrota para a marinha flamenga, no mar

---

174 Consulta do Conselho Ultramarino, 16/11/1650, AHU, Bahia, série Luísa da Fonseca, cx. 12, doc. 1470; Carta régia ao conde de Castelo Melhor, 01/06/1651, DHBN, v. 66, p. 07.

175 França, *Portugal na época da Restauração*, p. 67-81. A obstinação com o valor próprio lançaria os militares a duelarem uns contra os outros. Entretanto, como se viu, parecem ter sido mais comuns as brigas de rua, informais.

176 Saturnino Monteiro, *Espadas contra canhões: balanço da guerra no mar contra os ingleses e holandeses, 1583-1663*. Lisboa: Academia da Marinha, 1995. Embora a tese seja restrita às limitações ideológicas ao poder naval lusitano (sem entrar em aspectos materiais), é inegável que há grande parcela de verdade em suas afirmações. Veja-se, por exemplo, D. Antônio de Oquendo: o almirante era conhecido por ser um homem belo, um espadachim excepcional que insistia em duelar sem armadura, e (apesar da carreira na marinha) um dos melhores cavaleiros da Espanha. Sua doutrina militar "limitava-se à ideia de que o combate naval se resumia na aproximação até o inimigo e na abordagem". (Boxer, *The action between Pater and Oquendo, 12 September 1631*, p. 193).

de Pernambuco, o Conde já escrevia uma cantilena de acusações de negligência: um porque vivia amancebado, outro porque só se interessava por perfumes, este porque "não tem talento nem ação de homem", aquele porque respondia atravessado, todos porque lhe ignoravam as ordens e não cumpriam com suas tarefas.[177] A própria Coroa tinha de contornar embaraços e insolências, como na nomeação de cargos e definição de ordenados, pois os militares "são comumente invejosos uns dos outros e querem ser todos iguais nas honras".[178] D. Fadrique de Toledo, por exemplo, morreu proscrito por desaforar Filipe iv, ao recusar o comando da armada que iria ao Brasil, em 1634, visto que ela não teria força para desalojar o inimigo, e portanto não estava à altura de sua reputação. João de Araújo, ao pedir seu remate de contas à Coroa, sem meias palavras exigia que "se lhe não dilate (atrase), nem se lhe remeta a tribunal, onde novas dilações o molestem". Talvez a melhor ilustração nos venha do mesmo D. Fernando que amotinou seus homens em 1639: encolerizado com o Conde da Torre, disse que não haveria mais de entrar em sua casa e, respondendo aos demais presentes, declarou que "não havia (no mundo) outro homem como D. Fernando de Lodeña".[179]

Havia-se, pois, de coibir a desordem antes que o desassossego no exército transbordasse em conflitos mais graves. Para tanto, era preciso segurança no abastecimento da tropa e ter sempre algum dinheiro à mão. O papel do soldo no controle do exército foi preconizado constantemente pelos governantes de então. Para Diogo Luís de Oliveira, sem o soldo os praças caíam "nos excessos que a necessidade costuma causar".[180] Para a Câmara, durante o cerco de 1638, era "necessário animar a gente de guerra com algum socorro de dinheiro".[181] Segundo Sebastião Parvi de Brito, letrado que ocupou postos na fazenda ao longo de todo o período, "eram necessárias as imposições, para evitar os grandes danos e insultos que a gente de mar e guerra e de terra

---

177 Carta do Conde da Torre ao Duque de Villahermosa, 24/11/1639, CCT, v. 1, fl. 332v.

178 O que está claramente ligado, do ponto de vista material, à disputa por mercês régias (Consulta do Conselho Ultramarino, 03/06/1644, AHU, Bahia, série Luísa da Fonseca, cx. 9, doc. 1059).

179 Joseph Newcombe Joyce Jr., *Spanish influence on Portuguese administration.* University of Southern California, 1974, p. 370-1; CCT, v. 3, fl. 415; Requerimento de D. Diogo Lobo, 20/05/1635, AHU, Bahia, série Luísa da Fonseca, cx. 5, doc. 583; Consulta do Conselho da Fazenda, 06/06/1635, AHU, Bahia, série Luísa da Fonseca, cx. 4, doc. 598; Consulta do Conselho da Fazenda, 17/02/1639, AHU, Bahia, série Luísa da Fonseca, cx. 8, doc. 880; Livro de registro do Governo de Portugal, BPA, Cód. 51-X-1, fl. 118v.

180 Treslado de assento que se tomou em mesa da Fazenda, 10/09/1629, BPA, Cód. 49-X-10, fl. 111-5.

181 Ata da Câmara de Salvador, 23/04/1638, DHAM: AC, v. 1, p. 358.

começarão a fazer por lhe faltar o sustento".[182] Segundo Antônio Teles da Silva, sem os pagamentos "(pode) a Bahia ficar exposta a padecer grande perigo, assim com o sentimento dos moradores, como com a desesperação dos soldados".[183] A liberalidade perdulária também era ruim, e um comandante espanhol dizia que *es bueno que andem escasos de dinero algunas vezes, a fin de hacerlos más obedientes*.[184] O soldo devia ser administrado na medida certa, entre o desabastecimento e a indisciplina.

INTEGRAÇÃO SOCIAL

O pagamento de soldos era uma das principais diferenças da infantaria regular (de "soldados pagos", como se dizia) para a milícia dos moradores, cuja sustento dependia dos meios de subsistência de seus componentes – presas, portanto, à estrutura política e fundiária que as ensejavam. Porém, a maior autonomia do exército em relação à açucarocracia colonial não implicava necessariamente oposição. Desta forma, o tempo que se seguiu à restauração de 1625 permitiu que os militares do presídio se radicassem na sociedade baiana, cada qual à sua maneira. A começar, pelo peso demográfico que representaram para a população de Salvador: como vimos, algo como dois mil soldados, numa cidade de sete, talvez oito mil habitantes. Segundo Stuart Schwartz, uma parcela das principais famílias da capitania formou-se neste período, a partir da incorporação dos militares reinóis e dos senhores emigrados de Pernambuco.[185] Ao mesmo tempo, a guerra também oferecia aos chefes de ordenanças um novo meio de ascensão política, pela qualificação dos serviços prestados à Coroa e, assim, galgava-se posições na administração colonial, dentro e fora do exército.

Por conseguinte, é possível encontrar militares em todos os ramos do governo (com exceção do clero, talvez): na Câmara, na Fazenda, na justiça, como escrivão, auxiliar ou como oficial. Uma ascensão razoavelmente frutífera poderia ser operada a partir da indicação para alferes de uma companhia. A depender de suas afiliações e de seus feitos (seja na guerra ao holandês, ou na guerra de colonização), um oficial haveria de ter suas oportunidades de engrandecimento e associação privilegiada: um bom casamento, uma boa posição. Mais de um deles ergueu seu patrimônio no comércio de abastecimento; para o quê haveria de ser bom trampolim uma posição de

182 Carta de Sebastião Parvi de Britto a S.M., 03/02/1640, BPA, Cód. 51-VI-21, fl. 294.
183 Carta de Antônio Teles da Silva a S.M., 22/09/1643, AHU, Bahia, série Luísa da Fonseca, cx. 9, doc. 1016.
184 Parker, *El ejército de* Flandes, p. 215.
185 Schwartz. *Segredos internos*, p. 226.

almoxarife "da gente de guerra", almotacel, ou qualquer outra ligada à aquisição e distribuição de rações pela Fazenda Real.[186]

Ou, pelo contrário, a posição no comércio serviria de alavanca para entrar na administração. Pois a mercancia foi atividade comum entre os homens do presídio desde 1626, quando a feira ocorria nas barbas dos oficiais da cidade, em prejuízo de seus arranjos exclusivistas: "não querem guardar as posturas da Câmara", diziam, "sendo que [os militares] admitem em seu bairro e quartel muitas vendas e tratos, com grande perturbação do povo". O próprio D. Fadrique de Toledo, junto do alto comando da Jornada dos Vassalos, foi surpreendido na viagem de volta a Portugal com grande carga de pau-brasil, contrabandeado à margem do estanco.[187] Portanto, o "comércio militar" aparecia de alto a baixo, do colonial ao metropolitano. O almirante e os oficiais da armada do Conde da Torre faziam negócio com a provisão de socorros do Reino. Mesmo enquanto faltavam rações no presídio, "os mantimentos que trouxeram é público e notório o vender-se publicamente por toda esta cidade". Mais tarde, haveria o capitão que fretava um dos navios da frota da Companhia Geral, enquanto se valia do serviço militar para pleitear uma ajuda de custo.[188] Na Bahia, mais de uma vez pôde-se ver a João de Araújo acusar seus algozes de "regatões de peixe"; mas ele mesmo, que era "senhor de muitos cruzados", esteve à frente de uma compra de farinha em Boipeba, a pedido da Câmara, e era indicado pelo provedor-mor como beneficiário de "outros aproveitamentos" além do soldo, com o que "sustenta com largueza em sua casa, onde ordinariamente tem muitos hóspedes". Outros, como Diogo Gonçalves Lago, sabia-se ter "grande cabedal de fazenda e gado" no rio São Francisco. Vale lembrar, aliás, que o contratador da arrecadação dos dízimos durante a década de 1630, Matheus Lopes Franco, era capitão de infantaria.[189]

---

186 Entre os muitos exemplos, cite-se o tenente que possuía uma balança nos trapiches da praia, ou o alferes que fiscalizava a carne para Bagnuolo (Consulta do Conselho Ultramarino, 26/08/1645, AHU, Bahia, série Luísa da Fonseca, cx. 10, doc. 1138; Ata da Câmara de Salvador, 25/08/1638, DHAM: AC, v. 1, p. 378).

187 Carta dos oficiais da Câmara da Bahia a S.M., 16/05/1626, AHU, Bahia, série Luísa da Fonseca, cx. 3, doc. 423; Minuta de consulta do Conselho da Fazenda, 23/10/1626, AHU, Bahia, série Luísa da Fonseca, cx. 4, doc. 449 e anexos.

188 Carta de Pedro Cadena de Vilhasanti ao Conde da Torre, 20/06/1638, BPA, Cód. 51-x-7, fl. 84; Consulta do Conselho Ultramarino, 13/11/1652, AHU, Bahia, série Luísa da Fonseca, cx. 12, doc. 1477.

189 Consulta do Conselho da Fazenda, BPA, Cód. 51-VI-21, fl. 278; Auto que mandou fazer o provedor--mor Pedro Cadena de Vilhasanti sobre soldos atrasados, 01/06/1648, AHU, Bahia, série Luísa da Fonseca, cx. 7, doc. 801, Consulta do Conselho da Fazenda, 10/02/1640, AHU, Bahia, série Luísa da Fonseca, cx. 8, doc. 908; Carta de Antônio Teles da Silva a S.M., 10/04/1645, AHU, Bahia, série

Para o soldado raso, à margem da "economia da graça" e desprovido de cabedal, era mais difícil atingir uma boa posição na sociedade. Quem sabe, se tivesse habilidade no jogo. Houve quem se estabeleceu nos ofícios mecânicos – os da artilharia, principalmente, pois ali havia carpinteiros recrutados para as obras do "trem de artilharia", ou do "trem de campanha", como se viu. Entre os praticantes de ofício na cidade, registrados no levantamento (incompleto) de 1642, encontramos catorze soldados (dos quais, três artilheiros), entre os duzentos nomes arrolados.[190] Outros foram para a pequena lavoura, como vimos, em Ilhéus e Porto Seguro, ou entre os currais de Sergipe D'El Rei. Mas o trabalho manual era pejorativo, e seus praticantes relegados a uma "arraia miúda" de homens livres, além da qual o soldado teria poucos meios de se associar.

Por sua vez, a boa posição social facilitava a carreira militar. Para o chefe de milícias, o ingresso no exército regular era excelente pedida, principalmente quando não havia grande expectativa de guerra com os holandeses. João Álvares da Fonseca ofereceu uma centena de homens para combater em Pernambuco em 1637 – quando os portugueses já se haviam retirado para o sul, e na Bahia organizava-se uma expedição contra os mocambos ao Norte.[191] No exército, um de tais caudilhos receberia da Fazenda Real os meios de sustento (armas e munições, inclusive) para a sua companhia. Sobretudo, teria sua folha de serviços em melhor conta, já que aos olhos da Coroa uma patente nas ordenanças era vista como inferior a um posto no exército regular.[192] Entretanto, dependia-se de mercê régia para assumir posto no exército, sobretudo na falta de influência entre os militares, e ainda era preciso esperar na fila de oficiais entretenidos para conseguir uma vaga no comando. Com a coadunação do governador, era possível ocupar um posto interinamente. Até o vice-reinado do

Luísa da Fonseca, cx. 9, doc. 1109; Ata da Câmara de Salvador, 16/04/1636, DHAM: AC, v. 1, p. 308; Requerimento de Diogo Laço, 18/04/1644, AHU, Bahia, série Luísa da Fonseca, cx. 9, doc. 1050; Petição de Matheus Lopes Franco, s.d., DHBN, v. 17, p. 389.

190 Rol de contribuições para a finta, c. 1642, DHAM: AC, v. 2, p. 388-405.

191 Este João Álvares era companheiro de armas de Belchior Brandão, que comandava a expedição (Requerimento de João Álvarez da Fonseca, 28/10/1637, AHU, Bahia, série Luísa da Fonseca, doc. 752).

192 O que, a bem da verdade, não impedia o rei de agraciar os chefes de milícia com as mercês que pediam, por pragmatismo. Veja-se um parecer do Conselho da Fazenda, endossado pela Coroa: "os serviços de Francisco Rodrigues de Araújo são de soldado miliciano, e que só se pode considerar por grande o de sustentar cinquenta soldados e fazer por sua indústria trazer os mantimentos que alega. Mas que isso se não prova bastantemente, nem provado ficam sendo serviços merecedores das mercês que pede; pelo que parece, que visto dizer-se que é pessoa de importância e de zelo no Brasil... deve Vossa Majestade mandar que o governador do Brasil informe da qualidade destes serviços". (Consulta do Conselho Ultramarino, 23/07/1653, AHU, Bahia, série Luísa da Fonseca, cx. 12, doc. 1519.)

Marquês de Montalvão, em função da intensidade da remessa de tropas do Reino, parece ter prevalecido no quadro de oficiais aqueles que haviam levantado suas companhias em Portugal, ou eram de lá nomeados.

A partir de 1640, os militares da colônia começaram a ocupar mais espaços. Nisso foram favorecidos pelo governo interino da junta que derrubou o Marquês, pois a Coroa apenas começava a superar os problemas da Restauração, e na Bahia havia desordem na estrutura de terços, que eram muitos. João Álvares da Fonseca foi mesmo nomeado mestre de campo de um deles, por provisão do mais "politicamente ativo" dos três governadores, Lourenço de Brito Corrêa.[193] O reforço que veio em 1647, com a armada do Conde de Vila Pouca, disparou o confronto: os moradores reivindicavam para si o quadro de oficiais. A nomeação de Nicolau Aranha Pacheco, que deixou o levante de Pernambuco para pleitear o cargo em Lisboa, já havia causado "geral descontento" entre oficiais e soldados: passava à frente de Antônio de Brito de Castro, que era "o capitão mais antigo do terço".[194] Depois, logo no início daquele governo, nomeou-se um oficial da armada (recém-chegado do Reino) para o cargo de sargento-mor, "sem fazer caso algum dos que, por espaço de anos, serviram no mesmo terço com valor e risco de suas vidas, e dispêndio de suas fazendas com larguiza". Durante a "guerra de Itaparica", a disputa acirrou-se. O Conde então prendeu e embarcou dois capitães, a ferros, para Lisboa, um deles "cavaleiro do hábito de Cristo, aparentado com uma das maiores famílias desta terra", e outros dois para Pernambuco, "de que é força lhe resultam grandes ódios". A Câmara de Salvador repudiou a medida, e a Coroa concedeu indulto aos capitães. Segundo a avaliação do Conselho Ultramarino, "estes capitães de tanto préstimo e serviço, como se refere, casados, ricos e moradores na terra, que com mais vontade hão de defender, e de cuja guerra (sendo presente tão viva) tem particulares notícias, convém muito tê-los contentes e animados, pelo que também pode servir de exemplo para outros".[195]

Defendia-se, assim, os oficiais do presídio que criaram raízes na sociedade baiana. O mesmo discurso apareceria em várias situações específicas, a partir desse período:

---

193 Carta de Antônio Teles da Silva a S.M., 10/04/1645, AHU, Bahia, série Luísa da Fonseca, cx. 9, docs. 1109-10.

194 Carta de Antônio Teles da Silva a S.M., 11/03/1647, AHU, Bahia, série Luísa da Fonseca, cx. 11, doc. 1270.

195 Carta da Câmara de Salvador ao rei, 07/01/1648, AHU, Bahia, série Luísa da Fonseca, cx. 11, doc. 1282. O conde de Vila Pouca bem fora avisado pelo antecessor: "não deixei de fazer advertência ao conde Gonvernador que deve esperar ordem expressa de Vossa Majestade para se resolver", foi o que disse Antônio Teles da Silva (AHU, Bahia, série Luísa da Fonseca, cx. 11, docs. 1301, 1302-5).

era preciso compensar os moradores da Bahia, em conjunto, pela grande lealdade que demonstravam e pelas enormes misérias que padeciam na guerra. É o espírito que está por trás da concessão do privilégios da cidade do Porto a Salvador, em 1646, por exemplo.[196] Aparece em disputas que, entre 1645 e 1653, apresentaram-se entre a sociedade colonial e o governo metropolitano: a regulamentação das balanças de açúcar, o regime de navegação em frotas, a representação nas Cortes de Lisboa, a fiscalidade. Em todos os casos, buscava-se a complacência da Coroa para aquele povo "tão benemérito, pelo muito que tem despendido nos contínuos tributos com que está sustentando, há tantos anos, tantos mil homens de presídio".[197] O mesmo acontecia no exército e na administração: os colonos viam-se "merecedores dos benefícios que há naquele Estado, que não levam por estarem longe da presença de Vossa Majestade, donde se provêm em pessoas deste Reino que nunca se viram no Brasil, nem seus ascendentes". Em 1654, veio a provisão régia que melhor representa essa política: os postos da administração colonial (na Bahia e, mais tarde, em Pernambuco), foram reservados para aqueles que haviam servido na guerra contra o holandês.[198]

Assim, o exército era absorvido pela paisagem. "Na Bahia se não cometem as antigas insolências, de que cá foram mais escandalosas as vozes do que foram lá os acontecimentos."[199] Não que a colônia tenha se pacificado (não há paz na exploração); tampouco tinham sido assim tão graves as disputas, como a frase se deixa insinuar. Mas incorporava-se, até certa medida, um grupo destacado de oficiais ao círculo de usufruto dos privilégios e do excedente da exploração colonial. Como demonstrou Thiago Krause, a açucarocracia baiana foi particularmente receptiva aos militares reinóis, e muitos agora eram dos "ricos da terra", estavam no comércio e na produção agrícola, e gozavam das isenções tributárias concedidas com os hábitos das ordens militares.[200] Por

---

196 Ruy, *História político administrativa*, p. 195; "Traslado dos privilégios que sua Majestade (*sic*) concedeu aos cidadãos da Bahia de Todos os Santos". In: *RIHGB*, t. VIII, 2ª ed., 1867.

197 Consulta do Conselho Ultramarino, 26/08/1645, AHU, Bahia, série Luísa da Fonseca, cx. 10, doc. 1138; Consulta do Conselho Ultramarino, 18/06/1653, AHU, Bahia, série Luísa da Fonseca, cx. 12, docs. 1500-1; Consulta do Conselho Ultramarino, 25/08/1653, AHU, Bahia, série Luísa da Fonseca, cx. 12, doc. 1527.

198 Consulta do Conselho Ultramarino, 24/04/1652, AHU, Bahia, série Luísa da Fonseca, cx. 12, doc. 1461; Albuquerque, *A remuneração de serviços*, p. 65.

199 Informação sobre o Estado do Brasil, 15/11/1652, BNL, Manuscritos, Mss. 218, nº 134.

200 Thiago Krause. *Em busca da honra: a remuneração dos serviços da guerra holandesa e os hábitos das Ordens Militares (Bahia e Pernambuco, 1641-1683)*, dissertação de mestrado. Niterói, UFF, 2010, p. 129-30.

outro lado, se os mercados da cidade estavam cheios de "feiticeiras" e "velhacos", "alguns destes vendeiros são soldados e afilhados dos ministros da guerra, outros dos da justiça e governo, e assim enriquecem em três dias à custa dos pobres e do povo".[201]

A infantaria propriamente dita, com o fim da guerra, não teria tanto o que fazer. Em 1688, o Terço Velho se revoltou por alguns meses contra a falta de pagamento, mas foi reprimido sem causar maiores consequências para o governo. Houve guerras contra índios hostis e quilombolas, que exigiram dos militares a experiência e o material reunido durante a ocupação holandesa. Essa seria uma das marcas do governo de Francisco Barreto, à frente do Estado do Brasil.[202] Entretanto, o papel decisivo nesse processo seria exercido pelos sertanistas de São Paulo de Piratininga, gente como Domingos Jorge Velho, muito mais do que pelo exército regular de Salvador. A tropa soteropolitana também foi usada na imposição da autoridade régia sobre os senhores de engenho do Recôncavo Baiano, em conflitos que escalassem ao ponto de causar uma ameaça à ordem, como durante a ocupação do engenho Sergipe do Conde, em 1717. Mas situações como essa foram pouco comuns, e prevaleceu uma organização social onde tais senhores, se não era régulos perfeitos, tinham vasta autonomia no emprego de violência. Em tal ambiente, havia poucas condições para o desenvolvimento militar ou o fortalecimento político do exército.

---

201 Carta dos oficiais da Câmara da Bahia a S.M., 24/08/1657, AHU, Bahia, série Luísa da Fonseca, doc. 1699; Mello, *Olinda restaurada*, p. 209.

202 Vide Puntoni. *A guerra dos bárbaros, op. cit.*

CAPÍTULO III

O socorro do Reino

Desde o primeiro tempo da colonização portuguesa da costa sul-americana, exigida como foi pelo desafio francês à posse do território, sua defesa se arranjou pela combinação de elementos americanos e europeus. Como vimos, assim também foi durante a guerra holandesa. Ambos os lados basearam-se em alianças com povos indígenas e admitiram alguns de seus hábitos. Mas os confrontos sempre gravitaram a navegação e a pólvora, além dos mecanismos de cooptação dos habitantes nativos, de modo a se estabelecer uma fronteira difusa, mas perceptível, entre a guerra europeia, a caminho da revolução militar, e a guerra colonial, ou "guerra brasílica". De forma semelhante, a compreensão do financiamento e da distribuição social do fardo econômico do conflito deve, de início, ponderar que há mobilização de riqueza e valor em ambos os lados, o metropolitano e o colonial, segundo uma certa divisão. De fato, o problema do colonizador em financiar a defesa do Brasil começava ali onde acabavam os esforços ou as capacidades do Reino no mesmo sentido. Devia-se isso à subordinação política da colônia, às precariedades de sua vida material e à centralidade estratégica da comunicação transoceânica, portanto, da guerra naval. Em suma, tratando-se do embate entre potências europeias fora da Europa, eram decisivos o grau e os mecanismos do comprometimento de recursos na metrópole para a conquista colonial.

Por esse ponto de vista, observaríamos, até o início do século XVII, a Coroa portuguesa, politicamente mais estável e mais articulada ao comércio ultramarino, prevalecer sobre a França, envolvida no âmbito geral dos conflitos com a Espanha e vulnerável na defesa de sua vasta fronteira. Além disso, ainda que houvesse entre os lusos a cizânia causada pela perseguição aos cristãos novos, a disputa religiosa foi mais prejudicial à expansão colonial francesa (particularmente na França Antártica, na Guanabara), que ademais não foi além da feitoria de escambo com o indígena. Entretanto, a partir de 1624 o problema seria completamente diferente. As invasões da WIC levaram a disputa por aquela costa a uma escala de operações muito superior. Como seu viu, tratava-se agora de embates entre grandes forças navais e da movimentação de exércitos inteiros, o que apequenava a antiga disputa luso-francesa. O Brasil Holandês não deixou de ter seus apoios na "guerra brasílica" e nas alianças com povos indígenas, mas foi com o exército regular e a marinha de guerra que a Companhia mostrou-se um formidável adversário, e as Coroas de Portugal e Espanha foram desafiadas a escalar igualmente sua dedicação de homens, armas e embarcações ao ultramar. Deve-se, assim, compreender como o espaço em disputa é avaliado estrategicamente pela metrópole, vale dizer, o papel que representa no conjunto de seus domínios, bem como as condições de mobilização de recursos para o teatro colonial, antes que possamos compreender o quanto do fardo de guerra coube à própria colônia carregar.

A POLÍTICA FILIPINA

A dedicação de recursos metropolitanos para a defesa do Brasil contra o holandês enquadrava-se, em primeiro lugar, no contexto mais geral do governo português, durante a União Ibérica. As Coroas peninsulares, como se sabe, foram unificadas por Filipe II de Espanha, ou Filipe I de Portugal, em 1580, devido ao sucesso na composição com setores dominantes da sociedade portuguesa. A Igreja católica foi atraída pela rígida ortodoxia do Rei Prudente. A nobreza, como um todo, tradicional aliada dos castelhanos contra Lisboa, aderiu em sua larga maioria e foi muito favorecida durante o período filipino. Por sua vez, o capital comercial considerava as oportunidades que surgiriam pela integração comercial dos dois Impérios, sobretudo devido ao recuo do poder lusitano no Índico. Houve resistência, sobretudo do povo e de um grupo de nobres, reunidos sob a liderança de D. Antônio, o Prior do Crato. Mas não haveria força para impedir a união, selada com a ocupação militar e com o juramento do monarca, em Tomar, de que respeitaria a independência da Coroa portuguesa, e que apenas nomearia chefes de governo entre mandatários lusitanos ou membros da família real.[1]

No coração da União Ibérica, deve-se destacar que a integração comercial dos diferentes sistemas ultramarinos encetava enormes possibilidades, e atendia a necessidades fundamentais para a sustentação de ambos os Impérios. De um lado, abria o acesso mercadores portugueses à prata americana, produto essencial na aquisição das mercadorias do Oriente, sobretudo com sua particular predileção por *reales de ocho* espanhóis. Desde meados do século XVI o Império lusitano enfrentava a resistência crescente de povos asiáticos no controle do Índico, ao que se somaria a concorrência da navegação britânica e neerlandesa pela Rota do Cabo. Assim, a ascensão de Filipe II ao trono português fora imediatamente reconhecida como uma possibilidade de recuperação do Império oriental. De outro lado, o Atlântico português havia se

---

1   Godinho. *Ensaios*, p. 259 e segs.; António de Oliveira. *Poder e oposição política em Portugal no período filipino, 1580-1640.* Lisboa: Difel, 1991.

formado desde o início com base no trato do escravo africano, o que forneceria a solução para a crise demográfica da América espanhola. Desde 1570, o definhamento das populações indígenas causava entraves ao crescimento da produção platina. Com a escalada das guerras portuguesas na África Ocidental e a concessão do *asiento* (o regime de monopólio) do tráfico negreiro a seus comerciantes, as colônias de Espanha passaram a receber um número crescente de escravos negros, em um fluxo que chegaria até nove mil africanos por ano, em meados de 1640 (estimativa que incluí o transporte contrabandeado, pelo Caribe ou pelo Rio da Prata).[2]

Naturalmente, além do vínculo central entre a prata americana e o escravo africano, abriam-se outras múltiplas possibilidades de articulação dos negócios ultramarinos. A riqueza asiática era vendida a preços altos na América portuguesa, e facilitava a aquisição de escravos na costa Africana. A prata de Potosí que saía do continente pelo rio da Prata passava pelo Brasil, onde era moeda de alta circulação e também se empregava na compra de escravos. De tal maneira, e durante a maior parte da União Ibérica, as colônias do Estado do Brasil progrediram a passos largos, com o rápido crescimento da economia açucareira em Pernambuco e na Bahia, bem como a conquista do litoral até a foz do Amazonas. A separação administrativa entre as duas Coroas foi conduzida com especial atenção no governo das colônias, resultado da preocupação dos Filipes em manter sob controle a penetração portuguesa, política e comercial, na América espanhola.[3] Entretanto, a articulação dos impérios coloniais formou um núcleo importante de grandes mercadores e financistas portugueses que puderam usufruir do regime colonial castelhano (sobretudo, por meio da contratação do *asiento*) e assim tornaram-se aliados de primeira ordem de Madri.[4] O comércio de açúcar, como vimos, ainda que acolhesse a atuação de grande cabedais e redes mercantis, permanecia porém aberto a agentes comerciais de menor porte, e continuaria vinculado a praças da Europa setentrional, como centros de distribuição do produto.

---

2   Stuart Schwartz. "Prata, açúcar e escravos: de como o império restaurou Portugal". In: *Tempo [online]*, v. 12, n. 24, 2008; Alencastro. *O trato dos viventes, op. cit.*; James C. Boyajian. *Portuguese trade in Asia under the Habsburgs, 1580-1640*. Baltimore: John Hopkins, 1993.

3   Evaristo dos Santos. *El Brasil Filipino: 60 años de presencia española en Brasil, 1580-1640*. Madri: Mapfre, 1993, p. 55; Veja-se também: Joaquim Veríssimo Serrão. *Do Brasil filipino ao Brasil de 1640*. São Paulo: Nacional, 1968; Alice Piffer Canabrava. *O comércio português no Rio da Prata, 1580-1640*. Belo Horizonte: Itatiaia, 1984.

4   Carlos Álvares Nogal. *Los banqueros de Felipe IV y los metales preciosos americanos (1621-1665)*. [s.l.]: Banco de España, 1997; James C. Boyajian. *Portuguese bankers at the court of Spain, 1626-1650*. Nova Jersey: Reutgers University, 1983.

Diante disso, a política filipina para o Brasil seria marcada pelo "recrudescimento de desconfianças e hostilidades contra quaisquer forasteiros", pelas proibições do domicílio de estrangeiros e pelo "exclusivo" de navegação, principalmente a partir de 1605, contra as embarcações holandesas que participavam daquele comércio.[5]

Com o fim da Trégua dos Doze Anos, como vimos, a Espanha procurou reverter a expansão comercial e marítima das Províncias Unidas, aumentando o aperto sobre o regime de comércio. Logo em abril de 1621, foi reinstituído o embargo a navios, mercadorias e propriedades neerlandesas em toda a Península e Itália meridional. Três anos depois, instituiu-se a *Junta del Almirantazgo*, que encabeçava uma vasta rede burocrática de fiscalização alfandegária, e operava em conjunto com a Casa de Contratação, em Sevilha. O novo sistema impôs o embargo ao comércio inimigo com severidade, estimulado inclusive pela premiação de fiscais com uma parcela dos valores confiscados – prática que se emprestou do Santo Ofício da Inquisição. Mesmo embarcações que velejavam sob bandeiras neutras, de cidades hanseáticas ou da Inglaterra, estavam sujeitas ao confisco, caso a documentação não estivesse perfeitamente em ordem. A medida teve imenso impacto no comércio neerlandês, bem como na economia-mundo europeia em geral. Jonathan Israel chega a enxergar aí a principal causa da interrupção do crescimento econômico na Europa, a partir de então.[6] Embora fosse possível driblar o embargo de formas variadas, por rotas indiretas ou pelo agenciamento de terceiros, de toda forma a lucratividade era reduzida significativamente. Em Portugal, a "administração do contrabando", como foi chamada, encontrou forte resistência em Lisboa, e foi denunciada como uma violação dos compromissos de Tomar, dada a sua execução pelo aparelho fiscal castelhano. Correspondentes de mercadores nos Países Baixos tiveram de cortar relações, ou então conseguiram se estabelecer em portos mais ao norte, como Porto e Viana do Castelo, onde a fiscalização não teve a mesma eficácia.[7]

A atitude de Haia nessa disputa, como bem vimos, não deixava por menos. Do ponto de vista espanhol, com a ocupação de Salvador pelas forças da WIC, perdia-se a capital do Estado do Brasil, de onde se articulavam os esforços de conquista e colonização naquela margem do Atlântico. As rotas do açúcar e do tráfico africano, naturalmente, estariam sob grave ameaça. Além disso, da Baía de Todos os Santos, o

---

5   Sérgio Buarque de Holanda. *História geral da civilização brasileira*. 15ª ed. 11 vols. Rio de Janeiro: Betrand Brasil, 2007, v. I, p. 181; Novais. *Portugal e Brasil*, p. 80.

6   Israel. *Dutch primacy, op. cit.*, p. 134-142.

7   Costa. *O transporte no Atlântico, op. cit.*, p. 135 e segs.

inimigo ainda teria condições de estabelecer uma base para corsários e organizar ataques ao nervo principal do Império, a prata – o que, de fato, aparecia nos planos e nas atividades da Companhia neerlandesa. A vitória no palco luso-brasileiro significava, portanto, uma etapa decisiva no confronto, e haveria de receber a máxima atenção possível da monarquia espanhola, apesar do amplo comprometimento de seus recursos na própria guerra de Flandres.

A primeira reação de Madri à ofensiva esteve bem à altura do problema. A noticia da ocupação de Salvador pela WIC chegou em Lisboa em 25 de julho de 1624. Enviada à capital em correio extraordinário, uma semana depois o Conselho de Portugal deliberava sobre o assunto e despachava consultas ao monarca. Com D. Filipe IV, considerou-se a ameaça holandesa ao restante do império, o Brasil e o Peru, e em pouco tempo (4 de agosto) assinavam-se as ordens para a expedição combinada das armadas das duas Coroas.[8] Enquanto isso, mesmo antes que fosse possível em Portugal receber as ordens de Madri, já em 8 de agosto partia a caravela *S. João* com socorros para o Brasil. Saiu do Tejo carregada com uma companhia de 80 homens e com 38 arráteis de pólvora, algo como 18 quintais de chumbo, em pão e em pelouros (balas de arcabuz), mais 550 pelouros de ferro redondos (para a munição da artilharia), 140 lanças "com seus ferros", morrão e surpreendentes 900 arcabuzes de Biscaia "aparelhados". Tinha por capitão Pedro Cadena, que fora escrivão da Fazenda e capitão da "gente de cavalo" da Paraíba, provedor da fazenda em Pernambuco e administrador do pau-brasil.[9] A *Nossa Senhora do Rosário* partiu dias depois, também levando os mesmos apetrechos e "ferro de toda a sorte", 40 homens, mais 400 arcabuzes bascos e 60 "piques de campo". Frei Vicente do Salvador menciona uma terceira caravela, a *Nossa Senhora da Penha de França*, com homens, arcabuzes de Biscaia, pólvora, chumbo, morrão – para o Rio de Janeiro, com Salvador Correia de Sá por capitão. Lá, ele levantaria um contingente de colonos que, em abril de 1625, seria levado à Bahia.[10] Em setembro partiram outras três caravelas, comandadas por D. Francisco de Moura Rolim, que estava para assumir postos na Índia e continuar ali os serviços do pai. Antes disso, foi enviado ao Brasil para comandar a resistência portuguesa no Recôncavo e acabaria por governar a capitania até a chegada de Diogo Luís de Oliveira em 1627. Levava

---

8   Joseph Newcombe Joyce Jr. *Spanish influence on Portuguese administration: a study of the Conselho da Fazenda and Hapsburg Brazil*, tese de doutorado. University of Southern California, 1974, p. 333-335.

9   "Lembrança das primeiras caravelas que foram de socorro a Pernambuco antes da partida da armada (sic), Lisboa, 01/08/1625, BPA, Cód. 52-VIII-38, fl. 59 e segs; ANTT, Chancelarias, D. Filipe III, lv. 16, fl. 281 e lv. 17.

10   "Lembrança", *op. cit.*; Salvador, *História do Brasil*, cap. 32; Cordeiro. *São Paulo*, p. 90.

consigo a *Nossa Senhora da Boa Viagem*, a *Santo António* e a *Espírito Santo*, com 150 "pessoas de guerra", 300 arcabuzes, muita pólvora (mais de 50 quintais), munição de arcabuz de chumbo e formas para fazer essa munição.[11]

Ao mesmo tempo, sabemos da rapidez com que se aprestaram os galeões da "Jornada dos Vassalos". Toda a pressa era pouca, pois era sabido que das Províncias Unidas partiria também outra armada para reforçar a Bahia. As 56 embarcações, 1.185 peças de artilharia e 12.463 homens (entre portugueses, espanhóis e napolitanos) estavam prontas para a travessia já em novembro. Apenas de pólvora, carregavam 1.200 barris. A armada de Portugal deixou Lisboa ao dia 22, pouco depois da partida dos galeões de Cádiz. Tinham todos por destino o Cabo Verde, onde se reuniriam para assediar o holandês em Salvador.[12] Em 1625, tudo daria certo. A força de D. Fadrique chegou a Salvador antes que o exército da WIC pudesse ser reforçado. Em abril, a cidade foi restaurada. Em junho, Breda rendeu-se a Ambrósio de Spinola, com o que os espanhóis conquistavam um de seus trunfos mais importantes na guerra de Flandres para as futuras negociações diplomáticas.

Deve-se destacar o fato de que, para o sucesso da restauração de Salvador, Lisboa e Madri precisaram cumprir, simultaneamente, duas tarefas, que se poderia observar a partir de então a dividir as atividades do apresto de embarcações para o Brasil: o envio do Reino de caravelas de "socorro", com reforços de homens, petrechos e fazendas para as defesas disponíveis na colônia, e a reunião de uma força naval ofensiva, de escala suficiente para atender a seus objetivos estratégicos, em última instância, o bloqueio e desalojamento do inimigo. Naquele ano, como se vê, logrou-se tanto o envio de socorros quanto o apresto de uma armada restauradora. Entretanto, seria muito difícil que isso se repetisse no futuro.

O problema ressurgiria logo em 1626, antes da invasão de Pernambuco, devido às atividades do corso neerlandês na costa do Brasil. A facilidade com que as expedições da WIC faziam escalas no litoral, atingiam a navegação portuguesa e assaltavam portos específicos, mesmo Salvador, indicava a ausência de qualquer defesa eficaz, por parte da marinha ibérica. Naquele tempo, a marinha portuguesa dispunha de uma pequena armada de guarda costeira, organizada por D. Antônio de Ataíde em 1618, para a qual se pagava a tarifa do consulado. Todavia, não gozava de boa reputação, depois da perda de duas riquíssimas naus da Índia para corsários berberes. Ademais, um

---

11 "Lembrança", *op. cit.*

12 Stuart Schwartz. "The voyage of the vassals: royal power, noble obligations and merchant capital before the portuguese restoration of independence, 1624-1640". In: *American Historical Review*, v. 96, n. 3, 1991; Guedes. *História naval brasileira*, v. ii, t. iA, p. 118.

revés inesperado, uma tempestade em dezembro de 1626 destruiu os cinco galeões, mais duas naus que voltavam carregadas da Índia, para não lembrar das tripulações, que incluíam muitos membros da alta nobreza. O clima ruim daquele inverno, aliás, causou muito dano a toda a marinha ibérica do Atlântico.[13]

Quando o corso da WIC se intensificou, debateu-se sobre meios de defesa para as embarcações do comércio com o Brasil, sobretudo sobre a viabilidade da navegação em frotas escoltadas – o que, de certa forma, estava associado às diferenças entre a tarefa de remeter reforços em caravelas isoladas e a de organizar esquadras de grande porte. A escolta pressupunha o regime de frotas, com datas e portos específicos para a navegação em conjunto, algo que nunca era bem visto pelos comerciantes. Entre outros problemas, o apontamento de datas fixas para deixar o Brasil, com os atrasos rotineiros na partida do comboio, implicava no risco de envelhecer e empedrar-se o açúcar. Além disso, muito acreditavam que as frotas aumentavam o risco do corso, pois davam ritmo regular e moroso ao transporte, enquanto as caravelas mais leves tinham por si só boas chances de escapar.[14] Entretanto, o dano causado pelos holandeses levantou o assunto. Em julho de 1626, homens de negócio de Lisboa encaminharam ao Conselho de Estado uma representação sobre as necessidades da frota e da escolta. Puseram no papel as contas do prejuízo, que estimavam em 60.000 caixas desde 1623, e mostraram que, das 120 embarcações que anualmente faziam aquela rota, naquele ano não haveria 20. A comunidade mercantil, porém, estava cindida entre grupos de grandes e pequenos mercadores, e o manifesto não foi assinado pelos principais homens do trato açucareiro.[15]

Meses depois, a proposta ganhou o apoio de Tristão de Mendonça Furtado, mais aqueles que, além da mercancia, ocupavam-se do conflito com a Holanda. Ele sugeriu

---

13   Charles R. Boxer, "The naval and colonial papers of D. Antonio de Ataíde", In: *Harvad Library Bulletin*, v. 5, n. 1 (1951); Manoel de Meneses, *Relacion de la perdida de la Armada de Portugal del ano 1626*. Lisboa: Pedro Craesbeeck, 1627.

14   Costa, *O transporte no Atlântico*, p. 221.

15   *Ibidem*, p. 222; Virgínia Rau e F. Espinosa, eds., *Os manuscritos do arquivo da Casa de Cadaval respeitantes ao Brasil*, vol. 1, Coimbra: Universidade de Coimbra, 1955, p. 21-23. Existe também menção a uma proposta de Estevão de Brito Freire, sem data, para uma armada de escolta de doze galeões, em duas frotas anuais (Petição de Estevão de Brito Freire, c. 1627, BPA, Cód. 50-v-32, fl. 204-9). Leonor Costa afirma que este teria mantindo relativa neutralidade no debate. Também o Duque de Maqueda, fidalgo espanhol de quatro costados, pedira e conseguira permissão régia para levar uma esquadra de navios de guerra ao Brasil "e demais conquistas" (da África), com condição que retornasse para Portugal em seguida (Certidão do provedor-mor Pedro de Gouveia, 17/05/1627, AHU, Bahia, série Luísa da Fonseca, doc. 458).

uma escolta de dezoito navios armados para a carreira do Brasil, a viajar em duas frotas anuais. Seriam financiados pela cobrança de avarias, a $200 por caixa de açúcar, numa "Casa de Contratação do Brasil". Esta emitiria as licenças para navegar junto às frotas. Na falta destes meios, a escolta venderia metade de sua capacidade de transporte como frete, a 12$000 por tonelada. Esta proposta circulou nos órgãos do governo em 1627, supostamente com mais apoio na comunidade mercantil do que a proposta do ano anterior. Mas o papel ficou retido no Conselho da Fazenda, que em maio de 1628 posicionou-se contra a armada de escolta, duvidando da capacidade das avarias e dos fretes de financiar os custos envolvidos. Sem embargo disso, Madri ordenou em junho que o projeto fosse adiante e a Casa de Contratação instituída. Nomeou-se uma junta, composta de três senhores de engenho e três comerciantes. Quando, em 1629, começaram a chegar avisos da nova expedição holandesa e, depois, da queda de Recife, o plano perdeu sentido – não era mais a escolta o problema, mas a própria defesa e restauração da colônia.[16]

No atraso e cancelamento de tal projeto, nota-se a falta de apoio, na metrópole, para o regime de frotas e o emprego da força naval na defesa do comércio com o Brasil. De fato, a conjuntura da relação entre os portugueses e a monarquia filipina não era favorável. Em 1627, aliou-se a Madri uma elite de mercadores e financistas portugueses, cristãos-novos, detentores do melhor quinhão do comércio da Índia e do asiento do tráfico negreiro, o que permitiu a Filipe IV dar um calote na banca genovesa, substituindo-a no asiento de Flandres (o mecanismo de financiamento da guerra nos Países Baixos). Para esse círculo de interesses, as prioridades eram outras. Em 1628, teria início o que o Conde-Duque de Olivares concebia como um plano de seis anos para recuperação das posses portuguesas no Oriente, perdidas desde o início do século para a VOC. Portugal teria então sua própria Companhia das Índias. Não apenas esta demandaria mais da marinha portuguesa (já insuficiente para lidar com o corso holandês no Brasil), como sua junta administrativa era independente do Conselho da Fazenda – o órgão do Estado português que, pela sua Vedoria de Índias e Armazéns, zelava pelo apresto de armadas e envio de caravelas ao ultramar como fazia para quase toda a administração colonial.[17]

Desse modo, além de indicar a prioridade dada aos interesses mais altos do comércio ao Império asiático, essa Companhia também era representava um novo instrumento de penetração castelhana na administração da Coroa portuguesa. O projeto

---

16 Costa. *O transporte no Atlântico*, p. 225.

17 Boyajian. *Portuguese bankers at the court of Spain, 1626-1650*; Chandra Richard da Silva, "The portuguese East-India Company, 1628-1633", In: *Luso-Brazilian Review*, v. 2 (1974); Joyce Jr., *Spanish influence*, p. 345.

que o Conde-Duque alimentava era a gradual centralização em Madri das instituições políticas dos vários reinos ibéricos de Filipe iv, com vista à superação de suas particularidades administrativas em favor da Espanha dos Habsburgo. Se fosse concluído, o processo culminaria na "União de Armas": a formação de uma reserva "comum" de 140.000 homens (uma população militar impressionante para o seu tempo), sustentados por cada reino conforme seus recursos, mas comandada desde Madri, a critério do monarca. O sentido deste projeto aparece claramente nesta "instruccíon secreta" a D. Filipe, cuja autoria é creditada a Olivares, provavelmente em dezembro de 1624:

> *Tenga Vuestra Majestad por el negocio más importante de su Monarquía el hacerse Rei de España; quiero decir, señor, que no se contente con ser Rei de Portugal, de Aragón, de Valencia, Conde de Barcelona, sino que trabaje y piense con consejo maduro y secreto por reducir estos reinos de que se compone España al estilo y leyes de Castilla, sin ninguna diferencia en todo aquello que mira a dividir limites, puertos secos, el poder celebrar cortes de Castilla, Aragón y Portugal en la parte que quisiere, a poder introducir Vuestra Majestad acá y allá ministros de las naciones promiscuamente y en aquel temperamento que fuere necesario en la autoridad y mano de los consellers, jurados, diputaciones y consejos de las mismas provincias en cuanto fueren perjudiciales para el gobierno e indecente a la autoridad real, en que se podrían hallar medios proporcionados para todo, que si Vuestra Majestad lo alcanza será el Príncipe más poderoso del mundo.*[18]

Prenunciava-se a década de ingerência do valido de Filipe iv de Castela no governo de Filipe iii de Portugal, apesar dos compromissos assumidos em Tomar. De início, mediante a proliferação de *juntas* executivas em Portugal, em detrimento do aparelho tradicional. Depois de 1634, durante o governo da Duquesa de Mântua, prima do monarca, o partido castelhano perdeu o pudor e ocupou assentos nos Conselhos. Com o vínculo entre o secretário da Duquesa, Miguel de Vasconcellos e Brito, e seu primo Diogo Soares, diretamente subordinado a Olivares, o controle de Madri sobre a cúpula da Coroa portuguesa atingiu seu ponto mais elevado.

Na administração dos recursos e dos armazéns de Lisboa, onde se tratava do apresto de caravelas e galeões, bem como do armamento de companhias de infantaria e seu embarque nas esquadras, usava-se a guerra no Brasil como um meio de exercer pressão sobre os adversários de Olivares no governo de Portugal. Em 1628, seu emissário era o Marquês de Castelo Rodrigo, D. Manuel de Moura, enviado à cidade com provisão para ter assento nas sessões do governo, pois El-Rey estranhava

---

18 Rafael Valladares, *Epistolario de Olivares y el conde de Basto: Portugal, 1637-1638*. Badajoz: Departamento de Publicacciones, 1998, p. 18.

a "pouca energia" no apresto dos socorros[19] Em maio, Filipe IV ordenou a remessa de um socorro de soldados e munições para Bahia e Pernambuco. No mínimo, foi possível o recrutamento de 300 homens, embarcados para o Brasil em meados daquele ano. Entretanto, com a Junta da Companhia das Índias, o Conselho da Fazenda e o Governo de Portugal em disputa pelo parco dinheiro dos cofres e escasso material para os galeões, dificilmente o Reino era capaz de atender às necessidades da navegação do Brasil. A organização de uma Casa de Contratação do Brasil, para financiar forças navais para a colônia, foi estudada mas não se realizou. Enquanto isso, continuaram a chegar da colônia pedidos de escolta para o açúcar e socorros de munições e petrechos, para as fortificações e a infantaria.[20]

Em 1629, Filipe IV foi informado de que a WIC preparava em Amsterdam uma nova força para a ocupação do Brasil. O monarca solicitou notícia da situação geral das defesas daquele Estado, e Matias de Albuquerque foi ordenado de volta a sua capitania, para comandar os preparativos e fortificações necessárias. Todavia, já em março o Conselho da Fazenda indeferiu um pedido de socorro ao Maranhão. Em maio, o monarca ordenou que não se usasse dinheiro do cofre da Companhia das Índias. Dada a insistência do governo de Portugal (então sob o Conde de Basto, D. Diogo do Castro) de que sem aquele tesouro era impossível enviar socorros, Madri voltou atrás e autorizou saques para que Albuquerque fosse aparelhado. Três caravelas largaram do Tejo em agosto de 1629, mas a maior parte do que levava era destinada à Bahia e ao Rio de Janeiro. Outras três caravelas, uma delas para a Paraíba, comporiam

---

19 *Collecção Chronológica da Legislação Portugueza* (CCLP), vol. 1627-1633, p. 127; John H. Elliott, *Imperial Spain*. [s.l.]: New American Library, 1966.

20 Provisão de João Lucena de Vasconcellos por capitão, 22/07/1628, DHBN, v. 15, p. 311; CCLP, 1627-33, p. 130. Encontram-se tais pedidos de socorro no AHU-Resgate, Códices 37, 38 e 285. Lembre-se, aliás, que o corso holandês incidia também sobre os mares do Norte, na costa ibérica ou nas rotas das ilhas. Tome-se, por exemplo, a viagem do provedor-mor Francisco Soares de Abreu em 1633. Quanto deixou a Bahia, em fevereiro, a barra estava impedida por três corsários, e a caravela que o levava fez o mar pela saída de Jaguaripe "com grande risco". Um dos patachos holandeses deu-lhe caça ali mesmo, outro foi em sua perseguição no mar das Ilhas, dos quais conseguiram escapar "a vela e a remo". O terceiro corsário fez com que arribassem à Ilha de São Miguel, onde embarcariam 20 peças de artilharia. Houve quem, na Ilha, oferecesse ao capitão 5.000 cruzados para a viagem até o cabo de Finisterra. No dia 6 de março deixaram a Ilha, mas no dia 11 eram novamente caçados. A 40 léguas da costa portuguesa, no dia 13, a caravela foi atingida por um temporal e veio a pique – só com muita sorte Francisco Soares de Abreu e os demais sobreviventes alcançaram terra firme (Carta de Francisco Soares de Abreu ao filho, Cristóvão Soares de Breu, 15/03/1634, BPA, Cód. 49-X-12, fl. 25). Aquele ano, aliás, ainda não foi dos mais ativos para o corso sobre a navegação do Brasil.

a flotilha de socorro que partiu em abril de 1630. Quatro dias depois chegou a notícia da queda de Olinda.[21]

A essa altura, porém, o quadro geral do conflito havia se invertido. Em 1628, eclodiu a guerra de sucessão de Mântua, e para defender suas posições na Itália os espanhóis foram chamados a combater o pretendente apoiado pelos franceses. O *stadhouder* Frederico Henrique aproveitou para lançar uma ofensiva sobre os Países Baixos Espanhóis, como um meio de aquietar as oposições internas à continuidade da guerra. Em setembro de 1629, o exército dos Estados Gerais tomou Hertogenbosch, o que abria uma brecha na linha de defesa espanhola. Foi um golpe duro no moral castelhano. Filipe IV buscou negociar uma trégua, usando a restituição de Breda como sua principal moeda de troca. Recomeçou o debate, nas províncias neerlandesas, entre partidários da paz e da continuidade da guerra, mas o *stadhouder* procurou manter a ofensiva, atingindo praças espanholas ao longo do rio Mosa, e Maastricht cairia em agosto de 1632. Foi nesta conjuntura que chegou, em Madri, a notícia da ocupação de Olinda e Recife pela WIC, que portanto estaria longe de ser sua única preocupação.

Talvez seja um exagero afirmar, como faz Hermann Wätjen, que na opinião de Olivares "os apertos da região colonial portuguesa não passavam de ninharias". Não obstante, o conjunto das prioridades da monarquia castelhana levaria o Conde-Duque a apostar que a Companhia não teria fôlego financeiro para a conquista do Brasil.[22] Desta feita, adotou-se uma estratégia defensiva, mediante o reforço do exército de Pernambuco, a impedir que o domínio neerlandês se estendesse. Uma guerra de usura, como descreveu Evaldo Cabral, que atingisse o inimigo pelo bolso tanto quanto pelas armas. Além disso, não havia meios armar uma esquadra com a força e a rapidez de 1624. Além da conjuntura desfavorável, a marinha sofrera demasiadamente pelo corso nos últimos anos, e os cofres do Reino não suportavam o necessário para todas as demandas. Continuaram os saques do tesouro separado para o socorro da Índia, que seria ofuscado pela mobilização para a guerra no Brasil, e a Companhia criada anos antes seria abandonada em 1633. Para custear os reforços à defesa de Pernambuco, Madri ordenaria a criação de novos tributos em Portugal, a partir de abril de 1630.[23] Além disso, Lisboa ordenava a presença dos donatários em suas capitanias, para organizar a defesa. No que toca às "capitanias que ficam no distrito da

---

21 Joyce Jr., *Spanish influence*, p. 350. As três caravelas que partiram em abril, sem saber da conquista de Olinda e Pernambuco, desviaram-se para a Bahia, segundo notícia do governador Diogo Luís de Oliveira (Livro de registro do Governo de Portugal, BPA, Cód. 51-X-1, fl. 202v).

22 Wätjen. *O domínio colonial hollandez*, p. 105-110.

23 *Ibidem*, p. 356-7.

Bahia", caberia a Diogo Luís de Oliveira governar sua defesa, como fosse conveniente. Também tratava-se da remessa de armas à colônia, "na maior quantidade possível".[24]

Com todas essas medidas, conseguiu-se reunir no Tejo uma armada "respeitável" de 27 embarcações, das quais dezessete eram galeões, cinco deles de Portugal. O restante era composto por caravelas, patachos (ou pinaças) e um batelão (*hulk*). Dos dezesseis navios da armada de Castela, apenas a capitânea, o enorme galeão *Santiago de Oliste*, era da Coroa. Os demais foram fretados ou alugados. Já na armada de Portugal, todos os galeões, menos um, eram da Coroa, e fretados os seis navios menores. Ao todo, levavam 449 peças de artilharia, 1950 marinheiros e 3.604 soldados, confiados ao almirante biscainho D. Antonio de Oquendo. Os aprestos, porém, levaram tempo. Quatro caravelas de socorro à Bahia, com 300 espanhóis, partiram antes, e chegaram em Salvador logo em abril. Cogitava-se a possibilidade da sede do governo-geral estar sitiada pelo inimigo. A maior parte da armada partiu em maio e chegou em julho, no dia 11. Em setembro, fizeram vela para a costa de Pernambuco. Entretanto, a par da movimentação hispano-portuguesa, a WIC já havia reforçado o Brasil holandês com um socorro de dezesseis embarcações.[25]

Enquanto isso, os atrasos no apresto da frota de Oquendo eram usados por Olivares para censurar o governo de Portugal e interferir em suas atividades, de forma a lhe tirar o máximo para a guerra no Brasil e reduzir suas necessidades de apoio militar e material por parte de Castela. Dobraram-se então as juntas de governo. Em junho, foi criada em Madri a Junta de Portugal, que trataria de rever as finanças daquela Coroa e procurar aquilo que poderia ser dedicado ao conflito com a WIC. Nela tinham assento o próprio Olivares, o confessor real, o Duque de Villahermosa, Manuel de Vasconcellos, o Bispo de Málaga e Diogo Soares por secretário. Depois de algum trabalho, essa junta concluiu que Portugal ainda dispunha de 1.300.000 cruzados para aplicar na defesa do Brasil – um total que contrastava com toda a correspondência que chegava do governo do Conde de Basto. Ainda em junho, criou-se em Lisboa uma Junta da Fazenda, a rivalizar com o governo e o Conselho da Fazenda nos anos seguintes. Era presidida por D. Jorge Mascarenhas, 1º Conde de Castelo Novo, acompanhado de Tomás de Ybio Calderón e dois juízes da Casa de Suplicação. O secretário era Miguel de Vasconcelos e Brito. Ao fim do mês, D. Diogo deixou o

---

24   Conforme deliberações do governo de Portugal, registradas no Livro do Governo de D. Antônio de Ataíde (Livro de registro do Governo de Portugal, BPA, Cód. 51-x-1, fl. 073 e segs); Veja-se também as considerações de D. Álvaro de Mello, em AHU, Bahia, série Luísa da Fonseca, doc. 698.

25   Boxer, *The action between Pater and Oquendo, 12 September 1631*; Guedes. *História naval brasileira*, p. 118; Coletânea de documentos de Francisco Soares de Abreu, BPA, Cód. 49-x-10, fl. 13 e 150.

governo, "desencantado com o que via como 'as onerosas demandas sobre Portugal pela Coroa espanhola para a campanha no Brasil'".[26]

Ocupou seu lugar o Conde de Castro Daire e da Castanheira, D. Antônio de Ataíde, o mesmo que havia criado a armada do consulado, e Nuno de Mendonça, Conde de Vale de Reis. Ao mesmo tempo (final de julho), criaram-se novas juntas, algumas de jurisdição ambígua ou desconhecida. A Junta de Pernambuco, ao que parece, nomeava os oficiais da armada. A Junta de Lisboa administrava os pedidos de empréstimos e donativos dos mais ricos de Portugal. Joseph Joyce Jr. ainda menciona outra junta, talvez se referindo à própria Junta da Companhia das Índias. Todas frequentadas pelo "onipresente" Conde de Castelo Novo. Além de presidir a Junta da Fazenda e frequentar as demais, participava de assentos (contratos) de compra de munição e armamentos, da arrecadação do imposto do real d'água (implementado a seu cargo) e dos pedidos do empréstimo que se faziam aos homens de negócio.[27]

Os problemas com o governo e o Conselho da Fazenda, portanto, apenas pioraram. Em dezembro, em missiva ao monarca, D. Antônio queixava-se da independência e insubordinação da Juntas, que acabavam por ser o braço executivo mais forte, e "não fica lugar ao governo mais que para remeter-lhe a cópia da carta de Vossa Majestade como se tem feito sem lhe poder ordenar sobre a matéria nem saber se obram em cumprimento dela". Em fevereiro de 1632, por exemplo, por conta do apresto de algumas caravelas para a Índia, o Conde de Castelo Novo ignorava o governo de Portugal, dizendo que aquela matéria não lhe dizia respeito. Em março, novamente, trocavam farpas. O Conde escreveu ao governo que aqueles assuntos tocavam a ele independentemente, que tinha regimento de Sua Majestade para trabalhar sem o crivo dos governadores, com o que se dilatavam os socorros.[28]

Enquanto isso, providenciava-se o possível para a defesa do Brasil. Depois da partida da armada de D. Antônio de Oquendo, restava a dúvida sobre o estado da Bahia e em quanto tempo nela estaria fundeado. Buscou-se reforçá-lo com o envio de mais algumas caravelas. Ainda em agosto de 1631, Filipe IV ordenava o envio de uma reserva de 1.500 homens, "pelo menos 1.300". A gente de guerra era difícil de encontrar, e El-Rei assentou que fossem perdoados os culpados "sem parte nos casos leves" que quisessem embarcar – atentando para que, no caso de deserção após o embarque, estariam sujeitos ao degredo de três anos na África. No início de outubro chegaram

26 Joyce Jr., p. 361.

27 *Ibidem*, p. 363 e segs; CCLP, 1627-33, p. 167, 185, 214.

28 Livro de registro do Governo de Portugal, BPA, Cód. 51-x-1, fl. 288v, Cód. 51-x-2, fl. 183, 352.

notícias de Diogo Luís de Oliveira pertinentes ao ataque holandês a Itamaracá, e Filipe IV ordenou que no socorro as demais capitanias fossem avisadas da possibilidade de assalto. A essa altura, o Conselho da Fazenda considerava que Matias de Albuquerque estava bem provido de armas e sugeriu ao Conde de Castelo Novo que substituísse a carga do socorro por medicamentos ("botica"). Almejava-se então um reforço de oito navios e dois patachos à armada de Oquendo, reunido com o rendimento do consulado e os sobejos das sisas de Aveiro, Porto e Viana, mais algo que aparentemente havia no tesouro da "fábrica de naus". Confirmada a notícia da queda de Itamaracá, por cartas de seu capitão, a ordem agora era distribuir o socorro entre as demais companhias, de modo que pudessem aprontar suas defesas.[29]

Em novembro, chegou ao Porto uma das caravelas de D. Antônio de Oquendo, trazendo notícia do combate nos Abrolhos e do desembarque de tropas em Pernambuco e na Paraíba. Bateram-se com a esquadra de Adriaen Pater no mês de setembro. O comandante holandês havia morrido, mas a luta fora restrita aos galeões, sem causar danos maiores ao grosso da frota da WIC. As esperanças secretas de que o célebre almirante de Biscaia desalojaria o invasor do Recife fizeram água. Quando se soube que a frota holandesa fora avistada pela armada em duas ocasiões, depois do combate, concluiu-se que no envio de socorros havia sempre o risco de encontro com os navios do inimigo, que após a retirada de Oquendo tinha "inconteste domínio do mar".[30]

Filipe IV e Olivares logo concluíram que o tempo de enviar uma nova armada de restauração para o Brasil havia passado, e os navios disponíveis eram poucos e pequenos para fazer frente à marinha inimiga. Deste modo, os galeões seriam reservados na metrópole, em segurança, enquanto se dava prioridade ao envio de caravelas, mais velozes, para fazer o transporte do socorro. Enquanto isso, seria reunida uma armada com 50 galeões, para a qual se articulava entre os mercadores um empréstimo de 500.000 cruzados.[31] Ainda naquele mês partiu uma caravela para o Rio de Janeiro. O Conselho da Fazenda e os governadores de Portugal protestaram, ao perceber que o monarca deixava a guerra do Brasil em segundo plano. Em sua opinião, devia-se "juntar as forças e tratar com todos o cuidado e maior pressa possível da Recuperação de Pernambuco... antes que o inimigo, tendo-se por seguro ali, com as fortificações

---

29   Livro de registro do Governo de Portugal, BPA, Cód. 51-x-1, fl. 24, 47, 65, 73, 208v.

30   Guedes. *História naval brasileira*, p. 138.

31   *Ibidem*, p. 155; Livro de registro do Governo de Portugal, BPA, Cód. 51-x-1, fl. 47v.

que tem feito, trate de tomar mais portos naquele Estado, como parece que intenta".[32] Não obstante, a ordem de Madri era para que "enquanto se não faz [a armada de galeões], se deve enviar o socorro nas caravelas com a gente e provimentos que tenho resoluto como se fez antes que partisse a armada de D. Antonio de Oquendo, e depois de partido este socorro como hei mandado se executará o meio que apontais de ir enviando *cada mês duas caravelas* para se continuarem os socorros daquele Estado".[33]

O socorro que se buscava enviar era uma esquadra de quinze caravelas, ordenada em janeiro de 1632, com a qual planejava transportar 1.400 homens já arregimentados ao Brasil. Ordenava ainda que se distribuíssem pela costa americana a 600 ou 700 para Pernambuco, 200 para a Paraíba, 200 para o Rio de Janeiro, 100 para o Espírito Santo e São Vicente. Uma das caravelas levaria João Pereira Corte Real (muito próximo de D. Antônio de Ataíde), um dos principais homens de mar portugueses, para sondar a costa e averiguar a força do inimigo. Neste comenos, esperava-se vinte galeões de Portugal prontos até junho para compor a armada.

Todavia, até as caravelas estavam em falta, e o governo despachou para que se reunissem ali as que houvesse em Setúbal, Alcácer, Peniche, Atouguia, Porto e demais lugares da costa. Corte Real estranhou, mas o Conde de Castelo Novo voltou a desautorizar o governo, entendendo que "não nos toca tratar tão particularmente nesta matéria, que independentemente lhe pertence". D. Antônio repassou o estranhamento a Sua Majestade, mas Castelo Novo continuaria a receber o apoio de Madri.[34] Ademais, os governadores lembravam Filipe IV que, se Pernambuco tinha todas as razões para ser socorrido, "são também muito de respeitar as razões que obrigam a se não faltar a Bahia com socorros, porque, posto que cessasse respeito da armada de D. Antônio de Oquendo, estão permanentes os da vizinhança do inimigo a que se acresce a de se haver dobrado o presídio daquela praça com que vem a ser agora mais necessário que nestes tempos atrás acudir-lhe com provimentos e com roupas, munições e pólvora, porque nunca pode estar de maneira provida estas cousas".[35] Em 14 de fevereiro estavam prontas para partir três caravelas, a *Anjo da Guarda*, a *Nossa Senhora de Nazaré* e a *Nossa Senhora da Ajuda*.[36]

---

32   Livro de registro do Governo de Portugal, BPA, Cód. 51-x-1, fl. 248-254, 288v; Cód. 51-x-2, fl. 4v, 47v. Também nesses meses, tratava-se também do socorro de Mazagão e da Índia, que deveria levar 50.000 cruzados (em prata?) para os ordenados daquelas fortalezas e não podia perder a monção de maio.

33   Livro de registro do Governo de Portugal, BPA, Cód. 51-x-2, fl. 47v (grifo no original).

34   *Idem*, fl. 6, 19v, 180.

35   *Idem*, fl. 167v.

36   *Idem*, fl. 209v, 51v.

Contudo, ficaram no Tejo. Em maio Filipe IV reclamava por não haver recebido notícia de sua partida e pedia satisfação aos governadores. Estes responderam que nada podiam fazer pelo socorro, encarregado como estava nas mãos de Castelo Novo. É plausível que os atrasos no apresto fossem um meio da resistência dos órgãos da Coroa de Portugal para atingir o infiltrado de Olivares. O certo é que dariam abrigo à relutância de algumas caravelas em partir. Duas caravelas parecem ter deixado Lisboa efetivamente em fevereiro. Mas naquele mês havia notícia de três outras e dois navios de socorro a Pernambuco que esperavam para partir em companhia dos galeões e "à sua sombra" livrarem-se dos piratas que infestavam a costa portuguesa nos princípios de verão.[37] O Conselho de Estado também emitia, naquele mês, consulta contrária à remessa de caravelas isoladas. Dizia que o envio de pequenos socorros só faria desanimar a todos no Brasil e meter novas esperanças de sucesso ao inimigo:

> (…) e dentro de um mesmo Reino se seguem notável confusão, contínuos encontros e dúvidas sobre cousas de provimento por atenderem os ministros das juntas mas a conservar e defender as suas independências que do remédio e do socorro da Índia, e das conquistas que estão perecendo, e sendo gastadas tão grandes somas de dinheiro nem se tem feito coisa de consideração, nem se trata de prevenir o futuro.[38]

Por conseguinte, aos ministros do Conselho parecia que era grande a falta da presença do monarca no Reino, para ver de mais perto e remediar com efeito. Como não esperavam que a visita de 1619 se repetisse, diziam que era necessário pelo menos recompor o governo do Reino e de sua Fazenda, antes que suas divisões e "falta de poder" acabassem por arruinar a todos.[39] O Conselho de Estado ainda se dizia a favor do envio de socorros em caravelas, enquanto não houvesse armada de restauração preparada, mas sinalizava que o comando da mesma fosse entregue a Corte Real, que então dispunha de três galeões – com o que discordavam os governadores, pelo risco que havia em se enviar os galeões ao Brasil, mesmo à Bahia, porto aberto e indefensável onde se perdera "uma frota inteira carregada de açúcares" sem que se pudesse

---

37   *Idem*, fl. 103, 345v, 352.

38   *Idem*, fl. 366 e segs.

39   O Conselho de Estado terminava a consulta afirmando que "tudo consiste em V. Mde. vir pessoalmente a este Reino e compor as coisas dele. Tudo o que Olivares não podia aquiescer. Sobre a carência lusitana de Corte Real digna, durante o período filipino, e a visita de Filipe IV a Lisboa em 1619, ver França, *Portugal na época da Restauração*.

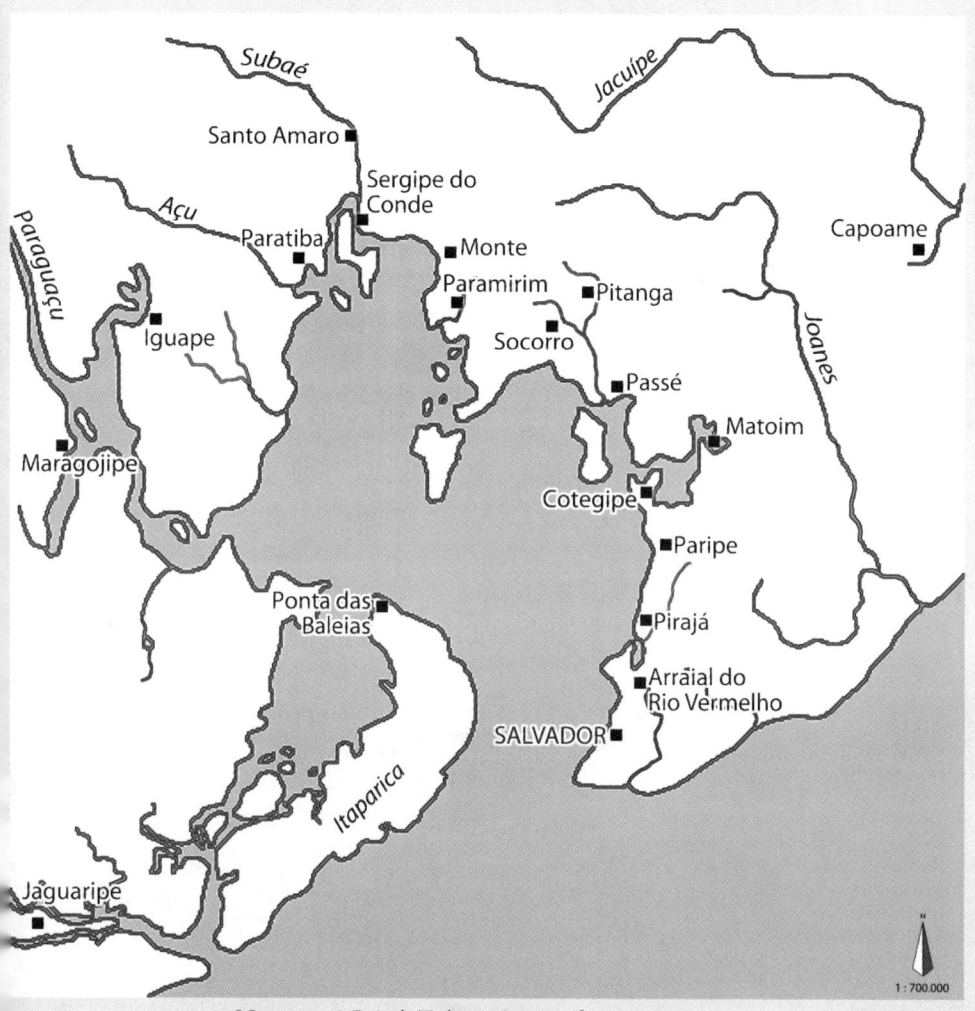

Mapa 01 – A Baía de Todos os Santos e freguesias próximas
(Fonte: IBGE, Cartas SD-X-A-IV e SD-X-A-V)

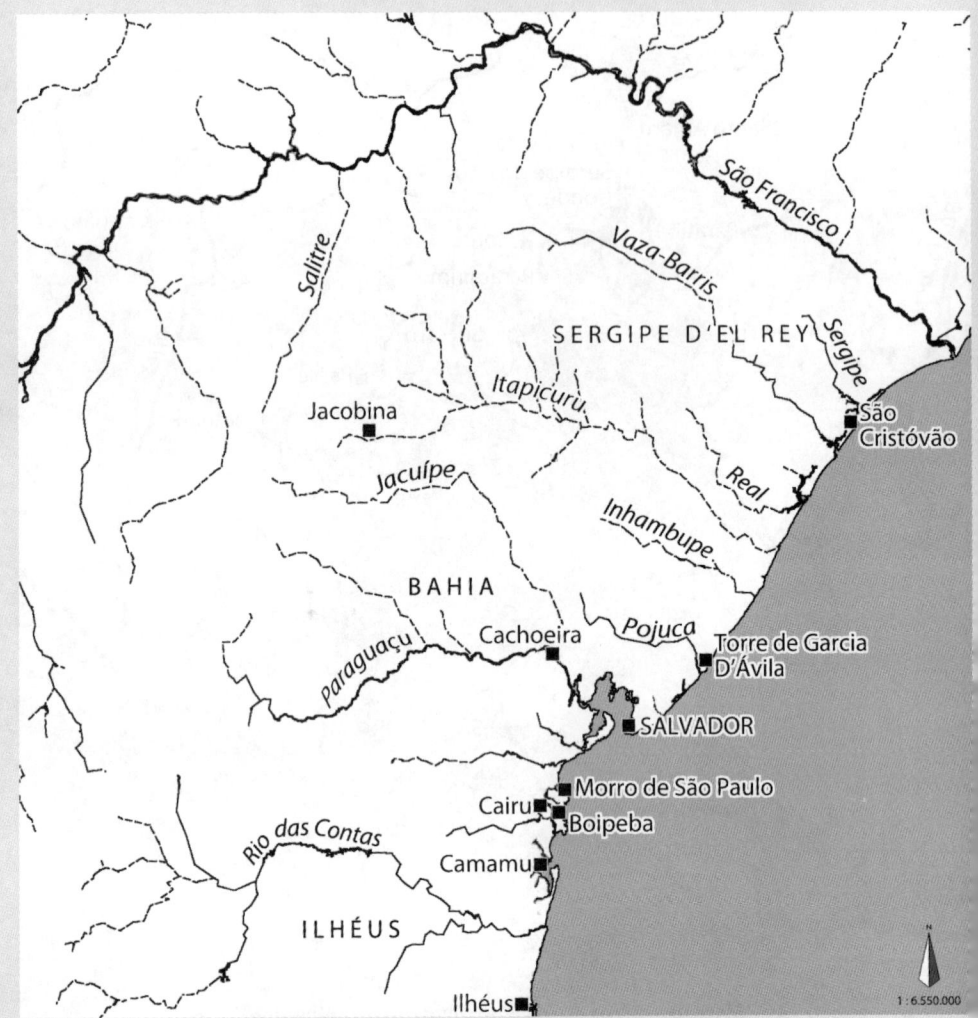

Mapa 02 – Bahia e capitanias vizinhas, c. 1650 (Fonte: IBGE)

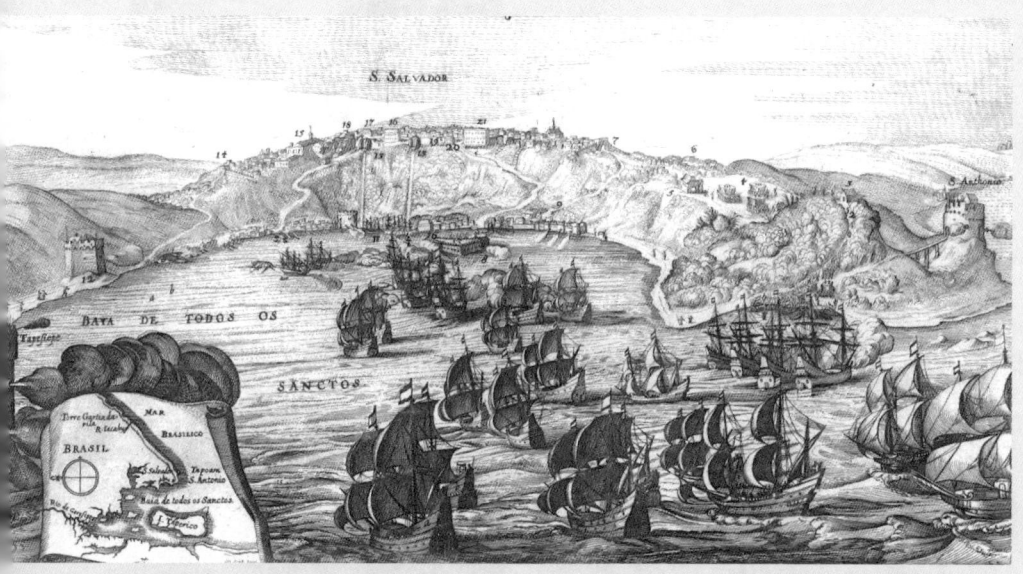

Figura 01 – Conquista de Salvador em 1624, com destaque para o desembarque do exército neerlandês ao sul da cidade, próximo a Vila Velha. Em primeiro plano, os fortes São Filipe e Santo Antônio, à esquerda e à direita (Gravura, Biblioteca John Carter Brown)

Figura 02 – Diogo de Mendonça Furtado
e Domingos da Cunha, provincial jesuíta,
cativos da WIC na ocupação de 1624
(Gravura, Biblioteca John Carter Brown)

Figura 03 – Carta da Baía de
Todos os Santos, de Hessel
Gerritsz, com representação
do ataque de maio de 1624.
As cartas nesse período
normalmente indicavam,
além da cidade, alguns dos
engenhos e igrejas no litoral
baiano e nas margens dos rios

Figura 04 – A "Planta da Restituição da Bahia", de João Teixeira Albernaz, o velho. No contorno da cidade, à leste, o dique construído pelos holandeses em sua defesa. Na extrema direita, a porta de São Bento. Na esquerda, a porta do Carmo e o Quartel das Palmas, em destaque

Figura 05 – Vista da entrada para a Ribeira das Naus, ao norte de Salvador, com a cidade ao fundo, durante o ataque de 1638. Em primeiro plano, o Forte de São Bartolomeu (Desenho de Franz Post)

Figura 06 – Primeiro dia da batalha naval de janeiro de 1640, entre a armadas do Conde da Torre e do almirante Willem Loos (Desenho de F. Post)

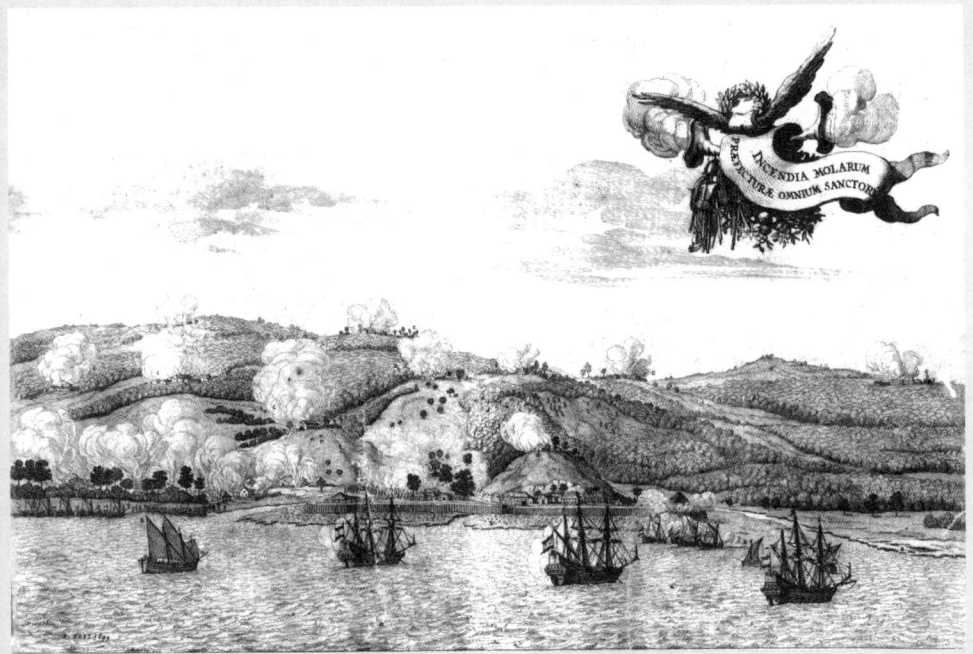

Figura 07 – Incêndio dos engenhos da capitania de Todos os Santos pela marinha neerlandesa, em abril e maio de 1640 (Desenho de F. Post)

Figura 08 – A guerra da revolução militar, entre exércitos regulares, no sítio de Porto Calvo, 1637 (Desenho de F. Post)

Figura 09 – A "guerra volante", ou "guerra do mato", com a devida representação dos combatentes indígenas, que nela eram excelentes (Óleo de Gillis Peeters)

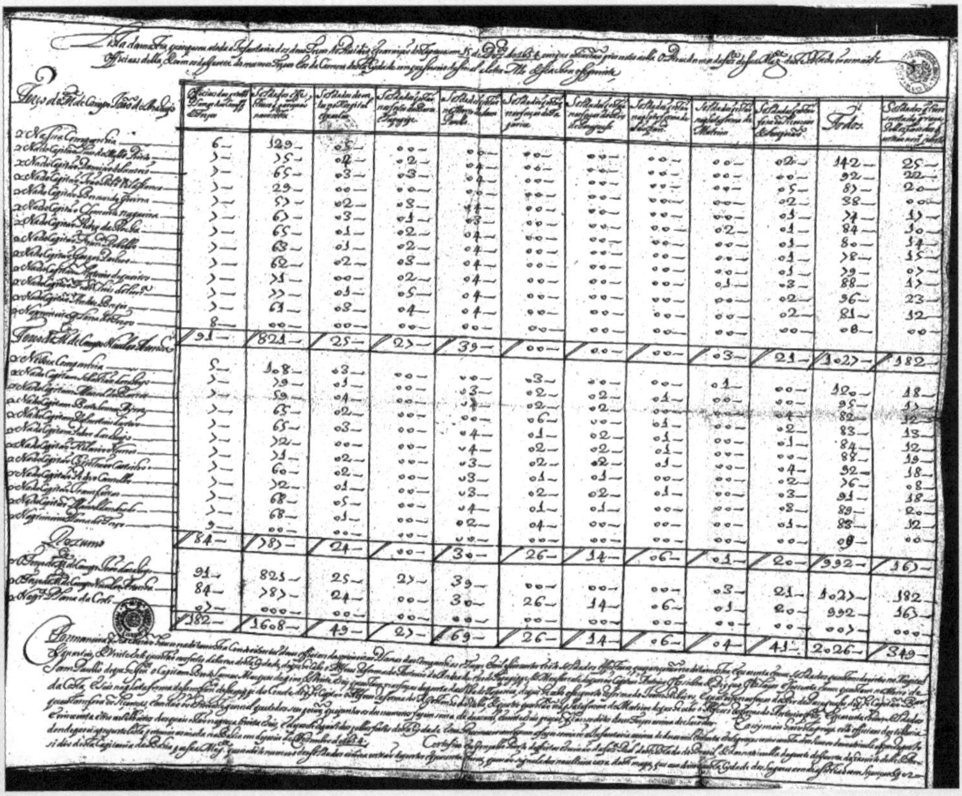

Figura 10 – Números da mostra dos dois terços do presídio metropolitano, para efeito de distribuição de soldos, em 1654 (Arquivo Histórico Ultramarino, série Luísa da Fonseca, caixa 13, documento 1580)

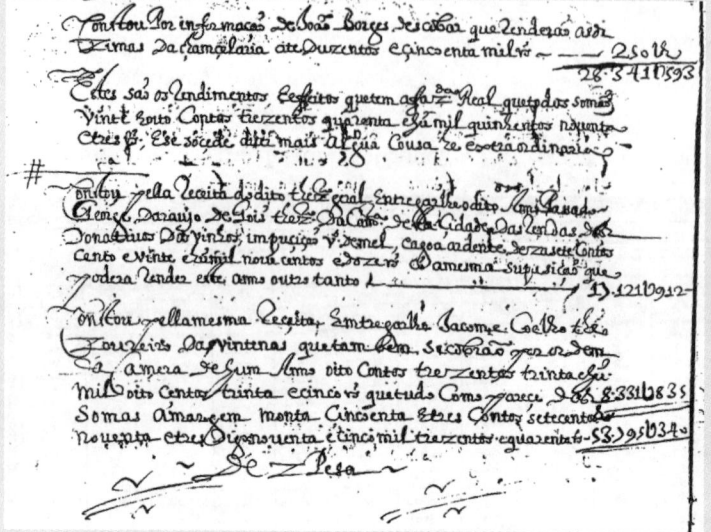

Figura 11 – Detalhe de uma das poucas relações de receitas e despesas existentes para a Fazenda Real da Bahia no período (Arquivo Histórico Ultramarino, série Luísa da Fonseca, caixa 9, documento 1034)

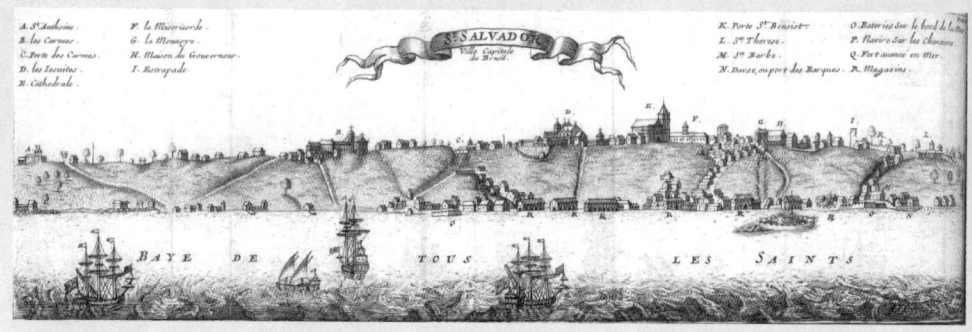

Figura 12 – Vista de "São Salvador, vila capital do Brasil", c. 1695. Os três edifícios que se destacam são, da esquerda para a direita: o convento do Carmo, o colégio dos Jesuítas (com a porta do Carmo entre os dois) e a Catedral da Sé, com a Santa Casa de Misericórdia ao seu lado. Pouco mais à direita, pode-se ver a mansão do governador-geral, e em seguida a porta de São Bento (Gravura publicada em François Froger, *Relation d'un voyage fait en 1695, 1696, & 1697*, Biblioteca John Carter Brown).

fazer nada. Segundo a consulta, três caravelas partiriam naquele mês para o Brasil, enquanto quatro iriam para a Mina.[40]

Enquanto isso, chegou junho e os galeões da Coroa de Portugal não estavam prontos. Naturalmente, a impaciência de Filipe IV desabava sobre os governadores de Portugal (não desabaria sobre as juntas, onde se agrupava o partido filipino).[41] A armada foi postergada para maio de 1633. Até lá, pouco se remeteu de socorro ao Brasil. Ao que parece, enviou-se alguma nau ao Maranhão para defendê-lo de uma empresa de pau-brasil que se aprestava na Inglaterra. Em outubro, ordenou-se à Bahia uma caravela com avisos, roupas e munições "na quantidade que puder ser". Desde março, com a morte de D. Nuno de Mendonça, D. Antônio de Ataíde ocupava sozinho o governo de Portugal. O apresto da armada seguiu sob uma junta com o Conde de Castelo Novo e D. Fadrique de Toledo, que comandaria a expedição. Entretanto, D. Fadrique, que agora era Marquês, recusou o comando quando viu que não haveria homens e navios suficientes para fazer frente ao exército da WIC em Pernambuco, que no máximo poderia reforçar a resistência de Matias de Albuquerque. Assim, considerava que a força não estava à altura de sua reputação, e por isso foi degredado e perdeu as honras. Por isso também, provavelmente, dado o vazio no comando, perdeu fôlego o apresto dos galeões.[42]

Nos primeiros meses de 1633, valeu-se Olivares do impasse entre as juntas e os órgãos do governo português. Em março, D. Antônio de Ataíde foi afastado do governo, que passou ao arcebispo de Lisboa, D. João Manuel. Mas este faleceu pouco depois, e o governo voltou a D. Diogo de Castro. O Conde de Castelo Novo, D. Jorge de Mascarenhas, também foi removido dos aprestos. As juntas foram dissolvidas em abril, junto com a Companhia das Índias, e o apresto das armadas e caravelas voltou a ser atribuição direta do Conselho da Fazenda. No entanto, foi restituído o cargo de presidente do Conselho (cargo criado por Filipe II, em 1591), que ficou com o Conde de Miranda do Corvo, D. Diogo Lopes de Souza. Mais do que isso, o

---

40 Livro de registro do Governo de Portugal, BPA, Cód. 51-x-2, fl. 366 e segs. De final, João Pereira Corte Real não capitaneou nenhuma daquelas armadas ao Brasil. Foi enviado à Índia, com quatro galeões, em 1633 (Livro de registro do governo de D. Diogo de Castro, BNL, Col. Pombalina, Cód. 442, fl. 22).

41 Diz a carta de Filipe IV ao governo: "Não posso deixar de vos dizer que havendo quase um ano de que entrastes nesse governo em todos os negócios que se vos encarregaram se não há dado a execução que convém" (Livro de registro do Governo de Portugal, BPA, Cód. 51-x-3, fl. 01).

42 Livro de registro do Governo de Portugal, BPA, Códs. 51-x-4, fl. 03, 42v e 51-x-5; Joyce Jr., *Spanish influence*, p. 371.

presidente acumulou as diversas tarefas do Conselho, deixando sem função os dois vedores, Luís da Silva e Ruy da Silva. Tornava-se uma câmara mais centralizada e mais próxima de Olivares.[43]

É fato, entretanto, que nos meses seguintes D. Diogo do Castro teve larga influência sobre o apresto dos socorros. Não só acompanhava a disponibilidade de embarcações e a compra de pólvora, o que fez constantemente, como tinha suas amizades no fornecimento de trigo, bacalhau e sardinha (são citados Francisco Rebelo Rodovalho e Pedro Ferraz Barreto). Também se pode encontrar o Dr. Francisco Leitão, do Conselho da Fazenda, como responsável pelo apresto do socorro e pela arrecadação de empréstimos junto aos homens de negócio. No entanto, é importante perceber a dependência que o Conselho da Fazenda tinha dos servidores dos armazéns de Lisboa, para executar o necessário para as armadas. Nessa instituição havia sido centralizada toda uma sorte de atividades ligadas à expansão colonial, como a produção cartográfica e o recrutamento de homens do mar. O provedor dos armazéns era um dos principais nervos pelos quais se despachava o poder lusitano e, ao que parece indicar a documentação, ganha destaque durante o governo da Duquesa de Mântua, enquanto se buscava, ao mesmo tempo, reunir uma armada de grande porte e alijar as instituições cimeiras do governo de Portugal. Em 1635, por exemplo, diante de um pedido de licença para emprego de artilheiros estrangeiros na carreira do Brasil, vemos perplexos o Conselho da Fazenda perguntar a Rui Correia Lucas quais entre os povos da Itália eram ou não vassalos de Sua Majestade. Vasco Fernandes Cezar, seu sucessor nos armazéns, seria membro do Conselho de Guerra de D. João IV. O governo da Coroa portuguesa por Olivares, portanto, tinha seus limites, e encontrava resistências.[44]

Ao longo de 1633 e 1634, os prazos para a conclusão do apresto da armada seriam subsequentemente perdidos. Em agosto de 1633, por chegarem avisos de novos reforços da Holanda para Pernambuco, o Conde de Basto mandava que tudo que houvesse de pronto nos armazéns fosse enviado em socorro ao Brasil, sem dilação de tempo. Aliás, ordenava que o Conselho da Fazenda não tratasse de nada além disso. Preparavam doze galeões para compor uma armada com Castela, segundo ordem régia do mês anterior, mas isso ainda tomaria dois anos para acontecer. Sete galeões reais chegaram de Dunquerque, naquele mês, com pouco mais de 520 homens de mar sob o almirante

---

43   *Ibidem*, p. 372 e segs.

44   Livro de registro do governo de D. Diogo de Castro, BNL, Col. Pombalina, Cód. 442; Ordem ao provedor dos armazéns, 22/05/1635, AHU, Bahia, série Luísa da Fonseca, cx. 5, doc. 590.

Gaspar de Caraça. Precisavam de reparos e calafetagem. O governo também buscava saber quais eram as embarcações ancoradas no Tejo, seu tamanho, estado, nacionalidade e responsável, e quais se podia fretar. Tampouco deixava-se de enviar pequenos contingentes à África e ao Oriente – em breve, as três frentes disputariam pela escassa provisão de trigo do Reino. Entre os papéis do governo do Conde de Basto, muito se encontra sobre os preparativos e arranjo dos socorros, mas pouco sobre partidas propriamente ditas. Sabemos que, em dezembro, o Conde sugeria que fossem despachadas duas caravelas com avisos à Bahia, não apenas uma, devido ao risco de apresamento pela intensificação do corso neerlandês. Pedia que fosse pequena e pouco carregada, indicando que a comunicação com a colônia era sua primeira necessidade.[45]

Em janeiro de 1634, o plano era o envio de cinco navios ao Brasil, incluídos quatro dos galeões de Gaspar de Caraça, de modo que o socorro pudesse passar entre os corsários da WIC que infestavam aquela costa. Aprestava-se então outra caravela para a Bahia, carregada com alguma munição, sal e sardinha, "para o provimento daquele presídio". Acabou que a caravela partiu de Setúbal, pouco antes do dia 10, desacompanhada. Quanto aos galeões, ainda era necessário recompor a artilharia, buscando peças dos fortes, das fundições, entre os particulares e onde mais houvesse. Quatro caravelas finalmente partiram nos idos do mês de março. Levaram o Bispo D. Pedro da Silva. Governo e Conselho então consultariam Madri se deviam continuar os socorros em caravelas, remetendo-lhe uma estimativa de seus custos.[46]

A ordem de Filipe IV seria então o apresto de quatro esquadras, para conduzir os socorros ao Brasil e os açúcares a Portugal – ainda um plano defensivo, mais próximo de uma armada de escolta do que de restauração. Segundo o cálculo do Conselho da Fazenda, a primeira esquadra tomaria 200.000 cruzados; as demais, 300.000. Rodrigo Botelho, procurador da fazenda, representou ao Conselho sua oposição a essa estratégia, pelo "grande abalo e desconsolação" que causaria aos moradores do Brasil, se recebessem socorro tão minguado. Afirmava que mesmo a armada de Antônio de Oquendo, que custara 800.000 cruzados, não fora suficiente para bater a frota holandesa naqueles mares. Tampouco as pequenas esquadras de escolta serviriam para o que quer que fosse, socorro, escolta ou restauração. Havia outros meios, melhores e mais baratos, de fazer saírem os açúcares do Brasil, para o bem dos vassalos e das

---

45   Livro de registro do governo de D. Diogo de Castro, BNL, Col. Pombalina, Cód. 442, fl. 9-46v, 56.

46   *Idem*, fls. 52v, 60, 68, 83, 114v, 119; Consulta do Conselho da Fazenda, 29/12/1634, AHU, Bahia, série Luísa da Fonseca, cx. 4, doc. 511; Capítulo de carta régia de 17/01/1635, AHU, Bahia, série Luísa da Fonseca, cx. 4, doc. 521.

alfândegas de Sua Majestade: as caravelas e navios mais ligeiros, bem como a concessão de licenças a naus de Dunquerque e de outros vassalos.

Efetivamente, o recurso à navegação estrangeira tornava-se mais constante. Desde meados de 1620 encontramos o emprego de artilheiros estrangeiros nas embarcações para o Brasil. O governador Diogo Luís de Oliveira, por exemplo, valeu-se deles nas três naus que levou consigo à Bahia. São artilheiros e oficiais de artilharia (condestáveis). Muitos são ingleses, país de onde se difundia o uso da colubrina de ferro, uma peça de artilharia menor e menos confiável, mas muito mais barata que a de bronze. Outros vêm de Dunquerque. Em certa ocasião, por conta do contrato de um mercador com dois condestáveis ingleses para ir ao Brasil "para fabricar sua artilharia", o provedor dos armazéns pediu que comprovassem ser artilheiros realmente. Ademais, não lhes era permitido ficar no Brasil. Alguns da Coroa de Portugal tentaram zelar pela proibição à presença de estrangeiros na colônia, apesar de todas as necessidades – como quando D. Antônio de Ataíde mostrava-se contrário a autorização de navios de Sevilha para o Brasil, e pedia que se considerasse "que o comércio da Índia está tão diminuto como é presente a Vossa Majestade e o do Norte também está atenuado pelos contrabandos [referindo-se ao embargo contra as Províncias Unidas] e pela imposição da extração do sal, e assim não fica cousa de sustança senão o comércio do Brasil".[47]

Contudo, a partir de 1633 aparecem mais pedidos de envio ou fretamento de embarcações estrangeiras, prontamente artilhadas. A maioria se declara de Lübeck e Dunquerque. Pedia-se que embarcações e tripulantes viessem de países amigos e vassalos de Sua Majestade. Invariavelmente, as licenças eram concedidas com ressalva de que os navios fossem em direitura ao Brasil e dele retornassem a Portugal. Valiam para uma só viagem, mas permitia-se que fossem novamente solicitadas. Por vezes, expressava-se que não podiam levar mais da metade da tripulação em gente estrangeira. Com o tempo, são também estrangeiros os mercadores que pedem as licenças. Já em 1632, Filipe IV buscava evitar que a fiscalização das alfândegas causasse moléstias e vexações ao capital forâneo nos portos do Reino, para o prejuízo do "comércio universal, senão sua total destruição". De fato, a necessidade de socorros constantes ao teatro meridional da guerra abria espaço para essa penetração. O Conselho da

47 Livro de registro do Governo de Portugal, BPA, Cód. 51-x-3, fl. 11-13; Capítulo de carta régia de 23/09/1626, AHU, Bahia, série Luísa da Fonseca, cx. 4, doc. 448; Capítulo de carta régia de 17/12/1626, AHU, Bahia, série Luísa da Fonseca, cx. 4, doc. 457; Requerimento do capitão Manuel Gonçalves, 08/07/1628, AHU, Bahia, série Luísa da Fonseca, cx. 4, doc. 466-8; Requerimento de Pantaleão Pinheiro, 23/06/1635, AHU, Bahia, série Luísa da Fonseca, cx. 5, doc. 614; Carlo Cipolla, *Guns and sails in the early phase of european expansion, 1400-1700*. Londres: William Collins, 1965.

Fazenda, em outubro de 1633, escrevia para D. Diogo que nos navios estrangeiros estava o único meio de prover o socorro de Pernambuco.[48]

Em geral, em troca da licença oferecia-se o transporte dos socorros livre de frete. Em janeiro de 1634, por exemplo, um flamengo de nome Voltremes, estabelecido em Dunquerque, dispunha quatro a seis navios bem armados para levar mantimentos e munições, mais o que a Coroa lhe entregasse, se pudesse voltar do Brasil com açúcar. Segundo os alvarás que regiam a fiscalização do contrabando, o provedor dos armazéns averiguava se navios e tripulações eram realmente de Dunquerque. Em Lisboa, o Conselho da Fazenda teria informação de "genoveses ricos" dispostos a carregar socorros a frete livre. Ofereciam "seis ou sete naus possantes". Também houve ingleses interessados em agenciar o transporte de socorros. Há mesmo um francês, Mateus Rigão, que dizia haver oito anos vinha tratando de resgates de cativos em Argel e naquela ocasião precisava de catorze artilheiros e um condestável estrangeiros. Dizia-se naquele mês de maio haver falta de dunquerqueses para a artilharia. Ainda naquele ano, na mesma missiva que liberava o comércio das Canárias e da Madeira em direitura ao Brasil, Filipe IV buscava informar-se de como andava este trato "sobre cujo negócio declara querer tratar com o El-Rei de Inglaterra".[49] Foram muitos, porém, que tiveram o vaso embargado em Lisboa, para compor a frota de forma compulsória. Neste caso, solicitava-se à Coroa licença para sair do embargo, dado o enorme prejuízo que ele significava para uma viagem comercial. Houve o mercador de Lübeck que, sem poder partir com sua urca, adoeceu de desgosto e faleceu em Portugal. Em 1635, embarcações embargadas deviam receber pelo frete do socorro $300 por tonelada, por mês, mais $60 diários para cada um da tripulação. Na prática, os navios embargados eram pagos segundo um padrão fixo, de 24 tripulantes e 400 toneladas – o que nos

---

48 Requerimento de Gaspar Pacheco, 23/11/1633, AHU, Bahia, série Luísa da Fonseca, cx. 4, doc. 484; Consulta do Conselho da Fazenda, 22/02/1635, cx. 4, doc. 535; Minuta Consulta do Conselho da Fazenda, 27/02/1635, AHU, Bahia, série Luísa da Fonseca, cx. 4, doc. 537; Consulta do Conselho da Fazenda, 09/05/1635, cx. 5, doc. 569; Livro de registro do governo de D. Diogo de Castro, BNL, Col. Pombalina, Cód. 442, fl. 45v; Livro de registro do Governo de Portugal, BPA, Cód. 51-x-2, fl. 26v.

49 Capítulo de carta régia, c. 1634, AHU, Bahia, série Luísa da Fonseca, cx. 4, doc. 492; Consulta do Conselho da Fazenda, 23/05/1635, AHU, Bahia, série Luísa da Fonseca, cx. 4, doc. 526; Capítulo de carta régia de 07/03/1635, AHU, Bahia, série Luísa da Fonseca, cx. 4, doc. 541; Consulta do Conselho da Fazenda, 09/05/1635, AHU, Bahia, série Luísa da Fonseca, cx. 5, doc. 568-569; Proibição de estrangeiros no comércio do Brasil, c. 1635, BNL, Cód. 7627, fls. 115 e segs.; CCLP, carta régia de 06/09/1635, vol. 1634-40, p. 66, cartas régias de 20/09/1620 e 23/02/1624.

indica ser uma política voltada para vasos estrangeiros, pois neste porte dificilmente eram produzidos em Portugal.[50]

Enquanto isso, o conflito parecia mudar de figura. Em 1634, Filipe IV havia logrado enviar um poderoso exército a Flandres, comandado por seu irmão mais novo, o Cardeal-Infante D. Ferdinando de Áustria. Em conjunto com as forças do Sacro Império Romano, venceu o exército sueco em Nördlingen, no mês de setembro, num golpe decisivo sobre as forças de Estocolmo. A França entrou na guerra, mas ainda mostrava-se vulnerável em sua fronteira setentrional. Em julho de 1635, uma força franco-neerlandesa atacou os espanhóis a partir do rio Mosa, mas foi devastada durante o sítio de Leuven (ou Louvain). O contra-ataque foi rápido e certeiro. No fim do mês, os espanhóis avançaram a nordeste e tomaram a fortaleza de Schenkenschans (ou Esquenque), no baixo Reno, um dos pontos vitais na linha de defesa das Províncias Unidas, mas que entretanto só pode ser mantido até abril de 1636. Em seguida, 18.000 homens comandados pelo general italiano Ottavio Piccolomini invadiram o território francês, rapidamente ocupando praças fortes até atingir Corbie, a 130 quilômetros de Paris. Apesar do pânico causado entre os franceses, porém, a maior parte do contingente foi chamado de volta a Bruxelas. Ao contrário do que afirmam autores como Paul Kennedy, a invasão da França era secundária nos planos de Madri. Almejava-se apenas impedi-la de apoiar o principal objetivo, que continuava a ser a guerra contra os Estados Gerais.[51] A estratégia espanhola, portanto, continuava ofensiva nos Países Baixos e defensiva no Brasil.

Em abril de 1635, o Conselho de Portugal pediu a Filipe IV que escrevesse ao governo de Bruxelas ordenando o apoio de Dunquerque, com os navios que fossem possíveis para se enviar ao Brasil. A princípio, havia o projeto de apresto de uma grande armada para a restauração de Recife. Cada umas das coroas ibéricas haveria de preparar 17.000 toneladas de espaço em embarcações, para transportar 4.450 homens de mar e deixar 4.500 homens de terra em Pernambuco. Logo, a meta foi reduzida a um reforço para o exército de Pernambuco, escoltado por seis galeões que depois rumariam ao Panamá, para juntar-se à frota da prata. O trabalho do apresto foi atribuído a uma "Junta da Armada". Reuniu-se uma esquadra de 30 velas, com 1.300 homens de

---

50   Requerimento de David Veder, 15/04/1636, AHU, Bahia, série Luísa da Fonseca, cx. 6, doc. 693.

51   Paul Kennedy. *The rise and fall of the great powers: economic change and military conflict from 1500 to 2000*. Nova York: Vintage, 1987, p. 40; veja-se: Jonathan I. Israel. "Olivares, the Cardinal-infante and Spain's strategy in the low countries, 1635-1643: the road to Rocroi". In: Richard L. Kagan e Geoffrey Parker (eds.), *Spain, Europe, and the Atlantic world: essays in honour of John H. Elliott*. Cambridge: Cambridge Univ. Press, 1995.

mar, a cargo de D. Lope de Hoces e D. Rodrigo Lobo, depois que nomes diferentes da marinha ibérica recusaram-se a assumir o comando. O reforço de 2.700 soldados, de três nacionalidades, foi entregue a D. Luís de Rojas y Borja. Junto deles, viajou também o governador nomeado para a Bahia, Pedro da Silva. Sem a navegação estrangeira, também este socorro não sairia do papel. Curiosamente, é também quando Castela mais buscou se valer de nações estrangeiras para compor o exército: falava-se em levantar irlandeses, malhorquins e sardos; que alguns italianos eram certos, uma tropa de borguinhões e "todos os espanhóis que se puderam juntar".[52]

Um exército supranacional para integrar o império e uma armada de mercadores estrangeiros foram certamente influências do governo de D. Margarida de Saboia, a Duquesa de Mântua, prima de Filipe IV. Viera a Portugal com uma comitiva de ministros que nomearia aos órgãos portugueses, aprofundando o rompimento do monarca com os compromissos de Tomar. Além do infame Miguel de Vasconcellos e Brito, o Marquês de Puebla, D. Francisco de Ávila y Guzmán, e D. Francisco de Varcacel, que se juntaria a Tomás de Ybio Calderón e D. Lopes de Souza no Conselho da Fazenda.[53]

A frota partiu de Lisboa em setembro de 1635, com quatro meses de atraso. Porém, aparentemente houve muito improviso e desorganização no seu apresto. A armada de Castela chegou ao Tejo limpa de suprimentos para a travessia, incrementando a lista de afazeres dos armazéns lusitanos. Em 16 de junho, D. Rodrigo Lobo, general da armada de Portugal, discutia com Rui Correia Lucas, pois exigia mais artilharia para a capitânea e provisões de pão branco para os oficiais, ao que o provedor respondia nunca se haver feito antes. Também duvidara sobre o regimento que recebeu do governo, o que levou a revisões pelo Conselho da Fazenda. Em julho, descobriu-se que os mantimentos da almiranta estavam quase todos corruptos. Toda a carne havia apodrecido, o pão não servia nem para se dar às galinhas. Fizeram-se vistorias no paiol de mantimentos, mas os relatórios contradiziam-se. Alguns diziam que apenas as latas de cima pegaram umidade, outras que todo o pão estava perdido. Os outros navios pediram que se averiguasse suas provisões, ao que o Conselho da Fazenda interveio: não era hora de fazer vistorias e atrasar mais a partida daquela armada. Ademais, declarou que se os relatos eram contraditórios, não eram de nenhum serviço, e antes se devia castigar o almirante por fazer petições

---

52   Papéis de D. Álvaro de Mello, 18/05/1635, AHU, Bahia, série Luísa da Fonseca, cx. 5, doc. 577; Minuta de Consulta do Conselho da Fazenda, 14/04/1635, AHU, Bahia, série Luísa da Fonseca, cx. 5, doc. 555; Capítulo de carta régia de 05/05/1635, AHU, Bahia, série Luísa da Fonseca, cx. 5, doc. 563; Guedes. *História naval brasileira*, v. II, t. 1A, p. 185.

53   Joyce Jr., *Spanish influence*, p. 376.

a Sua Majestade naquela altura dos acontecimentos. Entretanto, é provável que, antes da partida, algumas das provisões tenham sido substituídas por arroz, azeite, legumes e queijo, em menor medida.[54] De tal maneira, foi inevitável que o exército do socorro padeceria de fome em pouco tempo. Os oficiais da Coroa buscaram remediar a situação com o apresto, logo em novembro, de três caravelas com víveres necessários para 2.000 homens durante dois meses.[55] Como se observou, isso não pode impedir que Rojas y Borja desembarcasse em Jaraguá desabastecido, do que resultou a fragorosa derrota na Mata Redonda, em janeiro de 1636.

Em Cádiz e Lisboa, ainda durante aquele ano, deu-se início aos preparativos para o apresto de uma nova armada de restauração para o Brasil. Buscava-se evitar o prejuízo causado pelos atrasos e atropelos da última ocasião. Em Portugal, recomeçou o recrutamento, enquanto se ordenava ao tesoureiro em Lisboa que entregasse todo o dinheiro dos cofres da Fazenda Real à sua disposição para o provedor dos armazéns. Ao mesmo tempo, cessou o envio de socorros a Pernambuco, o que pode explicar, em parte, os avanços do exército da WIC. Em abril de 1637, buscava-se reunir uma armada para o Brasil, com reforço de 4.000 homens, para o que foram embargados todos os navios ancorados no Tejo. Como consequência, os mestres das caravelas embargadas pressionavam a Coroa pelo aumento do valor dos fretes do socorro, o que seria motivo de negociações e decretos ao longo do ano. Para o bom desenrolar destes assuntos, Filipe IV ordenara que os aprestos corressem por obra de Tomás de Ybio Calderón e Francisco Leitão.[56]

---

54   Requerimento de D. Diogo Lobo, 20/05/1635, AHU, Bahia, série Luísa da Fonseca, cx. 5, doc. 583; Requerimento de D. Rodrigo Lobo, 21/05/1635, 584; Consulta do Conselho da Fazenda, 16/06/1635, AHU, Bahia, série Luísa da Fonseca, cx. 5, doc. 607; Carta de Da. Margarida ao Conselho da Fazenda, 27/06/1635, AHU, Bahia, série Luísa da Fonseca, cx. 5, doc. 616; Consulta do Conselho da Fazenda, 27/08/1635, AHU, Bahia, série Luísa da Fonseca, cx. 5, doc. 650; Consulta do Conselho da Fazenda, 28/08/1635, AHU, Bahia, série Luísa da Fonseca, cx. 5, doc. 654; Decreto de Da. Margarida de Sabóia, 29/081635, AHU, Bahia, série Luísa da Fonseca, cx. 5, doc. 655; Capítulo de carta régia de 31/10/1635, AHU, Bahia, série Luísa da Fonseca, cx. 6, doc. 671; *Relacion verdadera de las causas por que los holandeses ganaron a esta prassa de Pernambuco*, c. 1637, BNL, Mss. 201, n. 1.

55   Relação dos mantimentos das caravelas, 31/10/1635, AHU, Bahia, série Luísa da Fonseca, cx. 6, doc. 672.

56   *Ibidem*; Decreto sobre as caravelas do Brasil, 17/11/1635, AHU, Bahia, série Luísa da Fonseca, cx. 6, doc. 673; Capítulo de carta régia de 29/12/1635, AHU, Bahia, série Luísa da Fonseca, cx. 6, doc. 677; Decretos sobre levantamento de soldados, 29/12/1635, AHU, Bahia, série Luísa da Fonseca, cx. 6, doc. 678-679; Capítulo de carta régia de 24/05/1636, AHU, Bahia, série Luísa da Fonseca, cx. 6, doc. 698; Decreto sobre frete de navios, 27/01/1637, AHU, Bahia, série Luísa da Fonseca, cx. 6, docs. 714-715; Informação do provedor dos armazéns Vasco Fernandes Cézar, 27/04/1637, AHU, Bahia, série Luísa

Entretanto, o problema do apresto das armadas não era apenas político, devido à tensão entre os agentes de Olivares e a resistência do aparelho burocrático lusitano. Faltava mesmo o dinheiro. Sobretudo, considerada a extensão das ordens de socorro do ultramar: logo após consignar o dinheiro do tesouro aos reforços para o Brasil, Madri ordenava que se aprontasse ajuda ao Monomotapa, com o que a ordem anterior era anulada. Em 1637, o Conselho da Fazenda recebeu ordens para o socorro ao Brasil (com 4.000 homens), mais o envio de reforços a Mina, a Angola, ao Maranhão, ao Rio de Janeiro, à capitania do Espírito Santo, mais quatro caravelas com munições para a Bahia, dois galeões para a Índia e navios para o Monomotapa. Colocou-se na ponta do lápis o quanto cada expedição custava e o quanto a Fazenda Real dispunha, constatou-se que fins elevavam-se aos meios e remeteu-se, em consulta, a Filipe IV – o monarca precisava eleger alguma prioridade.[57] Mas o monarca continuaria a desconfiar das contas que a ele se apresentava, como quem culpa o mensageiro pela má notícia. Os enviados de Madri ao governo de Portugal eram repreendidos sucessivamente, pela falta de pontualidade nos aprestos. Assim ocorreu com D. Diogo Lopes de Souza e com Varcacel, em 1636. Depois, com Calderón. Em maio de 1637, Filipe IV ordena uma nova junta para cuidar dos socorros. Nela teriam assento o arcebispo de Lisboa, os bispos do Porto e de Targa, o Marquês de Puebla, o Conde de Santa Cruz, D. Fernando de Toledo, D. Francisco de Varcacel e o Dr. Francisco Leitão. Em agosto, declarava-se El-Rei "mal-servido", porquanto o encarregado do socorro, D. Diogo Lopes, "tinha mostrado desigualdades intoleráveis", e sua presença no Conselho da Fazenda ficava proibida.[58]

A partir de 1638, entretanto, era o próprio Conde-Duque que começava a perder força na política castelhana, devido à ineficácia da estratégia imperial adotada por Madri, enquanto piorava a situação geral dos confrontos. No Brasil, a guerra defensiva não havia impedido a consolidação do domínio neerlandês, nem se havia realizado a previsão de que o conflito levaria a WIC à bancarrota. De fato, em 1636, as dívidas da Companhia ultrapassavam 18 milhões de florins, que eram rolados a 6% ao ano (uma taxa básica de juros, em Amsterdam, andava à época em torno de 2%).[59] Mas a rolagem *ad eternum* de qualquer montante como este é uma decisão política, e continuaria sem

da Fonseca, cx. 6, doc. 724; Decreto sobre o frete dos navios, 18/08/1637, AHU, Bahia, série Luísa da Fonseca, cx. 6, doc. 739; *Relacion verdadera, op. cit.*

57   Minuta de consulta do Conselho da Fazenda, c. 1637, AHU, Bahia, série Luísa da Fonseca, cx. 7, doc. 758.

58   CCLP, 1634-40, p. 129. Joyce Jr., *Spanish influence*, p. 384-387.

59   Neme. *Fórmulas políticas*, p. 80.

maiores problemas por alguns anos – por outro lado, a Coroa de Portugal tinha tanto ou mais dificuldade em prover materialmente pela defesa de suas possessões. Nos Países Baixos, o erro de Olivares e seus conselheiros, em 1637, ao ordenar uma operação de grande escala contra a França, que sequer foi posta em ação, resultou em oportunidade para o exército neerlandês, que invadiu o Brabante e sitiou Breda. As forças do Cardeal-Infante perderam o rumo, atingindo objetivos diferentes, e os franceses avançaram, pelo sul. Em outubro, a guarnição da cidade capitulou, e Madri perdeu sua principal conquista dos últimos quinze anos. Em Castela, o Conde-Duque era torpedeado pela Inquisição, que passou a assediar os assentistas cristãos-novos de Portugal, sobretudo na América espanhola, em prejuízo das redes comerciais que integravam o Império e contribuíam tanto para os cofres de Filipe IV. Apesar do crescimento do contingente militar a sua disposição, nos Países Baixos, Olivares precisava de uma vitória que pudesse reverter este quadro, antes que fosse muito tarde.[60]

Era urgente que, de algum modo, fosse possível conquistar um acordo de paz com os Estados Gerais, que restituísse, pelo menos, Breda, Maastricht e o Brasil, com o que o exército de Flandres estaria livre para voltar-se contra a França. Embora houvesse planos diferentes para o seu emprego ofensivo, as ações de neerlandeses e franceses, de ambos os lados, impedia qualquer movimentação. Mesmo assim, durante os anos de 1638 e 1639, o experiente e bem aparelhado exército espanhol defendeu com sucesso suas posições nos Países Baixos, arrefecendo a pressão imposta pelo inimigo. Olivares então disparou uma última grande ofensiva contra as "províncias rebeldes", com duas armadas de grande porte, uma para o Brasil, outra para o canal da Mancha, reunidas graças a arranjos financeiros e à tributação escorchante.

Para a guerra contra a WIC, o projeto inicial era reunir uma armada de restauração, com 12 galeões e 18 fragatas de Dunquerque, mais o transporte necessário para um exército de 5.000 homens, que partiria de Lisboa em setembro de 1637. O prazo foi perdido, no entanto, e sucessivamente as ordens de embarque da tropa seriam canceladas, uma vez que o apresto dos navios estava sempre atrasado. Faltavam o suficiente para a carenagem das embarcações, armas e mantimentos para a viagem. Enquanto isso, o exército do Conde de Bagnuolo retirava-se de Pernambuco, derrotado pelo Conde João Maurício.[61] Uma nova junta seria nomeada em meados de 1638 para "ultimar" o apresto da armada do Conde da Torre. Segundo Joyce Jr., o erro de

---

60   Israel. "Olivares, the Cardinal-infante and Spain's strategy in the low countries, 1635-1643: the road to Rocroi". In: *op. cit.*; Alencastro. *O trato dos viventes*, p. 103.

61   Guedes. *História naval brasileira*, v. II, t. IA, p. 228-232.

Olivares era ver resistência política onde só havia falta de dinheiro. É fato, porém, que a armada ficou pronta, e foi a maior desde a que retomou Salvador dos holandeses em 1625. Há que se considerar a possibilidade de que a política de Olivares tenha obtido resultados melhores do que a impressão deixada pela documentação, que era produzida sempre em meio a disputas políticas e problemas cotidianos. Não obstante, a recusa de almirantes portugueses, como João Pereira Corte Real e D. Miguel de Noronha, o Conde de Linhares, em aceitar o comando da expedição deixou-o com D. Fernando Mascarenhas, o Conde da Torre, que não tinha nenhuma experiência naval.[62]

Em junho, chegou a notícia de que Salvador era sitiada pelo Conde de Nassau. Com o temor de que a principal defesa na costa do Brasil pudesse cair ante o inimigo, o apresto da esquadra do Conde da Torre teve de ser apressado. Ao todo, foram agregadas 38 velas, das quais 18 eram galeões, de ambas as armadas de Castela e de Portugal, mas também com muitas embarcações fretadas, de Hamburgo ou Dunquerque. Contava com 641 peças de artilharia, 2.361 homens de mar e 5.218 de terra. Todavia, depois de tantos contratempos, grande parte de suas provisões já estavam apodrecidas. Após debate entre o secretário Miguel de Vasconcellos, que exigia a partida imediata, e o Conde da Torre, que preferia aguardar no Tejo para que as armadas navegassem em conjunto, os navios partiram em setembro de 1638. Havia certa ambiguidade nas instruções para o comando, mas a prioridade era garantir a conservação da Bahia. Posto isso, tinham ordens para desembarcar o exército em Pernambuco, onde seria apoiado pela população, e permanecer com a esquadra em operação naquela costa, tendo por base Salvador, e solapar a superioridade naval da marinha da WIC.[63] Todavia, deve-se notar que a prioridade estratégica continuava a ser a guerra de Flandres. Almejava-se levantar o bloqueio naval imposto pelos neerlandeses a Dunquerque e reiniciar as operações ofensivas contra as praças ocupadas pelo exército dos Estados Gerais. Para tanto, reuniu-se uma armada extraordinária em La Coruña, com 100 vasos, 2.000 peças de artilharia e 20.000 soldados em reforços para o Cardeal-Infante. Partiu para o Canal em agosto de 1639, sob as ordens de D. Antônio de Oquendo.[64]

Os resultados da ofensiva já foram discutidos aqui. A armada do Conde da Torre foi duramente atingida por uma epidemia, durante a travessia, e não conseguiu aproveitar a debilidade momentânea das defesas de Recife, em janeiro de 1639. Um ano

---

62 CCLP, 1634-40, p. 129. Joyce Jr., *Spanish influence*, p. 384-387.

63 Guedes. *História naval brasileira*, v. II, t. IA, p. 232-248.

64 Israel. *The Dutch Republic, its rise, greatness and fall, 1477-1806*, p. 317.

depois, quando finalmente deu-se o ataque, foi desbaratada pela marinha da WIC, sem que lograsse botar em terra o exército, tampouco permaneceu por aqueles mares, baseada em Salvador, como lhe fora ordenado. Em outubro de 1639, Oquendo foi derrotado pela armada de Maarten Tromp, no litoral da Inglaterra. A frota espanhola foi perdida. Embora uma boa parte dos reforços tenham conseguido chegar a Dunquerque, o Cardeal-Infante continuou de mãos amarradas, incapaz de retomar a ofensiva. A Espanha contava com um exército formidável nos Países Baixos, superior a 70.000 homens, ainda capaz de marchar contra a França ou as Províncias Unidas. Contudo, o desgaste causado pela sangria fiscal e pelas derrotas militares produziu uma crise na Península. As revoltas da Catalunha e de Portugal transformaram o cenário para o poder espanhol. Os cofres de Madri foram atingidos quando estavam particularmente vazios, e a quebra na reputação de Filipe IV provocou defecções em todas as áreas, inclusive entre os nobres franceses que usavam a aliança castelhana para agir contra Luís XIII e Richelieu. Neste contexto, arrefeceram os esforços em prol da guerra contra a WIC. A última armada de socorro aprestada para o Brasil, antes do primeiro de dezembro de 1640, foi a que levou D. Jorge Mascarenhas, agora Marquês de Montalvão, para governar o Brasil como seu primeiro vice-rei.[65]

Conteúdo e meios de financiamento

Todo o corre-corre nos armazéns de Lisboa, no despacho com Madri e nas embarcações do Tejo tinha sentido na defesa da colônia americana contra o rival europeu, em travar-lhe o avanço e demovê-lo da ideia. Isso, oferecendo-lhe resistência, no mar e na terra. A par dos problemas navais – a navegação em frota, a disponibilidade da marinha, a política dos aprestos –, interessa-nos avaliar a contribuição do socorro do Reino para o sustento da infantaria em Salvador, e a administração de suas despesas. Vale dizer, cabe averiguar os meios pelos quais a fatura da guerra no Brasil poderia ser descontada do tesouro régio, em Portugal e Espanha.

Lembre-se, de início, que em Portugal, principalmente, fazia-se o recrutamento dos reforços. Eram, em média, de 120 a 200 homens nos galeões e urcas, de 30 a 80 nos patachos e caravelas, um ou dois milhares em cada esquadra de socorro. Em geral, o envio de contingentes para a Bahia era determinado pela conjuntura dos conflitos no Atlântico meridional. Ao mesmo tempo, o número que embarcava estava subordinado às condições portuárias e datas para a partida dos navios. Por mais de uma vez, o apresto de uma grande armada no Reino, com todas as atribulações e a pressa na partida, deixava

---

65   Carta do Conde da Torre ao Duque de Villahermosa, 17/08/1638, BPA, Cód. 51-x-7, fl. 143; Charles R. Boxer, *Salvador de Sá and the struggle for Brazil and Angola, 1602-1686*. Londres: Athlone, 1952, p. 116.

sem embarcar algumas companhias levantadas para o Brasil. O transporte se fazia então pelo frete de algumas caravelas, que partiam algumas semanas depois, como uma força de reserva, e no mais das vezes acabavam em Salvador. O envio de reforços foi certamente mais regular durante a década de 1630. Depois da Restauração, o levantamento de companhias para o Brasil foi intermitente. Ocorreu principalmente por ocasião da frota de Salvador Correia de Sá (em 1644-5) e como resposta ao ataque holandês à Ilha de Itaparica, com a armada do Conde de Vila Pouca de Aguiar.[66]

Os socorros, ademais, exigiam opulência. Independente da origem do soldado, de como fora levantado, se era criminoso, voluntário ou vítima, para ficar no exército precisava de um sustento. Além do reforço dos terços no Brasil, a Coroa sempre se preocupou com o seu abastecimento. Pode-se ver três principais categorias de utilidade entre aquilo que se transportou com esse objetivo: armas e munições, mantimentos e têxteis. Existiu, em muito menor volume, algum abastecimento metropolitano de materiais para a fortificação da colônia, em meados de 1620, quando chegavam avisos das intenções holandesas. Mas não podemos dizer que materiais eram transportados com esse fim. Sabe-se que, no século XVI, a Coroa remetia cal e pedra de cantaria para os trabalhos de construção no Brasil. Mas encontrou-se meios de obter ambos na América mesmo: a cal, por exemplo, tirava-se dos sambaquis. Óleo de baleia também se obtinha na colônia. Não parece ter sido muito comum na Bahia, mas era possível o envio de pedras, escassas na colônia, ou azulejos (sobretudo, no Brasil Holandês), como lastro para as embarcações que voltariam carregadas de açúcar. Nos papéis de 1624 e 1625, fala-se no frete de "ferramentas e petrechos" para a construção. Dizia-se que não fossem usados todos durante a travessia, de modo que se pode supor se tratar de meios empregados nas carenas e na calafetagem das embarcações.[67] Havia também a "botica", medicamentos e "tudo o que convém haver para os doentes". Mas falta algum registro com pormenores do que isso consistia.[68]

66 Minuta de consulta do Conselho Ultramarino, 03/04/1645, AHU, Bahia, série Luísa da Fonseca, cx. 10, doc. 1108; Carta de Agostinho Borges a S.M., 07/08/1645, AHU, Bahia, série Luísa da Fonseca, cx. 10, doc. 1143; Carta de Antônio Teles da Silva a S.M., 02/08/1645, AHU, Bahia, série Luísa da Fonseca, doc. 1147.

67 Consulta do Conselho da Fazenda, 02/09/1624, AHU, Bahia, série Luísa da Fonseca, cx. 3, doc. 324-7; Alvará acerca da armada de restauração da Bahia, 08/11/1624, AHU, Bahia, série Luísa da Fonseca, cx. 3, doc. 340.

68 Consulta do Conselho da Fazenda, 16/06/1635, AHU, Bahia, série Luísa da Fonseca, cx. 5, doc. 607; Capítulo de carta régia de 28/06/1635, AHU, Bahia, série Luísa da Fonseca, cx. 5, doc. 608; Carta do Conde de Bagnuolo ao Conde da Torre, 10/12/1639, BPA, Cód. 51-x-7, fl. 208v. No apresto da armada de D. Lope de Hoces, a Coroa encomendava aos seus oficias um socorro de botica especificando

Não é difícil entender que a primeira preocupação da Coroa tenha sido o suprimento de armas. Falava-se principalmente em mosquetes e arcabuzes, em geral de
Biscaia. Eram carregadas em levas de centenas, por vezes um ou dois milhares. Ao
que parece, o seu abastecimento foi suficiente, exceto para a armada do Conde da
Torre. Em 1634, o Conselho da Fazenda tinha notícia que os arcabuzes não eram tão
necessários no Brasil "pelo que tem ido muitos". Havia mesmo alguma sobra "que os
soldados os metem pela terra adentro". Em 1637, os arcabuzes e mosquetes de Biscaia
custavam 1$600 e 2$800 à Coroa de Portugal, cada um, respectivamente. As "es-
pingardas", com fecho de pederneira, eram mais caras, e portanto transportadas em
menor proporção. De espadas, piques, lanças e chuços tratava-se menos. Também são
pouco citados os socorros de artilharia, pois que a prioridade era sua disposição nos
galeões e nas caravelas. Nas armadas do Conde da Torre e de Lope de Hoces, houve
algum trabalho no transporte do "trem de campanha", ou "trem de artilharia", para
desembarcar em Pernambuco, junto com o exército, mas em Salvador essa preocupação não era frequente, dada a posição defensiva dos fortes e da artilharia da cidade.[69]

Municiava-se o exército com balas (ou "pelouros") de chumbo ou com o chumbo
em pão, para se fazer em munição com formas de ferro. A pólvora comprava-se, de
preferência, em Valência ou Pamplona, com toda atenção para sua limpeza e qualidade – a pólvora com pouco salitre via-se nas muitas faíscas ou "*por no y levantar pecado
quando se le pone fuego* (*sic*)". Era preciso cuidado também para evitar engodos nas
quantidades. Como alternativa, comprava-se ali o salitre para misturar com o enxofre
e o carvão em Lisboa. O maior carregamento parece ter sido o de D. Lope de Hoces,
quanto intentava-se levar 1.000 quintais ao Brasil. Mas essa concentração de pólvora
para o transporte não devia ser comum, pois acarretava em riscos, como pegar umidade
durante a travessia. O transporte de morrão também exigia cuidados especiais. Houve
ocasião em que a encomenda de morrão andou atrasada por falta de sol, e era difícil a
sua confecção durante o inverno, pois não se podia "secar as cordas depois de cozidas".[70]

---

apenas que valesse 120 mil réis. (Relação dos mantimentos para as caravelas, 31/10/1635, AHU, Bahia,
série Luísa da Fonseca, cx. 6, doc. 672).

69 Consulta do Conselho da Fazenda, 29/12/1634, AHU, Bahia, série Luísa da Fonseca, cx. 4, doc. 511;
Decreto sobre carga de armamentos, 30/07/1637, AHU, Bahia, série Luísa da Fonseca, cx. 6, doc. 729.
Papel de Tomás de Ybio Calderón ao Conde da Torre, BPA, Cód. 51-x-7, fl. 357.

70 Instrução ao capitão Constantino Cadena, 28/10/1634, AHU, Bahia, série Luísa da Fonseca, cx. 4,
doc. 497; Consulta do Conselho da Fazenda, 29/12/1634, AHU, Bahia, série Luísa da Fonseca, cx. 4,
doc. 511; Requerimento de Bernardo de Sampaio, 30/12/1634, AHU, Bahia, série Luísa da Fonseca,

A munição de boca era outra. Na base, os derivados de trigo: pão e, principal-mente, biscoito; branco ou comum. Eram feitos em Lisboa, do cereal que ali chegava – embora também se enviasse a farinha (branca ou escura, a *"harina ardida"*), pos-sivelmente quando não havia tempo para assar. Nos documentos ligados ao Brasil, encontramos referência ao trigo que vinha do norte europeu, mas também há trigo de Alcácer e de "Porto del Rei", ou certo *"trigo de la isla"* – referências ao trigo do Mediterrâneo, possivelmente. O biscoito embarcava em latas, "folheado em folhas de flandres".[71] Permanecia comestível por um bom tempo, mas as vistorias do paiol eram feitas regularmente, mesmo durante a viagem. Em 1638, por exemplo, Thomas de Ybio Calderón comunicava ao Conde da Torre que o biscoito embarcado nos galeões tinha menos de seis meses, era de muito bom trigo, mas *"no esta de tan buena calidad como quando se embarco, pero de tal que siguramente se puede comer sin ningun dano de la salud de la gente"*. No entanto, o almirante Juan da Veja y Bazán mais tarde afirmou que o carregamento estava todo estragado, já na partida.[72]

De carnes, embarcava-se bacalhau e carne de vaca salgada. Em menor escala, sardinha e toucinho (ou "carne de porco" apenas). Sal, arroz, azeite, vinagre, legumes e queijos (flamengos e do Alentejo) também. E o vinho, onipresente, principalmen-te adquiridos durante a viagem, nas Canárias e na ilha da Madeira. Em geral, cada embarcação trazia dois a três meses (com sorte, até oito meses) de provisões para a tripulação. É difícil distinguir os mantimentos do socorro para o Brasil e aqueles do sustento da gente de mar. Em certa ocasião, o provedor dos armazéns recomendava a um oficial da armada que, caso fosse preciso dar de matalotagem a comida do exército de Pernambuco, que se comesse primeiro o que fosse mais velho e corrupto. De outra feita, há também instruções para os mestres de navios deixarem na Bahia os sobejos do provido em suas embarcações.[73]

---

cx. 4, doc. 513; Livro de registro do governo de D. Diogo de Castro, BNL, Col. Pombalina, Cód. 442, fl. 13.

71 Consulta do Conselho da Fazenda, 16/06/1635, AHU, Bahia, série Luísa da Fonseca, cx. 5, doc. 607; Consulta do Conselho da Fazenda, 27/08/1635, AHU, Bahia, série Luísa da Fonseca, cx. 5, doc. 650; Relações do apresto da armada, 25/08/1635, AHU, Bahia, série Luísa da Fonseca, cx. 5, doc. 617; Livro de registro do governo de D. Diogo de Castro, BNL, Col. Pombalina, Cód. 442, fls. 22, 56.

72 Papel de Tomás de Ybio Calderón ao Conde da Torre, BPA, Cód. 51-x-7, fl. 357.

73 Relações do apresto da armada, 25/08/1635, *op. cit.*; Relação dos mantimentos das caravelas, 31/10/1635, AHU, Bahia, série Luísa da Fonseca, cx. 6, doc. 672; Livro de registro do governo de D. Diogo de Castro, BNL, Col. Pombalina, Cód. 442, fls. 22v., 33, 34, 45; Livro de registro do Governo de Portugal, BPA, Cód. 51-x-2, fl. 209v.

Já a indumentária do socorro era bastante variada: sapatos de couro de boi ou cordovão, badanas para palmilhas ou servilhas de pano; meias de lã, "de friso", de pano colorido da França, de seda de Toledo ou da Itália; ceroulas; atacas (cordões), comuns e "de bispo", cintos largos e meios-cintos; vestidos aparelhados e sorteados, ou de raxa; talins para a espada; gibões de bombazina, de várias cores; camisas de linho; balonas, comuns e de cassa; cobertores de papo, fustos pardos e fustões (de algodão); carapuças e chapéus, comuns, de cor ou mesmo "chapéus-balões, com seus véus". Embarcava-se ainda uma miscelânea de panos, brancos, negros ou de cor, "da terra" ou da Comarca; cetim, bocaxim e tafetá; bombazina da Inglaterra e da Alemanha; peças e meias-peças várias de panos de Portalegre (dozenos e dezoitenos), de Estremós, de Viana, do Porto, de cores de Flandres, de Coimbra; panos de Hamburgo, holandilhas, tafeciras da Índia, crise da Inglaterra, mocaxins da Alemanha e aniagem grega; estamenha da terra ou de Castela, estamenha "de freira" e estamenhão. Finalmente: linha branca, linha de cor ou apenas "fio"; "meia-lã" (ou *mezzalana*, metade cânhamo, metade lã); fitas de seda, de cadarço, de cores ordinárias ou melhores; retroses simples, de crise ou "meio preponto", ou simplesmente "maços de linha"; botões, talvez de seda; dedais e agulhas.[74] Max Justo Guedes também notou que havia muita roupa nos socorros que chegavam de Portugal. Uma carta de Pernambuco, de abril de 1633, lamentava: *"el socorro que venia en las caravelas era de algún provecho nunca lo fue y no ha servido a otra cosa sino a vestir estos pocos soldados que ay"*.[75]

O socorro em dinheiro praticamente não aconteceu, apesar das necessidades e dos constantes apertos da Fazenda Real no Brasil para efetuar a paga dos homens dos terços. Os oficiais da Coroa muito cedo perceberam que o socorro era mais ditoso se fosse em forma de tais coisas que eram típicas do comércio colonial. Quando se aprestava a flotilha que levou Diogo Luís de Oliveira ao Brasil, Filipe IV ordenou que fosse junto uma remessa de 20.000 cruzados para "fortificações e sustento do presídio". Porém, na hora do embarque, a quantia foi enviada em têxteis, que seriam usadas

---

74   As listas da indumentária podem-se encontrar em: Consulta do Conselho da Fazenda, 01/1626, AHU, Bahia, série Luísa da Fonseca, cx. 3, doc. 397; Informação do provedor dos armazéns, 03/01/1635, AHU, Bahia, série Luísa da Fonseca, cx. 4, doc. 514; Relações do apresto da armada, 25/08/1635, AHU, Bahia, série Luísa da Fonseca, cx. 5, doc. 617; Relação dos mantimentos das caravelas, 31/10/1635, *op. cit.*; Livro de registro do governo de D. Diogo de Castro, BNL, Col. Pombalina, Cód. 442, fl. 33, Livro de registro do Governo de Portugal, BPA, Cód. 51-x-1, fl. 98 e Cód. 51-x-2, fl. 209v; Lista de fazendas de Sua Majestade declaradas nos navios, 10/05/1632, DHBN, v. 16, p. 48; Mello, *Olinda restaurada, op. cit.*, p. 190.

75   Carta do Conde de Bagnuolo a S.M., 03/04/1633, BPA, Cód. 49-x-28, fl. 356; Guedes. *História naval brasileira*, v. II, t. IA, p. 138.

como pagamento da soldada. O governo de Lisboa inclusive buscava adquiri-los em Viana, ou no Porto, onde eram mais baratos. Aliás, todo esse apresto foi pago com o dinheiro do pau-brasil que havia sido levado a Portugal, meses antes. Quem reclamou foi a Câmara de Salvador, segundo a qual a conservação da Bahia dependia "de nela se correr açúcar por dinheiro, nos preços em que cada ano foi necessário", sem o que os mercadores e "homens da nação" arrematavam o produto como queriam.[76]

Em 1635, falou-se novamente em remeter um quinto do socorro de 100.000 cruzados em moeda sonante. Neste caso, o dinheiro não sairia dos cofres da Coroa, mas seria solicitado a mercadores de Viana e do Porto e seria enviado ao Brasil em letras de câmbio, resgatáveis em suas praças. As duas cidades, como se sabe, tinham grande envolvimento no trato do açúcar, e a Coroa acreditava que deviam colaborar, visto que já haviam lucrado tanto com aquelas colônias.[77] Efetivamente, enviou-se 10.000 cruzados junto ao reforço de D. Luís de Rojas y Borja, e 24.000 no ano seguinte. Mas o dinheiro foi usado apenas para pagar o soldo dos principais oficiais do Conde de Bagnuolo. Dois anos depois, assentou-se com o mercador Pedro de Baeça um aporte de 200.000 cruzados para o Brasil, a metade em dinheiro, que o Conde da Torre levaria em sua armada para o Brasil (no total, levou-se 100.000 cruzados em dinheiro e 80.000 em fazendas). Aliás, dinheiro que foi rapidamente despendido em pagamentos ao exército em Salvador, "que achei roto, faminto e por socorrer de seis meses e muitas companhias de quatorze".[78]

Além dos homens e materiais que se remetia à colônia, a Coroa tinha que providenciar o seu transporte, o que também era caro, particularmente quando era necessário arregimentar embarcações de tipos e origens diferentes e aprestar armadas que fizessem frente à marinha holandesa. Efetivamente, o rol do material necessário para o apresto dos galeões é mais extenso que aquele do que se embarcava como socorro do exército colonial: do breu e do alcatrão à enxárcia, à lona e o "lenço" para o velame,

---

76 Capítulo de carta régia de 11/12/1625, AHU, Bahia, série Luísa da Fonseca, cx. 3, doc. 394-395; Consulta do Conselho da Fazenda, 01/1626, AHU, Bahia, série Luísa da Fonseca, cx. 3, doc. 397; Capítulo de carta régia de 26/03/1626, AHU, Bahia, série Luísa da Fonseca, cx. 3, doc. 405; Carta da Câmara de Salvador a S.M., 16/05/1626, AHU, Bahia, série Luísa da Fonseca, cx. 3, doc. 423.

77 Carta régia sobre o apresto de socorros ao Brasil, 07/03/1635, AHU, Bahia, série Luísa da Fonseca, cx. 5, doc. 541; Sobre o comércio brasileiro a partir dos portos setentrionais de Lisboa, veja-se: Costa. *O transporte no Atlântico.*

78 Provisão régia a Pedro de Baeça e Jorge Gomes Álamo, 22/02/1638, AHU, Bahia, série Luísa da Fonseca, cx. 7, doc. 816; Carta do Conde da Torre ao Duque de Villahermosa, 12/03/1639, CCT, vol. I, fl. 295; Guedes. *História naval brasileira*, v. II, t. IA, p. 226.

passando por reservas de madeira, carvão e chumbo em diferentes formas. Todas as provisões que aparecem no socorro do Brasil, mais carneiros, galinhas, ovos, até passas e marmeladas; funis, aros, barris, bombas, baldes, prumos, escovas, achas, martelos, bandeiras, lâmpadas, medidas, garrafas, cofres, grilhões, dos instrumentos de carena e calafetagem aos de sobrevivência e disciplina. Aliás, toda a artilharia das embarcações exigia outra leva de cuidados especiais e detalhes importantes, como o calibre dos canhões e colubrinas, a boa estocagem da pólvora etc.[79] Em diferentes ocasiões, a Coroa fretava embarcações de particulares, responsabilizando-se por sua manutenção. Em 1631, um dos galeões alugados que compunha a armada de D. Antônio de Oquendo havia saído por 114$000 ao mês, mediante pagamento de sete aluguéis de antemão.[80]

Finalmente, havia o soldo das tripulações, que se tinha de pagar adiantado ao serviço na armada e representava um item importante de despesa. No socorro de mantimentos que se pretendeu enviar a D. Luís de Rojas, em fins de 1635, o valor esperado para se pagar de soldos era maior que o estimado para o frete das caravelas. A 8$000 por tripulante, 20 tripulantes por cada uma de seis caravelas, arredondava em 960$000 réis. O frete das seis caravelas sairia por menos de 800$000. No total, os soldos compunham um décimo do preço daquela esquadra. Em outra ocasião, o apresto de sete galeões demandava 525 homens de mar para as tripulações, a 3$200 por mês cada. Os pilotos, provável referência a navegantes com alguma experiência e conhecedores do litoral brasileiro, eram constantemente procurados em todas as praças do Reino, particularmente para servir em galeões que vinham de Cádiz, e eram provavelmente muito bem pagos. Se é possível confiar no que afirma uma carta do Marquês de Montalvão, o ordenado de um marinheiro poderia chegar a valer o mesmo que o aluguel de duas peças de artilharia.[81]

Depois de arranjado o transporte para o socorro, o conteúdo embarcado era declarado e assinado pelo mestre de cada embarcação. Ao chegar em Salvador, quando este era seu destino, as listas eram verificadas pelo provedor-mor, que desembarcava o material e distribuía aos oficiais "a quem pertencerem", registrando-se assim em seus livros. Os fretes eram pagos ali, pela Fazenda Real na colônia. Cabia ao provedor separar o que seria enviado ao exército de Pernambuco, garantir a segurança e o bom

79 Há, de fato, fontes riquíssimas para a vida material das armadas e galeões da época. Veja-se no ANTT, Corpo Cronológico, Parte III, maços 30-32.

80 Petição do capitão Diogo de Freitas, c. 10/1631, DHBN, v. 16, p. 04.

81 Relação dos mantimentos das caravelas, 31/10/1635, *op. cit.*; Carta do Marquês de Montalvão a S.M., 04/10/1642, AHU, Bahia, série Luísa da Fonseca, cx. 8, doc. 985; Livro de registro do governo de D. Diogo de Castro, BNL, Col. Pombalina, Cód. 442, fl. 17.

armazenamento de tudo, e distribuir aos soldados, segundo os preços vigentes na capitania, aquilo que era usado como pagamento do soldo. Se fosse o caso, colocava--se o produto à venda, na cidade, ou contratava-se a sua distribuição, de forma a levantar recursos para os cofres da provedoria – este era, principalmente, o trato do sal, objeto de estanco régio.[82] Todo o procedimento buscava combater o descaminho dos efeitos da Fazenda Real, remetidos "para o sustento da gente do presídio da praça da Bahia somente". Tinha-se informação de mestres que desviavam-se para o Rio de Janeiro com os socorros, ou que chegavam em Salvador mas eram destinados ao cabo de Santo Agostinho, na maior parte das vezes para fugir dos corsários neerlandeses. Algumas das caravelas, como a de Sebastião Louzada, em 1652, chegavam ao Brasil com o inimigo à popa, e tomavam a melhor rota de fuga que os ventos ofereciam. A Coroa orientava o provedor-mor a impedir o desembarque na cidade de socorros enviados a Pernambuco, como sabia-se acontecer com frequência, e ordenava que o mestre da embarcação desviada fosse obrigado a velejar de volta ao seu destino, "sendo monção ou não".[83]

Mas os descaminhos também poderiam ocorrer dentro de Salvador, a bordo dos navios, ou mesmo nos portos do Reino. Em 1627, Diogo Luís de Oliveira levou em sua flotilha 20.000 cruzados em mercadoria da Fazenda Real, que na Bahia valeriam mais de 40.000. Três anos depois, entretanto, todo o montante já se havia despendido, sem que fosse primeiro registrado em receita. O problema parece ter sido grande durante a estadia do Conde da Torre, que teve pressa em distribuir o socorro que havia trazido, sobretudo das ilhas atlânticas. Para tanto, ordenava ao provedor que ignorasse seu regimento ("não se podem guardar as solenidades" daquele procedimento, dizia), e que os mestres deixassem as fazendas com aqueles nomeados pelo exército para as receber, os quais passariam seus conhecimentos (recibos) para a Fazenda Real. Como vimos, esta foi uma fonte de inúmeros descaminhos e tensões dos oficiais da armada entre si, e com o provedor-mor, Pedro Cadena de Vilhasanti. Note-se, aliás, que o Conde da Torre já havia acusado ao governo os oficiais dos armazéns de Portugal, pelo alto custo das levas de infantaria, "coisa lastimosa e digna de uma grande demonstração, e bem o pode Vossa Excelência assim dizer ao Sr. Conde-Duque, meu amo". Não se sabe se por interesses pessoais ou pela resistência da instituição à

---

82   Provisão régia sobre fazendas da armada de D. Antonio de Oquendo, 14/07/1630, DHBN, v. 15, p. 436; Mandado em que se declara fazendas e sal de Sua Majestade nos navios, 10/05/1632, DHBN, v. 16, p. 48; Lista de fazendas de Sua Majestade declaradas nos navios, 10/05/1632, DHBN, v. 16, p. 48.

83   *Ibidem*; Carta régia sobre os navios do socorro, 06/05/1652, DHBN, v. 66, p. 30; Carta régia ao conde de Castelo Melhor, 02/11/1652, DHBN, v. 66, p. 40.

infiltração castelhana, mas o Conde mandava avisar a Olivares que "necessita muito de gente nos ditos armazéns, e tenha de sua mão uma pessoa limpa e confidente".[84]

Entre as relações do que era necessário para as embarcações e para o exército no Brasil, e do que era efetivamente embarcado e entregue, valores exatos são escassos, e mesmo alguma forma imprecisa de contabilidade não é fácil de se achar. No mais, os papéis do governo de Portugal e do Conselho da Fazenda debatem sobre estimativas vagas e esparsas – na grande maioria das vezes, sobre a meta que se tinha para este ou aquele item. Eram números geralmente exagerados na esperança que isso eventualmente produzisse um resultado melhor. Organizava-se o esforço financeiro a partir de uma meta em dinheiro, um aporte que se almejava desprender no socorro: 50.000 cruzados em 1634, 100.000 em 1635. A armada de D. Antônio de Oquendo teria custado 800.000 cruzados à Fazenda Real, sozinha. Mas um militar como D. Álvaro de Mello, particularmente cioso das coisas da guerra, estimava em 1635 o preço de uma armada de restauração, com nove mil homens de mar e guerra, em mais de dois milhões de cruzados – muito além do que a Coroa tinha disponível e do que era pago de fato.[85]

Os meios lançados pela Coroa para cobrir as despesas podem explicar a composição dos socorros. Foram igualmente variados, pois em serem grandes as necessidades, muitas também haviam de ser as providências. Como dizia Filipe IV, em carta para Portugal: "não é justo que o Brasil se perca, ou deixe de ser socorrido como convém, por falta de dinheiro, pois seria o maior dano que se poderia fazer a esse Reino deixar-se perder aquele Estado".[86] As fontes da monarquia distribuíram-se entre a tributação e o endividamento, passando pelo usufruto dos excedentes derivados da própria estrutura do comércio colonial. Mas será interessante pensá-los também conforme o grau de coerção com que eram recolhidos, ainda que de forma apenas preliminar, dada a vastidão do assunto.[87]

---

84 Mandado do Conselho da Fazenda, 26/03/1630, DHBN, v. 15, p. 419; Portaria do governador conde da Torre, 10/10/1639, DHBN, v. 18, p. 72; Carta do conde da Torre ao Duque de Villahermosa, Lisboa, 17/08/1638, BPA, Cód. 51-x-7, fl. 143.

85 Consulta do Conselho da Fazenda, 29/12/1634, AHU, Bahia, série Luísa da Fonseca, cx. 4, doc. 511; Capítulo de carta régia de 07/03/1635, AHU, Bahia, série Luísa da Fonseca, cx. 5, doc. 541.

86 Nessa mesma carta ao Conselho da Fazenda, Felipe IV ainda diria: sem os socorros "será inútil a gente que se envia, pois não se poderá sustentar no Brasil" (Capítulo de carta régia de 23/01/1635, AHU, Bahia, série Luísa da Fonseca, cx. 4, doc. 525).

87 Veja-se: "Finanças públicas e estrutura do Estado", In: Godinho. *Ensaios, op. cit.*; Joaquim Romero Magalhães. "As estruturas sociais de enquadramento da economia portuguesa de antigo regime: os concelhos". In: *Notas Económicas*, n. 4, 1994; Antônio Dominguez Ortiz. *Política y hacienda de Felipe IV.* 2ª ed. Madri: [s.n.], 1960; Oliveira. *Poder e oposição, op. cit.* Um bom trabalho de síntese pode ser

A impopularidade da tributação em Portugal durante aquela década é conhecida, motivo de boa parcela do desgaste dos Áustrias entre os vassalos de Portugal. As alterações de Évora, por exemplo, tem raízes na implementação do aumento do cabeção das sisas (uma forma de tributação indireta), decretado em 1635. Outras comarcas também buscaram escapar da cobrança, valendo-se de privilégios antigos, mas o governo, ao que parece, conseguia fazer valer o aumento por decreto. No varejo de carne e vinho, foi imposto um real de cobre sobre cada arrátel ou canada, pelo que ficou conhecido o "real d'água". Neste mesmo abril de 1630, uma nova imposição sobre o sal, de dois reais por arrátel também foi criada.[88] Também se estendeu a cobrança das meias anatas, que era o recolhimento do valor em dinheiro de meio ano de ordenado daqueles que eram providos em cargos e ofícios da Coroa, para o rendimento de hábitos e tenças concedidos por mercê. Na carta onde a medida foi publicada, Filipe IV dava por justificativa a necessidade de "dar situação fixa a meus presídios". Nem por isso, deixou de enfrentar resistências nos oficiais da Coroa portuguesa, na Chancelaria e no Desembargo do Paço – em Angola, a proclamação da meia-anata causou uma rebelião. As Ordens Militares foram declaradas isentas pela Mesa de Consciência em 1633. Mesmo assim, dois anos depois, os cofres dessa arrecadação guardavam nove contos de réis – El-Rei estudava então consignar a meia-anata como garantia em algum empréstimo.[89]

Há impostos sobre miúnças, mas não é fácil redesenhar como se davam todas as coletas. Houve um direito sobre o cobre, aplicado para o socorro das Índias Orientais em 1629. A tributação sobre valores ínfimos ou diretamente sobre o cobre era de particular importância, pelo uso deste metal no pagamento de soldos para o exército a na aquisição de peças de artilharia de bronze. Usou-se dinheiro que a Coroa ganhava no exercício da Justiça, mas muito pouco. Já o "direito das armas" teve maior aparência: fez parte da tributação aplicada entre 1630 e 1631, a reboque dos primeiros esforços para a restauração de Pernambuco. Era cobrado entre as Câmaras das vilas e lugarejos, consignado ao depósito nas ferrarias onde se fabricavam "armas para as armadas

---

encontrado em: Leonor Freire Costa. "Fiscal innovations in early modern states: which war did really matter in the portuguese case?". In: *Instituto Superior de Economia e Gestão–GHES Documento de Trabalho/Working Paper*, n. 40, 2009.

88 CCLP, 1634-40, p. 64, 73, 185; Joyce Jr., *Spanish influence*, p. 356. Sobre o debate acerca das sisas, veja--se Vitorino Magalhães Godinho, "Finanças Públicas e Estrutura do Estado". In: *Ensaios*, v. 2, Lisboa: Sá da Costa, 1978; Antônio Manuel Hespanha, *Às vésperas do Leviathan: instituições e poder político, Portugal – século XVII*. Coimbra: Almedina, 1994.

89 CCLP, 1627-34, p. 203-4, 216-9, 229, 308.

e caravelas". Ademais, em certos momentos recolhia-se os sobejos desta ou aquela arrecadação, ou de algum cofre de almoxarife.[90]

Dois tributos que foram alvo de aumentos e inovações eram derivados, em certa medida, do trato de açúcar. O consulado, que há algum tempo financiava galeões da Coroa de Portugal, tinha seus fundos nesse comércio. Em 1635, afirmou-se que esse dinheiro já era consignado à armada, de modo que prover as coisas do socorro com ele era despir Pedro para vestir Paulo. Buscou-se também algum dinheiro com uma avaria sobre o açúcar transportado em companhia da armada de D. Antônio de Oquendo. Tratava-se, *a priori*, de uma taxa cobrada ao usuário de fretes marítimos para cobrir despesas do transporte. De início, eram criadas e administradas por associações mercantis; pela comunidade de um determinado porto, por exemplo, para custear o ordenado de pilotos de navegação da barra. Desde a década de 1620, o apresto de navios de escolta para a frota do açúcar era proposto com a contrapartida da distribuição dos custos entre os usuários da frota, os clientes do transporte, pela cobrança de uma avaria. Em 1631, quando a armada arribou, Filipe IV pediu que o governo e a junta cobrassem dos navios uma nova avaria pelo açúcar que fora transportado, valendo-se do fato de que a armada teria aliviado os mercadores de comprar seguros. Mestres, pilotos e donos de embarcações protestaram contra o "dobro da avaria", com apoio do Conselho da Fazenda, ao que o monarca mandou saber que a sobretaxa duraria apenas enquanto houvesse guerra no Brasil. O governo de Portugal mostrou-se favorável à medida, para que se desse transporte seguro ao açúcar, de cujo comércio muito se dependia no Reino.[91]

A Coroa também buscou sustento em donativos dos Estados. Variava a intensidade do aspecto compulsório desta contribuição, mas invariavelmente ele existia. A Igreja resistiu, mas acabou por oferecer valores respeitáveis. Em 1621, Filipe IV conseguiu do Bispo do Porto 80.000 cruzados do tesouro do Santo Ofício – o que foi bastante para que viesse a pedir mais desse dinheiro nos anos seguintes. Por vezes, a documentação menciona "donativos eclesiásticos", sem nos oferecer valores. Em

---

90   CCLP, 1627-34, p. 154; 2º Visconde de Santarém, *Memórias e alguns documentos para a história e teoria das côrtes geraes*. 2ª ed. Lisboa: Portugal-Brasil, 1924, p. 303; Capítulo de carta régia de 26/09/1634, AHU, Bahia, série Luísa da Fonseca, cx. 4, doc. 494; Requerimento de Domingos Zagalo, 01/08/1635, AHU, Bahia, série Luísa da Fonseca, cx. 5, doc. 605; Livro de registro do Governo de Portugal, BPA, Cód. 51-x-1, fl. 238v.

91   Costa, *O transporte no Atlântico*, p. 221, 372; Requerimento de Domingos Zagalo, 01/08/1635, *op. cit.*; Livros de registro do Governo de Portugal, BPA, Cód. 51-x-1, fls. 102 e v., 137v, Cód. 51-x-2, fls. 54, 236v, 266, Cód. 51-x-3, fl. 3v.

1634, recolhiam-se 100.000 cruzados dos cabidos dos arcebispado de Lisboa e Évora, e do bispado de Coimbra, para o que a Coroa tinha ordem do papado, "que Sua Santidade passou de seu moto próprio para socorro da armada de restauração do Brasil e Pernambuco".[92] Não obstante, a arrecadação atrasou. Havia também a venda de privilégios e indulgências conforme a bula da Santa Cruzada, cujo dinheiro era intermediado por comissários fiéis, porém de ofícios seculares. Em 1634, A Ordem de Malta contribuiu com 60.000 cruzados.[93]

Os nobres também eram chamados a contribuir, sem que isso, porém, resultasse em muita coisa. No apresto da Jornada dos Vassalos, é possível que suas fortunas tenham exercido algum papel – sobreviveu uma missiva régia para os Condes de Portalegre e Villahermosa na qual dizia estar ainda à espera de suas contribuições. Mas era difícil que a nobreza, já tão dependente da Fazenda Real, pudesse lhe oferecer de volta qualquer dinheiro de significância. Portanto, o meio encontrado pela Coroa foi morder-lhe as rendas. Em junho 1634, tomou emprestado o primeiro quartel dos juros, tenças e ordenados. Um calote, de fato, e ao Conselho da Fazenda não parecia ser "cousa digna da grandeza e piedade e autoridade de Vossa Majestade, mandar executar esta ordem, pelo que toca aos juros e tenças dadas por vendas com padrões assinados", mas que fizesse Sua Majestade o que lhe fosse servido.[94]

Era certamente mais rico o dinheiro recolhido no meio urbano. Um tributo importante era o recebimento anual pela Coroa de um terço das rendas dos Conselhos das vilas e lugares do Reino. Mas os pedidos da Coroa eram constantes, conduzidos *ad hoc* por emissários e provisões régias, de modo que as condições de resistência variavam muito, a depender da força que dispunha a localidade. A cidade do Porto, por exemplo, conquistou o direito de conduzir por sua conta e responsabilidade um subsídio de 30.000 cruzados para o socorro de Pernambuco, em 1630. No ano seguinte, o Porto ganhou autonomia para vender juros "a retro aberto", sobre a arrecadação da imposição dos vinhos, sem limitação de tempo.[95] Para dobrar a resistência das locali-

---

92   Portaria do governo de Portugal, 11/09/1634, AHU, Bahia, série Luísa da Fonseca, cx. 4, doc. 508; CCLP, 1620-27, p. 054.

93   Consulta do Conselho da Fazenda, 29/12/1634, AHU, Bahia, série Luísa da Fonseca, cx. 4, doc. 511; Consulta do Conselho da Fazenda, 13/06/1635, AHU, Bahia, série Luísa da Fonseca, cx. 5, doc. 605.

94   Capítulo de carta régia de 17/01/1635, AHU, Bahia, série Luísa da Fonseca, cx. 4, doc. 523; Relação de graças da Casa Real, s.d., AHU, Bahia, série Luísa da Fonseca, cx. 5, doc. 553; CCLP, 1634-40, p. 040; BNL, Mss. 206, n. 267.

95   CCLP, 1627-33, p. 199 e 227; Os pedidos de ajuda às Câmaras dos lugares do Reino são muitos, tanto para o socorro do Brasil como da Índia, e aparecem em toda a *Colecção Chronológica*.

dades, em âmbito legal, e evitar atrasos na arrecadação (como vimos haver ocorrido em Guimarães), a Coroa buscava harmonia com o Desembargo do Paço. Exigia a coleta "por finta, ou lançamento, ou cabeção" conforme se fazia por aquele tribunal, e que não se desviasse "dos caminhos ordinários" dispostos nas provisões, com o que seriam menores os impedimentos dos particulares. Com a nomeação do Dr. Francisco Leitão, um daqueles desembargadores, para o Conselho da Fazenda, em 1637, a Coroa esperava que orientasse os despachos do apresto das armadas nesse sentido.[96]

Desalojada da resistência legítima, restava a irrupção de violência, como em Évora. Em 1637, um dos oficiais da Câmara da cidade negou-se a cumprir a ordem régia que incrementava o valor do encabeçamento das sisas, e foi ameaçado pelo corregedor, enviado de Lisboa. A multidão foi em seu socorro, e o palácio foi invadido e saqueado. Os presos foram libertados, os livros da arrecadação incinerados e as balanças do imposto sobre a carne destruídas. Sem mais propósito que a recusa do aumento na tributação, porém, o movimento arrefeceu e seus principais líderes punidos com a morte. Algo similar havia ocorrido anos antes, em 1629, no Porto. Houve motim de "algum povo miúdo" contra certo Francisco de Lucena, que fora tratar do socorro da Índia. Corria o boato de que haveria novo imposto, sobre a fiação de linho. A Coroa pôs o corregedor do crime da Corte no local para fazer uma diligência e punir os responsáveis.[97]

De empréstimos, o monarca buscava todos que fossem possíveis. Acabava que nem todos eram efetivamente voluntários, como os 28.000 cruzados de certo João Pereira, tomados dos cofres onde estavam depositados, em Lisboa, contra declaração da Coroa que "do primeiro dinheiro que viesse para o dito socorro do Brasil" se tornaria a restituir aqueles depósitos. Mesmo com pareceres de desembargadores em seu favor, João Pereira precisou levar a cobrança pessoalmente a Filipe IV. Antes de aceder ao seu pedido, El-Rei ainda perguntou se o mercador aceitava um cargo nas Índias como pagamento. Comerciantes do Porto e de Viana, onde "tanto haviam ganho quando iam ao Brasil, mais ainda quando ele estava sem inimigos", eram especialmente convocados a contribuir.[98] Logo em 1631, a Coroa buscou levantar um grande empréstimo de 500.000 cruzados junto aos mercadores "bons de cabedal", para o apresto da armada daquele ano. Na carta régia que circulava entre os possíveis credores, El-Rei dizia dispor de outros 500.000 da Fazenda Real para a armada, oriundo da renda dos consulados, das terças

96   CCLP, 1627-33, p. 219, 1634-40, p. 124.

97   CCLP, 1627-33, p. 160, 163.

98   Capítulo de carta régia de 17/01/1635, AHU, Bahia, série Luísa da Fonseca, cx. 4, doc. 521; Capítulo de carta régia de 07/03/1635, AHU, Bahia, série Luísa da Fonseca, cx. 5, doc. 541.

dos Conselhos, dos juros e bens da Coroa; montante que desejava complementar com o empréstimo, que esperava levantar entre mil homens de negócio, a 500 cruzados cada. Novamente, acabou por ser um empréstimo compulsório.[99]

Mas quanto maiores eram os cabedais particulares, mais podiam exigir à Coroa em contrapartida – é o problema da finança pública. Na extensa lista de emprestadores que o governo de D. António de Ataíde preparou para aquele empréstimos, encontramos valores individuais entre 50$000 e 200$000, mas poucos vão além disso. Dizia-se então que os homens de grande cabedal que havia no Reino emigraram ou já haviam contribuído com 300.000 cruzados em compras de juros da Coroa, mais outros duzentos em um donativo para o socorro de Pernambuco. Assim, aparecem separados os empréstimos da alta finança daqueles de cabedal mais humilde. Ao fim daquela lista mesmo, fora da ordem alfabética, aparecem as contribuições dos mais ricos, como os assentistas da família d'Elvas, ou de Pedro de Baeça. A de Thomas Ximenes é a maior: dez contos de réis. Mesmo valor que contribuiria, pessoalmente, Antonio Gomes d'Elvas em janeiro de 1634. Neste ano, o Dr. Francisco Leitão esteve à frente de um empréstimo menor, de oito contos de réis, para completar o apresto da armada.[100]

Em troca, a Coroa oferecia uma sorte privilégios e licenças, sobretudo vinculadas à exploração do comércio colonial, ou a consignação do rendimento de tributos específicos ao pagamento das amortizações. Para tanto, usava-se principalmente a arrecadação do consulado. Assim em 1626, quando esse tributo foi arrendado a homens de negócio. Em abril de 1635, pagava-se um empréstimo com o quartel dos juros e tenças. Naturalmente, era um recurso que reduzia a arrecadação disponível no futuro e aumentava a dependência de novos empréstimos, com o que a Fazenda Real se arriscava a ser tragada por uma finança Ponzi, caso não houvesse sucesso militar.[101]

Um dos mercadores que de destacou no adiantamento à Coroa de valores para o socorro do Brasil foi Pedro de Baeça, um arrendatário de privilégios da Coroa desde

99 Uma carta régia de novembro de 1632 mandava avisar que "soldados da Companhia de S. Diogo não eram isentos de contribuir no empréstimo… [e] não devem ser libertados dessa contribuição, em que não há exceção de pessoas, maiormente quando eles gozam dos privilégios e ofícios do Reino", CCLP, 1627-33, p. 245; Sobre o empréstim de 500 mil cruzados, veja-se a CCLP, 1627-33, p. 202, 214, 254; Papel do Duque de Villahermosa ao Marquês de Gouveia, 30/09/1633, BNL, Mss. 206, n. 168; Carta régia ao alcaide-mor de Alfezirão, 16/09/1633, BNL, Mss. 234, n. 12.

100 ANTT, Corpo Chronológico, parte I, maço 118, doc. 105; Livro de registro do governo de D. Diogo de Castro, BNL, Col. Pombalina, Cód. 442, fls. 64, 185.

101 Capítulo de carta régia de 31/03/1626, AHU, Bahia, série Luísa da Fonseca, cx. 3, doc. 408; Minuta de consulta do Conselho da Fazenda, 11/04/1635, AHU, Bahia, série Luísa da Fonseca, cx. 4, doc. 552-3.

1604 – por exemplo, de contratador das alfândegas de Lisboa. Entre outros negócios, Baeça tinha seu pé no comércio do Oriente. Foi um dos principais contribuintes para a formação da Companhia das Índias, em 1628. Segundo suas petições a Madri, durante a década de 1630 havia aceitado comprar pimenta da Coroa a um preço amigável, e emprestou dinheiro para o apresto da armada de D. Lope de Hoces. Ofereceu-se para pagar um socorro à infantaria no Brasil de 52:000$000, ou para a remessa de pipas de vinho da Madeira, mas a monarquia não aceitou seus termos. Em 1636, pagou 60.000 cruzados pelo contrato do pau-brasil, dinheiro que foi imediatamente aplicado nos armazéns. Sempre, dizia ele, "sem conter interesse", a despeito dos "grandes interesses [juros] que [o monarca] paga aos assentistas na Coroa de Castela".[102] Ao final de 1637, Pedro de Baeça e Jorge Gomez Álamo assinaram um assento com Madri, pelo qual forneceriam 200.000 cruzados para o apresto da futura armada do Conde da Torre, metade em dinheiro e metade em mercadoria: vinho, azeite, morrão, chumbo e têxteis. Segundo o Conselho da Fazenda, isso tudo valeria no Brasil mais de 350.000 cruzados. O pagamento do empréstimo era consignado na arrecadação do consulado. Uma das cláusulas era a concessão de foro de fidalgo da casa real a Diogo Rodrigues de Lisboa, pai de Álamo e um dos antigos diretores da supracitada companhia, que tinha problemas com a Inquisição e havia sido preso em 1631. Ademais, os assentistas pediam licenças para o transporte de vinho da ilha da Madeira e 260 toneladas de espaço de frete nos galeões da armada.[103] O assento também despertou oposições: Duarte da Silva, outro grande mercador de interesse no comércio brasileiro e, segundo Pedro de Baeça, "seu inimigo declarado", tentou impedir que acontecesse. Supostamente, usou o embargo de navios mercantes para a armada, na cidade do Porto, para difamar o rival, dizendo que haveria estanco do comércio do Brasil no assento. Talvez, a disputa seja uma manifestação da rivalidade entre mercadores do Porto e de Lisboa, ou então apenas uma disputa pessoal entre dois grandes cabedais pelo seu quinhão no negócio dos aprestos.[104]

---

102 Godinho. *Ensaios*, v. 2, p. 283; Memória do que Pedro de Baeça tem feito à Sua Majestade, 04/10/1636, AHU, Bahia, série Luísa da Fonseca, cx. 6, doc. 704.

103 Minuta de consulta do Conselho da Fazenda, 09/08/1638, AHU, Bahia, série Luísa da Fonseca, cx. 8, doc. 850; Consulta do Conselho da Fazenda, 13/08/1638, AHU, Bahia, série Luísa da Fonseca, cx. 8, doc. 855; Provisão régia a Pedro de Baeça e Jorge Gomes Álamo, 22/02/1638, AHU, Bahia, série Luísa da Fonseca, cx. 7, doc. 816; Guedes. *História naval brasileira*, v. II, t. IA, p. 226.

104 Requerimento dos moradores do Porto, 11/03/1638, AHU, Bahia, série Luísa da Fonseca, cx. 7, doc. 782 e anexos.

Em 1639, o acúmulo de compromissos financeiros e o insucesso das expedições militares puseram as finanças de Madri em apuros. Foi azar, também, que houvesse um acidente na invernada dos galeões da frota americana, que levou Filipe IV a atrasar 1.500.000 ducados em pagamentos. Como o exército de Flandres dependia dessa fatura, o monarca escreveu aos vassalos de seus reinos solicitando 800.000 cruzados em empréstimos, para complementar os 600.000 que já lhe havia sido oferecido por Castela. Em Portugal, a Coroa buscava negociar um empréstimo de 400.000 cruzados, com interesse de 8%, até a chegada dos galeões – doze anos antes, o empréstimo para o socorro da Índia pagava 2%.[105] Além disso, pedia desta vez socorro de seus próprios oficiais: 150.000 cruzados dos ministros da Coroa, cada um com a quantia que lhe tocasse, "advertindo que nisto não há de admitir nada por via de donativo, nem remissão de interesses". Entre os estamentos privilegiados, intensificaram os esforços de Miguel de Vasconcellos na aplicação da "renda fixa", pela qual os particulares do Reino contribuiriam com 500.000 cruzados anuais. Na ocasião, a Duquesa de Mântua pedia que a Mesa da Consciência desse exemplo aos outros tribunais, e seus ministros teriam de abrir o caminho como fizera o Tribunal da Fazenda de Castela, que contribuíra com 50.000 cruzados. O próprio Conde-Duque de Olivares "se adiantou a todos, mandando logo entregar toda a sua prata".[106] Ao mesmo tempo, a legitimidade do esforço fiscal esvaía-se nas derrotas das armadas de Oquendo e do Conde da Torre. O fisco, além de exagerado, não apresentava um resultado militar que desse "contrapartida visível" ao povo e à nobreza do Reino.[107]

Não obstante, a monarquia filipina continuava capaz de mobilizar uma quantidade fabulosa de recursos. Assim, foi possível, na mesma conjuntura, aprestar os galeões de D. Antônio de Oquendo, a maior força naval espanhola desde a Invencível Armada. Ao fim de 1639, um grupo de grandes mercadores ofereceu à Coroa "um milhão no Brasil e cem mil cruzados em Flandres", dos quais 200.000 seriam entregues de imediato. Os credores eram Jorge Fernandes de Oliveira, Francisco Botelho Chacon, Álvaro da Silveira e Duarte da Silva. Teriam, como garantia, o quartel dos juros e tenças dos eclesiásticos, mosteiros e casas pias. Ademais, as Casas de Bragança, Aveiro e Vila-Real haveriam de "contribuir com o quinto dos bens da Coroa (...) visto que da outra vez não deram nem a quarta parte, nem os soldados". Todos seriam

---

105 Consulta do Conselho da Fazenda, 05/06/1626, AHU, Bahia, série Luísa da Fonseca, cx. 4, doc. 431.

106 CCLP, 1634-40, p. 188.

107 Antônio de Oliveira, *Filipe III*. Rio de Mouro: Círculo de Leitores, 2005 (Reis de Portugal), p. 281.

restituídos pela contribuição, quando fosse possível.[108] Na mesma ocasião, os quatro arrendaram a cobrança dos consulados "pagos nas Alfândegas de Lisboa, Madeira, Portugal e Algarves, e Casa da Índia" por três anos. O contrato renderia à Coroa 50 contos de réis ao ano, 57 caso o Brasil fosse restaurado, 62 caso houvesse paz com a Holanda e mais quatro se houvesse paz com a França.[109]

Há informação de uma remessa de 12:201$791 em mercadoria para a Bahia, a título desse empréstimo, em 1641: fazendas, vinhos da ilha da Madeira, sal e dois contos de réis em moeda sonante. Certamente houveram outras remessas, dificilmente no mesmo valor contratado. Mas isso depois do protesto dos moradores da colônia contra a falta de meio circulante na praça, devido ao rompimento com Castela e o desaparecimento do comércio do o Rio da Prata. Denunciavam que Duarte da Silva, "sendo obrigado a dar dinheiro a Sua Majestade, lhe deu somente drogas, as quais se lançaram pelos moradores, tudo em proveito do dito assentista e dano da República". Vale dizer, a farinha e os vinhos transportados pelo assento eram entregues à Fazenda Real, que os colocava no varejo. Mas quem pagava em dinheiro pela mercadoria, e assim contribuía para os cofres da Fazenda Real, eram os moradores.[110] Não eram estes os únicos a reclamar, aliás. Outros que tinham valores em haver do cofre do consulado ficavam na mão, pois o dinheiro era entregue aos assentistas e a Pedro de Baeça antes que pudesse ser cobrado. Entre outros, este era o caso de Fernando Alves, comerciante de sacaria, que havia oferecido o produto para armada do Conde da Torre.[111]

Deve-se notar que, além do financiamento da guerra por tributos e empréstimos na metrópole, uma parcela dos recursos para o apresto das armadas e para o envio de socorros à colônia era financiada pelos lucros do comércio colonial. Pelo menos, os termos de troca com as colônias permitiam, de formas diferentes, baratear o custeio dos aprestos. Em primeiro lugar, o aluguel de embarcações ou a negociação de empréstimos podiam ser facilitados mediante a concessão de licenças de navegação. Além disso, a própria Coroa comerciava em mercadorias das rotas do Atlântico, como o meio preferencial de remeter recursos para a Fazenda Real na colônia. Finalmente, podia-se utilizar de estancos régios com o mesmo objetivo, fosse

---

108 CCLP, 1634-40, p. 202.

109 CCLP, 1634-40, p. 228.

110 Requerimento de Francisco Botelho Chacon e Duarte da Silva, 28/11/1643, AHU, Bahia, série Luísa da Fonseca, cx. 9, doc. 1025; Ata da Câmara de Salvador, 12/06/1641, DHAM: AC, v. 2, p. 22.

111 Requerimento do comerciante Fernando Alves, 18/04/1640, AHU, Bahia, série Luísa da Fonseca, cx. 8, doc. 911; Requerimento do Marquês de Montalvão, 15/06/1641, AHU, Bahia, série Luísa da Fonseca, cx. 8, doc. 945.

pela sua concessão a particulares, ou mesmo pelo seu usufruto direto. A forma mais desenvolvida desse instrumento foi o estanco do sal, estabelecido logo no início da ocupação de Pernambuco.

Como se viu, a concessão de licenças de navegação foi contrapartida necessária ao emprego da marinha estrangeira nas frotas para o Brasil, dada sua escassez na Península. O problema já começava se mostrar, portanto, antes da conjuntura diplomática da Restauração e dos tratados de comércio com a Inglaterra: efetivamente, faltava o necessário para *ocupar* a rota oceânica. Note-se, aliás, que não se tratava apenas da falta de navios, mas também de tripulações: como observamos, há dificuldade para o recrutamento de marujos ao longo da década de 1630, o que leva ao emprego, principalmente, de artilheiros da Europa setentrional. O Conselho da Fazenda buscava ser cauteloso, "considerando quão grave é a matéria", dada a importância de se controlar a comercialização do açúcar brasileiro e a ameaça de abertura ao contrabando que as licenças representavam.[112] Todavia, era preciso, em primeiro lugar, cobrir as deficiências da marinha. Por outro lado, as concessões permitiam à Coroa alugar transportes a custo zero, ou mesmo saldar seus compromissos financeiros, principalmente com a concessão de licenças para carregar vinhos das ilhas para o Brasil. De forma similar, o monarca acertou-se com credores que haviam financiado a Jornada dos Vassalos com um pacote de privilégios no comércio da pimenta.[113] O embargo de navios para a armada, de forma compulsória, também resultava, ocasionalmente, em efeitos semelhantes: os proprietários e capitães, desesperados com o tempo perdido no porto, os danos da imobilidade ao casco e o acúmulo de ordenados devidos à tripulação, ofereciam o transporte de socorros livre de frete. Por vezes, também foi possível alugar embarcações em troca da solução de pendências jurídicas de seus proprietários.[114]

A Coroa também adequava o conteúdo dos socorros ao comércio com a colônia, sempre que nisso houvesse ganho. As remessas visavam, em primeiro lugar, o provimento de *necessidades*, materiais e diretas, do exército no Brasil, mas também o

---

112 Decreto sobre uma nau de Lübeck que foi ao Brasil, 03/10/1635, AHU, Bahia, série Luísa da Fonseca, cx. 6, doc. 668; Livro de registro do governo de Portugal, 0/06/1632, BPA, Cód. 51-X-3, fls. 011-13.

113 Minuta de consulta do Conselho da Fazenda, 05/11/1624, AHU, Bahia, série Luísa da Fonseca, cx. 3, doc. 337; Ordem de pagamento da gente de mar, 27/10/1624, BPA, Cód. 51-VI-28, fl. 78.

114 Requerimento de Cristóvão Cortes, 05/07/1635, AHU, Bahia, série Luísa da Fonseca, cx. 5, doc. 621; Consulta do Conselho da Fazenda, 03/08/1635, AHU, Bahia, série Luísa da Fonseca, cx. 5, doc. 636; Requerimento de Gaspar Pires Marinho, c. 1639, BPA, Cód. 51-VI-21, fl. 223; Petição de Manuel Mendes, c. 1639, BPA, Cód. 51-VI-21, fl. 257.

transporte de *valores* com que a Fazenda Real na colônia pudesse sustentá-lo. No entanto, raramente isso foi feito com moeda sonante, como vimos, dadas as vantagens imediatas do envio em mercadorias normalmente importadas pela economia colonial. Entre elas, o vinho, principalmente se produzido nos arquipélagos da Madeira e das Canárias, que ofereciam escala na rota transoceânica, e cuja bebida resistia muito bem às intempéries da viagem e da comercialização nos trópicos.[115] Apesar da diferença, os preços da pipa no Reino e nas ilhas não eram muito diferentes, enquanto na colônia o vinho insular chegava valer o dobro do produto reinol. Por meio dos inúmeros pedidos de licença para navegar em direitura das Canárias ao Brasil, pode-se mesmo perceber um comércio triangular de azeite, panos e insumos para a fabricação de tonéis para as ilhas; vinho para o Brasil; açúcar no torna-viagem.[116]

Muitas das embarcações do transporte de socorros ao Brasil foram alugadas em troca de licenças para esse comércio, mas também foi considerável o envolvimento direto da Coroa no negócio. A armada de D. Lope de Hoces, por exemplo, levou consigo 4:400$000 em caixa, reservados para a compra de pipas de vinho na Madeira.[117] No Brasil, Matias de Albuquerque e Pedro Cadena de Vilhasanti, em ocasiões diferentes, defenderam a utilidade da remessa de vinhos pela Fazenda Real. Como exemplo dos ganhos que a Coroa haveria de esperar com a operação, o provedor-mor relatou uma venda, por particulares, de 330 pipas de vinho da Madeira. Compradas por 11.000 cruzados e, segundo ele, "muito mal administradas, e com grandes quebras e custos",

---

115 *"Besides their ability to outlive the three-score-and-tem life span of man and still grow better, the finest madeiras have other qualities that make them robust and nearly indestructible. Madeiras do not spoil in hot weather; heat actually ripens and improves them, and a passage in the hold of a sailing ship, through burning tropical waters, results in a better wine. madeiras do not mind being moved about, transported by ship or cart, and no amount of rough handling will damage them: quite the contrary, the more madeira is banged about, the better it tastes. Thus it was that the nineteenth century Englishman demanded that his madeira be imported, not directly from the island, but by way of the West Indies or Brazil, here it would benefit from the hot and agitated tropical passage; and the true connoisseur, heedless of cost, insisted that the wine must arrive at his table by way of the East Indies, after undergoing four passages through the tropics on a voyage of over 26,000 miles"* (Thomas Bentley Duncan. *Atlantic islands: Madeira, the Azores and the Cape Verdes in seventeenth century commerce and navigation*. Chicago: Univ. of Chicago, 1973, p. 37-8).

116 Vide, por exemplo: Requerimento de Luís Fernando, comerciante do Porto, 19/07/1638, AHU, Bahia, série Luísa da Fonseca, cx. 7, doc. 832; *Ibidem*, p. 45; Minuta de Consulta do Conselho da Fazenda, c. 1637, AHU, Bahia, série Luísa da Fonseca, cx. 9, doc. 1017.

117 Rol de panos, farinha etc., para a armada, 25/08/1635, AHU, Bahia, série Luísa da Fonseca, cx. 5, doc. 617; Requerimento de Francisco Tomé, 23/06/1635, AHU, Bahia, série Luísa da Fonseca, cx. 5, doc. 613; Memória dos serviços de Pedro de Baeça, 04/10/1636, AHU, Bahia, série Luísa da Fonseca, cx. 6, doc. 704.

eram vendidas no Brasil pelo tresdobro do preço.[118] Era um comércio sujeito aos seus riscos e problemas, como seria de esperar. Em 1639, por exemplo, a venda na terra dos barris que haviam sido transportados pela armada foi motivo de disputa entre o Conde da Torre e o almirante D. Juan da Veja Bazán, segundo no comando. Anos depois, um carregamento dos Açores, enviado em socorro a Angola, foi rejeitado: "nem são vinhos, nem vinagre, nem água, nem coisa que, com consciência boa, se possa repartir". Acabou comprado por três taverneiros de Salvador, por metade do preço, provavelmente para ser batizado e vendido como algum tipo de sangria empobrecida. É difícil, no entanto, que tais eventualidades anulassem a viabilidade da operação.[119]

Os ganhos da Fazenda Real com o conteúdo das remessas também apareciam no transporte de outras mercadorias, ou articulados com uma regulamentação exclusivista do comércio. O socorro de 50.000 cruzados, enviado em 1634, era composto de têxteis de Coimbra, azeite, vinho, farinha, e bacalhau. No ano seguinte, dos 80.000 reservados para um dos socorros, três quartos foram carregados em fazendas diversas, e o restante em dinheiro.[120] Em 1631, a ordem do governo de Portugal era enviar à colônia "a maior quantidade de roupas possível" – o que se fazia porque o comerciante Luiz Vaz de Rezende oferecera 50 mil cruzados em roupas para ficar com o contrato do estanco do pau-brasil, que já tinha outro administrador.[121] O mesmo acordo de transporte de roupas para a Fazenda Real em Salvador, contra pagamentos em "paus da Bahia", aparece já em 1626. Possivelmente, o comerciante envolvido no trato dos panos tinha seus

---

118 Rol de panos, farinhas etc., para a armada, 25/08/1635, AHU, Bahia, série Luísa da Fonseca, cx. 5, doc. 617; Requerimento de Francisco Tomé, 23/06/1635, *op. cit.*; Memória dos serviços de Pedro de Baeça, 04/10/1636, *op. cit.*; Livro de registro do governo de Portugal, BNL, Col. Pombalina, Cód. 442, fls. 12, 19v; Carta de Pedro Cadena de Vilhasanti a S.M., 05/03/1636, AHU, Bahia, série Luísa da Fonseca, cx. 6, doc. 688; Carta de Pedro Cadena de Vilhasanti ao Conde da Tore, 01/02/1639, CCT, v. II, fl. 180.

119 Auto sobre vinhos que vieram por conta da Fazenda Real, 05/12/1644, AHU, Bahia, série Luísa da Fonseca, cx. 10, doc. 1124.

120 Informação do provedor dos armazéns Rui Correia Lucas, 03/01/1635, AHU, Bahia, série Luísa da Fonseca, cx. 4, doc. 514; Capítulos de carta régia de 07/03/1635, AHU, Bahia, série Luísa da Fonseca, cx. 5, docs. 541-542.

121 Como o contrato então estava com Álvaro de Azevedo, a Coroa pedia ao Desembargo do Paço o cancelamento deste contrato para cedê-lo àquele Luiz Vaz de Rezende. Antes que houvesse resposta, aliás, 40.000 cruzados em roupas já estavam entregues ao provedor dos armazéns. A Coroa pôs o peso sobre o tribunal, dizendo que "não eram necessárias tantas interlocutórias". Não exitem mais registros da decisão do Desembargo do Paço, mas em 1635 há notícia de que, desde setembro de 1632 e julho de 1635, ambos os mercadores haviam despachado pau-brasil da colônia. Livro de registro do Governo de Portugal, BPA, Cód. 51-X-1, fl. 101, 125, 133v; Cód. 51-X-2, fl. 01, 09v; Requerimento de João Dias Guedes, 24/07/1635, AHU, Bahia, série Luísa da Fonseca, cx. 5, doc. 631.

contatos e vantagens no mercado daquele insumo de tinturaria. Por sua vez, a Coroa aproveitava-se disso para pagar com vestidos uma parte dos soldos atrasados no Brasil; desta forma, portanto, financiados com a contratação daquele estanco.[122]

Com a restrição de um ramo do comércio colonial ao monopólio da Coroa, exercido diretamente ou subrogado a um contratador particular, buscava-se aumentar os lucros e direcioná-los, na maior medida possível, aos cofres da Fazenda Real. Mais do que no caso do pau-brasil, foi o estanco do sal que teve maior importância, e esteve diretamente vinculado ao pagamento das despesas militares no Brasil. Foi instituído por alvará de 4 de agosto de 1631, que monopolizava a venda de sal, a preço justo, em todo o reino e demais domínios de Portugal por oficiais nomeados pela Coroa, e vigorou até 1801. O contrabando era punível mediante multa ou degredo. O objetivo declarado era angariar fundos para a defesa do Brasil, dada a recente ocupação de Pernambuco e as dificuldades de se aprestar uma armada de restauração. No entanto, o alvará também determinava a venda a prazo de sal para a atividade pesqueira, buscando assim favorecer o pescado e a marinha peninsular, em um mercado predominantemente neerlandês.[123] Note-se que regimes de exclusividade ou reserva parcial do mercado de sal pela monarquia já haviam existido em Portugal, ocasionalmente, desde 1266, como um recurso extraordinário. D. Sebastião, em 1576, decretou a reserva de um terço da produção das salinas portuguesas para a Coroa, para cobrir as despesas da expansão ultramarina. Doze anos antes, Castela já havia incorporado suas salinas ao patrimônio da Coroa. O mesmo foi feito com a produção de sal na Andaluzia, em janeiro de 1631, pouco antes do estabelecimento do estanco em Portugal.[124]

Os antecedentes, contudo, não significaram que o estanco do sal foi aceito sem resistência. Em Lisboa, D. Antônio de Ataíde questionou sua conveniência, acreditando em meios alternativos para acudir a fazenda Real. Entendia que a medida deprimia o comércio, base de arrecadação das alfândegas, e alertou Madri sobre "o grande dano que segue a todo o Brasil da introdução deste estanque, porque agora que ele está tão apertado e que aqueles vassalos andam com as armas na mão, em contínua defesa, parece o que mais convém é facilitar-lhes o comércio e dar-lhes mais lugar às ganâncias, em que igualmente a recebe também a Fazenda de V.M.".".

122 Requerimento de Francisco Portalegre, 30/07/1626, AHU, Bahia, série Luísa da Fonseca, cx. 4, doc. 439.

123 Alvará sobre o estanco do sal, 04/08/1631, CCLP, 1627-1633, p. 215-6; Cartas régias ao governo de Portugal, 07/08/1631 e 19/11/1631, BPA, Cód. 51-x-1, fl. 97v; Myriam Ellis. *O monopólio do sal no Estado do Brasil (1631-1801)*, tese de doutorado. FFLCH. São Paulo, USP, 1955.

124 *Ibidem*, p. 42 e segs.

O Conselho da Fazenda também tinha objeções, e atrasava a execução da medida.[125] Ante as resistências do governo de Portugal em por o estanco em prática, Filipe IV foi veemente: "seria melhor perder reinos inteiros, que suprir tal desacato, que o direito de minhas provisões e de todas as que se fazem por jurisdição subdelegada de mim serão meus (*sic*), e de minha vontade só, independente (…) mais que (ela) só Deus" – tal era sua opinião acerca da "monarquia descerebrada". Quanto a D. Antônio, ordenava "não consentir em nenhuma sombra de proposição contrária". O alvará foi assinado pelas autoridades portuguesas em 14 de fevereiro de 1632, em grande parte graças ao empenho pessoal do Conde de Castelo Novo na sua execução.[126]

Em Salvador, o estanco foi publicado em agosto, expressamente para cobrir os gastos do sustento do presídio soteropolitano, ainda que fosse insuficiente para tanto. O sal passaria a ser vendido pela Coroa, em lojas específicas, mediante particulares de confiança do provedor-mor (ou dos provedores de cada capitania), que exerceriam sua autoridade sobre a matéria livre de qualquer intervenção do governador-geral ou dos capitães-mores. A partir de 1658, o estanco passou a ser regularmente contratado por particulares, que compravam em Lisboa o direito de exercer aquele privilégio. A punição para a venda paralela era o confisco do produto e a multa em três vezes o seu valor. A implementação do estanco previa que o sal fosse vendido "pelo preço a que corria mais ordinariamente, sem lhes alterar como faziam as pessoas particulares", nem haveria elevação em momentos de escassez. De início, o alvará determinava valor de $160 por alqueire; não obstante, visto que essa medida de volume, no Brasil, era aproximadamente o dobro do que em Portugal, o provedor-mor Jorge da Silva Mascarenhas estabeleceu o preço de $330 por alqueire brasileiro.[127] Como era de esperar, isso não era levado à risca pela administração colonial. Em 1640, por exemplo, o vice-rei do Brasil (o Conde de Castelo Novo, agora elevado a Marquês de Montalvão) sugeria a elevação do preço do sal em cinco vezes, para aumentar os lucros da Fazenda Real. No mercado negro, os preços poderiam chegar a três ou quatro vezes o valor oficial. Periodicamente, a Coroa ordenava aos provedores um acerto particular de

---

125 Carta de D. Antônio de Ataíde a S.M., 15/05/1632, BPA, Cód. 51-x-2, fl. 346.

126 Carta de S.M. ao governo de Portugal, 18/12/1631, BPA, Cód. 51-x-1, fl. 139v.

127 Ellis. *O monopólio do sal*, p. 49; Provisão régia sobre o estanco do sal, DHBN, 16, p. 39; Instrução para se guardar no estanco do sal, Lisboa, 10/05/1632, DHBN, v. 16, p. 41; Mandado do provedor-mor Jore da Silva Mascarenhas, 01/08/1632, DHBN, v. 16, p. 58. O alqueire, medida de volume para mercadorias sólidas, no Brasil era de aproximadamente 32 litros. Em Portugal, era algo como 13,8 litros. Anote-se que tais provisões enviadas para o Brasil sobre a implementação do estanco eram assinadas pelo Conde de Castelo Novo.

todas as contas do comércio de sal do estanco, e de como o dinheiro havia sido despendido (além da prestação de contas costumaz, de cada oficial, ao fim de seu termo).
Entretanto, isso dificilmente impedia o sobrepreço, nem tinha impacto sobre as condições de venda da mercadoria no Brasil.[128]

Dados os atrasos e resistências do governo de Portugal, o primeiro carregamento de
sal do estanco partiu de Lisboa no início de 1632, em caravelas do socorro, junto com
as provisões régias para sua implementação no Brasil. Mais caravelas seriam carregadas
com o produto da Coroa no decorrer dos anos seguintes. Cada remessa continha, geralmente, algumas dezenas de moios de sal.[129] Contudo, logo se fez sentir o desabastecimento. O governador Pedro da Silva registrou, no início de seu governo, a "grande
falta que há de sal", que os moradores usavam água do mar na alimentação, e "muitos
morreram da comida assim salgada". O mesmo atestava Pedro Cadena de Vilhasanti.
Sua primeira observação na colônia, ao desembarcar na Bahia no início de 1636, foi o
preço abusivo do produto e o perecimento do povo, em proveito dos "administradores"
do estanco, do que mandou tirar uma devassa.[130] A carestia também era provocada pela
falta de embarcações para o transporte, e o fornecimento de sal do estanco foi outra justificativa da qual se valeram mercadores estrangeiros em busca de licenças de navegação,
ou portugueses interessados na solicitação de patentes e outras mercês.[131]

Em 1638, o apresto da armada do Conde da Torre incluiu um grande carregamento de 2.000 moios de sal: o esforço pela restauração incluía uma grande mobilização de valor, para o sustento da gente de guerra na colônia. Para administrar
esse estoque, o Conde criou o cargo de "almoxarife dos mantimentos e do sal", com

---

128 Ata da Câmara de Salvador, 15/09/1640, DHAM: AC, v. 1, p. 454-6; Consulta do Conselho
Ultramarino, 17/07/1653, AHU, Bahia, série Luísa da Fonseca, cx. 12, doc. 1516; AHU, Bahia, série
Luísa da Fonseca, cx. 5, doc. 1645; AHU, Bahia, série Luísa da Fonseca, cx. 9, doc. 1054.

129 Por exemplo, veja-se: Carta de S.M. ao governo de Portugal, 31/01/1632, BPA, Cód. 51-x-2, fl. 24v;
Mandado em que se declara fazendas e sal de Sua Majestade nos navios, 10/05/1632, DHBN, v. 16, p.
48; Carta régia a Diogo Luís de Oliveira, 29/08/1633, DHBN, v. 16, p. 138.

130 Minuta de consulta do Conselho da Fazenda, 21/07/1634, AHU, Bahia, série Luísa da Fonseca, cx.
6, doc. 680; Carta de Pedro Cadena de Vilhasanti a S.M., 05/03/1636, AHU, Bahia, série Luísa da
Fonseca, cx. 6, doc. 688.

131 Consulta do Conselho da Fazenda, 09/05/1635, AHU, Bahia, série Luísa da Fonseca, cx. 5, doc. 569;
Decreto sobre o transporte do sal, 11/05/1635, AHU, Bahia, série Luísa da Fonseca, cx. 5, doc. 572;
Consulta do Conselho da Fazenda, 05/05/1640, AHU, Bahia, série Luísa da Fonseca, cx. 8, doc. 912;
Consulta do Conselho Ultramarino, 03/06/1644, AHU, Bahia, série Luísa da Fonseca, cx. 9, doc.
1059; Consulta do Conselho Ultramarino, 20/05/1648, AHU, Bahia, série Luísa da Fonseca, cx. 11,
doc. 1297.

a responsabilidade sobre quaisquer produtos que chegassem à Bahia por conta da Fazenda Real. O cargo permaneceu vago em diversas ocasiões, mas continuou a ser ocupado, esporadicamente.[132] Dois anos depois, o Marquês de Montalvão buscava o tirar que podia do estoque de sal na cidade, por meio do aumento nos preços e da reorganização de sua distribuição pelo Recôncavo, em acordo com a Câmara de Salvador. Para ele, a venda no varejo poderia ser conduzida tanto diretamente pela Fazenda Real quanto por lojistas particulares, desde que em assento "de tal maneira que fique a cada um deles o que comodamente puder gastar sem excesso nem diminuição". Um novo carregamento de sal chegaria no fim do ano, pouco antes das notícias sobre a ascensão do Duque de Bragança ao trono.[133]

Na Bahia, com o valor das vendas das mercadorias da Coroa, transportadas junto às caravelas do socorro, complementava-se os recursos disponíveis pelo governo para o pagamento de soldos e demais necessidades da defesa. Por esse meio, a metrópole financiava a Fazenda Real na colônia, no valor do produto adquirido, sal, tecido, vinhos ou quaisquer outros, em Portugal ou nas ilhas Atlânticas. Entretanto, a diferença desse para o valor de venda – ou seja, o lucro comercial da operação – era pago pelo colono. Assim, uma parcela do custo dos aprestos e do conteúdo enviado em abastecimento das defesas coloniais era transferido para a colônia, o que não aconteceria com as remessas em moeda sonante. É possível supor que, com a abertura da navegação para novos comerciantes, pela concessão de licenças de navegação ou pela própria entrada da mercadoria régia no mercado, o aumento da quantidade em oferta reduzisse os preços. Deste modo, aumentaria a renda real do colono, e a Fazenda Real seria beneficiada pela transferência de uma parcela dos lucros comerciais. Vale dizer, o excedente empregado no custeio da defesa seria proveniente da redução na taxa de retorno do comércio metropolitano. No entanto, na falta de mais dados sobre o volume e o grau de concentração do comércio, não há como considerar essa hipótese senão como uma remota possibilidade. A carestia geral de tais mercadorias testemunha em seu contrário. Por meio do estanco do sal, especificamente, é difícil duvidar a queda na renda real do colono, dado o impacto da elevação dos preços deste que era um bem essencial à subsistência. Ou seja, desenvolvia-se

---

132 Consulta do Conselho da Fazenda, 14/07/1638, AHU, Bahia, série Luísa da Fonseca, cx. 7, doc. 827; Carta de Pedro Cadena de Vilhasanti a D. Juan da Vega Bazán, 20/06/1638, BPA, Cód. 51-x-7, fl. 78v; Provisão do governador D. Fernando Mascarenhas, 07/10/1639, DHBN, v. 17, p. 298; Salgado. *Fiscais e meirinhos*, p. 228.

133 Ata da Câmara de Salvador, 15/09/1640, DHAM: AC, v. 1, p. 454-6; Consulta do Conselho da Fazenda, 19/07/1640, AHU, Bahia, série Luísa da Fonseca, cx. 8, doc. 914.

o mecanismo de apropriação de excedente pelo capital comercial, em prol da Fazenda Real, em prejuízo dos moradores.[134]

A sobreposição do "socorro do Brasil" com o comércio colonial estava sujeita a uma variedade de problemas, naturalmente. Em 1639, por exemplo, "as mercadorias que Vossa Majestade mandou se malbarataram pela pressa com que o Conde da Torre quis se vendessem, em que a Fazenda Real perdera muitos cruzados".[135] Dependia-se da boa saída das mercadorias na colônia, das oscilações em sua demanda, além da qualidade do produto e do transporte, que poderiam resultar em mercadoria inaceitável ou muito depreciada. Em Pernambuco, tais riscos certamente eram maiores que na Bahia, dada a situação deixada pela guerra. Por outro lado, torna-se compreensível o exagero no pagamento da tropa com mercadorias da Fazenda Real, vestidos principalmente, como averiguamos em capítulo anterior. Outro problema, como vimos, era a desvio das caravelas para outros portos, como o Rio de Janeiro, por decisão isolada de seus mestres, abandonando o objetivo original do socorro em busca de um mercado mais seguro, onde a produção de açúcar crescia em ritmo acelerado. Houve ocasiões que o Conselho da Fazenda negou licenças para essa navegação, lembrando que era Bahia e Pernambuco que estavam em necessidade.[136]

Finalmente, deve-se notar o que ocorreu entre 1634 e 1636, quando o governador Diogo Luís de Oliveira proibiu a partida de embarcações do porto de Salvador, devido à intensificação do corso neerlandês. Um grupo de mercadores que havia oferecido 80.000 cruzados para a armada, em troca de licença para levar vinhos da Madeira ao Brasil, suspendeu o negócio enquanto o embargo não fosse levantado. Se a ordem do governador não fosse anulada por Lisboa, o circuito seria rompido. Era preciso que continuasse aberta a saída do produto colonial, sem a qual não era possível a realização do capital. Em última instância, era o açúcar que fechava as contas da guerra do Brasil na Europa.[137]

A MUDANÇA DINÁSTICA

O atentado que terminou com Miguel de Vasconcellos e Brito, defenestrado do paço real a 1º de dezembro de 1640, rompeu o tendão principal do governo madrileno de Portugal. O Duque de Bragança havia assentido com a conspiração, não sem

---

134 Veja-se: Novais. *Portugal e Brasil, op. cit.*, p. 89.

135 Consulta do Conselho da Fazenda, 14/12/1639, AHU, Bahia, série Luísa da Fonseca, cx. 8, doc. 902.

136 Consulta do Conselho da Fazenda, 14/11/1639, BPA, Cód. 51-VI-21, fl. 207.

137 Requerimento de Clemente Pires Martel a S.M., 20/05/1635, AHU, Bahia, série Luísa da Fonseca, cx. 5, doc. 581.

hesitar, e foi coroado duas semanas depois. Nesse momento, a fragilidade do movimento causava pouca preocupação na monarquia filipina. Olivares teria procurado o Rei para comunicar as "boas-novas": com a traição, o vasto patrimônio dos Bragança poderia ser incorporado à Coroa. "Estamos em situação de o poder privar dele, sem nos ser necessário mais que um dia", continuou. Por todos os lados, dizia-se que D. João seria mais um "Rei de um inverno" – uma referência a outra defenestração, em Praga, que em 1618 lançou o eleitor do Palatinado ao trono do Sacro Império Romano-Germânico, apenas para cair diante do exército católico no ano seguinte.[138] De fato, a aclamação em Lisboa foi seguida de apreensão e angústia. Embora a transição dos postos militares e das fortalezas pelo Reino tenha ocorrido pacificamente, era preciso aguardar a confirmação das principais cidades e seus governantes. A grande maioria do país estava pega de surpresa, muitos hesitavam em aderir, tantos outros aderiram por força das circunstâncias, desgostosamente. A máquina castelhana tinha suas raízes em todo Portugal, ainda mais que D. João confirmava os titulares de postos administrativos, limitando-se a preencher posições de quem estava ausente em Castela.[139] O novo monarca mal tinha conhecimento de quem podia confiar e quem dava lances por sua cabeça.

A mesma insegurança, talvez até maior, existia em relação à atitude que o Império colonial tomaria diante da notícia. Ceuta, por exemplo, recusou-se a aclamar D. João. No Açores, o comandante (um castelhano) manobrou em favor de Madri. Era plenamente possível que a lealdade dos moradores do Brasil pendesse também para lá, sobretudo visto que as duas principais colônias (enquanto Pernambuco estava sob controle da WIC) eram governadas por prováveis aliados de Castela. Na Bahia, a cabeça do Estado era D. Jorge Mascarenhas, um veterano que ascendera da proto-fidalguia graças à política nobiliárquica dos Filipes, dos quais fora um vassalo fiel e prestativo. Foi governador de Mazagão em 1615, onde perdeu um filho. Ocupou a presidência da Câmara de Lisboa em 1624. Quatro anos depois, recebeu o recém--criado Condado de Castelo Novo. Já observamos como foi um diabo para o governo

138 Leonor Freire Costa e Mafalda Soares da Cunha, *D. João IV*. Rio de Mouro: Círculo de Leitores, 2006, p. 84-91; Rafael Valladares. *A independência de Portugal: guerra e restauração, 1640-1680*. Trad. Pedro Cardim. Lisboa: Esfera dos Livros, 2006, p. 274.

139 A prática se estendeu à confirmação das mercês de patentes nas colônias concedidas por Filipe IV. Mesmo promessas feitas por Madri contra a prestação de serviços à Coroa de Castela foram cumpridas, se o requerente tivesse depois permanecido com o Bragança. (Requerimento de Agostinho Figueira de Azevedo, 09/01/1641, AHU, Bahia, série Luísa da Fonseca, cx. 8, doc. 924; Requerimento de Gaspar Leite, 15/03/1641, AHU, Bahia, série Luísa da Fonseca, cx. 8, doc. 928; Consulta do Conselho da Fazenda, 02/10/1641, AHU, Bahia, série Luísa da Fonseca, cx. 8, doc. 936.)

de Portugal, com as juntas administrativas e no apresto das armadas portuguesas, a serviço do Conde-Duque. Quando se tornou Vice-Rei do Brasil, em 1640, era o Marquês de Montalvão.[140] No Rio de Janeiro, o capitão era Salvador Correia de Sá e Benevides, mergulhado até os bigodes em interesses platinos. Servira a monarquia filipina no combate a ameríndios da região, onde arranjou para si um casamento com a herdeira de uma vasta fortuna crioula. Esteve em Potosí em meados de 1630, conheceu o caminho dos peruleiros até Buenos Aires. É uma personagem simbólica do que era a integração dos impérios ibéricos, a penetração dos mercados da prata pelo comércio escravista. Esperava-se que tais interesses seriam suficientes para que a colônia aderisse ao embargo contra os rebeldes de Portugal, que rapidamente resultaria em sua asfixia econômica.[141]

Todavia, isso não ocorreu. Quando a notícia do golpe chegou em Salvador, em 15 de fevereiro de 1641, Montalvão agiu com grande habilidade – em favor de D. João. A história é bastante conhecida. O correio veio em uma caravela, cujo mestre desceu sozinho à terra e estranhamente ordenou-a de volta ao mar. Em seguida, procurou o governador para entregar a carta do Rei aclamado. Montalvão acautelou-se, já que havia grande quantidade de castelhanos e outros vassalos de Madri entre os soldados. Um a um, os principais moradores foram chamados ao encontro do governador, que comunicava pessoalmente a novidade, de modo a não se alastrar prematuramente a notícia. Depois de parlamentar com esse grupo restrito, Montalvão atestou pela unanimidade em favor de D. João, que foi ali mesmo aclamado como o legítimo monarca. Enquanto isso, havia-se já ordenado a prontidão das companhias portuguesas do presídio, enquanto os terços de Nápoles e Castela permaneceram aquartelados. À frente da guarnição, o governador e demais oficiais da Coroa e Câmara da Bahia desfilaram pela cidade em direção à Sé, onde o bispo Pedro da Silva tirou-lhes o juramento de fidelidade a D. João IV, Rei de Portugal. Castelhanos e italianos foram desarmados sem incidentes, para depois embarcar rumo às Índias de Castela. Lavradas as atas, Montalvão despachou para as demais capitanias do Estado o relato do acontecido, sugerindo a mesma cautela na condução de tais alterações. A Lisboa, partiram com a

---

140 Diplomas de D. Jorge de Mascarenhas, ANTT, Chancelarias, Filipe III, lv. II, fl. 22; lv. 18, fl. 276; Veja-se: Pedro Puntoni, "Bernardo Vieira Ravasco, secretário do Estado do Brasil: poder e elites na Bahia do século XVII", In: *Novos Estudos CEBRAP*, v. 68, p. 115, 2004.

141 Escrevia o primogênio de Montalvão, em Ayamonte, ao seu pai: "Lembro a V. Exª. que convém muito não despachar navios nenhuns a Portugal, e cá muitos; porque lhe tiramos a sustância por todos os caminhos". Boxer, *Salvador de Sá, op. cit.*; Luis Filipe de Alencastro, *O trato dos viventes*. São Paulo: Companhia das Letras, 2000; Valladares, *A independência de Portugal*, p. 45.

notícia dois jesuítas – um deles, Antônio Vieira – e o próprio filho do governador, D. Francisco. Até março e abril, as povoações no Espírito Santo, no Rio de Janeiro e em Piratininga estariam todas fiéis ao novo regime.[142]

Neste ínterim, o Marquês de Montalvão também acabaria deposto. A desconfiança em Lisboa era geral, e D. João havia fechado as fronteiras do Reino para passagens não autorizadas. Porém, dois dos filhos do governador, D. Pedro e D. Jerônimo, conseguiram escapar sigilosamente em um bergantim, durante a noite. A suspeita recaía sobre toda a família, e o monarca não estava para se arriscar. Sem saber o que ocorria no Brasil, D. João ordenou o jesuíta Francisco de Vilhena para a Bahia, com provisão que nomeava três governadores interinos para a colônia: o bispo D. Pedro da Silva, o mestre de campo Luís Barbalho e Lourenço de Brito Correia, "porquanto convém a meu serviço dar nova forma de governo ao estado do Brasil por a minha confiança". Segundo a versão popularizada por Afonso Ruy, uma vez na Bahia, o jesuíta e os nomeados conspiraram para derrubar o Marquês, com a carta régia em seu favor.[143] É verdade que não havia motivo para suspeita, pois a transição do regime havia se realizado sem grandes incidentes. Não há registro seguro de qualquer manobra do Vice-Rei contra D. João; pelo contrário, ao enviar o próprio filho como portador de notícias ao monarca, ele sinalizava comprometimento com o novo regime.

Contudo, uma fragata de Sevilha arribou na Bahia com cartas comprometedoras de sua esposa (curiosamente chamada Francisca de Vilhena) e seus filhos leais a D. Filipe. Teriam sido interceptadas por Lourenço de Britto Correia.[144] Diante de

---

142 Ata da Câmara de Salvador, 24/04/1641, DHAM: AC, v. ii, p. 09-10; Consulta do Conselho Ultramarino, 17/07/1646, AHU, Bahia, série Luísa da Fonseca, cx. 10, doc. 1199; Sebastião da Rocha Pita, *História da América portuguesa* (1730). São Paulo: Itatiaia, 1976, p. 138 e segs.; Afonso Costa, "A restauração de Portugal e o marquês de Montalvão", In: *Revista do Instituto Geográfico Histórico da Bahia*, n. 67; Ruy, *História política e administrativa da cidade do Salvador*, p. 17 e segs.; Boxer, *Salvador de Sá*, p. 144-6.

143 Ruy, *História política e administrativa da cidade do Salvador*, p. 174 e segs.

144 Em toda aquela correspondência, aliás, a certeza de que Montalvão tomaria o partido de Madri parece esconder a insegurança quanto a quais haveriam de ser suas verdadeiras intenções. Busca-se enaltecer a lealdade e o valor de D. Jorge a cada oportunidade, mas há dúvida nas palavras da Marquesa: "se nesta ocasião vos esquecerdes das obrigações que me tendes e do que tenho feito por vós, parece que faltareis aí de honrado". Por outro lado, jogava-se com desinformação, como tentativa de ameaçar os responsáveis pelo governo do Brasil: os reinos da Espanha já mobilizavam quatro exércitos contra Portugal, uma frota estava pronta para boquear o Tejo, os traidores já tinham a cabeça a prêmio etc. D. Pedro ainda acena com a posse que tinha de muitos papéis de Miguel de Vasconcellos, que fora um inimigo de Montalvão (como também de Villahermosa, outro dos infiltrados de Olivares no apresto de armadas para o Brasil). Dizia que "nelas se descobrem as maiores tramoias e maldades que

tais acontecimentos, Montalvão não ofereceu resistência. Mais tarde, o Conde de Ericeira escreveria que "foi a marquesa, como sempre se entendeu, a causa total da ruína de seu marido". A transição da posse do governo aconteceu normalmente, a 16 de abril de 1641. D. Jorge retirou-se ao colégio dos jesuítas, na espera de ocasião para embarcar. Nos dias seguintes, a junta trina ordenou sua prisão, mais a de dois de seus associados (o mestre de campo Joane Mendes de Vasconcellos e o sargento-mor Diogo Gomes de Figueiredo). Foram soltos dois homens que estavam na cadeia (um deles, pelo assassinato de um rival) – tudo a indicar um verdadeiro movimento contra o governador, que foi enviado a ferros para Portugal em um fretado britânico, que ele próprio teve de pagar. Anos depois, a Coroa responsabilizaria a Lourenço de Brito Correia pelo golpe, e este seria por isso aprisionado por alguns anos.[145]

Todavia, ainda que Montalvão tenha sido deposto como decorrência da restauração em Portugal, deve-se ressaltar que o golpe foi movido por uma disputa interna à política soteropolitana, somada ao desconhecimento de D. João do que acontecia na Bahia. Jamais, entretanto, configurou-se de fato um partido castelhano nas colônias, com o que a lealdade que Madri esperava a partir dos governantes ali empregados mostrou-se ilusória. Nem Mascarenhas, nem Benevides arriscaram o pescoço em nome dos Filipes. Certamente, aderir à rebelião portuguesa também tinha seus riscos. Contudo, o cálculo de ambos resultou em aposta na aclamação. Não sabiam (alguém sabia?) o que se passava na Península. Tinham pouca notícia de Madri, que também falhou no envio de uma força que apoiasse seus partidários no Brasil. Filipe IV e Olivares ainda buscaram o apoio do bispo Pedro da Silva, sem sucesso. O ponto de vista castelhano dos impérios coloniais continuava o mesmo, o que significava, na

---

jamais se imaginaram", o que considerava um "tesouro" com que manobrar na política da corte. Se o marquês garantisse a fidelidade do Brasil, acreditava que poderiam incorporar muito do estado dos Bragança e receber "tamanhas mercês" que se tornariam senhores da maior casa de toda a Espanha ("Carta da Marquesa de Montalvão ao marquês seu marido Vice Rey do Brasil, que o governador Lourenço de Britto Correia tomou na Bahia do mesmo Estado na fragata mandada de Sevilha em que iam juntamente as de seus filhos mandadas de Lisboa", BC, Cód. 537, fls. 261v e segs.; "Carta de D. Pedro Mascarenhas, filho mayor do marquês de Montalvão, que nesse tempo estava governando o Brasil, mandada ao dito seu pay e escrita de Niebla a 12 de fevereiro de 1641, depois da sua fugida para Castela" e outras cartas, BC, Cód. 38, fls. 234-79).

145 Cartas da Câmara a D. João IV, 02/1641, AHMS, Cartas do Senado, lv. 1, fls. 13v em diante; Consulta do Conselho da Fazenda, 05/11/1641, AHU, Bahia, série Luísa da Fonseca, cx. 8, doc. 940; Consulta do Conselho Ultramarino, 09/07/1657, AHU, Bahia, série Luísa da Fonseca, cx. 14, doc. 1680; Luis de Meneses, Conde de Ericeira. *História de Portugal Restaurado* (1679). Porto: Civilização, 1945.

conjuntura da Restauração, uma política defensiva. Mais do que buscar a lealdade do Brasil, Castela tinha muito mais atenção para a presença portuguesa em suas Índias, e a ameaça de rebelião em portos como Cartagena e Buenos Aires.[146]

A resistência filipina nos Açores é bom exemplo da fragilidade da opção por Castela. O comandante do forte de São Filipe, na Terceira, leal a D. Filipe, nem sequer conseguiu comunicar-se com Madri. Ninguém no porto se dispôs à tarefa. O capitão tentou aliciar um patacho de ingleses (à época, aliados ao Habsburgo) para levar cartas até Cádiz. O mestre levou a correspondência até a Câmara, oferecendo-se para desencaminhá-la até Lisboa.[147] No Brasil, não houve aventura semelhante. O Marquês de Montalvão fora muito bem tratado pelos Filipes – como, aliás, o próprio Duque de Bragança. Mas os títulos que havia acumulado estavam em Portugal. O bom serviço e as boas recompensas do passado não garantiram sua lealdade. Por sua vez, Salvador de Sá deixou o risco por conta de seus parceiros no Prata, convidando-os a juntar-se ao movimento português. Ele, pessoalmente, não quis se arriscar. Por via das dúvidas, D. João IV também o removeria do cargo naquele ano.[148]

Mais além do círculo inicial de apoiadores do movimento restaurador, havia em Portugal e seu ultramar elementos importantes em articulação que seriam decisivos, em favor de D. João IV. No Brasil (e na Bahia, especificamente), em primeiro lugar, deve-se lembrar que a integração de Portugal e seu império ao poder espanhol não foi realizada mediante ocupação ostensiva e imposição de um novo organismo político. Como já foi mencionado, a União Ibérica resultava da unificação das duas Coroas pelo mesmo monarca, preservando em grande medida a autonomia de suas estruturas políticas, jurídicas e administrativas, a despeito das muitas e importantes transforma-ções ocorridas em Portugal durante o período filipino. Apesar de existirem elos de articulação com o ultramar espanhol, o mesmo aplicava-se às colônias de Portugal, que continuaram governadas a partir (ou por meio) da Coroa portuguesa. Em 1580, foram integrados ao conjunto político dos Habsburgos espanhóis pela ocupação de sua cabeça, em Lisboa. Da mesma forma, em 1640, perdida a capital, perdia-se o vínculo com seu império.

---

146 Stuart Schwartz. "Panic in the Indies: the portuguese threat to the spanish empire, 1640-50". In: *Colonial Latin American Review*, v. 2, n. 1-2, 1993. Na Nova Espanha, por exemplo, há um caso muito similar ao do Marquês de Montalvão. O governador D. Diego Lopez Pacheco era primo de D. João IV, o que foi suficiente para que fosse deposto pelo bispo de Puebla.

147 Consulta do Conselho da Fazenda, 22/08/1641, AHU, Bahia, série Luísa da Fonseca, cx. 8, doc. 931; Valladares, *A independência de Portugal*, p. 50-55.

148 Boxer, *Salvador de Sá, op. cit.*

Outro fator estrutural durante a conjuntura da Restauração é o tradicional sentimento autonomista e anticastelhano dos portugueses.[149] Na Bahia, veio à tona pela voz de Antônio Vieira, em sermão proferido meses antes do primeiro de dezembro, em maio de 1640, enquanto o Recôncavo queimava pelo ataque da esquadra de Lichthart. Na ocasião, em que todos lamentavam as derrotas sucessivas para as forças da WIC, Vieira dispensou meias-palavras: "Ocorre aqui ao pensamento o que não é lícito sair à língua; e não falta quem discorra tacitamente, que a causa desta diferença tão notável [entre as vitórias de D. Manuel e D. João III, e as derrotas dos Filipes] foi a mudança de monarquia".[150] Pedro Calmon comenta, ademais, que as muitas referências do jesuíta a Camões eram igualmente desafiadoras ao poder castelhano. Entre os demais moradores, permaneceram registros esporádicos de uma aspiração à lusitanidade, de se ter "rei português", ou "rei natural"; ou mesmo agir e "ser bom português", clamar pela "pátria natural". Em geral, são manifestações populares, igualmente frequentes em Portugal, que todavia dividem com outras formas de regionalismo a imaginação de pertencer a uma comunidade.[151] Assim, pode-se ver também na colônia alguns dos elementos que formariam o discurso de legitimação da ascensão de D. João IV: os Áustrias haviam usurpado a Coroa, pela herança ilegítima do trono por príncipes estrangeiros, que ademais falhavam em proteger seus vassalos, enquanto eram muitos os flagrantes de tirania.[152] Certamente, não era uma opinião unânime. O episódio que supostamente envolveu Amador Bueno em Piratininga indica, pelo menos, alguma alteração entre os paulistas por conta da aclamação.[153] Na Bahia, houve aquele que, no calor do argumento (a aguardente não estava proibida) chamou o Bragança de "Rei de copas" diante do ouvidor-geral. Disse mais: que D. João era um

---

149 Naturalmente, deve-se evitar a referência a um suposto "nacionalismo" lusitano, por ser conceito em geral referente à realidade posterior à crise do Antigo Regime e aos movimentos de independência americanos (Benedict Anderson. *Immagined communities: reflections on the origin and spread of nationalism*. 2ª ed. Nova York: Verso, 2006; Eric J. Hobsbawm. *Nações e nacionalismo desde 1780: programa, mito e realidade*. Trad. Maria Celia Paoli e Ana Maria Quirino. 4ª ed. São Paulo: Paz e Terra, 2004)

150 Vieira. *Por Brasil e Portugal*, p. 98 e 110.

151 Sonho de um sacerdote de Itaparica, c. 1641, In: "Movimento do Urbe Lusitano", BPA, Cód. 50-v-35, fl. 39-40; Consulta do Conselho Ultramarino, 15/04/1645, AHU, Bahia, série Luísa da Fonseca, cx. 10, doc. 1111; Freitas, *O combatente*, p. 40; Fernando Dores Costa (*A Guerra da Restauração, op. cit.*) é outro autor que logrou relativizar a presença de motivos nacionalistas na sedição portuguesa.

152 França, *Portugal na época da Restauração*, p. 272 e segs.; veja-se mais em Luís Reis Torgal, *Ideologia política e teoria do Estado na Restauração*. Coimbra: Biblioteca Geral da Universidade, 1982.

153 Veja-se: Alencastro, *O trato dos viventes*, p. 367-8; Rodrigo Bentes Monteiro, *O rei no espelho: a monarquia portuguesa e a colonização da América 1640-1720*. São Paulo: Hucitec, 2002.

"Rei de comédia", se comparado ao "poder e governo d'El-Rei de Castela".[154] Ainda assim, esta parece ter sido uma atitude minoritária.

Um setor importante da sociedade que se destaca no apoio à Restauração é a Companhia de Jesus, com seus vários colégios pelo território colonial. Se nas capitanias meridionais os inacianos estavam acuados pela reação ao breve de Urbano VIII, reiterando a proibição do escravização de ameríndios, na Bahia ainda tinham muita força. Vemo-los interferindo em assuntos vários do governo, inclusive a fazer peso dentro da administração pelo pronto pagamento de ordenados da folha eclesiástica, em tempos onde todo o dinheiro era pouco para o provimento da defesa. Ei-los, depois, a disputar com o ouvidor-geral pela administração da herança de uma cristã-nova, assassinada. Tratavam com pau-brasil, ao arrepio dos contratos do estanco, assinados em Lisboa. Finalmente, destacavam-se entre os senhores do açúcar com o engenho de Sergipe do Conde, a "rainha do Recôncavo".[155] Na costura da aclamação do Bragança na colônia, os padres da Companhia estiveram em todos os cantos: um deles foi incumbido de garantir a lealdade na Bahia, enquanto outros dois voltavam com as notícias do seu sucesso. Eram também jesuítas os que levaram os avisos ao Rio de Janeiro e ao Espírito Santo.[156]

Segundo um ponto de vista mais amplo, é preciso enquadrar a ruptura da União Ibérica na desintegração dos sistemas econômicos do ultramar ibérico, da maneira como se haviam articulado a partir de 1580. Como vimos, tal composição tinha seu enlace, principalmente, no emprego da prata americana no comércio asiático e no fornecimento de escravos africanos para a América espanhola. Todavia, ambos foram incapazes de reverter suas tendências estruturais de decadência. No Oriente, não foi possível conter o avanço dos rivais de Portugal, principalmente após a formação, em 1602, da Companhia Holandesa das Índias Orientais, a VOC, e o seu estabelecimento em Batávia, em 1619, de onde passou a centralizar as operações do comércio

154 Consulta do Conselho Ultramarino, 02/03/1655, AHU, Bahia, série Luísa da Fonseca, cx. 13, doc. 1589. No momento, o ouvidor-geral do Rio de Janeiro não considerou criminosa a declaração. Uma nova denúncia do insulto ocorreria muito tempo depois, junto à Relação da Bahia.

155 Alguns exemplos pode-se encontrar em: Certidões abonando o procedimento dos jesuítas, 15/03/1641, AHU, Bahia, série Luísa da Fonseca, cx. 8, doc. 927; Carta régia ao governador-geral, 29/11/1642, AHU, Bahia, série Luísa da Fonseca, cx. 9, doc. 994; Consulta do Conselho Ultramarino, 25/10/1644, AHU, Bahia, série Luísa da Fonseca, cx. 9, doc. 1079; Carta de Paulo Barbosa a S.M., c. 1645, AHU, Bahia, série Luísa da Fonseca, cx. 11, doc. 1160; DHBN, v. 3, p. 05; v. 16, p. 167. Sobre o Sergipe do Conde, veja-se Vera Lucia Amaral Ferlini, *O Engenho Sergipe do Conde*. Universidade de São Paulo, São Paulo, 1980.

156 Ruy, *História política e administrativa da cidade do Salvador*, p. 174 e segs.

asiático. Na América, também não houve como reverter o decrescimento da exportação de prata (pelo menos, o direcionamento da mesma para os cofres da Coroa), e o *Spanish Main* acabaria por ser infestado de marinhas inimigas. A partir de 1620, tanto o Oriente português quanto a América espanhola entram em crise. Em Portugal, havia consciência de que a União Ibérica mostrava-se incapaz de defender o Império, de forma que a integração comercial do ultramar tornava-se recompensa pequena, em face dos custos da guerra contra os inimigos de Castela e da possibilidade de perda também da economia colonial açucareira no Brasil. Em 1636, ano de suspensão do comércio com a Bahia, a Câmara de Lisboa registrou à Coroa o acúmulo de prejuízos e as consequências da guerra do açúcar para o empobrecimento do Reino. Se tais interesses não estiveram imediatamente envolvidos na conjura da Restauração, não há dúvida de que a autonomia portuguesa teve suas bases neste processo, tal como estava engatilhado, e a ascensão de D. João IV disparou em definitivo o rompimento dos elos comerciais entre os Impérios ibéricos.[157]

Neste sentido, a Restauração de 1640 também significou prejuízos consideráveis para as economias coloniais. Na América espanhola, apesar da conjuntura geral de estagnação que reduzia a demanda de mão de obra, a interrupção no tráfico de escravos teve seu impacto. Buscou-se retomar o negócio de formas variadas, inclusive pelo comércio direto entre Buenos Aires e Angola, mas a recuperação viria apenas com o *asiento* de 1663, concedido a mercadores genoveses, e por meio do contrabando caribenho, principalmente a partir do entreposto da WIC em Curaçao. É claro, o Rio de Janeiro, a Bacia do Prata e as regiões entre si tiveram maior prejuízo, dado o grau de intercâmbio que havia se desenvolvido, não apenas na troca entre escravos e prata, mas em uma diversidade de outros gêneros e no próprio movimento populacional, que havia diluído aquela fronteira.[158] Na Bahia, houve corte no fornecimento de farinha de trigo, produzida em Tucumán, carne salgada e sebo, produtos platinos que compunham a base de seu abastecimento. Contudo, as queixas concentraram-se na escassez de prata, resultante das "guerras de divisão do Reino". Logo nos primeiros anos da década de 1640, observou-se em Salvador o desaparecimento da moeda, "que toda ia para Portugal" – trinta anos antes, a cidade fora descrita pelo viajante François

---

157 Seguimos aqui, de forma resumida, o argumento de Stuart Schwartz (*Prata, açúcar e escravos, op. cit.*); Veja-se também: "1580 e a Restauração", In: Godinho. *Ensaios, op. cit.*

158 Leslie Bethell. *História da América Latina.* São Paulo: Edusp/Funag, 1999, p. 384; Canabrava. *O comércio português no Rio da Prata, 1580-1640, op. cit.*; Veja-se, ademais: José Carlos Vilardaga. *São Paulo na órbita do império dos Felipes (1580-1640): conexões castelhanas de uma vila da América portuguesa*, tese de doutorado. FFLCH. São Paulo, USP, 2011.

Pyrard, a caminho da África, como a cidade mais abundante em prata que já havia conhecido. Fez-se o possível para manter aberto o comércio baiano com o Prata, com a anuência da Coroa, apesar da guerra com Castela, mas ele foi praticamente reduzido a zero em poucos anos. Em 1657, um patacho espanhol foi capturado no Espírito Santo, desviado da rota entre Luanda e Buenos Aires. O carregamento de escravos foi sequestrado e o mestre, um aragonês, foi enviado preso a Salvador. Ao chegar à cidade, foi libertado e acolhido com cortesia pelo governo, onde discutiram o interesse de ambas as colônias em reabrir aquela rota. É possível que isso tenha ocorrido, mas no máximo de forma muito discreta, a partir da década de 1660.[159]

Vale notar que, na Bahia, a aclamação não foi seguida de um largo confisco de bens castelhanos. Menciona-se apenas o sequestro de "uma terra de canas" de D. Miguel de Noronha, o Conde de Linhares. Além disso, três naus da Coroa de Castela foram aprendidas no porto. Em 1642, veio ordem à Bahia para arrestar os bens de Pedro de Baeça e demais participantes na conjura contra D. João. Não se logrou acesso à relação do ativos sequestrados, realizada por Simão Álvares de la Penha. Mas há notícias de parte do confisco da fazenda de Marcos Fernandes Monsanto, um antigo mercador de artigos brasileiros: uma centena de caixas de açúcar de seus engenhos na Bahia e no Espírito Santo, e participação na propriedade de duas embarcações ancoradas em Salvador (uma delas, em parceria com Baeça). O provedor-mor aproveitou o confisco para financiar a armação dos navios (um deles estava parado por três anos), nos quais embarcou para Lisboa caixas de açúcar da Fazenda Real, dos governadores da junta e de alguns moradores.[160] Embora não seja possível aferir o peso do grupo pró-Castela no setor produtivo, é provável que tenha sido bastante pequeno. Por outro lado, é visível a integração vertical de seus investimentos, do tráfico para o tráfego e a produção – como se viu, uma estratégia comum a uma série de cabedais ao longo da década de 1630, resultado da crise de comunicação marítima pelo assédio da armada holandesa, a elevação nas taxas de frete, a diversificação e a concentração do capital no ramo.[161]

159 Pyrard. *Viagem, op. cit.*; Ata da Câmara de Salvador, DHAM: AC, v. 3, p. 330-1; Carta dos oficiais da Câmara da Bahia a S.M., 26/08/1657, DHAM: CS, v. 1, p. 61-3.

160 Consulta do Conselho da Fazenda, 21/10/1642, AHU, Bahia, série Luísa da Fonseca, cx. 8, doc. 989; Carta de Simão Álvares de la Penha a S.M., 06/08/1642, AHU, Bahia, série Luísa da Fonseca, cx. 8, doc. 990; Carta de Antônio Teles da Silva a S.M., 29/11/1642, AHU, Bahia, série Luísa da Fonseca, cx. 8, doc. 994; Minuta de consulta do Conselho Ultramarino, c. 1646, AHU, Bahia, série Luísa da Fonseca, cx. 11, doc. 1242; Costa, *O transporte no Atlântico*, vol. 11, p. 98.

161 *Ibidem*, vol. 1, p. 388, 433-4; Lenk, *A idade de ferro da Bahia*, p. 147-8.

Do ponto de vista do negócio do açúcar, portanto, deve-se notar não apenas a clivagem entre indivíduos favoráveis e contrários à Restauração, mas também entre frações diferentes: um grande capital comercial, diversificado, pequenos armadores e comerciantes de açúcar e proprietários de lavouras e engenhos. Entre os capitalistas do primeiro grupo, havia um número considerável de envolvidos no negócio das finanças madrilenas, e que portanto agiram em oposição a D. João IV. O principal destes, como vimos, era Pedro de Baeça. Por outro lado, eram muitos os capitais que se haviam concentrado na conjuntura de alto risco e alta lucratividade da década de 1630, e que usaram a Restauração para consolidar suas posições, como Duarte da Silva. Para o capital de baixa concentração, do mercador de menor porte e das caravelas da navegação livre, aparentemente predominava a oposição a Castela, visto a incapacidade de Filipe IV em defender a rota do Brasil e os riscos da navegação durante o confronto.[162] Por sua vez, a produção de açúcar na Bahia (se observada como um ramo autônomo) estava em oposição aos interesses do transporte e da guerra holandesa. O senhor de engenho e o lavrador do Recôncavo que dependiam da oferta estável daquele serviço tinham muito a perder com as taxas de frete daquele período turbulento.[163] Para estes (que incluem, aliás, os jesuítas), a Restauração significava a possibilidade de pacificação da rota comercial com Lisboa. O recado aparece no correio que a Câmara da Bahia enviou às demais municipalidades do Estado, no dia seguinte à aclamação, convocando todos a aderir à causa joanina:

> O Marques de Montalvão, Vice Rei deste Estado, nos mostrou uma carta que teve d'El Rei Nosso Senhor D. João, que Deus guardem para reconhecermos, e jurarmos por verdadeiro Rei, e Senhor deste Reino de Portugal, como na cidade de Lisboa foi jurado em 15 de dezembro, depois de o haver feito todo o Reino, com tal união de ânimos, e vontade, que não ficou fortaleza nem presídio castelhano, que se não rendesse, pelo que podemos entender foi tudo obra da mão de Nosso Senhor, em que devemos confiar; veremos neste Reino os efeitos de sua bondade, *e particularmente neste Estado a quietação que nos falta*; e por que saibam que de nossa parte temos satisfeito com a nossa obrigação, pedimos a Vossas Mercês, com a confiança de ser esta terra cabeça deste Estado, que sigamos o mesmo estilo que no Reino se usou, sendo tão geral a conformidade, e conhecimento do Reino, que em nenhuma parte foi preciso violência, para com isto ter todo este Estado

---

162 Godinho. *Ensaios*, p. 283-4.

163 "A oferta de transporte reconvertia-se numa das principais exportações do Reino para a colônoa. O fator determinante desta 'especialização' radicava na escassez de serviços do gênero, nascida da constante dilapidação da frota" (Costa, *O transporte no Atlântico*, 435).

merecimento e confiança, para esperar d'El Rei, Nosso Senhor as mercês, que de sua grandeza e amor paternal nos augura.[164]

Veja-se: quietação não é vitória. Não há aqui um chamado à renovação da luta, até a vitória, mas uma busca de apaziguamento. Em outra carta à D. João, a Câmara fez questão de lembrar a queima de engenhos daquele ano, mais os "dezessete anos que correm as perdas e inquietações causadas de tão usadas penas".[165] Cremos que tal interesse no arrefecimento da guerra exerceu grande influência no posicionamento da Bahia a favor da Restauração, em busca alguma neutralidade no longo conflito hispano-neerlandês. Por sua vez, Montalvão representava um obstáculo a tal ponto de vista. Já observamos como resistiu em chegar a termos com Nassau, sobre a concessão de quartel aos prisioneiros e a destruição de canaviais – ao que se deve somar a lembrança de que era um protagonista da intervenção castelhana no governo de Portugal, inclusive peça importante na imposição do odiado estanco do sal. Assim, ao chegar a ordem cautelar da Coroa para sua deposição, caso se mantivesse fiel a Filipe IV, apesar de claramente desnecessária, ninguém correu em sua defesa.

Além disso, é bem plausível que a postura da Câmara tenha influenciado a lealdade das capitanias meridionais. Salvador de Sá soube do acontecido pelos avisos do governador e da Câmara soteropolitana, antes que lhe chegasse o correio de Portugal. Decidir em favor de Madri, portanto, antes mesmo de exigir o desconhecimento de uma ordem de D. João, implicava que o Rio de Janeiro entraria em atrito com a Bahia, que estava fortemente armada, ou no mínimo continuaria isolado na guerra com a WIC e o Brasil Holandês.[166] Naturalmente, quaisquer expectativas de "quietar" o país e terminar o confronto, como era do interesse do senhoriato baiano, desapareceram com a ocupação neerlandesa de Angola: restringia-se o fornecimento de escravos em favor do Brasil Holandês, resultando em desvantagem estratégica que culminaria na subordinação efetiva à Companhia holandesa, em prejuízo do senhoriato colonial e risco de desmoronamento de todo o Atlântico sul português. Do ponto de vista

---

164 Carta da Câmara de Salvador às Câmaras da repartição do sul, 16/02/1641, AHMS, Cartas do Senado, lv. I, fl. II (grifo nosso).

165 Carta da Câmara de Salvador a D. João IV, 16/02/1641, AHMS, Cartas do Senado, lv. I, fl. I2v.

166 Com o que se pode ver o vínculo açucareiro entre Salvador e Lisboa tornava-se mais intenso que a articulação luso-platina produzida durante a União Ibérica, com força o suficiente para sustentar a autonomia portuguesa contra a mesma. A articulação econômica dos impérios português e castelhano havia sofrido com a queda na mineração da prata e as derrotas do comércio português no Oriente para a concorrência. Veja-se, ademais, Stuart Schwartz, "Prata, açúcar e escravos: de como o império restaurou Portugal", In: *Tempo [online]*, v. I2, n. 24 (2008).

das articulações que compunham o império, e sua importância para a autonomia de Portugal, o *status quo* ao fim de 1641 era inaceitável.

Entretanto, a separação de Madri e a ascensão de D. João IV ao trono implicavam mudanças e instabilidade, o que incluía novos obstáculos à mobilização de recursos para a disputa no ultramar. "Rei de copas" era certamente um apelido exagerado, mas de fato a Coroa havia passado do maior príncipe da causa católica para um projeto autonomista que ainda engatinhava, e tinha inúmeras resistências a enfrentar. Era uma manifestação do colapso do poder espanhol, a partir de 1640, junto às rebeliões da Catalunha e de Nápoles e à conjura em Medina-Sidónia. Desta forma, a Restauração começou como parte de um movimento geral de reação à centralização política e enfraquecimento do poder real, que levaria, finalmente, à queda do Conde-Duque de Olivares em 1643.

Em Portugal, o alimento da revolta havia sido semelhante aos demais: ódio popular aos encargos tributários, resistência da administração local à ingerência política, descrédito no poder da monarquia. Desde 1580, os Filipes haviam promovido a integração da nobreza mais alta à corte madrilena, mediante a distribuição magnânima de tenças, pensões e outras mercês. Estes puderam assim se consolar da ausência da corte em Lisboa, e foram mesmo favorecidos pela distância do monarca, uma vez que o sistema de governo lhes dava direto acesso à administração. Entretanto, ao longo da década de 1630 apertou-se a ingerência castelhana, reduziram-se o dinheiro e os privilégios distribuídos pela Coroa, inclusive com o calote sobre tenças e juros, e elevou-se a tributação sobre rendimentos da fidalguia. Suas camadas média e baixa ressentiram-se particularmente da situação, fechadas as vias de engrandecimento pessoal, enquanto aumentava a requisição de serviços militares. A especificidade do movimento português esteve no sucesso do grupo de homens dessa modesta protofidalguia em erguer uma nova dinastia ao trono, e o reinado de D. João IV estaria sempre a se haver com tais origens. Um sermão da época anunciava, simbolicamente: "Vem [D. João] a libertar os fidalgos".[167]

---

167 Costa, *A guerra da restauração, 1641-1668*, p. 16; França, *Portugal na época da Restauração*, p. 130; Note-se que apenas qautro dos homens que iniciaram a revolta eram fidalgos no sentido estrito, da alta nobreza. Fidalguia era mais um anseio do que a realidade daquela gente. A maioria dos fidalgos, na verdade, manteve-se leal a Filipe IV. Vale a pena resgatar algumas de suas palavras sobre os restauradores: a deslealdade do grupo é a acusação mais frequente. A Duquesa de Mântua chamava-os de pícaros. A marquesa de Montalvão escrevia: "Este negócio [da Restauração] foi por tais cabeças que se lhe não pode esperar bom fim, nem traições o podem ter nunca. Os que entraram nisto foram quarenta fidalgos que hoje se nomeiam pelos 'quarenta da fama', sendo assim que são a escória da terra". (Carta da Marquesa de Montalvão ao marido, 01/1641, BC, Cód. 537, fl. 262.)

O regime, portanto, nascia de um difícil equilíbrio. No primeiro de dezembro, o monarca tivera um papel de passividade – nem sequer estava em Lisboa – cioso em se preservar, ainda que sua participação fosse fundamental para legitimar o golpe (o que, aliás, não impediu que se cogitasse uma via republicana, com uma nobreza sem rei, dadas as hesitações do Duque). Deste dia em diante, D. João estaria à frente de um governo criado para combater a tirania dos Áustrias em nome da "liberdade dos fidalgos" e do respeito a seus privilégios. A menor sombra de centralização administrativa seria denunciada como traição dos princípios fundadores da dinastia.[168] D. João IV teve sucesso em debelar, em julho de 1641, a conspiração de um grupo do alto clero (o arcebispo de Braga e o inquisidor-geral), da alta nobreza (o Marquês de Vila Real, o Duque de Caminha e uma penca de Condes) e da alta finança, principalmente Pedro de Baeça. Não obstante, o governo permaneceria em xeque. O fiel secretário, Francisco de Lucena, foi isolado e executado em 1643, para evitar que El-Rey emplacasse um valido sobre os Conselhos da Coroa.[169] O monarca mal conseguiu nomear o filho menor, D. Afonso, para o Priorado do Crato. Se o Rei chamava as Cortes, com o que tentava sanar a falta de recursos, também o fazia em busca de sustentação política, por meio do apelo ao direito popular da monarquia – como, aliás, havia feito com grande eficiência D. João II, em seu reinado.[170] O fato é que, já em 1645, o descontentamento da nobreza com a monarquia é público, bem como a contínua oposição do Santo Ofício. Muitos estavam em conluio com membros da nobreza exilados em Madri. Correu o boato de que, dada a divergência em Portugal, um exército de Filipe IV seria bem vindo ali. Por duas ocasiões, em 1647 e 1649, tramou-se o assassinato de

---

168 "O objetivo primordial dos conjurados não era alcançar a independência do Reino, mas sim manter suas liberdades – ou seja, os seus privilégios –, e para atingir esse desiderato cortar com Madri representava um meio, mais do que um fim. Por isso, o novo rei de Portugal percebeu rapidamente que podia exercer a sua autoridade de qualquer modo, excepto da maneira como Filipe IV o tinha feito. A monarquia Bragança nascia condicionada pela sua dependência em relação à nobreza, responsável por ter feito a Coroa recair sobre um dos seus membros". Francisco de Quevedo, na ocasião, disse que D. João não seria *rei* dos grandes de Portugal, mas *réu* deles. (Valladares, *A independência de Portugal*, p. 277.)

169 Costa e Cunha, *D. João IV*, caps. 5 e 6. Mais tarde, D. Afonso VI teria sucesso em colocar o "escrivão da puridade", o conde de Castelo-Melhor, no comando dos assuntos da monarquia. Em meados da década de 1660, a Coroa conseguiu centralizar o recursos com eficiência suficiente para sustentar a renovação do conflito com Castela. Ainda assim, a grande resistência ao valido e o final melancólico do infeliz filho de D. João são conhecidos.

170 Maria Helena da Cruz Coelho, "O final da Idade Média". In: José Tengarrinha (ed.) *História de Portugal*. Bauru: Edusc, 2001. Para uma excelente interpretação do tema, veja-se: Yves Déloye, *Sociologia histórica do político*. Trad. Maria Dolores Prades. Bauru: Edusc, 1999, cap. 2.

D. João. O monarca reinava sobre o fio da navalha, e "mal se via duas ou três pessoas a conversar, logo o Duque (*sic*) as tinha por suspeitos".[171]

O mesmo acontecia no âmbito da fiscalidade. D. João IV chegara ao poder apoiado na revolta contra a exorbitante tributação imposta por Madri. Portanto, precisava contornar a demanda antifiscal que o havia favorecido se quisesse aumentar a tributação. No arremedo da Restauração, havia cessado a cobrança dos tributos instituídos pela monarquia filipina. Nas Cortes celebradas ao início de 1641, o frágil monarca fez poucas solicitações aos estados, além de vagas petições de princípio. O rápido escoamento do tesouro real, frente à gama de despesas necessárias, forcejava contra as demandas de alívio fiscal, e gradualmente a Coroa restaurou a tributação usada pelo antecessor. Ainda naquele ano, voltava-se a arrecadar o real-d'água; dois anos depois, a meia-anata. Criou-se um tributo de 10% sobre todos os rendimentos do Reino, inspirado nos dízimos da Igreja, pelo que foi chamado "décima secular" (ou "décima militar", pois o dinheiro arrecadado foi consignado à guerra contra Madri). Entre os impostos tradicionais, continuou-se a depender do encabeçamento das sisas e da terça dos Conselhos; esta, porém, como era arrecadada pela administração local, produzia conflitos entre a Coroa e o privilégios particulares de algumas municipalidades. Criou-se, ademais, impostos sobre o sal, o azeite, a moagem de cereais, o novo direito da chancelaria e o imposto sobre o comércio do açúcar no Reino.[172]

Entretanto, a reedição e ampliação do quadro tributário do governo filipino esconde as enormes dificuldades em sua arrecadação. Nas palavras de Joaquim Romero Magalhães, "Não faltavam as retas intenções. Faltavam era meios de atuação numa sociedade que procurava furtar-se à igualdade e à proporcionalidade tributárias. E onde qualquer pretexto servia para iludir pagamentos".[173] As obrigações do clero e da nobreza foram de pouco remédio. Veja-se o que disseram os nobres de Viseu, que em 1641 escusaram-se de oferecer armas e cavalos para a defesa do Reino: "Quando imaginávamos estar livres das tiranias do governo castelhano, chegam ministros a esta cidade contra o zelo do nosso Rei e excedendo as suas ordens. Mande Sua Majestade que os nobres desta cidade fiquem com liberdade para não acudir [à guerra] a não ser em situação de maior aperto".[174] No decorrer dos anos, a coleta do fisco (em particular, das décimas) andava desmoralizada, e a Coroa buscava

---

171 Valladares, *A independência de Portugal*, p. 280.

172 *Ibidem*, p. 293 e segs; Joaquim Romero Magalhães, "Dinheiro para a guerra: as décimas da Restauraçao", In: *Hispania*, v. 64, n. 216 (2004); Vitorino Guimarães, *As finanças na guerra de Restauração (1640-1668)*. Lisboa: LCGG, 1941.

173 Magalhães, *op. cit.*, p. 169.

174 *Apud*: Valladares, *A independência de Portugal*, p. 296.

se valer de tributos indiretos, de mais fácil arrecadação. Contudo, estes encargos recaíam principalmente sobre a população desprivilegiada, com a qual D. João precisava compor alianças, oferecendo isenções para os mais pobres. Foi possível consolidar um arranjo fiscal legítimo em acordos com as Cortes (convocadas nos anos de 1641, 1643, 1645 e 1653), para o que a presença de um inimigo próximo e popular foi certamente determinante. A Coroa ainda recorreu a desvalorizações da moeda: o real português perdeu cerca de 18,8% de seu valor em relação à prata, e 88% em relação ao ouro, entre 1641 e 1643. Até 1688, as desvalorizações acumuladas para os dois metais chegaram a 133% e 243%, respectivamente. Ainda que, ao fim do década, há quem afirme que a carga tributária teria aumentado em Portugal, todo esse aumento (se de fato ocorreu) foi insuficiente para fechar as contas da Guerra da Restauração, e a Coroa incorria em défices subsequentes.[175]

É claro que isso não significou a suspensão, por inteiro, do apresto de armadas e caravelas de socorro ao Brasil. Entretanto, o dinheiro disponível para o socorro do Brasil não apenas havia reduzido, como chegou-se a cogitar, em meados de 1650, a extensão da cobrança das décimas seculares à colônia, para que esta auxiliasse o financiamento da Fazenda Real no Reino. Vale dizer, a Coroa teria de agir em outro grau de parcimônia, e isso significava a transferência, na maior medida possível, dos custos da guerra colonial aos moradores do Brasil. É sabido que o comércio colonial, desde o século XVI, sustentava a maior parte das receitas do Estado português. A partir da década de 1640, isso significava não apenas sustentar uma política colonial que revertesse o avanço neerlandês sobre o Brasil, mas que também contribuísse à própria defesa da autonomia de Portugal.[176]

A POLÍTICA BRAGANTINA

De início, a grande insegurança de D. João IV no trono limitava qualquer decisão sobre o Brasil, ainda que a negligência da Coroa no teatro colonial tivesse sido um dos argumentos em prol do movimento restaurador. A política brasileira concentrou-se, inicialmente, na busca de uma trégua com os Estados Gerais, de modo a abrir caminho para uma cooperação anticastelhana. O comércio luso-neerlandês foi reaberto em fevereiro, e uma trégua de dez anos no Brasil foi assinada em junho de 1641. Como os termos eram desfavoráveis às companhias coloniais holandesas, com boa perspectiva de expansão sobre o inimigo desorganizado, os Estados Gerais souberam atrasar as assinaturas de

---

175 Frédéric Mauro, *Portugal, Brasil e o Atlântico, 1570-1670*. Trad. Manuela Barreto. Lisboa: Estampa, 1979, v. 2, p. 167; Oliveira, *Filipe III*, p. 284; Rita Martins de Sousa. *Moeda e metais preciosos no Portugal setecentista (1688-1797)*, tese de doutorado. ISEG. Lisboa: UTL, 1999.

176 Valladares. *A independência de Portugal*, p. 294.

modo que houvesse tempo para uma ofensiva rápida, anterior ao valimento da trégua. Com esse intuito, os holandeses em Recife atravessaram o mar e tomaram Luanda, em agosto, e Lisboa viu-se enfraquecida demais para reagir à manobra.[177] Do outro lado da Mancha, também se falava sobre o Brasil: com a aliança hispano-britânica em crise, Carlos I aproveitou a presença dos enviados de D. João para retomar as demandas inglesas de abertura dos mercados coloniais portugueses. No entanto, apesar da importância do acordo para Portugal, logrou-se que os termos não fossem muito diferentes daqueles que a Inglaterra já tinha em sua a aliança com Madri: em particular, a abertura ao aluguel de embarcações para a navegação das rotas lusitanas.[178]

É importante notar que, embora nascidos em meio à fragilidade do regime bragantino, os acordos de 1641 mexeram com o jogo de poder europeu de tal forma que, em suas bases, a WIC seria gravemente atingida. Com Portugal arrancado da potência espanhola, muito do conflito luso-neerlandês deixava de ter sentido. O apoio dos Estados Gerais à Companhia seria muito mais recalcitrante, tanto em função do interesse na cizânia ibérica quanto no favorecimento de ramos do comércio flamengo. Abriu-se o comércio do sal de Setúbal, fundamental para a pesca holandesa em alto-mar. Entrementes, falhava a tentativa de Castela em isolar Portugal diplomaticamente, e D. João teria acesso ao fornecimento de armas, cereais, pescado e insumos da construção naval; todos essenciais para o abastecimento do Reino, mas também para qualquer intenção beligerante no Brasil. Não estranha, portanto, que logo à divulgação dos termos da trégua, as ações da WIC perderam valor, e não voltariam a se recuperar.[179]

Entretanto, apesar dos problemas da WIC e do Brasil holandês, prevalecia a incapacidade do Reino em dar apoio a suas praças americanas. D. Francisca de Vilhena tinha disso uma leitura muito particular: "Este Rey que temos não sabe que cousa é o Brasil", e limitava-se a "mandar buscar os papagaios muito escondido sem dizer nada".[180] Fato é que a instabilidade da monarquia bragantina desbaratou o apresto de socorros para o Brasil, ao mesmo tempo que a opção pela trégua reduzia sua importância. Não se encontrou, na presente pesquisa, notícia de embarque de homens ou petrechos à colônia até junho de 1642. A nomeação de um

---

177 Mello, *O negócio do Brasil*, p. 30-33. Diga-se, aliás, que os atrasos na ratificação do acordo em Portugal favoreceram a manobra holandesa.

178 Valladares, *A independência de Portugal*, p. 75-82.

179 Mello, *O negócio do Brasil*, p. 35.

180 Carta da Marquesa de Montalvão ao marido, BC, cód. 537, fl. 263.

novo governador-geral levaria mais de um ano, a despeito dos excessos e atitudes questionáveis da junta trina. Com a pequena esquadra que transportou Antônio Teles da Silva à Bahia, foram também uma centena de homens para a infantaria e um carregamento de mercadorias da Coroa, o que ajudou a cobrir catorze contos de réis em dívidas da Fazenda Real. Até um ano depois, uma nau isolada e uma esquadrilha de três caravelas haviam fretado socorros. Não obstante, as embarcações voltavam carregadas de pedidos: "são muitas as cartas que se tem escrito a Vossa Majestade e todas pedem socorro, porque o que até agora foi pouco agora é menos (sic)", escreveu o provedor. "Do Reino de Portugal não vinha nada", reclamou a Câmara. O governador estranhava: nem cartas, ordens ou avisos recebia da Coroa. No seu primeiro ano de governo, tudo que recebera foi uma provisão do Marquês de Montalvão para receber pagamento por um empréstimo que havia feito à Fazenda Real no Reino, resgatável sofre as vintenas arrecadadas na capitania (ordem que Antônio Teles da Silva se recusou a obedecer). Em março de 1644, duas caravelas chegaram em Salvador, mas nada de socorro, de sal ou de correspondência da Coroa.[181]

A partir de 1643, a dificuldade em prover humana e materialmente o exército no Brasil tornar-se-ia maior graças ao início da movimentação militar na fronteira luso--castelhana. Curiosamente, não porque Madri dava início à esperada repressão ao movimento português. A prioridade de Filipe IV continuava a revolta da Catalunha, pois esta era apoiada diretamente pelo exército francês, que em 1642 havia tomado posições espanholas nos Pireneus e invadira o Reino de Aragão, a partir de Lérida. A Espanha tentou anular o avanço inimigo com uma contraofensiva do exército de Flandres no norte da França. Esta, porém, foi violentamente interrompida no sítio a Rocroi, onde a elite das armas espanholas foi destruída, em maio, pelo exército de Luís de Bourbon-Condé, enviado para o alívio da cidade. A primeira derrota flagrante do exército de Flandres em campo aberto marcou o fim de sua lendária reputação, e determinou o fim de qualquer capacidade ofensiva dos espanhóis nos Países Baixos,

181 Carta de Antônio Teles da Silva a S.M., 28/01/1644, AHU, Bahia, série Luísa da Fonseca, cx. 9, doc. 1030; Requerimento de Francisco Rebelo, 11/06/1642, AHU, Bahia, série Luísa da Fonseca, cx. 8, doc. 965; Consulta do Conselho da Fazenda, 27/11/1642, AHU, Bahia, série Luísa da Fonseca, cx. 8, 993; Carta de Sebastião Parvi de Brito a S.M., 30/01/1643, AHU, Bahia, série Luísa da Fonseca, cx. 9, doc. 1001; Carta de Antônio Teles da Silva a S.M., 22/09/1643, AHU, Bahia, série Luísa da Fonseca, cx. 9, doc. 1016; Consulta do Conselho Ultramarino, 16/01/1644, AHU, Bahia, série Luísa da Fonseca, cx. 9, doc. 1026; Consulta do Conselho Ultramarino, 11/05/1644, AHU, Bahia, série Luísa da Fonseca, cx. 9, doc. 1054; Consulta do Conselho Ultramarino, 23/05/1644, AHU, Bahia, série Luísa da Fonseca, cx. 9, doc. 1055.

selando a derrota. Era preciso agir conforme o momento. Desde o primeiro contato com os franceses, Richelieu urgia a D. João que tomasse a iniciativa do confronto, de maneira que se abrisse o flanco de Castela. Conforme se buscavam vias diplomáticas para o sucesso da Restauração, Lisboa era avisada de que só teria vez nas negociações de paz se tivesse cartas a jogar: ou seja, posições castelhanas ocupadas, com a restituição a negociar. Assim, o prestígio militar das armas lusitanas dependeria de sua capacidade para contribuir à constelação de interesses anticastelhanos. No outono de 1643, dois mil homens a cavalo e doze mil a pé cruzaram a fronteira. A tropa saqueou e destruiu povoações na Andaluzia ocidental, e Badajoz foi sitiada. No ano seguinte, as entradas continuaram, e os adversários bateram-se em Montijo e Albuquerque. Em 1645, houve novo sítio a Badajoz, ainda sem sucesso.[182]

Portanto, o reforço das defesas do Brasil era ofuscado pela mobilização anticastelhana. Em janeiro de 1644, o Conselho Ultramarino considerava que "tem o governador efeitos bastantes para a gente que tem", e Antônio Teles da Silva fazia melhor em cuidar da prontidão e disciplina dos homens, e manter seus pagamentos em dia. Embora a requisição de um terço de infantaria adicional para Salvador tenha sido recusada, o Conselho concordou com a necessidade que se havia em substituir os soldados mais velhos daquele presídio. A escassez de recursos causava hesitações: também era sabido que seria mais fácil fortalecer o presídio baiano que reconquistá-lo, caso caísse em mãos do inimigo. Em outubro de 1643, o governador recebeu promessa de 500 homens das ilhas para a Bahia, em consideração da possibilidade de um ataque holandês como ocorrera a Luanda. Um ano depois, foi proposto que toda embarcação em derrota ao Brasil transportasse alguma infantaria, com fretes e mantimentos pagos pela Real Fazenda, de modo a liberar na Bahia "aos que serviam há já muitos anos e doentes". A promessa, porém, não seria cumprida. Mesmo Salvador Correia de Sá foi contra o embarque das tropas, porquanto eram mais necessárias no Reino.[183]

Sem embargo de tais limitações, a Coroa tinha consciência da importância do Brasil para sua sobrevivência, e continuava-se a estudar possibilidades de reação no

---

182   Costa, *A guerra da restauração, 1641-1668*, p. 46-62.

183   "Não se necessita hoje no Estado do Brasil senão de pessoa afável para o governo", dizia Salvador de Sá em novembro de 1644 (Consulta do Conselho Ultramarino, 22/11/1644, AHU, Bahia, série Luísa da Fonseca, cx. 9, doc. 1085) Veja-se também: Consulta do Conselho Ultramarino, 16/01/1644, *op. cit.*; Consulta do Conselho Ultramarino, 18/02/1644, AHU, Bahia, série Luísa da Fonseca, cx. 9, doc. 1043; Consulta do Conselho Ultramarino, 05/09/1644, AHU, Bahia, série Luísa da Fonseca, cx. 9, doc. 1073; Consulta do Conselho Ultramarino, 16/16/1644, AHU, Bahia, série Luísa da Fonseca, cx. 9, doc. 1088; Max Justo Guedes, *História naval brasileira*, v. 2, t. 1A, p. 369.

Atlântico Sul. Note-se, aliás, que a criação do Conselho Ultramarino, em funcionamento a partir de 1643, é um marco: com todas as suas limitações, e não sem resistência, D. João IV conseguiria centralizar a administração colonial em um órgão mais próximo de si, algo em que Filipe III havia falhado em 1604.[184] Por meio de correspondência com moradores de Pernambuco, sabia-se desde cedo dos problemas enfrentados pelo governo da WIC, e o estado geral de animosidade contra suas autoridades. Salvador Correia de Sá também já havia exposto ao Rei suas opiniões acerca da guerra no ultramar, sugerindo uma ofensiva geral contra Angola e Buenos Aires – embora acreditasse que, ao invés da revolta no Brasil Holandês, era melhor apenas retornar as campanhas incendiárias.[185]

Assim, a restauração de Pernambuco e Angola eram projetos nos quais D. João, embora ciente de sua fraqueza, certamente não deixava de se interessar, e com as promessas sigilosas que fazia aos colonos, mantinha suas opções em aberto. A partir de 1644, o monarca consentiu com o início da organização da revolta, cujo conhecimento permaneceu restrito a um grupo pequeno de colaboradores: os componentes do Conselho Ultramarino, como o Conde de Odemira e o Marquês de Montalvão, Gaspar de Faria Severim, Pedro Vieira da Silva, o procurador da fazenda Pedro Fernandes Monteiro, o cunhado de Antônio Vieira, Simão Álvares de la Penha, mais um punhado de militares e letrados. É interessante notar que, em Lisboa, os mesmos que estão envolvidos desde o início com o levante pernambucano também formariam o núcleo da regência da Rainha D. Luísa de Gusmão, após a morte de D. João IV, o que atesta para o enorme peso da política colonial dentro do governo português.[186] Na Bahia, o governador-geral Antônio Teles da Silva naturalmente estava informado, e apoiava pernambucanos e maranhenses com armas e munições. Certamente, não havia de estar sozinho no partido da guerra: com a ocupação de Angola pela WIC, com o que a maior parcela do fornecimento de escravos fora interrompida, dificilmente as opiniões do senhores baianos eram tão pacifistas quanto no início de 1641.[187]

Havia também aqueles que achavam ser a tentativa de restauração do Brasil Holandês uma política temerária, e D. João IV ouvia-os com a mesma seriedade.

---

184 Pedro Cardim, "'Administração' e 'governo': uma reflexão sobre o vocabulário do Antigo Regime". In: Maria Fernanda Bicalho e Vera Lúcia Amaral Ferlini, *Modos de governar: ideias e práticas políticas no Império português, séculos XVI-XIX*. São Paulo: Alameda, 2005.

185 Mello. *O Brasil Holandês*, p. 346.

186 *Ibidem*, p. 347; Joaquim Romero Magalhães. "Dinheiro para a guerra: as décimas da Restauração". In: *Hispania*, v. 64, n. 216, 2004.

187 Mello. *O Brasil Holandês*, p. 346-7. Veja-se também: Schwartz. "Prata, açúcar e escravos".

Entre eles estavam os emissários de D. João IV a Paris e Haia, D. Vasco Luís da Gama, Marquês de Niza, e Francisco de Souza Coutinho. Este tinha autorização para negociar nos Países Baixos um encerramento pacífico para a guerra, o que inclusive incluiu, em momento crítico, a oferta de reconhecimento português da soberania neerlandesa sobre Pernambuco. Assim como estimulava o levante pernambucano, o monarca buscava manter em aberto a possibilidade de entrega da colônia à WIC, caso a restauração se mostrasse uma ameaça muito grande a Portugal.[188]

O ponto de vista do "partido da paz" foi desenvolvido, ao fim daquela década, pelo padre Antônio Vieira, seu principal expoente, em um documento que ficou conhecido como o "Papel forte". O jesuíta alegava que os vassalos portugueses animados com a possibilidade de reconquista das colônias perdidas aos Países Baixos não tinham conhecimento da enormidade de sua potência. Argumentava que se Espanha e Portugal unidos não haviam mostrado condições de vencer o inimigo, quando muito isso seria possível apenas por Portugal, enquanto em guerra com Espanha em suas próprias fronteiras. Por sua vez, se não havia força para agredir a potência neerlandesa, a provocação causada pela revolta pernambucana poderia ser por ela duramente retaliada, com o que ficava ameaçado todo o restante do Império.[189] Nas palavras de Evaldo Cabral, "trata-se, na realidade, de um documento de ultrajante derrotismo, como muitos o consideraram na época e como indicará anos depois a restauração do Nordeste. Ademais, não lhe falta certa dose de desonestidade intelectual, pois, além do seu casuísmo jesuítico, as estatísticas exibidas por Vieira não resistiam 'a um exame sério', como assinalou o historiador João Francisco Lisboa".[190]

Mesmo que fosse injustificável o entreguismo do padre Vieira e de Francisco Pereira Coutinho, era fato que as condições da Coroa em apoiar a guerra no Brasil permaneciam muito restritas. Em certas ocasiões, o próprio sentido do socorro se invertia. Tanto o Conselho Ultramarino como governadores do Brasil registraram o envio de recursos e efetivos militares da Bahia para o Reino. Da pólvora, dizia-se haver em Salvador mais que o necessário. Alguns dos barris tinham mais de vinte anos. A umidade haveria de tirar a força daquela pólvora, e convinha que fosse levada para as fronteiras com Castela antes que não tivesse utilidade. Um levantamento sobre o estado da artilharia conduzido em 1651 indicou que a última instalação de peças na

188 Mello. *O negócio do Brasil, op. cit.*

189 Antônio Vieira. "Papel que fez o Padre Antônio Vieira a favor da entrega de Pernambuco aos Holandeses (Papel Forte)" (1648). In: Alcir Pécora (ed.). *Escritos históricos e políticos: Pe. Antônio Vieira*. São Paulo: Martins Fontes, 1995.

190 Mello. *O Brasil Holandês, op. cit.*, p. 402.

Bahia ocorrera durante o governo do Conde da Torre e a passagem de sua armada. Ainda assim, o Conselho Ultramarino solicitou que uma parcela dos canhões baianos fosse embarcado de volta a Portugal.[191] Em junho de 1646, atestava-se que muitos dos combatentes do Alentejo eram veteranos da guerra no Brasil. Essa era o interesse de muitos deles, pois naquela fronteira prestariam serviços militares em proximidade da Corte, onde se pleiteava e recebia privilégios. Mas também era a necessidade da Coroa, escassa de quadros militares, inclusive para posições de comando: um dos primeiros a comandar a força de D. João no Alentejo foi o comandante da resistência pernambucana, Matias de Albuquerque.[192]

Com todas as restrições ao envio e financiamento de socorros pela Coroa, o apoio prestado a Salvador concentrava-se naquilo que era possível (e interessante) de se prover por meio do capital comercial. Dada a falta de recursos para o transporte de tropas e recursos materiais, ampliou-se a dependência de embarcações cuja armação era oferecida por particulares, em troca de licenças e benefícios.[193] Ao mesmo tempo, a escassez provocou a consciência do estado geral da marinha. Na busca pelas razões da decadência do poder naval lusitano, os conselheiros de D. João IV chegaram à conclusão de que o problema residia no emprego em larga escala de caravelas de pequeno porte. A navegação da rota do Cabo até a Índia era feita tradicionalmente por uma armada de duas até cinco naus que velejavam em conjunto um trajeto que demorava pelo menos seis meses. As naus eram bem aparelhadas, defendidas por castelos de proa e de popa bem definidos, e deslocavam algo entre 130 e 200 toneladas. Por outro lado, no comércio do Brasil predominavam caravelas pequenas, em média entre 60 e 80 toneladas. Como vimos, levavam pouca artilharia, e sua defesa residia

191 Carta de Antônio Teles da Silva a S.M., 04/06/1644, AHU, Bahia, série Luísa da Fonseca, cx. 9, doc. 1060; Consulta do Conselho Ultramarino, 04/12/1651, AHU, Bahia, série Luísa da Fonseca, cx. 12, docs. 1452-4.

192 Consulta do Conselho Ultramarino, 18/02/1644, AHU, Bahia, série Luísa da Fonseca, cx. 9, doc. 1043; Consulta do Conselho Ultramarino, 05/09/1644, AHU, Bahia, série Luísa da Fonseca, cx. 9, doc. 1073; Consulta do Conselho Ultramarino, 16/12/1644, AHU, Bahia, série Luísa da Fonseca, cx. 9, doc. 1088; Minuta de consulta do Conselho Ultramarino, 19/06/1646, AHU, Bahia, série Luísa da Fonseca, cx. 10, doc. 1196.

193 Veja-se, por exemplo: Consulta do Conselho da Fazenda, 27/11/1642, AHU, Bahia, série Luísa da Fonseca, cx. 8, doc. 993; Carta do almirante Diogo Martins Madeira a S.M., 15/10/1643, AHU, Bahia, série Luísa da Fonseca, cx. 9, doc. 1045; Consulta do Conselho Ultramarino, 14/03/1644, AHU, Bahia, série Luísa da Fonseca, cx. 9, doc. 1046; Consulta do Conselho Ultramarino, 11/05/1644, AHU, Bahia, série Luísa da Fonseca, cx. 9, doc. 1054.

na velocidade e na evasão.[194] Por isso, considerou-se que seu emprego havia desacostumado o português ao combate naval: as caravelas, dizia-se, eram "escolas de fugir". Era preciso reformar a estrutura do transporte, para que a marinha dispusesse de uma força capaz de fazer frente à WIC e aos Estados Gerais. Segundo este ponto de vista, que incluía o Marquês de Montalvão e Salvador Correia de Sá, o meio de regulamentar tal navegação era o regime de frotas, concentrando a navegação em comboios periódicos e normatizando as embarcações empregadas.[195]

Entre os agentes do comércio de açúcar, as frotas estavam longe de ser uma unanimidade. Embarcações maiores, artilharia, matalotagem: tudo isso significava a exclusão do pequeno comerciante e armador de caravelas. O regime de frota também implicaria em concentração do tráfego em Lisboa, em detrimento dos demais portos do Reino, cuja economia também dependia do Brasil. Na colônia, a longa espera do açúcar nos trapiches pela data de partida do comboio fá-lo-ia perder a qualidade e o valor. De fato, a caravela era tecnicamente mais adequada àquele comércio, e a política, portanto, contaria com a oposição de um grande número de comerciantes nos vários portos do Reino, e de ambos os lados do Atlântico.

Apesar das objeções, em 1644 o regime de frota foi implementado, mesmo que de forma limitada. Contudo, haveria comboio apenas no retorno do Brasil a Portugal, sob escolta de dois galeões da armada real. O regimento previa a proibição de embarcações com deslocamento inferior a 200 toneladas e armamento inferior a 10 peças de artilharia, mas a sua utilização continuou permitida temporariamente. Houve fixação das taxas de frete e o financiamento da armação dos galeões e do armamento das naus foi atrelado à cobrança de avarias, uma contribuição a incidir sobre a carga fretada nas caravelas com menos de 200 toneladas. O apresto do primeiro comboio, porém, fez-se graças à aplicação e aos adiantamentos de Salvador Correia de Sá e Diogo Martins Madeira, e ambos velejaram com o título de general e almirante, respectivamente. A esquadra de escolta partiu de Belém no dia de Natal, com sete velas (entre elas, dois galeões da Armada Real) e seiscentos tripulantes. Duas das embarcações (uma nau e um "barco latino", pequeno) eram destinadas a socorrer os portugueses em Angola, depois da aguada em Salvador.[196] Naquele ano, acreditava-se que a WIC armava uma

---

194 Costa. *O transporte no Atlântico*, p. 182-5.

195 "Navios de grande calado, concentração do tráfego, condenação das caravelas: o tríptico inspirador da política naval de D. João IV" (Costa, *O transporte no Atlântico*, p. 504). Veja-se também, Boxer, *Salvador de Sá*, p. 184.

196 Guedes, *História naval brasileira*, v. 2, t. 1B, p. 10-13; Costa, *O transporte no Atlântico*, p. 500-501; Carta de Sebastião Parvi de Brito a S.M., 09/01/1645, AHU, Bahia, série Luísa da Fonseca, cx. 9, doc. 1100.

frota com seis ou sete mil homens para acometer a sede do Estado do Brasil. Um alferes francês, desertor de Recife, confirmou a informação (que não era verdadeira), além de trazer a notícia do retorno do Conde de Nassau aos Países Baixos. A notícia da ameaça seria desmentida em pouco tempo, mas permaneceria a preocupação com as dificuldades de Lisboa em reforçar e abastecer o exército no Brasil.[197] Em Lisboa, embora o Conselho Ultramarino acreditasse que a defesa da Bahia estava bem provida de homens e petrechos, mandou-se, por via das dúvidas, que a armada de Salvador Correia de Sá navegasse em direitura à Bahia, com ordens para aliviar a cidade caso estivesse sitiada ou reforçar o presídio no que fosse necessário.[198]

Quando a esquadra chegou a Salvador, em fevereiro de 1645, a conspiração contra a WIC em Pernambuco progredia a passos de lebre. Como vimos, um destacamento da frota portuguesa comandado por Jerônimo Serrão de Paiva transportaria, em julho, dois terços do presídio baiano em apoio à rebelião, enquanto o exército neerlandês movimentava-se em busca de João Fernandes Vieira. Em agosto, com as força de terra da WIC derrotadas e o Cabo de Santo Agostinho tomado, a frota de Salvador de Sá ancorou diante de Recife, em vantagem de forças sobre a marinha inimiga, mas não esperou para reunir-se com Serrão de Paiva e partiu para Portugal. A recusa do almirante em impor o bloqueio, sustentando a versão de que D. João IV não tinha vínculo com a rebelião, é sintomática das hesitações da política bragantina, que continuaria a buscar um mínimo de envolvimento direto na restauração pernambucana. Ademais, o rápido sucesso do levante possivelmente não era esperado, de forma que Salvador de Sá não estava preparado para aproveitar a iniciativa. Entretanto, também é verdade que sua decisão tomava por prioridade o transporte do açúcar brasileiro a Portugal. Vale dizer, conforme era maior a dependência do comércio colonial imediato para o sustento do esforço de guerra, o negócio vinha em primeiro lugar, em detrimento da estratégia.[199] A correspondência perdida na derrota de Serrão de Paiva em Tamandaré deu provas matérias à WIC de que a Coroa portuguesa tinha as mãos

---

197 Consulta do Conselho Ultramarino, 06/02/1644, AHU, Bahia, série Luísa da Fonseca, cx. 9, doc. 1037; Carta de Antônio Teles da Silva a S.M., 04/06/1644, AHU, Bahia, série Luísa da Fonseca, cx. 9, doc 1060; Consulta do Conselho Ultramarino, 05/09/1644, AHU, Bahia, série Luísa da Fonseca, cx. 9, doc. 1073.

198 Carta de Antônio Teles da Silva a S.M., 29/06/1644, AHU, Bahia, série Luísa da Fonseca, cx. 9, doc. 1074; Consulta do Conselho Ultramarino, 16/12/1644, AHU, Bahia, série Luísa da Fonseca, cx. 9, doc. 1088; Carta de Antônio Teles da Silva a S.M., 30/09/1644, AHU, Bahia, série Luísa da Fonseca, cx. 9, doc. 1090.

199 Guedes, *História naval brasileira*, p. 23 e segs.

e os pés na revolta de João Fernandes Vieira. Não obstante, o monarca levaria adiante o disfarce, mantendo desinformado o embaixador Souza Coutinho, a garantir aos Estados Gerais, em Haia, que Portugal nada tinha com aquilo.[200]

Apesar do "papel esfíngico" de D. João IV, a partir dos confrontos no Monte das Tabocas e na Baía de Tamandaré, em agosto e setembro de 1645, com participação de companhias de infantaria e embarcações de Salvador, Portugal estava *de facto* em estado de guerra contra a WIC. Naquele momento, a Bahia era, ao mesmo tempo, o principal centro político no Atlântico português e o elo de transmissão de socorros do Reino aos combatentes em Pernambuco e Angola, o que aumentava a importância de mantê-la bem provida de recursos militares. Entretanto, com a infantaria enviada em apoio dos pernambucanos, mais os homens e munições entregues à frota do açúcar e a duas esquadrilhas de socorro aos angolanos, ao fim daquele ano a Bahia estava "toda desmantelada e falta de infantaria, munições e artilharia e armas". Ao mesmo tempo, dava-se por certa a retaliação das Províncias Unidas, o que poderia ocorrer tanto por ataques a Salvador, ao Rio de Janeiro ou qualquer outra praça ultramarina. Lisboa buscava fazer o possível. Em outubro, enviou-se 200 açorianos para a Bahia. Em junho de 1646, há outro registro de uma flotilha de caravelas com socorros ao Brasil. Havia já um grupo de capitães com patente para levantar gente de guerra nas ilhas, mas faltava o dinheiro necessário para a empresa. Em setembro, ainda eram separados mosquetes e munições para o embarque, com o que se formariam quatro companhias de ilhéus. A meta era o envio de mil homens, ao menos, para a colônia.[201] Contudo, a frota do açúcar daquele ano teria de velejar sem escolta. Os recursos de Portugal, após a restauração, continuavam muito aquém da tarefa, e as cartas da Bahia e de Pernambuco chegavam com pedidos desesperados de infantaria, pólvora e armamento.[202]

200 Costa, *O transporte no Atlântico*, p. 531.

201 Carta de Agostinho Borges, 07/10/1645, AHU, Bahia, série Luísa da Fonseca, cx. 10, doc. 1143; Consulta do Conselho Ultramarino, 07/10/1645, AHU, Bahia, série Luísa da Fonseca, cx. 10, docs. 1146-8; Minuta de consulta do Conselho Ultramarino, s.d., AHU, Bahia, série Luísa da Fonseca, cx. 10, doc. 1170; Carta de Antônio Teles da Silva a S.M., 26/05/1646, AHU, Bahia, série Luísa da Fonseca, cx. 10, docs. 1191-2; Consulta do Conselho Ultramarino, 06/08/1646, AHU, Bahia, série Luísa da Fonseca, cx. 10, doc. 1203; Minuta de consulta do Conselho Ultramarino, 29/08/1646, AHU, Bahia, série Luísa da Fonseca, cx. 10, doc. 1211; Minuta de consulta do Conselho Ultramarino, 11/09/1646, AHU, Bahia, série Luísa da Fonseca, cx. 10, doc. 1214.

202 Carta dos oficiais da Câmara da Bahia a S.M., 30/08/1646, AHU, Bahia, série Luísa da Fonseca, cx. 10, doc. 1223; Consulta do Conselho Ultramarino, 19/12/1646, AHU, Bahia, série Luísa da Fonseca, cx. 10, doc. 1227.

Na escassez, a Coroa continuava a se valer do comércio para apoiar a guerra no Brasil. "Os mercadores nos tem levado este socorro", concluía o Conselho Ultramarino em dezembro de 1645. O fornecedor de mosquetes pedia garantias de pagamento mediante consignação dos direitos sobre a venda de sal.[203] Por sua vez, a indisposição dos mestres de navios mercantes em combater continuaria a causar problemas. Foi o que ocorreu no transporte de Francisco Barreto de Menezes, enviado com patente de mestre de campo general para centralizar o comando dos terços em Pernambuco. A flotilha desaferrou de Lisboa em março de 1647, com sete embarcações (cinco caravelas e dois patachos). A trinta léguas da Bahia, avistaram duas fragatas holandesas. Ao primeiro sinal de hostilidade, as cinco caravelas refugaram combate, deixando os dois patachos à mercê do inimigo. Duas delas levavam tropas precisamente para escoltar o patacho *São Francisco Xavier*, onde viajava o comandante. A embarcação foi a pique e Francisco Barreto capturado, com vasta e comprometedora correspondência da Coroa. As caravelas chegaram a salvo na Bahia, mas os capitães Manuel de Andrade Machado e Antônio Correia Teixeira foram presos, assim que Antônio Teles da Silva soube do ocorrido. Anos depois, também alegariam que não tinham ordens da Coroa para combater. Disseram que a ordem era entregar em salvamento a carga das caravelas, "munições e petrechos de guerra" endereçados a Salvador, e foi isso que fizeram.[204]

A essa altura, Sigismund Von Schkoppe já havia desembarcado na Ilha de Itaparica, com pouco menos de 2.000 homens. A notícia de que a Bahia era assediada chegou em Lisboa no dia 01 de maio. Às pressas, o Conselho Ultramarino despachou o apresto de um socorro de tropas, armas e embarcações de guerra para a Bahia. Buscava-se, em especial, soldados com experiência para os postos de comando, embarcações a remo armadas com artilharia de ferro e roqueiras, militares com prática no combate naval, toda a pólvora, morrão e balas quanto fosse possível. Além disso, algum carregamento de vinho, farinha e sal.[205] D. João IV enviou cartas

---

203 Consulta do Conselho Ultramarino, 11/08/1645, AHU, Bahia, série Luísa da Fonseca, cx. 10, doc. 1148; Minuta de consulta do Conselho Ultramarino, 14/12/1645, AHU, Bahia, série Luísa da Fonseca, cx. 10, doc. 1165.

204 Ambos os capitães morreriam presos por deserção (Consulta do Conselho Ultramarino, 07/01/1648, AHU, Bahia, série Luísa da Fonseca, cx. 11, doc. 1280; Consulta do Conselho Ultramarino, 02/11/1651, AHU, Bahia, série Luísa da Fonseca, cx. 12, docs. 1430-5).

205 Note-se o bom conhecimento do Conselho acerca da utilidade de tais embarcações: "servirão estes barcos para se conseguir dentro daquele Recôncavo grandes facções, e serão o remédio único de se poder socorrer a Bahia dos mantimentos da costa que são os principais de que se sustenta a Bahia" (Consulta do Conselho Ultramarino, 18/07/1654, AHU, Bahia, série Luísa da Fonseca, cx. 13, doc. 1556).

às localidades do Reino, em especial às Câmaras de cidades portuárias, solicitando todo tipo de contribuição. Em particular, pedia que se procurassem particulares "com armas, munições e mantimentos a vender à Bahia ou a qualquer dos portos do Estado do Brasil".²⁰⁶ Mas a contribuição decisiva viria do assento com Duarte da Silva, um dos maiores comerciantes de Lisboa, com grandes interesses no açúcar do Recôncavo Baiano: um adiantamento de 300.000 cruzados, recebíveis sobre o advento de tributos sobre o açúcar exportado no Brasil. Como vimos no primeiro capítulo, o medo de que a capital do Estado do Brasil pudesse estar sob sítio, ou já ocupada pelo inimigo, levou o monarca a lançar mão de todo o poder naval que dispunha, mesmo sob os riscos de se esvaziar a defesa da costa portuguesa. O apresto ainda atrasaria perigosamente por quatro meses, até que se reunisse a marujada necessária entre a escassa gente de mar do Reino, em especial pilotos e artilheiros.

A Armada Real, sob o comando do Conde de Vila Pouca, partiu para a colônia em 18 de outubro. Após a travessia, uma patrulha neerlandesa avistou a armada nos arredores de Fernando de Noronha, e Von Schkoppe foi informado de sua aproximação logo em seguida. Depois de quase um ano da infrutífera ocupação de Itaparica, em 14 de dezembro de 1647 ele retirou suas tropas de volta a Recife, antes que os vasos do Conde de Vila Pouca pudessem representar uma ameaça maior. A armada portuguesa arribou dez dias depois.²⁰⁷

Entretanto, não estava satisfeita a carência de socorros das capitanias do Brasil. Antes disso, a presença dos galeões e toda sua tripulação só fizeram acrescentar as necessidades para muito além dos recursos da Fazenda Real e do abastecimento da Bahia. O problema se agravaria ao longo de 1649, uma vez que a marinha neerlandesa intensificou sua presença naquela costa, e os galeões da Armada Real tiveram de ser escondidos no Rio Pitanga, Recôncavo adentro.²⁰⁸ Ciente de tudo, o Conselho Ultramarino afirmava: "hoje com mais razão deve Vossa Majestade mandar acudir ao Brasil com socorros". De fato, a Coroa desdobrou-se na mobilização de recursos, e pouco depois que a frota de Salvador de Sá partiu de Lisboa, largou também uma caravela ao Cabo Verde, onde se salgou e carregou 1.400 arrobas de carne bovina para a Bahia. Outras quatro caravelas seguir-se-iam a esta. Na Bahia, Antônio Teles

206 Cartas de D. João IV aos governadores de Setúbal, Porto e Algarve, *apud*: Guedes, *História naval brasileira*, p. 54.

207 Minuta de consulta do Conselho Ultramarino, 06/05/1647, AHU, Bahia, série Luísa da Fonseca, cx. 11, doc. 1256; Boxer. *The Dutch in Brazil*, p. 133, 180 e segs.; Guedes. *História naval brasileira*, v. 2, t. 1B, p. 54-59.

208 Vide Guedes, *História naval brasileira*, v. 2, t. 1B, p. 59-60.

de Menezes dizia não insistir nos pedidos de socorro apenas por conhecer "as muitas partes a que Vossa Majestade acudia", mas deixava exposto seu ponto de vista: "é necessário que Vossa Majestade por algum meio de assento com os homens de negócio mande procurar acudir a esta necessidade, porque os moradores daquela praça não têm com que a socorrer, pelo estado em que estão e pela inquietação em que vivem".[209]

Apesar das vitórias em Pernambuco e Angola, D. João IV ainda tinha poucos motivos para ser otimista. Em 1648, esgotaram-se as possibilidades de solução diplomática para o conflito com Madri. Em quatro anos de ofensiva na Estremadura, Portugal não haviam alcançado nenhuma vitória importante (como o sítio e ocupação de uma praça castelhana), e não teve cacife para participar das negociações de Münster. Em janeiro, Filipe IV assinou a paz com as Províncias Unidas, encerrando a Guerra dos Oitenta Anos, e em abril a revolta de Nápoles foi debelada. A França e a Catalunha ainda o impediam de projetar todas as suas forças contra Portugal, mas D. João IV sabia que, caso Barcelona não pudesse resistir (o que, de fato, ocorreria quatro anos depois), ele seria o próximo. Por sua vez, o apoio francês à Restauração era ardiloso. Aos poucos, percebia-se que Mazarino usava Lisboa como moeda de troca, no diálogo com Madri. Tentou-se ainda, por meio de Antônio Vieira, acordar o casamento entre o primogênito de D. João, D. Teodósio (recém-intitulado "Príncipe do Brasil"), com Maria Teresa, única herdeira legítima de D. Filipe IV. Embora encontrasse simpatizantes em Castela, a proposta não se consumou. A Princesa viria a se casar com o jovem Luís XIV, em 1660. Fechava-se a última via de acordo entre as potências peninsulares, e Portugal podia apenas esperar a defesa de sua autonomia em campo de batalha.[210]

No Brasil, após as batalhas dos Guararapes, eram praticamente nulas as possibilidades de retomada do controle da produção açucareira em Pernambuco pela WIC, desprovida de qualquer condição de reverter o acúmulo de prejuízos e a erosão de sua base de apoio nos Países Baixos. No entanto, o Recife ainda oferecia um porto excelente para a guerra de corso sobre a navegação portuguesa. Dada a insolvência da Companhia, porém, esta atividade foi entregue a uma associação de corsários zelandeses, formada especificamente para isso: a *Brazilische Directie Ende Compagnie*. A Nova Holanda também receberia dos Estados Gerais um enorme reforço de quase 40 velas e 6.000 homens, liderados pelo vice-almirante Witte de With. A esquadra não partiu a tempo de apoiar Von Schkoppe em Itaparica, o que teria colocado a Bahia sob grave ameaça. Não obstante, nos últimos anos da década de 1640, a marinha neerlandesa

---

209 Consulta do Conselho Ultramarino, 26/06/1649, AHU, Bahia, série Luísa da Fonseca, cx. 11, doc. 1330.

210 Valladares, *A independência de Portugal*, p. 132-137.

infestou o mar do Brasil, efetivamente interrompendo a comunicação de Portugal com suas colônias. Naquelas condições, a melhor estratégia para a WIC era manter o Brasil português praticamente sob bloqueio, até que D. João IV fosse levado a desistir da restauração de Pernambuco.[211] O monarca, de fato, não estava certo se devia seguir adiante no confronto. Na segunda metade de 1648, conselheiros e vassalos da Coroa debateram intensamente a proposta de entrega de Pernambuco aos neerlandeses, em troca de um tratado de paz que os permitisse a dedicação completa à guerra contra Castela. É nesta conjuntura que Antônio Vieira escreve seu "Papel Forte": por mais abjeto que fosse o abandono de Pernambuco, a Coroa simplesmente não era dotada dos recursos necessários para enfrentar as Províncias Unidas.[212]

No entanto, a interrupção da navegação entre o Reino e o Brasil pelos corsários da *Directie* acabou por definir a política bragantina para a defesa da colônia, de acordo com os termos que a monarquia procurava estabelecer desde 1643. Com o impasse provocado pela ofensiva naval holandesa, anularam-se os argumentos contrários ao regime de frota: caso não se pudesse garantir a segurança da comunicação com o Brasil, o melhor era negociar a paz e devolver Pernambuco ao inimigo. Deste modo, D. João IV manobrava entre interesses e pontos de vista opostos, usando a saída entreguista de Antônio Vieira e Francisco de Souza Coutinho como uma ameaça, o que lhe deu liberdade para levar adiante sua política naval. Enquanto sustentava Sousa Coutinho na legação de Amsterdam, mesmo desacreditado e hostilizado, o monarca mantinha aos olhos dos portugueses a possibilidade da entrega da capitania. Em paralelo, avançava o projeto de formação de uma companhia para centralizar o comércio do Brasil, defendido pela pena de Pedro Fernandes Monteiro e apoiado por um grupo importante dos maiores mercadores de Lisboa (os dois principais, provavelmente, eram Gaspar Pacheco e Duarte da Silva). Constituído o primeiro núcleo do capital, o alvará de 6 de fevereiro de 1649 consolidou a formação da Companhia Geral de Comércio do Brasil. Por meio deste, cristãos-novos que tivessem capital investido na Companhia estariam isentos de ter seus bens confiscados pela Inquisição. Não exatamente porque a isenção defenderia os fundadores da empresa (vários eram cristãos-velhos, aliás), mas porque os demais mercadores

---

211 Guedes, *História naval brasileira*, p. 62 e segs.; para os números do apresamento de embarcações portuguesas no Atlântico Sul, por fontes de Portugal e da Holanda, veja-se Mello, *Olinda restaurada*, p. 450. Em Lisboa, relataram-se 242 perdas da navegação para o corso holandês, entre 1647 e 1648. Os holandeses, por sua vez, registraram 63 presas entre 1647 e 1648.

212 Antônio Vieira, "Papel Forte", *op. cit.*; Mello, *O negócio do Brasil*, p. 83 e segs.

cristãos-novos do Reino ficavam coagidos a se matricular, caso contrário atrairiam a atenção do Santo Ofício.²¹³ Com a base de capital garantida, os estatutos da Companhia foram promulgados em março. Meses depois, Sousa Coutinho foi substituído na embaixada de Amsterdam por um dos "valentões", favoráveis à restauração de Pernambuco, Antônio de Sousa de Macedo.²¹⁴

Com a Companhia Geral, o financiamento e a orientação do socorro do Brasil pelo capital comercial atingiu sua forma mais desenvolvida. A armada de restauração, projetada durante o período filipino, transformou-se em uma armada de escolta para a navegação do açúcar. Caberia à empresa a armação de 36 vasos de guerra, de 20 a 30 peças de fogo, para velejar em duas esquadras anuais, com dezoito deles cada. Em contrapartida, além da isenção perante o Santo Ofício, a Companhia recebeu o monopólio do mercado colonial de vinhos, azeites, bacalhau e farinha de trigo – condição *sine qua non* para a formação do seu capital, comunicada ao Conselho Ultramarino logo no início das negociações, em 1647. Aliás, o assento com Pedro de Baeça, em 1638, e o "assento de Pernambuco" em 1648 mostram que a concessão de exclusividades no comércio com o Brasil, em contrapartida ao financiamento das armadas, já era cogitado desde antes. Os navios da escolta ofereceriam um espaço, embora limitado, para o frete de mercadorias, mediante o pagamento de taxas pre-estabelecidas. Além disso, seriam cobradas avarias sobre o produto transportado (em navios escoltados pela frota ou fora dela), Outras prerrogativas incluíam a outorga de foro judicial próprio, ocupado por Pedro Fernandes Monteiro, e a ausência de regras de auditoria pelos acionistas. A bem da verdade, a junta de deputados que

213 Costa, *O transporte no Atlântico*, v. I, p. 508-515. Leonor Freire Costa tende a enxergar um papel mais reduzido do monarca neste embate, em comparação a Evaldo Cabral de Mello. Teria D. João se aferrado na esperança de que um tratado de paz traria melhores resultados que a formação de uma companhia de escolta da navegação. A companhia teria surgido mais pela pressão do grupo mercantil do que por uma manobra habilmente adotada por D. João IV. Cabral de Mello tende a descrever o projeto de entrega de Pernambuco como um meio empregado por D. João para ganhar tempo. Cremos que ambas as leituras são plausíveis, dado que, em ambas as circunstâncias, o rei precisaria dissimular e ocultar suas verdadeiras expectativas; sem, contudo, abandonar o tratado de paz nem torpedear inciativas em prol da restauração pernambucana. No que toca a participação de Antônio Vieira na gênese da Companhia Geral, parece-nos mais apropriado acompanhar o trabalho de Leonor Costa, que retirou do jesuíta o protagonismo naquele processo em favor de Pedro Monteiro.

214 Mello, *O negócio do Brasil*, p. 160-1.

administrava a Companhia teria, a curto prazo, todos os meios jurídicos de se isentar de suas responsabilidades militares.[215]

Outra das condições para o sucesso na articulação da Companhia foi a abertura à participação de comerciantes estrangeiros. Desde 1647, o recurso a navios de outros países integrava o conjunto de temas em discussão, no Conselho Ultramarino, em função da crise da navegação atlântica. A questão corria em paralelo com o problema do porte dos navios e da navegação em frota, pois os decretos de restrição do tamanho de embarcações favoreciam os estrangeiros. Exigia-se um deslocamento mínimo de 200 toneladas, mas não se construíam navios deste porte no Reino – o objetivo da política era justamente alterar este quadro. As urcas da Europa setentrional eram capazes de transportar entre 250 a 300 toneladas. Portanto, dada a escassez de embarcações de médio e grande porte em Portugal, o decreto resultava em favorecimento dos armadores estrangeiros, o que também abria o comércio a capitais forâneos, como já averiguamos. A oportunidade não passou despercebida pelos franceses, hamburgueses, genoveses, florentinos, venezianos e, naturalmente, ingleses. Estes já tinham seus laços de comércio com o Brasil estabelecidos, inclusive pelo fornecimento de bacalhau da Terra Nova, levado dali diretamente à colônia, como indica uma nau inglesa capturada pelos holandeses na barra da Bahia, em 1649. Os britânicos participariam ativamente na formação da Companhia Geral e no repúdio à restituição de Pernambuco aos Países Baixos. Na avaliação de Sousa Coutinho, o seu envolvimento na disputa era um meio de alimentar a crescente rivalidade anglo-neerlandesa, que poderia resultar em vantagens diplomáticas para Portugal. Entretanto, havia poucos meios de se usufruir de uma possível "equidistância pragmática" perante ambas as potências, e Lisboa teria um papel cada vez mais passivo na aliança com a Inglaterra.[216]

Na prática, a Companhia Geral encontraria obstáculos decisivos. Logo o primeiro comboio escoltado, que partiu rumo ao Brasil em novembro de 1649, com 66 velas ao todo, resultou em um desastre financeiro. Primeiro, porque o Conde de Castelo Melhor, que viajou com a frota para assumir o governo-geral, na passagem por

---

215 Segundo os estatutos, a junta administrativa da Companhia "de tal maneira será independente, que por nenhum caso ou acidente se entremeterá nela, nem em dependência sua, Ministro ou Tribunal algum de Vossa Majestade" (Costa. *O transporte no Atlântico*, p. 535); Gustavo de Freitas. *A Companhia Geral do Comércio do Brasil, 1649-1720*. São Paulo: [s.n.], 1951.

216 Mello. *Olinda restaurada*, p. 130, 167; Costa. *O transporte no Atlântico*, p. 498. Para um trabalho recente sobre o tema, veja-se: Gabriel Rossini. *Política internacional e desenvolvimento econômico: as origens da dependência de Portugal perante a Inglaterra*, dissertação de mestrado. IE. Campinas, Unicamp, 2009.

Pernambuco tomou sem pagar as mercadorias da Companhia e entregou ao exército de Francisco Barreto, para colaborar com seu custeio. Uma vez em Salvador, o Conde resistiria por dois anos em quitar essa dívida com os administradores, restringindo sua cobrança à arrecadação da imposto dos vinhos, que andava muito reduzida.[217] Muito pior, entretanto, foi que enquanto a frota velejava, seis vasos da marinha britânica arribaram em Lisboa com realistas fugitivos da revolução inglesa, sob o comando do Príncipe Rupert, do Palatinado. Em seu encalço, veio a esquadra do Parlamento, capitaneada pelo Almirante Blake, que de início imaginou-se ser uma frota espanhola. D. João IV recebeu calorosamente o Príncipe, que era um primo direto de Carlos II, e recusou-se a entregá-lo a seus perseguidores. Blake então posicionou a esquadra em bloqueio da capital portuguesa, interceptando toda a navegação daquele porto.

O impasse durou quase um ano, com os "pechelingues" (como foram chamados) a bloquear o estuário do Tejo. Em vão, a Coroa tentou avisar a frota da Companhia Geral, para aguardar no Brasil. Em setembro de 1650, o comboio que voltava do Rio de Janeiro foi capturado pela esquadra inglesa. 14 embarcações, de um total de 23, caíram presas, com algo como 1.900 toneladas de açúcar. Em outubro, o Príncipe Rupert conseguiu escapar, e a esquadra de Blake seguiu em sua busca. Tivesse o bloqueio continuado um pouco mais, também teria atingido as 70 embarcações do comboio da Bahia, inclusive os galeões da Armada Real, que voltavam com o Conde de Vila Pouca depois de três anos escondidos na Bahia.[218] Além dos prejuízos imediatos ao comércio, havia-se provado a enorme vulnerabilidade da costa ibérica à marinha inglesa, e Cromwell não teve dificuldades em ditar a D. João IV os termos do tratado de aliança, concluído em 1654. Erguia-se, assim, os pilares do secular predomínio britânico sobre Portugal.

O conflito com Londres debilitou gravemente a Companhia Geral, não apenas devido aos prejuízos causados pelo bloqueio dos "pechelingues". O abalo na relação entre os dois países, causado pela mudança naquele regime, criou problemas para a comunidade de mercadores ingleses em Portugal, cuja participação era essencial à empresa. Eram intermediários de uma das principais linhas de crédito à Companhia

---

217 Carta do Conde de Castelo Melhor aos administradores da Companhia Geral, 03/04/1652, DHBN, v. 03, p. 154-5; Carta do Conde de Castelo Melhor aos administradores da Companhia Geral, 08/04/1652, DHBN, v. 3, p. 160.

218 Relação que fez o alferes Diogo Ribeiro da Silva que foi cativo dos Pechelingues, s.d., BPA, Cód. 51-V-14, fl. 109v; Relação dos capitães Antônio Roiz e Bernardo de Aguirre, 24/04/1651, BPA, Cód. 51-VIII-25, fl. 050 e 485; Carta régia ao Conde de Vila Nova de Cerveira, 31/05/1651, BPA, Cód. 51-VIII-25, fl. 50; Freitas. *A Companhia Geral*, p. 38.

Geral, que desde seu início levantava fundos em libras esterlinas. Ademais, restringiu-
-se a disponibilidade de embarcações de escolta para os comboios, com o porte e o
armamento necessários, pois de início muitas haviam sido fornecidas por armadores
britânicos ou seus associados. Era tal o tamanho das dívidas com os ingleses, bem
como da indenização pelo sequestro de seus bens durante o confronto com Blake,
que os portugueses tiveram de atrasar, por três anos, a ratificação do acordo de 1654.
A Companhia Geral ainda usava, inclusive na Bahia, dos serviços de correspondentes
e representantes comerciais de uma companhia britânica, a rede mercantil dos irmãos
Bushell. Estes, aliás, eram pioneiros no comércio luso-anglo-brasileiro, e dominavam
a maior fatia das reexportações portuguesas para a Inglaterra, o que lhes garantia
grande influência naqueles assuntos. Em Londres, Edward Bushell foi um dos reda-
tores do tratado de 1654, apontado por Cromwell para trabalhar diretamente com o
embaixador português, o Conde de Penaguião.[219]

Deve-se ressaltar, porém, que o avanço britânico sobre o comércio colonial português não foi maior exatamente graças aos interesses dessa comunidade mercantil.
Caso fosse aberta diretamente a rota entre os portos ingleses e o Brasil, seria desmon-
tado aquele circuito de reexportação do açúcar pelos portos lusitanos e de fornecimento de produtos europeus em Portugal. Para os "novos mercadores" da Inglaterra
revolucionária, de origem desprivilegiada e com capital menos concentrado, a expansão colonial e açucareira não se voltaria para o comércio com o Brasil, mas para a implementação da indústria no Caribe, junto a emigrados do Brasil Holandês, a partir
da ilha de Barbados. Por outro lado, também havia franceses e genoveses bem estabelecidos no comércio brasileiro, depois da restauração pernambucana, solicitando
estabelecer seus procuradores e casas comerciais em Salvador, a despeito das proibições em contrário (os Bushell usavam testas de ferro portugueses). Depois da guerra,
o Conselho Ultramarino cogitou, em diferentes ocasiões, a possibilidade de reverter as
concessões sobre o exclusivo metropolitano, mas chegaria à conclusão de que o Império
dependia daquele capital e, por ora, não lhe podia fechar as portas.[220]

Além do golpe causado pela crise na aliança britânica, logo no início de sua operação, a Companhia Geral acumulou em pouco tempo um leque amplo de resistências e inimizades, de forma que não foi capaz de atender ao mínimo as exigências de
seu estatuto e as necessidades da navegação com o Brasil. Ao invés de aprestar escoltas

---

219 Costa. *O transporte no Atlântico*, p. 538-542.

220 *Ibidem*; Robert Brenner. *Merchants and revolution: commercial change, political conflict and London's
overseas traders, 1550-1653*. Nova Jersey: Princeton, 1993; lf 1474, 1484.

para duas frotas anuais, até 1655 velejaram apenas uma frota a cada dois anos. O segundo comboio começou a ser organizado apenas em julho de 1651, e ainda haveria de contornar o boicote da venda de trigo pela Câmara de Lisboa, que alegou precisar do estoque para o abastecimento da cidade. Até então, apenas uma flotilha com algumas caravelas e duas naus genovesas haviam partido para o Brasil, num esforço da Companhia em manter as aparências. Mas a escassez da navegação já havia causado enorme carestia na Bahia e em Pernambuco, e o produto deste pequeno socorro foi vendido a preços escorchantes. A frota só chegaria a Salvador em julho de 1652, com grande concentração de embarcações. Enquanto isso, os mercadores em geral reclamavam da cobrança de avarias, para a qual a empresa não oferecia a contrapartida assentada, o apresto das escoltas. O regime de frotas, irregular e inconfiável, não havia reduzido o preço dos fretes e seguros marítimos, nem a taxa de juros para o comércio brasileiro. Se a cidade de Lisboa criava obstáculos à Companhia, nos outros portos da metrópole os motivos para contestação eram ainda maiores, sobretudo no Porto e em Viana, que precisavam transferir suas operações para a capital, para defender a importante parcela a que detinham naquele mercado. A Inquisição, naturalmente, não deixava de pressionar a Coroa pela revogação do alvará de 1649. Em meio a tais oposições, a Companhia Geral dependia do apoio pessoal de D. João IV, e apenas isso permitia que continuasse em funcionamento.[221]

As autoridades coloniais e o Conselho Ultramarino denunciaram, desde o início, o desabastecimento do Brasil, resultante do regime de frotas e do estanco dos quatro gêneros da Companhia Geral. A escassez no comércio de vinho era particularmente grave, pois a tributação sobre sua venda tinha um papel fundamental no pagamento dos soldos do exército, como veremos adiante. Por outro lado, a restrição do transporte derrubou os preços do açúcar, que se acumulava e estragava nos trapiches, sem praça marítima para a metrópole. A toda ocasião, afirmava-se a carência de recursos para a defesa da colônia, e a "necessidade de se socorrer o Brasil de toda sorte de socorros".[222] Em dado momento, chegou-se a afirmar que não haviam mais que dez pipas de vinho disponíveis em Salvador. Em 1655, vendeu-se pouco mais de 240 pipas, talvez um quinto (ou menos) do que eram as importações anuais mesmo durante a década de 1630 e 1640. Além disso, os vinhos eram "de tão má qualidade,

---

221 Costa. *O transporte no Atlântico*, p. 542-7; Freitas. *A Companhia Geral*, p. 38-40.

222 Mello. *Olinda restaurada*, p. 163; Consulta do Conselho Ultramarino, 02/05/1651, AHU, Bahia, série Luísa da Fonseca, cx. 12, doc. 1407; Consulta do Conselho Ultramarino, 20/07/1654, AHU, Bahia, série Luísa da Fonseca, cx. 13, doc. 1557; Consulta do Conselho Ultramarino, 15/10/1653, AHU, Bahia, série Luísa da Fonseca, cx. 12, doc. 1540.

que muito antes de se poder acabar o pouco número de pipas que veio, se perdeu grande parte delas, e ficou a Bahia em táo extrema necessidade que em nos conventos deixaram de dizer missa muitos sacerdotes, e no de São Francisco se espremeram uvas para se celebrar". Por outro lado, queixava-se da grande "saca que a moeda teve para Portugal", devido ao "abatidíssimo preço a que se reduziu o açúcar", e por isso "maior o aperto da Câmara, e mais violenta a vexação com que nessa obra de que se procede ser universal o clamor e a desolação desta cidade".[223] Segundo o governador-geral, o Conde de Atouguia, os administradores da Junta transportavam acintosamente menos vinho do que era solicitado, abusando do "bárbaro" regime de monopólio: "estes chatins destes mercadores não têm mais respeito que seu interesse".[224]

Deve-se notar, entretanto, que as inúmeras oposições à Companhia Geral, e o desabastecimento do Brasil em específico, são resultados do próprio funcionamento de seu regime de comércio e navegação, e não de seu fracasso. A escassez, mais do que uma decorrência, era um *instrumento* cotidiano de realização do capital mercantil. Como mostrou Fernand Braudel, "rarefazer sabiamente a mercadoria nos mercados que se abastecem", nos grandes monopólios do comércio de longa distância, era uma estratégia possível, ainda que difícil e arriscada. Não apenas especular com a carestia, mas produzi-la ativamente. Lembre-se, por exemplo, da Companhia Inglesa da Turquia, que em 1718 adiou propositalmente a partida de sua frota por dez meses, como um meio de reprimir a demanda e elevar os preços em ambas as pontas da operação. Em alguma escala, o movimento do capital comercial, em um regime de exclusividade, implica a restrição no volume em circulação, em comparação ao comércio livre, sem o que seria difícil manipular os preços, em favor da realização de margens de lucro extraordinárias. Eram "contramercados", na expressão do historiador francês, cujos riscos e limites encontravam-se inclusive na possibilidade de interrupção no circuito.[225]

Todavia, o problema principal da Companhia Geral não eram seus inevitáveis opositores. De um ponto de vista geral, do desenvolvimento português e da política naval de D. João IV, a questão decisiva foi o seu fracasso em converter os ganhos da empresa (se é que ocorreram) em benefício da reestruturação da marinha lusitana.[226]

---

223 Carta do Conde de Atouguia a S.M., 19/01/1655, DHBN, v. 04, p. 220; Carta do Conde de Atouguia a S.M., 08/09/1655, DHBN, v. 04, p. 290.

224 Consulta do Conselho Ultramarino, 20/07/1654, AHU, Bahia, série Luísa da Fonseca, cx. 13, doc. 1557.

225 Fernand Braudel. *Civilização material, economia e capitalismo nos séculos XV-XVIII*. Trad. Telma Costa. São Paulo: Martins Fontes, 1996, vol. II, p. 367.

226 "O cancro da empresa residia, assim, na alegada impossibilidade de cumprir a sua obrigação basilar. Um ônus desmedido, a exigir uma armada de 36 navios de escolta" (Costa. *O transporte no Atlântico,*

É possível que o aumento nas margens de lucro, em favor do núcleo de mercadores que comandava o empreendimento, não tenha resultado em aumento na massa de lucros, se comparada à valorização global do comércio em navegação livre, distribuído entre a classe mercantil como um todo. Talvez, dessa forma, tenha até prejudicado o volume de excedente disponível para a despesa militar. Talvez o programa fosse simplesmente tardio, incapaz de reverter a tendência do atraso português na técnica naval, sobretudo na marinha de guerra. Possivelmente, por ser regida segundo uma orientação equivocada, pelo saudosismo da hegemonia da nau portuguesa no Índico, e o erro de apostar nos vasos de grande porte, numa área onde a caravela tinha as melhores condições de fazer o transporte com eficiência.

De uma ou de outra forma, prevaleceram as deficiências da marinha, que havia décadas limitavam a efetividade da política colonial ibérica e redefiniam os protagonistas da expansão europeia. Não bastavam as proibições de estrangeiros nas colônias, o sistema de frotas e os decretos do exclusivo metropolitano. Era preciso ocupar e defender as rotas oceânicas que se pretendia explorar, para que o regime de comércio tivesse validade. Entre uma coisa e outra, pode-se ver uma das faces da crise da preponderância espanhola, no século XVII. "Quando os oceanos se transformam em estradas", na expressão de Oliveira França, e o domínio das rotas comerciais passou a ser disputado, ainda que segundo os mesmos princípios fundamentais, em outra escala, outro nível de desenvolvimento histórico, o dos Atos de Navegação britânicos e da disputa pela bandeira de cada uma das embarcações europeias, como dizia Colbert.[227]

O Conselho Ultramarino era consciente da questão. A despeito do programa de reequipamento naval, o único resultado visível do regime de navegação em frotas e da Companhia Geral era a concentração do comércio: "se se disser à Vossa Majestade (*sic*), que se tem satisfeito a esta parte com mais de vinte embarcações, que se andaram por várias vezes ao Brasil, se responde que esta quantidade é muito pouca, a respeito da necessidade e gasto do Brasil, e que as mais das embarcações são de pouca força, e com pouca artilharia e muita carga, com o que foram muito arriscadas; e que os mais dos que as armam e levam são pessoas que mais atendem ao seu negócio, e não ao

---

op. cit., vol. I, p. 551)

227 Eduardo D'Oliveira França. *Portugal na época da Restauração*. São Paulo: Hucitec, 1997, p. 30. Veja-se: Eli F. Hecksher. *La epoca mercantilista*. Trad. Esp. Wenceslao Roces. Mexico: Fondo de Cultura Económica, 1943, p. 472; Eric J. Hobsbawm. "A crise geral da economia europia no século XVII". In: Essays in the Economic History of the Atlantic System (ed.) *Capitalismo*. Rio de Janeiro: Eldorado, 1974; José Jobson de Andrade Arruda. "Decadência ou crise do império luso-brasileiro: o novo padrão de colonização do século XVIII". In: *Actas dos IV Cursos internacionais de Verão de Cascais*, Cascais, 1998.

bem comum do Reino, do comércio e Estado do Brasil, e tomam sobre elas, a título de seu fornecimento, tanto mais do que valem a responder, e as sobrecarregam de ida e volta, tirando-se sempre ganho certo, ou venham a salvamento ou se percam; mas é este ganho de um ou dois particulares, à custa da perda de muitos".[228]

Tornou-se inevitável o gradual regresso ao emprego de caravelas em navegação isolada, que mais uma vez garantiriam um mínimo de comunicação entre Brasil e Portugal. Em 1649 e 1650, a concentração e redução do tráfego sob o primeiro comboio escoltado foram suficientes para inviabilizar o corso da *Directie* em Recife, a única atividade da WIC no Brasil que ainda tinha algum efeito. Mérito da Companhia Geral e de D. João IV. Entretanto, o maior alívio da navegação seria resultado principalmente da mudança na estratégia dos Estados Gerais e a retirada da marinha neerlandesa para os Países Baixos, em face da guerra com os ingleses, a partir de 1652. Ao mesmo tempo, tornava-se explícita uma nova crise no transporte, agora provocada pela própria Companhia Geral. Deste modo, a necessidade de socorro do Brasil passava a pesar em sua oposição, pois justificava-se o envio de caravelas, em paralelo ao regime de frotas e aos monopólios da empresa.[229] Além disso, eram incentivadas aliás pelas oportunidades de ganho na arbitragem entre os preços no Reino e no Brasil. Várias embarcações com vinhos, trigo e outras fazendas para Angola arribavam em Salvador, desviadas de seu trajeto original por tempestades e outros pretextos. Para fazer valer o monopólio, os administradores da Companhia compravam esse produto para revendê-lo em seguida. Não obstante, a navegação mostrava-se aberta à pequena armação e fretamento de caravelas. Os governadores do Brasil recebiam ordem para combater o contrabando e a navegação de navios "separados do corpo da armada", mas esta não aparecia. Assim, como mostrou Leonor Freire Costa, as caravelas continuavam a predominar, e a navegação livre rapidamente retomava o espaço perdido para o regime de frotas, dada a sua incapacidade de adequar-se aos negócios envolvidos e ocupar minimamente aquela rota.[230]

228 Consulta do Conselho Ultramarino, 31/03/1651, AHU, Bahia, série Luísa da Fonseca, cx. 12, doc. 1403.

229 Consulta do Conselho Ultramarino, 14/10/1653, AHU, Bahia, série Luísa da Fonseca, cx. 12, doc. 1540; Consulta do Conselho Ultramarino, 20/07/1654, AHU, Bahia, série Luísa da Fonseca, cx. 13, doc. 1557; Mello. *Olinda restaurada*, p. 150-4.

230 Carta do Conde de Atouguia aos administradores da Companhia Geral, 04/02/1657, DHBN, v. 03, p. 378; Carta do Conde de Atouguia a S.M., 19/01/1655, DHBN, v. 04, p. 220; Carta de S.M. à Câmara de Salvador, 09/11/1654, AHMS, Provisões reais, lv. 2, fl. 20; Carta de S.M. ao Conselho Ultramarino, 02/05/1653, AHU, Bahia, série Luísa da Fonseca, cx. 12, doc. 1502; Costa. *O transporte no Atlântico*, *op. cit.*, p. 547.

Por fim, a "privatização" da escolta também demorou para animar a marinha a dar um golpe de misericórdia nas últimas forças da WIC em Pernambuco. Como vimos, desde março de 1649, Francisco Barreto afirmava que tinha "por infalível" a rendição de Recife, caso uma armada despontasse sobre a barra e impusesse o bloqueio a Recife. Depois do retorno da armada de Witte de With, os holandeses não teriam quaisquer meios de resistir. A cidade vivia em um miserável abandono, habitada apenas por um catado fantasmagórico de soldados moribundos, que não obstante impediam a aproximação por terra das forças de Francisco Barreto. Ainda assim, D. João hesitava, temeroso de possíveis retaliações de Haia, sobretudo enquanto estavam abaladas as relações com a Inglaterra. Pernambuco podia esperar. Em 1652, começou a primeira guerra naval anglo-neerlandesa, e as sucessivas derrotas da marinha flamenga ao longo de 1653, finalmente encorajaram o monarca. Por sua vez, os administradores da Companhia perceberam a oportunidade para definir a restauração pernambucana como sua chance de silenciar o coro de adversários. Em junho, ordenou-se o embarque de 400 homens de guerra nos vasos da terceira frota, que partiria em outubro, com 62 embarcações. Na viagem ao Brasil, dar-se-ia o bloqueio a Recife, que culminou com a rendição neerlandesa na campina das Tabordas.[231]

O trunfo da vitória deu sobrevida aos privilégios da empresa, mas não eliminou seus problemas. Depois de mais um ano sem transportes, a quarta frota velejou em 1655, e concentrou 139 embarcações no retorno à Portugal. Em novembro de 1656, D. João IV faleceu, deixando o governo à regência da Rainha, D. Luísa de Gusmão. Sem o apoio do monarca, não houve como se sustentar os estatutos da empresa. Em primeiro lugar, caiu a isenção de acionistas cristãos-novos, revogada três meses após o falecimento do Rei. Os problemas da Companhia acabaram por justificar os obscuros preconceitos do antissemitismo, que veio à toda carga, liderado pela Inquisição. Em maio de 1658, revogou-se o monopólio dos quatro gêneros. Em contrapartida, a Companhia Geral recebeu um aumento no valor das avarias. O sistema de frotas foi reformado, deixando livre a navegação para a colônia e estabelecendo apenas um comboio anual, no retorno do Brasil, escoltado por 10 embarcações de guerra, como aproximadamente havia se tornado a prática. Quando da viagem do quinto comboio da Companhia, a frota havia se transformado num desfile moroso e lastimável de caravelas, embarcações frágeis e "navios mancos", segundo o testemunho de um oficial britânico. A documentação da contabilidade da empresa está perdida, e não é possível afirmar se conseguiu algum lucro. Entretanto, encerrados os estancos, a empresa ficou restrita à gestão dos

---

231 *Ibidem*, p. 571 e segs.

comboios, e sem despertar maior interesse comercial passou a distribuir dividendos sobre o capital acumulado nos anos anteriores. Após alguns anos de debate pelo Conselho Ultramarino, e a impossibilidade de mantê-la como instituição privada, em 1664 foi integrada ao patrimônio da Coroa. Com dificuldades, o sistema de frotas foi mantido até sua reformulação em 1720, agora financiado sobre uma nova "avaria", uma contribuição de 1% sobre o ouro transportado, e seria fundamental para o combate ao contrabando e a defesa da navegação do metal até a metrópole.[232]

Deste modo, antes que se entre na análise das receitas, despesas e soluções políticas da Fazenda Real na Bahia, é importante ressaltar que, em linhas gerais, a partir de 1640 reduziu-se significativamente o apoio material e financeiro de Portugal à guerra contra o Brasil Holandês. Mais do que isso, conforme se estabeleceu o regime de frotas e a Companhia Geral, acrescentou-se aos encargos fiscais para o "sustento do presídio" o peso dos estancos e da concentração do comércio. Ou seja, além de sustentar sozinha suas defesas, a Bahia ainda haveria de contribuir para o financiamento da política naval de D. João IV, ainda que esta não gerasse resultados. Em 1654, durante os preparativos para a defesa de Salvador, em caso de reação dos Estados Gerais, o governador-geral Conde de Atouguia dizia trabalhar sem armamento ou munição, apenas na benfeitoria dos fortes, "com o cuidado que o obrigou a pouca esperança de socorro, que Vossa Majestade lhe dava, para lograr o bom sucesso que a feliz fortuna de Vossa Majestade e o valor daqueles soldados lhe asseguram".[233] Como vimos, a dependência dos socorros do Reino de financiamento pelo capital comercial, e portanto a transferência de seu custeio à economia colonial, eram uma realidade desde o período filipino, mas que agora intensificava-se, dadas as necessidades da metrópole. Caberia à administração colonial a tarefa de distribuir este encargo, de maneira a dirimir a cizânia entre os moradores e garantir que as disputas internas não resultassem em fragilidades externas.

232 *Ibidem*, p. 547, 591-99; Freitas. *A Companhia Geral*, p. 39-46; Leonor Freire Costa *et alii*. "O ouro cruza o Atlântico". In: *Revista do Arquivo Público Mineiro*, n. 41, 2005.

233 Carta do Conde de Atouguia a S.M., 15/06/1654, AHU, Bahia, série Luísa da Fonseca, cx. 13, doc. 1592.

CAPÍTULO IV

O *"sustento do presídio"*

Nem sempre foi possível à metrópole socorrer com recursos a Fazenda Real no Brasil. Particularmente, depois de 1640, com o desaparecimento da dedicação militar e financeira de Castela ao teatro brasileiro, o que é perceptível na redução da força naval disponível e na necessidade de atrelar a recuperação da marinha ao ônus do comércio colonial. Enquanto isso, era permanente a necessidade de manutenção do exército, pela distribuição mínima de rações e pagamentos em dinheiro. Se havia qualquer pretensão da Coroa em restaurar a possessão pernambucana, toda a riqueza do Reino seria pouca, e as capitanias do Estado do Brasil haveriam encontrar meios de sustentar suas defesas, pelo menos, independentemente do que recebiam de apoio da metrópole.

A participação dessa despesa na renda agregada da Bahia não é muito fácil de se estimar. Sabe-se, porém, que se buscava pagar anualmente a cada terço de infantaria algo como quinze contos de réis, incluindo alimentos, fazendas e moeda sonante – apenas um quarto, ou menos, do que haveriam de receber, caso o soldo fosse pago pelo valor determinado na patente. Em 1631, com o desembarque do Terço Novo em Salvador e mais socorros de infantaria do Reino, o governador dizia precisar de 33:000$000 para o presídio. Por uma estimativa a partir do valor contrato dos dízimos, isso significava algo próximo de 14%. talvez mais, do valor da produção anual de açúcar; 18%, somadas as despesas em folha.[1] Em 1643, essa conta era estimada em mais de 38 contos, ou 12% da produção. O mesmo cálculo chega a uma proporção de 9%, em 1652, resultado do aumento na arrecadação dos dízimos.[2] No período anterior à guerra, as pequenas guarnições militares da capitania consumiam menos de quatro contos de réis ao ano; toda a

---

1   *Livro primeiro do governo do Brasil*, 1607-1633. Rio de Janeiro: MRE, 1958, p. 53-70; Relação e recenseamento de toda a gente de guerra, 22/06/1629, BPA, Cód. 49-x-10, fl. 136-140; Ata da Câmara de Salvador, 16/05/1631, DHAM: AC, vol. I, p. 188. O cálculo foi feito considerando que, devido a privilégios e desvios, o valor do contrato dos dízimos era no máximo equivalente a 7,5% do açúcar produzido.

2   Relação da Fazenda Real na Bahia, 09/11/1643, AHU, Bahia, série Luísa da Fonseca, cx. 9, docs. 1030-4, 1031.

folha de pagamento, dos oficiais da Coroa e da Igreja, somava dezoito contos (o que significava 5% do valor das exportações de açúcar). Mesmo com a extinção do tribunal da Relação, em 1626, o montante de ordenados seculares e eclesiásticos permaneceu entre dez e doze contos.[3] Portanto, ressalvadas as oscilações no exército alojado em Salvador, e demais despesas da guerra (que agravam o quadro desenhado por estas estimativas), a guerra havia talvez triplicado a necessidade de recursos para a Fazenda Real na Bahia. É preciso entender quem e como ofereceu esse dinheiro.

CONJUNTURA ECONÔMICA

A guerra holandesa atingiu a economia açucareira do Brasil, como um todo, quando esta vivia os estertores do melhor período de sua história, e terminou quando já estava em andamento a inflexão para a "fase B", de crescimento econômico nulo ou muito pequeno, que perduraria até o final do século XVII. O fato mais importante para a história do açúcar, ao longo deste tempo, foi a implementação de sua indústria nas Antilhas, pela entrada das novas potências coloniais, sobretudo França e Inglaterra, no negócio da produção canavieira. Este, é claro, o quadro mais amplo, para o qual cabe distinguir conjunturas específicas e dinâmicas regionais, segundo indicadores diferentes. A tarefa, entretanto, enfrenta um sem-número de dificuldades, principalmente devido à escassez e à falta de uniformidade dos dados, que levanta dúvidas insanáveis, limita a possibilidade de comparação e interpretação da informação que está disponível. As séries mais desenvolvidas são de preços do açúcar e do valor do contrato dos dízimos, com as quais se pode ter um pequeno panorama secular. Ainda assim, ambas as séries têm seus hiatos, e são insuficientes para se deduzir, sequer com um mínimo de precisão, uma estimativa do valor agregado na atividade açucareira. De outros elementos, como volume de exportações e importações, preços e quantidades de tabaco, pau-brasil e couro, incorporação de terras ao plantio, número de engenhos em operação (uma medida grosseira da capacidade instalada), preços de escravos, equipamentos, insumos e alimentos, há poucas informações, esparsas e fora de padrão, que se deve sempre analisar *cum grano salis*. Além disso, há uma quase completa ausência de dados sobre o volume e os valores da economia de abastecimento, da produção de pequenos proprietários, das proporções do sistema de transportes terrestre ou de cabotagem etc.

É importante a leitura na documentação das informações qualitativas sobre a conjuntura econômica, mas aqui há o problema da subjetividade. Um coro de

---

3   "Registro da folha geral deste Estado" (1616), In: DHBN, v. 15, p. 25-66; Carta de Antônio Teles da Silva a S.M., 23/11/1642, AHU, Bahia, série Luísa da Fonseca, cx. 8, doc. 976; Relação da Fazenda Real na Bahia, 09/11/1643, AHU, Bahia, série Luísa da Fonseca, cx. 9, docs. 1030-4; Informação sobre o Estado do Brasil, 15/11/1652, BNL, Manuscritos, Mss. 218, n. 134.

correspondências lamentando o "estado miserável" do comércio, ou a "grande baixa do açúcar", de forma alguma indica necessariamente uma época de piso na atividade econômica. Os anos seguintes ao documento podem ser ainda piores para o seu autor, sem que disso tenha sobrevivido qualquer registro. Não obstante, não se pode negar o testemunho, individual ou coletivo, daqueles que vivenciavam as diferentes conjunturas que se busca compreender. Feitas essas ressalvas, é preciso descrever, na medida do possível, o movimento conjuntural da economia açucareira da Bahia, enquanto se travou a disputa com o Brasil Holandês, para que se possa, em seguida, entender peso e os mecanismos da apropriação de renda para o sustento de suas defesas.

Do ponto de vista da demanda, deve-se lembrar a difusão do consumo de açúcar na Europa, bem como alterações em sua utilização, ainda que forma demorada, sujeita à lentidão característica das transformações da vida material. Como se sabe, o açúcar era uma especiaria refinada, consumida como condimento pelas classes privilegiadas. Era esculpido e exibido como um decorativo curioso em seus festins, e vendido como um santo remédio por físicos e boticários, sobretudo por influência árabe. Neste papel, o açúcar atinge o ápice de sua popularidade em fins do século XVI. Com o crescimento da oferta, a população europeia encontra novas utilidades para o doce, ao mesmo tempo que perdia seu apelo decorativo e medicinal. Difunde-se o seu uso como conservante, de frutas e outros alimentos, e como adoçante, estimulado pela explosão no consumo de chá, café e chocolate. Ao mesmo tempo, a diversificação entre vários tipos de açúcar, em paralelo à expansão de sua área produtiva, permitiu a popularização de seu consumo, em variedades de menor valor. Entretanto, a massificação do consumo surgiria apenas ao longo do século XVIII e, de forma decisiva, após a Revolução Industrial e a proletarização da força de trabalho, para a qual o açúcar foi um estimulante fundamental, junto ao chá e o café, em sua dieta empobrecida e suas intermináveis jornadas de trabalho. O período da disputa luso-neerlandesa pela produção brasileira tem a primeira etapa do processo, em seu início, como pano de fundo. Significa isso que a demanda europeia aceita a rápida expansão da produção, incorporando seu consumo de forma lenta, porém sustentada, o que certamente teve sua influência para que a longa depressão nos preços do açúcar branco não fosse mais profunda. Entretanto, deve-se notar que as mudanças de hábito não são autônomas, mas estão em grande parte determinadas pela maior velocidade que tinha a expansão do investimento produtivo, e correspondem a ambas as etapas na difusão da produção: primeiro, no Brasil, e ao longo da segunda metade do século XVII, no Caribe.[4]

---

4   Lippmann. *História do açúcar, op. cit.*; Noel Deerr. *The history of sugar*. 2 vols. Londres: Chapman & Hall, 1949; Sidney W. Mintz. *Sweetness and power: the place of sugar in modern history*. Nova York: Viking, 1985.

Dada a primazia da produção sobre o consumo, característica da mercantilização do econômico, note-se o papel das capitanias do Brasil neste processo, em relação aos centros produtores mais antigos. Como se sabe, a lavoura de cana e a manufatura da açúcar foram estabelecidas no Mediterrâneo durante o avanço da cultura árabe, e foi produzido em várias de suas regiões, mas principalmente na Andaluzia, Sicília, Creta, Chipre, Egito e na Palestina, inclusive como empreendimento de mercadores europeus, sobretudo de Veneza, durante as cruzadas. No século xv, a expansão marítima europeia leva a produção de açúcar para a Madeira, onde se dá um importante aumento na escala de produção. A ilha, que começa o plantio em 1425 e entregava algo como 200 toneladas métricas em 1470 (enquanto os genoveses tiravam até 300 t da Sicília), chegará a produzir 3.384 t em 1506. Tal pico de produção não foi vivido nos Açores e no Cabo Verde, onde nunca se chegou a passar das 30 t e 60 t, respectivamente. A partir de 1510, é o arquipélago das Canárias o principal produtor, devido à migração de empreendimentos madeirenses. Ali, a produção chegou a 4.700 t anuais. Entre 1530 e 1560, a maior fatia do mercado coube aos produtores de São Tomé, que chegaram a oferecer um pico de aproximadamente 6.600 t/ano.[5]

Os números das ilhas atlânticas referem-se, porém, a breves momentos de ápice, dentro de ciclos de curto prazo. A produção madeirense recuou para 1.300 t em 1520, e oscilou negativamente até o século xvii. A produção em São Tomé também já estava em decadência na década de 1560, devido à pirataria francesa, conflitos entre os senhores e uma forte resistência da mão de obra escrava.[6] Nas capitanias do Brasil, onde já se plantava a cana desde os primórdios da colonização, o crescimento acelerou-se após 1570, e o açúcar enraizou-se de forma a moldar sua formação econômica dali em diante, renovando-se em conjunturas diferentes, inaugurando novas faixas de terra, mas também agarrando-se obstinado em paisagens e sociedades imutáveis. Em meados de 1610, a produção anual ultrapassou 10.000 t. Em 1624, foi estimada em 14.000 t (Tabela 3).[7] Até meados do século, a produção de açúcar fora do Brasil era muito inferior. Entre 1600 e 1630, desenvolveu-se uma região produtora no México, resultado de investimentos produtivos gerados em meio à União Ibérica, porém atrasados em relação à

5   J. H. Galloway. "The mediterranean sugar industry". In: *Geographical Review*, v. 67, n. 2, 1977; Alberto Vieira. *Canaviais, açúcar e aguardente na Madeira*. Funchal: Centro de Estudos de História do Atlântico, 2004; Alberto Vieira. "Fiscalidade e negócios sacarinos no espaço insular atlântico". In: *IV Seminário Internacional de História do Açúcar*, Funchal, 2006; Antonino Morreale. *Insula dulcis: l'industria della canna da zucchero in Sicilia (sec. XV-XVII)*. Nápoles: Scientifiche Italiane, 2006.

6   Alencastro. *O trato dos viventes, op. cit.* p. 68.

7   Schwartz. *Segredos internos, op. cit.*; Ferlini. *Terra, trabalho e poder, op. cit.*

expansão brasileira. Atingiu 1.040 t, aproximadamente, no início do século, e ao longo das décadas seguintes aumentaria pouco. A ilha de São Tomé ainda carregava 40 embarcações (algo como 2.000 t), embora seu açúcar já fosse considerado de baixa qualidade. A Sicília também produzia algo em torno de 1.000 t. Ademais, neste mesmo período há notícias de zonas de produção irrisória, como em Cuba (300 t) e Hispaniola (220 t). Vale dizer, a participação da produção brasileira no mercado, ao tempo da invasão de Salvador, era provavelmente de 70%, ou algo mais do que isso.[8]

Tabela 3: Número de engenhos e produção estimada por capitania

	Pernambuco		Bahia		Rio de Janeiro		Brasil	
	engenhos	prod. (t)	engenhos	prod. (t)	engenhos	prod. (t)	engenhos	prod. (t)
1570	23	–	18	–				
1583	66	–	36	–				
1591	63	5.557						
1610			63	4.410	14	–		
1612	90	–	50	–				
1614							192	10.290
1622	119	7.998						
1624							300	14.112
1629	150	–	80	-	60	–	350	–
1632			84	4.608				
1637							350	13.230
1639					110	–		
1654								17.643
1662			69	–				
1675			130	–				
1710	246	5.931	146	7.460	136	5.258	528	19.047

Fontes: Stuart Schwartz, *Segredos Internos*, p. 148-150; Frédéric Mauro, *Portugal e Brasil*, v. 1, p. 255-7; J. Pinheiro da Silva, "A capitania da Bahia", In: *Revista portuguesa de História*, n. 8, 1959, p. 179-181.

Uma análise mais precisa da distribuição do mercado ainda carece de informação, e a Tabela 3 também é clara em apontar a escassez de registros da quantidade de açúcar produzida no Brasil durante o século XVII. Uma maneira de se

---

8   Horacio Crespo. *Historia del Azúcar en México*. México: Fondo de Cultura Económica, 1988, p. 50-58, 139; Morreale. *Insula dulcis, op. cit.*; Deerr. *The history of sugar, op. cit.*

contornar tal deficiência é a estimação do produto por meio do valor do contrato dos dízimos (Gráfico 1). Para tanto, seguiremos o método de cálculo proposto por Angelo Alves Carrara, com uma pequena e importante correção.[9] Considera-se que o açúcar representa 90% da arrecadação dos dízimos, e que o seu valor contratado (*D*) efetivamente representa 10% da produção. Considera-se que o açúcar mascavo produzido era a metade do açúcar branco, e que o preço do primeiro é, em média, igual a 0,55 vezes o preço do segundo (quando se sabe o preço do açúcar mascavo, este coeficiente não é necessário, pois pode-se usar a proporção observada). Assim, do valor do contrato estima-se o valor total da produção ($V = D.0,9.10$), e deste o valor da produção de açúcar branco ($Vb = V / (1 + 0,50.0,55)$ – e não simplesmente $V.0,66$, ou $V / (1 + 0,5)$). Com a divisão deste valor pelo preço, obtém-se a quantidade produzida do branco ($Qb = Vb / p$, o preço observado) e a quantidade total ($Q = Qb + Qb.0,5$).

Ora, trata-se claramente de um método muito impreciso, apesar de todo o cuidado que tenhamos em manejá-lo e desenvolvê-lo. Dele resulta uma quantidade subestimada para a produção real, devido a pelo menos duas razões significativas: os açúcares do dízimo eram de pior qualidade (portanto o valor real da produção era maior que dez vezes a sua arrecadação) e o valor do contrato era inferior ao valor do produto efetivamente arrecadado. Além disso, é um péssimo indicador de conjunturas de curto e médio prazo, pois isso significaria pressupor que as margens de ganho do contratador eram constantes. Entretanto, o valor adiantado na arrematação do contrato referia-se à uma expectativa da produção na safra seguinte, e não à produção corrente. Com isso, o negócio envolvia uma boa dose de especulação, e tanto era possível acabar em lucros extraordinários, quanto em prejuízos e queixas do contratador, ou mesmo ficar em pregão por meses, por falta de interessados. Ademais, enquanto o valor do contrato era determinado *ex ante*, a arrecadação efetiva pelo contratador e seus parceiros dependia do preço atingido durante a safra, de forma que o impacto das oscilações de curto prazo nos preços sobre o valor da produção não é contemplado no cálculo, e assim o vaivém dos preços interfere, em sentido contrário, na estimação da quantidade produzida, afastando-a da produção real.

9   Angelo Alves Carrara. *Receitas e despesas da Real Fazenda no Brasil*. 2 vols. Juiz de Fora: Universidade Federal de Juiz de Fora, 2010, vol. I, p. 82.

Gráfico 1: Estimativas da produção açucareira a partir do contrato dos dízimos (em tonelada)

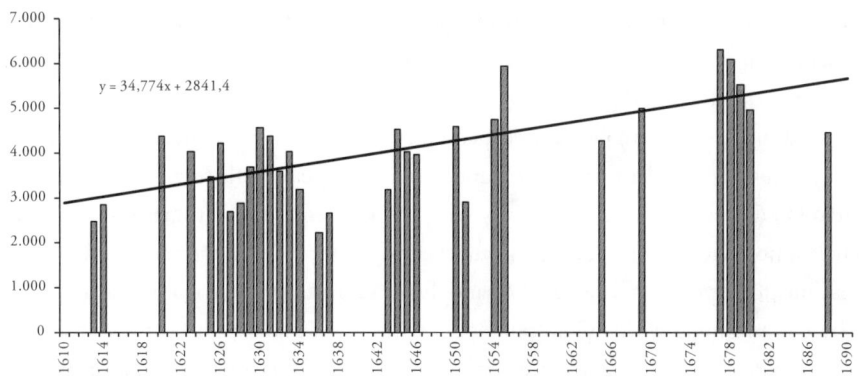

Fonte: elaboração própria, a partir de Carrara, Receitas e despesas, *op. cit.*, p. 125.

O cálculo do valor da produção pelo contrato dos dízimos, portanto, não ofere-ce resultados minimamente confiáveis para que se possa analisar conjunturas muito pequenas, ou estimar a produção açucareira em um dado ano. Não obstante, se é aceitável que os erros em média se anulam, a validade do método está em seu empre-go como indicador da tendência, no longo prazo, do produto total.[10] Por meio da re-gressão simples dos resultados entre 1610 e 1690, encontra-se uma taxa de crescimento real média de 0,85% ao ano. Se forem tomados como referência apenas a produção registrada nos anos de 1610, 1632 e 1710, teremos uma taxa de 0,55%, para um período semelhante.[11] Sabe-se bem, a margem de erro de tais estimativas é muito grande, mas pelo tipo e quantidade dos registros, o cálculo a partir dos dízimos parece-nos mais confiável. Essa taxa média, ao longo de oitenta anos, não é muito baixa, se comparada com o ritmo normal de crescimento econômico anterior à Revolução Industrial, o que atesta para o dinamismo, em geral, do comércio atlântico, das economias coloniais e da produção açucareira, mesmo em meio à "crise geral" do século XVII. Entretanto, o número de engenhos indica uma taxa de crescimento de 2,46% na Bahia entre 1570 e 1612 (1,14% depois de 1583). Talvez seja exagerado afirmar que houve uma tendência geral de estagnação nas décadas seguintes, sobretudo considerando-se que os dados

---

10   Angelo Alves Carrara. "Para uma história dos preços do período colonial: questões de método". In: *Locus: revista de história*, v. 14, n. 1, 2008, p. 191.

11   Schwartz. *Segredos internos*, p. 150.

indicam conjunturas distintas de crescimento real. Como um todo, porém, o crescimento da produção de açúcar (em termos reais) no período entre 1610 e 1690 parece
ao menos desacelerar-se, provavelmente em seguida à expansão do produto pela difusão da moenda de três cilindros. Ainda que se tenha sustentado um ritmo razoável de
crescimento em alguns momentos, ele permaneceu inferior ao dinamismo inicial da
indústria, na viragem do século XVI, como era de esperar.

Todavia, esse quadro permanece incompleto sem que se tome em conta o crescimento vegetativo da população colonial, durante o mesmo período. Infelizmente, o problema
então são as deficiências ainda mais graves da documentação. Se tomarmos como referência a população da cidade de Salvador, entre 1610 e 1681, encontramos uma taxa de
crescimento populacional de 1,29% ao ano. Essa razão gira em torno de 2%, se forem consideradas as estimativas reunidas por Roberto Simonsen, observadas entre 1570 e 1690.[12]
Isso também é bastante, para aquele tempo – Carlo Cipolla estima que, a partir de 1650, a
população mundial crescia a 0,3% ou 0,4% anuais, se é que não houve declínio em relação
ao século XVI.[13] Nas colônias, afinal, as taxas de crescimento vegetativo também haveriam
de ser maiores que as do Velho Mundo. Deve-se lembrar das epidemias de varíola, em
1666, e de febre amarela, em 1686, mas isso não diminui os efeitos da comparação: toda a
população humana, não apenas na Bahia, estava sempre à mercê do flagelo dos micróbios.
É razoável concluir que, ao longo desse tempo, o crescimento vegetativo da população
baiana apresentou um ritmo bastante superior ao do crescimento real da produção açucareira, pelo menos em meio ponto porcentual ao ano.

Deste modo, pode-se acompanhar a conclusão de Celso Furtado de que o movimento geral da economia açucareira no Seiscentos é de estagnação ou redução na
produtividade real do trabalho e liberação de mão de obra para a "projeção" da economia exportadora, a pecuária e a lavoura de subsistência. Dada a baixa monetização
de tais setores (atestada pela participação predominante do açúcar no rendimento
dos dízimos, e destes na arrecadação da Fazenda Real) e o caráter extensivo de seu
crescimento, é muito pouco provável que não tenha ocorrido uma queda gradativa na
produtividade em geral. Entre os ramos de atividade que absorvem o crescimento populacional, talvez deva-se destacar a expansão nas exportações baianas de tabaco, cujo
consumo na Europa e na África também disparava naquele tempo.[14] Como porém

---

12   Roberto Simonsen. *História econômica do Brasil.* 2ª ed. São Paulo: Nacional, 1944, p. 271.

13   Carlo Cipolla. *História econômica da população mundial.* Trad. Sergio Flaksman. Rio de Janeiro:
      Zahar, 1977, p. 104.

14   Jean Baptiste Nardi. *O fumo no Brasil Colônia.* São Paulo: Brasiliense, 1987, p. 32; Bert J. Barickman.
      Um contraponto baiano: açúcar, fumo, mandioca e escravidão no Recôncavo. Trad. Maria Luíza Borges.

o próprio consumo anual ainda não chegava a 1.500 toneladas, massa muito inferior à produção baiana de açúcar, é difícil que o fumo tenha, por si só, feito prevalecer uma tendência contrária, tampouco a soma dos demais produtos de exportação. Por conseguinte, podemos caracterizar a tendência geral da produção na Bahia do século XVII como de desaceleração, com fases de depressão aberta, na produção de açúcar, declínio da produtividade real, expansão na economia do abastecimento e aumento da participação do couro e do fumo nas exportações. Do ponto de vista das relações sociais de produção, pode-se talvez aventar a possibilidade de expansão de formas de trabalho compulsório menos intensas que a plantagem, com graus variados de autonomia do produtor direto (mesmo o escravo da "brecha camponesa"), embora certamente sujeitas a uma produtividade física mais baixa. Não há, porém, como confirmar numericamente essa tendência.

Gráfico 2: Índice de preços do açúcar branco na Bahia (1607=100)

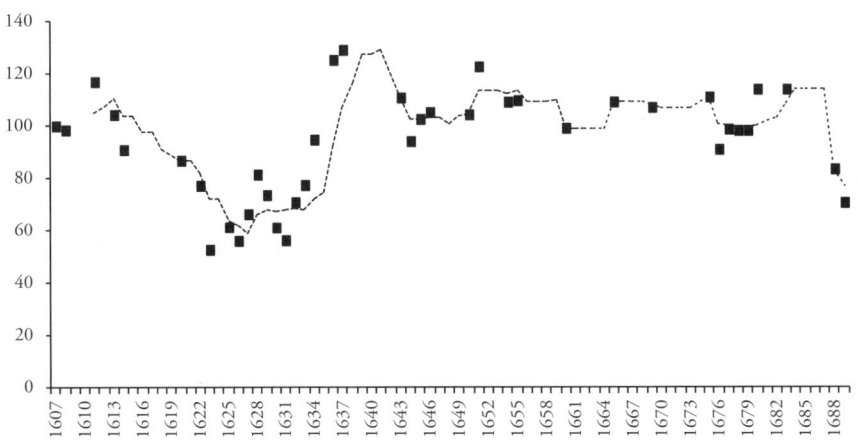

Fonte: elaboração própria, a partir de Stuart Schwartz, *Segredos Internos, op. cit.*, p. 400

O que mostram os preços? Como se sabe, não há uma série uniforme com as cotações do açúcar na Bahia, praticadas para toda a sua produção. Entretanto, há principalmente o registro dos preços aferidos pelo engenho Sergipe do Conde e das compras de açúcar pelo hospital da Santa Casa de Misericórdia, organizados

Rio de Janeiro: Civilização Brasileira, 2003, p. 62.

por Stuart Schwartz e aqui apresentados em números-índices no Gráfico 2. Como se vê, houve uma conjuntura de preços baixos a partir de 1610, que até o piso em 1622 resulta em uma queda de 40%, para valer $850 a arroba. Em seguida, deu--se uma breve recuperação, até 1628, e outra, substancial, a partir de 1632, com a ocupação de Pernambuco pela WIC, culminando no pico registrado em 1637, de 1$420 por arroba. A partir de 1642, encerrou-se a efêmera conjuntura de preços extraordinariamente altos, e o valor do açúcar permanece relativamente estável até 1680, num patamar superior à depressão entre 1620-1633. A partir de 1675, o registro vem das compras da Santa Casa. A década de 1680 é uma época de crise nos preços e na produção açucareira, cujo pior momento parece ter ocorrido em 1688 e 1689, quando o açúcar chega a valer $864 a arroba. Depois, a Guerra dos Nove Anos e a Guerra de Sucessão Espanhola favoreceriam a recuperação dos preços, até nova estagnação, a partir de 1710. Isso, é claro, tomando-se o preço da arroba de açúcar em réis. Stuart Schwartz, entretanto, sugere o ajuste dos valores pela desvalorização da moeda portuguesa, com o quê pode-se estimar os preços em pesos de ouro e prata amoedados.[15] Na Tabela 4, pode-se averiguar a aplicação deste ajuste, exceto que o fizemos não apenas para a desvalorização de 1688, mas para todas as outras que ocorreram desde 1642. Como vimos, neste período o real perdeu 133% de seu valor em relação à prata e 243% em relação ao ouro.[16]

Tabela 4: Índices do preço do açúcar branco, ajustados pela desvalorização da moeda (1607=100)

Período	Índice básico	Índice ajustado pelo preço do ouro	Índice ajustado pelo preço da prata	Taxa estimada de crescimento real
1607-14	102	102	102	–
1620-33	68	68	68	-0,13%
1634-37	116	116	116	–
1642-69	107	50	94	0,98%
1675-89	98	35	63	-2,84%

Fonte: elaboração própria

---

15   Schwartz. *Segredos internos, op. cit.*, p. 400. Para questões metodológicas acerca deste ajuste, veja-se: Carrara. "Para uma história dos preços", *op. cit.*, p. 199.

16   Sousa. *Moeda e metais preciosos, op. cit.*, p. 294.

O destaque de conjunturas específicas para análise não é trivial. Há uma variedade de métodos e problemas na definição de ciclos de durações diferentes, mesmo para dados uniformes e completos.[17] Neste caso, as lacunas na série e a harmonização entre duas fontes distintas agravam as dificuldades, o que determinou as opções do método empregado. Evitou-se o emprego de qualquer tipo de interpolação, por ser o conjunto de dados considerado insuficiente para estabelecer padrões sazonais com um mínimo de precisão, sobretudo quando os preços do açúcar mostravam-se capazes de grandes alterações em um curto período de tempo. No Gráfico 2, apresenta-se uma linha com médias móveis quinquenais, que Kátia Mattoso entendeu adequadas ao movimento dos preços na Bahia, a partir de 1750. Ademais, a série parece indicar a presença de vários ciclos de curto prazo, particularmente entre 1620 e 1650. De um lado, a curva resultante é bem ilustrativa deste período. Todavia, é perceptível que os hiatos no registro de preços na segunda metade do século XVII anularam seus resultados. Deste modo, tomou-se por necessário acrescentar à análise um outro balizamento, apresentado na Tabela 4, para o cálculo de índices de preço e taxas de crescimento médios: um período entre 1607 e 1614, a representar o ápice histórico nos preços e no crescimento real da economia açucareira; um período entre 1620 e 1633, com a queda nos preços pela crise que, na Europa, inicia-se em 1619, até o momento em que o preço do açúcar recupera o nível anterior à mesma; uma breve conjuntura de preços extraordinariamente elevados, devido à guerra em Pernambuco, entre 1634 e 1637; o período entre 1642 e 1669, para o qual os preços apresentam uma razoável estabilidade, separado do período 1675 e 1689 devido à mudança na origem dos dados e à indicação de reversão na tendência de crescimento real. É claro, não se pretende com isso nenhuma revisão apriorística das análises do movimento conjuntural, de autores como Frédéric Mauro, Mircea Buescu, Stuart Schwartz e Vera Ferlini. O objetivo é a organização e tratamento dos dados disponíveis, para que se possa compreender algo mais sobre a economia baiana, no período em que teve de sustentar o esforço de guerra contra a presença neerlandesa no Nordeste.

Na década de 1610, encerrou-se a fase que vinha desde meados do século XVI, de crescimento acelerado e aumento contínuo nos preços, durante a qual se deu a transição da escravidão indígena para a do africano e a cristalização dos pilares estruturais da economia colonial: a monocultura açucareira como centro dinâmico, a distribuição concentrada da terra aos chefes da conquista e a reprodução da força de

17   Vide, por exemplo: José Jobson de Andrade Arruda. *O Brasil no comércio colonial*. São Paulo: Ática, 1980, cap. 1; Carrara. "Para uma história dos preços"; e Heitor Pinto de Moura Filho. "O uso da informação quantitativa em História: tópicos para discussão." In: *Locus: revista de história*, v. 14, n. 1, 2008.

trabalho, em regime de superexploração, por meio do tráfico negreiro. A partir de 1612, a cotação do açúcar começou a cair, e logo em seguida houve uma seca. Nos anos seguintes, são muitas as queixas da "grande baixa dos açúcares", da inadimplência de produtores endividados e do grande número de engenhos em leilão, sem compradores.[18] Entretanto, havia duas razões para que a desaceleração do investimento fosse moderada ou atrasada. Primeiro, a difusão da "moenda de palitos", introduzida na região entre 1608 e 1613, que resultava em aumento da produtividade (pela economia de trabalho na moagem) e, além disso, barateava o custo de construção de novos engenhos. Em Sergipe do Conde, por exemplo, foi adotada em 1617. Em segundo lugar, a escalada nas guerras portuguesas na África, particularmente entre 1617 e 1623, contra o Congo e o Ndongo, o que manteve baixo o valor dos escravos. O preço do açúcar, entretanto, sofreu novo impacto baixista a partir de 1618, devido à intervenção do Santo Ofício no negócio, pelo envio de inquisidores à Bahia e Pernambuco, e à crise no comércio europeu, após a eclosão do conflito na Alemanha e, em seguida, o fim da Trégua dos Doze Anos. Em 1623, registrou-se provavelmente o menor preço do açúcar branco em todo o século XVII: 580 réis.[19]

Como observamos na Tabela 4, na década de 1620 os preços permaneceram em uma média 33% menor que eram por volta de 1610. Ao que parece, em algum momento da década, a conjuntura afinal pôs em xeque o crescimento da produção, pois o valor do arrendamento dos dízimos indica uma média de -0,13% entre 1620 e 1633, de maneira que houve uma estagnação contínua, ou um forte impacto negativo no início do confronto, seguido de sua recuperação durante a ocupação de Pernambuco. Em 1623, o contrato dos dízimos demorou a ser arrendado, por falta de interessados. A ocupação de Salvador pela WIC ocorreu em meio à depressão no comércio, o que atrasou a retomada da produção após a batalha. Em setembro de 1625, o provedor--mor escrevia: "os mais dos engenhos até hoje não moem e alguns que moem é muito pouco, a respeito de lhes faltar muitas coisas". No ano seguinte, a Câmara de Salvador fixou um preço mínimo para o açúcar, de modo a combater a baixa: $750 para o

---

18   Ferlini. *Terra, trabalho e poder, op. cit.*, p. 62; Costa. *O transporte no Atlântico*, p. 60; Carta de André Farto da Costa a S.M., 15/11/1613, AHU, Bahia, série Luísa da Fonseca, cx. 1, doc. 50.

19   Schwartz. *Segredos internos, op. cit.*, p. 118, 146; Joseph Miller. "Slave Prices in the Portuguese Southern Atlantic, 1600-1830". In: Paul Lovejoy (ed.) *Africans in Bondage. Studies in slavery and slave trade.* Winscosin: University of Winscosin, 1986; Ruggiero Romano. "Between the sixteenth and seventeenth centuries: the economic crisis of 1619-22". In: Geoffrey Parker e Lesley Smith (eds.), *The general crisis of the seventeenth century.* Londres: Routledge, 1978.

branco, $360 para o mascavo, $240 para o panela.[20] Nos três anos seguintes, haveria uma breve recuperação nas cotações, mas a guerra continuaria a impor prejuízos. Além do aumento na tributação, para o sustento do presídio de Salvador, os fretes começaram a encarecer, com aumento médio de 4,5% anuais até 1640, segundo Leonor Freire Costa. O motivo estava no assédio dos corsários neerlandeses à navegação portuguesa, que segundo os relatórios da WIC teriam capturado 40.000 caixas (8.820 t, aproximadamente) de açúcar entre 1626 e 1629. Como vimos, só o ataque de Piet Heyn a Salvador e à foz do rio Pitanga resultou no roubo de 770 t, mais ou menos.[21]

Entretanto, o desembarque da WIC em Pernambuco acabaria por favorecer a produção açucareira da Bahia. Depois de atingir uma baixa de $620 em 1631, o preço do açúcar aumentou ano após ano. Em 1634, recuperou-se o nível de preços anterior à crise de 1619-22, e a tendência de alta continuou pelo menos até 1637, quando o engenho Sergipe do Conde vendeu seu açúcar branco por 1$420, em média. Mas também há notícia de que, com a chegada da armada do Conde da Torre, em 1639, esse valor chegou a um pico de 1$600, provavelmente o teto do preço do açúcar no século XVII.[22] Conforme avançou o domínio da WIC sobre Pernambuco, em prejuízo de sua produção e seus portos de escoamento, o capital comercial passava a contar principalmente com o produto baiano, que encareceu. Particularmente, depois de 1635, com a ocupação neerlandesa do Cabo de Santo Agostinho, que fechou a saída do açúcar produzido na parcela meridional daquela capitania, e com isso o preço em Salvador disparou. Por outro lado, a emigração de colonos pernambucanos significou um aporte de acumulação produtiva na Bahia, pelo seu estabelecimento e construção de engenhos no Recôncavo, ou pela venda e aluguel de seus escravos. Contudo, é difícil apurar se houve crescimento da produção. Os dados de Sergipe do Conde e a estimativa baseada nos dízimos indica uma queda entre 1634 e 1637. Como vimos, entretanto, isso não necessariamente significa que a produção do Recôncavo efetivamente decresceu. O valor do arrendamento dos dízimos permaneceu estagnado neste período, mas isso pode bem ser resultado do predomínio de Matheus Lopes Franco no negócio, um mercador associado a Gaspar Pacheco, e praticamente o único arrendatário do tributo durante aquela década.

---

20 Carta de Pedro Viegas Giraldes a S.M., 09/10/1623, AHU, Bahia, série Luísa da Fonseca, cx. 3, doc. 283; Carta do provedor-mor Francisco de Barros a S.M., 06/09/1625, AHU, Bahia, série Luísa da Fonseca, cx. 3, doc. 372; Carta dos oficiais da Câmara da Bahia a S.M., 16/05/1626, AHU, Bahia, série Luísa da Fonseca, cx. 3, doc. 424.

21 Costa. *O transporte no Atlântico, op. cit.*, p. 78.

22 Consulta do Conselho da Fazenda, 14/12/1639, AHU, Bahia, série Luísa da Fonseca, cx. 8, doc. 902.

Ao mesmo tempo, é preciso ressaltar que a elevação nos preços durante o avanço neerlandês em Pernambuco ocorreu em meio à vários outros problemas. O preço dos escravos começou a aumentar a partir da década de 1620, elevando o custo de produção. Segundo Vera Ferlini, tal elevação deu-se sempre em ritmo maior que o aumento no preço do açúcar. Além disso, o ataque de Nassau a Salvador causou danos pequenos ao Recôncavo, mas a supremacia naval das forças da WIC manteve o transporte do açúcar baiano à Europa sob ameaça, e a taxa de frete ao longo de 1630 permaneceu em um patamar 60% ou 70% superior em relação ao período *ante-bellum*. Entre 1634 e 1636, o governador-geral Diogo Luís de Oliveira suspendeu a partida de quaisquer embarcações de Salvador, até que houvesse um reforço da marinha ibérica. Com o escoamento da produção em suspenso, houve um número desconhecido de devedores que, como Belchior Brandão, entraram em inadimplência, resultando na restrição do crédito, enquanto renegociavam-se as dívidas e despachava-se a extensão dos prazos das licenças, causando enorme prejuízo a produtores e agentes mercantis. Enquanto isso, apesar do auge nos preços do açúcar, o governador-geral Pedro da Silva passou provisão proibindo a penhora de equipamentos dos engenhos, por estar informado de que "alguns credores, em razão de débitos, e sentenças; que alcançavam contra os senhores dos engenhos lançavam mão e faziam penhora na fábrica, e peças deles, e as rematavam e vendiam separadamente, com que se iam desfabricando".[23] A interrupção da navegação, portanto, poderia explicar um possível quadro de restrição dos adiantamentos ao produtor, resultando em declínio da safra, como parece indicar o açúcar fabricado em Sergipe do Conde. Todavia, não há indícios definitivos de que isso tenha ocorrido em grande escala.

Para muitos produtores e comerciantes, a alta nos preços provocada pelo desarranjo da produção pernambucana até 1636 provavelmente ofuscou os problemas causados pela guerra. Como se vê no Gráfico 3, as exportações do Brasil Holandês demoram a crescer, após a conquista pela WIC, e mesmo em seu ápice chegaram apenas a pouco mais que a metade da produção pernambucana antes da guerra. Vale dizer, a principal região produtora de açúcar na virada do século XVII foi severamente atingida, e abria-se assim um grande espaço no mercado. Não apenas a produção portuguesa na Bahia e no Rio de Janeiro foi favorecida, mais também outras áreas ocuparam partes desse espaço. A Madeira viveu um breve renascimento de sua indústria, que chega a um pico de 500 t, sem contudo disparar uma nova fase de expansão

---

23   Provisão do governador-geral Pedro da Silva, 30/09/1636, DHBN, v. 16, p. 388-91; Requerimento de Francisco Lamberto, 05/05/1635, AHU, Bahia, série Luísa da Fonseca, cx. 5, doc. 574; Ferlini. *Terra, trabalho e poder*, p. 95; Miller. "Slave prices". In: *op. cit.*

prolongada. Segundo Antonino Morreale, o período entre 1620 e 1650 também marca o auge da produção siciliana, ao contrário do que é comumente afirmado. Tampouco é uma região de técnica defasada: com moendas de três cilindros similares às brasileiras, estima-se que cada engenhos produzia algo entre 30-37 t (não muito diferente do engenho brasileiro, portanto), e assim a Sicília teria produzido 1.120 t/ano, naquele período. O Gráfico 3 também mostra as exportações de açúcar a partir de colônias holandesas na Indonésia, por meio da VOC, conforme anotadas por Noel Deerr. Ali também é visível um ciclo breve, entre 1630 e 1660, que chega a exportar 1.500 t em 1639.[24] Não obstante, são regiões que produzem açúcar de qualidade inferior, e que provavelmente não tiveram capacidade de ocupar sequer a metade do espaço no mercado deixado pela ocupação de Pernambuco. Por isso, elevaram-se tanto os preços na Bahia, embora também seja claro que o produtor e o comerciante baiano não pode usufruir de tal conjuntura tranquilamente, mas apenas em meio à elevação dos riscos, dos custos de produção e de transporte. Além, naturalmente, da ameaça de ocupação neerlandesa, que continuava presente, ou de uma campanha destrutiva contra os engenhos e canaviais do Recôncavo, como em 1640.

Gráfico 3: Exportações de açúcar, Brasil Holandês e colônias da VOC (em toneladas)

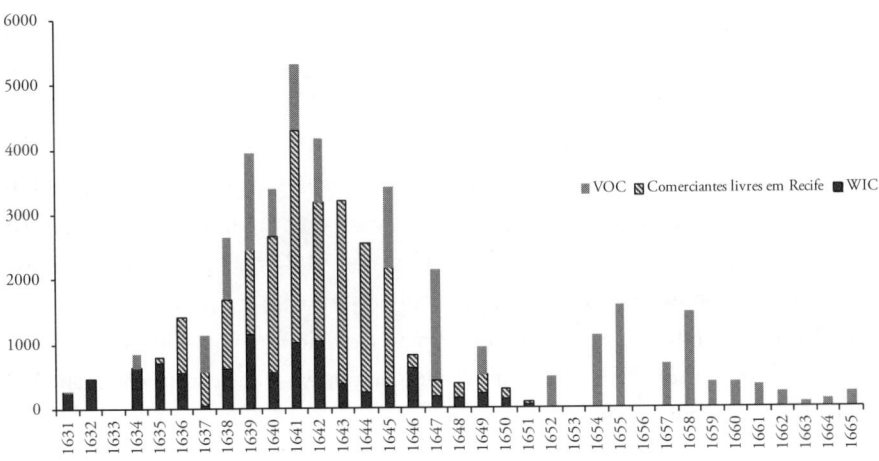

Fonte: Deerr, *The history of sugar*, p. 214-5; Puntoni, *A mísera sorte*, p. 99

---

24   Vieira. *Canaviais, açúcar e aguardente na Madeira*, p. 144; Morreale. *Insula dulcis*; Deerr. *The history of sugar*, v. 2, p. 214-5.

Por conseguinte, a década de 1630 foi para o comércio português na Bahia um período de grandes oportunidades e grandes riscos – nas palavras de Stuart Schwartz, uma conjuntura de "lucros e prejuízos a curto prazo".[25] Por exemplo, como atesta um requerimento de comerciantes do Porto, a prática de conceder licenças de navegação fora do embargo para as armadas resultava em favorecimento de alguns poucos mercadores lisboetas e estrangeiros, e grande dano para si. Sobretudo, porque "o principal trato e negócio dos naturais da cidade e termo consiste nas viagens e navegações do Brasil, em que se ocupa muita gente que vive disso, como são donos, mestres e marinheiros, deles que vão ganhar seus fretes e soldadas de que vivem, mercadores e passageiros que mandam, e vão, com fazendas, e trazem seus retornos, com açúcares". Fazendas, diziam, "que aqui se fabricam e que vêm de fora".[26] Naturalmente, não se trata apenas de uma consequência das concessões de licenças de navegação, mas da condição geral do comércio durante a guerra. E não só no transporte, que, restringido, favorecia um grupo pequeno de mercadores, mas também no ramo de seguros marítimos e créditos a risco (com taxas de juro de até 100%) – aliás, em boa parte contratados junto a capitalistas de Amsterdam, Londres e Hamburgo. Por outro lado, a partir de 1627 uma parcela significativa de grandes mercadores portugueses dedicou um grande volume de seu capital em negócios com as colônias de Castela e no asiento de Flandres, e mudaram-se para Madri. Em 1630, falava-se na Câmara de Lisboa da "falta de cabedais e homens de negócio" para o comércio do Brasil. Para todos os efeitos, a conjuntura resultou em um processo agudo de centralização do capital comercial no trato do açúcar, da qual é característica a concentração da navegação, o emprego de embarcações maiores e melhor artilhadas e o recurso a comerciantes estrangeiros, como observamos no capítulo anterior. Como afirma Leonor Freire Costa, "o volume do tráfico seria inferior ao da época de prosperidade, mas agora se associava a lucros excepcionais e, para os que jogavam com créditos a risco e com açúcar, estes anos prometiam a acumulação de fortunas. O Reino e a Câmara de Lisboa queixavam-se da miséria. Todavia, a exiguidade do número de contratos celebrados nesta década esconde um núcleo de homens de negócio que consolida sua posição. (...) Os sobreviventes desse mundo arriscado colaram-se a D. João IV com cabedais suficientes para se tornarem seus banqueiros".[27]

---

25 Schwartz. *Segredos internos*, p. 157.

26 Representação de comerciantes do Porto a S.M., 11/03/1638, AHU, Bahia, série Luísa da Fonseca, cx. 7, doc. 782.

27 Costa. *O transporte no Atlântico*, p. 70-72, 227 e segs.; Uma versão anterior desse argumento pode ser vista em "1580 e a Restauração", In: Godinho. *Ensaios*.

Em Amsterdam, o ano de 1637 também marcou um pico extraordinário para o preço do açúcar brasileiro: 0,85 florins (Gráfico 4). Nos anos seguintes, a reativação da lavoura canavieira no Brasil Holandês e a trégua assinada com Lisboa em 1641 abriram o fornecimento do produto ao mercado, rebaixando os preços em aproximadamente 40% até 1645. Se na década de 1630 os preços em Salvador e Amsterdam viveram movimentos diferentes, a partir de 1637 passam a flutuar em sincronia. O coeficiente de correlação entre ambas as séries, insignificante (0,10) para o período 1624-1636, chega a 0,60 para o período 1636-1651, sempre que é possível a comparação dos dados. O valor do açúcar mascavo, aliás, respeita a mesma tendência. A despeito da oferta da Nova Holanda, portanto, o entreposto comercial de Amsterdam recorria ao açúcar proveniente da Bahia, de modo a reverter a conjuntura altista da década de 1630. Apesar da falta de registros do preço do açúcar baiano no início da década de 1640, é muito provável que tenham acompanhado a tendência baixista que aparece ali.

Entretanto, a queda dos preços afetou ambas as colônias, mas em condições diferentes. Em Recife, a queda nos preços acentuou gravemente o problema do endividamento dos produtores e reverteu o fluxo dos adiantamentos, sem que o governo da WIC pudesse intervir em contrário. Na Bahia, porém, o setor produtivo contaria com uma variedade de mecanismos, como a proibição do arresto dos bens do engenho pelo credor, que sustentava a economia açucareira em operação e a lealdade à Coroa da fração dominante do senhoriato colonial. Com o mesmo efeito, em 1642, a Câmara de Salvador novamente fixou preços mínimos para o açúcar. Como de costume, os valores foram assentados por uma comissão de dois oficiais da Câmara, dois produtores e dois mercadores: 1$000 para o açúcar branco fino, $900 para o médio, $800 para o baixo, $550 para o mascavo e $240 para o panela. Assim, politizava-se a intermediação entre produção e capital comercial, e atenuava-se o impacto da queda nos preços sobre a economia colonial. Ainda assim, adicionava-se aos preços baixos o aumento da tributação, e o Conselho Ultramarino constatava, em 1644, que por isso "muitos senhores de engenho deixam de fazer açúcares, por ser mais a despesa do que deles resulta".[28]

---

28   Mauro. *Portugal, Brasil e o Atlântico*, p. 317; Ata da Câmara de Salvador, 22/01/1642, DHAM: AC, v. 2, p. 66-7; Consulta do Conselho Ultramarino, 06/05/1644, AHU, Bahia, série Luísa da Fonseca, cx. 9, doc. 1053.

316   Wolfgang Lenk

Gráfico 4: Índices de preço do açúcar branco, Bahia e Amsterdam (1651=100)

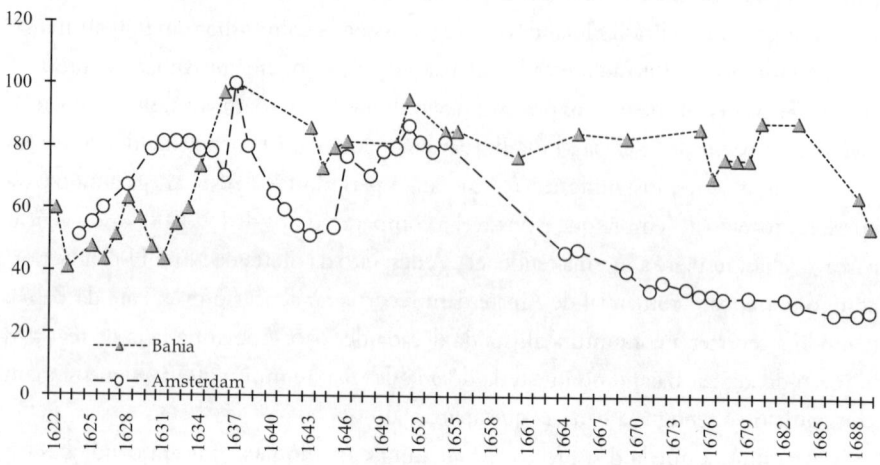

Fonte: Schwartz, *op. cit.*, apêndice B; Posthumus, *Nederlandsche Prijsgeschiedenis*

Além disso, deve-se ressaltar o estímulo proporcionado pelas alterações na moeda portuguesa. Depois de 1640, a Bahia observou rápido desaparecimento do numerário em circulação, em função do encerramento do comércio com o Rio da Prata e do aumento de remessas de metal precioso para o Reino. Depois de dois anos sob a pressão da escassez, em 1643 o governador-geral procedeu com a elevação do valor das patacas, desvalorizando assim o real em relação à prata. Como vimos, as moedas portuguesas perderiam muito de seu valor em metal nas décadas seguintes, o que não deve ser esquecido na análise da conjuntura posterior à Restauração. A Tabela 4 indica que, em termos nominais, a média dos preços observados entre 1642 e 1669 foi levemente superior (5%) ao período entre 1607 e 1614, e 57% mais alta que entre 1620 e 1633. Em peso de prata, a diferença é um pouco menos favorável: há uma queda de 8% em relação a 1607-1614, e um aumento de 38% em relação a 1620-1633. Em peso de ouro, porém, a brusca elevação de seu preço pela Coroa, logo em 1642, resulta em uma comparação muito diferente: 49% em relação a 1607-1614 e 26% em relação a 1620-1633, o que significa uma ressalva importante à recuperação conjuntural da década de 1650.

Não é simples definir qual foi o peso da desvalorização da moeda na deterioração dos termos de intercâmbio e na renda real da colônia. Segundo Rita Martins de Sousa, o aumento nos preços do ouro e da prata, entre 1640 e 1688, não resultou em elevação significativa no valor em réis de uma cesta de mercadorias cotidianas, pelo menos até 1679. Deve-se lembrar que, a partir de 1650, a tendência dos preços dos cereais na Europa é de queda, ao que parecem indicar as séries de diferentes cotações locais e o movimento no estreito de Öresund, em paralelo ao declínio da importância do abastecimento pelo Báltico. Ou seja, a redução no preço do trigo importado possivelmente compensou, em alguma medida, a redução na capacidade de importar.

Na Bahia, de forma similar, o problema da desvalorização do real (e do açúcar, se denominado em peso de ouro e prata) existiria sempre que o produto importado tivesse seu valor atrelado ao metal precioso, ou este fosse diretamente empregado no intercâmbio com outras regiões. Todavia, tal efeito é muito difícil de se estimar, nem há indícios que tenha de fato ocorrido. Entre os principais produtos de importação da Europa (vinho, sal, azeite, bacalhau, farinha de trigo), houve provavelmente uma forte elevação nos preços, durante a década de 1650. Contudo, não devido à desvalorização, mas à implementação do sistema de frotas da Companhia Geral do Comércio – esta sim, a causa mais efetiva de deterioração dos termos de troca para a economia baiana, naquela conjuntura. Embora não se possa dispor de séries de preço para tais importações, são muitos os registros da carestia. Um documento redigido por moradores, por exemplo, denunciava "o dano de faltarem no Estado do Brasil os mantimentos dos estanques, que com a dilação das armadas, não há mais que para os ricos, e os que há são de pior qualidade, e se compram de segunda mão, a preços excessivos, padecendo também os moradores do Brasil o fazerem-se seus açúcares, de tão ruim qualidade por velhos, que valem muito menos lá e cá (no Reino)".[29]

Entretanto, como observamos na Tabela 4 e no Gráfico 4, a imposição do regime de frotas não impediu que a conjuntura da economia açucareira na Bahia, entre as décadas de 1650 e 1670, fosse razoavelmente positiva, dentro das circunstâncias. É bem possível que a desvalorização do real português tenha tido um importante efeito favorável, ao defender o produto brasileiro da queda do preço na Europa, em meio à concorrência antilhana. Apesar das muitas lacunas na série, percebe-se que o valor do açúcar permaneceu estável ao longo do período, em um nível aproximadamente 15% superior à média secular, até a queda brusca na década de 1680. Já em Amsterdam, o preço caiu pela metade do que era na década de 1640. Em março de 1646, após novo desarranjo na produção pernambucana, devido ao levante de João Fernandes Vieira, o açúcar em Salvador encareceu rapidamente, e a Câmara desta vez foi levada a determinar um teto de 1$600 por arroba, para que o comércio com a metrópole não fosse prejudicado ("porquanto [o açúcar] valia mais caro que no Reino"). Aliás, note-se que, nesta ocasião, o acordo já incluiu a fixação do preço do tabaco. Por sua vez, o valor do contrato dos dízimos sugere uma taxa de crescimento

---

29 Representação dos moradores do Brasil, c. 1652, AHU, Bahia, série Luísa da Fonseca, cx. 12, doc. 1485; Ferlini. *Terra, trabalho e poder*, p. 101.

real de 0,98% ao ano, também um pouco acima da razão estimada para todo o período 1607-1689. Ao que parece, a desvalorização da moeda sustentava o valor em réis do açúcar, possivelmente também do tabaco e do couro.

Outra causa importante da expansão sustentada na produção de açúcar foi a tendência de queda no preço dos escravos na Bahia, novamente devido à retomada da ofensiva portuguesa na África, a partir de Angola. A estimativa de Joseph Miller é que estes também chegaram a um pico, em sua média decenal, nos anos de 1650, e aparentemente foram reduzidos em 10% até a década de 1670. Ademais, o encerramento da guerra certamente deu tranquilidade às exportações. Como vimos, o último ataque neerlandês aos engenhos do Recôncavo ocorreu em 1648 (com 23 deles atingidos, e 1.500 caixas roubadas), e depois de 1650 encerrou-se o assédio sistemático do corso à navegação portuguesa. Por conseguinte, o provável é que a economia açucareira da Bahia, pelo menos entre 1650 e 1670, tenha sido capaz de absorver os impactos negativos das secas periódicas, da epidemia de varíola (1665), do excesso de chuvas (1667, 1669), da alta carga tributária e da difusão da lavoura canavieira pelas Antilhas.[30]

Do ponto de vista da distribuição geográfica da oferta, a produção reunida das capitanias do Brasil continuaria a atender mais da metade do mercado de açúcar, até que o desenvolvimento da indústria no Caribe lhe solapasse a liderança, ao fim do século XVII. Entre 1630 e 1650, continuaram a existir áreas produtivas de pequeno porte e experiências de implantação, enquanto ingleses e franceses ocupavam várias das Grandes e Pequenas Antilhas. Em São Cristóvão, dividida entre as duas potências, ambos os governadores decidiram trocar a produção de tabaco pela de açúcar, em 1639. Em quatro anos, o lado francês da ilha já produzia suas primeiras caixas, mas ainda por vinte anos o anil seria seu principal item de exportação. Na Martinica, a produção começou como uma experiência da Compagnie des Îles d'Amerique, por decisão de 1638. Para tanto, a empresa confiou 3.000 acres de terra a certo M. Trezel, mercador de Ruão. Todavia, a resistência dos habitantes e da mata local dificultaram-lhe a tarefa, a primeira safra ocorreu apenas em 1647, e levaria até meados de 1660 para que começassem as exportações.[31] Em Barbados, porém, a "revolução açucareira" varreu a ilha logo de início. Na década de 1640, a colônia britânica enfrentava a má conjuntura nos preços do açúcar e do tabaco, enquanto a comunicação com Londres havia-se rompido em função da guerra civil. O vazio foi então ocupado por comerciantes holandeses, estabelecidos em Curaçao,

30   Ata da Câmara de Salvador, 10/03/1646, DHAM: AC, v. 2, p. 306; Miller. "Slave prices". In: *op. cit.*; Schwartz. *Segredos internos*, p. 163.

31   Deerr. *The history of sugar*, vol. 2, p. 92.

e pela English Guinea Company, que ofereceram aos moradores um pacote completo para o negócio: adiantamentos, bens de capital, transportes, demanda pelo produto e, sobretudo, escravos. O primeiro plantio ocorreu em 1641. Doze anos depois, já haviam 20.000 escravos trabalhando na ilha, e em 1655 a produção chegou a mais de 7.000 t. A própria adoção do regime de frotas no Brasil parece ter favorecido tal processo, uma vez que restringiu-se a oferta de transporte do açúcar para a Europa. Em 1655, a quarta frota da Companhia Geral transportou algo em torno de 15.000 t de açúcar de todo o Brasil, mas de safras de pelo menos dois anos, e que incluía muito açúcar envelhecido escondido no fundo das caixas, para fazer peso.³²

A partir de Barbados, o "Rei Açúcar" conquistou gradativamente as Antilhas. Na Jamaica, conquistada pelos ingleses em 1655, já há um volume considerável de exportações na década de 1670, embora seja absurda a estimativa de Fernand Braudel (72.000 t em 1676) – levaria mais de cem anos para que a produção jamaicana atingisse essa quantidade. Nesta mesma década dá-se o início da lavoura em Guadalupe, por iniciativa da Compagnie des Indes Occidentales, e o crescimento acelerado da população escrava atesta a velocidade na implementação da indústria. Na virada do século, a produção barbadiana chegaria a 12.000 t, enquanto todo o Brasil talvez produzisse algo como 18.600 t, segundo o testemunho de Antonil. A partir da instalação dos engenhos em São Domingos, depois de 1697, acelerou-se o crescimento da produção açucareira nas Antilhas, num processo que, em paralelo à massificação do consumo e ao crescimento generalizado da economia-mundo, multiplicaria a oferta mundial do produto. Mas também é importante lembrar a afirmação de Braudel: a produção açucareira cresce rapidamente, entretanto organizada e defendida em mercados nacionais. Note-se, por exemplo, a importância do programa de Colbert para o crescimento da produção nas Antilhas francesas, por meio da articulação de uma companhia privilegiada, para concentrar o investimento, e pela reserva do mercado francês ao seu açúcar, resultado da reforma tarifária de 1664. A Inglaterra também cativou seu mercado doméstico para a oferta de suas colônias. O principal objetivo era a defesa das refinarias locais, tanto pela internalização do valor agregado e da etapa fundamental do beneficiamento (o açúcar antilhano, principalmente, é mais dependente do refino para ser comercializado) quanto pelos encadeamentos com a atividade manufatureira em geral. Como afirmou o historiador francês: "Em suma, houve *partilha da produção*, depois *partilha da refinação* (operação essencial) e, finalmente, *partilha do mercado*".³³

32 W. A. Green. "Supply versus Demand in the Barbadian Sugar Revolution". In: *Journal of Interdisciplinary History*, v. 18, n. 3, 1988; Emmer. *The dutch in the atlantic economy, 1580-1880, op. cit.*, p. 56.

33 Braudel. *Civilização material, op. cit.*, v. 2, p. 164; Edel. "The brazilian sugar cycle". *op. cit.*; Alice Piffer Canabrava. *O açúcar nas Antilhas (1697-1755)*. São Paulo: IPE, 1981.

A difusão da indústria açucareira para o Caribe, em detrimento do controle português da oferta, foi desde o início observada e debatida em Portugal. Em meados da década de 1650, o Bispo do Porto afirmou que as reexportações de açúcar haviam deprimido o movimento comercial, por "não acharem quem lhos compre". Segundo ele, a perda de mercado explicava-se pelo excesso de tributos, que encareciam o produto, enquanto "são aliviados [pela Inglaterra] todos os que fabricam nas suas Barbadas (*sic*), por adiantarem deste modo a fábrica deles, e os direitos que estes deviam pagar per entrada, se lançam nos que se gastam no Reino". Tinha-se, inclusive, informação de que os ingleses construíam engenhos na Jamaica, para "deles tirarem não só os que hão mister para as suas terras, mas todos os que na Europa se puderem gastar". A sugestão do Bispo era adotar a mesma política: isentar as exportações e tributar o consumo doméstico, de maneira a despejar o máximo da mercadoria no mercado europeu, reduzir os preços e concorrer com o produto antilhano. A Coroa, entretanto, dependia da cobrança de tributos sobre o açúcar nas alfândegas do Reino. Entre os novos impostos, criados por D. João IV ao fim da década de 1640, o "quinto do açúcar" era o que mais dava resultados.[34] Segundo os deputados da Companhia Geral de Comércio, a expansão da concorrência era fato, "com a ruína em que o nosso comércio se vai, pois não tem já a saída o açúcar daqui", mas o verdadeiro problema era a "cobiça dos lavradores", contra a qual sugeriam a fixação do preço em valor "que faça boa conta ao lavrador, ao mercador e ao navegante": 1$100 o branco, $550 o mascavo e $240 o panela.[35]

Embora seja inegável a rápida expansão da produção nas Antilhas, a partir da década de 1650, não há como estimar com precisão sua influência sobre os preços na Europa e no Brasil. Segundo Vera Ferlini, a reversão geral da tendência secular de preços da economia-mundo europeia foi mais importante que a concorrência antilhana, na determinação da conjuntura dos preços durante esse período: "a própria natureza da plantation e da comercialização do açúcar, a partir de 1640, tendia à ampliação da produção, que, se não ocorresse nas Antilhas, ocorreria no Brasil".[36] Há que se lembrar que o produto brasileiro era de uma variedade diferente, de melhor qualidade, em relação ao melado e o açúcar exportados do Caribe.

Não obstante, se o surgimento da concorrência antilhana e a reversão na tendência geral dos preços não resultaram em uma aguda "crise geral" para colônias portuguesas,

---

34 Carta do Bispo do Porto a S.M., c. 1653-1656, BPA, Cód. 44-XIII-24, fl. 4; Magalhães. "Dinheiro para a guerra". Anos mais tarde, a política seria desenvolvida e executada pelo Conde de Ericeira.

35 Consulta da Junta de Comércio sobre o preço do açúcar, 29/11/1655, AHU, Bahia, série Luísa da Fonseca, cx. 13, doc. 1619.

36 Ferlini. *Terra, trabalho e poder*, p. 98.

(pelo menos, não até a década de 1680), deve-se observar que suas consequências não foram iguais em todas as capitanias do Brasil. Embora o preço do açúcar brasileiro tenha permanecido por três décadas em um patamar razoavelmente bom, se é que se pode tomar o valor observado em Salvador como referência, isso não foi suficiente para que a capitania de Pernambuco retomasse a escala de produção anterior ao tempo dos flamengos. Durante a guerra, houve importante redução da capacidade produtiva, devido à perda de vidas e a destruição de engenhos, canaviais e outras coisas. Nos anos que se seguiram, a prorrogação indefinida da alta tributação de guerra sobrecarregaria a produção local (apesar dos incentivos da Coroa à recuperação pernambucana, como as isenções no pagamento de taxas em Portugal), e a disputa judicial pela propriedade dos engenhos confiscados pela WIC e revendidos a portugueses certamente contribuíram para a geral incerteza e arrefecimento da acumulação produtiva. Em 1651, segundo carta dos moradores de Pernambuco, em protesto ao regime de frotas, o escoamento da produção anual precisava de 24 embarcações, com 400 ou 500 caixas de açúcar cada uma, o que perfaz algo entre 2.200 e 2.600 t da "novidade do açúcar". Se estiverem corretas as estimativas da Tabela 3, Pernambuco recuperou a capacidade produtiva de sua indústria açucareira do período *ante-bellum* apenas em meados do século XVIII.[37]

Por sua vez, a colônia do Rio de Janeiro foi claramente a que mais se beneficiou da guerra luso-neerlandesa no Nordeste. O contexto geral de insegurança nas capitanias setentrionais fazia com que comerciantes, mestres de navios e mesmo senhores de escravos emigrados de Pernambuco buscassem a baía de Guanabara. Ainda em 1634, o provedor dos armazéns em Lisboa já afirmava que "hoje navegam ao Rio de Janeiro mais navios naturais que a nenhuma outra parte do Brasil, e em qualquer outro porto haverá mais necessidade deles". Nove anos depois, em 1643, com a chegada em Portugal de 26 navios com o produto fluminense, falava-se em Lisboa que o açúcar dali era melhor que o da Bahia.[38] Durante a implementação do sistema de frotas, a restrição no transporte atingiu todas as capitanias, pela falta de embarcações para o escoamento da produção e o acúmulo de açúcar envelhecido nos trapiches. Neste contexto, o Rio de Janeiro carregou 14.000 caixas (segundo o testemunho de um capitão; algo em torno de 3.500 t) no comboio de 1650, capturado pela esquadra dos Pechelingues, e 6.000 caixas na frota de 1658 (ano de safra muito ruim, conforme se dizia), ambas as vezes com a produção acumulada nos

---

37 Carta dos oficiais da Câmara de Pernambuco, 10/03/1651, BPA, Cód. 51-IX-6, fl. 217.

38 Parecer do provedor dos armazéns Rui Correia Lucas, 17/12/1634, AHU, Bahia, série Luísa da Fonseca, cx. 4, doc. 485; Papel sobre a chegada de açúcar do Rio de Janeiro, 11/10/1643, BPA, Cód. 51-X-17, fl. 34.

anos anteriores. Na Bahia, reclamava-se que a Companhia Geral dava preferência ao comércio com o Rio de Janeiro, enquanto acumulavam-se três, até quatro safras de açúcar no porto de Salvador. Além disso, acusavam os mercadores fluminenses de despachar embarcações fora das datas do comboio, enquanto os baianos eram sobrecarregados de impostos para o financiamento da defesa de Salvador, "de modo que o dito Rio não tem padecido perda nem detrimento algum, antes embolsou na maior miséria e trabalhos desta Bahia".[39]

Frédéric Mauro acredita que, na década de 1640, o Rio de Janeiro passou a produzir mais açúcar que a Bahia. Entretanto, apesar do rápido crescimento da produção açucareira fluminense, não é plausível que isso tenha ocorrido. A despeito dos prejuízos causados pela guerra e pela tributação à economia baiana, as capitanias do Sul não tiveram condições, por si só, de ocupar o espaço no mercado que havia sido perdido pelo açúcar pernambucano. O valor dos contratos dos dízimos e as observações de Antonil indicam, de fato, que durante a segunda metade do século XVII, algo entre 40% e 50% da produção brasileira de açúcar era realizada na Bahia, resultado da conjuntura de preços estáveis e de crescimento real moderadamente elevado, aproximadamente entre 1640 e 1680.[40] Em 1661, a distribuição, entre as capitanias, das parcelas do donativo para a "paz de Holanda" e o dote de Catarina de Bragança, também é evidência da participação de cada capitania na produção de riqueza. A Bahia, com uma cota local de 80.000 cruzados anuais, haveria de arrecadar 57% do valor esperado de todas as capitanias. Rio de Janeiro e Pernambuco contribuiriam, respectivamente, com 26.000 e 25.000 cruzados anuais.[41] Portanto, depois da guerra com a WIC, pelo menos por duas ou três décadas, a capitania da Bahia seria a mais importante das colônias portuguesas, provavelmente com a maior zona exportadora de açúcar do mundo colonial, a principal guarnição ultramarina de infantaria portuguesa, e, como veremos, fortalecida politicamente em sua posição de "cabeça do Estado" e sede do governo-geral, devido ao esforço e às necessidades de arrecadação durante a guerra.

---

39   Relação do alferes Diogo Ribeiro, que veio na frota do Rio de Janeiro, c. 06/1650, BPA, Cód. 51-VI-14, fl. 109v; Mello. *Olinda restaurada*, p. 66-8; Freitas. *A Companhia Geral*, p. 35 e segs. A capitania do Espírito Santo também vivenciou uma expansão em sua indústria açucareira, porém de vida curta. Dizia-se dispor de terra muito boa, e chegou a ter 18 engenhos, mas a grande maioria parou de moer durante a guerra com o gentio (Narrativa da viagem de Paulo Barbosa, s.d., AHU, Bahia, série Luísa da Fonseca, cx. 10, doc. 1060).

40   Veja-se, também: Carrara. *Receitas e despesas*, v. 1, p. 81.

41   *Ibidem*, p. 50.

Tributação e financiamento na Bahia

A prática do fisco pelos oficiais da Coroa nas colônias, durante o século xvii, seguia uma racionalidade simples, que Angelo Carrara descreveu, com grande precisão, como *contingencial*: "as despesas determinaram as receitas e em larga medida o ofício de provedor da Real Fazenda consistia em contingenciar recursos".[42] A escrituração contábil, quando não sofria imediatamente pela falta de rigor nos lançamentos, era feita segundo um sistema unigráfico (ou seja, com partidas simples, sem adotar o método veneziano), o que impossibilitava a integralização dos valores e compromissos da Fazenda Real na contabilidade de seus representantes.[43] Conforme surgiam as necessidades, criavam-se as fontes de recursos (ou "desviava-se" de uma fonte existente), de acordo com as condições políticas e econômicas do momento, de maneira que cada tributo era geralmente consignado a uma linha específica de despesa.

A defesa de Salvador durante a guerra implicou em tal aumento nas despesas que, ao mesmo tempo que tornava impossível a simples reprodução da mesma lógica fiscal para o financiamento do presídio, evidenciou a incapacidade de se superar aqueles limites e construir uma administração integralizada das contas régias. Como vimos, apenas a conta dos soldos da infantaria regular chegava ao dobro da folha de pagamentos anterior a 1624, algo entre quinze e vinte por cento do valor anual das exportações de açúcar. Mas ainda haviam os gastos com o alojamento da tropa (que até o início de 1650 dormiu distribuída em casas de Salvador, acumulando uma longa fatura de aluguéis), as obras de fortificação da cidade, os trabalhos de calafetagem nos navios da armada, bem como os materiais necessários (breu, ferro, madeira etc.), e uma sorte de despesas extraordinárias resultante do conflito.

Preocupados com a possibilidade de se desviarem recursos da Fazenda Real, os oficiais da Coroa recomendaram e Filipe iv ordenou, em 1628, que se fizessem na Bahia livros de receita e despesa com toda a movimentação do dinheiro do presídio. Com isso, buscava-se permitir que a Casa dos Contos do Reino, recém-reformada

---

42   *Ibidem*, p. 26, 62, 94.

43   No fim da década de 1620, por exemplo, a Coroa tinha informação "que nesse Estado se deixam de carregar em receita muitas cousas que pertencem à Fazenda Real, com o que não fica posta em boa arrecadação nem se pode dar satisfação às partes". Mesmo o contrato dos dízimos dizia-se não ter sido lançado adequadamente, além de fazendas levadas ao Brasil por Diogo Luís de Oliveira e 40 peças de artilharias de duas naus holandesas que encalharam na Bahia (Mandado do Conselho da Fazenda, 26/03/1630, DHBN. v. 15, p. 419-421).

para revisar as contas de cada oficial da Fazenda ao deixar seu cargo, pudesse fiscalizar os gastos que eram feitos com o exército. No entanto, o governador Diogo Luís de Oliveira, o provedor-mor Antônio Castinheira e os demais oficiais da Fazenda responderam que não era possível acatar aquela ordem, "porque o presídio não tem dinheiro separado, de que se sustente, nem todo o que se pode alcançar basta". Na inviabilidade de se consignar uma fonte específica de recursos para aquela rubrica, restava apenas produzir uma "conta geral", com todas as receitas do Estado do Brasil, e remetê-la a Portugal em várias cópias, para o que não havia tempo hábil ou pessoal suficiente – naturalmente, não segundo a rotina existente de escrituração e administração fiscal.[44]

De fato, nunca houve recursos suficientes para cobrir completamente as despesas, nem um tributo específico que fosse capaz de resolver o problema. O que se fazia (o que se podia fazer) era dar à tropa a provisão necessária ao seu sustento (com farinhas e carne compradas pela Coroa, mais algumas moedas), e o restante do soldo era pago, até certo ponto, com distribuição de vestuário e socorros em dinheiro, para o que os terços eram reunidos e passados em revista. Apesar do funcionamento irregular do pagamento e, portanto, da escassez e desorganização de fontes com número precisos, é possível observar, no gráfico 5, alguns valores: primeiro, do total estimado dos soldos; segundo, da conta anual de "socorros" regulares, pagos mensalmente à infantaria; terceiro, os "socorros" extraordinários que, num acerto de contas, pagavam uma parcela dos soldos atrasados. Como se vê, é difícil afirmar em que momentos houve regularidade nos pagamentos, mas o mais provável é que isso tenha ocorrido apenas a partir de meados da década de 1640 – por mudanças na arrecadação da Fazenda Real, mas principalmente porque o pagamento de soldos pela metade tornou-se a norma nos exércitos de D. João IV.[45] Vale lembrar, ainda era preciso custear as folhas secular e eclesiástica, que permaneceram pouco abaixo de 12:000$000 ao longo do tempo, além de toda sorte de despesas extraordinárias. As despesas programadas, portanto, eram claramente muito superiores aos recursos ordinários à disposição da Coroa no Brasil.

---

44   Registro e ata de reunião da Mesa da Fazenda, 30/04/1629, DHBN, v. 15, p. 262-5.

45   Sobre a condução das mostras, veja-se o regimento das fronteiras, de 1645 (CCLP, 1640-1647, p. 275-89).

Gráfico 5: Despesas com o presídio de Salvador (em mil réis)

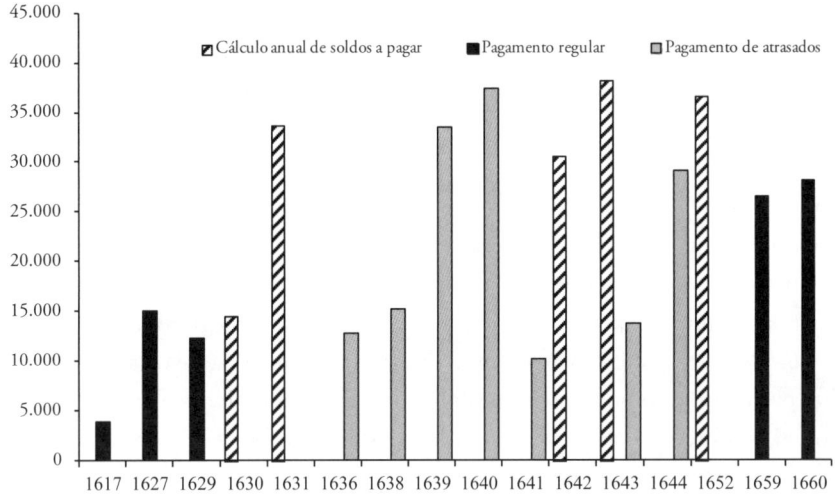

Fonte: elaboração própria.

Por conseguinte, o dinheiro que se usou para financiar a defesa da capitania não veio de uma fonte definida, mas foi recolhido entre as arcas da Fazenda Real e da Câmara de Salvador, entre recursos arrecadados por mecanismos diferentes, ordinários e extraordinários, tributários e não tributários, alterando-se de acordo com as vicissitudes do comércio colonial, da navegação transoceânica e do ambiente político na Bahia. Na maior parte do tempo, sem que fosse produzida uma contabilidade integrada que não fosse mais que estimativas arredondadas do provedor-mor. Tratemos de compreender todos esses mecanismos, na medida em que permitirem as fontes documentais disponíveis: em primeiro lugar, os tributos arrecadados pela Fazenda Real; em seguida, os tributos do Senado da Câmara; finalmente, os mecanismos não tributários, como os estancos, a contratação de empréstimos e a senhoriagem.

Da gama de tributos arrecadados pela Fazenda Real, sabemos que o *dízimo* era o mais importante. A décima parte de toda a renda auferida, um imposto com a idade do Velho Testamento, era no Brasil revertida aos cofres da Coroa por concessão do Papado em 1551. Desde então, constituiu-se como a base da tributação colonial, quando do estabelecimento de um governo-geral português na região. Naturalmente, arrecadava-se naquele tempo quase totalmente em açúcar, mediante contratos de arrendamento, arrematados desde 1607 no Brasil: o contratador recebia da Fazenda Real o direito de recolher os dízimos da produção de açúcar em seu nome, em troca do pagamento de valor acertado em hasta pública. O contrato tinha duração de doze meses, segundo o calendário da safra açucareira: de 01 de agosto até 31 de julho do ano seguinte. Depois de arrematado, a cobrança do dízimo corria por conta e lucro do contratador. Ao longo do tempo, passou-se a sub-rogar o contrato para procuradores em áreas específicas ("ramistas"), que por sua vez retalhavam-no por paróquia, com o que se formava um mercado "ao varejo", para cada localidade, dos direitos de arrecadação.

Os ramistas e procuradores do contratador deixavam nos engenhos caixas vazias para o açúcar dizimado, que era portanto separado da produção depois de purgado, seco e quebrado. A pesagem e divisão era conduzida pelo caixeiro do engenho, o que indica o grau de permeabilidade da tributação com a estrutura social da colônia. Sobretudo, mostra a subordinação do lavrador escravista da cana-de--açúcar ao senhor de engenho. De tal maneira, a convivência ou a participação dos senhores locais era requisito para o bom sucesso das cobranças, e sem o compromisso do contratador com tais senhores, como mediante a ramificação do contrato, o arrendamento dos dízimos acabava em problemas.[46] Vale notar que tal ordem de coisas não foi articulada à margem da administração colonial – foi a própria Coroa que, no regimento dos provedores da Fazenda Real de 1548, apontou o engenho como ponto de arrecadação.[47] No que tocam contratos ou arrecadação dos dízimos do gado vacum, não há referências de arrematação ou do método de cobrança na documentação da provedoria até meados da década de 1650, ainda que certamente tenha ocorrido. Segundo o regimento, este seria tributado "nos currais dos ditos gados", com o que é possível supor grande autonomia do pecuarista no pagamento do tributo, com a boiada perdida sertão adentro, enquanto o sistema de cobrança dos dízimos ainda voltava-se todo para o engenho e o açúcar.[48]

---

46   Alberto Gallo, "Racionalidade fiscal e ordem estamental: a cobrança dos dízimos brasileiros nos séculos XVII e XVIII" In: *Colóquio Internacional: Economia e colonização na dimensão do Império português*, São Paulo, 2008.

47   Pedro Puntoni, "A provedoria-mor do Brasil e o sistema do governo-geral". In: *II Encontro Internacional de História Colonial*, Natal, 2008.

48   Marcos Carneiro de Mendonça, *Raízes da formação administrativa do Brasil*. 2 vols. Rio de Janeiro: IHGB, 1972, v. I, p. 237; Carrara. *Receitas e despesas*, p. 39-43, p. 130-131.

Gráfico 6: Valor do contrato dos dízimos (em mil réis)

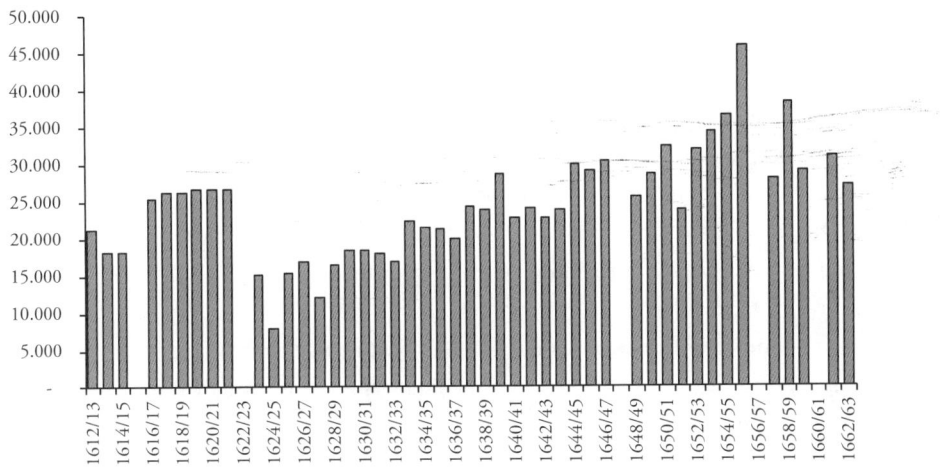

Fonte: Carrara, *Receitas e despesas, op. cit.*, p. 125

O valor dos arrendamentos, como se pode ver no Gráfico 5, caiu abruptamente após a década de 1610, devido à deflação geral de 1619-1622. Como vimos, em 1623 os dízimos da Bahia foram arrematados por quase metade do patamar anterior: 38.000 cruzados (ou 15:200$000). A partir de então, esse valor aumentaria a uma razão aproximada de 1,20% ao ano, mas apenas em 1639 recuperou-se o nível anterior à crise – salvas todas as ressalvas sobre as incertezas da documentação.[49] A despeito de um pico extraordinário no valor do contrato em 1651/52, esse ritmo de crescimento prosseguiu até estagnar-se em meados da década de 1670. Não era raro que vícios diferentes interferissem no resultado do pregão. Assim em 1623, quando Francisco Nunes de Freitas, de uma importante família baiana, andou pela cidade a distribuir ameaças, desafiando qualquer um a dar nos dízimos maior lance que o seu (38.000 cruzados).[50] O mais comum era o "crime de conluio", a manipulação dos lances do leilão por associação dos arrematadores, que frequentemente eram todos testas de ferro de um único comerciante ou grupo mercantil.[51]

---

49   *Ibidem, op. cit.*, p. 130.

50   Contrato de arrendamento dos dízimos dos açúcares, miunças e gados, 01/08/1623, AHU, Bahia, série Luísa da Fonseca, cx. 3, doc. 282.

51   Carrara. *Receitas e despesas, op. cit.*, p. 43.

É impossível estimar com precisão a diferença entre os valores do arrendamento e os valores arrecadados, devido à escassez da documentação. Alberto Gallo menciona que essa proporção, na Europa, esteve entre 15% e 50%; segundo os cálculos que faz para o valor total das exportações pernambucanas, em 1701-2, foi possível concluir que 56% dos dízimos haviam ficado com os contratadores ou não haviam sido pagos.[52] Há denúncia de que um dos contratadores dos dízimos na Bahia, o conhecido João Nunes Correia, arrebatava até 63% da totalidade dos dízimos. Trata-se, portanto, de um cálculo cujo resultado pode variar bastante, a depender do local e da época.[53]

Desde o século XVI, o negócio haveria de ser feito em Salvador, e os dízimos das capitanias americanas contratados todos em conjunto. Em 1628, os dízimos foram divididos em "ramos", arrematados cada um em sua praça principal. Em Salvador, manteve-se reunida a contratação da cobrança nas capitanias da Bahia, Sergipe d'El-Rei, Ilhéus e Porto Seguro. O objetivo da medida, segundo o monarca, era financiar as defesas das demais capitanias, dadas as ameaças da guerra holandesa. Naturalmente, tratava-se não apenas da defesa, mas do pagamento dos oficiais da Coroa em cada localidade, atrelado como estava à arrematação daquele contrato.[54] Não obstante, em várias ocasiões o governo-geral buscou trazer de volta a Salvador a arrematação dos dízimos de todo o Estado do Brasil, sobretudo da capitania do Rio de Janeiro. Em 1639, o Conde da Torre tentou fazê-lo uma vez, embora sem sucesso, considerando que na Bahia "sempre assistem homens de mor trato, como cabeça que é do Estado (...) atalhando-se os conluios que há nas ditas capitanias".[55] Outra tentativa também foi aparentemente conduzida pelo Conde de Atouguia, em 1655, mais uma vez sem resultados perceptíveis.[56]

Feita a arrematação, a Coroa geralmente recebia o valor do contrato em quatro parcelas trimestrais ("quartéis"). Os pagamentos eram feitos a dois terços em dinheiro sonante e um terço em fazendas, "para ajuda da vestiaria dos soldados".[57] Por outro

---

52 Gallo, *op. cit.*

53 Ricupero, *Honras e mercês*, p. 206.

54 Alvará de Francisco Barreto sobre a cobrança dos dízimos, 11/11/1657, DHBN, v. 19, p. 265; Alvará sobre arrematações dos dízimos das capitanias da América, 31/08/1628, CCLP, 1627-1633, p. 184; Carta régia a Diogo Luís de Oliveira, 30/11/1628, DHBN, v. 15, p. 232; Schwartz, *Segredos internos*, p. 154.

55 Provisão do conde da Torre sobre o arrendamento dos dízimos, 04/04/1639, DHBN, v. 17, p. 211-4.

56 Conde de Atouguia; Carta do Conde de Atouguia ao provedor do Rio de Janeiro, 10/02/1655, DHBN, v. 3. p. 256.

57 Carta de Antônio Teles da Silva a S.M., 23/09/1642, AHU, Bahia, série Luísa da Fonseca, cx. 8, doc. 976; Registro dos dízimos arrematados por Matheus Lopes Franco, 13/01/1639, DHBN, v. 17, p.

lado, incidentes diversos poderiam resultar em atrasos ou mesmo revisão dos valores, após a contratação. Efetivamente, o pagamento à Fazenda Real podia se arrastar por anos, como indicam os vários registros de quitação de saldos que se tinha a receber do contratador.[58] Com a eclosão da guerra, também foi comum o pedido de restituição ou o calote parcial do contrato, em função de danos à produção que deprimiam a quantidade arrecadada pelo contratador e seus representantes. Em 1648, a Fazenda Real deixou de receber 30.000 cruzados do arrendamento dos dízimos, por conta do prejuízo causado pela expedição de Sigmund von Schkoppe.[59] Durante a década de 1630, quando praticamente todos os contratos anuais foram arrematados por Matheus Lopes Franco (agente e irmão de um grande comerciante de açúcar e vinho da metrópole), este conseguiu que a garantia de restituição em caso de beligerância na Bahia fosse incorporada como uma das cláusulas em negociação.[60]

O dinheiro do arrendamento dos dízimos tinha destino certo: "em primeiro lugar estão consignados o sustento do clero, ordinárias das Igrejas, ministros e oficiais de Vossa Majestade"; finalmente, "quando disso sobeje alguma coisa", o restante era dedicado ao pagamento de soldos do presídio.[61] Assim que os quartéis do contrato eram depositados nos cofres da Fazenda Real, o provedor-mor pagava os vencimentos dos oficiais da folha do Estado na capitania – que, deste modo, também eram recebidos em quatro vezes. A primazia da folha eclesiástica no pagamento é compreensível, uma vez que a Igreja oferecia a legitimidade do tributo. Deste modo, a arrematação dos dízimos e o pagamento das folhas eclesiástica e secular era a atividade fundamental dos provedores, para reprodução da estrutura burocrática do Império português. O pagamento de soldos complicava esse arranjo, para o desgosto do provedor-mor, pois como se viu "as companhias não se pagam por folha, como os ordenados, nem se pagam os soldos por inteiro pelo não haver, e somente são socorridos por conta de seus soldos os soldados pelas listas e mostras". Assim, "esta receita (o contrato dos

---

307-12 são alguns exemplos.

58   Certidão de arrendamento dos dízimos da Bahia, 08/11/1638, DHBN, v. 17, p. 127-9; Quitação do contrato dos dízimos, c. 1636, DHBN, v. 17, p. 136-8; Quitação do contrato dos dízimos de Matheus Lopes Franco, 12/01/1639, DHBN, v. 17, p. 307-12.

59   Consulta do Conselho Ultramarino, 30/10/1656, AHU, Bahia, série Luísa da Fonseca, cx. 14, doc. 1660; Carta do conde de Atouguia a S.M., 12/12/1656, AHU, Bahia, série Luísa da Fonseca, cx. 14, doc. 1665.

60   Certidão de arrendamento dos dízimos, 28/08/1637, AHU, Bahia, série Luísa da Fonseca, cx. 6, doc. 741.

61   Carta de Pedro da Silva a S.M., 30/09/1638, AHU, Bahia, série Luísa da Fonseca, cx. 8, doc. 864.

dízimos) não é particular para a despesa do presídio porque se pagam primeiro as folhas", mas ainda assim foi uma fonte de recursos crucial para o seu financiamento.[62]

Em nenhum momento os dízimos foram insuficientes para cobrir as folhas de pagamento do Estado e da Igreja, que permaneceram congeladas entre dez e doze contos de réis ao longo de todo o período. Isso, porém, não evitou as queixas contra a Fazenda Real, que devido ao esgotamento de seus recursos teve de cortar despesas normalmente pagas com esse mesmo tributo. A crítica mais constante vinha da Sé soteropolitana, devido à recusa dos provedores em repassar o acréscimo de 1% no arrendamento do dízimo que era consignado às "obras pias". Como resultado, o rebanho baiano teve de atravessar a guerra sem reformas, consertos ou ampliações em sua Matriz.[63] Em 1656, D. João IV avisou ao governador do Brasil para "não bulir com o dinheiro da obra pia", que naquele momento era desviado para a interminável "obra do Galeão", da belonave que se pretendia fabricar na Bahia.[64] O dinheiro dos dízimos (e também o 1% das obras pias) era usado igualmente no "pagamento de tenças e viúvas, pobres e entrevados a quem Sua Majestade tem feito mercê", e que eram adicionados à folha de ordenados do Estado. Lisboa chegou a ordenar o envio desse dinheiro, mediante letras de câmbio de particulares, para o pagamento de pensões no Reino.[65]

Também havia a consignação dos dízimos dos cabritos, frangos, ovos, galinhas, leites, leitões "e mais miunças desta Cidade" para o hospital da Santa Casa de Misericórdia. A irmandade solicitou à Coroa o recebimento do dízimo das miudezas para dar de comer aos doentes e "pessoas pobres e envergonhadas" em 1620 ou 1621, provavelmente, mas a concessão não foi imediata. Buscou-se, em primeiro lugar, informação do Brasil sobre o montante envolvido na concessão, ao que Diogo de Mendonça Furtado tranquilizou: não passava de cinquenta ou sessenta mil réis.[66] Também este despacho não teve conclusão definitiva, pois ainda em 1640 o Conselho

---

62   Registro e ata de reunião da Mesa da Fazenda, 30/04/1629, DHBN, v. 15, p. 262-5; Carrara. *Receitas e despesas*, p. 27-8.

63   Certidão de arrendamento dos dízimos da Bahia, 08/11/1638, DHBN, v. 17, p. 127-9.

64   Carta régia ao Conde de Atouguia, 26/02/1656, DHBN, v. 19, p. 144-5.

65   Por exemplo: Mandado do Conselho da Fazenda (sic) sobre o dinheiro das obras pias, 05/12/1656, DHBN, v. 19, p. 147; Padrão de 12$000 de tença do capitão Afonso de Azevedo, 30/09/1630, DHBN, v. 16, p. 70; Requerimento de Gaspar de Oliveira, 24/10/1639, AHU, Bahia, série Luísa da Fonseca, cx. 8, doc. 897.

66   Carta de Diogo de Mendonça Furtado a S.M., 09/01/1622, AHU, Bahia, série Luísa da Fonseca, cx. 2, doc. 238.

da Fazenda analisava pareceres (favoráveis) de ministros da Coroa na Bahia. Segundo Pedro da Silva, alguns dos contratadores davam voluntariamente aquele direito à Santa Casa. Contudo, a prática não era suficiente para cobrir a dívida da Fazenda Real referente ao tratamento dos soldados enfermos. Em 1639, havia uma conta de 3.000 cruzados a receber, um valor consideravelmente elevado, e a Misericórdia conseguiu um pagamento 300$000 negociando diretamente com o contratador dos dízimos.[67]

Além dos dízimos, havia alguns poucos tributos da Coroa de relevância marginal, cuja arrecadação poderia atingir, em anos bons, até um ou dois contos de réis. Entre os impostos mais habituais, mencione-se primeiro os *direitos sobre a exportação do açúcar*. A tributação sobre o movimento de mercadorias, como direitos de portagem ou aduaneiros, eram onipresentes na época do mercantilismo. Na Bahia da primeira metade do século XVII, não havia arrecadação alfandegária em geral, mas a tributação dos principais produtos de exportação, o açúcar em primeiro lugar. Apesar de registros discordantes, a instituição dos "direitos do açúcar" na colônia foi levada a cabo provavelmente por Diogo de Mendonça Furtado, em 1622. Em vista do iminente ataque holandês, a Coroa havia ordenado todas as capitanias a levantar fortificações no litoral, além de reformar e concluir as obras nos fortes existentes, e "para as mesmas fortificações se tirem do preço da avaria de cada caixa de açúcar dois *reales*" (equivalente a $80, em referência à moeda de prata cunhada na América espanhola).[68] Com o tempo (e a decadência do comércio luso-platino) o tributo também foi chamado de "direito dos quatro vinténs sobre a caixa de açúcar". Era cobrado durante a pesagem das caixas pelo "juiz do peso". Em 1626, já em função do sustento do presídio, o mesmo tributo incluiu a cobrança de um cruzado por rolo de fumo e quatro vinténs por arroba de algodão.[69]

Tal recurso, inicialmente retirado da arrecadação das avarias, não são facilmente distinguíveis das taxas de financiamento do transporte e da escolta do açúcar, como

67 Consulta do Conselho da Fazenda, 25/05/1640, BPA, Cód. 51-VI-21, fl. 309; Carta de Pedro Cadena de Vilhasanti a S.M., 01/02/1639, CCT, v. II, fl. 180.

68 Carta régia ao governador do Brasil, 03/08/1622, AHU, Bahia, série Luísa da Fonseca, cx. 2, doc. 242. Em 1599, o governador Francisco de Souza impôs a cobrança de um cruzado ao embarque de cada caixa de açúcar, mas isso "sem ordem nem licença" da Coroa, pelo que seria repreendido (Carta régia de 21/10/1602, AHU, Bahia, série Luísa da Fonseca, cx. 1, docs. 1 a 3). Em outra ocasião, o governo de Portugal referia-se aos direitos do açúcar como tendo sido instituídos durante o governo do conde de Prado, D. Luís de Souza (Carta do governo de Portugal a S.M., BPA, Cód. 51-X-3, fl. 168); Consulta do Conselho Ultramarino, 26/08/1645, AHU, Bahia, série Luísa da Fonseca, cx. 10, doc. 1138.

69 Ata da Câmara de Salvador de 21/02/1626, DHAM: AC, v. I, p. 19-20.

era também o consulado. Estas, como se viu, permaneceram em patamar elevado durante todo o conflito, dados os prejuízos da navegação e a necessidade de se organizar um regime de frotas. Em 1631, por exemplo, Filipe IV havia dobrado as avarias para o custeio dos galeões de D. Antônio de Oquendo, e ordenou a substituição do direito dos quatro vinténs sobre a caixa de açúcar pela cobrança de um vintém por arroba (ou um cruzado por caixa), com o que se ajudaria a financiar armadas como aquela.[70] Entretanto, a enorme resistência à aplicação da nova cobrança no Brasil impediu que fosse levada adiante. Pelo contrário, o que ocorreu aquele ano foi a retenção do dinheiro das avarias na Bahia, à época em quatro patacas por caixa, mediante justificativa do governador de que tinha ordens para aproveitar qualquer dinheiro que pertencesse à Fazenda Real para o pagamento do presídio.[71] Em 1644, mais uma vez uma parcela das avarias foi usada, em todas as capitanias, para pagar as despesas com obras e fortificação. Assim, era bem possível a confusão do dinheiro das avarias com o dos "quatro vinténs", embora fossem de rubricas diferentes, uma para o custeio da marinha e outra para o Estado do Brasil – provavelmente, por serem ambos cobrados por ocasião do embarque da mercadoria. Durante o ano de 1642, única notícia que se encontrou de seu rendimento, a Fazenda Real na Bahia arrecadou 934$720 do direito dos quatro vinténs junto aos mestres de navios.[72] A essa altura, a Coroa já havia instituído um tesoureiro específico para a cobrança dos "quatro vinténs". O primeiro a ser provido no cargo foi Bernardo Vieira Ravasco.[73]

No fim da década de 1640, a Coroa tentou impor um novo tributo sobre a exportação de açúcar, com o objetivo de financiar o reequipamento da marinha e a escolta do regime de frotas. Desde 1644, a elevação das avarias para custear os galeões da armada de Salvador Correia de Sá já havia encontrado resistência nos moradores da Bahia. Pelo acordo entre o militar e a Câmara, em fevereiro de 1645, cobrou-se avarias de dois vinténs no Brasil e um vintém no Reino, para o transporte de

---

70 Carta de S.M. ao governo de Portugal, 19/11/1631, BPA, Cód. 51-x-1, fl. 274; Carta de S.M. ao governo de Portugal, 10/11/1631, BPA, Cód. 51-x-1, fl. 137v.

71 Provisão de Diogo Luís de Oliveira, 29/08/1631, DHBN, v. 15, p. 454-5; Mello. *Olinda restaurada*, p. 182-3.

72 Relação da Fazenda Real na Bahia, 09/11/1643, AHU, Bahia, série Luísa da Fonseca, cx. 9, docs. 1030-4; Consulta do Conselho Ultramarino, 07/05/1644, AHU, Bahia, série Luísa da Fonseca, cx. 9, doc. 1053.

73 Requerimento de Domingos Cabral Bacellar, c. 1642, AHU, Bahia, série Luísa da Fonseca, cx. 8, doc. 972; Consulta do Conselho Ultramarino, 24/10/1647, AHU, Bahia, série Luísa da Fonseca, cx. 11, doc. 127.

embarcações que, pelo regimento, estariam proibidas de fazer a viagem.[74] Enquanto não se organizavam as frotas, a cobrança não tinha como se justificar, e no Conselho Ultramarino chegou-se a discutir a restituição das avarias pagas.[75] Em 1647, Antônio Teles de Menezes veio a Salvador com os galeões da armada real, e ordens para nova cobrança de direitos para o seu custeio. A Câmara de Salvador pôs à frente suas condições: as avarias do regimento de Salvador Correia de Sá teriam de acabar. Pelo acordo entre o governador e os oficiais camarários, instituiu-se a cobrança do que chamavam "novo direito dos quatro vinténs", sobre cada arroba de açúcar branco; mais três vinténs sobre a arroba do mascavado, dois sobre o retame e o panela. Além disso, oitenta réis para cada arroba de tabaco e quarenta réis para cada couro. As avarias do regimento de 1644 foram abolidas, e a nova imposição seria cobrada por igual, em todas as capitanias, e apenas sobre mercadorias que chegassem a salvamento em Portugal. A Câmara ainda solicitou a fixação das taxas de frete, mas o governador escusou-se disso, por não ter ordens suficientes da Coroa. Deste modo, seriam cobrados o "velho" e o "novo" direito de quatro vinténs, mas as resistências à cobrança no Rio de Janeiro e, finalmente, a instituição da Companhia Geral de Comércio do Brasil, resultaram que o "novo" direito não perdurou.[76] Depois de acabada a guerra, na década de 1660, a Coroa enfim teria sucesso em estabelecer um novo tributo com as mesmas características, para o pagamento do "donativo da rainha da Inglaterra e paz de Holanda", que viria a se constituir na segunda maior fonte de receitas da Fazenda Real no Brasil.[77]

Outra forma de tributação que se desenvolveu durante a guerra foi a cobrança em Salvador do *direito dos escravos de Angola*, que até então eram recolhidos apenas nos portos africanos. Foi solicitada pela Câmara ao governador interino, Francisco de Moura Rolim, que passou provisão para tanto em dezembro de 1625; no que

---

74 Minuta do Conselho Ultramarino sobre a cobrança de avarias, 21/01/1647, AHU, Bahia, série Luísa da Fonseca, cx. 10, doc. 1243; Consulta do Conselho Ultramarino, 26/08/1645, AHU, Bahia, série Luísa da Fonseca, cx. 10, doc. 1138.

75 Minuta do Conselho Ultramarino sobre as avarias, 20/08/1646, AHU, Bahia, série Luísa da Fonseca, cx. 10, doc. 1205.

76 Ata da Câmara de Salvador, 30/01/1648, DHAM: AC, v. 2, p. 62-5; Consulta sobre o escrivão do novo direito de quatro vinténs, 21/04/1649, AHU, Bahia, série Luísa da Fonseca, cx. 11, doc. 1322; Cartas de Antônio Teles de Menezes a Salvador Correia de Sá e à Câmara do Rio de Janeiro, 11/03/1648, DHBN, v. 4, p. 425-9; Carta régia a Antônio Teles de Menezes, 19/09/1648, DHBN, v. 65, p. 341-2.

77 Vide Carrara. *Receitas e despesas*, p. 50.

antecipavam-se a ordem semelhante de Filipe IV.[78] O problema é que esses direitos eram arrendados em Lisboa, para posterior arrecadação pelo contratador nos portos angolanos, de modo que a medida implicava a reincidência do imposto. O governador de Angola, Francisco de Souza, logo denunciou "a vexação que os oficiais da Fazenda do Estado do Brasil faziam aos avançadores e pessoas particulares que deste porto iam com peças (...) obrigando-os a pagar lá todas as quantias de direitos que aqui lhes foram abatidas, e carregadas em receita sobre o feitor".[79] Das cartas que enviava à Coroa, não tinha resposta; apenas tinha notícia que "Diogo Luís de Oliveira prendia os avançadores e os fazia pagar os direitos (a 2ª vez) da cadeia". Havia ocorrido que comerciantes de escravos em Salvador tentaram driblar a dupla tributação com letras "simuladas", com o que o governador daquele Estado passara a exigir o pagamento em moeda sonante.[80]

Além disso, da mesma forma que o arrendamento dos dízimos no Brasil, era o "direito dos escravos de Angola" que pagava as folhas eclesiástica e secular da Coroa em Angola. Como o contrato era arrematado em Lisboa, ao invés de se remeter por via marítima o dinheiro sonante aos oficiais angolanos, estes recebiam em letras de câmbio dos avançadores de escravos (ainda segundo Francisco de Souza, devido à escassez de moeda sonante na colônia), e o valor de seus ordenados era abatido dos direitos devidos ao contratador. Caso a Coroa decidisse pela cobrança do tributo em Salvador, em prol do sustento do presídio, romper-se-ia o circuito e os oficiais em Angola ficariam sem receber, "pelo que não é possível nem se pode crer que Sua Majestade mande nesse Estado [do Brasil] tomar os direitos com que se fez pagamento a seus ministros que estão servindo na guerra desta conquista".[81] Em Lisboa, o contratador dos direitos de Angola ainda solicitou que tudo o que fosse cobrado na Brasil lhe fosse creditado sobre o tesouro da Casa da Índia, com o que se configuraria um meio de transferência da Coroa para a provedoria na Bahia; entretanto, Filipe IV limitou-se a ordenar aos provedores o registro adequado da cobrança.[82] Como os feitores do contrato em Angola não haviam recebido do Reino qualquer revogação

---

78 Provisão de Francisco de Moura Rolim sobre os direitos de Angola, 23/12/1625, DHBN, v. 15, p. 3-5; Carta de S.M. ao Conselho da Fazenda, 11/12/1625, AHU, Bahia, série Luísa da Fonseca, cx. 3, doc. 394.

79 Carta de Francisco de Souza a V.M., 17/01/1629, BPA, Cód. 51-IX-20, fls. 346-7.

80 Carta de Francisco de Souza a V.M., 08/01/1630, BPA, Cód. 51-IX-20, fl. 357.

81 Carta de Francisco de Souza a Diogo Luís de Oliveira, 25/02/1628, BPA, Cód. 51-IX-20, fl. 378v-80.

82 Carta de S.M. ao governo de Portugal, 03/12/1631, BPA, Cód. 51-X-1, fl. 115.

de seus regimentos, continuaram a fazer cobranças no ponto de embarque, e a dupla tributação continuou.

Não foi possível reunir aqui uma informação precisa sobre o valor arrecadado por meio dos direitos de Angola. Segundo Luiz Felipe de Alencastro, naquele período pagava-se uma taxa fixa de 6$000 por escravo vendido ao Brasil, cujos preços então oscilavam entre 25$000 e 30$000 cada, subindo para mais de 50$000 nas décadas seguintes.[83] Em 1631, Diogo Luís de Oliveira comunicava à Câmara que a Fazenda Real tirava deles 3.000 cruzados ao ano, ou 1:200$000.[84] O Conselho da Fazenda, em 1638, afirmou que o tributo levantava 30.000 cruzados anualmente.[85] Talvez a escassez e a disparidade dos registros indiquem uma arrecadação volátil, em função de instabilidades no comércio atlântico de escravos. Porém, é certo afirmar que a coleta do direito esvaziou-se com a ocupação de Luanda pela WIC em 1641, uma vez que o tráfico foi quase interrompido. Anos depois, enquanto se projetava a expedição de 1648, o tema voltou à pauta. Salvador Correia de Sá e o Conselho Ultramarino sabiam que, se esperavam receber apoio financeiro dos cabedais interessados no comércio angolano, a dupla tributação do direito dos escravos teria de ser discutida. Durante a viagem de socorro a Angola, com Francisco de Soutomaior, em 1646, as embarcações da esquadrilha levaram grande carga de escravos de volta ao Brasil. Entretanto, na chegada em Salvador os mestres estranharam a recepção de Antônio Teles da Silva, que "em lugar de os agasalhar, e fazer boa passagem, pela muita falta que há de negros (...), os obrigou a pagar os direitos que não deviam, por terem já pagos".[86] Solicitaram a restituição do dinheiro em Portugal, e desta vez a Coroa ouviu a petição. D. João assentiu que os direitos deveriam ser cobrados nas praças africanas, "conforme os regimentos e resoluções antigas (...) a fim de não pagarem direitos duplicados", apesar das necessidades da guerra no Brasil.[87] Pouco depois, a arrecadação do direito sobre os escravos foi consignada ao "socorro e infantaria de Angola".[88]

O governo colonial também arrecadava as *dízimas da chancelaria*, uma décima cobrada sobre valores de ações judiciais, que incidia sobre a parte condenada, quando a

83 Alencastro. *O trato dos viventes*, p. 387; Miller. "Slave prices". In: *op. cit.*

84 Ata do Senado da Câmara de Salvador, 16/05/1631, DHAM: AC, v. 1, p. 188.

85 Consulta do Conselho da Fazenda, 07/08/1638, AHU, Bahia, série Luísa da Fonseca, cx. 8, doc. 850.

86 Consulta do Conselho Ultramarino, 04/01/1647, AHU, Bahia, série Luísa da Fonseca, cx. 10, doc. 1225.

87 Resposta de S.M. ao Conselho Ultramarino (à margem), 09/10/1647, AHU, Bahia, série Luísa da Fonseca, cx. 10, doc. 1225; Provisão sobre a cobrança de direitos dos escravos, 10/12/1648, BC, Cód. 706, fl. 88v.

88 Consulta do Conselho Ultramarino, 09/11/1647, AHU, Bahia, série Luísa da Fonseca, cx. 11, doc. 1272.

sentença dos tribunais do Reino chegava ao Brasil. Com isso, pagavam-se os custos operacionais do braço judiciário da Coroa (o fornecimento de papel e tinta e a complementação do ordenado do ouvidor-geral, por exemplo). Até 1642, segundo avaliação no governo de Antônio Teles da Silva, podiam render até 300$000 ao ano.[89] A taxa parece ter sido cobrada de forma irregular, talvez até desonesta, por parte dos tabeliães e escrivães da ouvidoria. O governador Pedro da Silva, em 1638, avisou Lisboa que "não se cobram todas as dízimas, que pertencem à Fazenda de Sua Majestade, ou por descuido e remissão dos oficiais da chancelaria, ou dos escrivães das execuções e dos autos de que as tais sentenças movem, aonde se vem a registrar, ou por outros quaisquer oficiais", e ordenou que a arrecadação fosse feita conforme o regimento.[90] Mais tarde, em 1655, a Coroa ordenou que se fizesse a cobrança e os registros da dízima das chancelarias adequadamente, e que as folhas do Estado do Brasil fossem enviadas ao Reino para conferência. O Conde de Atouguia respondeu de forma defensiva, alegando que não havia ele alterado as práticas habituais de arrecadação daquela taxa, corretas ou não, mas a Coroa insistiu em sua postura, exigindo que aquele dinheiro fosse entregue ao tesoureiro-geral.[91]

A Fazenda Real na Bahia também dispunha de um volume importante de receitas não tributárias, e o arrendamento do *estanco da pesca da baleia* foi certamente a principal, durante o período da guerra. Tal atividade adveio do comportamento migratório da baleia franca, que vem ao litoral sul americano nos meses mais frios, entre maio e julho, e que por isso frequentava a Baía de Todos os Santos em grande número, durante o século XVI. De primeiro, os colonos aproveitavam a gordura e a carne dos animais que encalhavam nas praias. O "azeite de peixe" era o seu principal produto, um óleo de queima malcheirosa que servia de iluminação artificial, por exemplo para o trabalho nos engenhos, que atravessava a noite durante o auge da safra. Também era um impermeabilizante usado na calafetagem das embarcações e na edificação de docas e engenhos à beira d'água, além das utilidades habituais de sebo e sabão. A carne era salgada e comercializada em barril, os ossos serviam de material de construção e as barbatanas eram aproveitadas na produção de vestidos.[92]

---

89 Relação das despesas e receitas da Fazenda Real, 23/09/1642, AHU, Bahia, série Luísa da Fonseca, cx. 8, doc. 977; Regimento das dízimas da chancelaria de 1655, CCLP, 1648-1656, p. 379-81.

90 Provisão do governador Pedro da Silva sobre as dízimas da chancelaria, 20/10/1638, DHBN, vol. 17, p. 123-5.

91 Carta do Conde de Atouguia a S.M., 24/01/1656, DHBN, v. 04, p. 275.

92 Myriam Ellis. *A baleia no Brasil colonial*. São Paulo: Melhoramentos, 1969; Gabriel Soares de Sousa. *Tratado descritivo do Brasil* (1587). São Paulo: Nacional, 1971, caps. CXXVIII e CXC.

No início do século XVII, os pescadores biscainhos, que haviam desenvolvido a técnica de perseguição e arpoamento dos cetáceos em alto mar, foram convidados a trabalhar na costa do Brasil. Entre 1602 e 1612, esse negócio foi operado a partir de Bilbao, por estanco concedido na metrópole, mas com o compromisso dos contratadores de abastecer as colônias portuguesas, além de levar o material para a Europa. A atividade estabeleceu-se na ilha de Itaparica, onde foi aprendida, até certo ponto, por seus moradores. Em 1614, os biscainhos haviam abandonado a pesca baleeira na Bahia, que passou a ser feita principalmente para o atendimento do mercado interno, pela arrematação do estanco em Salvador. Mas ainda era uma atividade esporádica, como indica o testemunho da Câmara: "ali entram algumas baleias em certos meses do ano, das quais os moradores se aproveitam de alguma, quando a podem matar, para azeites".[93]

Em meados do século, o negócio atingiu grandes proporções, inclusive fornecendo seu produto para as demais capitanias do Brasil. Pescava-se entre 30 e 40 baleias anualmente, o que permitia a produção de algo entre 600 e 800 pipas de azeite, além dos outros derivados. No entanto, ainda havia uma dose elevada de risco no contrato, pois o clima e as correntes frequentemente afastavam os cetáceos do litoral americano, resultando em prejuízo para os baleeiros. Em 1651, por exemplo, a Câmara de Salvador afirmava que a Bahia havia produzido 201 pipas ao longo do ano, apenas um terço da estimativa de Myriam Ellis para o período.[94] Ao mesmo tempo, desenvolveu-se também uma frota baleeira nas capitanias meridionais, que no século XVIII atingiria produção maior que a baiana. Entretanto, os baleeiros da colônia nunca atingiram a mesma capacidade dos biscainhos, ingleses, holandeses e outros que adotavam aquela técnica, naquele mesmo período: eles não se afastavam do litoral, em expedições de longa distância e duração, um dos fatos mais importantes a indicar o subdesenvolvimento das colônias portuguesas na América do Sul.[95]

Durante a guerra com o Brasil Holandês, o estanco era contratado em Salvador geralmente por um período de três anos, embora seja possível encontrar contratos de um ano apenas em meio à documentação. A arrematação era feita na mesma época que o contrato dos dízimos, de forma que os contratos tinham início em agosto e terminavam em julho do ano seguinte, e também era arrecadado o 1% das obras pias

---

93   Ellis. *A baleia no Brasil colonial, op. cit.*; Carta da Câmara de Salvador a S.M., 10/1614, AHU, Bahia, série Luísa da Fonseca, cx. 1, docs. 86-88 e anexos.

94   Ata da Câmara de Salvador, 31/01/1652, DHAM: AC, v. 3, 9. 194.

95   Ellis. *A baleia no Brasil colonial*, cap. 1.

sobre o valor total. O maior lance dava direito à exclusividade da venda do "azeite de peixe" na Bahia, com o preço estabelecido em $320 a canada.[96] Como se pode verificar no Gráfico 7, o estanco das baleias era uma fonte apenas marginal de recursos para a Fazenda Real, na década de 1630, e cresceu rapidamente nos anos seguintes. Note-se, por exemplo, como o valor anual do contrato que vigorava em 1650 chegou a representar 11,5% da arrematação dos dízimos daquele ano, enquanto em 1638 essa proporção não passava de 2,4%. A arrematação do contrato tornou-se, assim, a segunda principal fonte de receitas da Fazenda Real, excluídas as concessões da Câmara de Salvador para o sustento do presídio.

Gráfico 7: Valor do contrato do estanco das baleias (em mil réis)

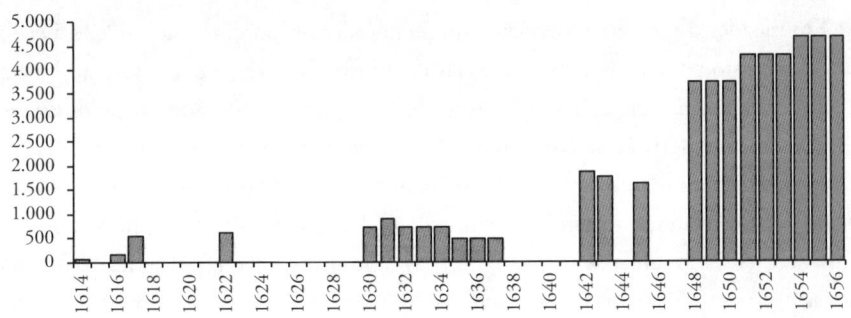

Fonte: elaboração própria, a partir de M. Ellis e fontes citadas.

Como todos os contratos da Coroa que eram arrematados durante o período colonial, o dinheiro do estanco da pesca das baleias estava sempre sujeito a disputas e usurpação por interessados e poderosos. Apesar dos limites da documentação, é possível notar a preponderância de certo Luís de Macedo nas arrematações da década de 1640, período em que o valor dos contratos cresceu rapidamente.[97] Em 1652, ele era acusado de vender a canada de óleo acima do preço, e de alguma forma havia conseguido arrematar o contrato de três anos por 22.500 cruzados, mesmo que houvesse outro lance maior, de 28.000 cruzados. Anos depois, a Fazenda Real na Bahia

---

96   Quitação de Diogo Garcia do contrato das baleias, 01/10/1638, DHBN, v. 17, p. 105; Quitação do contrato da pesca das baleias, 26/10/1638, DHBN, v. 17, p. 125-7; Quitação do contrato da pesca das baleias, 12/01/1639, DHBN, v. 17, p. 304-6; Ata da Câmara de Salvador, 16/05/1631, DHAM: AC, v. 1, p. 188-93.

97   Carta de Antônio Teles da Silva a S.M., 23/09/1642, AHU, Bahia, série Luísa da Fonseca, cx. 8, doc. 976; Relação da Fazenda Real na Bahia, 30/09/1643, AHU, Bahia, série Luísa da Fonseca, cx. 9, doc. 1031.

foi obrigada por sentença da Casa de Suplicação a rever o contrato e aceitar o maior lance, que havia sido feito por Domingos Ferreira. É provável que o favorecimento de Luís de Macedo fosse resultado de seu acordo com a Câmara de Salvador, que em 1647 permitiu a venda do azeite acima do preço, a $400 a canada. Três anos depois, a diferença de preço foi transformada em um tributo da Câmara, de quatro vinténs sobre a canada do azeite, consignado à construção de alojamentos para a infantaria do presídio.[98] Quanto ao dinheiro do estanco, este também foi usado pela Coroa, durante a guerra, para pagar tenças e pensões a combatentes, o que provocou reclamações dos moradores, contrários à distribuição de tais rendas enquanto faltava mesmo o dinheiro para o pagamento dos soldos. A despeito da falta geral de recursos, a Coroa tinha necessidade da concessão de tais mercês para garantir a fidelidade e o empenho de alguns daqueles moradores. O Conselho Ultramarino julgou como verdadeira a crítica, mas recomendou ao Rei que se não fechasse "esta porta de se dar algumas tenças". Apenas pedia parcimônia no seu emprego.[99]

Além do estanco da pesca das baleias, a Fazenda Real arrecadava uma quantia considerável com as *vendas do estanco do sal*. Como vimos, durante a guerra a Coroa não arrematou em pregão este contrato, preferindo exercê-lo diretamente. O sal que era embarcado em Portugal era entregue ao provedor-mor na Bahia, que cuidava de sua colocação no mercado local. Segundo os valores do estanco, um fornecimento anual de 100 moios de sal daria aproximadamente 792$000 à Fazenda Real em Salvador, a depender das medidas do alqueire utilizadas. No início da década de 1640, o resultado das vendas de sal foram estimados em 1:600$000 e 1:000$000, em duas oportunidades diferentes.[100] Mas é necessário lembrar que o transporte do sal esteve sujeito a oscilações consideráveis, e por muitos anos a Coroa deixou de fretar qualquer quantidade da mercadoria para a colônia. Como este era tanto um mecanismo de remessa de valor do Reino para a Bahia, em prol do financiamento de suas defesas, quanto era um meio de apropriação de uma parcela da renda colonial (por meio da

---

98 Ata da Câmara de Salvador, 28/08/1647, DHAM: AC, v. 2, p. 345; Carta régia ao Conde de Castelo Melhor, 28/11/1652, DHBN, v. 66, p. 44; Mandado sobre a revisão do contrato das baleias, 19/12/1657, DHBN, v. 19, p. 293; Ata da Câmara de Salvador, 31/01/1652, DHAM: AC, v. 3, 9. 194; Veja-se, também: Carrara. *Receitas e despesas, op. cit.*, p. 31-36.

99 Minuta sobre as "tenças que se dão nas baleias da Bahia", 29/01/1647, AHU, Bahia, série Luísa da Fonseca, cx. 8, doc. 862.

100 Carta de Antônio Teles da Silva a S.M., 23/09/1642, AHU, Bahia, série Luísa da Fonseca, cx. 8, doc. 976; Relação da Fazenda Real na Bahia, 09/11/1643, AHU, Bahia, série Luísa da Fonseca, cx. 9, docs. 1030-4.

elevação dos preços), foi mais adequado abordá-lo em capítulo anterior, junto dos demais mecanismos de socorro financeiro da metrópole à colônia. A documentação do governo colonial não menciona qualquer rendimento do estanco do tabaco, conforme mencionado por João Lúcio de Azevedo, exceto por uma carta régia de 1642, na qual o monarca indica a preferência pela abertura de seu comércio, em benefício dos moradores do Brasil, principalmente "das novas conquistas do Maranhão".[101] Mas durante a guerra o tabaco só aparece como fonte de receitas na Bahia mediante a tributação aduaneira.

Outra receita não tributária de grande monta foi a *senhoriagem*, ainda que limitada a uma única ocasião: o levantamento no valor das moedas no segundo semestre de 1643. O recolhimento do metal e recunhagem para aumentar o numerário em circulação era um pedido da Câmara de Salvador a Lisboa pelo menos desde outubro de 1641. Os moradores acusavam a crise do comércio com o Rio da Prata pela escassez de moeda: o tratado de trégua com os Estados Gerais incluía em seus termos o encerramento do comércio português na bacia platina, que ficava sujeito à interceptação pela marinha flamenga, e a ocupação de Luanda interrompia o fornecimento de escravos angolanos, principal item de comércio com aquela região.[102] A queda no preço do açúcar, depois de um pico em 1637 ou 1638, certamente contribuía para agravar a saída do metal precioso. O ponto de vista de Salvador era que:

(...) Nesta praça não há de presente moeda que corra bastante ao comércio interior dos moradores; a causa porque falta é porque na terra nunca houve dinheiro senão o que veio de outras partes, do qual se ia sacando para o Reino; e como faltou o comércio com o Rio da Prata e a esperança de vir dele dinheiro, as pessoas que o tinham ou o mandaram ou o recolheram; e, como não se espera que do Reino venha, fica esta impossibilitada, de maior perigo os inconvenientes de não haver dinheiro nas terras e os danos que se seguem à Fazenda Real no crescimento das rendas, no bem comum e particular dos moradores são tão claros e tão experimentados que nos escusam particularizá-los.[103]

101 Carta régia sobre o estanco do tabaco, 23/08/1642, BPA, Cód. 51-IX-33, fl. 275-6.

102 Ata da Câmara de Salvador, 12/10/1641, DHAM: AC, v. 2, p. 50; Carta de Antônio Teles da Silva a S.M., 24/09/1642, AHU, Bahia, série Luísa da Fonseca, cx. 8, doc. 979; Carta de Antônio Teles da Silva a S.M., 29/11/1642, AHU, Bahia, série Luísa da Fonseca, cx. 8, doc. 994.

103 Carta da Câmara de Salvador ao governador Antônio Teles da Silva, 22/09/1642, AHU, Bahia, série Luísa da Fonseca, cx. 8, doc. 980.

Como se sabe, o problema era resultado da heteronomia na estrutura econômica colonial, que subordinava a oferta de moeda às oscilações dos preços de exportação.[104] A análise da Câmara não deixa de mostrar certa consciência desse fato. Apontavam, portanto, para os prejuízos ao comércio da capitania, que não tinha autonomia sobre seu meio circulante, e para o impacto sobre a arrecadação da Fazenda Real, uma vez que deixavam de sair "os vinhos e as consignações". Chegou-se a propor a proibição da saída de patacas da Bahia, imediatamente repudiada pelo governador Antônio Teles da Silva. Ciente da questão, entretanto, ele comunicou a Coroa que o levantamento da moeda era necessário, e que entraria em acordo com os moradores mesmo se não recebesse resposta de Lisboa: "porque para se dar ração aos soldados são necessários oitenta mil réis cada dia; e faltando dinheiro na praça como se poderá executar?".[105] Teles da Silva ainda procurou remediar a situação armando uma embarcação para comerciar com o Rio da Prata, com ordens para jogar a carga e os documentos no mar caso fossem abordadas por uma patrulha da WIC. Mas a falta de moeda era tanta "que se chegam a trocar fazendas por fazendas". Em fevereiro, a Coroa emitiu alvará ordenando a marcação das patacas em todo o Reino e suas conquistas, em termos similares à solicitação dos moradores da Bahia.[106]

Conforme acordo selado entre governador e Câmara em agosto, as patacas do Peru e demais moedas de prata foram remarcadas em 50%, e as moedas de ouro em 25%. O governador destacou uma das lojas "dos paços de Sua Majestade" para a "casa do cunho", e os ferros foram entregues a Jerônimo Serrão de Paiva (depois substituído pelo provedor-mor), como responsável pela cunhagem. Cabia aos proprietários levar as moedas para cunhar, o que fizeram com o incentivo de receber metade dos efeitos da senhoriagem do processo. Assim, as patacas que valiam $320, e passaram a $480, resultavam em um ganho que era dividido em $80 para o proprietário e $80 para a Fazenda Real. Segundo o relato da Câmara, o mesmo valeu para as seguintes moedas de prata: meias-patacas foram remarcadas de $160 a $240, tostões "velhos" de $100 a $150, meios-tostões de $50 a $75, vinténs de $20 a $30, dobrões de ouro de 1$280 a 1$600. Ficaram de fora "alguns tostões cunhados que vieram do Reino por $120", os "tostões novos". A "cunhagem" durou por quatro meses, e rendeu 29:600$726 aos cofres do governo-geral, ou algo mais que 74.000 cruzados. Foi a maior receita da

---

104 Para uma análise recente deste tema, veja-se Carrara. *Receitas e despesas, op. cit.*, p. 92.

105 Carta de Antônio Teles da Silva a S.M., 24/09/1642, AHU, Bahia, série Luísa da Fonseca, cx. 8, doc. 979.

106 Alvará sobre a cunhagem de patacas, 26/02/1643, CCLP, 1640-1647, p. 440; Carta de Antônio Teles da Silva a S.M., 30/01/1643, AHU, Bahia, série Luísa da Fonseca, cx. 9, doc. 1002; Carta de Antônio Teles da Silva a S.M., 22/09/1643, AHU, Bahia, série Luísa da Fonseca, cx. 9, doc. 1016; veja-se mais em: Sousa. *Moeda e metais preciosos, op. cit.*

Fazenda Real na Bahia até aquela data – o contrato dos dízimos só viria a superar esse valor no ano seguinte.[107] O dinheiro, como pode se ver no Gráfico 5, foi imediatamente despendido no pagamento de um "socorro geral" que amenizou a conta de atrasados da infantaria, acumulada nos dois anos anteriores: "não foi tudo o que haviam mister, para não faltarem a suas obrigações, e é muito menos que em seu tempo deram o Marquês de Montalvão e o Conde da Torre (…) mas se deram por satisfeitos, e ficam com dobrado ânimo para empreenderem tudo o que se lhes ordenar".[108]

O governo-geral ainda tentou fazer com que a senhoriagem do levantamento no Rio de Janeiro fosse enviada a crédito de Salvador, em letras de câmbio. Os moradores de lá, entretanto, rebelaram-se contra as ordens de Teles da Silva, agravadas pela tentativa de cobrança das vintenas do açúcar. O episódio culminou no sítio e invasão da residência do capitão-mor Luís Barbalho Bezerra (que morreria pouco tempo depois), e o governo-geral teve de separar companhias de infantaria que iam a Angola para permanecer na Guanabara, em apoio do pequeno presídio local, sob comando de Francisco de Soutomaior, e reforçar a autoridade dos oficiais da Coroa.[109]

Anos depois, o governo de Salvador fez, por sua conta, um novo ajuste no valor de algumas moedas de prata, desta vez sem que houvesse ordem de Lisboa. Por acordo entre o Conde de Vila Pouca de Aguiar e o Senado da Câmara, os tostões velhos que corriam a $150 passaram a $160, os meios-tostões de $75 a $80, e os tostões "novos" de $120, que não haviam alterado no levantamento de 1643, foram recunhados também em $160, equiparando-se aos "velhos". Sua implementação deixou poucos registros além das explicações de Bernardo Vieira Ravasco, quando a Coroa desautorizou a medida, seis anos depois. Segundo o secretário de Estado, a recunhagem dos tostões resultou em grande vantagem para a Fazenda Real, mas não escreveu quanto e como. Lisboa

---

107 Carta de Antônio Teles da Silva a S.M., 22/09/1643, AHU, Bahia, série Luísa da Fonseca, cx. 9, doc. 1016; Satisfação do que foi arrecadado no levantamento da moeda, 17/01/1644, AHU, Bahia, série Luísa da Fonseca, cx. 9, doc. 1029; Ata da Câmara de Salvador, 23/07/1643, DHAM: AC, v. 2, p. 176; Carta régia sobre o valor do ouro e cunho de moeda, 29/03/1642, CCLP, 1640-1647, p. 141; Alvará sobre o valor das moedas de ouro, 19/05/1646, CCLP, 1640-1647, p. 317.

108 Carta de Antônio Teles da Silva a S.M., 28/01/1644, AHU, Bahia, série Luísa da Fonseca, cx. 9, doc. 1030; Portaria do governador-geral Antônio Teles da Silva sobre o socorro do presídio, 09/11/1643, AHU, Bahia, série Luísa da Fonseca, cx. 9, doc. 1032.

109 Carta de Antônio Teles da Silva a S.M., 04/06/1644, AHU, Bahia, série Luísa da Fonseca, cx. 9, doc. 1060; Junta que se fez sobre a situação no Rio de Janeiro, 04/05/1644, AHU, Bahia, série Luísa da Fonseca, cx. 9, doc. 1077. Veja-se: Luciano Raposo de Almeida Figueiredo. *Revoltas, fiscalidade e identidade colonial na América portuguesa: Rio de Janeiro, Bahia e Minas Gerais, 1640-1761*, tese de doutorado. São Paulo, USP, 1996.

tentou anular, sem sucesso, a decisão, porquanto os tostões e meios-tostões valeriam na Bahia muito mais que no Reino, mas não houve condições de restabelecer o padrão anterior.[110] Desde 1644, D. João IV buscava combater a "muita moeda falsificada que se metia em Portugal", sobretudo patacas do Peru (as de Segóvia, México e Sevilha tinham boa reputação). Em 1651, ordenou que todas as moedas castelhanas fossem recolhidas e recunhadas em padrões portugueses. Mas a carta régia não indicava as conquistas como local para a recunhagem, o que implicava na remessa da prata para fundir-se em Lisboa. Como isso era impraticável, o Conde de Castelo Melhor ordenou o carimbo das moedas castelhanas em Salvador, com uma pequena coroa e o número 480, proibindo--se a circulação das patacas sem aquele sinal. O monarca acabou por anuir à decisão, em novembro de 1652. Como não houve levantamento no valor, entretanto, a medida não resultou em ganhos de senhoriagem à Fazenda Real. Os custos do processo foram transferidos aos proprietário das moedas mediante uma taxa de cunhagem.[111]

Havia ainda uma pequena variedade de tributos e outras fontes de arrecadação para a Fazenda Real, nenhuma delas de grande importância. A *dízima da alfândega* chegou a levantar um máximo entre 400$000 e 600$000, sempre a depender de certo comércio da Bahia com o arquipélago das Canárias e com o Rio da Prata (segundo a documentação). O imposto das *meias-anatas* aparentemente não teve arrecadação relevante, talvez a indicar que era cobrado em Lisboa aos oficiais que serviriam na colônia. Gaspar de Brito Freyre afirmou ser possível tirar até 2.000 cruzados desse tributo, mas não há registro de que isso tenha ocorrido.[112] Em certos momentos, acreditou-se ser possível recolher um valor considerável pela coleta de esmolas segundo a *Bula da Santa Cruzada*, particularmente tirando para a Bahia do que havia a esse título nos cofres de Angola (ao longo do século XVI, principalmente depois de Alcácer-Quibir, o resgate de prisioneiros cristãos na África era o destino tradicional desse dinheiro). Tais bulas, em geral, eram indulgências que permitiam ao fiel comer carne em dias santos

---

110 Carta de Bernardo Vieira Ravasco a S.M., 26/01/1655, AHU, Bahia, série Luísa da Fonseca, cx. 13, doc. 1609; Carta régia ao Conde de Atouguia, 12/08/1654, DHBN, v. 66, p. 60.

111 Alvará sobre patacas falidas e cerceadas, 26/02/1644, CCLP, 1640-1647, p. 234; Alvará sobre patacas diminutas em peso, 13/11/1647, CCLP, 1640-1647, p. 338; Carta régia sobre proibição das patacas do Peru, 06/06/1651, CCLP, 1648-1656, p. 273; Carta do Conde de Castelo-Melhor a Antônio Galvão, 02/11/1651, DHBN, v. 33, p. 258; Consulta do Conselho Ultramarino, 24/05/1652, AHU, Bahia, série Luísa da Fonseca, cx. 12, doc. 1464; Ata da Câmara de Salvador, 24/11/1651, DHAM: AC, v. 3, p. 181; Carta do Conde de Castelo-Melhor à Câmara de Salvador, 14/06/1652, DHBN, v. 3, p. 173; Carta do Conde de Castelo Melhor ao capitão-mor do Espírito Santo, 05/01/1652, DHBN, v. 3, p. 11; Carta régia ao Conde de Castelo Melhor, 22/11/1652, DHBN, v. 66, p. 41.

112 Carrara. *Receitas e despesas*, p. 171-172.

ou isentar-se de jejuns obrigatórios. A iniciativa, entretanto, não encontrou resultados consideráveis.[113] Havia ainda uma quantidades indeterminada de *foros e rendas* da Fazenda Real na Bahia, mas certamente muito pequena, e menor do que recebia a Câmara de Salvador. Em 1642, Antônio Teles da Silva afirmava receber 10$000 do "foro de umas casas da Fazenda Real".[114]

Vale a pena mencionar, por fim, a coleta de *direitos sobre o pau-brasil*. Esse negócio era regulamentado por estanco régio, concedido a particulares por contrato de arrendamento assentado em Lisboa. Incidia sobre ele um direito de seis cruzados por quintal, integralmente dedicado ao Reino. Em 1651, o Conde de Castelo Melhor solicitou que tais direitos fossem aplicados ao presídio de Salvador. O Conselho Ultramarino reiterou que a prioridade da Fazenda Real (mesmo na colônia) era o seu tesouro em Portugal, como pólo articulador e como razão para as demais partes do Império: "pede a boa razão que o principal, que são as rendas reais deste Reino, se não diminuam, nem enfraqueçam em forma que delas se não possa acudir as outras necessidades do mesmo Reino, ou de fora dele". Entretanto, os conselheiros sugeriram algo de complacência, e D. João concedeu que a terça parte dos direitos do pau-brasil ficasse na Bahia.[115]

Estas, portanto, são as fontes de arrecadação da Coroa na capitania. Além delas, há que se considerar as *receitas da Câmara de Salvador*. Em grande media, o extraordinário esforço fiscal necessário para o sustento do presídio foi realizado por tributos camarários, arrecadados por oficiais do município e entregues ao tesoureiro-geral da Fazenda Real, para o pagamento dos soldos.

Em Portugal, como se sabe, o apoio dos organismos municipais à monarquia foi decisivo em muitos dos seus momentos de embate com a alta nobreza, durante o processo de centralização e racionalização que, com todos os seus limites, configurou a formação da Coroa lusitana. Do ponto de vista financeiro, esse apoio materializou-se na *terça dos Concelhos*, o repasse da terça parte de suas rendas à Fazenda Real. Em Salvador, durante o século XVII, a terça régia era aplicada apenas sobre uma das receitas do Senado da Câmara, a *renda do verde*, ou do ver. Tratava-se da arrecadação

---

113 Correspondência do governador de Angola Fernando de Souza, 1626-1630, BPA, Cód. 51-IX-20, fls. 67, 346, 357, 376v, 378v; Carta régia sobre rendimento da bula da cruzada, 05/05/1614, BPA, Cód. 51-VIII-17, fl. 127; Consulta do Conselho da Fazenda, 26/03/1626, AHU, Bahia, série Luísa da Fonseca, cx. 3, doc. 405; *Arte de furtar, espelho de enganos, teatro de verdades, mostrador de horas minguadas, gazua geral dos Reinos de Portugal*. Amsterdam: Officina Elvizeriana, 1652 (1743), p. 161; Mendonça. *Raízes*, v. II, p. 517.

114 Relação da Fazenda Real na Bahia, 09/11/1643, AHU, Bahia, série Luísa da Fonseca, cx. 9, docs. 1030-4.

115 Consulta do Conselho Ultramarino, 03/03/1651, AHU, Bahia, série Luísa da Fonseca, cx. 12, doc. 1393.

de coimas sobre a transgressão de posturas municipais, principalmente as regulamentações do comércio e demais serviços. Como já era hábito em Portugal, os direitos de fiscalização e cobrança eram arrendados a particulares, e em praças de grande atividade, como Goa, o contrato atingia valores suficientes para despertar a atenção da Coroa.[116] Na Bahia, à guisa de exemplo, citava-se a posse ou consumo de "vinho de mel" ou o atravessamento de peixe, panos ou escravos dentro de trinta dias de sua compra, ambas as infrações em 6$000 por ofensa.

Gráfico 8: Valor do contrato da renda do verde (em mil réis)

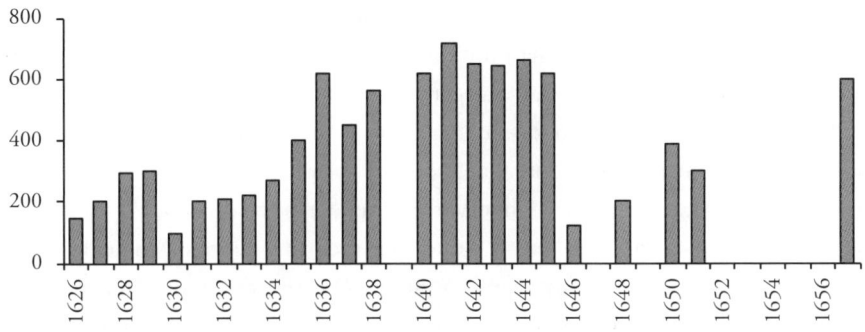

Fonte: elaboração própria

Como pode-se verificar no gráfico 8, o arrendamento valia, em média, 234$500, exceto entre 1635 e 1645, quando girou em torno de 620$000 – patamar que seria ultrapassado apenas no século XVIII. A fiscalização e o afilamento de pesos e medidas eram arrendados em separado (as medidas do comércio da cidade, o peso do guindaste, o peso do peixe no rio Vermelho e o "novo peso" em Pituba, plausivelmente para pesagem do gado ou da carne de boi). Estes, entretanto, rendiam em conjunto apenas dez mil réis, ou vinte, a cada ano.[117] A Câmara também recebia aluguéis sobre alguns imóveis na cidade, embora a invasão holandesa e a destruição dos arquivos da cidade durante o sítio tenham dificultado a cobrança nos anos subsequentes. Tais

---

116 Carta régia sobre a renda do verde de Goa, 31/01/1618, CCLP, 1613-1619, p. 265. Dizia o vilão de Gil Vicente, na *Romagem dos agravados*: "Tomai a conta e vede / porque [Deus] matou minha tia / que mil esmolas fazia / e leixa os rendeiros do verde / que me citam cada dia" (In: *Sátiras sociais*, 2ª ed. anotada, Mem Martins, Europa-América, 1988).

117 Ata da Câmara de Salvador, 27/08/1625, DHAM: AC, v. 2, p. 05-9; Veja-se as atas da Câmara de Salvador, ao início de cada ano, DHAM: AC, vols. 1-3.

receitas eram geralmente destinadas a obras de caridade, benfeitorias públicas e festas, em geral, religiosas.[118] Depois da restauração de Salvador, a Câmara recebeu da Coroa três anos de carência no pagamento das terças, para que se pudesse custear obras de reconstrução da cidade. Com essa exceção, a terça do Concelho foi repassada normalmente, sem nunca atingir mais que 250$000.[119] Em 1658, uma solicitação ao governo-geral indica como se fazia a gestão dos elementos mais básicos da fazenda camarária: com as receitas da renda do verde, dos açougues, dos foros e balanças (que haviam somado 1:592$000 no ano anterior, "por ocasião da competência dos rendeiros"), tirava-se a terça da Coroa e, com o resultado, fazia-se o pagamento dos "ordenados de vários tesoureiros dos recebimentos, tocantes ao presídio, escrivão, procissões, procurador, que tem nessa corte propinas e outras despesas miúdas, todas necessárias". Naquele ano específico, essa folha implicava em 1:170$000, e a Câmara, incerta de suas receitas futuras, previa um saldo negativo de pouco mais de trezentos mil réis.[120]

Mas a grande contribuição da Câmara à guerra não estava nas terças, como nos tributos e nas contribuições "que aquele povo impunha sobre si", consignados ao pagamento da infantaria. A mais importante de todas foram as *imposições dos vinhos*, que o Conde de Atouguia descreveria como "o principal sustento da gente de guerra no Estado do Brasil".[121] Tempos depois, o imposto ficaria conhecido também como o "subsídio dos molhados", pois sua cobrança seria estendida a outros produtos importados do Reino, como o azeite de oliva. A primeira imposição, de 1$000 sobre a pipa de vinho no atacado, era cobrada em todas as capitanias do Brasil desde o início do século XVII. Em Salvador, a arrecadação passou a ser feita pelo Senado da Câmara em meados da década de 1610, e o dinheiro "lhes servia para as obras públicas".[122] Em

118 Vide Charles R. Boxer, *Portuguese society in the tropics: the municipal councils of Goa, Macao, Bahia and Luanda, 1510-1800*. Milwaukee: University of Wisconsin, 1965, p. 79; em 1650, a Câmara recebeu autorização para custear, com seus recursos, a celebração anual da aclamação de D. João IV, pois o provedor-mor não as pagava (Consulta do Conselho Ultramarino, 09/05/1650, AHU, Bahia, série Luísa da Fonseca, cx. 11, doc. 1365).

119 Relação da Fazenda Real na Bahia, 09/11/1643, AHU, Bahia, série Luísa da Fonseca, cx. 9, doc. 1031; Informação sobre o Estado do Brasil, 15/11/1652, BNL, Manuscritos, Mss. 218, n. 134; Consulta do Conselho da Fazenda, 26/10/1626, AHU, Bahia, série Luísa da Fonseca, cx. 3, doc. 423.

120 Carta de Francisco Barreto a S.M., 25/09/1658, DHBN, v. 4, p. 343. Para uma análise das receitas e despesas costumeiras da Câmara de Salvador, veja-se: Sousa. *Poder local*, p. 140-56. 162-182.

121 Carta do conde de Atouguia a S.M., c. 1653, AHU, Bahia, série Luísa da Fonseca, cx. 12, doc. 1517.

122 "Tome conta que na capitania da Bahia, Pernambuco e nas demais do Estado se tem cobrado da imposição dos vinhos que são mil réis em cada pipa; e saberá se se gastou nas [coisas] por que se concedeu e a obra ou obras que estão feitas e o que nelas se podia gastar" (Regimento da junta da

1620, financiava a construção da catedral soteropolitana, até que a guerra interrompeu indefinidamente a obra: logo após a partida da frota luso-espanhola, a imposição foi inteiramente consignada ao sustento do presídio. Em certos momentos, apenas ao pagamento das rações de carne e farinha dos soldados. Depois de 1654, a Câmara solicitou à Coroa licença para voltar a empregar a "imposição velha", como ficou conhecida, com "fontes, caminhos, calçadas e outras obras úteis à República", mas ainda obteve apenas a liberdade de usar até 1.000 cruzados do tributo para cobrir despesas ordinárias e sua própria folha de pagamentos.[123]

Em 1631, sob pressão do governador Diogo Luís de Oliveira, a Câmara concordou em criar uma nova imposição sobre os vinhos, de quatro vinténs sobre a canada, cobrada nas tavernas. Somados, os dois tributos arrecadavam 5$800 por pipa.[124] Os oficiais camarários tentaram resistir à medida, mas conseguiram apenas que o novo tributo não durasse mais que um semestre, ou enquanto não terminasse o conflito. Como isso não aconteceu, a Câmara era levada a prorrogar a imposição de seis em seis meses. Passados alguns anos, seus oficiais reconheceriam: "não é possível que em tão breve tempo cesse a opressão que padece este Estado", dado o "receio do inimigo inquietarmos". Dado que o vinho do Reino poderia valer na colônia a metade de um vinho da Madeira ou das Canárias, as taxas do tributo passaram a ser ajustadas segundo a origem.[125]

Em 1640, o Marquês de Montalvão conseguiu na Câmara uma terceira imposição, de meia pataca por canada, em troca do encerramento na cobrança do donativo das carenas, com o que o total do tributo foi elevado a 15$400 por pipa. O preço de uma canada do mesmo vinho havia subido, em dez anos, de $320 para $720.[126] Pouco tempo depois, a junta que depôs o Marquês ordenou o fim desta terceira taxa, e ape-

---

arreadação da Fazenda Real, 19/09/1612, AHU, Bahia, série Luísa da Fonseca, cx. 1, doc. 35; Ata da Câmara de Salvador, 16/05/1631, DHAM: AC, v. 1, p. 188-193).

123 Consultas do Conselho Ultramarino, 30/05/1645 e 03/10/1654, AHU, Bahia, série Luísa da Fonseca, cx. 10, doc. 1119 e cx. 13, doc. 1563; Ata da Câmara de Salvador, 05/02/1639, DHAM: AC, v. 1, p. 390-1; Carta de Francisco Barreto a S.M., 25/09/1658, DHBN, v. 4, p. 343; Carta régia a Francisco Barreto, 21/03/1658, DHBN, v. 66, p. 144.

124 Ata da Câmara de Salvador, 16/05/1631, DHAM: AC, v. 1, p. 188-193.

125 Ata da Câmara de Salvador, 14/06/1633, DHAM: AC, v. 1, p. 240-1; Ata da Câmara de Salvador, 29/03/1634, DHAM: AC, v. 1, p. 252; Ata da Câmara de Salvador, 09/03/1635, DHAM: AC, v. 1, p. 267-8.

126 Atas da Câmara de Salvador, 29/03/1634, 27/09/1640, 01/10/1640, DHAM: AC, v. 1, p. 252-3, 460-1, 462-5.

nas por pedido da Câmara ela foi mantida. Em dezembro de 1641, as imposições eram novamente arrecadadas no atacado, isto é, no desembarque das pipas. Em março seguinte, os vinhos insulares passaram a pagar 8$000 "de primeira entrada" (1$000 da primeira imposição, ou "imposição pequena", e 7$000 do "donativo grande", também chamado depois de "segunda imposição"). Os vinhos portugueses pagavam 4$000 (1$000 mais 3$000). Em julho de 1642, a Câmara fixou esses preços em duas patacas por canada ($640), e a comercialização foi restrita por estanco a doze taverneiros, fiscalizado por dois oficiais da Câmara. O valor total de uma pipa de vinho das ilhas no varejo passaria a algo em torno de 38$400 (com 60 canadas cada), 15$500 dos quais em imposições e 20$000 da pipa no porto. Os vinhos do Reino circulariam por pouco mais da metade, com 9$000 arrecadados a título das imposições.[127] O estanco porém não rendeu os resultados esperados, e voltou-se a arrecadar as duas imposições como se havia decidido em março.

O total dessa arrecadação variava a depender, naturalmente, do volume do comércio. O gráfico 9 apresenta esse valor, segundo os registros da receita gerada ou estimado a partir do número de pipas vendidas no ano. Antes da guerra, a "imposição velha" sozinha chegou a levantar mais de três contos de réis, indicando um pico de 3.000 pipas vendidas anualmente na Bahia.[128] Quando foi instituída a "imposição nova", em maio de 1631, aquela arrecadação estava em 1:600$000.[129] Com o acúmulo dos tributos (e, segundo consta, a diligência de Pedro Cadena de Vilhasanti na arrecadação), esse valor aumentou para 6:800$000, em 1636.[130] Com o aumento da taxa pelo Marquês de Montalvão e pela Câmara de Salvador, e principalmente com o volume do comércio, que manteve-se provavelmente entre 1.100 e 1.400 pipas todo ano, essa cobrança atingiu seu ápice entre 1641 e 1644. Nesse período, segundo fontes diferentes, a receita total sobre os vinhos teria permanecido entre quinze e vinte contos de réis. O mais provável é que tenha ocorrido um grande movimento da mercadoria, por resultado do arrefecimento da guerra e da ausência de armadas contra o

---

127 Atas da Câmara de Salvador, 05/12/1641, 10/03/1642, 22/05/1642, 26/06/1642, 27/06/1642, 28/06/1642, 03/07/1642, 04/07/1642, 07/08/1642 e 13/08/1642, DHAM: AC, v. 2, p. 54-7, 81-3, 89-115.

128 Regimento da junta da arrecadação da Fazenda Real no Brasil, 19/09/1612, AHU, Bahia, série Luísa da Fonseca, cx. 1, doc. 35; Carta da Câmara a S.M., 27/02/1616, AHU, Bahia, série Luísa da Fonseca, cx. 1, doc. 34; Consulta do Conselho Ultramarino, 30/05/1645, AHU, Bahia, série Luísa da Fonseca, cx. 10, doc. 1119.

129 Ata da Câmara de Salvador, 16/05/1631, DHAM: AC, v. 1, p. 188-193.

130 Consulta do Conselho da Fazenda, 13/01/1637, AHU, Bahia, série Luísa da Fonseca, cx. 8, doc. 864; Consulta do Conselho da Fazenda, 07/08/1638, AHU, Bahia, série Luísa da Fonseca, cx. 8, doc. 850.

Brasil Holandês, liberando a navegação para o comércio e melhorando a expectativa de chegar à colônia em segurança. Em 1642, o provedor-mor afirmava que os preços dos vinhos na Bahia haviam caído bastante.[131]

Gráfico 9: Arrecadação estimada da imposição dos vinhos (em mil réis)

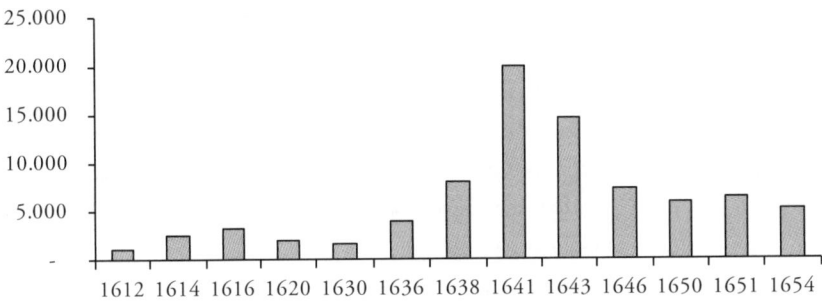

Fonte: Elaboração própria, a partir de fontes citadas.

A partir de então, a arrecadação caiu rapidamente. Em 1646, dizia-se que "rendia a metade menos do que dantes costumavam render (*sic*)", e voltou-se a elevar a taxa total para 8$500 cada pipa. Além disso, o tributo passou a incidir sobre o comércio de azeite de oliva, à taxa de $400 a canada.[132] As causas dessa redução estão possivelmente na reabertura do conflito em Pernambuco, ou também em uma gradual concentração do comércio (como se viu no capítulo anterior) e a decorrente queda no fornecimento do produto. Esta concentração é sugerida, por exemplo, pelas negociações do Conselho Ultramarino com mercadores como Duarte da Silva, ou Manuel Garcia Franco, interessados em assentar termos para um monopólio no ramo.[133] Como se sabe, o estanco no fornecimento de vinhos seria um dos pilares da instituição da Companhia Geral de Comércio do Brasil. A implementação de seus estatutos implicou em intervenção da Coroa na taxa cobrada pela imposição, que foi reduzida a

131 Carta de Antônio Teles da Silva a S.M., 23/09/1642, AHU, Bahia, série Luísa da Fonseca, cx. 8, doc. 976.

132 Carta de Antônio Teles da Silva a S.M., 23/09/1642, AHU, Bahia, série Luísa da Fonseca, cx. 8, doc. 976; Carta régia a Antônio Teles da Silva, 21/02/1647, DHBN, v. 65, p. 329; Carta de Antônio Teles da Silva a S.M., 05/11/1646, AHU, Bahia, série Luísa da Fonseca, cx. 10, doc. 1240; Ata da Câmara de Salvador, 25/10/1646, DHAM: AC, v. 2, p. 321.

133 Veja-se, por exemplo: Minuta de contrato do direito dos vinhos, 26/01/1645, AHU, Bahia, série Luísa da Fonseca, cx. 9, doc. 1101; Minuta sobre o assento do vinho, 21/03/1643, AHU, Bahia, série Luísa da Fonseca, cx. 9, doc. 1005.

4$000 por pipa, para todos os tipos de vinho. O embate que se seguiu será analisado em momento oportuno, mas a Câmara e o governo-geral acabariam concordando em restaurar a cobrança da terceira imposição, de $160 por canada, totalizando 13$600 de taxas em cada pipa. Até o fim do confronto luso-neerlandês, o preço oficial do vinho em Salvador foi de $960 a canada. A redução no fornecimento e os descaminhos do estoque, entretanto, agravaram-se, e o total arrecadado pela imposição certamente permaneceu em um montante bastante pequeno, possivelmente em média anual inferior à que o gráfico 9 parece nos indicar.[134]

Ligado à cobrança da imposição dos vinhos, outro meio de arrecadação que ganhou destaque foram as *proibições e licenças para a produção de aguardente e cachaça* na capitania. De fato, tratava-se de dois, talvez três, gêneros diferentes de bebida. Da escuma que restava nas caldeiras, após o cozimento do caldo da cana, escreve Antonil que o escravo tirava um tanto para guardar até azedar. Quando no ponto certo, a garapa azeda (por oposição à garapa doce, do caldo de cana fresco) servia-lhe à alteração dos sentidos. Também do melaço escorrido da purgação do açúcar podia-se destilar e fazer a "aguardente da terra", ou então o "vinho de mel", "a que chamam cachaça".[135] Todos os tipos, independente do método de fabricação, estiveram sempre carregados de preconceito e prejuízo, visivelmente oriundos dos antagonismos da sociedade escravista. Da cachaça, falava-se muito que redundava em violência; que os escravos "emborrachados" matavam-se em "brigas e peçonhas", e "furtos, mortes e diversidade de vícios que dela procedem".[136] Ou ainda: "que é muito danosa ao bem comum e que não serve de mais que de causar grandes escândalos, roubos, algozes e

---

134 Atas da Câmara de Salvador, 12/05/1650 e 22/10/1650, DHAM: AC, vol. 3, p. 61 e 98.

135 André João Antonil, *Cultura e opulência do Brasil por suas drogas e minas*. Lisboa: Comissão Nacional para a Comissão dos Descobrimentos Portugueses, 2001, p. 147, 163; Schwartz, *Segredos internos*, p. 146; Ata da Câmara de Salvador, 07/09/1635, DHAM: AC, v. 1, p. 281-283; Consulta do Conselho Ultramarino, 05/02/1647, AHU, Bahia, série Luísa da Fonseca, cx. 10, doc. 1240. "São dois gêneros de bebida", os vinhos de mel e a "aguardente da terra", escreveu o governador Antônio Teles da Silva (Consulta do Conselho Ultramarino, 05/02/1677, AHU, Bahia, série Luísa da Fonseca, cx. 10, doc. 1240); Ou "as duas bebidas da aguardente de mel e vinho dele", nos dizeres da Câmara (Carta a S.M., 22/09/1659, AHU, Bahia, série Luísa da Fonseca, cx. 15, doc. 1750). Ou "as bebidas de aguardente e cachaça da terra" (Mandado de Francisco Barreto sobre as aguardentes, 23/06/1659, AHU, Bahia, série Luísa da Fonseca, cx. 15, doc. 1740). Segundo o governador Pedro da Silva, o vinho de mel e a garapa eram nomes do mesmo produto (Carta de Pedro da Silva a S.M., 12/06/1638, AHU, Bahia, série Luísa da Fonseca, cx. 14, doc. 1699).

136 Veja-se o relato de Pyrard de Laval, que visitou a Bahia em 1610: "fazem vinho de cana de açúcar, que é barato, mas só serve aos escravos e naturais da terra" (François Pyrard, *Viagem de Francisco Pyrard, de Laval*. Trad. port. Porto: Civilização Brasileira, 1944, p. 232); Ata da Câmara de Salvador, 07/09/1635,

pecados públicos que se fazem nas ditas casas em que se vendem e covis de ladrões, aonde vem os negros do mocambo contratar, e levam de dentro da cidade os escravos dos moradores, com os roubos que fazem".[137] Enfim, o bêbado que causava problemas era sempre um homem oprimido, mas a culpa era da pinga.

Assim, desde antes de 1624 o vinho de mel era proibido, e a posse ou produção vedada aos moradores, "ainda que diga é para o seu beber".[138] Mas o consumo persistia, e logo se tornaria negócio. Em abril de 1630, um acordo "entre Câmara e povo" permitiu a comercialização do vinho de mel. O município outorgaria licenças a quem o quisesse vender, e o dinheiro seria usado na construção das portas da cidade.[139] Em pouco tempo, a autoridade para concessão de tais licenças foi arrendada; até 1635, rendia 240$000 ao ano, quando a cachaça voltou a ser proibida.[140] Nenhuma das duas portas foi concluída, e a passagem do Carmo permaneceria aberta até o ataque holandês à cidade, em 1638 – ocasião na qual, aliás, a infantaria nas trincheiras era "alentada" com muitas pipas do dito vinho de mel.[141] Entretanto, já não era o zelo pela saúde pública que motivava a proibição de "alambiques e oficinas de aguardente" em 1636, mas o prejuízo à Fazenda Real que resultava, pela redução "aos dízimos de meles e remeles que se gastavam em fazer a dita água", "aos direitos de Sua Majestade nas vendas e navegação dos ditos meles e remeles" e, finalmente, pelo "dano que se segue à venda dos vinhos".[142] De fato, o melaço que restava da purga poderia ser batido em retame e exportado, ou mesmo empregado como insumo na "criação de porcos e outros gêneros", o que não aconteceria se fosse destilado para o consumo local de cachaça.[143] Ademais, os mercadores temiam que a aguardente se tornasse alternativa ao vinho, senão por outras razões, pelo elevado teor alcoólico do Madeira (um vinho fortificado e, portanto, com um calor mais parecido ao das aguardentes). Como o

DHAM: AC, v. 1, p. 281-3; Carta de Francisco Barreto a S.M., 04/06/1659; Veja-se também: Antonil, *Cultura e opulência do Brasil*, p. 98.

137 Ata da Câmara de Salvador, 11/08/1646, DHAM: AC, v. 2, p. 312; Assento que se tomou sobre o vinho de mel e aguardente, 25/10/1646, AHU, Bahia, série Luísa da Fonseca, cx. 11, doc. 1251.

138 Ata da Câmara de Salvador, 27/08/1625, DHAM: AC, v. 1, p. 5-9; A proibição foi reeditada em 24/04/1627, DHAM: AC, v. 1, p. 70.

139 Ata da Câmara de Salvador, 17/04/1630, DHAM: AC, v. 1, p. 154-5.

140 Ata da Câmara de Salvador, 27/08/1635, DHAM: AC, v. 1, p. 279.

141 Carta de Pedro da Silva a S.M., 16/06/1638, AHU, Bahia, série Luísa da Fonseca, cx. 14, doc. 1699.

142 Provisão de Pedro da Silva sobre a aguardente, 09/10/1636, DHBN, v. 16, p. 396-9.

143 Assento que se tomou sobre se extinguir o vinho de mel e aguardente, 25/10/1646, AHU, Bahia, série Luísa da Fonseca, cx. 11, doc. 1251.

preço dos vinhos escalava, carregado de imposições, não haveriam de ser poucos os que adotavam o goró local. Entre eles, os próprios taverneiros, que passaram a batizar o vinho com as garapas e aguardentes.[144]

Deste modo, a proibição da cachaça era difícil de se sustentar. Em abril de 1640, os oficiais da Câmara a consideraram inócua: "não se podia evitar o vender-se vinho de mel por haver gente poderosa que o vendia e isto se fazia de muitos anos". Ademais, as penas pecuniárias eram pequenas, e o infrator recuperava aquele valor em pouco tempo, sem deixar de produzir. Com notícia dos reforços que Nassau recebera da Holanda, o governo abriu novamente a concessão de licenças anuais a 20$000. O comércio não autorizado seria penalizado em 40$000.[145] A Câmara também fixou preços mínimos ($40 para a canada de vinho de mel, $480 para a aguardente), com o que esperavam restringir e sanear o consumo da bebida.[146] Afirmava-se, entre os vereadores, que a arrecadação seria de pouca monta – mau agouro de quem tinha seus interesses prejudicados, provavelmente. Na prática, as multas e licenças renderam algo em torno de 2:000$000 anualmente, durante as safras de 1641-2 e 1642-3, o que é valor considerável, e indica o rápido crescimento do negócio.[147]

Não obstante, a oposição à aguardente permaneceu, e continuaram as denúncias de que dela "se vendeu sem medida nesta cidade", e de "não haver a dita medida, pois em todas as coisas, sem ela há muito engano, e neste caso por ser mais da venda com negros, com quem mais facilmente poderão os que mandam fazer o que quiserem". Em junho de 1642, junto à redefinição das regras de arrecadação da imposição dos vinhos, tentou-se novamente proibir as cachaças; desta vez, com "graves penas crimes e cíveis" (indefinidas), "porque qualquer porta que se abrir neste particular não poderá ter efeito a venda do vinho que se pretende".[148] A essa altura, o comércio do licenciamento para a produção de aguardentes era visto como última opção, caso as demais fontes de receita fossem insuficientes para o sustento do presídio. Visto que a

144 *Ibidem*, p. 396-9. Já na opinião do Conde de Atouguia, a venda de aguardentes não prejudicava a saída dos vinhos, por serem produtos diferentes (Carta do Conde de Atouguia a Francisco Barreto, 20/03/1655, DHBN, v. 3, p. 262).

145 Bandos lançados sobre a produção de vinho de mel e aguardente, 20/04/1640, CCT, v. III, fl. 27; Ata da Câmara de Salvador, 20/04/1640, DHAM: AC, v. I, p. 434-5; Relação das despesas e receitas da Fazenda Real, 23/09/1642, AHU, Bahia, série Luísa da Fonseca, cx. 8, doc. 977; Relação da Fazenda Real na Bahia, 09/11/1643, AHU, Bahia, série Luísa da Fonseca, cx. 9, doc. 1031.

146 Ata da Câmara de Salvador, 19/10/1641, DHAM: AC, v. I, p. 50-1.

147 Atas da Câmara de Salvador, 23/09/1641 e 03/10/1642, DHAM: AC, v. 2, p. 47, 124.

148 Ata da Câmara de Salvador, 26/06/1642, DHAM: AC, v. 2, p. 92-4.

arrecadação sobre o vinho de uva não atendia às expectativas, as licenças para a cachaça continuaram a ser emitidas. Em 1644, arrecadava dinheiro para a construção das
galés que defenderiam a Bahia.[149]

Portanto, dadas as pressões exercidas sobre a matéria, a política para a aguardente
ao longo daquele tempo foi inconstante. Anos depois, Francisco Barreto diria que
"não houve general algum deste Estado, desde Antônio Teles da Silva até o presente,
que os não mandasse proibir"; mas também era verdade que não houve proibição que
não enfrentou resistência de segmentos consideráveis da população.[150] Em 1644, por
exemplo, uma moradora chamada Catarina de Oliveira tentou ludibriar o governador
com uma carta régia forjada, que lhe outorgava o monopólio da venda do "vinho de
garapa". O embuste foi percebido e evitado, mas o Conselho Ultramarino lembrou
que o "direito das cachaças" levantava anualmente 2:600$000, e "é um dos mais in-
falíveis efeitos que a fazenda de Sua Majestade tem naquela praça para sustentação
dos soldados".[151] Repare-se que este valor, em dez anos, aumentou mais de dez vezes.

Não obstante, em agosto de 1646, a aguardente seria novamente proibida, no
contexto geral de reforma do regime de comércio e navegação colonial, como um dos
elementos que favoreceria a acumulação de capital comercial e o financiamento da
renovação da marinha. Segundo Antônio Teles da Silva, D. João IV havia sido procurado por "homens de negócio deste Reino", solicitando que proibisse e extinguisse
as tal aguardente que tanto se fabricava na Bahia, "com que de todo se ia atrasando a
venda e comércio dos vinhos, que a esse Estado se navegam". Mas a Câmara também
se manifestava pela "extinção" da aguardente, da qual dizia-se ser consumida em mais
de mil pipas todo ano.[152] Os mercadores se prontificaram a aumentar a imposição dos
vinhos para compensar o fim da venda de licenças aos alambiques. Segundo o seu
cálculo, bebia-se mais de duas mil pipas de pinga, produzidas em mais de cinquenta
locais do Recôncavo. Fossem de vinho, os tonéis acrescentariam algo entre 8:000$000
e 16:000$000 à Fazenda Real.[153] Todavia, sabemos que isso não aconteceu. É possível

---

149 Consulta do Conselho Ultramarino, 11/05/1644, AHU, Bahia, série Luísa da Fonseca, cx. 9, doc. 1054.

150 Carta de Francisco Barreto a S.M., 04/06/1661, AHU, Bahia, série Luísa da Fonseca, cx. 16, doc. 1811.

151 Consulta do Conselho Ultramarino, 26/08/1644, AHU, Bahia, série Luísa da Fonseca, cx. 9, doc. 1069.

152 Carta régia a Antônio Teles da Silva, 21/02/1647, DHBN, v. 65, p. 329; Ata da Câmara de Salvador,
11/08/1646, DHAM: AC, v. 2, p. 312.

153 Ata da Câmara de Salvador, 28/09/1646, DHAM: AC, v. 2, p. 315-6. Assento que se tomou sobre
se extinguir o vinho de mel e aguardente, 25/10/1646, AHU, Bahia, série Luísa da Fonseca, cx. 11,
doc. 1251; Relação das despesas e receitas da Fazenda Real, 23/09/1642, AHU, Bahia, série Luísa
da Fonseca, cx. 8, doc. 977. Mais tarde, no Conselho Ultramarino, dir-se-ia que a proibição das

que, em certa medida, a concorrência da cachaça também tenha respondido por parte da queda no comércio dos vinhos. Mesmo que isso seja verdade, porém, a proibição não foi suficiente para revertê-la, e por isso não fazia muito sentido, de um ponto de vista estritamente fiscal. Em 1654, ano em que a arrecadação da imposição dos vinhos chegou a um novo mínimo, a Câmara voltou a vender o licenciamento de alambiques, a 40$000 ao ano, e "casas de cachaça" a 20$000.[154] Em 1659, veio nova proibição. A venda de aguardente permaneceria sujeita a proibições e disputas até 1709, quando, por solicitação da Câmara, passou a ser tributada pela própria Fazenda Real.[155]

Além da tributação de vinhos e aguardentes, a Câmara vinha em socorro da Fazenda Real, quando esta encontrava-se particularmente sem fundos, mediante a arrecadação de *donativos e fintas*, contribuições compulsórias repartidas entre os moradores da capitania, pagos principalmente em açúcar.[156] De início, tinham um caráter emergencial. Em agosto de 1626, arrecadou-se uma finta de 600$000 para pagar os soldos de setembro e outubro e sustentar o exército até que o governador chegasse com socorros do Reino. Nos anos seguintes, haveria o recolhimento de "adjutórios" para a construção dos quartéis e fortificações.[157] Até 1630, os moradores da Bahia e das capitanias próximas haviam prometido a Diogo Luís de Oliveira mais 994$000 em dinheiro e 902 arrobas de açúcar (algo como 600$000), além de tijolos e cal.[158] Em 1635, cobrou-se um donativo de 240$000 para cobrir despesas com obras nas portas da cidade, que já recebiam o dinheiro da venda de licenças aos alambiques. Durante a batalha contra o Conde de Nassau, em 1638, muitos empregaram seus recursos no apoiamento da infantaria (a maioria, a título de empréstimo). Só os jesuítas deram 6:800$000 em dinheiro, além de uma variedade de mantimentos de suas roças e currais.[159] Em Sergipe D'El Rei e

---

cachaças de outubro de 1646 ocorrera a pedido dos negociantes (Consulta do Conselho Ultramarino, 05/02/1647, AHU, Bahia, série Luísa da Fonseca, cx. 10, doc. 1240).

154   Ata da Câmara de Salvador, 02/11/1654, DHAM: AC, v. 3, p. 275.

155   Bando lançado pelo governador Francisco Barreto, 23/06/1659, AHU, Bahia, série Luísa da Fonseca, cx. 15, doc. 1740; Carta de Francisco Barreto a S.M., 04/06/1661, AHU, Bahia, série Luísa da Fonseca, cx. 16, doc. 1811; Sousa. *Poder local*, p. 158.

156   Carta da Câmara de Salvador a S.M. 20/05/1662, AHU, Bahia, série Luísa da Fonseca, cx. 16, doc. 1859.

157   Ata da Câmara de Salvador, 22/08/1626, DHAM: AC, v. 1, p. 48; Ata da Câmara de Salvador, 27/10/1627, DHAM: AC, v. 1, p. 76.; Provisão de Diogo Luís de Oliveira, 03/06/1630, DHBN, v. 15, p. 383.

158   Ata da Câmara de Salvador, 29/12/1649, DHAM: AC, v. 3, p. 49.

159   Certidões abonando o procedimento dos jesuítas em Pernambuco, 15/01/1641, AHU, Bahia, série Luísa da Fonseca, cx. 8, doc. 927.

região, as fintas eram cobradas em cabeças de gado, repartidos com equidade entre to-dos, segundo certa "memória do gado que toca aos moradores desta cidade". A Câmara dali, aliás, colaborava com o governo-geral em Salvador com reses dos "currais de sua jurisdição", o que chegou a novecentas cabeças em 1651.[160]

Os donativos mais importantes foram cobrados para o apresto das armadas da Coroa, quando fundeadas na Bahia. Vale a pena lembrar que a população de uma dessas forças navais poderia ser quase tão numerosa quanto a de Salvador. Não apenas era necessário dar-lhe abastecimento de víveres, mas também havia-se de pagar pela dispendiosa manutenção dos vasos e da artilharia, em tudo encarecida pela escassez de insumos navais e mão de obra de qualidade na colônia. Assim aconteceu em 1639, enquanto a armada preparava-se para o ataque a Recife. O Conde da Torre trouxera consigo, em fevereiro, grande quantidade de dinheiro e fazendas para sustentar a armada e encher os cofres da Fazenda Real na Bahia. Entretanto, logo em junho solicitava à Câmara um donativo de 60.000 cruzados (24:000$000) para as carenas da frota, justificando-se com a improbabilidade da chegada de novos socorros da Espanha. Os oficiais concelhios concordaram, porém com certas condições: o dona-tivo seria concedido exclusivamente para a carena da armada; incidiria sobre todos os moradores, sem distinção de ofício ou qualidade; o Rio de Janeiro também haveria de contribuir com o donativo; a cobrança correria por conta da Câmara, para o que se nomeou uma comissão de um cidadão e três homens de negócio; finalmente, exigiam que a armada tivesse sucesso na restauração de Recife e acabasse com a guerra.[161]

Assentou-se que a cobrança ocorreria em quartéis de 15.000 cruzados, a cada seis meses, "em dinheiro ou fábrica, se estiver comprada".[162] Pouco tempo depois, o Conde admitiu que precisava usar o recurso também para o pagamento de soldos dos terços reunidos em Salvador, e a Câmara concordou, com a contrapartida de se reduzir o total a 45.000 cruzados.[163] Ao longo de outubro e novembro, o tesoureiro--geral recebeu algo em torno de 3:900$000 referentes ao "donativo das carenas", sem que o provedor-mor deixasse de reclamar da falta do necessário para o apresto da armada. Em carta ao Duque de Villahermosa, aliás, o Conde da Torre afirmou que os atrasos no apresto haviam ocorrido "não por falta de dinheiro, senão por indústrias, cautelas e malícias", visto que os carpinteiros e calafates "trabalhavam dois dias na

160 Carta do Conde de Castelo Melhor à Câmara de Sergipe D'El Rei, 16/10/1651, DHBN, v. 03, p. 139.
161 Ata da Câmara de Salvador, 08/06/1639, DHAM: AC, v. 1, p. 405-6.
162 Ata da Câmara de Salvador, 12/07/1639, DHAM: AC, v. 1, p. 411-6.
163 Ata da Câmara de Salvador, 22/10/1639, DHAM: AC, v. 1, p. 416-7.

semana, quatro não trabalhavam, e as férias (pagamentos) levavam-nas por inteiro".[164] Os galeões de D. Fernando partiram, derrotados, mas a cobrança do donativo das carenas continuou, ainda que sob dúvidas e resistências. Quando veio o Marquês de Montalvão, os moradores imediatamente pediram-lhe que encerrasse aquilo. Assim, antes que o montante prometido fosse alcançado, o donativo foi cancelado em junho de 1640, substituído pela nova imposição de meia pataca sobre a canada de vinho.[165]

O mesmo ocorreria em 1648. Os galeões da Armada Real velejaram a Salvador com provisão da Coroa para financiar o seu apresto na Bahia com novos direitos sobre o embarque de açúcar. Todavia, como se observou, o Conde de Vila Pouca encontrou dificuldade em fazer valer aquela ordem. Some-se a isso a lembrança de que o corso rompeu a navegação portuguesa com a colônia, em detrimento do comércio em geral. Mais uma vez, buscou-se dar o provimento necessário aos galeões mediante um donativo extraordinário – desta vez, no elevadíssimo valor de 200.000 cruzados.[166] Segundo as atas da Câmara, os dois primeiros quartéis seriam arrecadados ao longo daquele ano e início do seguinte. Contudo, o almirante Luis da Silva Teles afirmava à Coroa que a armada permanecia sem qualquer provisão de mantimento, e "dos duzentos mil cruzados de consignação das carenas da Armada, acho que se não há cobrado cousa alguma"; quando o Vedor Geral viesse a precisar do dinheiro, "este o verá já de todo impossibilitado".[167] Segundo o provedor-mor, em agosto de 1649 "não há tido mais consignação que vinte e um mil cruzados do primeiro quartel", enquanto os galeões apodreciam, comidos de gusano.[168]

Os moradores, entretanto, já muito indispostos com o governador e capitão-geral da frota, decidiram em reunião que se a Fazenda Real precisava de dinheiro, que abrisse o cofre dos galeões da carreira da Índia que estavam ali fundeados.[169] Ao que Teles de Meneses retorquiu: o tesouro da Índia "é sagrado".[170] A rixa acabou com o saque de 33.000 cruzados do opulento inventário de D. Pedro da Silva (o bispo

164 Atas da Câmara de Salvador, 24/10/1639 a 22/11/1639, DHAM: AC, v. 1, p. 418-27; Carta do conde da Torre a Thomas de Aguirre, 17/11/1639, BPA, Cód. 51-x-7, fl. 300; Carta de D. Juan da Vega Bazán ao Conde da Torre, 17/11/1639; Carta do Conde da Torre ao Duque de Villahermosa, 24/11/1639, CCT, v. 1, fl. 334v.

165 Ata da Câmara de Salvador, 01/07/1640, DHAM: AC, v. 1, p. 442-4.

166 Ata da Câmara de Salvador, 30/03/1648, DHAM: AC, v. 2, p. 371 e segs.

167 Consulta do Conselho Ultramarino, 03/07/1649, AHU, Bahia, série Luísa da Fonseca, cx. 11, doc. 1340.

168 Consulta do Conselho Ultramarino, 27/08/1649, AHU, Bahia, série Luísa da Fonseca, cx. 11, doc. 1339.

169 Ata da Câmara de Salvador, 04/08/1649, DHAM: AC, v. 3, p. 25-7.

170 Ata da Câmara de Salvador, 27/08/1649, DHAM: AC, v. 3, p. 31-3.

havia falecido em abril do ano anterior).[171] A situação tornou-se tal que, mesmo com a coleta do donativo da armada e o emprego do tesouro do bispo, ao fim do ano foi necessária uma finta especial para pagar os soldos relativos aos últimos três dias do ano.[172] Os dois últimos quartéis foram arrecadados ao longo de 1650, em grande parte consignados à "satisfação do dinheiro que se tomou por empréstimo aos herdeiros, e procuradores do Reverendo Bispo".[173]

A recorrente insuficiência de recursos da Fazenda Real, levou a Câmara, em dado momento, a regularizar os donativos em uma forma de tributação direta, a "*vintena dos frutos que se colhem na terra e dos efeitos da mercancia e alugueres das casas*".[174] Em junho de 1642, a Câmara solicitava às vilas do Recôncavo o empréstimo de escravos para a construção da paliçada ao redor da cidade.[175] Em agosto, fazia-se outra finta, de 1:800$000, para custear dois meses de abastecimento de carne para o presídio – o tesouro régio estava à míngua, pois "do dinheiro que se havia juntado, tomaram os governadores nove mil cruzados para seus ordenados".[176] Quando Antônio Teles da Silva veio à cidade, governador, ministros e Câmara puseram os números no papel: faltavam 9:600$000 para atender à despesa dos dois mil homens da infantaria – o que era, todavia, impossível, "por o quão extenuada está a fazenda de Sua Majestade com a cessação do comércio de Angola", o "pouco valor do açúcar", a falta de "navios da comarca e Rio da Prata", o fracasso do estanco do vinho e a pouca esperança de socorros de Portugal, enquanto havia "pouca confiança que se há de ter amizade dos holandeses".[177] Decidiu-se, então, pela cobrança da vintena de cada morador, uma vigésima parte de sua renda.

Segundo a forma escolhida para o tributo, "pagarão nos frutos que se recolherem, na mesma espécie deles, e se cobrarão pelo estilo que se cobram as décimas em Portugal". Vale dizer: incidindo sobre "todas as rendas, assim de bens de raiz, juros e

---

171 Ata da Câmara de Salvador, 27/08/1649 a 20/12/1649, DHAM: AC, v. 3, p. 31-3, 40-1, 42-6.

172 Ata da Câmara de Salvador, 29/12/1649, DHAM: AC, v. 3, p. 49.

173 Carta do Conde de Castelo Melhor aos oficiais da Câmara, 04/02/1651, DHBN, v. 03, p. 92; Ata da Câmara de Salvador, 04/02/1651, DHAM: AC, v. 3, p. 125-6.

174 Ata da Câmara de Salvador, 06/10/1642, DHAM: AC, v. 2, p. 124-7.

175 Ata da Câmara de Salvador, 01/06/1642, DHAM: AC, v. 2, p. 64-5.

176 Ata da Câmara de Salvador, 07/08/1642, DHAM: AC, v. 2, p. 112-3; O governador recém-chegado Antônio Teles da Silva notificou os membros da junta do governo interino que haviam sacado seus ordenados do tesouro real, mas apenas o bispo D. Pedro da Silva devolveu o dinheiro (Carta de Antônio Teles da Silva, 10/09/1642, AHU, Bahia, série Luísa da Fonseca, cx. 8, doc. 970).

177 Ata da Câmara de Salvador, 03/10/1642, AHU, Bahia, série Luísa da Fonseca, cx. 2, doc. 120-4.

tenças, como ordenados de ofícios", "não excetuando pessoa de nenhuma qualidade e condição". Propriedades e fazendas de raiz, arrendadas ou lavradas pelos próprios donos, pagariam "na forma que se pagam à Igreja". Ademais, "os que não tiverem renda, nem fazendas, nem ofícios, nem trato, e foram oficiais mecânicos, ou viverem de seus trabalhos e misteres", excluindo "pobres e miseráveis", pagariam "do que se arbitrar que cada um dos sobreditos pode ganhar ou receber de seus ofícios, trabalhos e misteres".[178] Para tanto, a Câmara de Salvador arrolou as seguintes categorias tributáveis: letrados, escrivães e requerentes; mercadores "de sobrado, para vendas e tavernas"; mercadores "de loja"; sapateiros e curtidores; alfaiates; ferreiros, caldeireiros, cuteleiros e serralheiros; "agentes de senhores de engenho e moços de lojas"; barbeiros e azuladores; marceneiros, carpinteiros e pedreiros; médicos, cirurgiões e boticários; carreiros; marchantes; oleiros; vendedores de peixe; pescadores; pintores; padeiros; tanoeiros; calafates; carapinas; confeiteiros; saveiros; barqueiros.[179] A cobrança seria organizada por comissários em cada uma de doze freguesias no Recôncavo e recolhida anualmente por um "tesoureiro das vintenas", que depois repassava o líquido da arrecadação ao tesoureiro-geral da Coroa.[180] Finalmente, e também no estilo das décimas militares no Reino, o tributo era temporário, duraria o necessário para atender às necessidades da guerra. Se, por acaso, mostrasse que era suficiente para tanto, a Câmara pediria autorização para interromper a venda de licenças de produção de aguardentes, "pelos grandes inconvenientes que delas resultam".[181]

De início, houve descrença na efetividade do tributo. Quando Antônio Teles da Silva deu notícia à Coroa, adiantou: "os moradores ficam tratando dos meios mais suaves para a sustentação deste exército, e elegeram o das vintenas (...) mas entende-se que não abrangerá o quanto se imaginava".[182] Entretanto, sete anos depois o governador reconheceria que eram "o mais pronto e o mais certo efeito com que se socorre a infantaria, por não haver vinhos": havia-se arrecadado pouco menos de 300.000 cruzados desde agosto de 1642, o que redunda em uma média anual próxima

178 *Ibidem*, p. 120-4; Regimentos das décimas militares, CCLP, 1641-47, p. 100-3, 144-148.

179 Rol das pessoas que foram chamadas para fazerem o lançamento das vintenas, DHAM: AC, v. 2, p. 130

180 Regimentos das décimas militares, CCLP, 1641-47, p. 145; Relação da Fazenda Real na Bahia, 09/11/1643, AHU, Bahia, série Luísa da Fonseca, cx. 9, doc. 1031; Atas da Câmara de Salvador, 20/11/1642, 08/07/1645, DHAM: AC, v. 2, p. 141-4, 281-2.

181 Ata da Câmara de Salvador, 06/07/1642, DHAM: AC, v. 2, p. 124-7; trasladado em avulso da BNL, Mss. 108, n. 10.

182 Carta de Antônio Teles da Silva à S.M., 29/11/1642, AHU, Bahia, série Luísa da Fonseca, cx. 8, doc. 994.

de 17:142$857.[183] Mas a cobrança era coberta de problemas. Desde a safra de 1642-43, falava-se nas "opressões que povo, senhores de engenho e lavradores de canas padeciam na exação e pagamento da vintena dos açúcares", além do "pouco rendimento deles e a muita despesa da cobrança, gastos de fretes e de caixões e outras considerações que diminuíam em muita parte o dito rendimento". Foi necessário um acordo para dividir com o comprador do açúcar coletado as taxas de frete e armazenagem, fixadas em 1628.[184] Devido à pressão sobre o tesoureiro das vintenas, a arrecadação estava sempre sujeita à adulteração das listas e outros engodos. Em 1650, a coleta pelo Recôncavo chegou a ser interrompida porque o juiz da Câmara responsável alegou ter deixado os róis necessários em Salvador. Diante da ordem de Castelo Melhor para continuar, alegou grave estado de doença, e ficou escondido em Nossa Senhora do Socorro.[185] Sobretudo, mesmo que tudo procedesse dentro da normalidade, havia o problema da cobrança em espécie. A depender da conivência do comissário, que certamente teria limitada influência sobre a separação do açúcar, a pior vigésima parte da safra acabava na conta das vintenas – portanto, de forma nenhuma se deve esperar que o valor arrecadado tenha realmente se aproximado de 5% do valor bruto da produção açucareira.[186] O bom sucesso dessa receita deve ser entendido em função da alta nos preços do açúcar, especialmente após a eclosão da revolta dos senhores de engenho de Pernambuco.[187]

Além dessas, também existiram outras receitas extraordinárias sob jurisdição da Câmara, embora de menor importância para o financiamento da guerra. Vale mencionar, principalmente, a *imposição do "azeite de peixe"*, os quatro vinténs cobrados sobre a canada de óleo de baleia, criada em 1650 para a construção de quartéis em Salvador. Durante todo o confronto, grande parte da infantaria do presídio não teve onde se alojar adequadamente. Em 1625, dizia-se que os soldados "todos dormem no chão sem nenhum gênero de cama, causa de muitas enfermidades", e "porque não podem ajuntar-se todos na cidade", muitos arranjavam-se nos arredores, até a uma légua

---

183 Ata da Câmara de Salvador, 02/06/1649, DHAM: AC, v. 3, p. 22-3. Veja-se o balanço das cobranças entre 1642 e 1646 na ata da Câmara de 01/08/1650, DHAM: AC, v. 3, p. 88-94.

184 Atas da Câmara de Salvador, 22/01/1628, 10/09/1643, DHAM: AC, v. 2, vol. 1, p. 086; p. 183-5.

185 Carta do Conde de Castelo Melhor ao vereador Gaspar Araújo de Góis, 26/06/1650, DHBN, v. 3, p. 72-3.

186 Fato que o governador percebeu logo nos primeiros meses de arreadação: as vintenas "se fazem em açúcares, e esses os somenos e dados com muita reupgnância" (Carta de Antônio Teles da Silva a S.M., 03/01/1643, AHU, Bahia, série Luísa da Fonseca, cx. 9, doc. 1002).

187 Ata da Câmara de Salvador, 10/03/1646, DHAM: AC, v. 2, p. 306.

dali.[188] A partir de 1627, o governador Diogo Luís de Oliveira deu início à construção de quartéis, paga com uma "contribuição ou dinheiro voluntário" recolhido entre os moradores, e com recursos da imposição dos vinhos. Foram erguidos dois quartéis na face leste da cidade, "entre o brejo e a horta", o primeiro concluído em 1629, o segundo em 1632. A chegada do Terço Novo, porém, havia agravado a falta de tetos, e Oliveira cobrou da Câmara o pagamento de aluguéis para os oficiais, e esta veio a adquirir uma quantidade desconhecida de terrenos na cidade para erguer novas moradias.[189] Novo acordo entre Câmara e governo-geral, em 1637, levaria à construção de um alojamento em Vila Velha, além da porta de São Bento, onde seria estacionado o exército do Conde de Bagnuolo, porém é possível que tenha sido derrubado ou abandonado em 1639 – mais uma vez, foi feito com dinheiro da imposição dos vinhos, complementado por uma finta passada pelo Recôncavo.[190]

Contudo, nunca houve habitação suficiente para a infantaria, como mostram os inúmeros protestos de moradores contra a ocupação de suas casas por soldados e oficiais. Muitos tiveram sua propriedade em posse dos militares por anos, sem receber nenhuma contrapartida dos mesmos ou da Fazenda Real. Um morador chamado Manuel Martins Velho, por exemplo, tinha em 1651 duas casas próximas à porta de São Bento ocupadas havia treze anos, "sem se lhes despejarem nem cobrar algum aluguel deles". Outros tinham tais inquilinos havia vinte anos, também sem receber nada em troca. Até a casa do tesoureiro-geral serviu de teto para a soldadesca, em 1639, com todos os problemas que se pode imaginar nisso.[191] Por outro lado, também havia soldados que reclamavam dos aluguéis que precisavam pagar com o soldo minguado e incerto que recebiam. Em 1650, o Conde de Castelo Melhor buscou dar uma solução definitiva ao problema, com a construção de três quartéis, para o que instituiu-se o imposto sobre o óleo de baleia. Por acordo com a Câmara, o preço do

---

188 Carta de Pedro Correia da Gama a S.M. 27/09/1625, AHU, Bahia, série Luísa da Fonseca, cx. 3, doc. 374; Assento tomado em mesa da fazenda, 10/09/1629, BPA, Cód. 49-x-10, fl. 111-115.

189 Luiz Monteiro da Costa. *Na bahia colonial: apontamentos para a história militar da cidade do Salvador.* Salvador: Progresso, 1958.

190 *Ibidem*, p. 65; Consulta do Conselho da Fazenda, 12/06/1638, AHU, Bahia, série Luísa da Fonseca, cx. 7, doc. 802; Requerimento de Gaspar de Oliveira, c. 1639, AHU, Bahia, série Luísa da Fonseca, cx. 8, doc. 897.

191 Consulta do Conselho Ultramarino, 15/06/1651, AHU, Bahia, série Luísa da Fonseca, cx. 12, doc. 1411; Carta régia ao Conde de Castelo Melhor, 30/05/1650, DHBN, v. 65, p. 358; Carta régia ao Conde de Castelo Melhor, 28/11/1653, DHBN, v. 66, p. 26; Portaria do Conde da Torre sobre casas tomadas, 02/02/1639, DHBN, v. 17, p. 171.

produto consumido na Bahia foi de $320 a $400, e o tributo valeria apenas até o fim daquela obra. Ao mesmo tempo, deu-se ordem para que todos os oficiais do exército pagassem regularmente seus aluguéis, dado que venciam soldos "largos e avantajados" para isso. Note-se que o governador, como um meio de garantir a conclusão da obra, ressalvou que o dinheiro arrecadado não deveria ser depositado com os oficiais da Fazenda Real, ou desapareceria em meio às demais despesas do presídio. A Câmara colocou o contrato da arrecadação em leilão, que em 1652 rendeu 10.000 cruzados à cidade. Os quartéis, próximos ao atual Largo da Palma, foram terminados em 1662. A cobrança do imposto, porém, não parou.[192]

Todas essas fontes de receita, da Fazenda Real e do Senado da Câmara de Salvador, de natureza tributária ou não, constituíram os esteios financeiros da manutenção do exército e demais despesas durante a guerra. Entretanto, deve-se ainda considerar alguns elementos que, de uma forma ou de outra, facilitaram as contas do governo português na Bahia. Principalmente, os vários *empréstimos* que a Fazenda Real conseguiu, nos seus momentos mais difíceis. Por exemplo, o crédito de 32.000 cruzados que Pedro Cadena de Vilhasanti levantou, em 1636, para pagar um socorro à infantaria de seis meses que tinha de soldos atrasados. Durante o cerco de 1638, foi usado em grande escala esse "público instrumento de débito e obrigação", junto a vários dos senhores da capitania, para "animar" os homens do presídio na defesa da cidade. Na ocasião, apenas Lourenço de Brito Corrêa emprestou 20.000 cruzados de seu patrimônio. Mesmo os administradores da Companhia Geral foram credores da Fazenda Real na Bahia, no início da década de 1650. Nas ocasiões em que a Câmara solicitava a colaboração dos moradores do Recôncavo e das vilas da capitanias de Ilhéus, os empréstimos eram muito similares aos donativos "voluntários", uma vez que também poderiam ser compulsórios. Todavia, neste caso havia, em geral, o esforço dos tesoureiros em pagar de volta o valor solicitado.[193] Em 1654, pediu-se ao Recôncavo um empréstimo para dar pagamento às tropas, enquanto não chegava a frota da Companhia Geral. O valor definido foi de 20$000 aos senhores de engenho

192 Costa. *Na Bahia colonial*, p. 78; Carta régia ao Conde de Castelo Melhor, 30/05/1650, DHBN, v. 65, p. 358; Informação sobre o Estado do Brasil, 15/11/1652, BNL, Manuscritos, Mss. 218, n. 134.

193 Carta de Pedro Cadena de Vilhasantia a S.M., 25/10/1636, AHU, Bahia, série Luísa da Fonseca, cx. 6, doc. 707; Pedro de Cadena Vilhasanti. *Relação diária do cerco da Baía de 1638*. Lisboa: [s.n.], 1941, p. 21; Requerimento de Luís Fernandes, 21/07/1638, AHU, Bahia, série Luísa da Fonseca, cx. 7, doc. 834; Requerimento de Francisco Botelho Chacon e Duarte da Silva, 28/11/1643, AHU, Bahia, série Luísa da Fonseca, cx. 9, doc. 1025; Ata da Câmara de Salvador, 23/04/1638, DHAM: AC, v. 1, p. 358; Ata da Câmara de Salvador, 30/07/1638, DHAM: AC, v. 1, p. 370; Ata da Câmara de Salvador, 09/02/1651, DHAM: AC, v. III, p. 128; Ata da Câmara de Salvador, 16/08/1638, DHAM: AC, v. 1, p. 374.

e 10$000 aos lavradores e demais moradores, o que talvez tenha implicado mais um efeito regressivo da tributação, dado que a maioria dos senhores provavelmente tinha condições de emprestar mais que o dobro do que a maioria dos lavradores, além de existir uma diferença muito grande entre estes.[194]

Normalmente, a Fazenda Real procurava honrar seus compromissos. Até o início da década de 1640, pelo menos, o pagamento de empréstimos era feito com o dinheiro do contrato dos dízimos, de forma a garantir o fornecimento de crédito. Em 1632, Diogo Luís de Oliveira ordenou que se fizesse um livro de crédito e débito separado, para o registro de empréstimos e amortizações, visto que "é necessário muitas vezes dinheiro emprestado por conta da Fazenda Real, sobre os rendimentos futuros de suas rendas deste Estado, e das consignações que o dito Senhor tem nomeado". O provedor-mor, porém, demonstrou ser prejudicial essa portaria, pela "confusão e dano que dela pode resultar às partes, dificultando-se-lhes mais o pagamento deles, e dando-lhe o encargo de o requerer pelo modo, com que se fazem os da fazenda de Sua Majestade". Como os credores eram pagos diretamente dos dízimos, "aonde se lhes faz consignação do dito dinheiro, e o recebem com escrito simples do tesoureiro-geral para o contratador, sem nisto haver mais dilação, demora ou requerimento", a mudança resultaria em mais dificuldade de captação.[195] O pagamento precisava ser rápido quando o credor era mercador ou mestre de embarcação, de passagem pela cidade. Em 1640, proibiu-se que se "tomem as fazendas a navegantes e passageiros sem se pagarem logo", embora tais empréstimos de curto prazo fossem importantes, "porque o que vem de mar em fora só nestes homens se acha".[196] Uma vez em Portugal, os credores tinham dificuldade em receber seus haveres, pois a Coroa costumava decidir que as dívidas contraídas pela Fazenda Real no Brasil haviam de ser pagas no Brasil. Os assentistas Duarte da Silva e Francisco Botelho Chacon tiveram esse problema, ao buscar pagamento em Lisboa de mais de doze contos de réis que haviam emprestado na Bahia, em dinheiro e mercadorias variadas. Em outras ocasiões, porém, a Coroa permitiu que os compromissos

---

194 Ata da Câmara de Salvador, 17/06/1654, DHAM: AC, v. III, p. 266.

195 Carta do provedor-mor Sebastião Parvi de Britto a S.M., 03/02/1640, BPA, Cód. 51-VI-21, fl. 294; Carta do provedor-mor Francisco Soares de Abreu ao tesoureiro-geral Antônio Mendes de Oliva, 15/07/1631, BPA, Cód. 49-X-10, fl. 152; Portaria do governador Diogo Luís de Oliveira, 17/10/1632, DHBN, v. 16, p. 184.

196 Carta do provedor-mor Sebastião Parvi de Britto a S.M., 03/02/1640, BPA, Cód. 51-VI-21, fl. 294; O mesmo dizia Diogo Luís de Oliveira: "peço dinheiro emprestado aos mestres dos navios, e me valho dele o tempo que estão neste porto" (Ata da Câmara de Salvador, 16/05/1631, DHAM: AC, v. I, p. 188).

fossem honrados no Reino, o que configurava também um meio de "socorro" de seu tesouro colonial com recursos arrecadados na metrópole.[197]

Note-se que, em todos os casos encontrados, não há menção à cobrança de juros pelo credor. Não obstante, os empréstimos podiam ser usados pelos credores na solicitação de favores variados da monarquia, desde a concessão de hábitos das ordens militares até a facilitação no trâmite de pendências de todo tipo. Por exemplo, a licença para agregar ao nome o apelido "Deus Dará", que o provedor de Pernambuco Manuel Álvares de la Penha ganhou dos soldados quando distribuía víveres entre as fileiras, mercê que recebeu em recompensa pelo dinheiro emprestado à Coroa por essa rica família de senhores letrados e oficiais fazendários.[198]

Há um caso bem documentado de um particular que se recusou a fazer qualquer empréstimo à Coroa, quando foi chamado a isso: D. Pedro da Silva Sampaio. Em 1644, D. João IV remeteu carta a Salvador, ordenando que se pedisse 30.000 cruzados emprestados ao bispo (possivelmente, a indicar que ele já resistia em dar crédito à Fazenda Real, ao ponto da Coroa emitir uma carta régia para tanto). D. Pedro, entretanto, tinha uma relação conflituosa com o governo secular do Brasil. Residente na Bahia desde 1634, ele, como tantos outros, havia colaborado com 2.000 cruzados em dinheiro, durante o ataque holandês de 1638. Entretanto, tentou, sem sucesso, pressionar o provedor-mor para ter prioridade no pagamento da dívida, o que levou ao rompimento entre os dois. Anos antes, o bispo já havia sido duramente criticado por ordenar a evacuação do clero católico das capitanias ocupadas pela WIC – o que fez, em correspondência com Mathias de Albuquerque, como uma tentativa de conter o colaboracionismo dos moradores com o invasor. Com Antônio Teles da Silva, o prelado não se dava bem desde que o governador fê-lo restituir os ordenados que havia recebido em excesso, enquanto foi membro da junta que assumiu o governo, nos anos de 1641 e 1642. Além disso, a disputa pelo dinheiro das obras da Sé e do vigário de Pernambuco aprofundou a desavença. A Câmara também havia entrado em choque com D. Pedro, devido à disputa pelos melhores lugares no desfile da procissão de *Corpus Christi* de 1643. Ele encontrava-se, portanto, em certo isolamento

---

197 Requerimento de Francisco Botelho Chacon e Duarte da Silva, 28/11/1643, AHU, Bahia, série Luísa da Fonseca, cx. 9, doc. 1025; Requerimento de Luís Fernandes, 21/07/1638, AHU, Bahia, série Luísa da Fonseca, cx. 7, doc. 834; Carta de Pedro Cadena de Vilhasanti a S.M., 25/10/1636, AHU, Bahia, série Luísa da Fonseca, cx. 6, doc. 707.

198 Portaria a Manuel Alvares "chamado Deus Dará", 21/06/1645, ANTT, Portarias do Reino, lv. 1, fl. 260v.

político, dentro daquele contexto – se é que se pode falar nisso de um bispo numa colônia católica.[199]

De qualquer modo, quando Teles da Silva reuniu-se com D. Pedro para pedir-lhe aquele empréstimo de 30.000 cruzados, uma quantia bastante elevada para qualquer contribuição individual à Coroa, só recebeu negativas em resposta. O governador leu a carta do monarca, lembrando-lhe que os demais prelados do Reino já haviam oferecido seu apoio à guerra contra Castela, enquanto ele, mesmo tão rico, ainda se recusava. D. Pedro negou que tivesse tanto dinheiro, e respondeu que daria de bom grado a D. João IV, se o tivesse. Teles da Silva replicou que qualquer oferta do bispo será bem recebida pelo monarca, benigno que era, se fosse feita com ânimo e vontade. D. Pedro mudou de rumo, e treplicou que o exército e o governo-geral tinham dinheiro de sobra. O governador, "por modo de galantaria", sugeriu que "trocassem os depósitos", mas "nem o galanteio lhe contentou", e o assunto ficou por isso mesmo. O Conselho Ultramarino achou certo comunicar D. João IV da desobediência, mas este decidiu por não levar aquilo adiante.[200] Depois de morto, porém, o empréstimo saiu. D. Pedro faleceu em abril de 1649. Na escassez absoluta de recursos para custear o apresto dos galeões da Coroa, em meio à crise da navegação com Portugal devido ao corso, Antônio Teles de Menezes ordenou que se tirassem 20.000 cruzados de seu inventário, em custódia do provedor dos defuntos e órfãos. Dois meses depois, tirou-se mais 7.000 cruzados daquela arca, depois mais 23.000, somando um saque de 50.000 cruzados (parte dele, aliás, para pagar outros empréstimos que a Coroa tinha recebido na Bahia). Com a cobrança do donativo das carenas, como se viu, o dinheiro do inventário de D. Pedro foi restituído no ano seguinte.[201]

Em alguns de seus piores momentos, porém, a Fazenda Real também deu o calote em alguns de seus credores, os menores principalmente. A começar pelo pagamento incompleto dos soldos, como já se observou. Em 1642, o governo-geral reconhecia que "estão ainda muitos mandados por pagar a ferreiros e carpinteiros, e que se devem ainda muitas cernes, mantimentos e fretes de embarcações por não haver donde se pagar". O Conde da Torre, logo após assumir o governo e tomar pé da situação geral

---

199 Veja-se: Pablo Antonio Iglesias Magalhães. *Equus Rusus: a Igreja Católica e as guerras holandesas na Bahia, 1624-1654*, tese de doutorado. Salvador, UFBA, 2010, cap. 3.

200 Consulta do Conselho Ultramarino, 15/04/1645, AHU, Bahia, série Luísa da Fonseca, cx. 10, doc. 1111.

201 Ata da Câmara de Salvador, 27/08/1649, DHAM: AC, v. III, p. 31-3; Ata da Câmara de Salvador, 03/11/1649, DHAM: AC, v. III, p. 40-1; Ata da Câmara de Salvador, 19/11/1649, DHAM: AC, p. 42-3; Consulta do Conselho Ultramarino, 27/06/1653, AHU, Bahia, série Luísa da Fonseca, cx. 12, doc. 1505.

de seus cofres e seus compromissos a pagar, laçou bando determinando que: "toda a pessoa de qualquer qualidade que seja a quem se houver tomado para a Fazenda Real algum dinheiro, fazendas ou materiais, ou tenha papéis correntes, ou sem eles, ou por via de empréstimo ou de qualquer outro, acuda à casa do provedor da alfândega dentro de quatro dias, para se ter notícia de seu débito e se pretender a satisfação dele, com pena que o que não declarar o não poderá depois pedir".[202] Naturalmente, é impossível saber quanto das dívidas foram registradas na ocasião, mas a medida claramente indica a disposição a considerar como doação voluntária à Coroa todos os créditos não reclamados até o fim daquele prazo.

Além de empréstimos em dinheiro e mercadoria para o pagamento dos soldos, o governo-geral também emprestava escravos para as obras de fortificação da cidade. Uma grande parte das fortificações, os muros e o dique, foi construída pelo exército da WIC, enquanto resistia ao assédio da força de D. Fadrique de Toledo. Mas havia sempre necessidade de manutenção, principalmente nas duas portas da cidade, do Carmo e de S. Bento, o que permaneceu inacabado praticamente durante todo o conflito. Em 1638, quando Nassau desembarcou nos arredores, a cidade estava aberta. Às pressas, buscou-se improvisar um reforço na porta do Carmo e levantar novas defesas, principalmente o reduto de Luís Barbalho, como vimos, no flanco do atacante. Além dos fortes já existentes, da Barra, de Monserrate, de São Filipe e de Santiago (em Água de Meninos), ergueu-se naquele ano um forte na Ribeira das Naus, o de São Diogo (ao sul meridional da cidade) e outro no Morro de São Paulo.

Não obstante, em 1640 e 1643 continuaria a haver necessidade de reformas, para as quais solicitou-se nova "finta de negros" entre os moradores. A esse tempo, o problema havia-se aumentado pelo crescimento da cidade, para além das fortificações de 1625. O cálculo da Câmara previa pouco mais de quinhentas braças de muro a construir, e pressupondo que cada braça tomaria cem dias de trabalho de um escravo, cada morador teria de se responsabilizar por uma determinada faixa da obra, de acordo com seu plantel. Ao mesmo tempo, limitou-se em 400 escravos a mão de obra empregada na tarefa, "para evitar a ruína do recôncavo". Devido a esse limite, a reforma atrasou, e aumentaria a resistência dos moradores aos empréstimos de escravos para a Câmara. O trabalho foi concluído em janeiro de 1644, mediante a contratação de dois construtores locais, por um valor total de 4:226$590. Cinco anos depois, cogitou-se novamente emprestar escravos em Itaparica, para fortalecer o ponto onde os holandeses de Von Schkoppe haviam se instalado, mas

202 Carta do governador Antônio Teles da Silva para S.M., 28/01/1644, AHU, Bahia, série Luísa da Fonseca, cx. 9, doc. 1030; Bando lançado pelo governador Conde da Torre, 24/02/1639, CCT, v. III, fl. 20.

os moradores da ilha protestaram: os trabalhos na fortificação alongavam-se, e a Câmara usava os escravos para outras tarefas.[203]

Não é tarefa simples sintetizar o que se sabe sobre cada uma das fontes de receita e financiamento da Fazenda Real em uma perspectiva do resultado fiscal ao longo do período. Foram poucos os momentos em que o provedor-mor e o governador produziram um balanço preciso, que não fossem estimativas arredondadas para a informação dos conselhos metropolitanos, e cujo registro tenha sido preservado. A tendência geral é de aumento em quase todas as linhas de arrecadação, a começar pelo contrato dos dízimos, cujo valor praticamente dobra entre 1630 e 1650 (de algo como 15:000$000 a mais de 30:000$000). O único tributo que parece decrescer é o direito dos escravos. A imposição dos vinhos parece atingir o auge por volta de 1640, e diminui devido às restrições no fornecimento do produto. Por sua vez, partindo de volumes iniciais bastante pequenos, o estanco das baleias e a venda de licenças aos alambiques ambos apresentam rápido crescimento, multiplicando-se em sete e dez vezes, respectivamente, entre 1630 e 1650 – o que também indica para o crescimento da produção em ambos os setores, provavelmente maior que da produção de açúcar. A década de 1650 ainda observaria a cobrança de novos tributos, sobre as vendas de azeite de oliva e óleo de baleia (esta, consignada à construção de alojamentos), completando o quadro de elevação das receitas.

Entretanto, não se deve imaginar uma melhoria igualmente gradativa e contínua no resultado fiscal. Em retrospectiva, este parece ter acompanhado aproximadamente a conjuntura geral do confronto, e os momentos de maior contingência foram provavelmente aqueles em que a Bahia foi atingida diretamente. Logo após a liberação de Salvador, a Fazenda Real enfrentava a súbita necessidade reorganizar-se e financiar a manutenção do Terço Velho. A primeira medida necessária, como se sabe, foi a extinção do Tribunal da Relação, por alvará régio de 1626. A instância judicial superior ao ouvidor-geral, composta de um colegiado de desembargadores, consumia quase quatro contos de réis anuais.[204] Com isso, e a dupla tributação do direito dos escravos, foi possível alguma regularidade no pagamento da tropa, durante os primeiros anos do governo de Diogo Luís de Oliveira. Entre 1631 e 1636, houve gradual crescimento no valor dos dízimos e o estabelecimento de novas receitas: o estanco do sal, a venda

---

203 Relación de la visita de los fuertes, 03/03/1639, CCT, v. II, fl. 228; Ata da Câmara de Salvador, 26/09/1640, DHAM: AC, v. I, p. 457; Ata da Câmara de Salvador, 30/10/1646, DHAM: AC, v. II, p. 328; Ata da Câmara de Salvador, 13/09/1648, DHAM: AC, v. II, p. 382.

204 Alvará régio sobre a extinção da Relação da Bahia, 05/04/1626, DHBN, v. 15, p. 66; Carrara. *Receitas e despesas, op. cit.*, p. 157.

de licenças aos alambiques e sobretudo a segunda imposição dos vinhos. Entretanto, esses valores somados não parecem ser maiores que o incremento na despesa com o desembarque do Terço Novo, de forma que o resultado provavelmente agravou-se. Esse quadro foi de mal a pior com a chegada do exército do Conde de Bagnuolo, o sítio de 1638, a presença da armada do Conde da Torre em 1639 e o ataque de Lichthart em 1640. A despeito de considerável socorro financeiro da metrópole, junto da armada, foi necessário coletar um grande donativo entre os moradores, cuja última parcela seria substituída pelo aumento da tributação sobre o vinho.

A partir de 1641, e ao longo da "paz nassoviana", houve mudanças significativas nas receitas da fazenda Real, mas o saldo final parece ter sido bem melhor. Apesar das inúmeras queixas da queda no preço do açúcar, da ocupação de Angola, do desaparecimento do direito dos escravos, da crise do comércio com o Rio da Prata e da escassez de moeda, a brusca elevação na arrecadação sobre o comércio de vinho, em mais de dez contos, provavelmente foi maior que a redução em tais receitas. Durante esse período, o resultado fiscal praticamente dependeu dessa arrecadação, embora a reabertura dos alambiques tenha também oferecido uma renda significativa. Apesar da disponibilidade de recursos, até 1643 mantiveram-se muito reduzidos os pagamentos à infantaria, talvez devido a uma paralisação do governo-geral, sob o triunvirato de D. Pedro da Silva, Luís Barbalho e Lourenço de Brito Corrêa. Com a chegada de Antônio Teles da Silva, reformou-se os terços do presídio e aumentou-se o pagamento de socorros, provavelmente fruto da disposição do governador para a briga com a WIC. Ainda assim, essa despesa foi bem coberta pela instauração da vintena pela Câmara e pela receita resultante da remarcação das moedas de prata.

Depois da reabertura do conflito, em 1645, o resultado fiscal voltou a agravar-se. Até o início da década de 1650, seriam criadas novas fontes de arrecadação, como a cobrança sobre os azeites e sobre o óleo de baleia, além do crescimento no estanco da pesca desse animal, todavia insuficientes para compensar a queda na imposição do vinho. A guerra voltou a atingir a navegação e prejudicar o comércio de exportação e importação. Além disso, em 1647 a Bahia voltou a ser alvo de um ataque neerlandês. Com o encargo da manutenção da armada dos galeões da Coroa, sob o Conde de Vila Pouca de Aguiar, foi necessário recolher um enorme donativo extraordinário entre os moradores.

Não obstante, a situação geral já aparenta ser melhor do que durante a década anterior. Deve-se notar que, enquanto o contrato dos dízimos aumentou gradativamente ao longo do tempo, não houveram reajustes no valor dos soldos e demais ordenados. Aliás, a remuneração da infantaria permaneceu inalterada pelo menos até

1762.[205] A população do presídio também passou a diminuir, depois do deslocamento de efetivos para a guerra de Pernambuco e dos últimos reforços durante a ocupação de Itaparica, enquanto a reforma nos dois terços, concluída em 1652, reduziu a folha de oficiais. Da mesma forma, a ausência de um bispo em Salvador, entre 1649 e 1670 (devido à guerra com Castela, que impedia o reconhecimento da autonomia portuguesa pelo Vaticano) significava uma economia considerável. Apenas o ordenado do bispo, de 1:200$000, era algo como dez por cento de toda a folha de pagamentos, secular e eclesiástica. Talvez deva-se inclusive considerar tal abertura na folha, e a falta de perspectiva de nomeação de um novo bispo, como um dos fatores que permitiu a restauração da Relação da Bahia, em 1652.[206]

Provavelmente a partir desse ano, quando a Câmara assumiu o pagamento do exército, o resultado fiscal tendeu a aproximar-se de um equilíbrio (isto é, de uma nova rotina administrativa), tanto pela elevação nas receitas como pela estabilidade nas despesas. Conforme a guerra chegava ao fim, as dificuldades da Fazenda Real na Bahia diminuíram bastante. Caiu a arrecadação da imposição dos vinhos, e as vintenas foram substituídas por fintas esporádicas entre os moradores, mas as licenças para a retomada de obras na cidade pela Câmara e a reabertura da Relação indicam que a situação geral do fisco havia se equilibrado com as demais fontes de receita. Entretanto, ao longo desse processo, aumentou o protesto e a resistência da Câmara de Salvador à tributação, cujo ápice ocorreu durante a implementação do regime de frotas da Companhia Geral (e seu impacto negativo sobre os termos de troca para a economia colonial). É necessário, por fim, compreender a distribuição da carga tributária pela sociedade colonial e suas implicações políticas, dentro do contexto geral da relação entre a Coroa e a população colonial.

205 *Ibidem*, v. 1, p. 73.

206 Veja-se mais em: Érica Lôpo de Araújo. *De golpe a golpe: política e administração nas relações entre Bahia e Portugal*, dissertação de mestrado. Rio de Janeiro, UFF, 2011, cap. 3.

CAPÍTULO V

Fiscalidade e política colonial

Quem, portanto, pagava as contas do exército na Bahia? Feita a relação das receitas da Fazenda Real na capitania, da conjuntura geral do nível de renda e das possibilidades de financiamento pela metrópole, cabe analisar como aqueles mecanismos foram usados por frações diferentes do senhoriato colonial para assumir ou passar adiante o fardo fiscal. Sobretudo, é necessário compreender os elementos que permitiram a Lisboa transferir uma parcela considerável de seus encargos à colônia, sem que fosse ameaçado o profundo vínculo político com a camada dominante de seus moradores.

Note-se, de início, que a tributação tinha impactos diferentes sobre grupos específicos de renda na economia colonial. Tributos diretos, como os dízimos ou a vintena, eram separados do total produzido por cada proprietário de lavouras ou engenhos de açúcar, do lavrador de tabaco e produtor escravista de outros gêneros, do produtor direto familiar e semiautônomo, do trabalhador e prestador de serviços livre. Dada a profunda especialização produtiva daquela economia, conferiu-se que a tributação direta arrecadava-se quase que totalmente em açúcar, de forma que o aparelho fiscal nesse setor principal era um (baseado na arrematação dos contratos e separação do açúcar dizimado nos engenhos), e nos demais setores era outro, de maneira que a falta de uniformidade na arrecadação certamente resultava em desigualdades da arrecadação desse principal tributo.

Tributos indiretos incidiam sobre cada grupo de renda daquela sociedade conforme as condições de comercialização e consumo da mercadoria tributada. *A priori*, a imposição dos vinhos, o direito dos escravos, o direitos sobre o óleo de baleia e as aguardentes, bem como a taxa de embarque do açúcar incidiam todos sobre o preço pago pelo comprador, que sofria o encargo em última instância. De fato, o poder de barganha de cada um (a elasticidade-preço da oferta e da demanda, tecnicamente) pode ou não permitir que se repassem os tributos aos preços. Considerado o comércio transatlântico como o ponto mais estratégico, o frete como o serviço mais escasso (muitíssimo escasso, nos períodos de maior intensidade da guerra naval), é razoável supor que, na margem colonial do Oceano, o vendedor de açúcar dificilmente repassa seus tributos para o comprador, enquanto os vendedores de vinho e de escravos encontram um considerável intervalo de preços onde o repasse ao comprador é possível. É o que se verifica, aliás, na cobrança das avarias ao usuário do frete, das quais os moradores reclamavam constantemente.

Não são apenas grupos específicos de renda que se deve ter em mente. No seio da sociedade estamental, cada tributo ainda haveria de ser distribuído de acordo com o estatuto do proprietário tributado. No caso, vale lembrar que o arcabouço jurídico da colônia era derivado da antiga sociedade portuguesa, onde a distribuição funcional, tripartite, do medievo clássico encontrava-se desdobrada em um sistema de distribuição de privilégios centralizado na Coroa. Esse havia sido o resultado de uma longa disputa, com marchas e contramarchas, pelo qual a monarquia emergiu, por um lado, como defensora da plebe urbana e rural contra os abusos da nobreza e do clero, e por outro, como fonte principal de riqueza e favor dos estamentos privilegiados, sobretudo após o advento do manancial financeiro proporcionado pela expansão ultramarina e pelo rendimento das alfândegas. Assim, a monarquia havia-se transformado no órgão central de um sistema distributivo de privilégios, que tornou-se um mecanismo fundamental de reprodução daquela sociedade.[1] Se considerarmos que a fiscalidade moderna se desenvolve como racionalização e superação do particularismo nas exações feudais, transformando o mecanismo social de extração e distribuição do excedente, é natural que entre tais privilégios estivessem as isenções tributárias. Uma vez no mundo colonial açucareiro, tais formas de distinção social se enquadraram em uma estrutura muito diferente, mas não deixaram de existir. A ubiquidade do autóctone conquistado, o conflito racial, o escravismo, todos faziam do colonizador um "gentil-homem em potencial" – "*en America, todo blanco es caballero*".[2] Se, deste modo, já era obsessiva a necessidade de legitimação jurídica desse sentimento de "nobreza", ainda que fosse uma roupagem relativamente superficial para relações sociais

---

1   Veja-se: Vitorino Magalhães Godinho, *A estrutura da antiga sociedade portuguesa*. [s.l.]: Arcádia, 1971; Jaime Cortesão, *Os factores democraticos na formação de Portugal*. 4ª ed. Lisboa: Lisboa, 1984; Fernanda Olival. *As ordens militares e o Estado moderno: honra, mercê e venalidade em Portugal (1641-1789)*. [s.l.]: Estar, 2001; Tengarrinha (ed.). *História de Portugal, op. cit.*

2   "A ausência de feudalismo na esfera política e a inaplicabilidade desse termo à designação da organização da produção não nos devem impedir de reconhecer a existência de uma *ideologia* mantida pelos senhores de engenho e por outros indivíduos naquela sociedade" (Schwartz, *Segredos internos*, p. 218). Deve-se ressaltar, porém, que a escolha da "nobreza da terra" como protagonista na história colonial, tomando o ideológico pelo real, leva à confusão entre campos sociais e à simplificação de um problema mais amplo.

de produção radicalmente distintas das que eram predominantes na metrópole, a extraordinária carga fiscal da guerra holandesa veio apenas acrescentar a essa demanda um grande interesse em privilégios de isenção tributária.

Havia, portanto, vários estamentos e categorias isentas do pagamento de tributos específicos – ainda que tais isenções fossem regidas por uma legislação dispersa, nem sempre aplicável ou corretamente exercida. O clero era certamente o mais favorecido. Os padres eram isentos do tributo sobre o óleo de baleia, das dízimas da chancelaria e, principalmente, da imposição dos vinhos. A quantidade que consideravam necessária para seu consumo era comunicada aos almotacéis responsáveis pela cobrança, que então separavam-na do vinho desembarcado, antes que fosse comercializado no varejo (com o tributo dentro do preço). Segundo Pablo Magalhães, esse consumo girava em torno de 45 pipas ao ano.[3] Algumas das ordens, como os carmelitas e os "capuchos da ordem de Santo Antônio", no início da década de 1650, recebiam o vinho por conta da Fazenda Real, além de azeite, farinha e cera. Era costume que as ordens remetessem-lhes de Lisboa esses produtos, mas a insegurança da navegação levou a Coroa a fazer essa concessão.[4]

Mas o principal benefício era a isenção no pagamento dos dízimos, a despeito das tentativas de arrecadação pela Coroa. Desde a entrada dos clérigos na produção açucareira, o rápido crescimento de seus negócios, favorecidos como eram pelo governo metropolitano, causava preocupação e rivalidade com os demais colonos. Em 1611, o contratador da arrecadação dos dízimos do Brasil denunciou os padres por não aceitarem o pagamento do tributo, dando início a uma longa série de contendas judiciais. Três anos depois, baseando-se em relatórios de seus oficiais na colônia, Madri enviou carta régia repudiando a falta de pagamento dos dízimos pelas ordens religiosas (nomeadamente, os jesuítas, beneditinos e carmelitas). A ordem é que estes pagassem os dízimos de suas atividades agrícolas como os demais moradores, mas é difícil que isso tenha acontecido regularmente.[5] Na segunda metade do século, oficiais da Coroa

---

3   Ata da Câmara de Salvador, 31/12/1631, DHAM: AC, v. 1, p. 202-5; Ata da Câmara de Salvador, 23/10/1650, DHAM: AC, p. 101; Requerimento do bispo Miguel Pereira, 04/01/1628, AHU, Bahia, série Luísa da Fonseca, cx. 4, doc. 473; Magalhães. *Equus Rusus*, p. 308.

4   Consulta do Conselho Ultramarino, 31/01/1652, AHU, Bahia, série Luísa da Fonseca, cx. 12, doc. 1459; Consulta do Conselho Ultramarino, 23/10/1653, AHU, Bahia, série Luísa da Fonseca, cx. 12, doc. 1543.

5   Carta régia sobre dízimos de ordens religiosas no ultramar, 30/07/1614, CCLP, 1613-19, p. 90; Dauril Alden. *The making of an enterprise: the Society of Jesus in Portugal, its empire, and beyond, 1540-1750*. Stanford: Stanford Univ., 1996, cap. 18.

aumentaram a pressão sobre o clero, e os contratadores chegaram a importante vitória judicial. A partir de 1678, o contrato dos dízimos incluiu cláusula que os permitia descontar do valor arrematado a quantidade que porventura os religiosos se recusassem a entregar. Entretanto, as ordens continuaram a resistir ao pagamento do imposto, e a disputa nos tribunais persistiria bem adentro do século XVIII. Em 1682, calculava-se que isso resultava em um prejuízo de até 11% daquela arrecadação. Segundo os cálculos de Vera Ferlini e Mircea Buescu, apenas o engenho Sergipe do Conde, dos jesuítas, entre 1630 e 1650 devia pagar algo entre 400$000 e 600$000 de dízimos todo ano.[6]

Entre o clero, os jesuítas tinham os maiores benefícios. Além da isenção no pagamento dos dízimos, da imposição dos vinhos, e dos direitos de alfândega ("sobre as coisas que passassem pelos postos de mar e terra", o que lhes permitia exportar vinho das Canárias ao Brasil livre de tributos), os inacianos eram agraciados com um polpudo dote de 1:200$000 anuais da Fazenda Real. Em 1568, haviam recebido da Coroa o direito a "uma redízima de todos os dízimos e direitos que me pertencem nas ditas partes" (vale dizer, dez por cento de todas as receitas da Fazenda Real), para a sustentação de cinquenta padres na Bahia, e o excedente seria aplicado na construção do colégio de São Vicente. Como a redízima rapidamente tornou-se muito maior que o necessário para tanto, em 1604 a Coroa substituiu-a pelo "dote de 3.000 cruzados", entregues em açúcar dos dízimos coletados nos engenhos, a preços favoráveis ($800 a arroba do açúcar branco). Isso significava que, segundo o alvará, os jesuítas poderiam se apropriar do açúcar dos dízimos de lavradores de cana leigos associados a seus engenhos. Todavia, há períodos em que o dote fosse entregue em dinheiro, junto à folha de pagamentos da Fazenda Real. De oito em oito anos, o privilégios era renovado. Há também menção a um "adjutório" de 150$000 a cada três anos, aparentemente também concedido aos franciscanos, e que foi pago pelo menos na década de 1630. Não fosse o bastante, o Provincial dos jesuítas ainda recebia aporte do tesouro régio em Salvador para viajar às demais capitanias e visitar os colégios e propriedades da Companhia. Embora em diversos momentos tenham dado contribuições em dinheiro para a guerra em Pernambuco, parece mais provável que o "patrimonialismo jesuíta", como chamou Dauril Alden, tenha então significado muito mais um ônus do que um alívio para a Fazenda Real.[7]

---

6 Carrara. *Receitas e despesas, op. cit.*, p. 44; Ferlini. *Sergipe do Conde, op. cit.*, p. 105 e segs.

7 Papel sobre os padres da Companhia terem isenção de direitos, 10/03/1625, BPA, Cód. 51-VI-22, fl. 278-9; Certidão do arrendamento dos dízimos, 14/01/1634, AHU, Bahia, série Luísa da Fonseca, cx. 6, doc. 741; Alvará sobre o dote dos padres da Companhia de Jesus, 20/07/1604, DHBN, v. 17, p. 175; Alvará sobre o dote de 3.000 cruzados aos jesuítas da Bahia, 16/05/1621, DHBN, v. 15, p. 06; Registro

As ordens militares também gozaram de tais privilégios. Por algum tempo, os hábitos conferiam ao portador a isenção no pagamento dos dízimos, por extensão dos direitos das antigas Ordens do Templo e de Calatrava. Durante a guerra com a WIC, as Ordens de Avis e Santiago já haviam sido destituídas do privilégio, que então era restrito à Ordem de Cristo.[8] A vasta maioria destes hábitos eram concedidas a soldados com larga experiência e destaque no serviço militar. Na Bahia, nove entre dez dos irmãos da ordem na segunda metade do século XVII haviam servido longamente no presídio soteropolitano.[9] Não voltavam ao Reino, entretanto (apenas um o fez, entre cinquenta, até 1676). Enraizavam-se na capitania, pois haviam se tornado o melhor partido para qualquer casamento. A Coroa não deixou de registrar o interesse: "há inconveniente na concessão do hábito dessa ordem [de Cristo] aos moradores do Brasil, em razão de com ele se quererem isentar de pagar dízimos". Dava-se preferência aos hábitos de Avis e Santiago na distribuição de mercês. A partir de 1650, preocupada com a situação da Fazenda Real na Bahia, a Coroa passou a restringir os privilégios fiscais. Em 1653, o Conselho Ultramarino diria "o hábito de Cristo não dá Vossa Majestade aos naturais da terra".[10] Finalmente, membros de ordens militares, clero e familiares do Santo Ofício eram isentos de dar alojamento à infantaria em suas residências.[11]

Alguns dos servidores letrados também gozaram de isenções e favorecimento, embora isso aparentemente tenha sido menos comum. Provedores da Santa Casa de Misericórdia eram "escusos de pagarem em nenhumas peitas, fintas, tachas, pedidos, empréstimos que por nós nem por o Conselho foram nem sejam lançados o ano que assim forem oficiais".[12] O influente Bernardo Vieira Ravasco, na ocasião da criação em definitivo do cargo de secretário de Estado, pleiteava junto à Coroa os privilégios

---

do padrão do dote dos padres da Companhia de Jesus, 08/11/1627, DHBN, v. 15, p. 18; Provisão de S.M. aos padres da Companhia de Jesus, 13/01/1634, DHBN, v. 16, p. 470; Sentença do provedor--mor Manuel Ferreira de Figueiredo, 14/02/1628, DHBN, v. 15, p. 185; Provisão régia aos padres da Companhia de Jesus, 24/06/1633, DHBN, v. 16, p. 158; Veja-se mais em: Alden. *The making of an enterprise: the Society of Jesus in Portugal, its empire, and beyond, 1540-1750*, cap. 18.

8   Albuquerque, *A remuneração de serviços*, p. 56; Veja-se também: Olival, *As ordens militares, op. cit.*

9   Thiago Krause, "Em busca da honra: os pedidos de hábitos da Ordem de Cristo na Bahia e em Pernambuco, 1644-76". In: *XIII Encontro de História da Anpuh-Rio*, UFRJ: Seropédica, 2008.

10   Albuquerque, *A remuneração de serviços*, p. 58-59.

11   Freitas, *O combatente*, 155.

12   Alvará sobre privilégios dos oficiais da Santa Casa de Misericórdia de Lisboa, c. 1513, APEB, Cód. 604-1, fl. 12; Provisão de S.M. sobre a Santa Casa de Misericórida de Salvador, 23/09/1622, APEB, Cód. 604-1, fl. 05.

que os mesmos secretários recebiam em Castela. Lá, eram livres de todo tributo, contribuição ou imposto, "*y no solamente su persona pero sus hijos, y los más sus criados y tienen asi mismo imunidad*".[13] Todavia, o irmão de Antônio Vieira não deve ter recebido tamanha dádiva de D. João IV. Anos depois, solicitava à Coroa (com apoio de Francisco Barreto) a "isenção das fintas que se lhe lançava a Câmara desta cidade".[14] Note-se que também o provedor-mor e o contratador dos dízimos eram isentos de oferecer residência à militares, por extensão dos privilégios dos rendeiros da Coroa, conforme o regimento de 1548.[15]

Finalmente, o senhor de engenho também era privilegiado pelas normas da fiscalidade. Desde o período de instalação do governo-geral, a Coroa concedia dez anos de isenção dos dízimos aos ditos proprietários, como incentivo ao desenvolvimento da economia açucareira, para o povoamento e a defesa da possessão ultramarina. A provisão que havia originalmente estabelecido a "liberdade dos dez anos" contemplava proprietários de engenhos recém-construídos ou que "refizerem os que já estavam feitos". Entretanto, com os anos tal redação resultou em problemas, pois era possível reformar os edifícios ao fim do prazo, talvez com uma simples demão de cal nas paredes externas, ou só uma demão de tinta nos papéis do despacho, e era possível usufruir indefinidamente da isenção. Em 1656, a Coroa ordenou a atenção do provedor-mor a senhores que "reedificaram os mesmos engenhos" com esse intuito, mas há de se convir que estes são os mesmos termos que aquela provisão original permitia.[16] Além disso, havia o agenciamento das isenções a lavradores ou senhores de engenhos velhos, por meio do "trespasse" de seu açúcar "à sombra" das vendas do engenho

---

13   Privilégios do Secretário de Estado e Guerra na Coroa de Castela, s.d., BPA, Cód. 50-v-36, fl. 299v; Veja-se, por exemplo, como o conde de Castelo-Melhor era recomendado por um interlocutor que tratasse o homem com atenção, "para evitar que Bernardo Vieira Ravasco secretário desse Estado não tenha ocasião de se queixar de senão ser tratado com cortesia, que se deve ao cargo que exercita e ao foro que tem" (Cópia de carta escrita ao conde de Castelo-Melhor, 09/08/1652, BPA, Cód. 50-v-36, fl. 299); Puntoni, "Bernando Vieira Ravasco", *op. cit.*

14   Carta de Francisco Barreto a S.M., 25/08/1657, AHU, Bahia, série Luísa da Fonseca, cx. 15, doc. 1702.

15   Regimento dos provedores da Fazenda Real nas capitanias do Brasil, 17/12/1548 (In: Mendonça, *Raízes da formação administrativa do Brasil, op. cit.*); *Ordenações manuelinas*, livro 2º, título XXIX (digitalização disponível em http://www.iuslusitaniae.fcsh.unl.pt/).

16   Carta régia ao Conde de Atouguia, 17/12/1655, DHBN, v. 66, p. 112; Provisão de S.M. sobre a liberdade dos engenhos, c. 1613, DHBN, v. 78, p. 316; Provisão de S.M. sobre a liberdade dos engenhos, 04/04/1656, DHBN, v. 19, p. 19; Alvarás de isenção e arrecadação dos tributos do açúcar. In: Mendonça, *Raízes da formação administrativa do Brasil*, vol. 1, p. 251 e segs.).

novo.[17] Na virada do século XVI, depois de montado o complexo açucareiro no Brasil, a Coroa tentou passar as contas da "liberdade dos dez anos" a limpo, para coibir as fraudes: uma vez em meados de 1590; a segunda entre 1613-1615, com a "Junta da Fazenda" de André Farto da Costa. Proibiu-se o registro de trapiches como engenhos, para os efeitos da isenção.[18] Entretanto, em 1612 a Coroa também havia impedido que senhores de engenho fossem processados por deixarem de pagar os dízimos. Ao fim de sua longa auditoria, Farto da Costa calculou que *um terço do açúcar da Bahia e de Pernambuco deixavam de pagar dízimos*, pelo recurso abusivo e descomedido à "liberdade dos engenhos".[19]

O saldo final deste quadro amplo de isenções tributárias é bastante claro. Durante a década de 1650, o próprio Senado da Câmara ocupava-se em denunciar a situação: "nas contribuições que este povo paga para o sustento da infantaria desta praça há grandíssimas desigualdades na satisfação delas, e é a causa os muitos hábitos das quatro ordens que nela há, fidalgos e oficiais de guerra, maiores e menores, desembargadores e oficiais da Real Fazenda de Vossa Majestade e familiares que todos por seus privilégios querem ser isentos".[20] Como já mostrou Charles Boxer: *the result was that the burden of taxation was borne by the poor, who found that most of the necessities of life were taxed, and by the sugar planters of the Reconcavo, whose sugars were subjected to rising duties at a period when the sale of Brazilian sugars in Europe encountered increasing competition from the French and British Antilles*.[21]

NORMA E PRÁTICA DA FAZENDA REAL

Com tantas resistências, privilégios, e a receita total inferior às despesas de guerra, não era fácil a vida dos oficiais da Fazenda Real, sobretudo a do provedor-mor, que era responsável pela supervisão da fiscalidade e do tesouro como um todo. Em

---

17   Regimento da junta da arrecadação da Fazenda Real no Brasil, 19/09/1612, AHU, Bahia, série Luísa da Fonseca, cx. 1, doc. 35; Regimento dos dízimos do Brasil, 17/11/1577 (In: Mendonça, *Raízes da formação administrativa do Brasil*, p. 229 e segs).

18   Alvará sobre a isenção dos engenhos de açúcar, 24/05/1614, CCLP, 1613-1619, p. 88.

19   Joyce Jr., *Spanish influence*. p. 212; Carrara. *Receitas e despesas*, p. 44.

20   Carta do Senado da Câmara a S.M., 08/02/1656, AHU, Bahia, série Luísa da Fonseca, cx. 1, doc. 1642.

21   "O resultado era que o fardo da tributação incidia sobre os mais pobres, que encontravam taxadas todas as coisas de que necessitavam, e pelos lavradores de açúcar do recôncavo, cuja produção era sujeita a direitos cada vez maiores, numa época em que as vendas do açúcar brasileiro encontravam crescente competição das Antilhas francesas e britânicas" (Boxer, *Portuguese society*, p. 80; Boxer, *The golden age of Brazil*, p. 141-50).

primeiro lugar porque, desde sempre, a atuação deste oficial era determinada pelo viés francamente fiscalista de seu regimento, que tratava quase que inteiramente de sua prestação de contas e da produção de resultados fiscais positivos para a Coroa. O cargo havia sido criado em 1548, como parte do sistema do governo-geral, em grande parte com o intuito de fiscalizar o gestão das receitas e despesas régias nas capitanias do Brasil. O tesouro na Bahia também haveria de centralizar os saldos positivos dos demais almoxarifes e recebedores, nas demais praças do litoral. O quarto capítulo do regimento chegava a postular que "não poderão os ditos Provedores receber lanços em as ditas Rendas nos outros anos seguintes, em menos quantia de em que se arremataram o ano atrás (*sic*)". Tratava-se, portanto, de emular na colônia os dispositivos administrativos que, no Reino, buscavam angariar recursos das diversas localidades a crédito do centro político, na corte de Lisboa.[22]

Por conseguinte, pouco era previsto no regimento para a administração de saldos negativos. No mais das vezes, as ordenações e leis extraordinárias da Fazenda Real tratavam da revisão em instâncias superiores das contas apresentadas por seus oficiais e da execução de créditos remanescentes da Coroa em sua posse – o que, de fato, fragilizava a separação entre a Fazenda Real e o seu patrimônio particular. Este havia sido o resultado de um longo processo de formação administrativa, que acelerou no século xvi (com a criação da Casa dos Contos de Goa em 1530, a fusão dos Contos de Lisboa aos Contos do Reino e Casa em 1560 e a criação do Conselho da Fazenda em 1591), progrediu com as "Juntas de execução dos contos", no início do século xvii e culminou com a centralização em uma única Casa dos Contos, em 1627. Tampouco era permitido que tesoureiros ou almoxarifes deixassem contas em aberto para o sucessor. Naturalmente, nunca atingiu-se um sistema completamente racional e centralizado. Os oficiais continuaram a acumular as funções de arrecadação, custódia e dispêndio, com o que muito da contabilidade que submetiam à supervisão do tribunal poderia ser maquiado, manipulado.[23]

Entretanto, isso não significava grande margem de manobra na gestão de períodos deficitários, geralmente tratados de forma apriorística como resultados de gestão irregular ou desonesta. Tomava-se por pressuposto que as fontes de receita eram

---

22 Regimento dos provedores da Fazenda Real nas capitanias do Brasil, 17/12/1548 (In: Mendonça, *Raízes da formação administrativa do Brasil, op. cit.*).

23 Provisão de S.M. sobre contas dos almoxarifes, 30/03/1623, DHBN, v. 15, p. 12; Alvará de 17/10/1604 e Carta régia de 17/11/1627, In: CCLP; Carta régia de 14/02/1627, DHBN, v. 15, p. 12-4; AHU, Bahia, série Luísa da Fonseca, cx. 8, doc. 889; Joyce Jr. *Spanish influence*, p. 141.

suficientes para cobrir as despesas totais.[24] Em 1638, no calor do ataque neerlandês à Bahia, Pedro da Silva escreveu ofendido à Coroa, pois a Casa dos Contos havia solicitado informação sobre como eram despendidos os dízimos do Brasil, e se havia créditos não cobrados a receber entre os moradores. O governador lembrou ao contador-mor do Reino que havia uma guerra, e "que não há cá dívidas que carregar em receita, antes muitas a que a Real Fazenda está obrigada".[25]

Até a eclosão da guerra neerlandesa no Brasil, situações extraordinárias como um ataque estrangeiro e a organização da defesa eram administradas pelo empreendimento pessoal e pelo sistema de promessa, requerimento e concessão de mercês. Já vimos como toda a conquista da costa sulamericana, ao longo do século XVI e início do século XVII, foi em grande parte financiada nesses termos.[26] Assim, também, durante o ataque do corsário britânico James Lancaster a Pernambuco, em 1594, ao Recife: o rico escrivão da alfândega, Antônio da Rocha, ofereceu 2.500 cruzados de sua fazenda para as provisões da defesa de Olinda.[27] Algo semelhante ocorreria na resistência dos moradores do Espírito Santo aos ataque holandês de 1627, quando os homens de Francisco de Aguiar Coutinho foram pagos pelo rendeiro dos dízimos da capitania, Gervásio Leitão, acreditando este "que não devia de ser enganado por servir a S.M., como a sua mercê lhe constaria".[28] O mesmo ocorreu na Bahia, em diferentes ocasiões. Houve quem fizesse a proposta à Coroa: dava-se o dinheiro para a obra no forte da laje, no porto, em troca do foro de fidalgo e um hábito de uma das ordens militares.[29] Já observamos que foram muitos os empréstimos à Fazenda Real durante o cerco de Salvador, em 1638; mas também durante a ocupação holandesa "padeceríamos grandes perseguições se o dito provedor-mor não remediara os ditos mantimentos e

---

24   Particularmente, temia-se a falta de quadros na colônia para atender às demandas da administração fazendária; sobretudo aqueles que eram providos no cargo "de serventia", interinamente, pelo governador ou pelo capitão-mor. (Consulta do Conselho Ultramarino, 11/09/1641, AHU, Bahia, série Luísa da Fonseca, cx. 8, doc. 932). Disso resultava que "alguns provedores se valiam de homens de negócio para lhe fazer as contas", do que se esperava prejuízo certo para a Fazenda Real (Requerimento de João Dias Guedes, AHU, Bahia, série Luísa da Fonseca, cx. 5, doc. 631).

25   Carta de Pedro da Silva a S.M., 30/09/1638, AHU, Bahia, série Luísa da Fonseca, cx. 8, doc. 864.

26   Veja-se a já mencionada tese de Rodrigo Ricupero (*Honras e mercês, op. cit.*)

27   Joyce Jr., *Spanish influence*, p. 257 e segs.

28   Requerimento de Gervásio Leitão, 27/07/1636, AHU, Bahia, série Luísa da Fonseca, cx. 6, doc. 731; Tempos depois, o pagamento da tropa naquela capitania (quarenta homens) era feito pelo cunhado de um capitão (Auto sobre os gastos com os soldados do Espírito Santo, 11/09/1649, AHU, Bahia, série Luísa da Fonseca, cx. 11, doc. 1343).

29   Consulta do Conselho da Fazenda, 03/08/1622, AHU, Bahia, série Luísa da Fonseca, cx. 2, doc. 242.

algumas pagas de capitães e oficiais com a sua fazenda".[30] Na falta de meios com que a Fazenda Real na Bahia quitasse suas dívidas, tudo o que lhe era adiantando passava para a "economia da graça", e era preciso encaminhar à corte pedidos individuais de restituição ou recompensa.

Nestes termos, jamais teria sido possível que se articulasse um *padrão* de financiamento para a defesa da Bahia. Por mais que a "justiça distributiva" da Coroa tenha sido importante – em vários aspectos da política colonial, já o sabemos – é inegável que suas possibilidades estavam muito aquém dessa tarefa. O pagamento e abastecimento da infantaria não poderia correr pela conta de um particular, com vista à futura compensação pela Coroa. Nem sua fazenda seria bastante, nem a mercê dar-lhe-ia ganho. Portanto, uma vez que a cobertura de déficits esporádicos havia dependido do funcionamento desse sistema, seus limites figuraram-se como falha dos próprios oficiais da Fazenda Real. À sua frente, como supervisor e responsável, foi o provedor--mor aquele que sofreu as consequências.

Talvez a melhor representação do problema tenha sido o inferno pessoal de Francisco Soares de Abreu, provedor-mor entre 1629 e 1632, quando foi finalmente suspenso do cargo por Diogo Luís de Oliveira. Quando veio a Salvador, já tinha quarenta anos de serviço à Coroa, inclusive na provedoria de Pernambuco (entre 1601 e 1604). Foi tesoureiro da Ordem de Cristo, e anos depois teria trânsito direto com a Duquesa de Mântua. O filho, Cristóvão Soares de Abreu, seria secretário de D. Francisco de Melo.[31]

Seu enorme zelo na obediência aos regimentos colocou-o em desinteligência com os demais ramos da administração colonial logo que chegou. A essa altura, o pagamento dos soldos já consumia todas as receitas da Fazenda Real, o que ainda era insuficiente. O governador Diogo Luís de Oliveira havia então reformado o pagamento dos soldos segundo sua experiência na guerra de Flandres, por meio de listas verificadas em mostra geral da infantaria, porquanto "não convém, nem é possível fazerem-se os pagamentos por folha, como se usa nos mais presídios, que há nas capitanias".[32]

---

30   Carta de D. Francisco de Moura Rolim a S.M., 08/09/1625, AHU, Bahia, série Luísa da Fonseca, cx. 4, doc. 371.

31   Carta de Francisco Soares de Abreu a S.M., 05/07/1629, BPA, Cód. 49-x-10, fl. 120; Carta de Francisco Soares de Abreu a S.M., 08/01/1630, BPA, Cód. 49-x-10, fl. 148; Carta régia a Francisco Soares de Abreu, 10/12/1638, BPA, Cód. 49-x-10, fl. 15; Carta de Francisco Soares de Abreu a S.M., 29/08/1647, BPA, Cód. 49-x-23, fl. 358.

32   Ordem de Diogo Luís de Oliveira sobre o pagamento de socorros, 08/06/1628, DHBN, v. 15, p. 196; Registro da reforma do presídio pelo governador, 31/08/1627, DHBN. v. 15, p. 208.

Em cumprimento das normas de seu ofício, Soares de Abreu procurou reverter a medida, atrelando o pagamento aos recebimentos do contrato dos dízimos e demais pagamentos dos ordenados, em quartéis trimestrais. Em reunião com os ministros da Coroa, o governador arguiu que não se podia continuar a administrar o dinheiro do exército "como nas duas companhias que havia nesta capitania antes da restauração". Pelo seu ponto de vista, "como a Fazenda de Vossa Majestade não tem consignação certa para esta despesa", era forçoso "socorrê-lo [o presídio], somente, limitando-lhe cada dia um tanto por conta de seus soldos", e "as pagas das folhas são a quartéis e os soldados não podem esperar tão largo prazo nem receber tanto dinheiro junto". As listas, na prática, simplificavam o processo, na medida necessária para atender ao drástico aumento nos números e valores envolvidos no processo, com o que a Fazenda Real ficava mais segura e a disciplina facilitada, pois "o soldado que foge fica perdendo o soldo que tem vencido".[33]

Por mais necessária que fosse a ordem, que receberia confirmação de Lisboa anos depois, tratava-se de uma intervenção na competência do provedor-mor.[34] Ingerência que seria agravada pela concessão esporádica de livranças a alguns oficiais do presídio, por motivos variados, sem que Francisco Soares de Abreu fosse consultado.[35] Este, já em novembro de 1629 pedia à Coroa para poder voltar ao Reino. Dizia que estava doente, e se não viesse logo a licença "será força largar o ofício, por ser o exercício dele mais oposto a meus achaques que o clima da terra, que não é menos". Queixava-se das "moléstias e vexações que me faz o governador-geral", por não admitir transgressões dos "regimentos, provisões e estilos com que se cobra e despende nesse Reino". Diogo Luís de Oliveira mandava "despender absolutamente como lhe parece, e sem registrar nem mostrar seu regimento", o que "não pode deixar de ser muito embaraço para as contas dos oficiais do recebimento". Grande parte da contabilidade era paralela; receitas e despesas não eram lançadas nos livros. Os oficiais subalternos e o tesoureiro-geral não obedeciam ao provedor-mor: "são muito favorecidos do governador e não fazem mais que o que lhes ordena".[36]

De fato, Diogo Luís de Oliveira parece ter exercido seu governo do Estado do Brasil com muita autoridade. Em 1631, o Desembargo do Paço receberia as queixas de Lourenço de Brito Correia, que confirmam o tom usado pelo provedor-mor para

---

33 Treslado do assento que se tomou em mesa da Fazenda, 10/09/1629, BPA, Cód. 49-X-10, fl. 111-15.

34 Provisão régia ao provedor-mor Francisco Soares de Abreu, 14/07/1631, DHBN, v. 15, p. 436.

35 Treslado do assento que se tomou em mesa da Fazenda, 10/09/1629, BPA, Cód. 49-X-10, fl. 111-15.

36 Carta de Francisco Soares de Abreu a S.M., 29/11/1629, BPA, Cód. 49-X-10, fl. 144.

descrever os abusos do governador. De fato, tratava-se de um rol de quarenta acusações, a contemplar quase todo tipo de malfeitoria. Algumas das queixas são exageros (por exemplo, a de que o governador teria comemorado com banquetes a ocupação de Pernambuco; ou a de que se havia proclamado "Rei e Deus do Brasil"). Dezenove das acusações envolvem extorsões e cobranças ilegítimas, incluindo nove fintas entre os moradores.[37] Mas, ao que parece, a presença do exército forneceu o apoio para que o governador agisse com tão poucas restrições. D. Vasco Mascarenhas, mestre de campo do Terço Velho, é apontado como seu comparsa – o que também pode ter sido o motivo para que Diogo Luís de Oliveira resistisse à presença de um segundo terço de infantaria na cidade. Seus oito anos à frente do governo-geral destacam-se na lista dos governadores e vice-reis do Brasil. Embora a Coroa lhe enviasse reprimendas, só foi substituído em 1635 (depois da enorme oposição que levantou junto à comunidade mercantil, ao suspender a navegação do açúcar por razões de segurança).

No entanto, é importante notar que os problemas de Francisco Soares de Abreu com o governador não foram necessariamente frutos do abuso de poder. Ele próprio, obrigado a seguir os regimentos da provedoria, colocava-se em situações difíceis. Logo ao assumir o cargo, o velho letrado pôs em dúvida os ordenados recebidos pelo Cabido da Sé. Como muitos dos papéis da cidade haviam sido perdidos durante a ocupação, entre eles os livros da Fazenda Real, não havia documentação suficiente para o pagamento a vários dos clérigos. Soares de Abreu ainda tentou reunir os traslados remanescentes entre os oficiais da Fazenda, mas "visto o prejuízo e desordem das folhas apresentadas", o provedor não cedeu. Respondeu que "os que não tiverem o título não poderão entrar na folha, nem os moços do coro nem o tangedor dos órgãos, enquanto os não houver".[38] Os padres imediatamente tornaram-se seus inimigos, e o provedor-mor foi excomungado ao fim de 1629, apenas sete meses depois de assumir o cargo. Tranquilizou-se após a consulta a teólogos e canonistas que conhecia: os padres haviam-no condenado sem razão, o que não teria efeito "no foro interior".[39]

---

37   Queixas que Lourenço de Brito Correia faz a Sua Majestade das vexações e opressões públicas e roubos que Diogo Luís de Oliveira, governador do Brasil comete naquele Estado, 27/08/1631, BPA, Cód. 49-X-10, f. 320; Livro do governo de Portugal, 14/12/1631, BPA, Cód. 51-X-2, fl. 212v. Diogo Luís de Oliveira foi notificado do deferimento das queixas, por carta com a firma de Filipe IV (um pedido de Brito Correia), mas não há notícia de qual foi a decisão do Desembargo do Paço, dada a escassez de registros do tribunal nesse período.

38   Despacho do provedor-mor Francisco Soares de Abreu na causa do Cabido desta Sé, 14/11/1629, BPA, Cód. 49-X-10, fl. 143.

39   Carta de Francisco Soares de Abreu a S.M., 08/01/1630, BPA, Cód. 49-X-10, fl. 148.

Entretanto, não era sua alma que estava em jogo, mas o seu isolamento político. Havia pelo menos um desembargador da Relação que, apesar da extinção do tribunal, desde 1628 combatia o provedor-mor (na época, Manuel Ferreira de Figueiredo) para continuar recebendo seu ordenado de 350$000. Tinha inclusive uma provisão do governador que lhe permitia sacar o dinheiro do tesoureiro-geral, a despeito do provedor. Anos depois, a Coroa teria de emitir um alvará, porque "o chanceler e os desembargadores da Relação do Brasil se intrometem em matérias que tocam a minha fazenda contra o regimento dela", para que não o fizessem mais.[40]

Entre janeiro e fevereiro de 1630, Diogo Luís de Oliveira fechou o cerco ao a Soares de Abreu. Em uma breve coleção de recados que trocaram ao longo desse período, pode-se encontrar o governador solicitando que Soares de Abreu indicasse um nome para ocupar o cargo de tesoureiro-geral, que estava vago, para que fosse servido "de serventia" (interinamente). O regimento exigia, para esta posição, que os candidatos fossem "homens da terra, que sejam bons e de boa fama, e de bom entender, ricos e abonados". Com base nisso, Soares de Abreu escusou-se de nomear um candidato ao posto, argumentando que a Câmara teria mais condições para atender à indicação. É plausível que buscasse evitar qualquer comprometimento seu com o que considerava uma verdadeira esbórnia na gestão fazendária. No entanto, a Câmara também lavou as mãos e recusou-se a fazer uma indicação. Em março, Diogo Luís de Oliveira o encurralou: "o cargo de provedor-mor da Fazenda tem correspondência com tudo o que pode melhorar e Vossa Mercê foi que advertiu esta diligência (…) Vossa Mercê não tem que me dizer que obrigue a Câmara porque não sei regimento nem ordem para o fazer, nem Vossa Mercê m'o mostra". O provedor-mor jogou a toalha: "chegou a tal estado minha doença que me é necessário buscar quem responda a estas ordens de Vossa Senhoria, por não faltar no respeito de seu cargo e pessoa".[41] Em março, afastou-se do cargo para cuidar da saúde, que segundo seus médicos era atingida pelo "exercício e aplicação deste ofício de provedor da Fazenda", e nomeou Sebastião Parvi de Brito em seu lugar. Dois dias depois, o governador substituiu-o pelo provedor dos defuntos, Miguel Cisne de Faria.[42]

40 Provisão de Diogo Luís de Oliveira, 05/01/1628, DHBN, v. 15, p. 168; Carta do Conselho da Fazenda a Manuel Ferreira de Figueiredo, 12/04/1628, DHBN, v. 15, p. 203; Alvará régio de 20/11/1631, DHBN, v. 16, p. 10.

41 Notas trocadas entre Diogo Luís de Oliveira e Francisco Soares de Abreu, fev.-mar./1630, BPA, Cód. 49-x-10, fl. 146.

42 Provisão de Sebartião Parvi de Brito no cargo de provedor-mor, 05/03/1630, DHBN, v. 15, p. 360; Provisão de Miguel Cisne de Faria no cargo de provedor-mor, 07/03/1630, DHBN, v. 15, p. 360.

A saúde de Francisco Soares de Abreu melhorou assim que despontaram na barra os galeões de D. Antônio de Oquendo, e ele reassumia a provedoria em julho de 1631 para cumprir as ordens de distribuição dos socorros que a armada havia trazido. Provavelmente, apoiou-se politicamente no capitão da frota, e a presença da marinha lhe animou a escrever para a Coroa, narrando aqueles acontecimentos. Além disso, recebeu na ocasião uma carta régia onde o governador era ordenado "que deixe executar o vosso ofício".[43] Não obstante, Soares de Abreu permaneceu sob pressão, responsabilizado pela falta de efeitos da Fazenda Real: "me intimou (o governador) outro dia depois de entrar nessa ocupação que lhe buscasse dinheiro pronto para os soldados". Por outro lado, as contas do tesouro estavam abandonadas, por fazer, e não se fazia uma única despesa por ordem do provedor.[44] Quando se tratou de aprestar os galeões da armada, o tesoureiro-geral escreveu-lhe que "nenhum dinheiro tenho da Fazenda de Sua Majestade para satisfazer ao que Vossa Mercê manda, porquanto se tem despendido nos socorros e ordinários que se dão aos soldados (...) com ordem do senhor governador".[45]

Em novembro, Cisne de Faria acusou o provedor-mor de desviar uma parcela do socorro que viera do Reino em quatro caravelas, mesmo dia em que o governador nomeou um novo escrivão dos feitos da Fazenda. Em janeiro de 1632, Diogo Luís de Oliveira finalmente tirou Francisco Soares de Abreu do cargo, substituindo-o pelo ouvidor-geral Jorge da Silva Mascarenhas, que acumulou as duas funções. Logo em seguida, o escrivão Pedro Viegas Giraldes também afastou-se para cuidar da saúde, deixando o posto a Gonçalo Pinto de Freitas e, durante algum tempo, Pedro de Moura.[46] Suspenso de forma irregular pelo governador, que agira "movido de sua paixão, natureza e desconfiança", Soares de Abreu escreveu ao monarca que "não apelava nem agravava da matéria por não haver oficial nem criado meu que se atreva intimar-lo adquirindo os autos [da suspensão]." Avisou: "tenha Vossa Majestade por

---

43   Carta régia a Francisco Soares de Abreu, 18/04/1631, BPA, Cód. 49-x-10, fl. 12.

44   Carta de Francisco Soares de Abreu a S.M., 27/07/1631, BPA, Cód. 49-x-12, fl. 16.

45   Auto que mandou fazer Francisco Soares de Abreu, 14/07/1631, BPA, Cód. 49-x-10, fl. 150; Nota de Francisco Soares de Abreu para o tesoureiro-geral, Antônio Mendes de Oliva, 15/07/1631 (*idem*, fl. 152).

46   Provisão de Diogo Luís de Oliveira a Domingos de Andrade no ofício de escrivão dos feitos da Fazenda, 04/11/1631, DHBN, v. 16, p. 19; Petição do provedor dos defuntos Miguel Cisne de Faria, 04/11/1631, DHBN, v. 16, p. 17; Provisão de Jorge da Silva Mascarenhas no cargo de provedor-mor, 22/01/1632, DHBN. v. 16, p. 28; Portaria de Diogo Luís de Oliveira, 14/02/1632, DHBN, v. 16, p. 37; Carta-patente de Jorge da Silva Mascarenhas, 31/03/1630, DHBN, v. 15, p. 392; Provisão de Diogo Luís de Oliveira a Pedro de Moura, 06/07/1633, DHBN, v. 16, p. 115.

suspeitos a quaisquer outros pelo que toca a Fazenda Real (…) neste tempo em que se jura e faz tudo o que o dito governador quer, não se reparando em papéis e certidões". Em seu modo de ver, a provedoria havia se tornado um antro pérfido de cavilação e dolo. Quanto a ele próprio, "fico pressentindo que esta suspensão pode ser para me mandar matar".[47] Mas isso não aconteceu. Não deixou registro do que fez, enquanto afastado; mas em janeiro de 1634 embarcava de volta para Portugal.[48]

Com a suspensão de Soares de Abreu, o governador continuou a reverter decisões da administração fazendária – provavelmente, por estar consciente de que a observância estrita dos regimentos da Fazenda Real era menos importante que a coesão política da capitania, naquele momento em que a Coroa mostrava-se incapaz de lidar com o inimigo em Pernambuco. Acreditava que "Francisco Soares de Abreu fez quantidade de petições em que traz embaraçados os ministros da Fazenda de Sua Majestade, de maneira que não acodem ao que é mais necessário do seu Real Serviço". Assim, garantiu que um capitão de infantaria recebesse a tença que vencia como membro de uma das ordens militares, "sem embargo de não ter provisão de Sua Majestade". Da mesma forma, acolheu o pedido de pagamento dos franciscanos, que diziam ter mercê de uma "ordinária que costumam levar na folha", mas que o provedor-mor não lançava por não apresentarem a provisão régia, supostamente perdida durante a invasão. Jorge da Silva Mascarenhas também apontou-lhe que tais procedimentos não eram corretos: "o regimento [do provedor-mor] proíbe expressamente que, sem provisão [do Rei] passada pelo Conselho [da Fazenda] se não faça pagamento algum"; e "as provisões do dito Senhor não se podem reformar por testemunhas se se perdem (sic)". Neste caso, devido a uma solicitação dos jesuítas, que diziam vencer aquele "adjutório" de 150$000 a cada três anos, cuja provisão também diziam ter perdido em 1624, mas que o provedor-mor e o procurador da Fazenda acreditavam ser fruto de mercê particular concedida em 1565, sem ter sido confirmada novamente. Oliveira mandou dar cumprimento a sua provisão, "sem embargo da dúvida do provedor-mor", e os jesuítas receberam o valor referente ao triênio 1633-1636.[49]

Contudo, não se tratava de uma questão pessoal. Os problemas do provedor-mor à frente da Fazenda Real persistiriam depois do retorno de Diogo Luís de Oliveira

---

47 Carta de Francisco Soares de Abreu a S.M., 03/02/1632, BPA, Cód. 49-x-12, fl. 22.

48 Carta de Francisco Soares de Abreu a Cristóvão Soares de Abreu, 15/03/1634, BPA, Cód. 49-x-12, fl. 25.

49 Portaria de Diogo Luís de Oliveira, 13/12/1632, DHBN, v. 16, p. 85; Provisão de Diogo Luís de Oliveira, 11/08/1632, DHBN, v. 16, p. 66; Provisão de Diogo Luís de Oliveira aos religiosos de São Francisco, 27/08/1632, DHBN, v. 16, p. 64-5; Provisão de Diogo Luís de Oliveira, 20/04/1633, DHBN, v. 16, p. 107.

e da posse de Pedro da Silva. Na ocasião, Pedro Cadena de Vilhasanti assumiu o posto, na ausência de oficial nomeado pela Coroa.[50] Como resultado da disputa com Francisco Soares de Abreu, os oficiais inferiores da Fazenda haviam se acostumado a operar de forma autônoma, ou debaixo de ordens do governador. Em 1637, Vilhasanti ordenou a suspensão do tesoureiro-geral, João da Fonseca Peixoto, "por erros e desobediências que cometeu no exercício do dito cargo". Pouco antes, havia entrado em choque com um almoxarife que estava há cinco anos no cargo (dois além de sua patente), "não reparando aos potentados que tratavam de o livrar e guardar e encobrir". Teria sido favorecido por Diogo Luís de Oliveira, e não se fazia nenhum exame sobre suas contas. Suspenso, embarcou para o Reino, sem licença, para pleitear na corte o posto de provedor-mor, sem sucesso. Com tais providências, Vilhasanti recebeu o apreço do Conselho da Fazenda: "pois trata mais do acrescentamento da Fazenda Real do que do seu, pois este zelo é mau quisto".[51]

Durante o cerco de Salvador, abafaram-se as animosidades. Vilhasanti escrevia: "ando-me empenhando, com o povo e Câmara, para darmos uma paga a todo o exército".[52] Como vimos, vários particulares concorreram para tanto, com doações, trabalhos e empréstimos. O holandês falhou em sitiar a cidade, e não houve desabastecimento em gravidade. Porém, passada a ameaça, todos buscariam compensações pelo tanto que individualmente haviam dedicado, e o provedor-mor, à frente da Fazenda Real, era quem teria de lidar com a maior parcela das pressões, principalmente, as do exército.

Logo em junho, mal haviam-se esfriado os mosquetes, o provedor-mor escrevia: "alguns capitães e oficiais maiores, com a espada na mão, me pedem o seu pagamento, fazendo-me cada dia muitas descortesias". Um deles, um sargento, ávido por dinheiro para poder voltar à Europa.[53] Os pivôs da disputa seriam o exército retirado de Pernambuco e o Conde de Bagnuolo. Em agosto e setembro, o napolitano

---

50   Requerimento de D. Brites Bandeira de Mello, 08/05/1638, AHU, Bahia, série Luísa da Fonseca, cx. 7, doc. 791.

51   Provisão do governador Pedro da Silva do cargo de tesoureiro-geral em Francisco do Amaral, 16/01/1637, DHBN, v. 17, p. 39; Papel em favor de Pedro Cadena de Vilhasanti, 13/01/1637, AHU, Bahia, série Luísa da Fonseca, cx. 8, doc. 894.

52   Carta de Pedro Cadena de Vilhasanti a S.M., 23/04/1638, AHU, Bahia, série Luísa da Fonseca, cx. 7, doc. 789; Parte da correspondência de Pedro Cadena de Vilhasanti, escrita enquanto era provedor--mor no Brasil, está impressa e publicada na *Relação diária do cerco da Bahia de 1638, op. cit.*

53   Cartas de Pedro Cadena de Vilhasanti a S.M., 01-12/06/1638, AHU, Bahia, série Luísa da Fonseca, cx. 7, doc. 789.

queixava-se que Vilhasanti não lhe fornecia com os provimentos necessários para sua infantaria. O provedor, a essa altura, dispunha de 20.000 cruzados para atender a todos os soldados em Salvador. Estimava que, "se se fizer conforme ao regimento e ordens de Sua Majestade (...) não há dúvida que poderão chegar a dar seis meses de socorro a essa infantaria, acrescentando-lhe a carne e farinha que comerão".[54] Todavia, a resistência dos oficiais da tropa de Bagnuolo impedia que se fizesse o racionamento. Vilhasanti ressentia-se da "má administração dos oficiais da Fazenda daquele exército, que me não obedecem, nem o Conde o quer consentir", de modo que não havia sido possível até então tomar as listas para efetuar o pagamento.[55] Os capitães de Bagnuolo não deixavam que o provedor-mor conduzisse a distribuição de rações. Recebiam o total referente a cada companhia, sem que este pudesse saber o verdadeiro número de cada uma. Os pedidos de farinha do exército de Bagnuolo chegavam a 7.885 alqueires, mais de três vezes o que era dado ao presídio de Salvador. O Conde justificava-se dizendo que os terços da Bahia estavam há anos recebendo regularmente, enquanto ele e seus homens haviam padecido na guerra, sem receber ordenados desde o desembarque em Pernambuco.[56] Restava a Vilhasanti ter paciência: "me não meto em nenhuma outra cousa mais que em ser comprador de carne e farinha, ferramentas, e outros petrechos".[57]

No entanto, a prepotência de Bagnuolo acabou por deixá-lo em posição ruim. O governador, os ministros da Coroa e os comandantes de todas as forças foram reunidos para tratar da desigualdade na distribuição de rações, e a conclusão, naturalmente, foi que se devia proceder conforme sugeria o provedor-mor. Passados alguns dias, o escrivão constatou que o Conde recusava-se a assinar aquela ata.[58] Mas não teria meios de enfrentar todos os demais. Pedro da Silva escreveu a Luís Barbalho: a Câmara e povo de Salvador "tem feito protestos sobre esta matéria, e eu até agora não quis chegassem

54   Troca de recados entre Pedro Cadena de Vilhasanti e o conde de Baguono, 09/1638, AHU, Bahia, série Luísa da Fonseca, cx. 7, doc. 804.

55   Carta de Pedro Cadena de Vilhasanti a S.M., 03/11/1638, AHU, Bahia, série Luísa da Fonseca, cx. 7, doc. 805.

56   Treslado do assento sobre a lista das rações para o exército de Pernambuco, 06/10/1638, AHU, Bahia, série Luísa da Fonseca, cx. 7, doc. 806.

57   Carta de Pedro Cadena de Vilhasanti a S.M., 03/11/1638, AHU, Bahia, série Luísa da Fonseca, cx. 7, doc. 803.

58   Treslado do assento que se tomou sobre a conservação desta praça da Bahia, 27/09/1638, AHU, Bahia, série Luísa da Fonseca, cx. 7, doc. 807.

ao senhor Conde".[59] Posta a ameaça de divisão no comando, o almoxarife do exército de Pernambuco entregou suas listas a Pedro Cadena de Vilhasanti, com o que se tornava possível reduzir suas companhias e reorganizar a distribuição de socorros.[60] O provedor--mor lamentava que, "em lugar de se remediarem males, se caísse em outros maiores, com guerras civis". Quando Bagnuolo voltou a resistir, no dia seguinte, Vilhasanti procurou o governador e pôs o cargo à sua disposição: "pedia à Sua Senhoria que ou o remediasse, como governador e capitão geral, ou desobrigasse a ele provedor-mor do cargo que tinha, porque se não atrevia a continuar com tão grandes excessos e que temia perecer-lhe nas mãos a Fazenda Real, e perder-se esta praça por falta dela". Sua atitude teve sucesso: cobrado pelo governador, pelo bispo e pelos demais comandantes, com Luís Barbalho à frente, Bagnuolo enfim teve de resignar-se.[61]

Apesar da vitória política, a situação de Pedro Cadena de Vilhasanti na provedoria continuava periclitante, pelo que comunicou à Coroa, em novembro:

> nenhuma coisa tem melhoramento, antes cada dia crescem os provimentos e os gastos, e posto que eu sei o remédio que se lhe pudera dar, cortando pelo são, *manda-me o governador que dissimule* até a vinda da Armada; (…) aqui cada um trata do seu particular, e o serviço de Vossa Majestade e o bem comum o sente; Eu sou fraca figura e com pouca assistência dos superiores para poder remediar estas cousas, que com facilidade se fizera e se a tivera. Contudo, não faltarei à minha obrigação no serviço de Vossa Majestade até onde minhas forças alcançarem; estão já tão diminutas com as baterias que cada dia tenho dos ministros maiores e menores sobre me pedirem seus pagamentos como se houvera cá o tesouro de Veneza, ou Vossa Majestade tivera aqui algum Potosí; e na verdade é um dos maiores trabalhos que eu aqui padeço, porque a maior parte deles estão mui bem pagos, e outros, se o não estão, em todo deve-se-lhes mui pouco; E eu sirvo a Vossa Majestade tão bem como o melhor de todos quantos há cá, e nenhum melhor que eu, continuando este cargo há três anos sem ter de meu ordenado até agora um só real, porque o que tinha recebido em dois anos e meio, até que aqui chegou o inimigo, que eram um conto de réis, emprestei à

---

59   Com tais palavras, o título do napolitano parecia surtir efeito sobre o Pedro da Silva (Cópia da carta que o Sr. governador escreveu a Luís Barbalho, 16/10/1638, AHU, Bahia, série Luísa da Fonseca, cx. 7, doc. 807).

60   Resposta do mestre de campo Luís Barbalho, 20/10/1638, AHU, Bahia, série Luísa da Fonseca, cx. 7, doc. 807.

61   Assento que se tomou em mesa da Fazenda, 21/10/1638, AHU, Bahia, série Luísa da Fonseca, cx. 7, doc. 807.

Fazenda de Vossa Majestade e o meti no seu cofre tanto que o inimigo desembarcou, para comprar carne e farinha para sustentar a defesa.[62]

O lamento de Pedro Cadena de Vilhasanti é revelador de muitos dos aspectos que temos levantado até aqui: a penúria constante da Fazenda Real, o frágil limite entre esta e a fazenda pessoal do provedor, e a pouca autoridade que tinha para exercer o cargo, especialmente ante os militares. Tudo a tal ponto que a melhor sugestão que ocorria a este governador era a dissimulação. Tivera sucesso em impor a reforma do exército de Pernambuco ao Conde de Bagnuolo, mas porque este apenas defendia privilégios para seus homens, injustificáveis perante o resto da infantaria. No entanto, o provedor-mor voltou a ver-se em apuros, conforme credores e soldados foram bater-lhe à porta para pedir pagamento, a começar pelo bispo D. Pedro da Silva.

Durante a batalha, este havia feito um empréstimo de 800$000 à Fazenda Real, com garantias de Vilhasanti de que seria quitado por lançamento na folha daquele ano. Em novembro, contudo, o provedor estranhava que "nem com isso se satisfaz em esperar a que se faça a folha (que se costuma aqui fazer no primeiro quartel, que é pelo Natal), e um dia destes veio à minha casa com tanta cólera a pedir-me seu dinheiro *como se eu lho devera*, que não faltou mais que excomungar-me".[63] A corrida à casa de Vilhasanti, aliás, aumentava devido ao boato de que o provedor estava de partida para o Reino. Por outro lado, a iniciativa de arrendamento da imposição dos vinhos havia-o colocado em choque com a Câmara: "se agravaram os oficiais da Câmara de mim, para onde o caso pertence, e têm feito grandes demonstrações de sentimento de eu lhe ter dado no modo da má administração e nos caminhos por onde eles tiravam seus aproveitamentos".[64]

Pedro Cadena de Vilhasanti ainda permaneceria no cargo, sob constante ameaça, até que o Conde da Torre substituísse-o por Sebastião Parvi de Brito, em maio de 1639. Provavelmente, o governador e capitão da armada procurava impedir que as inimizades do provedor-mor, acumuladas em quatro anos de serviço por nomeação do governo anterior, dificultassem o diálogo com os moradores na hora de solicitar novos recursos e empréstimos, necessários para os preparativos da ofensiva contra

---

62 Carta de Pedro Cadena de Vilhasanti a S.M., 03/11/1638, AHU, Bahia, série Luísa da Fonseca, cx. 7, doc. 803 – grifo nosso.

63 Carta de Pedro Cadena de Vilhasanti a S.M., 03/11/1638, AHU, Bahia, série Luísa da Fonseca, cx. 7, doc. 803 – grifo nosso.

64 Carta de Pedro Cadena de Vilhasanti a S.M., 03/11/1638, AHU, Bahia, série Luísa da Fonseca, cx. 7, doc. 805.

Recife, de modo que "pareceu-lhe que ficava suave tirá-lo do ofício". Para o próprio Vilhasanti, aliás, sua suspensão "foi gosto particular, porque ele acomoda-se mal com os ministros que só tratam do seu, antepondo o de Vossa Majestade, que virá a ser a causa da perdição daquele Estado".[65] Enquanto isso, com a cidade infestada de militares, faltava dinheiro para tudo. A pressa de D. Fernando em vender o estoque de fazendas que havia trazido na Armada rebaixou os preços, com o que não se realizou muito do que era esperado do socorro. Ao mesmo tempo, o dispendioso trabalho no apresto da armada alongava-se, "porque [o dinheiro passava] por muitas mãos e pessoas que não são ministros". Em novembro, Vilhasanti recebeu salvo-conduto para regressar ao Reino, "pois não fazia ali nada", e porque "para defender que não se furtassem a Fazenda Real, se lhe tinham levantado muitos inimigos".[66] Uma vez no Reino, sugeriu uma longa devassa da administração colonial, "desde que se começou a guerra naquele Estado". O Conselho da Fazenda ordenou, e foi de fato devassada a sua suspensão da provedoria – os autos estão, todavia, ilegíveis.[67]

Sebastião Parvi de Brito era outro letrado com mais de vinte anos de experiência e longa folha de serviços. Foi o primeiro ouvidor da "Repartição do Sul", por quatro anos, no início do século. Foi provedor da fazenda e dos defuntos. Assistiu na defesa de 1624 "com criados e escravos".[68] Tinha bons termos com Simão Álvares de la Penha e a família Vieira Ravasco. Seu filho seria casado com a filha de Cristóvão Soares de Abreu – com o que se pode fazer uma imagem da coesão do grupo de letrados que se revezava em postos-chave da administração colonial.[69] O testemunho que daria sobre as coisas da Fazenda Real naqueles anos não seria muito diferente dos anteriores.

Como os demais, Parvi de Brito estava sempre à mercê dos "grandes danos e insultos" que a gente de mar e guerra e de terra lhe fazia, quando começava a lhes faltar o sustento: "Os generais e almirantes andaram por mar e terra tomando o que achavam e passando escritos para o provedor-mor os pagar", e os particulares, sem alternativa, aceitavam.[70] Esse problema também havia sido recorrente naquele tempo.

---

65 Provisão de Sebatião Parvi de Brito no cargo de provedor-mor, 09/05/1639, DHBN, v. 17, p. 249; Consulta do Conselho da Fazenda, 30/08/1639, AHU, Bahia, série Luísa da Fonseca, cx. 8, doc. 892.

66 Alvará a Pedro Cadena de Vilhasanti, 20/11/1639, ANTT, Chanc., Filipe III, Doações lv. 1, fl. 30.

67 Consulta do Conselho da Fazenda, 12/09/1639, AHU, Bahia, série Luísa da Fonseca, cx. 8, doc. 893. Veja-se: AHU, Bahia, série Luísa da Fonseca, cx. 8, doc. 904-7.

68 Requerimento de Sebastião Parvi de Britto, 01/02/1639, BPA, Cód. 51-VI-21, fls. 215-221.

69 Carta de Sebastião Parvi de Brito a Cristóvão Soares de Abreu, 30/09/1659, BPA, Cód. 54-VIII-37, n. 152.

70 Carta de Sebastião Parvi de Brito a S.M., 03/02/1641, BPA, Cód. 51-VI-21, fls. 294-308.

Em 1636, o governador Pedro da Silva emitiu portaria sobre "despesas que se fazem com o exército de Pernambuco, [para as quais] se passam conhecimentos em forma para o tesoureiro-geral deste Estado pagar", e porque "essa é a forma que mandei se guardasse, por ser mais justa", ordenava ao provedor-mor que "os aceitem e paguem". O mesmo ocorreria em despesas dos capitães da armada, que pagavam por materiais diversos com letras em nome do tesoureiro-geral.[71] Note-se que, desta forma, o exército passava o queixume da população para os oficiais da Fazenda Real, que diante da penúria tinham de recusar o pagamento daqueles papéis.

No início de 1641, Parvi de Brito ainda recebeu ordem segundo a qual, na falta de recursos, o provedor-mor haveria de pagar de sua casa os fretes dos vinhos que a Coroa enviava, mais principal e interesse – o que ele dizia ser "rigorosa pena", pois a sua fazenda pessoal era pouca, e os fretes muitos. Assim, lamentava:

> Que como, Senhor, se hajam de por penas a quem não tem poder, obrigando-o que faça autos para satisfazer as queixas de muitos e pagar a culpa que não tem, ponham as penas a quem tem e toma todo o poder, como são os generais que se lhe querem fazer requerimentos e protestos, respondem com agravos e descortesias, como se hão feito a muitos provedor-mores, ficando sem abrigo de quem os defenda e os maiores sem repreensão e castigo (…) e manda o general que os capitães e soldados vão à casa do provedor-mor, lhes dê sustento, e senão tire de sua casa.

> Que a verdade é, Senhor, que em necessidades não há leis, nem súdito que possa resistir ao superior, tão supremo de poder e potência para o que querem mandar; e quando menos, mandam aos oficiais e almoxarifes não despendam nem paguem nada sem ordem sua, como de presente está feito.[72]

O ponto de vista do provedor-mor, portanto, era que o problema estava no comando do exército, composto por gente que punha seus próprios interesses acima da lei e da Coroa, e não guardava nenhum valor para os regimentos que recebiam. Aliás, é difícil imaginar que este conflito não ocorreria, de uma forma ou de outra: onde quer que haja guerra e exércitos em trânsito, raramente não haverá desrespeito e abuso de autoridade. Contudo, não devemos acompanhá-lo completamente nesta avaliação, nem era simplesmente de interesses espúrios que se compunha o governo-geral e o comando do exército. Era uma questão de pragmatismo, muito mais que de

---

71   Portaria do governador Pedro da Silva, 15/12/1636, DHBN, v. 17, p. 133; Portaria do Conde da Torre, 10/10/1639, DHBN, v. 18, p. 72.

72   Carta de Sebastião Parvi de Brito a S.M., 03/02/1641, BPA, Cód. 51-VI-21, fls. 294-308.

improbidade. Os interesses pessoais dos militares e governadores não necessariamente significavam esbulhos contra a monarquia, pois geralmente norteavam seus ações pela busca de reputação, a melhor possível, por meio dos resultados que atingiam em prol da Coroa.[73] Deste modo, ao mesmo tempo que o provedor-mor estava sempre escandalizado com a incorreção nas decisões administrativas do militar, este sempre teceria longos elogios de si próprio por empregar da melhor forma os recursos disponíveis e seu próprio patrimônio no serviço de Sua Majestade.[74]

Maquiavel predicava que "não pode haver boas leis onde não há um bom exército, e onde haja um bom exército é conveniente que haja boas leis".[75] Para Sebastião Parvi de Brito, a Fazenda Real na Bahia seria beneficiada por uma reforma em suas normas de funcionamento. Em primeiro lugar, sugeria a valorização dos serviços de tesouraria: "o mais importante ofício que hoje há naquela praça é o de tesoureiro--geral, e pagam-lhe pelas grandes quantidades de dinheiro e outros efeitos que da Fazenda de Vossa Majestade recebe, em muitas ocupações e contínuas e com tão pequeno ordenado que não há quem queira servir e aceitar tal cargo". Só o aluguel de uma residência levava metade dos seus vencimentos (80$000). Assim, "é forçado que sempre a presunção esteja contra ele, por não ter bastante sustento". Em segundo lugar, que tais cargos fossem ocupados por reinóis, pois teriam "temor de levar consigo as contas" e responder por elas pessoalmente nos tribunais da metrópole, onde também haveria de estar resguardado das retaliações dos governadores. Desse modo, seriam melhor preservadas as disposições do regimento, e "com este temor se ordenarão as coisas melhor".[76] O cerne do problema, portanto, estava nos desvios de dinheiro e na falta de cumprimento das normas da fiscalidade.

Com essa leitura dos fatos, Parvi de Brito tinha esperança de que o recém-chegado Vice-Rei do Brasil pudesse melhorar a situação de todos. De fato, o Marquês de Montalvão ordenou que todos os lançamentos da Fazenda Real na Bahia se fizessem em livros de receita e despesa, à maneira dos armazéns do Reino. Mas a resistência era geral. Logo que foi deposto, a ordem foi cancelada pelos governadores da junta,

---

73   Veja-se: Nuno Gonçalo Monteiro, Pedro Cardim e Mafalda Soares da Cunha, *Optima Pars: elites ibero-americanas do antigo regime*. Lisboa: Imprensa de Ciências Sociais, 2005.

74   Veja-se, entre inúmeros exemplos possíveis, 3.000 cruzados em pagamentos que o conde de Bagnuolo dava, de seu bolso, aos homens de seu terço, ou a prataria que o conde da Torre doava para os fundos da armada (Carta do Conde de Bagnuolo ao Conde da Torre, 10/12/1639, BPA, Cód. 51-x-7, fl. 189; Carta do Conde da Torre, 09/11/1639, BPA, Cód. 51-x-7, fl. 279).

75   Nicolau Maquiavel, *O príncipe*. Trad. Maria Lúcia Cumo. 13ª ed. Rio de Janeiro: Paz e Terra, 1996

76   Carta de Sebastião Parvi de Brito a S.M., 03/02/1641, BPA, Cód. 51-VI-21, fls. 294-308.

"sem quererem que houvessem clareza em tudo que se despendia, no que ela (a junta) recebeu dinheiro muito grande". Em especial, Lourenço de Brito Correia, que foi responsabilizado por tais desgovernos no auto que se fez, tempos depois.[77]

Não seria tão cedo que as contas da Fazenda Real na Bahia receberiam tratamento idôneo, nem seria a idoneidade a dirimir as tensões políticas em torno da carga tributária. A reconstituição da administração fazendária depois da Restauração de 1640 é muito prejudicada pelo desaparecimento dos volumes quatro e cinco dos registros da provedoria, que cobriam o período entre 1639 e 1654, provavelmente porque o mau estado já os havia deixado ilegíveis ainda no século XVII.[78] Não obstante, tudo indica que os provedor-mores não viveram os mesmos apuros que passaram durante a década de 1630, embora seja difícil que não tenham continuado a deparar-se esporadicamente com situações similares. Isso se deveu a três coisas. Em primeiro lugar, a tendência geral de aumento na arrecadação e melhoria do resultado fiscal, com possível exceção de dois momentos: sob o governo da junta trina, pela desorientação do governo e desordem resultante sobre as linhas de receita e despesa; o período entre 1647 e 1648, devido ao ataque de Von Schkoppe a Itaparica e os gastos de manutenção da armada portuguesa na Baía, enquanto a guerra de corso atingia a navegação atlântica do açúcar e demais mercadorias. Ainda no início da década de 1650, os saldos negativos da Fazenda Real já eram seguramente menores e administráveis.

Em segundo lugar, o aumento na arrecadação foi realizado em grande parte por tributos e cobranças da Câmara de Salvador. Como veremos, isso significou que o ônus político da distribuição da carga tributária foi compartilhado em maior escala com os oficiais camarários, culminando no acordo de 1652, pelo qual o pagamento da infantaria foi assumido diretamente pelos tesoureiros municipais. Ademais, não apareceriam mais na mesma medida os problemas causados pela perda de papéis e a necessidade de passar ordens de pagamento fora do regimento da provedoria. Aos poucos, retomava-se uma certa rotina administrativa, dentro da provedoria e ao redor dela, o que lhe dava mais estabilidade para atravessar situações adversas.

Finalmente, a situação política do cargo alterou-se muito depois que o filho de um escrivão da Bahia tornou-se amigo pessoal de D. João IV. Com Antônio Vieira na corte, o grupo de letrados soteropolitanos ligados à família Ravasco passou a ter trânsito direto com o monarca. Em 1641, quando foi enviado a Lisboa para comunicar a aclamação do Rei em Salvador, o jesuíta já havia levado em sua algibeira uma

---

77   Consulta do Conselho da Fazenda, 20/11/1643, AHU, Bahia, série Luísa da Fonseca, cx. 9, doc. 1020.

78   Carrara. *Receitas e despesas, op. cit.*, p. 190.

penca de requerimentos de mercês e favores para seus familiares. Seu irmão menor, Bernardo Vieira Ravasco, alferes em uma das companhias do presídio, pedia o cargo de contador dos contos da Fazenda Real.[79] A aproximação de Vieira com D. João valer-lhe-ia muito mais que isso. De início, entre as várias concessões da Coroa ao "clã dos Ravasco", Bernardo seria nomeado para exercer o cargo de "juiz do peso e tesoureiro dos dois reais das caixas de açúcar". Conforme aumentava a influência do jesuíta baiano, e devido à extinção do posto referido, a Coroa faria uma oferta ainda melhor: a secretaria do Estado do Brasil.[80]

Bernardo Vieira Ravasco já havia atuado como secretário pessoal do Marquês de Montalvão, que como outros governadores achou por bem servir-se de um auxiliar para o despacho cotidiano. Como parte do recém-criado Conselho Ultramarino, o Marquês defendeu a institucionalização desse ofício, da mesma forma como existia no Estado da Índia, em vista do apoio que poderia prestar aos governantes, como depositário de documentos, notícias, segredos e práticas administrativas locais. Ao mesmo tempo, interessava à Coroa e aos moradores que houvessem contrapesos à autoridade do governador, como meio de conter os abusos que poderiam decorrer da posição. Até então, o ouvidor-geral e o provedor-mor cumpriam essa função, de certa forma. Em 1642, por exemplo, o Conselho da Fazenda ponderava que "convém ao serviço de Sua Majestade (...) que o provedor-mor do Brasil tenha inteira notícia das ordens que vão ao governador daquele Estado, tocantes à Fazenda Real e outros particulares, para ver e ter entendido o que se deve lá dispor e ordenar".[81] Quatro anos depois, decidiu-se pela criação do posto de secretário de Estado, e Ravasco foi nomeado para exercê-lo pela primeira vez. Seu ordenado era de 160$000, "consignados na parte donde o governador-geral do mesmo Estado lhe parecer que melhor e mais suavemente se poderá pagar", uma quantia bem menor do que vencia o mesmo oficial em Goa. Surgia como "evolução institucional das funções de um auxiliar de despacho

---

79 Consulta do Conselho da Fazenda, 11/09/1641, AHU, Bahia, série Luísa da Fonseca, cx. 8, doc. 932.

80 Provisão de secretário de Estado a Bernardo Vieira Ravasco, 17/02/1646, ANTT, Chanc., D. João IV, livro 15, fl. 393v.

81 Consulta do Conselho da Fazenda, 04/06/1642, AHU, Bahia, série Luísa da Fonseca, cx. 8, doc. 963; Pedro Puntoni. "Bernardo Vieira Ravasco, secretário do Estado do Brasil: poder e elites na Bahia do século XVII". In: *Novos Estudos CEBRAP*, v. 68, 2004, p. 119; veja-se também: Araújo. *De golpe a golpe*, *op. cit.*, cap. 2.

do governo, incorporando para si o cartório de Estado, que tinha uma dupla dimensão, notarial e arquivística".[82]

Por si só, a instituição da secretaria de Estado já significava um importante reforço administrativo para a pequena burocracia do Estado do Brasil, sobretudo para os oficiais aparentados com o secretário. O contato direto com o monarca, porém, conferia-lhe enormes vantagens no provimento de cargos e uma boa dose de imunidade na disputa com os rivais e nos conflitos internos ao governo.

O núcleo do grupo era composto por Ravasco e seus dois cunhados. Casado com Catarina, o capitão Rui Carvalho Pinheiro fora ajudante "supranumerário e proprietário" no terço de D. Vasco Mascarenhas e havia atuado como escrivão da Câmara em diferentes momentos, desde a década de 1620. Quando o Conselho Ultramarino favoreceu a indicação de outro nome para esse posto, D. João IV protelou ao máximo a assinatura de sua apostila, devolvendo sucessivamente a consulta ao Conselho.[83] Casado com Leonarda, Simão Alvarez de la Penha "Deus Dará" era filho de Manuel, de rica família pernambucana, que havia oferecido dinheiro, víveres, cavalos e escravos à resistência, prisioneiro da WIC no Arraial do Bom Jesus e maltratado "por ser homem entrado na idade". Simão era formado em Coimbra, já havia atuado como provedor de Pernambuco, auditor geral do exército de Mathias de Albuquerque, e fora um dos emissários de Montalvão no Brasil Holandês, "a comunicar com o Conde de Nassau alguns negócios importantes desta Coroa". Entre 1646 e 1651, receberia os cargos de auditor-geral do exército em Pernambuco, provedor-mor na Bahia e desembargador no Tribunal da Relação, quando foi restaurado.[84] Ao confirmar a criação do cargo de secretário de Estado, que o governador havia de início duvidado, D. João IV escreveu que "pela satisfação com que o Pe. Antônio Vieira da Companhia de Jesus, seu irmão e meu pregador me serve, vos hei por muito recomendadas as pessoas do mesmo Bernardo Vieira, de Cristóvão Vieira Ravasco seu pai, do auditor Simão Alvarez de la

---

82   Consulta do Conselho Ultramarino, 26/02/1646, AHU, Bahia, série Luísa da Fonseca, cx. 10, doc. 1171; Puntoni. "Bernardo Vieira Ravasco". *op. cit.*, p. 118.

83   Atas da Câmara de Salvador, DHAM: AC, v. 1, p. 217; Patente de capitão de Rui Carvalho Pinheiro, 19/06/1638, DHBN, v. 17, p. 73; Consulta do Conselho Ultramarino, 17/05/1647, AHU, Bahia, série Luísa da Fonseca, cx. 11, doc. 1259.

84   Provisão régia de Simão Álvarez de la Penha no cargo de auditor geral do exército de Pernambuco, c. 1646, ANTT, Chanc. D. João IV, liv. 15, fl. 58v; Provisão régia de Simão Álvarez de la Penha no cargo de desembargador dos agravos, 07/11/1651, ANTT, Chanc. D. João IV, liv. 15, fl. 376; Provisão régia de Simão Álvarez de la Penha no cargo de provedor-mor, 26/03/1647, ANTT, Chanc. D. João IV, liv. 16, fl. 359v; Mercê a Manuel Álvarez chamado "Deus Dará", 21/06/1645, ANTT, Portarias do Reino, lv. 1, fl. 260v.

Penha, de Rui Carvalho Pinheiro e dos mais parentes que tiver nessas partes, para que a uns e outros façais o favor que houver lugar". O Rei ainda encomendou a Antônio Teles da Silva que desse prioridade a Simão na troca de prisioneiros com a WIC, pois havia sido aprisionado junto com Francisco Barreto na costa de Pernambuco.[85]

Ao mesmo tempo, o acintoso favorecimento do grupo e a posição estratégica de Ravasco na secretaria não deixaria de despertar oposições e inimizades, inclusive de homens que estiveram à frente da provedoria, nas décadas de 1640 e 1650. Uma das mais curiosas foi a atitude do Conde de Castelo Melhor, que segundo Ravasco "quando mandava chamar pessoas para lhe comunicar alguns negócios, e lhes mandava dar cadeiras de espaldar (sendo as mais das vezes moradores e pessoas de pouca qualidade), lhe devia dar a ele secretário (que demais de o ser, é fidalgo da casa de Vossa Majestade) assento igual, ou se lhe devia dar cadeira rasa [aos demais]". Além disso, quando se endereçava a ele, o Conde não conjugava pela terceira pessoa. Em pelo menos uma oportunidade, as provocações ferveram-lhe o sangue, acabou citado pelo meirinho (cuja autoridade ele, arrogante, não reconhecia) e o capitão da guarda do governador teve de ser chamado. O monarca escreveu mais de uma missiva solicitando "para se evitar que Bernardo Vieira Ravasco, secretário desse Estado, tenha ocasião de se queixar de não ser tratado com a cortesia que se deve ao cargo que exercita e ao foro que tem", mas a recorrência dessa ordem indica que provavelmente não teve muito efeito sobre o Conde. Aliás, D. João também advertiu a Ravasco "que nos papéis que fizer se abstenha de se nomear salvo com o título que lhe dou, de secretário de Estado".[86]

As condições políticas para a atuação do provedor-mor, enquanto isso, dependeram em boa medida de sua relação com o secretário de Estado. Como parte daquele grupo, Simão Alvarez de la Penha vivenciava de forma muito diferente os problemas da provedoria, que ocupou em meados da década de 1640 e no início da década de 1650. Em 1648, depois de escapar do cativeiro em Recife, conseguiu chegar a Salvador para assumir novamente aquele posto. Entretanto, com a crise comercial causada

85   Carta régia a Antônio Teles da Silva, 09/08/1647, DHBN, v. 65, p. 332; Privilégios do secretário de Estado e guerra na Coroa de Castela, c. 1650-2, BPA, In: "Movimento do Orbe Lusitano: coleção de papéis diversos sobre muitos e diferentes objetos", Cód. 50-v-36. fl. 299.

86   Testemunho de Francisco Cardoso e Manuel Velho Seixas, c. 1650-2, BPA, In: "Movimento do Orbe Lusitano: coleção de papéis diversos sobre muitos e diferentes objetos", Cód. 50-v-36, fl. 297; Consulta do Conselho Ultramarino, 06/11/1653, AHU, Bahia, série Luísa da Fonseca, cx. 13, docs. 1546-48; Carta régia ao Conde de Castelo Melhor, 09/08/1652, DHBN, v. 66, p. 33; Carta régia ao Conde de Castelo Melhor, 07/07/1653, DHBN, v. 66, p. 52.

pelo corso neerlandês e as enormes despesas de manutenção da armada portuguesa na Baía, depois de cinco meses decidiu que o cargo não lhe interessava. Seu antecessor, Pedro Ferraz Barreto, foi obrigado pelo governador a reassumir a provedoria, o que aceitou "mais com o zelo de servir a Vossa Majestade que do interesse próprio, pois com a falta de comércio se ajunta com muito trabalho sustento da infantaria". Assim que a conjuntura melhorou, De la Penha não teve problemas em reconduzir-se ao posto, e em 1651 recusou a mercê de desembargador no Tribunal da Relação para continuar servindo como provedor-mor.[87]

Em outras ocasiões, o desinteresse ou o desencontro com Ravasco resultou em problemas para a administração fazendária. Em 1657, por exemplo, Matheus Ferreira Villas Boas queixava-se de dificuldades que enfrentava em conseguir o que precisava da Câmara de Salvador, em cujos oficiais "há sempre muita remissão em suas obrigações, retardando os despachos, e os juízes faltando em fazer audiência daquela grande queixa que há no povo". Segundo ele, resguardavam-se no apoio que tinham em Bernardo Ravasco e Rui Carvalho Pinheiro.[88] Lourenço de Brito Correia era outro que chocava-se com os Ravasco, possivelmente desde que foi alçado à junta de governadores que substituiu Montalvão, em 1641. Vinte anos depois, novamente como provedor-mor, ele denunciou o rival pelos gastos excessivos da secretaria, que incluíam papel de Veneza, roupas, tecidos e materiais em demasia. Entretanto, pode-se notar que não se trata de tensões resultantes de uma crise na gestão da provedoria, como observou-se entre 1625 e 1640, mas consequências e reações ao rápido fortalecimento político de um ramo específico dos componentes do governo-geral.[89]

Anos antes, Sebastião Parvi de Brito havia recomendado à Coroa uma reforma que resolvesse os problemas da Fazenda Real do Brasil, por meio da maior observância das normas e regimentos, do emprego de servidores reinóis e do aumento dos ordenados, tudo com vista à redução dos desvios e improbidades no exercício dos cargos. Entretanto, com a proximidade política entre D. João IV e os Vieira Ravasco, o trabalho na provedoria afastou-se ainda mais desse programa. Pelo contrário, a atuação

---

87 Consulta do Conselho Ultramarino, 16/01/1644, AHU, Bahia, série Luísa da Fonseca, cx. 9, doc. 1026; Consulta do Conselho Ultramarino, 13/10/1649, AHU, Bahia, série Luísa da Fonseca, cx. 11, doc. 1352; Consulta do Conselho Ultramarino, 30/10/1652, AHU, Bahia, série Luísa da Fonseca, cx. 12, doc. 1473.

88 Carta dos oficiais da Câmara da Bahia a S.M., 22/08/1657, AHU, Bahia, série Luísa da Fonseca, cx. 14, doc. 1699.

89 Carta do provedor-mor Lourenço de Brito Correia a S.M., 12/06/1661, AHU, Bahia, série Luísa da Fonseca, cx. 16, doc. 1808.

do clã foi marcada de abusos e descumprimento das normas. Desde quando ainda era auxiliar de Antônio Teles da Silva, sem que a secretaria de Estado estivesse instituída, o irmão de Antônio Vieira recebia "grandes quantias da Fazenda Real" pelas patentes e provisões que passava, por ordem dos governadores. Em 1658, o escrivão Gonçalo Pinto de Freitas levantou nos registros do tesoureiro-geral 3:031$900 em tais repasses, e por fazê-lo sofreu retaliações de Ravasco, "que teve comigo desgostos, e meteu por inimigo seu, e me pôs suspeições". Pode-se talvez considerar que isso não é quantia extraordinária, dado que foi recolhida em catorze anos de tempo. Ainda assim, a prática desconsiderava ordem expressa, pelo menos desde 1650, para "que o secretário desse Estado não possa mais levar direitos nas patentes que passa".[90]

Entre 1653 e 1655, uma devassa conduzida pelo desembargador Luís Salema de Carvalho resultou em um breve testemunho da influência e dos prejuízos causados pelos Ravasco à Fazenda Real. Por ordem de Castelo Melhor, o magistrado inspecionou as listas de cobrança das vintenas e donativos extraordinários da Câmara, onde se sabia existir um sem número de erros e lacunas. Entretanto, atuando por detrás das posturas municipais, Salema de Carvalho encontrou a família Ravasco. Segundo ele, a Câmara era controlada por Rui Carvalho Pinheiro, o escrivão, um dos "ladrões da imposição grande" dos vinhos, que aliás também se dizia ter usado as festas da aclamação de D. João IV (que ocorriam anualmente) para encobrir o desvio de recursos daquele tesouro. De Simão de la Penha, o provedor-mor, dizia-se que "fecha o governo", e de Bernardo Ravasco, que "prende, solta, faz assentar praças de soldados a quem quer", e juntos "dão as sentenças por quem querem". O trio era acusado de fazer alianças com fornecedores de gado, interferir na arrematação do contrato das baleias, e não pagar dívidas assumidas com a Fazenda Real. Para levar adiante a devassa, o desembargador solicitou ao monarca nada menos que o degredo: "Vossa Majestade se servirá de mandar sair daquela cidade os sobreditos, para distância apartada (...) pelo muito que naquele povo são temidos, por seu poder e riquezas, causa porque se cala muito do que convém se descubra, e pelas vinganças que continuamente executam".[91]

---

90   Carta régia ao Conde de Castelo Melhor, 30/05/1650, DHBN, vol. 65, p. 358; Treslado de um precatório do desembargador Luis Salema de Carvalho enviado ao provedor-mor, 30/05/1658; Carta do provedor-mor Lourenço de Brito Correia a S.M., 12/06/1661, AHU, Bahia, série Luísa da Fonseca, cx. 16, doc. 1808.

91   Consulta do Conselho Ultramarino, 12/10/1655, AHU, Bahia, série Luísa da Fonseca, cx. 13, doc. 1610. O Conselho Ultramarino ainda parece ter levado muito a sério uma carta anônima (anexa à consulta), assinada em nome do "afligido pova da Bahia" e datada de 1651, que ecoava as denúncias contra o grupo de Vieira Ravasco.

Contudo, o restante do governo não tratou o tema com a mesma gravidade. Ao que parece, Castelo Melhor optou por agir contra os oficiais da Câmara de Salvador apenas dentro de sua alçada. Em 1653, recebeu carta régia que o felicitava pelo trabalho, mas estranhava que "se não recebeu até agora [as cópias da devassa], nem na vossa carta nomeais os culpados, nem avisais dos fundamentos que vos moveram a lhes dar a cidade por prisão até outra ordem minha".[92] Seu sucessor, o Conde de Atouguia, entendeu que as denúncias de Salema de Carvalho eram verdadeiras, mas tergiversou: "não foram seus erros [dos Ravasco] fundados em malícia ou ambição, nem que nelas haja delito que se deva fazer caso". Outro desembargador, Afonso Soares da Fonseca, resolveu que, "por ser esta culpa tão geral", não se devia punir quem havia servido com tanto zelo durante a guerra. Sua recomendação era dissimular com aquela diligência até um momento mais oportuno. Nesta ocasião, D. João IV não se deixou levar apenas por sua amizade com Antônio Vieira. Resolveu que a devassa deveria ser levada adiante, "e se executem os devedores na forma que entendereis do mesmo Luís Salema". Para tanto, ordenava até a feitura de cofre e livro separados, em guarda dos jesuítas, e inclusive deixou aberta a possibilidade de proscrição dos Ravasco: "parecendo-vos que assim convém para se apurar a verdade das ditas queixas os façais sair desta cidade distância larga para Luís Salema poder com liberdade devassar cada um deles".[93] Todavia, devido à força política do grupo, as hesitações do governo-geral e o início ainda atribulado das atividades do Tribunal da Relação, o processo não foi conduzido a seu termo.

A história dos Ravasco, aliás, ainda estava muito longe de acabar. Ao longo da década seguinte, trocaram acusações e golpes com seus rivais, na Bahia e em Lisboa. Afastaram-se do centro de poder da monarquia durante o frágil reinado de D. Afonso VI, entre 1662 e 1667, enquanto efetivamente governava o "escrivão da puridade", Conde de Castelo Melhor, filho do ex-governador do Brasil. Bernardo Vieira Ravasco seria preso em duas ocasiões: em 1666, durante o governo do Conde de Óbidos, D. Vasco Mascarenhas, o antigo mestre de campo do Terço Velho, e em 1683, depois do assassinato de um rival seu, o alcaide-mor, de Francisco Teles de Meneses. Não obstante, sua posição na secretaria de Estado foi preservada, o que explica a continuidade de sua influência nos assuntos do governo-geral do Brasil.

92 Carta régia ao Conde de Castelo Melhor, 03/07/1653, DHBN, v. 66, p. 48-9.

93 Consulta do Conselho Ultramarino, 12/10/1655, AHU, Bahia, série Luísa da Fonseca, cx. 13, doc. 1610; Carta régia ao Conde de Atouguia, 15/11/1655, DHBN, v. 66, p. 93.

O que se deve notar, a partir da atuação do provedor-mor e da administração fazendária durante a guerra, é que o político sempre prevaleceu sobre o administrativo e o institucional. Mais do que considerar o papel das concepções de governo e justiça daquele tempo, é importante que percebamos o cálculo de meios e fins que existiu sempre que a prática afastou-se das normas da Fazenda Real. Imagine-se, por exemplo, que impacto teria a brusca elevação da carga tributária se fosse gerida apenas pela "racionalidade dos balancetes". Ou então, se fosse permitido que Francisco Soares de Abreu tocasse o governo apenas com a bússola de seu regimento. O que lhe parecia uma gestão desonesta dos negócios da Fazenda, devido à ingerência de Diogo Luís de Oliveira, era de fato uma moderação do governador, necessariamente arbitrária, mas cuja primeira preocupação era a estabilidade política da capitania. Como percebeu Pedro Cadena de Vilhasanti, "seu zelo é malquisto". Ao mesmo tempo, uma vez que era necessário manter a sanidade do tesouro, sob o risco de se debilitarem as defesas da Bahia no auge do confronto, o zelo na gestão fazendária tornava-se particularmente necessário. Não era possível que todas as demandas das partes e o financiamento do exército fossem atendidos ao mesmo tempo.

Do ponto de vista financeiro, a solução apareceu com a gradual melhoria do resultado fiscal, que naturalmente ampliava a margem de manobra na administração da Fazenda Real. Do ponto de vista político, embora falte-nos mais informações sobre a condução cotidiana da provedoria depois de 1640, a ascensão do clã dos Ravasco na burocracia é indicativa não apenas da mobilização dos próceres coloniais para o governo, mas de sua própria fabricação pela Coroa, conforme desdobravam-se os níveis da estrutura administrativa e, de forma implícita, redistribuíam-se as competências e os privilégios.

A mobilização de quadros reinóis de caráter "técnico" para uma administração autônoma e regimental dos contos, como propunha Sebastião Parvi de Brito, era problemática. Seriam absorvidos pela sociedade local, ou então enfrentariam sua resistência, inclusive pela insubordinação dos demais oficiais. O próprio Parvi de Brito era um grande proprietário que, em agosto de 1641, depois de cinquenta anos de serviço à Coroa na colônia, dois como provedor-mor, "se foi para o Recôncavo desta cidade casar seu filho e não tornou mais a servir".[94] Da mesma forma, Bernardo Vieira

---

94 "Cinqüenta anos no serviço de Sua Majestade neste Estado do Brasil, de governador abaixo todos os maiores cargos da justiça, fazenda e defuntos, quase contínuos; não perderam eles nada em os servir e eu ganhei muito em os conhecer, para os não desviar, e por isso não pedi nenhum nem enjeitei, e neste último em que Sua Majestade me proveio de provedor-mor de sua fazenda, me veio buscar e o que nele obrei me faltou a mercê dos que bem serviram (...) Vejo-me velho, contra minha vontade

Ravasco era senhor absenteísta de um engenho no Recôncavo e currais no sertão, e viveu amancebado com uma Cavalcanti de Albuquerque, enquanto a irmã de Simão Alvarez de la Penha era casada com um Rocha Pita.

Ao mesmo tempo, as chaves da provedoria não poderiam ser entregues a uma política perdulária de distribuição de benesses aos senhores de engenho em geral. De uma forma ou de outra, favorecendo este e prejudicando aquele, era preciso produzir o resultado fiscal necessário para o sustento do presídio. Assim, na provedoria, como na ouvidoria, na Relação da Bahia e na secretaria de Estado, talvez não exatamente no mesmo nível, revezavam-se as alianças e rivalidades de caciques da cúpula do senhoriato. Como centro de distribuição dos cargos, a Coroa tinha todos os meios de alçar particulares diversos a esse circuito, com tudo o que isso significava para a implementação de sua política colonial. Desta forma, as relações de poder entre os moradores eram construídas em paralelo à formação da estrutura administrativa.[95] Se a provedoria era um campo de disputa para os círculos mais altos do poder, a categoria mais ampla de lavradores e senhores de engenho haveria de encontrar outros espaços de representação política.

O papel da Câmara de Salvador

Embora existam interpretações diferentes da autonomia decisória das antigas Câmaras municipais e de seus limites, sua importância na montagem e reprodução da estrutura política e administrativa do Estado do Brasil é conhecida. Sérgio Buarque de Holanda tratava a ampla competência das Câmaras como parte da "herança colonial", cujo enfrentamento tornou-se necessário durante o processo de independência política do país.[96] Reproduzia-se, assim, uma forma de organização que havia sido fundamental para a centralização política na monarquia, durante o seu processo de

---

sobejando-me a vida, faltando-me a fazenda dos aproveitamentos que outros fizeram, sustentando--me do meu, que sempre tive. Folgarei em minha vida de ver estas nossas pretensões efetuadas, ou numa ou outra cousa fora de esperanças, morte lenta de pretendentes" (Carta de Sebastião Parvi de Brito a Cristóvão Soares de Abreu, 30/09/1659, BPA, Cód. 54-VIII-37, n. 152; Provisão de Sebastião Parvi de Brito no cargo de provedor-mor, 09/05/1639, DHBN, v. 17, p. 249).

95   Sob esse ponto de vista, a criação da secretaria de Estado representava "uma tentativa de centralização e racionalização da emissão de patentes, da produção de documentos oficiais e das cópias de cartas e ordens régias. Sem isso, as possíveis reorientações do projeto colonial, ou a consolidação dessa dimensão do Império, poderiam ser ameaçadas. Por outro lado, representava a incorporação definitiva das falas e interesses das elites locais (ou ao menos de parte delas) no corpo da administração superior da Colônia." (Puntoni. "Bernardo Vieira Ravasco". *op. cit.*, p. 122).

96   Holanda. *História geral da civilização brasileira, op. cit.*, vol. 3, p. 26-32.

formação desde o século XIII, e decisiva na Revolução de 1383.[97] Em grande medida, seu papel na América foi resultado natural do processo de colonização, que necessariamente começou pela fundação de vilas ao longo do litoral, como pontos de partida para o avanço do povoamento e montagem da empresa agrícola. As capitanias eram demasiado teóricas ainda para que se desenvolvessem nelas instituições políticas propriamente provinciais, e as instâncias superiores ao município seriam formadas como parte do governo-geral, na esfera judicial, militar e fazendária, centralizado em Salvador (por breves períodos, também em uma "Repartição do Sul", com o centro no Rio de Janeiro). As Câmaras constituíam portanto, junto aos capitães, ouvidores e provedores locais, a estrutura básica do Estado do Brasil. Ainda que operassem com razoável independência, foram articuladas por um "pequeno comércio político-administrativo", nas palavras de Edmundo Zenha, para que fosse consolidada a ordem e defesa do litoral contra a resistência indígena, os abusos específicos dos colonos e a presença de rivais europeus.[98]

Por conseguinte, as Câmaras coloniais não são exatamente manifestações de um "poder local" *a priori*, nem da forma como haviam-se formado em Portugal, a partir das tensões da sociedade feudal. Ali, o "local" era definido pela necessidade de organização política da população vilã ante a nobreza e o clero. No Brasil, as Câmaras foram em princípio organismos de colonização, de maneira que a instituição política praticamente antecedia a própria comunidade que lhe serviria de base. Eram meios de implementação de uma política metropolitana, a fundação de vilas e a ocupação do litoral sulamericano, e preservariam muito de sua função representativa da Coroa. Mesmo no século XVIII, como mostrou Avanete Sousa, "as atitudes dos corregedores e provedores perante a Câmara não foram de controle e ingerência, mas de colaboração".[99] Entretanto, não era o município que produzia a colonização em si. Esta era o avanço da faixa agrícola, coordenada pelo donatário de terras e pelo comércio colonial, a redução dos povos indígenas, a organização do trabalho na lavoura, no engenho e na subsistência etc. Conforme avançava esse processo, nos locais onde avançava, as Câmaras naturalmente tornaram-se também meios de representação do

---

97   Jaime Cortesão. *Os factores democráticos na formação de Portugal*. 4ª ed. Lisboa: Lisboa, 1984; "Maria Helena da Cruz Coelho, "O final da Idade Média", In: Tengarrinha (ed.). *História de Portugal, op. cit.*

98   Zenha. *O Município no Brasil, 1532-1700, op. cit.*; Puntoni, Pedro. "O Estado do Brasil: poderes médios e administração na periferia do Império Português". In: *Brasil-Portugal: História, agenda para o milênio*. São Paulo: Edusc, 2001, p. 251-269.

99   Sousa, Avanete Pereira de. *Poder local, cidade e atividades econômicas: Bahia, século XVIII*, tese de doutorado. FFLCH. São Paulo, USP, 2003, *op. cit.*

senhoriato dentro da estrutura política do Império.[100] Ao mesmo tempo, não tinham exclusividade nessa função, como pode-se já observar. Individualmente, o português à frente da empresa talvez não dependesse da Câmara para definir seu papel na colonização e sua parcela no butim, uma vez que era possível o trâmite direto com a monarquia, pelo requerimento de mercês, ou mesmo a associação com instâncias superiores como o provedor-mor. Deste modo, quando a Câmara de Salvador foi palco de disputas pela distribuição do ônus da guerra, pôde-se ver nela tanto as tensões entre a Coroa e os moradores como dos moradores entre si – conflitos que, desde logo, dependiam muito menos do arranjo institucional do poder do que dos interesses e necessidades daqueles que o ocupavam.

O "Senado da Câmara" era composto, em essência, por três vereadores, dois juízes "ordinários" (por oposição ao "juiz de fora", nomeado pela Coroa) e um procurador do município. Até 1605, os nomes eram sorteados anualmente entre listas preparadas pelos "homens bons", donatários de terras e senhores locais. Depois, os nomes passaram a ser escolhidos pelo ouvidor-geral, dentro desse grupo de "principais da terra". Em 1641, somaram-se dois procuradores dos mestres de ofício e um "juiz do povo", escolhidos entre os artífices da cidade. Nove anos depois, instituiu-se que suas cadeiras deveriam ser afastadas da mesa de vereação, para que os demais pudessem deliberar de forma reservada, sem ter o trabalho de cochichar. Nesse núcleo decisório, deve-se incluir o escrivão na Câmara, que na época foram os influentes Sebastião da Rocha Pita e o já citado Rui Carvalho Pinheiro. Seguiam-se então os demais funcionários: almotacéis, tesoureiros, um alferes, um porteiro etc. Entre as tarefas sob sua responsabilidade, além da gestão dos tributos e donativos municipais, estava a distribuição de terrenos urbanos e licenças para construção, a realização de obras públicas, a administração da cadeia e da justiça em primeira instância e a fixação de preços, inclusive do açúcar, em ocasiões específicas como em 1642. A supervisão pela Coroa das atividades camarárias seria cada vez maior, ao longo da segunda metade do século XVII e do século XVIII. Particularmente depois de 1696, mediante o controle sobre as listas de elegíveis, a abolição dos juízes ordinários e a presidência por um juiz de fora.[101]

Houve momentos que a Câmara não teve condições de influir ou alterar significativamente o rumo delineado pelo governador-geral. Este, quando considerou

---

100 *Ibidem*, p. 120.

101 Charles R. Boxer. *Portuguese society in the tropics: the municipal councils of Goa, Macao, Bahia and Luanda, 1510-1800*. Milwaukee: University of Wisconsin, 1965, p. 73-78; Sousa. *Poder local, op. cit.*, p. 55-8; Afonso Ruy. *História da Câmara Municipal da Cidade do Salvador*. Salvador: Câmara Municipal, 1953.

necessário durante a guerra, geralmente teve condições de reduzir os oficiais municipais à obediência, com o acicate da força militar sob seu comando (inclusive, porque
a prioridade do governo era a manutenção do exército). A instituição da imposição
nova dos vinhos, em maio de 1631, foi uma de tais situações. A Câmara de Salvador
havia obtido importante vitória jurídica, anos antes, quando a Casa de Suplicação
negou ao governador Diogo Luís de Oliveira o direito de assumir, pela provedoria, a
administração da imposição velha, de mil réis sobre a pipa.[102] Na ocasião, o tribunal
sustentava a jurisdição concelhia sobre aquele tipo de tributo, como era costume em
Portugal. No entanto, depois da ocupação de Pernambuco e a ameaça de desembarque das forças da WIC no restante do litoral, a Câmara foi obrigada a reunir o povo e
as "pessoas nobres da governança" para aceitar a proposta do governador de um novo
tributo para garantir a prontidão do exército. Não sem reclamar: os moradores lembraram que já haviam contribuído, com fazendas e escravos, para fortificações, obras
públicas, guerras com o gentio; ademais, estavam a seis anos sem receber os aluguéis
pelo alojamento da soldada. Diogo Luís de Oliveira lamentou-se, mas mostrou sua
resolução no tema: "quisera eu aliviar-lhes os encargos que lhes vejo, que acrescentar
nenhum a uma terra tão oprimida, e que contrário será em mim obrar de força e não
de vontade, sentindo como muitas vezes hei feito ser executor destes rigores do tempo, e haver me mandado Sua Majestade servi-lo a este Estado nesta idade de ferro em
que o achei, que faz maior diferença no ânimo dos súditos por quem passaram idades
de ouro". Assim, convocava os moradores a fiar-se no bem comum da segurança da
terra, mais que no conforto particular. E fechou a reunião com um recado: "se por
meios ordinários e sua vez não vierem fazer o que se entender que devem, os obrigarei
a fazê-lo pelos meios que parecer (…), porque mandando-me Sua Majestade defender
esta praça, me fica mandando todos os meios que são necessários para este fim".[103]

A clara ameaça do governador, de usurpar a jurisdição da Câmara e implemen-
tar o novo tributo *manu militari*, provocou um debate interessante do governo de
Portugal com o monarca que revela o ponto de vista da Coroa sobre o assunto, naquele momento. Nos idos de outubro, quando a notícia da nova imposição chegou a
Lisboa, alguém levantou a questão nos conselhos superiores: quanto haveriam de se
comprometer os colonos com a defesa do Império metropolitano? Teriam, governador e exército, força para impor os "meios que são necessários", caso o povo da Bahia
se recusasse? Filipe IV já havia escrito, de Madri, uma ordem aos donatários para que

---

102 Ata da Câmara de Salvador, 26/08/1628, DHAM: AC, v. 1, p. 103.

103 Ata da Câmara de Salvador, 16/05/1631, DHAM: AC, v. 1, p. 188-93.

acudissem pessoalmente, imediatamente, ao serviço militar de suas capitanias, e ao governo de Portugal escreveu que se tratasse dos meios "para que os moradores das terras acudam a fazê-lo, como é justo que seja, sendo o dito para sua própria defesa". Era preciso que a colônia recebesse o maior número possível de armas, com o que pudessem concorrer com a situação. O monarca enfatizava o recado a se passar aos donatários de capitanias, "pois na paz gozaram, por longos tempos, os direitos e aproveitamentos delas". Na Bahia, confiava no julgamento do governador, veterano de Flandres, para proceder da maneira que achasse mais adequada.[104] Dias depois, em resposta à correspondência da Câmara de Salvador, Filipe enviou seus agradecimentos aos moradores, mas com uma lembrança: "lhes convém ajudar nisso com tudo o que puderem e devem fazer, quando eu hei por bem que tudo que há de minha Real Fazenda desse Reino se gaste nos socorros daquele Estado, e mando fazer pedidos de empréstimos em Portugal para continuar os socorros e haver armadas assim nessa Coroa como nesta para se lhes levar fazendas e trazer seus açúcares e mercadores com seguridade, e a mesma imposição [dos vinhos] se deve pedir às mais capitanias para sustento de seus presídios e fortificação enquanto durar a ocasião. E porque a principal coisa de que se deve tratar é de haver com que se sustentarem os presídios do Estado do Brasil sem dependência desse Reino, como era antes que os inimigos o infestassem, e (…) com muito maior razão devem seus moradores fazer agora maiores esforços para a ajuda de sustentar o presídio de que depende suas defesas e consideração de suas fazendas".[105]

Os governadores de Portugal, antes de encaminhar a resposta do Rei a Salvador, duvidaram de tal palavreado. Escreveram a Madri dizendo que "não convinha tratar-se de, com novas imposições, apertar os moradores do Brasil, porque será desesperá-los *e dar ocasião a alguma novidade, que ainda era mais cá recear*, pelos muitos cristãos novos que ali há, mormente quando com isto se não consegue lançar o inimigo do Brasil". Recomendavam uma dose maior de "suavidade" no governo daquela terra e um tom mais ameno para a correspondência: "deve Vossa Majestade mandar agradecer a Câmara da Bahia, significando-lhe o aperto da fazenda de Vossa Majestade (…) e que pelo que Vossa Majestade fia do amor e lealdade com que tratam do serviço de V. M., deixa V.M. a matéria em sua vontade, tendo por certo que assim a dispõem melhor (…). E que da mesma forma mande V.M. escrever às Câmaras das mais capitanias e aos capitães delas, para que eles procurem encaminhar o negócio por todos os

---

104 Livro de registro do Governo de Portugal, BPA, Cód. 51-x-1, fl. 79.

105 *Idem*, fl. 95v.

meios com que mais suave e facilmente se possa fazer".[106] Tais ressalvas, porém, não ofereciam alternativa real ao sustento da guerra, e na tréplica o Rei daria o assunto por encerrado: "digais logo se no Brasil há fazenda bastante para sustentar os presídios daquelas praças com as gentes que as ocasiões pedem, porque se [ela] há não é razão que se use de outros meios, mas se não há, como se tem entendido, deveis executar o que tenho mandado, e procurar propor aos vassalos daquele Estado os meios que estão resolutos em tal forma que venham neles, pois o de que se trata é sustentar aquele Estado e conservar e defender a sua fazenda (...) E se vós tiverdes outros meios mais suaves que os apontados, nos deveis propor, e não dificultar aos apontados sem dar remédios aos danos que recebe esse Reino e suas conquistas".[107]

Embora a nova imposição dos vinhos, em 1631, tenha sido instituída a fórceps pela vontade de Diogo Luís de Oliveira, sustentada na instância mais alta da Coroa que era El-Rei, a Câmara em geral legitimaria a elevação tributária ao longo da década, em reconhecimento das necessidades de defesa da "cabeça do Estado" do Brasil na guerra. A relação com o governo-geral neste tema era predominantemente de cooperação, por motivos que o próprio Filipe IV tinha consciência: tratava-se de garantir a segurança do patrimônio dos moradores, como um todo.

É importante destacar, nesse sentido, que durante as turbulências da Restauração e do golpe contra o Marquês de Montalvão, foi a Câmara principalmente que assumiu essa postura. Entre abril de 1641 e outubro de 1642, o governo-geral foi improvisado na junta trina do bispo D. Pedro da Silva, do mestre de campo Luís Barbalho e do provedor-mor Lourenço de Brito Corrêa. No entanto, apresentou vários indícios de paralisia política e administrativa. É sintomático que sequer tenham chegado a um consenso sobre seus ordenados, que deveriam ser uma divisão em três do vencimento básico do governador. Ao longo daquele ano, cada um deles recebeu o ordenado inteiro, o que implicava considerável aumento nas despesas (2:400$000 a mais que o normal). Luís Barbalho devolveria depois a quantia em excesso sem questionar, mas Brito Corrêa e o bispo resistiram.[108] Na mesma época, um dos oficiais da Fazenda Real denunciou que o direito dos quatro vinténs sobre a caixa de açúcar era furtado sistematicamente na arrecadação.[109] Somada à falta de ordens e orientação de Lisboa,

---

106 Com isso, aliás, os governadores endossavam o parecer do Conselho de Estado (*Idem*, fl. 274, grifo no original).

107 Livro de registro do Governo de Portugal, BPA, Cód. 51-x-2, fl. 24.

108 Magalhães. *Equus Rusus,* cap. 3.

109 Consulta do Conselho da Fazenda, 11/09/1641, AHU, Bahia, série Luísa da Fonseca, cx. 8, doc. 932; Requerimento de Domingos Cabral Bacelar, c. 1642, AHU, Bahia, série Luísa da Fonseca, cx. 8, doc. 972.

a situação acarretava em descaminhos, indisciplina e uma atitude de espera que resultava em pouco esforço para sustentar a prontidão do exército, de forma que os pagamentos à infantaria reduziram-se praticamente pela metade.

Durante esse tempo, a Câmara tornou-se o principal apoio político e financeiro à manutenção do exército, ao resistir à iniciativa dos governadores de suspender a cobrança da terceira imposição dos vinhos. Talvez agissem em acordo com interesses contrários a essa tributação, de setores que se julgavam capazes de escapar da cobrança de fintas e donativos extraordinários, dada a experiência dos dois anos anteriores, visto que estes certamente seriam o resultado da queda na arrecadação sobre o vinho. O fato é que, um dia depois de sua posse no governo, a junta encaminhou à Câmara a ordem para suspender esse tributo, mas sem indicar qualquer alternativa ao sustento das defesas, encarregando-a disso. Seus oficiais responderam de pronto que "nenhum meio havia outro melhor senão per os ditos oito vinténs nos vinhos", e conseguiram que a proposta fosse adiada. É bem plausível que tinham a retaguarda coberta por Luís Barbalho, mestre de campo de um dos terços de infantaria, e que aparentemente era voto vencido na junta. Sem alternativa, ela desistiu de intervir no tributo em dezembro. Ainda assim, a Câmara não sustentou sua posição completamente. Seus oficiais acabariam por aprovar uma redução de 7$400 na taxa, embora menor que os 9$600 desejados inicialmente pela junta, e novas formas de arrecadação continuaram a ser cogitadas até a chegada do novo governador.[110]

Por outro lado, o tesouro municipal havia-se tornado fundamental na manutenção da receita tributária, em meio a uma conjuntura de grandes alterações. Como vimos no capítulo anterior, a Fazenda Real havia perdido fontes importantes de arrecadação nesse contexto, dada a ocupação de Angola e queda no comércio com o Rio da Prata. Além disso, as incertezas do movimento restaurador haviam anulado a capacidade de apoio pela metrópole, e a Câmara queixava-se continuamente do "estado miserável" da praça, "pela falta que havia nos direitos que se cobravam dos negros de Angola e que do Reino de Portugal não vinha nada".[111] Conforme o resultado fiscal dependia do auge na tributação sobre os vinhos, em 1641 e 1642, os direitos arrecadados diretamente pela Fazenda Real eram substituídos pelas cobranças que os moradores colocavam "sobre si", por intermédio da administração camarária,

110 Atas da Câmara de Salvador, 17/04/1641, 15/06/1641, 20/07/1641, 05/12/1641, DHAM: AC, v. 2, p. 11-2, 22, 35-38, 54-7.

111 Ata da Câmara de Salvador, 21/06/1642, DHAM: AC, v. 2, p. 91-2; A interrupção no envio de socorros era confirmada por Antônio Teles da Silva (Carta de Antônio Teles da Silva a S.M., 30/01/1643, AHU, Bahia, série Luísa da Fonseca, cx. 9, doc. 1002).

ampliando um papel que ela já desempenhava, como se sabe, desde a expulsão dos neerlandeses de Salvador.

Embora a atuação da Câmara nesse momento tenha sido decisiva para a ordem na capitania, evitando o que provavelmente resultaria em um motim da soldadesca ou uma ruptura da junta de governadores, deve-se também notar que seus oficiais tentaram alterações demais, em um período muito curto, nas regras da imposição dos vinhos. De três em três meses, mais ou menos, debateu-se a cobrança no atacado ou no varejo, por estanco ou por comércio livre, além da própria taxa a ser imposta sobre a pipa, que acabaria em 8$000 para o produto da Madeira e 4$000 se do Reino, somada a imposição "pequena" e a "grande".[112] Provavelmente, era limitada a capacidade dos oficiais da Câmara, por si só, de agir como um esteio de estabilidade política, sem a orientação ou a anuência das instâncias imediatamente superiores do governo-geral. Como vimos, o governo da junta havia sido inclusive oportunidade para a inclusão dos representantes dos mestres na vereação, uma alteração que estava engavetada havia oitenta anos, segundo Charles Boxer.[113] A composição e a rotatividade anual dos cargos, ocupados por um núcleo do senhoriato que vivia envolvido em disputas de terra e entreveros de toda sorte, resultava em um excesso de particularismos no processo administrativo e hesitações quanto aos métodos e formas de arrecadação, algo que poderia suscitar atrasos e inimizades, em prejuízo da capacidade de defesa da capitania.

Quando chegou ao Brasil o novo governador, Antônio Teles da Silva, trazia consigo uma agenda secreta de infiltração entre o senhoriato descontente do Brasil Holandês e de preparativos para retomada do conflito militar.[114] Nada deve ter-lhe causado mais apreensão, ao desembarcar, do que a falta de liderança e autoridade no exército, à beira de amotinar-se. Um ano depois, negaria a ordem régia para quitar uma dívida de 12:000$000 daquele Estado com certo mercador de Lisboa, pois os soldados "vendo-se despidos, sem pagas há tantos tempos, e que agora, em lugar de os socorrerem, lhes tiravam a ração da boca, facilmente se arrojariam a desatinos maiores que o que intentaram em os primeiros dias de meu governo".[115] Todavia, a despeito de suas inúmeras queixas, 1643 foi provavelmente o ano em que a Fazenda Real e a Câmara de Salvador levantaram mais recursos na Bahia, durante todo o conflito.

---

112 Atas da Câmara de Salvador, 05/12/1641, 10/03/1642, 22/05/1642, 26/06/1642, 27/06/1642, 28/06/1642, 03/07/1642, 04/07/1642, 07/08/1642 e 13/08/1642, DHAM: AC, v. 2, p. 54-7, 81-3, 89-115.

113 Boxer. *Portuguese society, op. cit.*, p. 76.

114 Mello. *O negócio do Brasil, op. cit.*, p. 40-42.

115 Auto sobre o pagamento de 30.000 cruzados a Manuel Garcia Franco, 15/09/1643, AHU, Bahia, série Luísa da Fonseca, cx. 9, doc. 1019.

Com a imposição dos vinhos, cujo rendimento caía em relação aos anos anteriores, mas ainda era bastante elevado, a nova cobrança das vintenas do açúcar e, sobretudo, a desvalorização do real frente a prata, é possível que se tenha arrecadado um total próximo de 90:000$000, mais de três vezes o valor do contrato dos dízimos. Dinheiro que foi imediatamente empregado em trazer os terços de Salvador à ordem, mediante uma generosa distribuição de socorros em dinheiro no início de 1644, possibilitada pela reforma de oficiais excedentes e redução no número de companhias realizada no começo do governo. É plausível que tais recursos também tenham sido usados para financiar os primeiros passos da insurreição pernambucana.[116]

Nesse contexto, voltou-se a estabelecer uma relação autoritária entre o governador-geral e a Câmara de Salvador, a despeito da lealdade com que ela havia conduzido a tributação para o sustento do presídio durante o governo da junta. O conflito com Antônio Teles da Silva foi provocado pela prisão do ouvidor-geral, ainda que este tivesse um papel decisivo na escolha dos oficiais camarários e, portanto, influência sobre os seus instrumentos de arrecadação. Em meados de 1644, Antônio Teles da Silva estranhou os procedimentos de Manuel Pereira Franco no juízo sobre uma quizília de pouca importância, entre um cônego e um eclesiástico, depois no inquérito sobre a morte da herdeira de uma grande fortuna. De forma sumária, suspendeu o ouvidor do cargo e submeteu-o a prisão domiciliar.[117] Vendo-se ameaçada, a Câmara tentou avisar Lisboa da atitude arbitrária e irregular do governador. Mas este havia colocado sua correspondência sob vigilância, permitindo apenas o correio do que fosse feito "por sua ordem e punho", "donde se vê claramente", escreviam os vereadores, "o que poderão fazer os pobres oficiais da Câmara, mais que chorar o sê-lo neste tempo". Ao saber que tentavam defender o ouvidor, Teles da Silva ameaçou prendê-los também.[118]

Entretanto, melhor do que interpretar esses fatos como uma simples manifestação de tirania, é necessário observar que o governador buscava um rígido controle sobre a política a circulação de informação na capitania, onde muitos haviam sido favoráveis à paz com a WIC, em 1641. Afinal, ele havia envolvido todo o governo da Bahia e o nome de D. João IV em uma conspiração dentro de Pernambuco, que feria

---

116 Carta de Antônio Teles da Silva a S.M., 29/11/1642, AHU, Bahia, série Luísa da Fonseca, cx. 8, doc. 994; Carta de Antônio Teles da Silva a S.M., 28/01/1644, AHU, Bahia, série Luísa da Fonseca, cx. 9, doc. 1030; Portaria do governador-geral Antônio Teles da Silva sobre o socorro do presídio, 09/11/1643, AHU, Bahia, série Luísa da Fonseca, cx. 9, doc. 1032.

117 Araújo. *De golpe a golpe, op. cit.*, p. 73 e segs.

118 Carta da Câmara de Salvador a S.M., 02/09/1644, AHU, Bahia, série Luísa da Fonseca, cx. 9, doc. 1094.

os tratados assinados pelo monarca e punham em xeque uma das principais alianças de Portugal na guerra contra Castela. Mesmo que a Câmara não hostilizasse diretamente o plano, seria uma temeridade deixá-la operar livremente. O Rei tinha consciência desse fato, pois deixava o Conselho Ultramarino sem resposta, quando este lhe encaminhava as denúncias contra Teles da Silva. Depois de atrasar sua resolução por um ano, enquanto a insurreição pernambucana progredia, D. João IV ordenou a libertação do ouvidor, mas deixou o governador apenas com uma reprimenda verbal.[119]

A despeito da inegável subordinação da Câmara na estrutura política do Império e das pressões que ocasionalmente sofria na relação com o governo-geral, é fundamental destacar que a Coroa sempre buscava oferecer compensações aos moradores da Bahia, representados naquela instituição, com o objetivo explícito de garantir sua fidelidade e ordem pública. Na política colonial, isso era manifesto no enaltecimento da "suavidade" como uma característica desejável da tributação, recorrente nas ordens emitidas tanto em Lisboa como em Salvador.

Em 1631, viu-se bem, o governo de Portugal recomendava ao Rei a busca de "meios mais suaves" de arrecadação na Bahia, expressamente porque não tinha confiança na lealdade de seus moradores. Explicava-se isso pela existência de muitos cristãos-novos entre os colonos, uma interpretação que já havia sido usada para justificar o abandono das defesas de Salvador em 1624. Independente deste preconceito, é inútil supor que o senhoriato permaneceria inteiramente fiel ao monarca apenas por sua identidade política, religiosa e vernacular. A história do Brasil Holandês mostrou que não foram poucos que, por meio do colaboracionismo com o inimigo, conseguiram adquirir terras ou engenhos, livrar-se de uma vida de submissão a um senhor qualquer, ou simplesmente deixar de trabalhar. Como vimos, naquela ocasião essa preocupação não era grande, e a suavidade acabou por ficar em segundo plano. Ademais, Filipe IV tinha mais autoridade para exigir tributos da colônia, uma vez que Portugal e Castela também dedicavam uma enorme quantidade de recursos para a defesa do Brasil.[120] Mesmo assim, aquele princípio estaria presente, por exemplo, na provisão que estabeleceu o estanco do sal: "mandei tratar dos remédios convenientes, ordenando que para a despesa necessária se usasse em primeiro lugar de tudo o que houvesse livre de

119 Consultas do Conselho Ultramarino, 01/04/1645 e 16/07/1645, AHU, Bahia, série Luísa da Fonseca, cx. 10, docs. 1126, 1129. Veja-se: Araújo. *De golpe a golpe, op. cit.*, p. 77-8.
120 Livro de registro do Governo de Portugal, BPA, Cód. 51-x-1, fls. 95v e 106.

minha Fazenda no dito Reino [de Portugal], e que não bastando se escolhessem os meios mais suaves que se oferecessem".[121]

Por sua vez, D. João IV não teria a mesma condição que seu contraparente de Madri para exigir dos moradores da Bahia a mesma obediência, sem nenhuma contrapartida. Como vimos, a estrutura do comércio atlântico permitia que boa parcela dos tributos indiretos fossem repassados para a ponta colonial do negócio, de modo que invariavelmente (em termos agregados) a tributação incidiria sobre essa renda. Ainda assim, as mudanças da tributação na década de 1640 foram importantes, uma vez que a substituição dos direitos de Angola e da imposição dos vinhos (cuja arrecadação diminuiu) pela vintena e os donativos extraordinários significou um grande aumento na tributação direta, em substituição de impostos indiretos. Tributos diretos, porém, são visíveis; não se escondem na elevação dos preços. Além de tudo, haviam de repor a diminuição na remessa de fazendas para o presídio. Com o aumento da tributação direta e a redução no socorro do Reino, seria maior a preocupação da Coroa com a "suavidade" das cobranças – vale dizer, com o descontentamento incitado entre os moradores e a possibilidade de que isso viesse a ameaçar a ordem política na Bahia, em meio à guerra de restauração pernambucana.

Por conseguinte, não interessava à monarquia que a Câmara de Salvador funcionasse apenas como uma caixa de ressonância do governo-geral. Era necessário um espaço de intermediação com os diferentes setores do senhoriato baiano, de forma a construir acordos, fazer concessões e agregar particulares à implementação da pauta mais geral da política metropolitana, ou mesmo adequá-la à realidade da capitania.[122] Naturalmente, não se tratava de recompensar os moradores como um todo indiscriminado, por serem vassalos fiéis de D. João IV, da maneira como ideologicamente se expressava essa prática. Eram medidas tópicas que favoreciam setores específicos, ora mais amplos, ora mais restritos.

Individualmente, havia aqueles que não dependiam Câmara para definir seu papel na colonização e sua parcela no butim, uma vez que era possível o trâmite direto com a monarquia, pelo requerimento de cargos e outras mercês. Para esta minoria, como vimos, a composição com a Coroa estava feita logo de início. A maior parte dos colonos, porém, não tinha condições de se valer igualmente desse mecanismo, nem tinha acesso político às instâncias administrativas superiores, como os governadores gerais, o provedor-mor ou o secretário de Estado. Esse era o "povo", conforme era

---

121   Provisão régia sobre o estanco do sal, 06/05/1632, v. 16, p. 32.

122   Sousa. *Poder local, op. cit.*, p. 120.

mencionado na documentação e nas atas da Câmara, por oposição aos "ricos" ou aos "principais da terra". Para este conjunto de lavradores e senhores de engenho que não tinham relações privilegiadas com a alta burocracia, a única saída era atuar sobre os rumos da gestão municipal, como uma primeira instância da disputa política. Não obstante, esta também não deixava de estar ao mesmo tempo sob influência dos mesmos "principais da terra" e famílias mais importantes da Bahia. Desta forma, quando se acumularam as objeções e a revolta contra a carga fiscal, a Câmara tornou-se o espaço principal onde se manifestavam e entravam em choque. Ao mesmo tempo, preservava-se a posição do governo-geral, que buscava não estimular e não se comprometer, desnecessariamente, com os embates produzidos pela tributação, salvo por necessidades imediatas. A palavra de ordem era evitar a elevação dos conflitos: "se deseja neste particular toda a suavidade com que ao povo lhe fique mais fácil", ou que "o povo receba sem clamor" etc.[123]

Entre as concessões da Coroa aos interesses manifestos na Câmara de Salvador, o afrouxamento da fiscalização sobre o comércio de açúcar foi certamente aquela que atendeu de forma mais ampla os moradores da Bahia. Em meados de 1642, D. João IV concedeu a Bernardo Vieira Ravasco mercê de juiz da balança de açúcar em Salvador e de tesoureiro dos direitos sobre o embarque das caixas. Com isso, não apenas reunia-se a cobrança do tributo à fiscalização do peso das caixas, como esta mesmo passaria a ser efetiva. A bem da verdade, tratava-se de uma demanda antiga: "os mercadores clamam todos que haja este ofício", segundo Antônio Teles da Silva; "querem antes dar dois vinténs pela segurança do peso, que arriscar, no engano das arrobas, o avanço que nelas podiam ter".[124] Em 1644, o governador recebeu ordem do Conselho Ultramarino para averiguar a viabilidade da medida, e a Câmara respondeu: os moradores não tinham culpa se os marinheiros "costumam abrir as caixas e tirar o açúcar delas, e abaixá-las e tornarem a pregar". Em sua opinião, a mercê fora concedida com base em "sinistra informação", e "para o que temos embargos a qualquer provisão, queremos dizer nossa justiça, e pedimos de hoje em diante vista dela porquanto devia ser esta República ouvida sobre isto".[125] Segundo o governador, por

---

123 Ata da Câmara de Salvador, 08/06/1639, DHAM: AC, v. 1, p. 405-6. Veja-se, também: João Adolfo Hansen. *A sátira e o engenho: Gregório de Matos e a Bahia do século XVII*. 2ª ed. Campinas: Unicamp, 2004, p. 117 e segs.

124 Requerimentos de homens de negócio de Lisboa para que haja balança para o açúcar em Salvador, c. 1638, AHU, Bahia, série Luísa da Fonseca, cx. 8, doc. 853, 854; Consulta do Conselho Ultramarino, 26/08/1645, AHU, Bahia, série Luísa da Fonseca, cx. 10, doc. 1138.

125 Ata da Câmara de Salvador, 29/10/1644, DHAM: AC, v. 2, p. 244-8.

"serem senhores de engenho e lavradores de canas", os oficiais concelhios tinham dois bons motivos para rechaçar o novo cargo. Perder-se-ia o "arbítrio de seus caixeiros assentarem (nas caixas) as arrobas que lhes parecem", contra a fé dos compradores. Ademais, "como é costume neles, deverem sempre muito, e não quererem pagar", a pesagem obrigatória centralizaria o movimento do comércio, e ali poderiam ser embargadas a título de dívida.[126]

Antônio Teles da Silva foi favorável à criação do "juiz do peso". A própria Câmara, em maio de 1638, havia comunicado à Coroa que consentia e pedia que "haja o dito peso público, por ser evidente utilidade de todos". Sobretudo, porque assim acreditavam reduzir a sonegação do "direito dos quatro vinténs".[127] Desta vez, mesmo que se pusesse a favor do governo, o "povo" trataria de desautorizá-la. Nos meses seguintes, o próprio Recôncavo se manifestou, e a Coroa receberia um "instrumento" do ouvidor-geral, com trinta e três assinaturas de moradores da Bahia, atestando o prejuízo que a medida causaria à Fazenda Real e a todos mais. Logo depois, juntou-se outra petição, com cinquenta nomes "de senhores de engenho e lavradores de cana, e mais povo" da freguesia de Nossa Senhora do Monte. Em seguida, vieram petições dos vizinhos de Paripe, Pirajá e Sergipe do Conde. Denunciavam as complicações logísticas da balança, pois seria necessário pesar as caixas em terra, sob o risco de se perderem no transbordo, e 500 escravos para por em funcionamento seu monstruoso mecanismo mensurador.[128] A Câmara escreveu que era "grande violência aos donos dos engenhos, obrigarem-nos, e aos lavradores, a que cheguem a pesar as suas caixas que eles embarcam", e lembrou que contribuíam com mais de 40.000 cruzados por ano com a vintena, além de mais tributos e donativos. Afirmou que o juiz do peso vinha de encontro ao "crédito e liberdade" que tinham de cem anos (sic) de reis passados para poder vender açúcar nos engenhos. Finalmente, ressaltou que já havia "balança pública" da Câmara, "que ela arrenda", "na qual se pesam todas as coisas que cada um quer, voluntariamente". O novo cargo não tinha portanto "utilidade pública, mais que com o do particular da pessoa que o pede ambiciosamente".[129]

A réplica veio do próprio Pe. Antônio Vieira, que preparou outro papel, com trinta e sete assinaturas, confirmando que a "falta de arrobas" nas caixas era costumaz, e

126 Consulta do Conselho Ultramarino, 26/08/1645, AHU, Bahia, série Luísa da Fonseca, cx. 10, doc. 1138.

127 Requerimentos de homens de negócio de Lisboa para que haja balança para o açúcar em Salvador, c. 1638, AHU, Bahia, série Luísa da Fonseca, cx. 8, doc. 853, 854.

128 Consulta do Conselho Ultramarino, 26/08/1645, AHU, Bahia, série Luísa da Fonseca, cx. 10, doc. 1138.

129 Consulta do Conselho Ultramarino, 26/08/1645, AHU, Bahia, série Luísa da Fonseca, cx. 10, doc. 1138.

normalmente só era percebida em Lisboa. Com um atestado do escrivão da Câmara, arguiu que a balança municipal não pesava açúcar; que estava arrendada a alguém chamado Manuel "Garrafa"; que havia outra balança, particular, nos trapiches, de propriedade de um mercador e um tenente; que uma balança não tomava mais que oito negros para sua operação.[130] Sem embargo de sua influência e de tais informações, todos no Conselho Ultramarino foram favoráveis à Câmara, pelo "merecimentos dos moradores", por sua "grande lealdade" e pela "grande repugnância" que tinham pelas balanças. Endossaram o pedido de extinção daquele cargo, desde que a Câmara oferecesse a balança, os pesos e os negros necessários, para que todos pudessem pesar livremente suas mercadorias. O Rei seguiu essa orientação e mandou cumprir, em janeiro de 1646. Assim, favoreceu o grande número de lavradores e senhores de engenho que se haviam manifestado, certamente ponderando que valeria a pena opor-se a um interesse imediato do capital mercantil, em prol da pacificação sobre a fiscalidade na Bahia.[131]

Deve-se lembrar que a concessão à Câmara da fiscalização sobre o peso das caixas de açúcar fez parte de uma série de medidas que a Coroa normalmente implementava sobre a comercialização do produto, em benefício dos produtores. Em anos esporádicos, houve intervenção nos preços do açúcar, tanto para evitar maiores prejuízos durante a baixa nos preços, quanto para conter tendências excessivamente altistas. A fixação da taxa era feita por uma comissão, escolhida na Câmara, por iniciativa própria ou por ordem de Lisboa. Em 1642, era composta por dois mercadores, dois produtores, dois mestres e um magistrado municipal, presidida pelo ouvidor-geral. Tal "politização dos preços" foi usada para estabelecer pisos mínimos em 1626 e 1642, e tetos em 1646 e 1656, "porquanto [o açúcar] valia mais caro que no Reino (sic)".[132]

Além disso, geralmente foi norma na colônia a proibição do desmembramento de engenhos para o pagamento de dívidas. Em 1613, um grupo de mercadores lisboetas tentou anular essa provisão, emitida pelo monarca no ano anterior, mas sem sucesso. O governador Pedro da Silva, por exemplo, alertou em 1636 que "alguns credores, em razão de débitos e sentenças que alcançavam contra os senhores dos

130 Consulta do Conselho Ultramarino, 26/08/1645, AHU, Bahia, série Luísa da Fonseca, cx. 10, doc. 1138.
131 Consulta do Conselho da Fazenda, 04/06/1642, AHU, Bahia, série Luísa da Fonseca, cx. 8, doc. 963; Carta de S.M. à Camara de Salvador sobre a extinção do cargo de juiz do peso, 29/01/1646, AHMS, Provisões reais, lv. 2, fl. 22.
132 Ata da Câmara de Salvador, 31/03/1626, DHAM: AC, v. 1, p. 31; Postura para fixação dos preços do açúcar para execução de dívidas, c. 1626, AHU, Bahia, série Luísa da Fonseca, cx. 4, doc. 424; Ata da Câmara de Salvador, 22/01/1642, DHAM: AC, v. 2, p. 66; Ata da Câmara de Salvador, 10/03/1646, DHAM: AC, v. 2, p. 306; Boxer. *Portuguese society, op. cit.*, p. 107.

engenhos, lançavam mão e faziam penhora na fabrica e peças deles, e as rematavam e vendiam separadamente, com que se iam desfabricando em grande dano dos dízimos e Fazenda Real". Segundo ele, os engenhos, "sendo de direito corpos mistos, não se deviam despedaçar dos débitos pequenos, não equivalentes ao valor deles". Por isso, ordenou aos provedores e ouvidores do Brasil "não mandem fazer penhora separadamente nem em peças, nem em cobres ou terras apartando-as de seu todo", em cumprimento daquela jurisprudência. Protegia-se, dessa forma, o patrimônio dos senhores de engenho e a estrutura produtiva colonial dos efeitos dissolventes do capital mercantil e usurário.[133]

Contudo, nem todas as concessões da Coroa aos "moradores da Bahia" favoreciam o senhoriato escravista em geral. Algumas favoreciam apenas interesses restritos, do núcleo de senhores de engenho mais importantes da capitania. A mercê dos privilégios dos oficiais da Câmara do Porto a seus semelhantes de Salvador é uma delas. Desde 1638, pelo menos. os oficiais da vereação tentavam explorar a tributação extraordinária como meio de ampliar sua estatura política. Naquele ano, buscava-se alguém "que tivesse fazenda na cidade" que fosse a Lisboa requerer "as coisas desta Câmara e povo", e pleitear "remédios para os trabalhos que padece e privilégios para ela". Não era pouco o cabedal necessário, aliás. Em junho de 1641, levantavam 1:600$000 entre "senhores de engenho e lavradores ricos" para enviar aquele procurador à Corte.[134] Essa busca por status e reconhecimento reverberaria mais facilmente no reinado de D. João IV, porquanto este havia de agradecer o "ânimo e vontade com que vós [a Câmara] dispuserdes a pôr em vossas fazendas o donativo da vintena (...) mais no tempo próprio de se não poder, com maior carga, acudir com socorros a esta praça, pelos empenhos da guerra que fico com Castela". Além disso, depois de concedidos aqueles privilégios à Câmara do Rio de Janeiro em 1642, fazia-se necessário equiparar sua contraparte na capital daquele Estado, o que ocorreria finalmente em 1646.[135]

---

133 Requerimento dos homens de negócio de Lisboa, 28/11/1613, AHU, Bahia, série Luísa da Fonseca, cx. 1, doc. 52; Carta régia de 14/04/1615, CCLP, 1613-1619, p. 130; Provisão do governador Pedro da Silva sobre a penhora nas fazendas, 31/08/1636, DHBN, v. 16, p. 388; Alvará de 23/12/1663, CCLP, 1657-1674, p. 92; Alvará de 23/12/1663, BUC, Cód. 706, fl. 49.

134 Ata da Câmara de Salvador, 17/07/1638, DHAM: AC, v. 1, p. 368; Ata da Câmara de Salvador, 15/06/1641, DHAM: AC, v. 2, p. 19-30.

135 Carta de S.M. à Câmara de Salvador, 20/06/1644, AHMS, Cartas do Senado, lv. 1, fl. 21v.; Mercê dos privilégios da cidade do Porto à cidade de Salvador, 22/03/1646, ANTT, Chanc. D. João IV, Doações, lv. 19, fl. 122.

Na prática, os privilégios não foram sempre respeitados pela Coroa, nem houve muita certeza sobre quem na cidade havia sido de fato privilegiado.[136] Não há dúvida, entretanto, de que se favorecia o Senado da Câmara como um meio improvisado de nobilitação, aberto às veleidades de fidalguia dos homens mais ricos e poderosos da colônia. Como afirmou Maria Fernanda Bicalho: "enquanto no Reino a via privilegiada para a obtenção de capital social – para a aquisição de mais elevados graus de nobreza – era o acesso às instituições centrais da monarquia, como os conselhos de Estado, ou o posto de vice-rei nas conquistas, nestas, por meio do controle das instituições locais, como as câmaras ou mesmo as ordenanças, as elites procuravam ter acesso a honras, privilégios e signos de distinção. A condição de conquistas – ou de colônias – e a tão propalada distância em relação à Corte e ao monarca subtraíam as elites ultramarinas da disputa de mecanismos de nobilitação (...) Sobrava-lhes, além de distinções mais correntes de familiar do Santo Ofício e de cavaleiro das Ordens Militares, o governo – ou a administração – local por intermédio das câmaras, das ordenanças e das misericórdias".[137]

Havia outro tipo de privilégio, informal, implicitamente aceito pela Coroa, que favorecia o topo da hierarquia social na distribuição da carga tributária pela capitania. Trata-se da proximidade política com os oficiais camarários responsáveis pela tributação e a influência sobre os descaminhos e ineficiências de sua cobrança. Afinal, quanto maiores eram as alíquotas do fisco, maior era o prêmio à sonegação.

Os desvios ocorriam mesmo na imposição dos vinhos, cuja arrecadação normalmente seria mais fácil de se coletar e fiscalizar, como todo tributo indireto em geral. A cobrança da imposição era, em geral, feita "a tavernada": vale dizer, junto aos proprietários do comércio varejista. Ocasionalmente, houve controle e restrição às tavernas autorizadas da cidade (em 1626, por exemplo, eram dez). Embora houvessem taxas sobre a canada de vinho, ou seja, à venda no varejo, depois da imposição do Marquês de Montalvão aparentemente passou-se a converter essa tarifa e acrescentá-la ao valor da pipa, no atacado. O taverneiro depositava o total do tributo sobre suas vendas em custódia de um tesoureiro específico, sob a supervisão de um almotacel, ambos da folha de pagamentos da Câmara. Este, por sua vez, pagava os mantimentos e os soldos, distribuídos pela infantaria, ou repassava os recursos ao tesoureiro-geral. No porto, o estoque nos navios e o comércio no atacado era fiscalizado por guardas ou "olheiros".

---

136 João Adolfo Hansen, *A sátira e o engenho: Gregório de Matos e a Bahia do século XVII.* 2ª ed. Campinas: Unicamp, 2004, p. 142.

137 Bicalho. "As câmaras ultramarinas e o governo do Império". In: *op. cit.*

Em 1650, eram os próprios juízes e vereadores da Câmara que se alternavam na fiscalização.[138] Desde antes da guerra, porém, era conhecida a ocorrência de "más cobranças", quando se tratava da imposição dos vinhos. Em particular, nas embarcações da praia. Em 1638, por exemplo, 100 pipas entre 320 haviam sido "furtadas" dos navios. Nesse ano, o provedor-mor precisou intervir na administração do tributo, e custou-lhe grande empenho, "fazendo muitos favores aos mestres e carregadores". Em 1641, houve conflito com mestres de embarcações, pois havia-se proibido a posse de barris de água a bordo, para coibir a diluição dos vinhos. Em 1651, foi denunciado um acordo entre taverneiros e administradores da Companhia Geral para burlar a imposição. Anos depois, o Conde de Castelo Melhor empregou na fiscalização os capitães da infantaria regular que havia destacado para defender posições pelo Recôncavo. A ordem era fazer vistoria em todas as embarcações que entram nos rios, "desde o maior até o menor porte", e apreender o vinho que não tivesse comprovante de pagamento da imposição emitido pela almotaçaria da Câmara.[139]

Em respeito às decisões dos tribunais reinóis, e apesar das inúmeras evidências de descaminhos na arrecadação, a Coroa geralmente preservou o controle camarário da imposição dos vinhos.[140] Isso pode-se aferir, por exemplo, em consulta do Conselho Ultramarino que tratava de um assento com Duarte da Silva e Francisco Botelho Chacon para o fornecimento da mercadoria ao Brasil. Estes haviam, como condição, solicitado uma reforma na imposição dos vinhos.[141] O procurador consultou "se convém tratarem dele sem o saberem e consentirem os povos do Brasil, e sem se apregoar neles, porque o mais desse direito (dos vinhos) de que tratamos é voluntário, e se dá a tempo e termos certos (…) nas Câmaras (…) por consentimento dos povos que o dão, (…) e os mesmos povos que o oferecem e dão o podem tirar e revogar, passado o tempo e termo". Considerava que "não revogam, nem deixaram de o dar, porque é para a sua defesa, sem

138 Atas da Câmara de Salvador, 26/08/1628 e 11/11/1648, DHAM: AC, v. 1, p. 54-5; v. 2, p. 386; Ata da Câmara de Salvador, 05/02/1639, DHAM: AC, v. 1, p. 390-1; Relação da Fazenda Real na Bahia, 09/11/1643, AHU, Bahia, série Luísa da Fonseca, cx. 9, doc. 1031; Atas da Câmara de Salvador, 02/10/1638 e 09/03/1650, DHAM: AC, v. 1, p. 381; v. 3, p. 59-60; Ata da Câmara de Salvador, 02/10/1650, DHAM: AC, v. 3, p. 93-100. Sobre os funcionários da Câmara de Salvador, veja-se: Sousa. *Poder local*, p. 75 e segs.

139 Ata da Câmara de Salvador, 22/05/1641 e 05/12/41, DHAM: AC, v. 2, p. 54-7, 89-90; Ata da Câmara de Salvador, 01/04/1651, DHAM: AC, v. 3, p. 136-8; Carta do Conde de Atouguia aos capitães do Recôncavo, 16/08/1655, DHBN, v. 3, p. 276-7.

140 Ata da Câmara de Salvador, 26/08/1628, DHAM: AC, v. 1, p. 103.

141 Minuta de contrato do direito dos vinhos, 26/01/1645, AHU, Bahia, série Luísa da Fonseca, cx. 10, doc. 1101.

o qual (direito) a não tira, por que sem ele não tiram presídios, e sem os presídios não estarão seguros em vida". Embora a proposta dos mercadores era interessante, o parecer do procurador era de que "não se pode tratar sem consentimento dos povos do Brasil, e é certo que sem este, não ficará seguro o assento".[142]

Com isso, a Câmara sempre esteve em posição de limitar as iniciativas de oficiais da Coroa pela racionalização da cobrança. Em 1646, por exemplo, protestaram que o mestre de campo Francisco de Soutomaior havia sozinho se empregado "em não deixar desencaminhar pipa alguma de vinho, pondo em cada navio cinco sentinelas (…), mandava também averiguar por um capitão de infantaria as faltas que as pipas traziam para as reduzir ao número de que se havia de pagar". Atitude que, naturalmente, "lhes resultava algum descrédito". A queixa levou a um acordo da Câmara com o comando da infantaria, e ambos passaram a exercer o fisco conjuntamente. Como consequência, a arrecadação daquele ano teria aumentado para seis contos de réis.[143]

Um recurso que governadores e provedores tentaram se valer para coibir os desvios foi o arrendamento da cobrança, sem muito sucesso. Em outubro de 1638, isso ocorreu por iniciativa de Lourenço de Brito Correia, que ofereceu oito contos pelo contrato. A Câmara recusou, com base da expectativa de que chegassem em breve socorros em dinheiro e fazendas da metrópole (de fato, em poucos meses a armada do Conde da Torre estaria em Salvador). Os oficiais permitiram apenas que aquele dinheiro oferecido fosse tomado como empréstimo, garantido sobre a arrecadação dos vinhos, desde que os guardas continuassem sob as ordens do Senado.[144] Em agosto de 1640, seria o Marquês de Montalvão a sugerir o arrendamento, para reduzir o descaminho dos vinhos da imposição. Nesta ocasião, a Câmara aceitou a proposta, com a contrapartida do fim da coleta do donativo das carenas do ano anterior. Entretanto, quatro dias depois de lançado em pregão, o arrendamento havia despertado tamanho clamor popular que foi necessário o destrato com o contratador, Rodrigo Aires Brandão, e a Câmara voltou a nomear os guardas e o escrivão responsável pela cobrança.[145] Discutiu-se o tema novamente em 1641, 1642 e 1646, inclusive por iniciativa da Coroa, sem que viesse à prática, pois era política que "repugnava muito aquele

---

142 Parecer do procurador da Fazenda Jorge de Albuquerque, c. 1645, AHU, Bahia, série Luísa da Fonseca, cx. 10, doc. 1102.

143 Carta da Câmara de Salvador a S.M., 07/01/48, AHU, Bahia, série Luísa da Fonseca, cx. 7, doc. 1282.

144 Ata da Câmara de Salvador, 16/08/1638, DHAM: AC, v. 1, p. 374-5; Carta de Pedro Cadena de Vilhasanti a S.M., 03/11/1638, AHU, Bahia, série Luísa da Fonseca, cx. 7, doc. 805.

145 Atas da Câmara de Salvador, 13/08 e 27/09/1640, DHAM: AC, v. 1, p. 450-1, 460-1; Atas da Câmara de Salvador, 01/10 e 19/11/1640, DHAM: AC, v. 1, p. 461-5, 471.

povo".[146] A Câmara manteve o caráter temporário do tributo, renovando-a de seis em seis meses, exatamente como um obstáculo legal ao arrendamento (anual) ou à apropriação da cobrança pela Fazenda Real.

Em certas ocasiões, o comércio de vinho foi objeto de estanco temporário. Tal medida foi usada duas vezes para dar escoamento a estoques parados de vinho da Fazenda Real. Em 1637, porque estavam "todos quase vinagres". Em 1648, para liquidar 352 pipas trazidas pelos galeões de Antônio Teles de Menezes. Nesta ocasião, suspendeu-se a circulação de vinhos particulares, marcou-se o preço da canada a $800 e a Câmara intermediou a venda, o que lhe garantiu um lucro considerável, além da arrecadação das imposições.[147] Também foi uma tentativa da própria Câmara em 1642 para melhorar a fiscalização. As vendas no atacado foram centralizadas por oficiais do Senado, e o varejo autorizado a doze tavernas da cidade. Foram fixados os preços da pipa da Madeira e dos outros portos, no desembarque e na taverna, e a diferença foi dividida entre o taverneiro e a imposição arrecadada. Ao mesmo tempo, estabeleceu-se que as aguardentes seriam combatidas com maior rigor.[148] O comércio paralelo seria punido no pelourinho, ou multas e degredo para o Morro de São Paulo, para os privilegiados.[149] Embora o resultado da medida, do ponto de vista da cobrança, tenha sido razoavelmente bom (arrecadava-se 50$000 por dia, o que redundaria em mais de 18:000$000 no ano), alegou-se que o montante era insuficiente para o presídio, e o estanco foi extinto com apenas dois meses de funcionamento.[150]

A mesma coisa ocorria com a cobrança das vintenas, talvez em proporção ainda maior. Não só os açúcares e demais gêneros arrecadados eram da pior qualidade possível, como a cobrança era feita de forma parcial e incompleta. A arrecadação dos donativos ocorria em algumas freguesias primeiro, e atrasava em outras, ou nem

146 Atas da Câmara de Salvador, 06/07/1641 e 30/10/1646, DHAM: AC, v. 2, p. 35, 326; Consulta do Conselho Ultramarino, 15/02/1647, AHU, Bahia, série Luísa da Fonseca, cx. 10, doc. 1240.

147 Ata da Câmara de Salvador, 01/11/1628, DHAM: AC, v. 1, p. 111; Papel em favor de Pedro Cadena de Vilhasanti, 13/01/1637, AHU, Bahia, série Luísa da Fonseca, cx. 8, doc. 894. Sobre o "estanco da Armada", veja-se: Atas da Câmara de Salvador, 16/04/1648, 11/11/1648 e 01/08/1650, DHAM: AC, v. 2, p. 372 e 386, v. 3, p. 88.

148 Ata da Câmara de Salvador, 26/06/1642, DHAM: AC, v. 2, p. 92-4.

149 Ata da Câmara de Salvador, 04/07/1642, DHAM: AC, v. 2, p. 103-5.

150 Ata da Câmara de Salvador, 07/08/1642, DHAM: AC, v. 2, p. 112-3; Ata da Câmara de Salvador, 13/08/1642, DHAM: AC, v. 2, p. 115; Atas da Câmara de Salvador, 27/06/1642 e 20/11/1642, DHAM: AC, v. 2, p. 143-4.

sequer aconteciam, em flagrante desigualdade.[151] Durante a ocupação de Itaparica por Von Schkoppe, o governador solicitou informação do quanto era arrecadado pela Câmara, mas não conseguiu, "pela confusão dos livros em que se lançou a vintena". Aliás, naquele ano a cobrança praticamente não correu, devido aos danos à indústria açucareira e porque os oficiais camarários ausentaram-se da cidade para cuidar da defesa de seus engenhos. Depois de 1647, constatou-se que as listas de cobrança estavam obsoletas, enquanto os moradores mudavam-se constantemente de freguesia, e a coleta ficava muito difícil.[152]

No início da década de 1650, com a denúncia de um dos procuradores dos mestres, o Conde de Castelo Melhor ordenou "recensear contas aos tesoureiros dos donativos e imposições", em função dos "descaminhos e queixas gerais que havia aos mesmos". Seu intuito era resgatar tributos não pagos para construir os quartéis da cidade.[153] A tarefa, como já foi mencionado, coube a Luís Salema de Carvalho. Mais do que dificuldades e injustiças na cobrança, o desembargador revelou que se haviam beneficiado muitos dos [oficiais camarários] que entraram nas vintenas", que haviam sacado pelo menos 1:315$772 do cofre "a título de ajudas de custo e ordenados", e que vendiam o açúcar coletado abaixo do valor, certamente para ganhar por fora da operação. Ademais, "os cobradores das freguesias, que são os poderosos, com parte do que cobraram no primeiro ano ainda na mão [sem pagar], (...) foram cobrar por fora, levando aos homens mais dinheiro do que deviam, sem lhe quererem dar quitação, lho tornam a pedir segunda vez, não lhe valendo justificar como o tem pago". Assim sendo, "o povo diz, e os pobres se queixam, vendo que os ricos, uns pagam pouco e outros nada, com que se acomodaram alguns dos poderosos a também não darem".[154]

Os "poderosos" das freguesias, no entanto, não agiam sem o respaldo da Câmara, e o desembargador via em tudo isso a mão do já citado Rui Carvalho Pinheiro, seu escrivão, que "faz nela o que quer". O monarca ordenou que a devassa fosse adiante, e até então havia-se logrado apreender 445$035 de ex-oficiais municipais. A Câmara, no entanto, não deixou de reclamar. Em 1655, logo após o envio daqueles papéis a Lisboa, o Conde de Atouguia escreveu em seu favor, argumentando sobre "os inconvenientes

---

151 Por exemplo, para a desordem na cobrança do donativo das carenas, veja-se: Atas da Câmara de Salvador, 08/06/1639 e seguintes, DHAM: AC, v. 1, p. 405 e segs.

152 Carta da Câmara de Salvador a S.M., 07/01/1648, AHU, Bahia, série Luísa da Fonseca, cx. 11, doc. 1282; Ata da Câmara de Salvador, 13/01/1649, DHAM: AC, v. 3, p. 07-8; Ata da Câmara de Salvador, 01/08/1650, DHAM: AC, v. 3, p. 88-94.

153 Carta régia ao Conde de Castelo Melhor, 03/07/1653, DHBN, v. 66, p. 48-9.

154 Consulta do Conselho Ultramarino, 12/10/1655, AHU, Bahia, série Luísa da Fonseca, cx. 13, doc. 1610.

em se haver de executar a ordem que o Desembargador Luís Salema de Carvalho levou para tomar conta aos tesoureiros das vintenas e donativos que esses moradores fizeram para o sustento da infantaria".[155] Anos depois, Salema de Carvalho não acreditava mais que aquela devassa chegasse a termo, pois visto que entre seus colegas da Relação "se não guardam as cartas de Vossa Majestade, (...) é certo dar, contra todas as ordens, despacho em favor da Câmara, com que se ficarão empatando as cobranças, revogando as sentenças".[156] Dizia que "aqui se rouba pior e mais desastradamente que na charneca de Montargil", referindo-se a um bosque português conhecido por seu reduto de salteadores.[157]

Mais uma vez, nota-se que os desvios na imposição dos vinhos, nas vintenas e nos donativos e as dificuldades em sua apuração não eram simplesmente fruto de falhas administrativas. O que se observou foi a mobilização dos "ricos" e "poderosos" como cobradores, em troca de sua isenção tributária, por meio do sistema político municipal. Desta forma, como notou Avanete Sousa, "a Coroa, além de livrar-se dos encargos relativos à montagem de um aparelho burocrático-administrativo mais refinado, desobrigava-se do investimento imediato para atender a tal final".[158] Vale dizer, a monarquia conseguia os recursos financeiros de que precisava, ao mesmo tempo que preservava sua provedoria de boa parte do ônus político e administrativo da tributação. Em prol da "suavidade" fiscal, a concessão às chefias locais do senhoriato prevaleceu sobre a tendência obsessiva e infrutífera do absolutismo à microgerência, que apareceu por exemplo na breve tentativa de assumir o controle direto da cobrança dos vinhos. Evitou-se assim uma polarização desnecessária com os moradores, como possivelmente aconteceria se fossem tributados de forma equânime, inclusive seus "principais" e "poderosos". Basta notar o que ocorreu no Brasil Holandês, com o afastamento dos senhores pernambucanos do aparelho fiscal e a inocuidade de sua representação política nas Câmaras de escabinos, como observamos no primeiro capítulo.[159] Por isso, quando na Bahia agravaram-se as tensões, por somarem-se ao fardo da fiscalidade os custos da mudança no regime de comércio, a revolta eclodiu tanto contra a navegação em frota quanto contra as desigualdades internas na arrecadação.

155 Carta régia ao Conde de Atouguia, 15/11/1655, DHBN, v. 66, p. 93.
156 Carta do Des. Luís Salema de Carvalho à S.M., 21/12/1659, AHU, Bahia, série Luísa da Fonseca, cx. 15, doc. 1760.
157 *Apud*: Araújo. *De golpe a golpe, op. cit.*, p. 103.
158 Sousa. *Poder local, op. cit.*, p. 120.
159 Fernanda Trindade Luciani. *Munícipes e escabinos: poder local e guerra de restauração no Brasil Holandês (1630-1654)*, dissertação de mestrado. *Idem*, 2007.

O CONFLITO COM A COMPANHIA GERAL

Apesar de toda a "suavidade" na tributação, por meio das concessões da Coroa aos moradores da Bahia, a elevação e multiplicação das cobranças criava uma situação delicada para a administração colonial. A instituição da Companhia Geral do Comércio do Brasil, em 1649, tornou-a insustentável, o que exigiria novas manobras do governo-geral e da Câmara de Salvador para recompor sua legitimidade.

Durante o governo de Antônio Teles da Silva, as vintenas haviam se tornado o principal tributo extraordinário, para compensar as mudanças no comércio e a ausência de socorros do Reino. A Companhia Geral, porém, invertia o sentido do socorro: além de sustentar suas defesas de forma mais independente, o Brasil teria de financiar a reconstrução do poder naval português, através da proibição da navegação fora dos comboios e, principalmente, do monopólio dos quatro principais gêneros de importação. Desde 1626, quando surgiram os primeiros planos de concentração do tráfico do Brasil, sempre houve oposição da Câmara da Bahia. Por motivos similares, a Câmara havia combatido o regimento de Salvador Correia de Sá e o regime de frotas, em 1644 e 1645. Em passagem por Salvador, este teve de aceitar a reformulação da tabela de cobrança das avarias, de modo que deixaram de incentivar as embarcações de médio e grande porte (um dos principais objetivos da política). Na ocasião, os baianos não se limitaram a reclamações por correspondência: enviaram a Lisboa um procurador com a missão de combater o regime de frotas, o que foi suficiente para "colocar areias na engrenagem".[160] Em 1646, a frota do açúcar velejou sem escolta. Não obstante, D. João pediu, e manteve-se a cobrança das avarias, apesar dos protestos da Câmara e da ausência do comboio escoltado. Apenas com o donativo para os galeões da Armada Real, em 1648, aquela taxa deixaria de ser arrecadada.[161]

Com a Companhia Geral, essa disputa voltaria à tona, agravada. Quando o Conde de Vila Pouca perguntou ao povo, reunido na Câmara, "se era contente e se aceitava a dita Companhia com as condições dela que todas lhe foram lidas e declaradas", disseram-lhe que sim.[162] Entretanto, antes mesmo que arribassem as naus do primeiro comboio, descobriu-se que os estatutos fixavam os preços dos quatro gêne-

160 Costa, *O transporte no Atlântico*, p. 504; Boxer, *Salvador de Sá*, p. 189 e segs.

161 Carta de S.M. à Câmara de Salvador, 22/10/1645, AHMS, Provisões reais, lv. 2, fl. 25v; Minutas do Conselho Ultramarino sobre a cobrança de avarias, 26/04/1646, 20/08/1646, 21/02/1647, AHU, Bahia, série Luísa da Fonseca, cx. 10, doc. 1185, 1205, 1243.

162 Carta de S.M. à Câmara de Salvador, 22/05/1649, AHMS, Provisões reais, lv. 2, fl. 16.; Ata da Câmara de Salvador, 14/08/1649, DHAM: AC, v. 3, p. 29-30.

ros no atacado, "todos mui levantados": a pipa de vinho aumentou de 35$000 para 40$000, sem as imposições (aumento de 14%); o barril de "azeite doce" subiu 60%, de 10$000 para 16$000; a arroba de farinha de trigo e de bacalhau subiram ambas de 1$100 para 1$600.[163] Nos anos seguintes, a Câmara protestou diversas vezes contra os preços fixados, particularmente a taxa do bacalhau e do azeite, que "nos violentam", sobretudo os "pobres que não tem possibilidade para comprar".[164] Logo reclamariam também do impacto sobre o comércio de açúcar: "este mesmo estanco se faz nas praças [marítimas] de caixas de açúcar, tomando-as a Companhia não somente nos navios que vêm por sua ordem senão por outros mercantes que aqui carreguem, e ficam os mercadores e moradores sem terem algumas das cousas seus açúcares (sic), antes obrigados a vendê-los por preços muito inferiores (...), estancando-se também por este meio os efeitos [produtos] desta capitania".[165] Elevação no preço dos importados, rebaixamento do valor das exportações, aumento na transferência de excedente econômico para o capital mercantil metropolitano: as restrições sobre a navegação fizeram sentir imediatamente as consequências da alteração no regime de comércio.[166]

Apenas esse resultado sobre a renda agregada na capitania era suficiente para significar um aumento relativo na carga tributária, dada a manutenção da arrecadação e das despesas necessárias ao presídio e às folhas do Estado. Não obstante, a implementação dos estatutos da Companhia Geral também implicava uma alteração na alíquota total da imposição dos vinhos, privando a Câmara de Salvador de uma de suas fontes de receita mais importantes. Desde 1646, como vimos, cada pipa da Madeira pagava 8$500 em tributos. A frota de 1650, porém, chegou em Salvador com determinação para vender a canada a dois cruzados ($800), que pagariam 4$000 de imposições e 4$000 para o taverneiro, além dos 40$000 da pipa no atacado.[167] Ademais, no estoque da Companhia Geral predominavam os péssimos vinhos do Reino e de São Jorge, que pagavam a taxa mais baixa da imposição. Sendo assim, o governador avisou a Câmara que seria necessário cobrir a queda na arrecadação do vinho com novos donativos. Ainda estava em andamento a cobrança do último quartel do donativo de

---

163 Ata da Câmara de Salvador, 02/09/1649, DHAM: AC, v. 3, p. 37-8; Ata da Câmara de Salvador, 22/03/1650, DHAM: AC, v. 3, p. 68-9; Carta dos oficiais da Câmara da Bahia a S.M., s.d. [c. 08/1650], DHAM: CS, v. 1, p. 27; Carta régia à Câmara de Salvador, 26/10/1649, AHMS, Provisões reais, lv. 2, fl. 17.

164 Cartas dos oficiais da Câmara da Bahia a S.M., 08/05/1650 e 04/06/1650, DHAM: CS, vol. 1, p. 22-5.

165 Carta dos oficiais da Câmara da Bahia a S.M., 31/05/1651, DHAM: CS, vol. 1, p. 36.

166 A análise clássica do tema está em Novais. *Portugal e Brasil, op. cit.*, cap. 2.

167 Atas da Câmara de Salvador, 12/03/1650 e 24/03/1650, DHAM: AC, v. 3, p. 61, 70-4.

200.000 cruzados para a armada de Antônio Teles de Menezes. Em junho de 1650, a Câmara nomeava um administrador e um contador para reorganizar a arrecadação das vintenas e donativos extraordinários, como uma tentativa de corrigir os erros das listas e ampliar o resultado daquela tributação.[168]

Com muitas perdas já acumuladas pela desigualdade da vintena, a camada menos privilegiada de lavradores e senhores de engenho reagiu. Embora os oficiais da Câmara fossem apenas cinco, além do escrivão e alguns representantes dos mestres, as sessões começaram a reunir com frequência um número bem maior de moradores. Há reuniões com sessenta, setenta, até cento e cinquenta homens, todos "gritando com grande alarido", sem respeito pela distinção que os oficiais acreditavam merecer. Desde a restauração de Salvador, houve decisões importantes que foram tomadas em tal ambiente. Por exemplo, quando suspenderam temporariamente a imposição velha dos vinhos, "vendo os ditos oficiais seu requerimento, e que sem consentimento do povo e contra suas vontades, não podiam em boa consciência correr com a dita cobrança".[169]

Em agosto, sob pressão de sessenta e sete senhores do "povo" presentes à sessão, a Câmara pediu o fim da cobrança da vintena, pela "carga dela, e desigualdade, e pouco fruto que sua renda dá para ajuda dos terços e presídio desta praça". Seu resultado era "nem seguro, nem certo, e sobretudo desigual", insistiam.[170] Havia quem era cobrado em até seiscentos mil réis sem o possuir, enquanto "há homens de maior cabedal desta praça que não pagam mais que três mil, [porque] os róis miúdos, se dão a cobrar os de fora [da cidade] aos capitães, que o devem dois e três anos, e quando o vem a dar é com faltas grandes, causadas da pobreza de uns e da ausência de outros, que ordinariamente se mudam de umas para outras freguesias, e assim ficam sem pagar na em que foram lançadas por senão acharem e escapam das em que estão". Deve-se mencionar, aliás, o peso dos moradores do termo de Salvador entre os descontentes, como se vê na ênfase sobre a disparidade das cobranças dentro e fora da cidade.[171] Queixavam-se das isenções "do clero e religiões", que "não só não contribuem com coisa alguma (…) mas ainda servem de grande diminuição às rendas de Vossa Majestade, com as muitas propriedades" que tem, além das 100 pipas de vinho que recebiam isentas da

168 Atas da Câmara de Salvador, 24/03/1650 e 04/06/1650, DHAM: AC, v. 3, p. 70-6; Carta régia ao Conde de Castelo Melhor, 13/10/1650, DHBN, v. 65, p. 364; Carta régia ao Conde de Castelo Melhor, 26/10/1650, DHBN, v. 65, p. 365.

169 Ata da Câmara de Salvador, 07/12/1626, DHAM: AC, v. 1, p. 57-60.

170 Ata da Câmara de Salvador, 01/08/1650, DHAM: AC, v. 3, p. 88-94.

171 Ata da Câmara de Salvador, 01/08/1650, DHAM: AC, v. 3, p. 88-94; tresladado em AHU, Bahia, série Luísa da Fonseca, cx. 11, doc. 1373.

imposição. Ademais, protestavam contra o "grande dano dos muitos hábitos, foros, familiares, sargentos-mores, tenentes, capitães e outros que por muito ricos se tem introduzido nos mesmos privilégios", indicando o aumento recente na distribuição de tais mercês pela Coroa. Portanto, "ficam pagando os pobres e os engenhos e lavradores não o que era razão como se mostra senão do que devem e metem no fornecimento". Pediam que a vintena fosse substituída por um novo aumento na imposição dos vinhos, que era cobrado de forma "tão igual que não há privilégio que se exima de apagar, nem poderoso que o fique devendo".[172]

Diante da escalada das contestações, em 17 de outubro o Conde de Castelo Melhor convocou uma reunião com os oficias da Câmara e demais ministros do governo, para que opinassem sobre a matéria. Ao fim, "votaram todos uniformemente que se levantasse a vintena e que se impusesse o novo subsídio da meia pataca, vista a desigualdade da vintena e a suavidade deste subsídio". A única voz dissonante veio da junta dos administradores locais da Companhia Geral. Cinco dias depois, a Câmara ordenou uma nova tarifa sobre os vinhos, de meia pataca por canada, da mesma forma que haviam feito sob o Marquês de Montalvão. O preço no varejo foi a $960, e cada pipa de vinho passava a arrecadar 13$600 das três imposições. Além disso, para melhorar a fiscalização instituiu-se que quaisquer pipas de vinho que viessem "nas armadas da Companhia Geral ou fora delas" (expressão que indica uma deslegitimição do estatuto) não se poderiam vender "sem primeiro serem varejadas por um dos juízes e vereadores desta Câmara, com o escrivão dela, que hão de assistir ao dito varejo nas lojas onde estiverem recolhidas". As punições para a abertura e varejo de uma pipa de vinho sem passagem pela Câmara seriam multa de 200$000 e dois anos de degredo em Angola (seis, para os pobres).[173]

No início de 1651, chegavam a Salvador notícias de Recife. Francisco Barreto pedia apoio material, porque "de Lisboa não tem chegado embarcação alguma". Castelo Melhor solicitava à Câmara um "novo meio suave" de se tirar mantimentos para o presídio, que estava mal pago, e para o exército de Pernambuco. Organizava-se uma finta para recolher mil cabeças de gado.[174] Nesse contexto, chegou o correio da Coroa ordenando "se não alterar o que primeiro ajustou o povo com a Companhia Geral", restabelecer a vintena e extinguir a nova imposição do vinho. Os administradores da

172 *Ibidem*; Carta dos oficiais da Câmara da Bahia a S.M., 29/05/1651, DHAM: CS, vol. 1, p. 35.

173 Atas da Câmara de Salvador, 17/10/1650 e 22/10/1650, DHAM: AC, v. 3, p. 95-100; tresladados em AHU, Bahia, série Luísa da Fonseca, cx. 11, doc. 1373.

174 Carta de Francisco Barreto à Câmara de Salvador, 04/05/1651, DHAM: AC, v. 3, p. 143-6; Ata da Câmara de Salvador. 28/04/1651, DHAM: AC, v. 3, p. 148-9.

Companhia haviam comunicado ao monarca que "logo que a frota da armada saiu desse porto algumas pessoas de maior sujeito dessa cidade haviam induzido os oficiais da Câmara dela a aliviarem, como aliviaram, aos moradores da terra do donativo das vintenas (…) sobrecarregando os vinhos, que é um dos principais gêneros da Companhia, além da imposição antiga".[175] Além disso, a Coroa tinha notícia de que se procedia "com grande omissão e descuido" na extinção do vinho de mel, aguardente e cachaça, a despeito das "graves penas" que se havia instituído no capítulo 35 da instituição da empresa.[176] Em vista disso, o Rei cobrou da Câmara a fiscalização da proibição da aguardente e ordenou que "façam averiguar as culpas das pessoas que andaram inquietando o povo e vos forem apontados pelos administradores da Companhia Geral que aí residem e me aviseis delas".[177]

Reunido o povo para a leitura das cartas de D. João IV, um juiz ordinário da Câmara afirmou que cumpriria qualquer ordem do Rei, mesmo em prejuízo de sua fazenda, até de sua vida, mas não aquela. Negou também que a Câmara tivesse agido "por indução ou persuasão", mas porque a vintena causava prejuízo à Fazenda Real. Em junho, decidiu-se enviar outro procurador da cidade a Lisboa, para que pudesse representar aquela causa junto ao monarca.[178] Os agentes da Companhia Geral em Salvador usavam de meios para desviar os vinhos do mercado formal, de modo a conseguir preços ainda melhores dos que se havia fixado. Para tanto, usavam certidões do escrivão da alfândega, onde se atravessava as pipas do "requerimento das partes" (dos privilégios concedidos sobre sua distribuição). Dizia-se que agiam em acordo com os taverneiros. A Câmara, por outro lado, insistia que a circulação do produto deveria passar por seus representantes, para preservar a "verdade e inteireza e limpeza de mãos" desse procedimento. Solicitavam ao monarca, portanto, que desse ordem para que pagassem as imposições como deviam: "são tantas as novidades que cada dia saem os administradores da Companhia Geral, em ordem aos donativos [do vinho e do azeite] que seus gêneros pagavam e pagaram, que se Vossa Majestade não acudir com seu amparo ficarão todos diminutos e a Fazenda Real sem ter com que sustente os presídios".[179]

175 Carta de S.M. à Câmara de Salvador, 07/02/1651, AHMS, Provisões reais, lv. 2, fl. 26.

176 Provisão real de 13/09/1649, CCLP, 1649, p. 50-1.

177 Cartas de S.M. à Câmara de Salvador, DHAM: AC, v. 3, p. 156-8; Cartas de S.M. à Câmara de Salvador, 01/1651, AHU, Bahia, série Luísa da Fonseca, cx. 11, docs. 1387, 1388.

178 Ata da Câmara de Salvador, 02/06/1651, DHAM: AC, v. 3, p. 150-4.

179 Ata da Câmara de Salvador, 01/04/1651, DHAM: AC, v. 3, p. 136-8; Cartas dos oficiais da Câmara da Bahia a S.M., 02/04/1651 e 28/05/1651, DHAM: CS, vol. 1, p. 31-34.

A principal crítica, porém, era o desabastecimento da capitania promovido pela Companhia Geral, causa principal da queda na arrecadação sobre os vinhos. Em 1650, a primeira frota havia transportado a razoável quantia de 1.500 pipas de vinho, provavelmente acima da média anual durante a guerra. No ano seguinte, porém, foram menos de 500 pipas, fretadas por duas naus de Gênova. A restrição na oferta naturalmente favorecia o mercado paralelo e a manipulação dos preços para cima. Segundo a Câmara, "o dinheiro que anda nesta praça, o mais dele se gasta nos quatro gêneros do estanco da Companhia e todo vai às mãos e poder dos ditos administradores (...) que senhores de todo o dinheiro compram os ditos açúcares por preços mui diminutos, com grande comodidade sua e natural perda e diminuição da Fazenda Real". A Câmara ainda se queixava dos preços da sardinha, das aguardentes do Reino e das "fazendas secas". Ademais, seus oficiais lembraram que a vintena "foi um donativo que o povo impôs sobre si, fica sempre a disposição do dito povo que, por serviço de Sua Majestade, o quis impor, e não há duvida que podia consignar e impor esta quantia em outro gênero, pois sempre impunha sobre si (...) foi justo que se impusesse o donativo nos vinhos e se tirasse a vintena pois este era o remédio mais suave que se achava". Como estes tributos haviam permanecido sob competência da Câmara até então, com todas as decorrências que já observamos, não era legítimo que o monarca resolvesse de chofre alterar as regras do jogo.[180]

É importante notar que a decisão da Câmara foi sustentada tanto pelo governador como pelo Conselho Ultramarino, e é pouco provável que fizessem isso por outro motivo senão o próprio interesse da monarquia, segundo seu entendimento. Aliás, o segundo Conde de Castelo Melhor, D. João Rodrigues de Vasconcelos, casado com uma descendente dos Lencastre, era um exemplo eloquente de lealdade. Em 1641, quando soube da aclamação de D. João IV, estava em Cartagena com um destacamento da força que havia atacado Recife, no ano anterior. Junto a D. Rodrigo Lobo e Pedro Jaques de Magalhães, teria armado uma conjura para sequestrar os galeões do porto e reunir-se à frota de Dias Pimenta, um militar que, ao cabo, permaneceria fiel a D. Filipe. Pela conspiração, Castelo Melhor foi preso e enviado a ferros para julgamento em Castela (apesar da intervenção da irmã do almirante espanhol, D. Ana, com quem supostamente tinha uma amizade muito boa). Uma vez na Península, foi resgatado por corsários holandeses, por encomenda de

180 Ata da Câmara de Salvador, 14/06/1651, DHAM: AC, v. 3, p. 158-67; tresladada em AHU, Bahia, série Luísa da Fonseca, cx. 11, doc. 1374; Carta dos oficiais da Câmara da Bahia a S.M., 10/06/1651, DHAM: CS, vol. 1, p. 40; Consulta do Conselho Ultramarino, 02/05/1651, AHU, Bahia, série Luísa da Fonseca, cx. 12, doc. 1407.

D. João IV. Anos depois, seria o comandante da ofensiva portuguesa sobre Badajoz, onde se mostrou um general de habilidades duvidosas.[181]

Como governador do Brasil, justificava a revisão das ordens de D. João IV sobre a imposição dos vinhos com as necessidades do financiamento das defesas e sustento do exército. A mesma razão militar, que aliás era o que se esperava daquele governo--geral, havia-o levado a emprestar mercadorias da Companhia Geral para o exército de Francisco Barreto, na passagem da primeira frota por Pernambuco. Ademais, o Conde percebeu que não havia mais a alternativa de restauração das vintenas, pois a navegação em frota implicava em datas fixas para o transporte do açúcar a Portugal. Desta forma, a coleta pelos agentes da Câmara tinha de coincidir com o calendário dos comboios, o que era muito difícil, e o produto arrecadado ficava estocado nos trapiches, perdendo o pouco valor que tinha enquanto aguardava oportunidade de embarcar. Além disso, sua correspondência não deixava de notar que o verdadeiro problema da arrecadação era a escassez causada pelo descumprimento do calendário de frotas.[182] Aliás, na correspondência com o Rio de Janeiro, Castelo Melhor não deixava de solicitar a plena obediência aos estatutos da Companhia, apesar dos problemas que ela encontrava também ali.[183] Com aquela biografia, não é muito plausível que estivesse simplesmente comprado por interesses locais, ou rivais da empresa. Sua mão foi forçada quando os moradores subiram o tom da crítica às vintenas, e não valeria a pena alimentar a desordem por uma política que não obtinha mais resultados. Tampouco o governador seria punido em Portugal por essa decisão. Pelo contrário, sua casa estava em franca ascendência, e o filho viria a ser o valido de Afonso VI, na década de 1660.

O Conselho Ultramarino confiava no julgamento de Castelo Melhor, e com o tempo também opor-se-ia à Companhia Geral no tocante à imposição dos vinhos. Desde que D. João enviou a minuta do correio em que repreendia a Câmara de

---

181 Schwartz, "Panic in the Indies", *op. cit.*; Antônio Augusto Teixeira de Vasconcelos, *O conde de Castelo Melhor, João Rodrigues de Vasconcellos*. Lisboa: Universal, 1874; Valladares, *A independência de Portugal, op. cit.*, p. 52.

182 Carta do Conde de Castelo Melhor aos administradores da Companhia Geral, 03/04/1652, DHBHN, v. 3, p. 154; Carta do Conde de Castelo Melhor a Gaspar de Góes, 26/06/1650, DHBN, v. 3, p. 73; Costa, *O transporte no Atlântico, op. cit.*, p. 543 e segs.

183 Com certo cinismo, escrevia saber que "não são aí os administradores da Companhia Geral vistos com bom semblante nem do povo, nem da Câmara, cuja sombra sempre segue", mas afirmava que "não temos sobre eles jurisdição que os contranja por violência" (Carta do Conde de Castelo Melhor a Antônio Galvão, 23/06/1650, DHBN, v. 33, p. 251; Carta do Conde de Castelo Melhor ao capitão--mor do Rio de Janeiro, 05/01/1652, DHBN, v. 3, p. 9; Carta do Conde de Castelo Melhor à Câmara do Rio de Janeiro, 23/06/1652, DHBN, v. 5, p. 16).

Salvador, seus membros não acreditavam ser aquela a melhor política. Responderam ao monarca com "algumas razões que se oferecem para a resolução de Vossa Majestade se moderar em parte". Primeiro, achavam que se devia rever a ordem de prisão aos cabecilhas do protesto: "causará geral e notável sentimento em todos aqueles moradores". Não havia motivo para desconfiar de Castelo Melhor, "um tal governador, e tão zeloso", nem dos oficiais camarários, que agia "do interesse seu, senão do que devem ao serviço de Vossa Majestade". Entendiam que a nova imposição era conveniente para o sustento da infantaria. Ademais, a tarifa era repassada sem dificuldade: "não vem a ser dano algum seu [para a Companhia], e o que sobre elas mais se carregar, pois o vem a pagar aqueles moradores, e não é para outrem (sic)". De fato, o tributo não a impedia de obter taxas de lucro de 60% sobre aquela mercadoria. Com isso, o Conselho recomendava à Coroa que fosse condescendente com a decisões da Câmara de Salvador e, com a outra mão, escrevesse aos governadores da Bahia e Rio de Janeiro, e ao mestre de campo geral em Pernambuco, "que em tudo façam cumprir e guardar inviolavelmente as condições do assento, e que também vigie, sobre que os administradores de sua parte também façam o mesmo". Os conselheiros provavelmente consideravam que D. João IV não deveria assumir, de próprio punho, as alterações no acordo que havia negociado anos antes com a Companhia Geral. Era melhor que a Câmara de Salvador continuasse a agir por conta própria, e o monarca continuasse a repreendê-la, formalmente.[184]

A Coroa, portanto, continuou a ordenar a retomada das vintenas, a revisão das imposições, a fiscalização contra a aguardente e o respeito à instituição da Companhia Geral. Explicou-se que o bloqueio dos "pechelingues" havia atrasado a segunda frota, mas que o monarca já havia ordenado que se dessem embarcações "bastantes e seguras para se navegarem a este Reino todos os frutos dessa cidade".[185] Enquanto isso, a Câmara reorganizou a cobrança das imposições. Em 1652, o varejo foi restrito a doze tavernas (havia vinte e duas), mais oito pontos de venda de bacalhau e azeite, "para que desta maneira houvesse menos roubos, e a Companhia tivesse menos mércias e mais abreviada a venda, e que fossem os donativos melhor cobrados". Também buscava-se

---

184 Consulta do Conselho Ultramarino, 26/01/1651, AHU, Bahia, série Luísa da Fonseca, cx. 11, doc. 1387; Consulta do Conselho Ultramarino, 17/05/1651, AHU, Bahia, série Luísa da Fonseca, cx. 12, doc. 1412; Costa. *O transporte no Atlântico, op. cit.*, p. 570.

185 Cartas de S.M. à Câmara de Salvador, 25 e 27/11/1651, AHMS, Provisões reais, lv. 2, fls. 29-30; Carta régia ao Conde de Castelo Melhor, 06/11/1651, DHBN, v. 66, p. 24; Carta régia ao Conde de Castelo Melhor, 22/08/1653, DHBN, v. 66, p. 102: Carta régia ao Conde de Atouguia, 08/11/1653, DHBN, v. 66, p. 108.

combater a manipulação do mercado, pela estocagem e venda na carestia, "como nos constou se venderem na dilação da armada da Companhia Geral". Por exemplo, foi necessária, em outubro de 1653, uma devassa sobre vendeiros de bacalhau e azeite, pois o preço estava extraordinariamente alto. Como o Conselho Ultramarino havia previsto, os administradores encontravam meios diferentes de contornar ou repassar as imposições. Naquele ano, a Companhia Geral entregou apenas 406 pipas de vinho na Bahia, das quais apenas 300 estavam boas para o consumo.[186]

A essa altura, os "moradores do Brasil" já haviam produzido um argumento contra o estatuto da Companhia, em 34 capítulos, afirmando o desserviço que prestava à Coroa: não aprontava frotas, nem os galeões prometidos; não transportava os gêneros do estanco; fugia de confronto com os holandeses; não oferecia proteção verdadeira; praticava preços extorsivos; comprava o açúcar barato e vendia caro em Lisboa; prejudicava os outros portos do Reino; prejudicava o comércio da ilha da Madeira; faltava vinho; faltava azeite; era portanto do prejuízo de todos; não estava a Coroa obrigada em contrato, pois este já não era cumprido pela Companhia. Portanto, pediam a extinção do assento, "porque deste negócio pende a reputação das armas de Vossa Majestade, a conservação daquele Estado e liberdade do comércio, e o rendimento dos direitos reais".[187]

Como pudemos observar, não eram exatamente as tensões com a população colonial que viriam a inviabilizar a continuidade da empresa. O fator decisivo para a reformulação da Companhia Geral foi seu fracasso em contribuir, de qualquer forma, para uma renovação do poder naval lusitano, objetivo que, em última instância, havia legitimado seu estatuto, suas liberdades e seus monopólios. Ademais, a incapacidade ou desinteresse da Companhia em oferecer escolta e cumprir com o calendário de comboios acabou por permitir a retomada da navegação livre, mesmo enquanto o sistema ainda estava em efetividade.

Entretanto, o que se deve ressaltar aqui é que o conflito com a Companhia Geral, embora tratasse dos termos de troca e da apropriação de excedente por um grande capital mercantil metropolitano, na esfera política confundia-se com a disputa entre formas específicas de tributação, portanto entre camadas distintas do senhoriato colonial. Esta, resultante dos privilégios, formais (as isenções tributárias) e informais (os desvios da tributação e a adulteração das listas de cobrança) que sobrecarregavam os

---

186 Atas da Câmara de Salvador, 23/03/1652, 29/10/1653, DHAM: AC, v. 3, p. 198-200, 256; Carta dos oficiais da Câmara da Bahia a S.M., 15/02/1654, DHBN, vol. I, p. 42.

187 Representação dos moradores do Brasil sobre a Companhia Geral, c. 1652, AHU, Bahia, série Luísa da Fonseca, cx. 12, doc. 1485.

setores menos privilegiados da classe senhorial. Assim, diante da negativa do governo em alterar os preços dos quatro gêneros, as tensões resultantes de seu monopólio e da navegação em frota eclodiram como uma revolta contra a vintena. Esta era tanto a solução tributária da preferência da Companhia Geral, como facilitava a isenção dos senhores mais influentes. Não obstante, era um interesse marginal da classe mercantil, que encontrava meios de contornar a imposição dos vinhos e, mesmo em sua efetividade, resultava em poucas alterações no mercado daquela importação. Por outro lado, ela era muito importante para o "povo" e os "pobres", o baixo senhoriato, porquanto eram sobrecarregados de forma ostensiva pela administração das vintenas e donativos. De um ponto de vista mais amplo, quando o governo colonial dava razão ao descontentamento do "povo", fazia-o portanto como uma concessão de curto prazo, em prol de interesses de longo prazo: a quietação dos moradores, a segurança da capitania e a continuidade da exploração colonial. Imagine-se, com todas as devidas ressalvas, o que ocorreria se o governo-geral ou o comando do exército em Salvador estivessem às ordens da Junta da Companhia Geral, e fossem empregados na defesa de cada uma das oportunidades de ganho que esta encontrasse.

Neste sentido, também é importante constatar que a revogação da vintena em 1650 foi uma vitória de Pirro. Apesar da elevação na tarifa sobre os vinhos, o arrocho neste comércio promovido pela Companhia Geral impediu que houvesse aumento na arrecadação. Assim, não houve alternativa a não ser continuar com a arrecadação de fintas e donativos extraordinários, sempre que a Câmara de Salvador notasse a insuficiência de recursos para o sustento do presídio. Até 1651, ainda se cobravam quartéis do dinheiro para a armada de D. Antônio Teles de Meneses. Em 1652, calculava-se necessária uma remessa de 3.000 pipas de vinho da Companhia Geral "para se evitarem as fintas", o que aliás era muito além de qualquer expectativa racional para aquele comércio. Ao fim do ano, havia-se levantado um donativo de 8:000$000.[188] Novos donativos seriam necessários nos anos seguintes, enquanto "se obrigam os oficiais da Câmara a satisfazer o que faltar e tornam a pagar à sua conta". Logo o povo daria queixa do "grande número de fintas" a que estavam sujeitos.[189] Assim, os problemas da vintena não foram resolvidos, apenas suavizados, digamos. Reduzia-se o montante cobrado, de 5% fixos a apenas o necessário para cobrir o déficit anual. Mas continuava

---

188 Ata da Câmara de Salvador, 23/09/1651, DHAM: AC, v. 3, p. 176-8; Informação sobre o Estado do Brasil, 15/11/1652, BNL, Manuscritos, Mss. 218, n. 134.

189 Consulta do Conselho Ultramarino, 20/07/1654, AHU, Bahia, série Luísa da Fonseca, cx. 13, doc. 1557; Carta da Câmara de Salvador a S.M., 18/03/1660, AHU, Bahia, série Luísa da Fonseca, cx. 15, doc. 1767.

o recurso àquela forma de tributação direta, que chamariam de fintas ou "lançamentos" da vintena, onde certamente continuaram a ocorrer os abusos e a desigualdade. Apesar da vitória política e do reconhecimento pelas instâncias superiores da Coroa, a oposição às vintenas não havia encontrado condições materiais de propor uma fiscalidade alternativa que transferisse o ônus da defesa da Bahia aos mais privilegiados e ao capital mercantil.

O "Conchavo das Farinhas"

Antônio Vieira escreveu, certa vez: "quem diz Brasil diz açúcar, e o açúcar é a cabeça deste corpo místico que é o Brasil". Como cúpula desse Estado, a açucarocracia era uma categoria ativa no processo de exploração colonial, colaborando politicamente com a Coroa, participando da administração com quadros locais e acolhendo os ministros reinóis em seu seio. Como contrapartida, recebia uma variedade de favores, como a isenção tributária e a conivência seletiva com desvios de recursos, em prol de sua posição na distribuição da riqueza colonial, inclusive aquela de caráter simbólico, as honrarias e meios de prestígio. A parcela mais ampla de proprietários de escravos e canaviais, além de alguns mestres e moradores de Salvador, conseguiram em certas situações exercer alguma influência na administração, por meio do geral temor de sua inquietação, ou suas "murmurações".[190] É verdade, não chegaram a nenhuma posição que alterasse substantivamente a repartição do ônus fiscal. Não obstante, os acordos produzidos pelo governo-geral e pela Câmara de Salvador ainda resultaram em um mecanismo importante de transferência dos encargos tributários sobre a renda do setor de abastecimento, principalmente da zona produtora de farinha de mandioca, em benefício do Recôncavo baiano como um todo.

Tanto no Brasil como no Reino, uma das competências das Câmaras municipais era a regulamentação de um escopo variável de atividades econômicas no espaço concelhio, principalmente do abastecimento e do mercado urbano de alimentos. Trata-se, afinal, de uma tarefa milenar da administração urbana. Nesse contexto específico, a questão era alimentar o rápido crescimento da cidade, proporcionado pela infantaria do presídio. Logo após a restauração de Salvador, o sargento-mor Pedro Correia da Gama afirmava que "as comidas valem aqui a quarta parte mais caras que em Espanha".[191]A primeira medida implementada foi a proibição da saída de mantimentos da capitania, em fevereiro de 1627. Ainda neste mês, proibiu-se a compra de farinha de mandioca

190 Hansen. *A sátira e o engenho, op. cit.*, p. 132.

191 Carta de Pedro Correia da Gama a S.M., 17/09/1625, AHU, Bahia, série Luísa da Fonseca, cx. 3, doc. 374.

por vendeiros (*i.e.*, a concentração da venda a varejo), e os preços foram liberados. Apostava-se assim na abertura do mercado para pequenos atravessadores da "farinha de guerra", ou "farinha de pau", como também era conhecida. A Câmara ainda tinha uma atuação importante na regulamentação da oferta e dos preços da carne bovina, além de posturas ocasionais sobre outras mercadorias: peixe, arroz, suínos, ovos e "miunças". Em 1643, por exemplo, proibia-se a venda casada de pão e vinho.[192]

Mas era a farinha que recebia mais atenção. Uma vez que o estabelecimento da infantaria em Salvador não foi acompanhado de aumento proporcional na oferta de farinha de trigo da Europa (vale lembrar que mesmo Portugal dependia de seu fornecimento por importações, sobretudo do Báltico), ela rapidamente perdeu espaço no mercado para a farinha de mandioca. Esta era trazida a Salvador pela cabotagem, principalmente das vilas de Camamu, Cairu e Boipeba, na capitania de Ilhéus. Em 1632, a Câmara registrou que havia "excesso de farinha da terra", o que significava não exatamente sua abundância em absoluto, mas a substituição do produto europeu, em falta. O mesmo pode-se observar na regulamentação do peso dos pães, ao longo do período. Conforme rareava a farinha de trigo, reduzia-se o peso regulamentar do pão "branco", em relação ao pão com farinha mista, ou da terra.[193]

Também era comum que o governo em Salvador buscasse complementar a oferta com a produção da capitania de São Vicente, principalmente em situações de maior necessidade. Entretanto, seu papel no abastecimento foi marginal, no máximo. Segundo o provedor-mor Pedro Cadena de Vilhasanti, o feijão e o toucinho eram muito caros, e a farinha "é tudo farelo, e vem em cestos em surrões de couro muito mal acondicionadas". Os pedidos de Salvador eram geralmente solicitações vagas, sem quantias, preços ou intermediários determinadas, indicando que o governo-geral buscava simplesmente conseguir alguma contribuição, e isso não lhe custava. No início da década de 1650, porém, registrava-se que "há tempos não tem vindo embarcação dessa capitania".[194]

---

192 Atas da Câmara de Salvador, 27/02/1627, 27/03/1627, 06/03/1630, 09/05/1635, 01/02/1642, 09/02/1643, DHAM: AC, v. 1, p. 68-9, 151, 272, v. 2, p. 72, 159.

193 Ata da Câmara de Salvador, 07/07/1632, DHAM: AC, v. 1, p. 218. Para a regulamentação do pão, veja-se, entre muitas outras: Atas da Câmara de Salvador, 09/05/1635, 12/01/1636, 26/01/1639, DHAM: AC, v. 1, p. 272, 299, 388.

194 Carta de Pedro Cadena de Vilhasanti a S.M., 14/11/1638, AHU, Bahia, série Luísa da Fonseca, cx. 7, doc. 810; Carta do Conde da Torre ao capitão-mor de São Vicente, 11/11/1639, CCT, vol. IV, fl. 300; Cartas do Conde de Castelo Melhor ao capitão-mor de São Vicente, 07/01/1648, 21/03/1650, 23/06/1650, 17/03/1651, DHBN, v. 3, p. 16, 42, 74, 100.

Quando a necessidade era maior, a Câmara contratava carregamentos de vulto com particulares, nos quais empregava o dinheiro dos donativos e imposições. Em geral, isso acontecia em situações de alerta, quando havia notícia da iminência de ataque neerlandês à cidade, ou quando havia um frota ancorada na baía. Neste caso, em especial, a demanda era grande, pois era preciso não apenas dar alimento à gente de mar (que, como vimos, podia reunir milhares de homens), como reunir a matalotagem suficiente para os meses da viagem de retorno à Europa. Em 1636, fez-se contrato com Belquior Rodrigues para o fornecimento de 3.000 alqueires (algo como cem mil litros de farinha das três vilas), a $400 réis cada, em seis meses. Ele atrasou algumas semanas, mas cumpriu com o acordado. Em março de 1638, a Câmara separou 200$000 para a compra de farinha em Boipeba, devido à "ocasião que se espera dos holandeses". Em maio, o governador contratou Ângelo Guilhermino para trazer 5.000 sírios (algo entre 360.000 e 270.000 litros) de farinha "boa e bem torrada" de Camamu, para vender ao armazém da Fazenda Real.[195] Entretanto, ainda se buscava manter aberto esse mercado. Anos antes, havia-se tentado garantir seu abastecimento com a concessão de um estanco, mas disso vieram mais problemas que soluções. Ao fim de 1638, a Câmara solicitava ao governador Pedro da Silva "que não se tolhesse a nenhuma pessoa ir buscar farinha a Boipeba para vender ao povo, porquanto é em grande dano dos mercadores haver estanco dela e só uma pessoa a ir comprar".[196]

O abastecimento de gado *vacum* também era objeto de encomendas desse tipo. Em a ocasiões, as atas da Câmara de Salvador registraram as quantidades e preços acordados: 2.600 cabeças em 1640, 2.650 em 1643, 531 em 1644, e de 1.413 em 1645; entre 1638 e 1640, a 12,5 ou 15 réis por arrátel (pouco menos de meio quilograma). O objetivo, mais uma vez, era elevar a prontidão do exército na praça. Em março de 1639, todo o dinheiro que estava arrecadado pela imposição dos vinhos era usado para uma encomenda de gado. Em 1651, uma finta de 1.000 cabeças tinha como meta o abastecimento das forças de Francisco Barreto, em Pernambuco. Os animais chegavam a Salvador pelo norte da capitania, por via da Torre dos Garcia D'Ávila e até Sergipe D'El Rey, e de lá para o São Francisco e o interior. Em 1652, reabria-se o

---

195 Atas da Câmara de Salvador, 26/04/1636, 22/11/1636, 20/03/1638, DHAM: AC, v. 1, p. 308, 321, 356; Provisão do governador Pedro da Silva para compra de farinha de guerra, 01/07/1638, DHBN, vol. 17, p. 132; Assento do governador Pedro da Silva com o Conde de Bagnuolo, 27/09/1638, AHU, Bahia, série Luísa da Fonseca, cx. 7, doc. 807; Cartas do Conde de Castelo Melhor a Antônio de Couros Carneiro, 02/06/1650, 23/06/1650, DHBN, v. 4, p. 48, 62.

196 Cartas de Pedro da Silva a S.M., c. 1634-5, AHU, Bahia, série Luísa da Fonseca, cx. 6, doc. 680; Ata da Câmara de Salvador, 20/11/1638, DHAM: AC, vol. 1, p. 384.

caminho da feira de Capuame (Dias D'Ávila) e Mata de São João até o rio Jacuípe, para a passagem dos bois do "rio de São Francisco da banda de cá", onde já haveria até duzentos currais. Como se sabe, quanto maior era a demanda, maiores as distâncias a se percorrer até os rebanhos, sertão adentro.[197]

Contratos e encomendas desse tipo naturalmente promoviam a formação de capital comercial no abastecimento. Grandes quantidades de gado haveriam de ser negociadas com grandes fornecedores, como Antônio Dias Garcia ou Simão Álvares. Este chegou a receber a exclusividade na oferta de carne bovina em 1634, por política do governador-geral Diogo Luís de Oliveira.[198] Desde cedo, porém, o governo sotero-politano buscou meios de baratear o abastecimento, em detrimento da capitalização no setor. Em diferentes ocasiões, a ordem de compra incluía a ressalva de que se faria "pelos preços que correrem na terra, sem alteração nenhuma". Ou seja, impedindo que o produtor se beneficiasse da brusca elevação da quantidade demandada. A partir de meados da década de 1640, o fornecimento de farinha de mandioca das três vilas foi centralizado em Antônio de Couros Carneiro, senhor de engenho de Ilhéus e capitão-mor da capitania, para atuar sob as ordens do governo-geral (a despeito de ser uma capitania donatarial). Em 1646, um provedor afirmava que era "homem rico e de muito crédito", e ganhava muito no frete das embarcações que faziam aquela cabota-gem. Na ocasião do ataque neerlandês à ilha de Itaparica, ele escreveu ter carregado dez caravelas de farinha para Salvador, e ainda preparava seis mais.[199] Embora isso sig-nificasse uma oportunidade de concentrar uma boa fatia negócio, os termos e valores impostos pelo governo eram de tal modo prejudiciais que, em 1649, Couros Carneiro "estava determinado a retirar-se de semelhante ocupação". Chegou a refugiar-se em um convento, sitiado por uma companhia de infantaria, para não se entregar a uma ordem de prisão do governador, Antônio Teles de Meneses, que buscava coagi-lo a retomar o trabalho na organização das remessas de farinha. Ele seria restituído ao

---

197 Atas da Câmara de Salvador, 17/03/1639, 23/08/1639, 03/07/1640, 26/10/1643, 28/09/1644, 11/05/1645, 18/08/1647, 24/05/1651, 24/04/1652, DHAM: AC, vol. 1, p. 376, 396, 447, vol. 2, p. 193, 241, 276, 344, vol. 3, p. 148, 201; Veja-se, sobretudo: André João Antonil. *Cultura e opulência do Brasil por suas drogas e minas* (1711). Lisboa: Comissão Nacional para as Comemorações dos Descobrimentos Portugueses, 2001, parte IV; e Francisco Borges de Barros. *Margem histórica da Bahia*. Salvador: Imprensa Oficial, 1934.

198 Ata da Câmara de Salvador, 21/07/1634, DHAM: AC, vol. 1, p. 257.

199 Provisão do governador Pedro da Silva para compra de farinha de guerra, 01/07/1638, DHBN, vol. 17, p. 132; Consulta do Conselho Ultramarino, 16/05/1646, AHU, Bahia, série Luísa da Fonseca, cx. 10, doc. 1193; Consulta do Conselho Ultramarino, 11/04/1647, AHU, Bahia, série Luísa da Fonseca, cx. 11, docs. 1265-6.

posto de capitão-mor em março do ano seguinte, mas não voltaria àquela atividade. Note-se, aliás, que não havia nenhuma culpa ou crime que pesasse sobre ele, e assim mesmo Lisboa apoiou a atitude dos governadores, pela importância que dava ao controle do abastecimento.[200]

O que havia levado Antônio de Couros Carneiro a se afastar-se daquele ramo era provavelmente o "conchavo das farinhas". Em 1647, o Conde de Vila Pouca de Aguiar havia determinado que as vilas de Boipeba, Camamu e Cairu ficavam obrigadas a fornecer anualmente 10.000 sírios de farinha de mandioca a Salvador, com o preço fixo a $320. Para tanto, o governo-geral nomeava capitães de infantaria para acompanhar as remessas, como comissários. Estes registravam a quantidade carregada em cada embarcação, como era praxe, "para que os mestres não façam os descaminhos que costumam". Só depois de atingidas as cotas anuais é que os moradores ficavam livres para levar suas farinhas a Salvador, e vendê-las abertamente. Ainda assim, teriam de fazê-lo por conta própria, e ficavam proibidos de vender o produto a "regatões", os atravessadores que atuavam naquele trajeto. Os moradores questionaram o preço reduzido que era imposto pelo conchavo, que diziam ter aceito no passado apenas por uma vicissitude, mas o governador não cedeu a nenhuma de suas petições.[201]

Os moradores de Ilhéus ofereceram a resistência que puderam à "comissão das farinhas". Ao longo de 1650, o Conde de Castelo Melhor culpava-os todos pela falta do produto em Salvador. Principalmente, quando ele era necessário para a frota da Companhia Geral, que se preparava para voltar a Lisboa no meio do ano, depois de terminada a safra do açúcar. As entregas atrasavam e as cotas não eram cumpridas, pois que a farinha era desviada por "regatões", "lanchas" e atravessadores para as freguesias do Recôncavo, onde obtinha melhor preço, e os moradores recusavam-se a vender para o conchavo. As Câmaras das três vilas omitiam-se, ou apelavam a pretextos e causas particulares. O governador cobrava uma atitude de Antônio de Couros Carneiro, mas não encontrava resultados. A certa altura, escreveu que "não me dou por satisfeito com as repetidas cartas que tenho escrito a Vossa Mercê sobre sua falta

---

200 Consulta do Conselho Ultramarino, 15/03/1651, AHU, Bahia, série Luísa da Fonseca, cx. 12, doc. 1398; Provisão de Antônio Teles de Menezes para Antônio de Couros Carneiro, 29/09/1649, DHBN, v. 3, p. 30; Carta do Conde de Castelo Melhor à Câmara de Ilhéus, 26/03/1650, DHBN, v. 3, p. 46.

201 Carta de Antônio Teles de Menezes ao capitão Damião de Laçoes (sic), 20/02/1648, DHBN, v. 3, p. 19; Carta de Antônio Teles de Menezes às vilas de Boipeba, Camamu e Cairu, 11/12/1648, DHBN. v. 3, p. 25; Cartas do Conde de Castelo Melhor às vilas de Boipeba, Camamu e Cairu, 11/03/1650, 26/03/1650, DHBN, v. 3, p. 31, 46-48; Carta do Conde de Castelo Melhor a Antônio de Couros Carneiro, 27/06/1651, DHBN, v. 3, p. 114.

[das farinhas] (...) e assim para ajudar no que for possível ordenei ao sargento-mor Gaspar de Souza Uchoa acudisse a Vossa Mercê com tudo aquilo, de que pudesse depender de suas ordens e gente (...) tenho entendido que uma das causas principais desta dilação das farinhas é estar Vossa Mercê no seu engenho, e ser necessário irem a ele os barcos para despacharem. Vossa Mercê venha-se logo à vila de Cairu, onde estará mais comodamente para isso". Caso o capitão-mor não se apresentasse ao despacho das farinhas do conchavo, Castelo Melhor sugeriu que este fosse feito por Uchoa, no Morro de São Paulo.[202]

A presença do exército seria fundamental para a implementação do conchavo. O governo-geral já tinha consciência da importância de se defender aquela região, crucial que era para a alimentação de Salvador, contra corsários e patrulhas neerlandesas. Todavia, foi o próprio Antônio de Couros Carneiro que solicitou a construção do fortim em Morro de São Paulo, em 1639. Na ocasião, o Conde da Torre considerava isto um desperdício de contingente, pois a infantaria ali não teria condições de combater embarcações inimigas. Era melhor que a navegação das farinhas fosse protegida por uma escolta de belonaves da armada. Mas acabou por concordar, e 20 mosqueteiros foram destacados para a defesa daqueles moradores.[203] Em 1650, quando tratou de erguer defesas e distribuir tropas regulares pelo litoral baiano, Castelo Melhor aparelhou aquele fortim com uma peça de artilharia, e aumentou sua guarnição para 69 homens, o maior de tais destacamentos do presídio soteropolitano. Com isso, sua missão passava a ser não apenas a defesa de Ilhéus, mas a garantia de que seus moradores cumprissem as ordens do governo-geral. No início do ano seguinte, o governador assentou com um capitão de infantaria, D. Luís Varejon, que fosse buscar 26.000 sírios de farinha do conchavo, "assim para a infantaria, como para o povo" de Salvador. Pouco depois, outra companhia foi deslocada para Ilhéus, de forma a proteger aquela população dos tapuias. Os moradores das vilas voltaram a solicitar alterações na comissão, novamente sem sucesso. Castelo Melhor censurou as Câmaras da área por agir apenas pela "persuasão de algum interesse, ou respeito particular, a que só atendem, ignorando os da conservação desta praça, que são os que se devem

---

202 Cartas do Conde de Castelo Melhor a Antônio de Couros Carneiro, 07/05/1650, 19/05/1650, 02/06/1650, 09/06/1650, 21/06/1650, 23/06/1650, 06/08/1650, 22/02/1651, DHBN, v. 3, p. 53, 59, 62, 63, 70, 71, 76, 87, 96; Carta do Conde de Castelo Melhor às Câmaras de Boipeba, Cairu e Camamu, 01/02/1651, DHBN, v. 3, p. 89.

203 Carta do Conde da Torre a Antônio de Couros Carneiro, 06/06/1639, CCT, vol. IV, fl. 256; Carta do Conde da Torre a S.M., 02/11/1639, CCT, vol. IV, fl. 124; Ordem do Conde da Torre, 06/11/1639, CCT, v. IV, fl. 280.

preferir a todos". Tinha-se informação de que coadunavam com os desvios. Ao mesmo tempo, ameaçou Couros Carneiro: devia responsabilizar-se pelo cumprimento do conchavo, "que venham todas quantas farinhas puder ser, e não haja mais lancha nem embarcação alguma das que a divertiam, e se as houver do comissário, de Vossa Mercê será a culpa".²⁰⁴

Em junho de 1651, destacou-se o "tenente de general da artilharia" Pedro Gomes para atuar na repressão aos "regatões", com quinze homens da infantaria, junto a Simão de Oliveira Cerpa, que já estava ali havia um ano. Não há cópia remanescente do regimento que levou consigo, para mostrar a Couros Carneiro e aos moradores. Talvez tenha-os ameaçado de bombardear suas posses. O certo é que a presença do artilheiro surtiu efeito. Em agosto, Castelo Melhor já estimava as respostas do capitão--mor e da Câmara de Cairu, enquanto felicitava o tenente: "com a ida de Vossa Mercê a essas vilas assegurou logo bom sucesso no negócio a que enviei a Vossa Mercê a elas, e não podia Vossa Mercê concluir com melhor efeito que com o do conchavo, pois assim teremos as farinhas mais certas para a infantaria e mais livres para o povo". Em poucos dias, ordenou o retorno de uma das companhias de infantaria que ali estava de sentinela "em respeito dos tapuias". A Câmara de Camamu, a vila com a maior cota de produção no conchavo, ainda resistiu por algum tempo, e seus oficiais foram convocados a Salvador para prestar explicações. Feito isso, o governador comunicou a Couros Carneiro em outubro que o tenente da artilharia poderia voltar a Salvador. Mas mandou-lhe o aviso, que Pedro Gomes deu em pessoa, de que não houvesse qualquer atraso nem negligência com a farinha do conchavo. Por cima da situação, Castelo Melhor ainda teve o acinte de transferir para os moradores de Ilhéus a dívida que a Fazenda Real tinha com a Companhia Geral, pelas mercadorias que ele próprio confiscado para o exército, no ano anterior. Tiveram de entregar 4.000 sírios de farinha a mais aos administradores, pelo mesmo valor do conchavo, para que servissem às provisões das frotas.²⁰⁵

---

204 Carta de Castelo Melhor a Antônio de Couros Carneiro, 18/12/1650, DHBN, v. 3, p. 75; Carta do Conde de Castelo Melhor à Câmara de Boipeba, 01/02/1651, DHBN, v. 3, p. 89; Carta do Conde de Castelo Melhor a Antônio de Couros Carneiro, 02/02/1651, DHBN, v. 3, p. 90; Carta do Conde de Castelo Melhor às Câmaras das três vilas, 23/02/1651, DHBN, v. 3, p. 94; Carta do Conde de Castelo Melhor a Antônio de Couros Carneiro, 22/02/1651, DHBN, v. 3, p. 97; Carta do Conde de Castelo Melhor ao "governador de Ilhéus", 12/06/1651, DHBN, v. 3, p. 112; Carta do Conde de Castelo Melhor a Simão de Oliveira Cerpa, 27/06/1651, DHBN, v. 3, p. 116.

205 Cartas do Conde de Castelo Melhor a Antônio de Couros Carneiro, 27/06/1651, 01/08/1651, 05/10/1651, 16/10/1651, DHBN, v. 3, p. 114, 118, 135, 137; Carta do Conde de Castelo Melhor às Câmaras de Boipeba, Cairu e Camamu, 27/06/1651, 01/08/1651, 31/08/1651, DHBN, v. 3, p. 115, 119,

Como se vê, na definição da política de abastecimento o governo-geral tinha uma compreensão muito distinta do que era a "suavidade" desejável na política e de como se devia obter a quietação dos moradores. Em missiva à Câmara, Castelo Melhor afirmaria que: "ficará sendo mui suave a todas as três vilas a contribuição da parte que tocar a cada uma para se ajustar o número de sírios que é necessário, principalmente quando nos restos que hão de sobrar livres hão de avançar grande lucro do valor em que a necessidade comum tem as farinhas". Ou seja, a compensação só viria no mercado livre, depois de cumpridas as cotas do conchavo, nas quais não se fazia nenhuma concessão relevante. Ao mesmo tempo, a ordem ao capitão-mor era bastante simples: "se não pode por nenhum modo relaxar o aperto dos bandos". Ao contrário do que se fazia no Recôncavo, os interesses dos proprietários e moradores de Ilhéus não foram contemplados de nenhuma forma à agenda política do governo-geral, e não tiveram praticamente nenhuma margem de negociação.[206]

Vale lembrar que, embora em certas ocasiões o governo-geral tenha determinado o plantio de mandioca na Bahia, nunca essa determinação foi exercida com qualquer aplicação de força, da maneira como ocorreu em Ilhéus, nem há sinal de que tenha dado frutos. Tal política foi esboçada sem resultados por Pedro da Silva, em 1635 e 1638. Desta vez, porque a Câmara havia-lhe solicitado ordem para "proibir-se o plantar-se tabaco, por ser causa de se ocuparem no benefício dele e deixarem a planta de mantimentos tão necessários para a sustentação da gente de guerra e presídio desta cidade e povo" – ou seja, porque a açucarocracia questionava a conversão de uma cultura de abastecimento que lhe era subordinada em uma produção de exportação, o que se fazia, segundo Fréderíc Mauro, principalmente na região sudeste do Recôncavo, próxima a Ilhéus, de solo malpropício à cana. Em 1639, D. Fernando de Mascarenhas, o Conde da Torre, chegou a elaborar uma distribuição de cotas de produção de farinha entre as freguesias do Recôncavo, tomando como referência 10 alqueires para cada homem da infantaria cada ano. Disso resultou um rol de 12.641.000 covas de mandioca que já estavam plantadas na Bahia, cuja produção era estimada em 8.000 alqueires, mas da qual nunca mais houve nenhuma menção. Provavelmente, o máximo que se fez pelo projeto foi passar as listas em um tabelião de Salvador, para

125; Carta do Conde de Castelo Melhor a Bartolomeu Valadão, 01/08/1651, DHBN, v. 3, p. 118; Cartas do Conde de Castelo Melhor a Pedro Gomes, 01/08/1651, 31/08/1651, 09/05/1651, DHBN, v. 3, p. 119, 127, 137.

206 Carta do Conde de Castelo Melhor às Câmaras de Boipeba, Cairu e Camamu, 01/02/1651; Carta do Conde de Castelo Melhor a Antônio de Couros Carneiro, 22/02/1651, DHBN, v. 3, p. 97.

que o Conde da Torre pudesse comprovar em seus requerimentos à Coroa o esforço descomunal que envidou pessoalmente pelo abastecimento da capitania.[207]

Da mesma forma, vale notar que o abastecimento da Bahia pelas capitanias do Sul, sobretudo por São Vicente, não era apenas prejudicada pelo encarecimento dos transportes, devido à distância, mas a uma relação política muito diferente daquela que o governo-geral tinha com as vilas de Ilhéus. Por exemplo, quando o sargento--mor Gaspar Uchoa esteve em Santos, anos antes de assumir o posto em Morro de São Paulo, quase foi morto pelos paulistas. Como capitão-mor, sua ordem era aquie-tar São Vicente e reduzir seus moradores à união, pois estavam praticamente em esta-do de guerra civil, devido à disputa entre os Pires e os Camargo. Com isso, ergueria novas defesas em Santos e cobraria um donativo de mantimentos para socorrer a Bahia, durante a estadia de Von Schkoppe em Itaparica. No entanto, quando subia a serra com seus homens, pegaram-no de emboscada, "obrigando-os a se retirar depois de lhe roubarem o que levava". Anos depois, em 1656, outro capitão-mor escreveu que as "queixas dos oficiais da Câmara da vila de Santos impediram a compra e carga das farinhas" que Salvador havia encomendado. O governador-geral censurou-o, por não ter repreendido a Câmara de Santos com firmeza, mas era claro que a relação daqueles moradores com a capital era completamente outra.[208]

Em 1652, a administração do conchavo das farinhas passou a ser exercida pela Câmara de Salvador. Seus oficiais queixavam-se de que, para os gastos da infantaria, "vem a ser a Fazenda Real a ser a que despende a menor parte e a do povo a quem, por meio de suas imposições e donativos e contribuições, as supre tudo o que falta para se ajustarem os efeitos com as despesas". Em junho, diante de nova frustração com os efeitos do comboio da Companhia Geral, o governador pediu outro donativo extraordinário para o presídio. Desta vez, diante da negativa, Castelo Melhor ofereceu à Câmara ("para os aquietar") a competência sobre o pagamento dos soldos, enquan-to as folhas do Estado e do clero continuariam na provedoria. Como notou Pedro Puntoni, tratava-se de um blefe: para anular as pressões da Câmara, que duvidava das necessidades da Fazenda Real, o provedor-mor Simão Álvares de la Penha ofereceu

207 Cartas de Pedro da Silva a S.M., c. 1634-5, AHU, Bahia, série Luísa da Fonseca, cx. 6, doc. 680; Ata da Câmara de Salvador, 05/02/1639, DHAM: AC, vol. I, p. 390; Junta de governo de 07/02/1639, CCT, vol. IV, fl. 499; Certidão de Mathias Cardoso, 01/10/1639, CCT, vol. IV, fl. 510; Mauro. *Portugal, Brasil e o Atlântico, op. cit.*

208 Carta de Antônio Teles da Silva a S.M., 19/12/1647, AHU, Bahia, série Luísa da Fonseca, cx. 11, doc. 1301; Cartas do Conde de Atouguia ao capitão-mor de São Vicente, 05/10/1654, 23/06/656, DHBN, v. 3, p. 220, 348.

que ela assumisse seu lugar. Mas os oficiais pagaram pra ver, e aceitaram a proposta.[209]
Não eram todos na Câmara a favor, por suspeitar que assumiriam mais compromissos
que o esperado. Não obstante, considerou-se que "correndo pelo povo a despesa do
que der, será o povo molestado pelo mesmo povo, e terá a liberdade de falar com a
verdade e respeito e alegar sua justiça ou queixar-se da sem razão, porquanto então
ofende-se a si e não aos ministros". Para tanto, a Câmara definiu os termos: receberia
os rendimentos do estanco do sal e do direito no embarque do açúcar, que pertenciam
à Fazenda Real, e cessaria o repasse da terça parte das rendas à Coroa. Acima de tudo,
a Câmara pediu a administração do conchavo das farinhas.[210] Com o termo assinado
ao dia 13 de julho, a Câmara passou a fazer os pagamentos de socorros em dinheiro e
mantimentos aos soldados, enquanto o fardamento continuou a correr pela Fazenda
Real, que continuava a receber os dízimos e a renda das baleias.[211]

De início, o acordo não pareceu favorável à Câmara: "ouvi dizer que eles estavam
arrependidos de tomarem sobre si aquela carga, e que queriam antes dar as fintas".
Em pelo menos uma ocasião, pode-se ver seus oficiais enfrentando problemas com
o comando do exército, que tentava receber seus ordenados segundo seus próprios
termos, da forma similar à que os provedores haviam sofrido na década de 1630.[212]
Entretanto, o conchavo viria a se tornar um manancial de lucros para a Câmara de
Salvador, à custa das vilas de Boipeba, Cairu e Camamu. Em dezembro de 1652, o
Conde de Castelo Melhor lembrou estes moradores de que continuavam sob aquela
obrigação, e avisou-os: "se vier barco algum dessa vila que não traga a farinha que devem mandar, tenho dado ordem a quem governa o Morro [de São Paulo] que mande
vir presos a esta praça todas Vossas Mercês". Sua obediência seria novamente testada
em 1654 e 1656, e em ambas as ocasiões foram aquietados por força militar, forçando-
-os a cumprir suas cotas de produção. Nas décadas que se seguiram, a guarnição em

---

209 Informação sobre o Estado do Brasil, 15/11/1652, BNL, Manuscritos, Mss. 218, n. 134; Pedro Puntoni. "O conchavo da farinha: espacialização do sistema econômico e o Governo Geral na Bahia do século XVII", In: *Simpósio de Pós-Graduação em História Econômica*, São Paulo, 2008.

210 Além disso, a Câmara pedia sargentos e ajudantes do presídio para ajudar nas cobranças; que o pagamento dos terços fosse feito em mostra, com as listas passadas pelo provedor-mor; que tivessem apoio do governador para a cobrança de todas as dívidas e tributos com a Câmara, "indepentente de qualidade e condição"; por fim, pediam a quitação de uma dívida da Fazenda Real com a Câmara, de 12.000 cruzados. Ata da Câmara de Salvador, 15/07/1652, DHAM: AC, v. 3, p. 216-20.

211 Termo assinado pela Câmara com o governador, 13/07/1652, DHAM: AC, v. 3, p. 220-5.

212 Informação sobre o Estado do Brasil, 15/11/1652, BNL, Manuscritos, Mss. 218, n. 134; Carta da Câmara de Salvador a S.M., 15/09/1659, AHU, Bahia, série Luísa da Fonseca, cx. 15, doc. 1744.

Morro de São Paulo continuaria a funcionar como um acicate apontado para a zona produtora de mandioca, pronto para colocá-la em seu lugar. Em 1674, seus habitantes foram proibidos de erguer engenhos e produzir açúcar, apesar de seu compreensível desejo de sair da economia de abastecimento.[213] A Câmara de Salvador, por sua vez, desde 1651 já havia começado a construção de um novo celeiro municipal para as farinhas, onde seria possível armazenar até 12.000 sírios.[214] Em 1653, passou a nomear um recebedor oficial das farinhas do conchavo, para as recolher ao celeiro, onde se poderiam vender "livremente" à população (além de abastecer o exército, portanto), e dos comissários, que administravam as remessas nas três vilas. Com a exclusão dos atravessadores do negócio, ainda que incompleta, e o congelamento do preço da farinha do conchavo ao produtor em $320, que perduraria até o século XVIII, não é difícil imaginar qual era o resultado da operação para a Câmara. Anos depois, seus oficiais assumiriam que era normal levar 100% de avanço nas farinhas do conchavo.[215]

Ao fim da guerra holandesa, portanto, o Senado da Câmara de Salvador havia ampliado seu papel administrativo e consolidado-se como centro político para a açucarocracia baiana. Eram seus oficiais que elaboravam as listas de cobrança dos donativos entre as freguesas, desde contribuições em dinheiro até o número de escravos a se emprestar para obras de fortificação. Com isso, a Câmara reforçava a subordinação das localidades do Recôncavo. Em 1638, avisava aos moradores de Matoim, Passé e Nossa Senhora do Socorro que "os que logo não pagarem o que lhes vai lançado pelos ditos róis (do donativo da armada) serão penhorados em ouro e prata e, o que o não tiver, em negro ou negra de sua casa; e constando-lhe que se esconde o fará nos bens que se lhe achar, e serão presos e trazidos à cadeias desta cidade, onde não serão soltos sem pagarem em dobro do que se lhe lançou".[216] Na questão do cargo de juiz do peso, nota-se que algumas das freguesias buscaram interlocução direta com Lisboa, e

---

213 Carta do Conde de Castelo Melhor às Câmaras de Boipeba, Cairu e Camamu, 05/12/1652. DHBN, v. 3, p. 190; Carta do Conde de Castelo Melhor ao capitão do forte do Morro, 01/01/1653, DHBN, v. 3, p. 200; Carta do Conde de Atouguia às Câmara de Boipeba, Cairu e Camamu, 28/02/1654, DHBN, v. 3, p. 204; Vide: Marcelo Henrique Dias. *Economia, sociedade e paisagens da capitania e comerca de Ilhéus no período colonial*, tese de doutorado. Niterói, UFF, 2007, p. 97-113.

214 Ata da Câmara de Salvador, 01/09/1651, DHAM: AC, v. 3, p. 171-5. Não se deve confundir o armazém construído em 1651 com o Celeiro Público de Salvador, fundado em 1785 (vide: Barickman. *Um contraponto baiano, op. cit.*, p. 134).

215 Ata da Câmara de Salvador, 08/03/1653, DHAM: AC, v. 3, p. 235-5; Ata da Câmara de Salvador, 07/08/1653, DHAM: AC, v. 3, p. 251-2; Pedro Puntoni. "O conchavo da farinha", *op. cit.*

216 Ata da Câmara de Salvador, 31/07/1638, DHAM: AC, v. 1, p. 382-3.

a Câmara foi levada a assumir sua posição, em nome de toda a capitania. Da mesma forma, ao assumir o conchavo das farinhas, subordinava claramente as Câmaras em Ilhéus. Porquanto ampliava seu papel da regulamentação de atividades econômicas de um sistema que transbordava sua jurisdição territorial – uma "região colonial", como a definiu Ilmar Rohloff – a Câmara de Salvador ergueu os mecanismos de sua "ascendência direta e indireta face às diversas outras Câmaras da capitania", bem como das capitanias vizinhas, conforme seriam fundadas ao longo do século XVIII. A cabeça da região, como percebeu o padre Vieira, era o açúcar, não apenas predominante, mas soberano sobre os demais. Agindo em seu nome, a vila fundada por Tomé de Sousa ainda seria por muito tempo a "cidade da Bahia".[217]

---

217 Ilmar Rohloff Mattos. *O tempo Saquarema*. São Paulo: Hucitec, 2004, p. 36; Sousa. *Poder local, op. cit.*, p. 63.

Epílogo: o pós-guerra

O fim do monopólio da Companhia Geral sobre os quatro gêneros, em 1658, melhorou de alguma forma os termos de troca para a colônia e aliviou a carestia sobre os moradores. Ao que parecem indicar os contratos dos dízimos, a produção açucareira na Bahia continuou a se expandir por algum tempo, ainda que em ritmo mais lento, a despeito das epidemias e secas que assolaram a capitania. Os preços gozaram de relativa estabilidade, pelo menos até meados de 1670, enquanto se difundia o negócio pelas Antilhas. A lavoura de tabaco expandia-se. Por sua vez, o preço dos escravos importados diminuiu ligeiramente. A pacificação da navegação atlântica certamente contribuiu para o aumento do comércio colonial, até que a economia baiana entrasse de fato em aguda depressão, aproximadamente a partir de 1680.

No entanto, consolidada a segurança da colônia após a expulsão da WIC, e conforme se mostrava pouco provável a retaliação dos Estados Gerais, a Coroa portuguesa teria melhores condições para tirar proveito de sua "vaca de leite", como D. João IV chamava o Estado do Brasil. As rodas da "máquina mercante", à qual se referia Gregório de Matos, continuavam a girar em benefício da metrópole, por todos os mecanismos que se conhece: os termos de intercâmbio no regime de comércio e navegação, as aberturas ao estrangeiro como moeda de troca para a diplomacia, as reexportações para o restante da Europa, a arrecadação das alfândegas em Portugal etc. Sobretudo, enquanto prosseguiu o desmonte da Companhia Geral, a reforma no regime de frotas e sua incorporação ao Estado português, este favoreceria o instrumento tributário em sua política de exploração colonial. Em 1662, criou-se o "donativo da Rainha da Inglaterra e paz de Holanda", para financiar os acordos com Londres e Haia, fundamentais para a vitória na guerra contra Castela. Os tratados incluíam uma contrapartida em dinheiro de Lisboa que somava a impressionante soma de 5.600.000 cruzados, ou mais que dois mil contos de réis. Destes, 2.240.000 teriam de ser arrecadados no Brasil, ao longo de dezesseis anos.

A cota da Bahia no donativo era de 1.280.000 cruzados, 57% do total, a indicar o peso econômico da capitania ou, o que também é possível, a segurança da Coroa nos mecanismos políticos de sua tributação, em vista dos resultados obtidos ao longo da guerra neerlandesa. De todo modo, o donativo significou um novo choque de arrecadação sobre a população baiana, que de repente viu-se obrigada a arrecadar algo menos que o dobro do que eram suas receitas fiscais anuais. Além disso, a medida implicava em novas listas de cobrança direta, baseadas nos rendimentos dos moradores, escravos, terras e demais posses, bem como novos instrumentos de tributação indireta. Pouco desse donativo acabou em remessas líquidas a Portugal, mas o dinheiro foi usado no apresto de naus da Índia, o que não deixa de ser uma forma de financiar uma empresa cujo retorno dava-se no Reino, e principalmente na expansão colonial e nas despesas militares. Vale dizer, na "guerra dos bárbaros", contra os povos indígenas que resistiam à expansão portuguesa, na colônia de Sacramento e na guerra contra Palmares. Os prazos foram prorrogados diversas vezes, mas no início do século XVIII a Câmara de Salvador calculava ter entregue aos cofres da Fazenda Real uma soma de 455:411$381, quase atingindo sua parcela total naquele donativo, o que equivalia em algo em torno de doze contos de réis todo ano.[1]

No mesmo sentido, a Coroa buscou restringir a distribuição de privilégios de isenção fiscal na colônia. Os principais atingidos foram os membros da Ordem de Cristo, que perderam sua imunidade nos dízimos e nos donativos extraordinários, por carta régia de 30 de maio de 1650. Como vários dos portadores dos hábitos estavam integrados com a alta açucarocracia, é natural que a norma não teve validade imediatamente, e sem resistências. Em 1656, a Câmara de Salvador ainda solicitava à Coroa que cada morador pagasse o que se lhe era lançado, sem que valesse qualquer privilégio: "que eles o sejam [isentos] em seus soldos, não duvidamos, mas que o queiram ser em suas fazendas, quando são as mais poderosas, isto sentimos". O Conselho Ultramarino endossava a petição, considerando que, em Portugal, os privilégios do clero e da nobreza também haviam sido suspensos na cobrança das décimas militares. Em resposta, D. João IV enviou nova carta régia a Salvador, "para que neste Estado não houvesse privilegiado algum que se isentasse de pagar os donativos gerais para as guerras, enquanto elas durassem", o que incluía "comendadores, cavalheiros de todas as ordens, desembargadores e outros ministros, e uns, e outros repugnam esta contribuição, sem embargo da provisão de vossa majestade". Entretanto, o governador-geral, Francisco Barreto notou que a redação da carta deixava dúvidas: não

---

1   Carrara. *Receitas e despesas*, op. cit., p. 50-59; Para um balanço recente da conjuntura depressiva na segunda metade do século XVII, veja-se: Pedro Puntoni. "O 'mal do Estado brasílico': a Bahia na crise final do século XVII". In: *Segundo Congresso Latino-americano de História Econômica*, Cidade do México, 2010.

se podia tirar os privilégios de comendadores das ordens, sem que houvesse trâmite pela Mesa da Consciência, nem havia menção específica aos desembargadores da Relação.[2] Um deles, Cristóvão de Burgos, continuaria a enfrentar o fisco. Anos antes, havia sido obrigado ao pagamento de dízimos por Atouguia, mas após a troca do governo conseguiu dos colegas da Relação um desagravo para não mais os pagar, nem aos lançamentos da vintena. A Câmara denunciou o ocorrido à Coroa, em 1659, sem esquecer que a esposa do desembargador era "senhora de engenho".[3]

Apesar de algumas tentativas, não seria possível extinguir os privilégios das ordens religiosas e do clero. A Câmara de Salvador já havia solicitado que fossem proibidos de comprar bens de raiz, "porque os que tem são bastantísssimos para o seu sustento", e não pagavam dízimos; ou então, que "paguem pelo menos o lançamento [das fintas]", e perdessem os privilégios que tinham de vinhos e azeite, pois neles o tesouro da Câmara perdia dois contos de réis todo ano.[4] A Coroa chegou a esboçar intervenções nesse sentido, mas hesitava, devido ao grau elevado de organização política e da influência geral sobre os moradores que tinha essa nata do senhoriato colonial. Em 1662, confirmou-se as isenções fiscais do clero, apesar das queixas da Câmara (vale dizer, do baixo senhoriato). Nas décadas seguintes, continuariam as disputas em torno desse tema. Em 1680, o monarca tentou retirar a isenção de beneditinos e carmelitas, e tentou levar os jesuítas a pagar os dízimos. Contudo, os privilégios das ordens religiosas em geral permaneceram intocados.[5]

Por outro lado, a Coroa não tentou retirar a isenção de engenhos novos no pagamento dos dízimos. Pelo contrário, esta foi reforçada por provisões régias de junho de 1654 e setembro de 1655. O máximo que se fez foram alterações pontuais na fiscalização desse privilégio pelos provedores, passando-se a exigir que o proprietário pedisse de antemão a licença para reformar engenhos antigos para gozar da isenção, mediante vistoria dos oficiais da Fazenda Real, e que as caixas com o açúcar isento deveriam

---

2   Minuta do Conselho Ultramarino, c. 1651, AHU, Bahia, série Luísa da Fonseca, cx. 12, doc. 1402; Consulta do Conselho Ultramarino, 19/09/1659, AHU, Bahia, série Luísa da Fonseca, cx. 15, doc. 1745; Carta da Câmara de Salvador a S.M., 18/02/1656, AHU, Bahia, série Luísa da Fonseca, cx. 14, doc. 1635; Carta de Francisco Barreto a S.M., 22/02/1658, DHBN, v. 04, p. 335; Alvará sobre as isenções dos dízimos das ordens militares, 06/08/1658, CCLP, 1658, p. 22.

3   Consulta do Conselho Ultramarino, 19/09/1659, AHU, Bahia, série Luísa da Fonseca, cx. 15, doc. 1745. Para a história de Cristóvão de Burgos, veja-se Schwartz, *Segredos internos*, p. 227.

4   Carta da Câmara de Salvador a S.M., 09/02/1656, AHU, Bahia, série Luísa da Fonseca, cx. 14, doc. 1635.

5   Consulta do Conselho Ultramarino, 10/11/1662, AHU, Bahia, série Luísa da Fonseca, cx. 17, doc. 1899; Carrara. *Receitas e despesas, op. cit.*, p. 45-9.

ser certificadas na provedoria, com declaração assinada pelo senhor, para averiguação no Reino. Ao mesmo tempo, Francisco Barreto enfatizava o papel do engenho como local de arrecadação dos dízimos, inclusive responsabilizando o dono pela cobrança sobre lavradores que eram membros das ordens militares: "não entreguem nem deixem tirar de suas casas de purgar nenhum açúcar sem primeiro avisar o dito contratador", sob pena de assumir a dívida dos dízimos não cobrados.[6] A renovação desta política buscava favorecer a reconstrução das capitanias setentrionais no pós-guerra, Pernambuco naturalmente. Não obstante, foi redigida para vigorar em todo o Estado do Brasil. Note-se que nem a Câmara de Salvador, nem o "povo" da Bahia registrou queixas contra este privilégio.[7] Ademais, conforme piorava a situação geral da economia açucareira, até o início do século XVIII a Coroa reeditou dezesseis vezes a norma contra a execução de dívidas em engenhos, terras, escravos e instrumentos agrícolas dos moradores do Brasil.[8]

Com isso, a tendência de revogação dos privilégios de isenção fiscal em Portugal, de ordens militares e estamentos privilegiados não atingiu os senhores de engenho e o riquíssimo clero da colônia. As condições de renovação da "liberdade dos dez anos" indicam que o critério usado por Lisboa na distribuição desse privilégio tinha

---

6   Provisão régia sobre a liberdade dos dez anos, 27/06/1654, BC, Cód. 706, fl. 86v; Provisão régia sobre a liberdade dos dez anos, 17/09/1655, In: José Roberto Monteiro de Campos Coelho e Sousa. *Systema, ou Collecção dos Regimentos Reaes*. 6 vols. Lisboa: Oficina de Francisco Borges de Sousa, 1783-91, vol. 2, p. 81; AHU, Bahia, série Luísa da Fonseca, cx. 14, doc. 1622; Provisão de S.M. sobre a liberdade dos engenhos, 04/04/1656, DHBN, v. 19, p. 19; Alvará de Francisco Barreto sobre cobrança dos dízimos, 11/11/1657, DHBN, v. 19, p. 265.

7   Mello, *Olinda restaurada*, p. 210-1.

8   Alvará sobre dívidas de engenhos do Brasil, 23/12/1663; Alvará sobre dívidas de engenhos da Bahia, 23/12/1663; Alvará de isenção de penhora aos engenhos do Rio de Janeiro, 27/10/1673; Alvará de isenção de penhora aos engenhos da Paraíba, 08/02/1674; Alvará de isenção de penhora aos engenhos de Pernambuco e Itamaracá, 03/03/1676, Alvará contra execução em engenhos do Rio de Janeiro, 26/02/1681; Alvará contra execução em engenhos dos moradores de Pernambuco, 15/01/1683; Provisão contra execução em engenhos dos moradores da Paraíba, 19/12/1683; Provisão contra execução em engenhos dos moradores da Bahia, 11/01/1684; Provisão contra execução em engenhos dos moradores do Rio de Janeiro, 08/12/1686; Alvará de isenção de penhoras aos senhores de engenhos do Maranhão, 21/04/1688; Provisão contra execução em engenhos dos moradores de Pernambuco, 07/12/1691; Provisão sobre execução em propriedades do Rio de Janeiro, 20/11/1694; Provisão sobre execução em engenhos do Espírito Santo, 05/03/1695; Alvará sobre execução em engenhos de Itamaracá, 04/12/1697; Provisão sobre execução em engenhos de Pernambuco, 08/01/1700; In: CCLP, vol. 1657-1674, p. 2; vol. 1675-1683 (e suplemento), p. 267, 313, 314, 326, 360, 370; 1683-1700 5, 7, 84, 477, 268, 359, 360, 365, 403, 456.

sempre como meta a defesa e expansão da produção colonial, que era o principal sustento de sua autonomia no cenário europeu. Ao longo deste volume, esta foi nossa compreensão de como foram conduzidos politicamente os termos do pacto colonial na Bahia, em favor da preservação do Império português. Não é a outra coisa que se refere Antonil:

> Pelo que temos dito até agora, não haverá quem possa duvidar de ser hoje o Brasil a melhor e mais útil Conquista, assim para a Fazenda Real como para o bem público, de quantas outras conta o Reino de Portugal, atendendo ao muito que cada ano sai destes portos, que são minas certas e abundantemente rendosas. E se assim é, quem duvida também que este tão grande e contínuo emolumento merece justamente lograr o favor de Sua Majestade e de todos os seus ministros no despacho das petições que oferecem, e na aceitação dos meios que, para alívio e conveniência dos moradores, as Câmaras deste Estado humildemente propõem? Se os senhores de engenho e os lavradores de açúcar e do tabaco *são os que mais promovem um lucro tão estimável,* parece que *merecem mais que os outros* preferir no favor e achar em todos os tribunais aquela pronta expedição que atalha as dilações dos requerimentos e o enfado e os gastos de prolongadas demandas.[9]

Deve-se notar que o jesuíta toscano dispõe senhores de engenho e lavradores das culturas de exportação em nível superior de importância, em relação aos demais moradores, e defende que devem ser favorecidos pela monarquia, precisamente porque eram aqueles que produziam a riqueza que conferia tanto lucro a Portugal. Não se trata de uma simples identidade ideológica, entre vassalos e Coroa, mas de uma diretriz pragmática para a política colonial – no caso de Antonil, no contexto específico da economia açucareira, frente ao descobrimento das minas.[10]

Na ação concreta do governo colonial, ampliar ou restringir o círculo de privilégios e favores da Coroa era uma questão central, e legislava-se de forma a simultaneamente se garantir a ordem social e preservar o patrimônio régio e os mecanismos de exploração colonial. Veja-se as atitudes diferentes do Conde de Atouguia e de Francisco Barreto sobre a proibição da aguardente, que são um exemplo ilustrativo dos termos em que isso se ponderava, na Bahia do imediato pós-guerra. Em 1654, para compensar a minguante imposição dos vinhos, a Câmara de Salvador havia voltado a vender licenças para a produção da bebida. Em carta ao próprio Francisco Barreto, em março de 1655, o Conde de Atouguia explicitou seu apoio à medida:

9   Antonil, *Cultura e opulência do Brasil, op. cit.,* p. 334 (grifo nosso).

10 *Ibidem,* p. 42-3.

Tem a experiência mostrado que nunca a Companhia Geral meteu nela vinhos a cuja venda fizesse impedimento a da aguardente. E, na limitação dos [vinhos] que vêm, bem pode ser permissível o lucro que neste remédio [a venda de aguardentes] têm os pobres que dele vivem, principalmente quando aqui se não usa utilizar-se açúcar (*sic*).[11]

Quatro anos depois, quando era o mestre de campo que estava à frente do governo-geral em Salvador, defenderia o argumento contrário ao de Atouguia:

(…) não é razão política a que estas [as cachaças] tem contra si, de padecerem muitos pobres na sua falta: porque as Repúblicas se não conservam com os pobres (que nesta podem ter outros exercícios mais úteis); se não com os ricos, que as fazem opulentas. E nesta praça se está vendo que só sobre os ricos cai todo o peso das fintas, e a exceção com que se cobram os faz descompor, por serem comumente quando não tem valor algum dos seus frutos, malbaratando-os antes de os lavrarem, ou vendendo seus escravos, com que se atrasam e impossibilitam invariavelmente os cabedais. E não é conveniente destruir os que conservam as praças por preservar os que as debilitam, e muito menos permitir nestes dois gêneros, que arruínam; podendo lograr com interesse comum do Reino e do Estado *aquele de que tanta dependência tem o negócio, que a aumenta, e os soldados que a seguram*.[12]

Mais uma vez, a produção de açúcar aparece como justificativa principal da ação política: na defesa da aguardente, porque Atouguia sustenta que o açúcar não é utilizado nos alambiques, portanto assumia que sua produção gerava renda para os "pobres", mas não prejudicava as exportações; no combate a ela, quando Barreto defende que o favorecimento dos "ricos" era prioritário, pois eram estes que mobilizavam fatores para a produção açucareira. Assim como em Antonil, a expansão da cultura exportadora como motivo aparece na legitimação de pleitos específicos.

Ao mesmo tempo, enquanto os dois governadores discordam sobre a utilidade dos "ricos" e dos "pobres" para o melhor serviço da Coroa, apresentam o critério plutocrático que estava presente na determinação da política colonial, talvez em primeiro plano. O mesmo é perceptível na revogação das isenções fiscais no pós-guerra, quando a distribuição deste privilégio era preservada segundo o critério material (a posse de um engenho) e extinguida segundo o critério pseudonobiliárquico (a posse de hábitos das ordens militares). *Idem*, nas tensões políticas que se vivenciaram na Câmara,

11   Carta do Conde de Atouguia a Francisco Barreto, 20/03/1655, DHBN, v. 3, p. 262.

12   Carta de Francisco Barreto a S.M., 04/06/1661, AHU, Bahia, série Luísa da Fonseca, cx. 16, doc. 1811 – grifo no original.

que em nenhuma ocasião orbitaram a distribuição dos "privilégios do Porto", mas sempre, em primeiro lugar, a distribuição da carga tributária.

Essa espécie de plutocracia definia portanto o "rico" como o grande fornecedor de produtos coloniais, e a "riqueza" segundo o interesse material do capitalismo mercantil – este sim, no topo da ordem. Afinal, é o açúcar como mercadoria estratégica na economia-mundo europeia que o tornava determinante de uma "açucarocracia" na periferia colonial. É nesse quadro que o favorecimento dos "ricos" era buscado pela Coroa e pelo governo em Salvador, ocupado por eles próprios, de maneira que fossem contemplados no processo de exploração daquela riqueza, enquanto comandavam sua produção e suas primeiras etapas de comercialização. Quanto aos "pobres" do baixo senhoriato, o que se buscava era remediar e aquietar, com suavidade ou não, a depender do quem, quando e como. As opiniões de Atouguia e Barreto são pois modos distintos de entender o fabricante e o bebedor de aguardente, dentro desse critério. Os proprietários de Boipeba, Cairu e Camamu, que atuavam no mercado de abastecimento interno, foram penalizados acintosamente, assim que houve oportunidade. Ao branco ou mestiço, pobre mesmo, livre ou agregado, parceiro, meeiro, só com muita sorte tinha condições de entrar nos circuitos privilegiados. Para o negro africano, em geral havia apenas o tronco e o trabalho até a morte, a depender das condições de reprodução da força de trabalho pelo tráfico. E também nessa relação fundamental desenvolveram-se formas de cooptação e reivindicação.

Como já disse Sérgio Porto: "no Brasil, a política se resume a não deixar a onça com fome, nem o cabrito morrer". Ao fim, voltamos a isso.

Abreviaturas

AHU – Arquivo Histórico Ultramarino

ANTT – Arquivo Nacional da Torre do Tombo

APEB – Arquivo Público do Estado da Bahia

AHMS – Arquivo Histórico Municipal de Salvador

BNL – Biblioteca Nacional de Lisboa

BPA – Biblioteca do Palácio da Ajuda

BUC – Biblioteca Geral da Universidade de Coimbra

CCT – Cartas do Primeiro Conde da Torre

CCLP – Colecção Chronológica da Legislação Portugueza

CNCDP – Comissão Nacional para as Comemorações dos Descobrimentos Portugueses

DHAM: AC – Documentos Históricos do Arq. Municipal de Salvador: Atas da Câmara

DHAM: CS – Documentos Históricos do Arq. Municipal de Salvador: Cartas do Senado

DHBN – Documentos Históricos da Biblioteca Nacional

RIAP – Revista do Instituto Arqueológico, Histórico e Geográfico Pernambucano

RIHGB – Revista do Instituto Histórico e Geográfico Brasileiro

RIGB – Revista do Instituto Geográfico e Histórico da Bahia.

Fontes e Bibliografia

Fontes manuscritas

Arquivo Histórico do Município de Salvador

Provisões Reais, lv. 2 (1641-1680).
Cartas do Senado, lv. 1, (1626-1655).

Arquivo Histórico Ultramarino

Fundos: Conselho Ultramarino: caixa 1.

Reino: caixas 4-A, 6, 7, 8, 11.

Reino, Serviço de Partes: caixa 1.

Brasil – Geral: ns. 8-11, 37, 38.

Bahia – caixas 1-17.

Arquivo Nacional da Torre do Tombo

Chancelarias Régias. *Filipe III*, doações, livros 1-12, 15-18, 20-23, 25-32, 34, 36, 38, 40; perdões e legitimações, livros 1, 3, 9, 11, 17, 20; privilégios, livros 1-4. *João IV*, doações, livros 1-3, 5, 9-22, 24-28; perdões e legitimações, livros 2, 3. *Afonso VI*, doações, livros 19, 21, 27.

Desembargo do Paço: Justiça e despachos de mesa, documentos avulsos (1621-1772), maço 1632.

Corpo Cronológico: Parte 1, maços 113, 115-20; Parte 3, maços 30-32.

Portarias do Reino: livros 1-4.

Arquivo Público do Estado da Bahia

Códices (cotas): 604, 604-1, 626-8, 626-9, 632-1.

Biblioteca Nacional de Lisboa

Códices (cotas): 201, 630, 1.555, 4.489, 7.627, 9.889, 10.563, 12.923.

Reservados (cotas): 422//2A; 3.607 V.; 3.679 V.; 463 P.

Coleção Pombalina: Códice 442 – "Livro de registro do governo (...) de D. Diogo de Castro", 1633-4.

Manuscritos avulsos (cotas): Mss. 108, n. 10; 201, n. 1; 206, ns. 168 e 267; 208, n. 16; 218, n. 314; 234, n. 12.

Biblioteca do Palácio da Ajuda

Códices (cotas): 49-X-10, 49-X-11, 49-X-12, 49-X-23, 49-X-28, 49-X-35, 50-V-32, 51-V-1, 51-V-14, 51-V-75, 51-VI-3, 51-VI-16, 51-VI-19, 51-VI-21, 51-VI-22, 51-VI-22, 51-VI-26, 51-VI-28, 51-VI-43, 51-VI-48, 51-VI-52, 51-VI-54, 51-VIII-9, 51-VIII-17, 51-VIII-19, 51-VIII-22, 51-VIII-25, 51-VIII, 26, 51-VIII-27, 51-VIII-31, 51-VIII-32, 51-VIII-42, 51-VIII-43, 51-VIII-45, 51-IV-6, 51-IX-12, 51-IX-20, 51-IX-21, 51-IX-33, 51-X-1, 51-X-2, 51-X-3, 51-X-4, 51-X-5, 51-X-6, 51-X-7, 51-X-16, 51-X-17, 51-X-34, 52-VIII-38, 51-IX-6, 52-IX-9.

Manuscritos avulsos (cotas): 44-XIII-32, n. 16; 44-XII-34, n. 3; 54-VI-53, n. 295; 54-VIII-32, ns. 319, 323, 324; 54-VIII-36, ns. 83, 92; 54-VIII-37, ns. 109, 120, 152, 154, 157, 163, 168, 170, 172, 174, 176, 178, 181, 192, 205, 208, 231; 54-VIII-38, ns. 247, 290, 294-7, 316, 336, 344, 345, 350-2, 370-1, 377; 54-IX-42, n. 117; 54-IX-28, ns. 10, 12; 54-XI-26, n. 3; 54-XIII-4, n. 27, 85.

Biblioteca Geral da Universidade de Coimbra

Códices: 38, 506, 518, 537, 706 (miscelâneas)

FONTES ÉDITAS

ALDENBURGK, Johann Gregor. *Relação da conquista e perda da cidade do Salvador pelos holandeses em 1624-5* (1627). Trad. Alfredo de Carvalho. São Paulo: Revista dos Tribunais, 1961.

ANTONIL, André João. *Cultura e opulência do Brasil por suas drogas e minas* (1711). Lisboa: CNCDP, 2001.

Arte de furtar, espelho de enganos, teatro de verdades, mostrador de horas minguadas, gazua geral dos Reinos de Portugal (1652). Amsterdam: Officina Elvizeriana, 1743.

BARLEUS, Gaspar. *História dos feitos recentemente praticados durante oito anos no Brasil etc.* (1647). Trad. Claudio Brandão. Rio de Janeiro: Ministério da Educação, 1940.

BARROS, Francisco Borges de. *Novos documentos para a história colonial*. Salvador: Imprensa Oficial do Estado, 1931.

"A batalha naval de 1631 nos mares do Brasil". Trad. José Higyno. In: *Revista do Instituto Histórico Geográfico Brasileiro*, v. 58 (1895).

"A batalha naval de 1640 e outras peripécias da guerra holandesa no Brasil". Trad. José Higyno. In: *Revista do Instituto Histórico Geográfico Brasileiro*, v. 58 (1895).

CALADO, Fr Manuel. *O valeroso lucideno e triunfo da liberdade* (1648). Belo Horizonte: Itatiaia, 1987. (Reconquista do Brasil).

CALDAS, José Antônio. *Notícia geral da Bahia até o presente ano de 1759*. Salvador: Beneditina, 1951.

"Carta de alguns moradores ao bispo e aos padres da Bahia". In: *Revista do Instituto Arqueológico e Geográfico Pernambucano*, v. 35, p. 32-4, 1888.

"Carta do Marquês de Montalvão ao Conde de Nassau, noticiando a aclamação e juramento de D. João IV como Rei de Portugal". In: *Revista do Instituto Histórico Geográfico Brasileiro* v. 56 (1893).

COELHO, Duarte de Albuquerque. *Memórias diárias da guerra do Brasil, 1630-1638*. Recife: Secretaria do Interior, 1944.

COSTA, Luiz Monteiro da. *Um manuscrito raro holandeses na Bahia em 1638*. Salvador: Centro de Estudos Baianos, 1967.

"Diário de Henrique Haecxs" (1645-1654). Trad. Fr. Agostinho Keijzers. In: *Anais da Biblioteca Nacional*, n. 69, 5-159.

Documentos Históricos. 110 vols. Rio de Janeiro: Biblioteca Nacional do Rio de Janeiro, 1928-55.

Documentos históricos do Arquivo Municipal: atas da Câmara. Salvador: Prefeitura Municipal, 1944-49.

Documentos históricos do Arquivo Municipal: cartas do Senado. Salvador: Prefeitura Municipal, 1951.

Documentos para a história do açúcar: contabilidade do engenho Sergipe do Conde. Vol. 3. Rio de Janeiro: Instituto do Açúcar e do Álcool, 1954-63.

"Documentos seiscentistas brasileiros". In: *Anais do Museu Paulista* v. III, n. 2, 12-31.

DUSSEN, Adrian van der. *Relatório sobre as capitanias conquistadas no Brasil pelos holandeses, suas condições econômicas e sociais*. Rio de Janeiro: Instituto do Açúcar e do Álcool, 1947.

GUERREIRO, Bartolomeu. *Jornada dos vassalos da Coroa de Portugal*. Rio de Janeiro: Biblioteca Nacional, 1966.

LAET, Johannes de. "Anais da Biblioteca Nacional História ou Annaes dos feitos da Companhia Privilegiada das Índias Ocidentaes desde o seu começo até ao fim do anno de 1636". In: v. 30,33,38, 41 e 42 (1644).

Livro primeiro do governo do Brasil. (1607-1633). Rio de Janeiro: MRE, 1958

"Livro segundo do governo do Brasil" (1615-1634). In: *Anais do Museu Paulista*, v. 3 (1927), 7-128.

MACHADO, Diogo Barbosa. "Relação verdadeira de todo o sucedido na restauração da Bahia de Todos os Santos". In: *Revista do Instituto Histórico Geográfico Brasileiro*, v. 5, 2a. ed. (1895).

MENESES, Manoel de. *Relacion de la perdida de la Armada de Portugal del ano 1626*. Lisboa: Pedro Craesbeeck, 1627

MIRALES, José de. *História militar do Brasil: desde o ano de mil quinhentos e quarenta e nove, em que teve principio a fundação da cidade de S. Salvador da Bahia de Todos os Santos, ate o ano de 1762* (1762). Rio de Janeiro: Leuzinger, 1900.

MOERBEECK, Jan Andreas. "Motivos porque a Companhia das Índias Ocidentais deve tentar tirar ao Rei da Espanha a terra do Brasil" (1624). In: *Documentos históricos*. Trad. Agostinho Keijzrs e José Honório Rodrigues. 1º vol. Rio de Janeiro: Instituto do Açúcar e do Álcool, 1942.

MONTEIRO, Jácome. "Relaçao da Província do Brasil" (1610). In: Serafim Leite, *História da Companhia de Jesus no Brasil*, v. 8, Rio de Janeiro: INL, [s.d.].

MOREAU, Pierre. *História das últimas lutas no Brasil entre holandeses e portugueses* (1651). Belo Horizonte: Itatiaia, 1979. (Reconquista do Brasil).

MORENO, Diogo do Campos. *Livro que dá razão do Estado do Brasil* (1612). Rio de Janeiro: Instituto Nacional do Livro, 1968.

NARBONA Y ZUÑIGA, Eugenio de. "Historia de la recuperación del Brasil hecha por las armas de España y Portugal el año de 1623 (*sic*)". In: *Anais da Biblioteca Nacional*, v. 69.

NIEUHOF, Joan. *Memorável viagem marítima e terrestre ao Brasil* (1682). Trad. Moacir Vasconcelos. Belo Horizonte: Itatiaia, 1981. (Reconquista do Brasil).

"Os planos que Salvador Correia de Sá e Benevides apresentou em 1643 para se abrir o comércio com Buenos Aires e reconquistar o Brasil e Angola". In: *Brasília*, v. 2, Coimbra: Instituto de Estudos Brasileiros da Faculdade de Letras, 1943.

PITA, Sebastião da Rocha. *História da América portuguesa* (1730). Belo Horizonte: Itatiaia, 1976. (Reconquista do Brasil).

"Privilégios concedidos aos cidadãos do Rio de Janeiro por El-Rei D. João IV em 1642". In: *Brasília*, v. 4, Coimbra: Instituto de Estudos Brasileiros da Faculdade de Letras, 1943.

PUDSEY, Cuthbert. "Diário de uma estada no Brasil". In: Leonardo Dantas Silva (ed.) *Brasil holandês*. Trad. Nelson Papavero. 3º vol. Petrópolis: Index, 2000.

PYRARD, François. *Viagem de Francisco Pyrard, de Laval*. Trad. port. Porto: Civilização, 1944.

"Regimento das Praças Conquistadas ou que forem conquistadas nas Índias Ocidentais de 1629". In: *Revista do Instituto Arqueológico e Geográfico Pernambucano*, n. 31, p. 289-310, 1886.

REGO, Antônio da Silva. *Documentação ultramarina portuguesa*. 5 vols. Lisboa: CEHU, 1960.

"Relacion sumaria de los avisos que ha avido en razon de las pretenciones que se hacian en Olanda para el Brasil". In: Antônio da Silva Rego, *Documentação ultramarina portuguesa*, v. 3, Lisboa: CEHU, 1960.

SALVADO, João Paulo; MIRANDA, Susana Münch (eds.). *Cartas do primeiro Conde da Torre*. 4 vols. [s.l.]: CNCDP, 2001.

SALVADOR, Frei Vicente do. *História do Brasil 1500-1627*. 4 ed. São Paulo: Melhoramentos, 1954.

SANTIAGO, Diogo Lopes de. *História da guerra de Pernambuco e feitos memoráveis do mestre de campo João Fernandes Vieira etc.* (c. 1650). Recife: Secretaria do Interior, 1943.

SILVA, Ignacio Accioli de Cerqueira e. *Memórias históricas e políticas da província da Bahia*. Salvador: Imprensa Oficial do Estado, 1925.

SILVA, José Justiniano de Andrade e. *Colecção chronológica da legislação portugueza*. 10 vols. Lisboa: [s.n.], 1854.

SOUSA, José Roberto Monteiro de Campos Coelho e. *Systema, ou Collecção dos Regimentos Reaes*. 6 vols. Lisboa: Oficina de Francisco Borges de Sousa, 1783-91.

TAMAYO DE VARGAS, Tomas. *Restauración de la cidad del Salvador, y bahia de todos os santos, en la provincia del Brasil*, Acervo IEB/USP. Madri: Viuda Alonso Martin, 1628.

"Testamento político do Conde João Maurício de Nassau". In: *Revista Trimestral do Instituto Histórico e Geográfico Brasileiro*, v. LVIII, p. 223-236, 1895.

"Traslado dos privilégios que sua majestade concedeu aos cidadãos da Bahia de Todos os Santos". In: *Revista do Instituto Histórico Geográfico Brasileiro*, n. 8, p. 512-26.

"Um episódio da guerra dos holandeses no Brasil: o ataque à cidade da Bahia". In: *Brasilia*. 2º vol. Coimbra: Instituto de Estudos Brasileiros da Faculdade de Letras, 1943, p. 587-593.

VALENCIA Y GUZMÁN, Juan de. "Compendio historial de la jornada del Brasil y sucesos della". In: *Colección de documentos inéditos para la historia de España*, v. 55 (1870), 44-200.

VIEIRA, Antônio. "Annua da Missão dos Mares Verdes, do anno de 1624 e 1625…". In: *Revista do Instituto Histórico Geográfico Brasileiro*, n. 17 (1843).

_____. *A invasão holandesa da Bahia*. Salvador: Progresso, 1935.

_____. *Por Brasil e Portugal – sermões comentados por Pedro Calmon*. São Paulo: Nacional, 1938

VILHASANTI, Pedro de Cadena (ed.). *Relação diária do cerco da Baía de 1638*. Lisboa: [s.n.], 1941.

CATÁLOGOS E OBRAS DE REFERÊNCIA

"Catálogo de documentos sobre a Bahia existente na Biblioteca Nacional". In: *Anais da Biblioteca Nacional*, v. 68, n. 6-30.

Guia do Arquivo Público. [s.l.]: [s.n.], [s.d.]. (Publicações do Arquivo Público da Bahia, v. 1).

BARROS, Francisco Borges de. "Catálogo de documentos, notas e comentários para a história da agricultura na Bahia". In: *Anais do Arquivo Público da Bahia*, n. 14 (1923).

BLUTEAU, Raphael. *Vocabulario portuguez & latino, aulico, anatomico, architectonico…* Coimbra, 1712-1728.

CORTESÃO, Armando; MOTA, Alm. Avelino Teixeira da. *Portugaliae monumenta cartographica*. Lisboa: Casa da Moeda, 1987.

COSTA, Afonso. "Genealogia bahiana". In: *Revista do Instituto Histórico Geográfico Brasileiro*, v. 191.

FERREIRA, Carlos Alberto. *Inventário dos manuscritos da Biblioteca da Ajuda referentes à América do Sul*. Coimbra: Faculdade de Letras, 1946.

FONSECA, Luíza da. "Índice abreviado dos documentos do século XVII do Arquivo HIstórico Colonial de Lisboa". In: *Anais do Primeiro Congresso de História da Bahia*, v. 2, Salvador: Beneditina, 1950.

HORCH, Rosemarie Erika. *Bibliografia do domínio holandês no Brasil*. São Paulo: [s.n.], 1967.

MARTINHEIRA, José Joaquim Sintra. *Catálogo dos códices do Fundo do Conselho Ultramarino relativos ao Brasil existentes no Arquivo Histórico Ultramarino*. Rio de Janeiro: Real Gabinete Português de Leitura, 2001.

MELLO, José Antônio Gonsalves de. *Fontes para a história do Brasil holandês*. Recife: Parque Histórico Nacional dos Guararapes, 1981.

MENDONÇA, Marcos Carneiro de. *Raízes da formação administrativa do Brasil*. 2 vols. Rio de Janeiro: IHGB, 1972.

OLIVAL, Fernanda. *et al. Guia de fontes portuguesas para a História da América Latina*. Lisboa: Instituto dos Arquivos Nacionais / Torre do Tombo, 2001. (CNCDP).

RODRIGUES, José Honório. *Historiografia e bibliografia do domínio holandês no Brasil*. Rio de Janeiro: [s.n.], 1949.

SALGADO, Graça. *Fiscais e meirinhos: a administração no Brasil Colonial*. 2ª ed. Rio de Janeiro: Nova fronteira, 1985.

BIBLIOGRAFIA

ABREU, Maria José Camecelha de. *Da prática do poder político: relações Portugal-Espanha, 1578-1640*, dissertação de mestrado. Lisboa, Universidade Nova de Lisboa, 1995.

ACIOLI, Gustavo; MENZ, Maximiliano M. "Resgate e mercadorias: uma análise comparada do tráfico lusobrasileiro de escravos em Angola e na Costa da Mina (século XVIII)". In: *Afro-Ásia*, n. 37, p. 43-73, 2008.

O açúcar e o quotidiano. Funchal: Centro de Estudos de História do Atlântico, 2004.

ALBUQUERQUE, Cleonir Xavier de. *A remuneração de serviços da guerra holandesa: a propósito de um sermão do Padre Vieira*. Recife: UFPE, 1968.

ALBUQUERQUE, Mario de Baião, A. "A expansão portuguesa e o problema da liberdade dos mares". In: *História da expansão portuguesa no mundo*. 3º vol. Lisboa: Atica, 1940.

ALDEN, Dauril. *Colonial roots of modern Brazil: papers of the newberry library conference*. Berkeley: University of California Press, 1973.

_____. *The making of an enterprise: the Society of Jesus in Portugal, its empire, and beyond, 1540-1750*. Stanford: Stanford Univ., 1996.

ALENCASTRO, Luis Filipe de. *O trato dos viventes*. São Paulo: Companhia das Letras, 2000.

460 Wolfgang Lenk

ÁLVAREZ, Fernando Bouza. *D. Filipe I.* Lisboa: Círculo de Leitores, 2006. (Reis de Portugal).

ALVES, Eurico. *Fidalgos e vaqueiros.* Salvador: UFBA, 1989.

AMARAL, Braz do. *Resenha histórica da Bahia.* Bahia: Tipografia Naval, 1941.

Anais do I Congresso de História da Bahia. Salvador: Instituto Geográfico e Histórico da Bahia, 1955.

ANDERSON, Benedict. *Immagined communities: reflections on the origin and spread of nationalism.* 2ª ed. Nova York: Verso, 2006.

ANDERSON, Perry. *Linhagens do Estado absolutista.* Trad. João Roberto Martins Filho. 3ª ed. São Paulo: Brasiliense, 1994.

_____. *Passagens da antiguidade ao feudalismo* (1974). Trad. Beatriz Sidou. 5ª ed. São Paulo: Brasiliense, 1994.

ARAÚJO, Érica Lôpo de. *De golpe a golpe: política e administração nas relações entre Bahia e Portugal,* dissertação de mestrado. Niterói, UFF, 2011.

ARAÚJO, Ubiratan Castro de. "A Bahia de Todos os Santos: um sistema geo-histórico resistente". In: *Anais do IV Congresso de História da Bahia,* Salvador, 2001.

ARRUDA, José Jobson de Andrade. "Decadência ou crise do império luso-brasileiro: o novo padrão de colonização do século XVIII". In: *Actas dos IV Cursos Internacionais de Verão de Cascais,* Cascais, 1998.

_____. "Exploração colonial e capital mercantil ". In: Tamás Szmrecsányi (ed.). *História econômica do período colonial.* São Paulo: Hucitec/Fapesp, 1996.

_____. *O Brasil no comércio colonial.* São Paulo: Ática, 1980.

_____. "O Império tripolar: Portugal, Angola, Brasil". In: Stuart Schwartz e Erik Lars Myrup (eds.). *O Brasil no Império marítimo português.* Bauru: Edusc, 2008, p. 509-533.

_____. "O sentido da Colônia. Revisitando a crise do antigo sistema colonial". In: *História de Portugal.* Bauru; São Paulo; Portugal: Edusc/Unesp/Instituto Camões, 2001, 245-264.

_____.; FONSECA, L. A. *Brasil-Portugal: História, agenda para o milênio.* Bauru: Edusc/Fapesp, 2001.

_____.; TENGARRINHA, José. *Historiografia luso-brasileira contemporânea.* Bauru: Edusc, 1999.

AZEVEDO, João Lúcio de. *Épocas de Portugal económico: esboços de história.* 3ª ed. Lisboa: Clássica, 1973.

_____. *História de António Vieira*. Lisboa: Clássica, 1931.

_____. *História dos cristãos-novos portugueses*. Lisboa: Clássica, 1989.

AZEVEDO, Thales de. *As ciências sociais na Bahia*. Salvador: Univ. da Bahia, 1964.

_____. *Povoamento da cidade do Salvador*. Salvador: Itapuã, 1949.

BANDEIRA, Luiz Alberto Moniz. *O feudo: a Casa da Torre de Garcia d'Avila, da conquista dos sertões à independencia do Brasil*. Rio de Janeiro: Civilização Brasileira, 2000.

BARBOUR, Violet. *Capitalism in Amsterdam in the 17th Century*. Ann Arbor: University of Michigan, 1963.

BARICKMAN, Bert J. *Um contraponto baiano: açúcar, fumo, mandioca e escravidão no Recôncavo*. Trad. Maria Luíza Borges. Rio de Janeiro: Civilização Brasileira, 2003.

BARROS, Francisco Borges de. *Bandeirantes e sertanistas baianos*. Salvador: Imprensa Oficial, 1920.

_____. *Margem histórica da Bahia*. Salvador: Imprensa Oficial, 1934.

_____. *Senado da camara da Bahia no século XVII*. Salvador: Imprensa Oficial, 1928.

BARROSO, Gustavo. *História militar do Brasil*. São Paulo: Nacional, 1935.

BEHRENS, Ricardo Henrique. *A capital colonial e a presença holandesa de 1624-1625*, dissertação de mestrado. Salvador, UFBA, 2004.

BETHENCOURT, Francisco e CHAUDHURI, Kirti (eds.). *História da Expansão Portuguesa*. 5 vols. Lisboa: Círculo de Leitores, 1998.

BICALHO, Maria Fernanda Baptista. "As câmaras ultramarinas e o governo do Império". In: João Fragoso *et al.* (eds.). *O Antigo Regime nos trópicos: a dinâmica imperial portuguesa (séculos XVI-XVIII)*. Rio de Janeiro: Civilização Brasileira, 2001.

BICALHO, Maria Fernanda Baptista; FERLINI, Vera Lucia Amaral. *Modos de governar: ideias e práticas políticas no Império português, séculos XVI-XIX*. São Paulo: Alameda, 2005.

BLACK, Jeremy. *Rethinking military history*. Nova York: Routledge, 2004.

_____. "War and the State". In: *European History Quarterly*, v. 32, n. 2, p. 251-266, 2003.

_____. "Warfare, State and society in Europe, 1510-1914". In: *European History Quarterly*, v. 30, n. 4, p. 587-594, 2000.

BLACKBURN, Robin. *A construção do escravismo no novo mundo*. Trad. Maria de Medina. Rio de Janeiro: Record, 2003.

BLUSSÉ, L.; GAASTRA, F. (eds.). *Companies and trade: essays in overseas trading companies during the Ancién-Regime*. Haia: [s.n.], 1981.

BOAVENTURA, Eurico Alves. *Fidalgos e vaqueiros*. Salvador: UFBA, 1989.

BOWEN, Huw V.; ENCISO, Agustín González (eds.). *Mobilising resources for war: Britain and Spain at work during the early modern period*. Pamplona: EUNSA, 2006.

BOXER, Charles R. *The action between Pater and Oquendo, 12 September 1631*. Londres: [s.n.], 1959. (Separata da Mariner's Mirror, 45).

_____. *The Dutch in Brazil*. Oxford: Clarendon, 1957.

_____. *The golden age of Brazil*. Berkeley: Univ. of California, 1962.

_____. "The naval and colonial papers of D. Antonio de Ataíde". In: *Harvad Library Bulletin*, v. 5, n. 1, 1951.

_____. "Padre António Vieira, S. J., and the Institution of the Brazil Company in 1649". In: *Hispanic American Historical Review*, v. 29, p. 474-497, 1949.

_____. *The portuguese seaborn empire, 1415-1825*. Nova Iorque: Alfred A. Knopf, 1975.

_____. *Portuguese society in the tropics: the municipal councils of Goa, Macao, Bahia and Luanda, 1510-1800*. Milwaukee: University of Wisconsin, 1965.

_____. *Salvador de Sá and the struggle for Brazil and Angola, 1602-1686*. Londres: Athlone, 1952.

BOYAJIAN, James C. *Portuguese bankers at the court of Spain, 1626-1650*. Nova Jersey: Reutgers University, 1983.

_____. *Portuguese trade in Asia under the Habsburgs, 1580-1640*. Baltimore: John Hopkins, 1993.

BRAUDEL, Fernand. *Civilização material, economia e capitalismo nos séculos XV-XVIII*. Trad. Telma Costa. São Paulo: Martins Fontes, 1996.

_____. *O modelo italiano* (1994). Trad. Telma Costa. Lisboa: Teorema, 1997.

BRENNER, Robert. *Merchants and revolution: commercial change, political conflict and London's overseas traders, 1550-1653*. Nova Jersey: Princeton, 1993.

BREWER, John. *The sinews of power: war, money and the English State*. 2ª ed. Cambridge: Harvard Univ., 1990.

BUESCU, M. *História econômica do Brasil pesquisas e análises*. Rio de Janeiro: APEC, 1970.

CALMON, Pedro. "Gente da Bahia no século XVII". In: *Revista do Instituto Geográfico Histórico da Bahia*, v. 53, 1926.

_____. *História da Bahia*. São Paulo: Melhoramentos, 1927.

_____. *Historia da casa da Torre*. Rio de Janeiro: José Olympio, 1939.

_____. *História do Brasil*. Rio de Janeiro: José Olympio, 1959.

CAMPOS, J. da Silva. *Fortificações da Bahia*. Rio de Janeiro: Ministério da Educação e Saúde, 1940.

CANABRAVA, Alice Piffer. *O açúcar nas Antilhas (1697-1755)*. São Paulo: IPE, 1981.

_____. *O comércio português no Rio da Prata, 1580-1640*. Belo Horizonte: Itatiaia, 1984.

CARDOSO, Ciro Flamarion. *Agricultura, escravidão e capitalismo*. Petrópolis: Vozes, 1982.

CARNEIRO, Edison. *Cidade do Salvador*. Rio de Janeiro: Simões, 1954.

_____. *O quilombo dos Palmares*. 3ª ed. Rio de Janeiro: Civilização brasileira, 1966.

CARRARA, Angelo Alves. "Para uma história dos preços do período colonial: questões de método". In: *Locus: revista de história*, v. 14, n. 1, p. 187-219, 2008.

_____. *Receitas e despesas da Real Fazenda no Brasil*. 2 vols. Juiz de Fora: Universidade Federal de Juiz de Fora, 2010.

CARVALHO, Alfredo de. "Indústria e comércio açucareiro no Brasil neerlandês". In: *Revista do Instituto Arqueológico e Geográfico Pernambucano*, n. 88, p. 101-17, 1915.

CASCUDO, Luís da Câmara. *Geografia do Brasil holandês*. Rio de Janeiro: José Olympio, 1956.

CASTRO, Filipe Vieira de. *A nau de Portugal: os navios da conquista do imperio do Oriente, 1498-1650*. Lisboa: Prefácio, 2003.

CERQUEIRA, Carlos Valeriano de. "A invasão holandesa, seus efeitos na indústria açucareira na Bahia". In: *Anais do I Congresso de História da Bahia*, v. 4, 1950.

CIPOLLA, Carlo. *Guns and sails in the early phase of european expansion, 1400-1700*. Londres: William Collins, 1965.

_____. *História econômica da população mundial*. Trad. Sergio Flaksman. Rio de Janeiro: Zahar, 1977.

CONWAY, Stephen. "The mobilization of manpower for Britain's mid-eighteenth century wars". In: *Historical research*, v. 77, n. 197, 2004.

CORDEIRO, J. P. Leite. *São Paulo e a invasão holandesa no Brasil*. São Paulo: [s.n.], 1949.

CORTESÃO, Jaime. *O ultramar português depois da restauração*. Lisboa: Portugália, [s.d.].

_____. *Os factores democráticos na formação de Portugal*. 4ª ed. Lisboa: Lisboa, 1984.

COSTA, Afonso. "A restauração de Portugal e o Marquês de Montalvão". In: *Revista do Instituto Geográfico Histórico da Bahia*, n. 67.

COSTA, Fernando Dores. *A guerra da restauração, 1641-1668*. Lisboa: Horizonte, 2004. (Temas de História de Portugal)

COSTA, Leonor Freire. "Fiscal innovations in early modern states: which war did really matter in the portuguese case?". In: *Instituto Superior de Economia e Gestão – GHES Documento de Trabalho/Working Paper*, n. 40, 2009.

_____. "Informação e incerteza: gerindo os riscos do negócio colonial". In: *Ler História*, n. 44, 2003, 103-125.

_____. *O transporte no Atlântico e a Companhia Geral de Comércio do Brasil (1580-1663)*. 2 vols. Lisboa: CNCDP, 2002.

COSTA, Leonor Freire; CUNHA, Mafalda Soares da. *D. João IV*. Rio de Mouro: Círculo de Leitores, 2006. (Reis de Portugal).

COSTA, Luiz Monteiro da. *Na Bahia colonial: apontamentos para a história militar da cidade do Salvador*. Salvador: Progresso, 1958.

_____. "O engenheiro jesuíta Stafford, confessor do Marquês de Montalvão". In: *Publicação do Centro de Estudos Baianos*, n. 29, 1954.

CRESPO, Horacio. *Historia del Azúcar en México*. México: Fondo de Cultura Económica, 1988.

CURTO, José C. "Vinho verso cachaça: a luta luso-brasileira pelo comércio do álcool e de escravos em Luanda, c. 1648-1703". In: *Angola e Brasil nas rotas do Atlântico Sul*. Rio de Janeiro: Bertrand, p. 69-98, 1999.

DANTAS, Monica Duarte. "Povoamento e ocupação do sertão de dentro baiano (Itapicuru, 1549-1822)". In: *Penélope*, n. 23, p. 9-30, 2000.

DAVIS, Ralph. *The rise of the atlantic economies*. Ithaca: Cornell Univ., 1973.

DEERR, Noel. *The history of sugar*. 2 vols. Londres: Chapman & Hall, 1949.

DÉLOYE, Yves. *Sociologia histórica do político*. Trad. Maria Dolores Prades. Bauru: Edusc, 1999.

DIAS, Marcelo Henrique. *Economia, sociedade e paisagens da capitania e comerca de Ilhéus no período colonial*, tese de doutorado. Niterói, UFF, 2007.

DISNEY, A. R. "The first portuguese India Company, 1628-33". In: *Economic History Review*, v. 30, n. 2.

_____. *Twilight of the pepper Empire*. Cambridge: [s.n.], 1978.

DUNCAN, Thomas Bentley. *Atlantic islands: Madeira, the Azores and the Cape Verdes in seventeenth century commerce and navigation*. Chicago: Univ. of Chicago, 1973.

DUNN, Richard. *Sugar and slaves: the rise of the planters class in the english West Indies*.

EDEL, Matthew. "The brazilian sugar cycle of the 17th. century and the rise of the West-Indian competition". In: *Caribbean Studies*, v. 9, n. 1.

EDMUNDSON, George. "The Dutch power in Brazil, 1624-1654". In: *English Historical Review*, v. 11, p. 14-15, 1896-1900.

ELLIOTT, John H. *The count-duke of Olivares* New Haven: [s.n.], 1986.

_____. *Empires of the Atlantic World: Britain and Spain in America, 1492-1830*. Yale: Yale University Press, 2006.

_____. *Imperial Spain*. [s.l.]: New American Library, 1966.

ELLIOTT, John H.; PEÑA, José F. De la. *Memoriales y cartas del Conde Duque de Olivares*. 2 vols. Madri: [s.n.], 1978.

ELLIS, Myriam. *A baleia no Brasil colonial*. São Paulo: Melhoramentos, 1969.

_____. *O monopólio do sal no Estado do Brasil (1631-1801)*, tese de doutorado. FFLCH. São Paulo, USP, 1955.

EMMER, Pieter. *The dutch in the atlantic economy, 1580-1880*. Aldershot-GB, Brookfield-US: Ashgate, 1998.

_____. *The Dutch slave trade, 1500-1850*. Oxford: Berghahn, 2006.

EMMER, Pieter; GAASTRA, Femme (eds.). *The organization of interoceanic trade in european expansion, 1450-1800*. Aldershot, Brookfield: Variorum-Ashgate, 1996.

FALCÃO, Edgard de Cerqueira. *Excerptos de historia da Bahia*. São Paulo: Revista dos Tribunais, 1956.

_____. *Fortes coloniais da cidade de Salvador*. São Paulo: Martins, 1942.

FAORO, Raymundo. *Os donos do poder: formação do patronato político brasileiro*. 10ª ed. 2 vols. São Paulo: Publifolha, 2000.

FARIA, Francisco Leite de. "O combate naval de 1631 junto à costa do Brasil". In: *Brasília*. 5º vol. Coimbra: [s.n.], 1956.

FERLINI, Vera Lucia Amaral. *Açúcar e colonização*. São Paulo: Alameda, 2010.

_____. *O Engenho Sergipe do Conde: contar, constatar, questionar*, dissertação de mestrado. São Paulo, USP, 1980.

_____. *Terra, trabalho e poder*. 2ª ed. São Paulo: Edusc, 2003.

FERNANDES, Florestan. *Circuito fechado: quatro ensaios sobre o "poder institucional"*. São Paulo: Globo, 2010.

_____. *A revolução burguesa no Brasil: ensaio de interpretação sociológica*. 5ª ed. São Paulo: Globo, 2006.

FERREIRA, A. A. Souza. *Historia militar do Brasil: regime colonial*. Rio de Janeiro: Imprensa Militar, 1945.

FIGUEIREDO, Luciano Raposo de Almeida. *Rebeliões no Brasil Colônia*. Rio de Janeiro: Zahar, 2005.

_____. *Revoltas, fiscalidade e identidade colonial na América portuguesa: Rio de Janeiro, Bahia e Minas Gerais, 1640-1761*, tese de doutorado. São Paulo, USP, 1996.

FRANÇA, Eduardo D'Oliveira. *Portugal na época da Restauração*. São Paulo: Hucitec, 1997.

FRANÇA, Eduardo D'Oliveira; PAULA, Eurípedes Simões de. "Engenhos, colonização e cristãos-novos na Bahia colonial". In: *Anais do IV simpósio da ANPUH*, São Paulo, 1969.

FREITAS, Gustavo de. *A Companhia Geral do Comércio do Brasil, 1649-1720*. São Paulo: [s.n.], 1951.

FREITAS, Jorge Penim de. *O combatente durante a Guerra da Restauração*. Lisboa: Prefácio, 2007.

FREYRE, Gilberto. *Casa-grande & senzala: formação da família brasileira sob o regime patriarcal*. 51ª ed. São Paulo: Global, 2006.

_____. *Nordeste: aspectos da influência da cana sobre a vida e paisagem do Nordeste do Brasil*. 6ª ed. Rio de Janeiro: Record, 1989.

FURTADO, Celso. *Formação econômica do Brasil*. 22ª ed. São Paulo: Nacional, 1987.

GALLO, Alberto. "Racionalidade fiscal e ordem estamental: a cobrança dos dízimos brasileiros nos séculos XVII e XVIII". In: *Colóquio Internacional: Economia e colonização na dimensão do Império português*, São Paulo, 2008.

GALLOWAY, J. H. "The mediterranean sugar industry". In: *Geographical Review*, v. 67, n. 2, p. 177-194, 1977.

GLETE, Jan. *War and the State in Early Modern Europe: Spain, the Dutch Republic and Sweden as fiscal-military states, 1500-1650*. Londres: [s.n.], 2002.

GODINHO, Vitorino Magalhães. *Ensaios*. 2ª ed. 2 vols. Lisboa: Sá da Costa, 1978.

_____. *A estrutura da antiga sociedade portuguesa*. [s.l.]: Arcádia, 1971.

_____. *Os descobrimentos e a economia mundial*. 4 vols. Lisboa: Presença.

GONÇALVES, Regina Célia. *Guerras e açúcares: política e economia na Capitania da Parayba, 1585-1630*. Bauru: Edusc, 2007.

GORENDER, Jacob. *O escravismo colonial*. 6ª ed. São Paulo: Ática, 2001.

GREEN, W. A. "Supply versus Demand in the Barbadian Sugar Revolution". In: *Journal of Interdisciplinary History*, v. 18, n. 3, p. 403-418, 1988.

GUEDES, Max Justo. *História naval brasileira*. 5 vols. Rio de Janeiro: Serviço de Documentação Geral da Marinha, 1975.

GUIMARÃES, Vitorino. *As finanças na guerra de Restauração (1640-1668)*. Lisboa: LCGG, 1941.

HECKSHER, Eli F. *La epoca mercantilista*. Trad. esp. Wenceslao Roces. México: Fondo de Cultura Económica, 1943.

HEMMING, J. *Red Gold: the conquest of the Brazilian indians*. Cambridge: Harvard, 1995.

HESPANHA, Antônio Manuel. *Às vésperas do Leviathan: instituições e poder político, Portugal – século XVII.* Coimbra: Almedina, 1994.

_____ (ed.) *Nova História Militar de Portugal.* Lisboa: Círculo dos Leitores, 2004.

_____. "Portugal na monarquia dos Áustrias". In: *Penélope,* n. 2, 1988.

HIGMAN, B. W. "The sugar revolution". In: *Economic History Review,* v. 53, n. 2, p. 213-236, 2000.

História do açúcar: rotas e marcados. Funchal: Centro de Estudos de História do Atlântico, 2001.

História e Tecnologia do Açúcar. Funchal: Centro de Estudos de História do Atlântico, 2000.

HOBSBAWM, Eric J. "The general crisis of the European Economy in the 17h century". In: *Past and Present,* n. 5-6, 1954.

HOLANDA, Sérgio Buarque de (org.). *História geral da civilização brasileira.* 15ª ed. 11 vols. Rio de Janeiro: Betrand Brasil, 2007.

_____. *Raízes do Brasil* (1936). 26ª ed. São Paulo: Companhia das Letras, 1995.

HULSMAN, Lodewijk. "Guerras e Alianças na História dos Índios: Antonio Paraupaba e a aliança potiguar-holandesa". In: *Perspectivas Interdisciplinares,* 2005.

HUTTER, Lucy Maffei. *Navegação nos séculos XVII e XVIII – rumo: Brasil.* São Paulo: Edusp, 2005.

HUTZ, Ana. *Os cristãos-novos portugueses no tráfico de escravos para a América Espanhola,1580-1640,* dissertação de mestrado. Campinas, Unicamp, 2008.

ISRAEL, Jonathan I. *Dutch Primacy in World Trade, 1585-1740.* Oxford: Clarendon, 1989.

_____. *The Dutch Republic and the Hispanic world, 1606-1661.* Oxford: Clarendon, 1982.

_____. *The Dutch Republic, its rise, greatness and fall, 1477-1806.* Oxford: Clarendon, 1995.

_____. *Empires and entrepots: the Dutch, the Spanish monarchy and the Jews, 1585-1713.* Londres: Hambledon Press, 1990.

_____. *European jewry in the age of mercantilism, 1550-1750.* Londres: Littman, 1998.

_____. "Olivares, the Cardinal-infante and Spain's strategy in the low countries, 1635-1643: the road to Rocroi". In: Richard L. Kagan e Geoffrey Parker (eds.), *Spain, Europe, and the Atlantic world: essays in honour of John H. Elliott.* Cambridge: Cambridge Univ. Press, 1995.

JOYCE JR., Joseph Newcombe. *Spanish influence on Portuguese administration: a study of the Conselho da Fazenda and Hapsburg Brazil,* tese de doutorado. Los Angeles, University of Southern California, 1974.

KELLEMBENZ, Herman. "Relações econômicas entre a Antuérpia e o Brasil no século XVII". In: *Revista de História,* v. 37, 1962, 293-314.

KRAUSE, Thiago. *Em Busca da Honra: a remuneração dos serviços da guerra holandesa e os hábitos das Ordens Militares (Bahia e Pernambuco, 1641-1683),* dissertação de mestrado. Niterói, UFF, 2010.

KULA, Witold. *Problemas y métodos de la historia económica.* Barcelona: Península, 1973.

LAPA, José Roberto do Amaral. *A Bahia e a carreira das Índias.* São Paulo: Hucitec, 2000.

LEITE, Serafim. *História da Companhia de Jesus no Brasil.* 5 vols. Rio de Janeiro: INL, [s.d.].

LIPPMANN, Edmund O. von. *História do açúcar: desde a época mais remota até o começo da fabricação do açúcar de beterraba.* Trad. Rodolfo Coutinho. Rio de Janeiro: Leuzinger, 1941.

LOBO, Eulália M. L. *Administração colonial luso-espanhola nas Américas.* Rio de Janeiro: Companhia Brasileira de Artes Gráficas, 1952.

LUCIANI, Fernanda Trindade. *Munícipes e escabinos: poder local e guerra de restauração no Brasil Holandês (1630-1654),* dissertação de mestrado. FFLCH. São Paulo, USP, 2007.

MACEDO, Jorge; RAU, Virgínia. *O açúcar da madeira nos fins do século XV.* Lisboa: [s.n.], 1962.

MAGALHÃES, João Batista. *A evolução militar do Brasil: anotações para a história.* Rio de Janeiro: Biblioteca do Exército, 1958.

MAGALHÃES, Joaquim Romero. "Dinheiro para a guerra: as décimas da Restauração". In: *Hispania,* v. 64, n. 216, 2004.

_____ (ed.). *História de Portugal: no alvorecer da modernidade (1480-1620).* Lisboa: Estampa, 1993.

_____. "As estruturas sociais de enquadramento da economia portuguesa de antigo regime: os concelhos". In: *Notas Económicas,* n. 4, 1994.

MAGALHÃES, Pablo Antonio Iglesias. *Equus Rusus: a Igreja Católica e as guerras holandesas na Bahia, 1624-1654,* tese de doutorado. Salvador, UFBA, 2010.

MAIA, Eduardo de Santos. *Banditismo na Bahia.* Belo Horizonte: Horizonte, 1928.

MARQUES, Guida. "O Estado do Brasil na União Ibérica: dinâmicas políticas no Brasil no tempo de Filipe II de Portugal". In: *Penélope*, n. 27, 2002.

MATOS, Artur Teodoro de (ed.). *Nova história da expansão portuguesa: a colonização atlântica.* Lisboa: Estampa, 2005.

MATTOS, Ilmar Rohloff. *O tempo Saquarema.* São Paulo: Hucitec, 2004.

MATTOSO, Kátia. "Bahia opulenta: uma capital portuguesa no Novo Mundo, 1549-1763". In: *Revista de História*, n. 114, p. 5-20, 1983.

MAURO, Frédéric. "Da história seriada ou estatística à história frequencial ou estrutural: o caso do Brasil". In: *Revista Brasileira de Economia*, v. 26, n. 3, p. 303-310, 1972.

_____. *Expansão europeia, 1600-1870.* Trad. Maria Luíza Marcílio. São Paulo: Pioneira/USP, 1980.

_____. *Nova história e novo mundo.* 3ª ed. São Paulo: Perspectiva, 1973.

_____. *Portugal, Brasil e o Atlântico, 1570-1670.* Trad. Manuela Barreto. Lisboa: Estampa, 1979.

MCCUSKER, J. J. "Weights and Measures in the Colonial Sugar Trade: The Gallon and the Pound and Their International Equivalents". In: *The William and Mary Quarterly*, v. 30, n. 4, p. 599-624, 1973.

MECHOULAN, Henry. *Dinheiro e liberdade: Amsterdam no tempo de Spinosa.* Trad. Lucy Magalhães. Rio de Janeiro: Zahar, 1992.

MELLO, Evaldo Cabral de. *Nassau: governador do Brasil holandês.* São Paulo: Companhia das Letras, 2006.

_____. *O Brasil Holandês.* São Paulo: Penguin Classics, 2010.

_____. *O negócio do Brasil: Portugal, os Países Baixos e o Nordeste, 1641-1669.* Rio de Janeiro: Topbooks, 1999.

_____. *Olinda restaurada: guerra e açúcar no Nordeste, 1630-1654.* 2ª ed. Rio de Janeiro: Topbooks, 1998.

_____. *Rubro veio.* 2ª ed. Rio de Janeiro: Topbooks, 1997.

MELLO, José Antonio Gonsalves de. *Antônio Dias Cardoso: sargento-mor do terço de infantaria de Pernambuco.* Recife: Universidade do Recife, 1954.

_____. *João Fernandes Vieira: mestre-de-campo do terço de infantaria de Pernambuco.* 2ª ed. 2 vols. Lisboa: CNCDP, 2000.

_____. *Tempo dos Flamengos: influência da ocupação holandesa na vida e na cultura do Norte do Brasil*. Recife: J. Olympio, 1947.

MENESES, Luis de, Conde de Ericeira. *História de Portugal Restaurado* (1679). Porto: Civilização, 1945.

MILLER, Joseph. "Slave Prices in the Portuguese Southern Atlantic, 1600-1830". In: Paul Lovejoy (ed.). *Africans in Bondage. Studies in slavery and slave trade*. Winscosin: University of Winscosin, 1986.

MINTZ, Sidney W. *Sweetness and power: the place of sugar in modern history*. Nova York: Viking, 1985.

MONTEIRO, Nuno Gonçalo *et alii*. *Optima Pars: elites ibero-americanas do antigo regime*. Lisboa: Imprensa de Ciências Sociais, 2005.

MONTEIRO, Saturnino. *Espadas contra canhões: balanço da guerra no mar contra os ingleses e holandeses, 1583-1663*. Lisboa: Academia da Marinha, 1995.

MORREALE, Antonino. *Insula dulcis: l'industria della canna da zucchero in Sicilia (sec. XV-XVII)*. Nápoles: Scientifiche Italiane, 2006.

MOURA, Clóvis. *Rebeliões de senzala*. Rio de Janeiro: Conquista, 1972.

MOURA FILHO, Heitor Pinto de. "O uso da informação quantitativa em História: tópicos para discussão.". In: *Locus: revista de história*, v. 14, n. 1, 2008.

NARDI, Jean Baptiste. *O fumo no Brasil Colônia*. São Paulo: Brasiliense, 1987.

NEME, Mário. *Fórmulas políticas do Brasil holandês*. São Paulo: Difel, 1971.

NOGAL, Carlos Álvares. *Los banqueros de Felipe IV y los metales preciosos americanos (1621-1665)*. [s.l.]: Banco de España, 1997.

NOVAIS, Fernando Antônio. *Aproximações: estudos de história e historiografia*. São Paulo: Cosac Naify, 2008.

_____ (org.). *História da vida privada no Brasil, vol. 1: cotidiano e vida privada na América Portuguesa*. São Paulo: Companhia das Letras, 1997.

_____. *Portugal e Brasil na crise do antigo sistema colonial* (1979). 7ª ed. São Paulo: Hucitec, 2001. (Col. Estudos Históricos).

NOVINSKY, Anita. *Cristãos-novos na Bahia, 1624-1654*. São Paulo: Perspectiva, 1972.

OLIVAL, Fernanda. *As ordens militares e o Estado moderno: honra, mercê e venalidade em Portugal (1641-1789)*. [s.l.]: Estar, 2001.

OLIVEIRA, Antônio de. *Filipe III*. Rio de Mouro: Círculo de Leitores, 2005. (Reis de Portugal).

OLIVEIRA, António de. *Poder e oposição política em Portugal no período filipino, 1580-1640*. Lisboa: Difel, 1991.

OLIVEIRA, Mário Mendonça. *As fortificações portuguesas de Salvador quando cabeça do Brasil*. Salvador: Fundação Gregório de Mattos, 2004.

ORTIZ, Antônio Dominguez. *Política y hacienda de Felipe IV*. 2ª ed. Madri: [s.n.], 1960.

PARKER, Geoffrey. *El ejército de Flandes y el Camiño español: 1567-1659*. Trad. F. R. Martín e M. R. Alonso. Madri: Alianza, 1985.

_____. *Europe in Crisis, 1598-1648*. Ithaca: Cornell University, 1980.

_____. *The military revolution: military innovation and the rise of the west, 1500-1800*. 2ª ed. Cambridge: Cambridge Univ., 1996.

PARKER, Geoffrey; SMITH, Lesley (eds.). *The general crisis of the seventeenth century*. Londres, Henley, Boston: Routledge & Kegan-Paul, 1978.

PEIXOTO, Afrânio. *Martim Soares Moreno*. [s.l.]: Agência Geral das Colônias, 1940.

PEREGALLI, Enrique. *Recrutamento militar no Brasil colonial*. Campinas: Unicamp, 1986.

PESSOA, Ângelo Emílio da Silva. *As ruínas da tradição: a Casa da Torre de Garcia D'Ávila – família e propriedade no Nordeste colonial*, tese de doutorado. FFLCH. São Paulo, USP, 2003.

PHILLIPS, Carla Rahn. *Six galleons for the king of Spain: imperial defense in the early Seventeenth Century*. Johns Hopkins Univ., 1992.

PINHO, Wanderley. *História de um engenho no Recôncavo*. 2ª ed. São Paulo: Nacional, 1982. (Matoim – Novo Caboto – Freguesia, 1552-1944).

_____. *História social da cidade do Salvador*. Salvador: Prefeitura Municipal, 1968.

PRADO, J. F. de Almeida. *A Bahia e as capitanias do centro do Brasil (1530-1626)*. São Paulo: Nacional, 1945.

_____. *A idade de ouro na Bahia, 1530-1626*. São Paulo: Nacional, 1950.

PRADO JR., Caio. *Evolução política do Brasil e outros estudos*. 5ª ed. São Paulo: Brasiliense, 1966.

_____. *Formação do Brasil contemporâneo*. 29ª ed. São Paulo: Brasiliense, 2000.

_____. *A revolução brasileira*. 7ª ed. São Paulo: Brasiliense, 1987.

PUNTONI, Pedro. "A Arte da Guerra no Brasil: Tecnologia e estratégia militar na expansão da fronteira da América portuguesa". In: *Novos Estudos CEBRAP*, v. 52, p. 189-204, 1999.

_____. "As guerras no Atlântico-Sul". In: Antonio Manuel Hespanha (ed.). *Nova História Militar de Portugal*. 2º vol. Lisboa: Círculo dos Leitores, 2004, p. 255-300.

_____. "Bernardo Vieira Ravasco, secretário do Estado do Brasil: poder e elites na Bahia do século XVII". In: *Novos Estudos CEBRAP*, v. 68, p. 107-126, 2004.

_____. *A guerra dos bárbaros: povos indígenas e a colonização do sertão nordeste do Brasil, 1650-1720*. São Paulo: Hucitec, 2002.

_____. "O 'mal do Estado brasílico': a Bahia na crise final do século XVII". In: *Segundo Congresso Latino-americano de História Econômica*, Cidade do México, 2010.

_____. *A mísera sorte: a escravidão africana no Brasil holandês e as guerras do tráfico no Atlântico sul, 1621-1648*. São Paulo: Hucitec, 1999.

_____. "A provedoria-mor do Brasil e o sistema do governo-geral". In: *II Encontro Internacio nal de História Colonial*, Natal, 2008.

RATEKIN, Mervyn. "The early sugar industry in Española". In: *Hispanic American Historical Review*, v. 34, n. 1, p. 1-19, 1954.

RAU, Virgínia. *A casa dos contos*. Universidade. Fac. de Letras. Inst. de Estudos Históricos Dr. António de Vasconcelos, 1951.

_____. *Estudos sobre a história do sal português*. Editorial Presença, 1984.

REIS, João José; SILVA, Eduardo. *Negociação e conflito: a resistência negra no Brasil escravista*. São Paulo: Companhia das Letras, 1989.

RIBEIRO Jr, José. *Colonização e monopólio no Nordeste brasileiro: a Companhia Geral de Pernambuco e Paraíba, 1759-1780*. São Paulo: Hucitec, 2004.

RICH, E. E.; WILSON, C. H. *The Cambridge economic history of Europe*. Cambridge: Cambridge University, 1975.

RICUPERO, Rodrigo M. *Honras e mercês: poder e patrimônio nos primódios do Brasil*, tese de doutorado. FFLCH. São Paulo, USP, 2005.

ROGERS, Clifford (ed.). *The military revolution debate: readings on military transformation of early modern Europe*. Oxford: Westview, 1995.

ROMANO, Ruggiero. *Conyunturas opuestas: la crisis del siglo XVII en Europa e Hispanoamérica*. Trad. esp. Cidade do México: Fondo de Cultura Económica, 1993.

ROSARIO, Adalgisa Maria Vieira do. *O Brasil filipino no período holandês*. São Paulo: Moderna, 1980.

RUIZ MARTÍN, F. *Las finanzas de la monarquía hispánica en tiempos de Felipe IV (1621-1665)*. Madri, 1990.

RUSSEL-WOOD, A. J. R. *Fidalgos and philantropists: the Santa Casa de Misericordia of Bahia, 1550-1750*. Berkley: University of California, 1968.

RUY, Afonso. *História da Câmara Municipal da Cidade do Salvador*. Salvador: Câmara Municipal, 1953.

_____. *História política e administrativa da cidade do Salvador*. Salvador: Beneditina, 1949.

SALGADO, Graça. *Fiscais e meirinhos: a administração no Brasil Colonial*. 2ª ed. Rio de Janeiro: Nova Fronteira, 1985.

SALVADOR, José Gonçalves. *Os cristãos-novos: povoamento e conquista do solo brasileiro, 1530-1680*. São Paulo: Pioneira, 1976.

SANTOS, Evaristo dos. *El Brasil Filipino: 60 años de presencia española en Brasil, 1580-1640*. Madri: Mapfre, 1993.

SCAMMELL, George V. "England, Portugal and the Estado da India, c. 1500-1635". In: *Modern Asian Studies*, v. 16, n. 2, p. 177-192, 1982.

_____. "European seamanship in the great age of discovery". In: *The Mariner's Mirror*, n. 68, p. 357-376, 1982.

SCHWARTZ, Stuart. "Colonial Brazil: the role of the State in a Slave Social Formation". In: Karen Spalding (ed.). *Essays in the political, economic and social history of colonial Latin America*. Newark: [s.n.], 1982.

_____. "Luso-spanish relations in Hapsburg Brazil, 1580-1640". In: *Americas*, v. 25, n. 1, p. 33-48, 1968.

_____. "Panic in the Indies: the portuguese threat to the spanish empire, 1640-50". In: *Colonial Latin American Review*, v. 2, n. 1-2, 1993.

_____. "The plantations of St. Benedict: the benedictine sugar mills of colonial Brazil". In: *Americas*, v. 39, n. 1, p. 1-22, 1982.

_____. "Prata, açúcar e escravos: de como o império restaurou Portugal". In: *Tempo [online]*, v. 12, n. 24, p. 201-223, 2008.

_____. *Segredos Internos: engenhos e escravos na sociedade colonial, 1550-1835.* Trad. Laura Teixeira Motta. São Paulo: Companhia das Letras, 1988.

_____. *Slaves, peasants and rebels: reconsidering brazilian slavery.* Urbana: University of Illinois, 1996.

_____. "Somebodies and nobodies in the body politic: mentalities and social structures in colonial Brazil". In: *Latin American Research Review*, v. 31, n. 1, p. 113-134, 1996.

_____. *Sovereignty and society in colonial Brazil: the high court of Bahia and its judges, 1609-1751.* Berkeley: University of California, 1973.

_____. "Tapanhuns, negros da terra e curiboças: causas comuns e confrontos entre negros e indígenas.". In: *Afro-Asia*, n. 29/30, p. 13-40, 2003.

_____. "The voyage of the vassals: royal power, noble obligations and merchant capital before the portuguese restoration of independence, 1624-1640". In: *American Historical Review*, v. 96, n. 3, p. 735-762, 1991.

SELLING JR., Theodor. *A Bahia e seus veleiros.* Rio de Janeiro: Serviço de Documentação-geral da Marinha, 1976.

SERRÃO, Joaquim Veríssimo. *Do Brasil filipino ao Brasil de 1640.* São Paulo: Nacional, 1968.

SILVA, Chandra Richard da. "The portuguese East-India Company, 1628-1633". In: *Luso-Brazilian Review*, v. 2, 1974.

SILVA, J. Pinheiro da. "A capitania da Bahia". In: *Revista Portuguesa de História*, n. 8, p. 45-276, 1959.

SIMONSEN, Roberto. *História econômica do Brasil.* 2ª ed. São Paulo: Nacional, 1944.

SLUITER, Engel. "Os holandeses no Brasil antes de 1621". In: *Revista do Museu do Açúcar*, v. 1, p. 65-82, 1968.

SMITH, David Grant. *The merchant class of Portugal in the seventeenth century: a social-economic study of the merchants of Lisbon and Bahia, 1620-1690*, tese de doutorado. Austin, University of Texas, 1975.

SMITH, Robert S. "A research report on consulado history". In: *Journal of Inter-american Studies*, v. 3, n. 1, p. 41-52, 1961.

SOLOW, Barbara (ed.) *Slavery and the rise of the Atlantic system*. Cambridge: Camb. University, 1991.

SOUSA, Avanete Pereira de. *Poder local, cidade e atividades econômicas: Bahia, século XVIII*, tese de doutorado. FFLCH. São Paulo, USP, 2003.

_____. *Salvador, capital da colônia*. [s.l.]: Atual, 1998.

SOUSA, Rita Martins de. *Moeda e metais preciosos no Portugal setecentista (1688-1797)*, tese de doutorado. ISEG. Lisboa, UTL, 1999.

SOUZA, Bernardino José de. *Luiz Barbalho*. Lisboa: Agência Geral das Colónias, 1940. (1601-1644).

SOUZA, Laura de Mello e. *O sol e a sombra: política e administração na América portuguesa do século XVIII*. São Paulo: Companhia das Letras, 2006.

STOLS, Eddy. "Convivências e conivências luso-flamengas na rota do açúcar brasileiro". In: *Ler História*, v. 32, 1997.

_____. "Os mercadores flamengos em Portugal e no Brasil antes das conquistas holandesas". In: *Anais de História do ILHP de Assis*, 1973.

STRADLING, R. A. *The Armada of Flanders: Spanish Maritime Policy and European War, 1568-1668*: Cambridge University Press, 1992.

_____. *Europe and the decline of Spain*. Londres: [s.n.], 1981.

_____. *Philip IV and the government of Spain, 1621-1665*. Cambridge: [s.n.], 1988.

TAUNAY, Afonso de E. *Na Bahia colonial (1610-1774) impressões de viajantes estrangeiros*. Rio de Janeiro: Nacional, 1925.

TAVARES, Luís Henrique Dias. *História da Bahia*. Salvador: UFBA, 2001.

TENGARRINHA, José (ed.) *História de Portugal*. Bauru: Edusc, 2001.

TORGAL, Luís Reis. *Ideologia política e teoria do Estado na Restauração* Coimbra: Biblioteca Geral da Universidade, 1982.

_____. "A Restauração: breves reflexões sobre a sua historiografia". In: *Revista da História das ideias*, n. 1, p. 23-40, 1977.

TRACY, James D. (ed.) *The political economy of merchant empires*. 2ª ed. Cambridge: Cambridge Univ., 1997.

_____. *The rise of the merchant empires*. Cambridge: Cambridge Univ., 1993.

TUDELA Y BUESO, Juán Pérez. *Sobre la defensa hispana del Brasil contra los holandeses*. Madri: [s.n.], 1974.

VAINFAS, Ronaldo. "Guerra declarada e paz fingida na Restauração Portuguesa". In: *Tempo* [online], n. 27, p. 82-100, 2009.

_____. *Traição: um jesuíta a serviço do Brasil holandês processado pela Inquisição*. São Paulo: Companhia das Letras, 2008.

VALIM, Patrícia. *Da Sedição dos mulatos à Conjuração Baiana de 1798: a construção de uma memória histórica*, dissertação de mestrado. FFLCH. São Paulo, USP, 2007.

VALLADARES, Rafael. *Epistolario de Olivares y el Conde de Basto: Portugal, 1637-1638*. Badajoz: Departamento de publicacciones, 1998. (Colección Historia).

_____. *A independência de Portugal: guerra e restauração, 1640-1680*. Trad. Pedro Cardim. Lisboa: Esfera dos Livros, 2006.

VARNHAGEN, Francisco Adolfo de. *História das lutas com os holandeses no Brasil*. 2ª ed. São Paulo: Cultura, 1945.

_____. *História geral do Brasil*. 3ª ed. São Paulo: Melhoramentos, c. 1920.

VASCONCELOS, Antônio Augusto Teixeira de. *O Conde de Castelo Melhor, João Rodrigues de Vasconcellos*. Lisboa: Universal, 1874.

VERGER, Pierre. *Bahia and the west african trade*. Nigéria: Ibadan Univ., 1964.

_____. *Fluxo e refluxo do tráfico de escravos entre o Golfo de Benin e a Bahia de todos os Santos dos séculos XVII a XIX*. Trad. Tasso Gadzanis. 2ª ed. São Paulo: Corrupio, 1987.

VIEIRA, Alberto. *Canaviais, açúcar e aguardente na Madeira*. Funchal: Centro de Estudos de História do Atlântico, 2004. (séculos XV a XX).

VILARDAGA, José Carlos. *São Paulo na órbita do império dos Felipes (1580-1640): conexões castelhanas de uma vila da América portuguesa*, tese de doutorado. FFLCH. São Paulo, USP, 2011.

VRIES, Jan de. *The economy of Europe in an age of crisis, 1600-1750*. Cambridge: Cambridge University, 1976.

WALLERSTEIN, Immanuel. *The modern world-system*. Nova York: Academic, 1974.

_____. *O sistema mundial moderno II: mercantilismo e a consolidação da economia-mundo europeia, 1600-1750*. Trad. Fátima Martins e Joel de Lisboa Carlos Leite. Porto: Afrontamento, 1994.

WÄTJEN, Hermann. *O domíno colonial hollandez no Brasil*. Trad. Pedro Celso Uchôa Cavalcanti. São Paulo: Nacional, 1938.

WHITE, Lorraine. "Los tercios en España: el combate". In: *Studia Historica. Historia Moderna*, v. 19, p. 141-167, 1998.

WILLIAMS, Eric. *Capitalism & slavery*. 4ª ed. Nova York: Capricorn, 1966.

ZENHA, Edmundo. *O município no Brasil, 1532-1700*. São Paulo: Ipê, 1948.

ZUMTHOR, Paul. *A Holanda no tempo de Rembrandt*. Trad. Maria Lucia Machado. São Paulo: Companhia das Letras, 1989.

Esta obra foi impressa em Santa Catarina no inverno de 2013 pela Nova Letra Gráfica & Editora. No texto foi utilizada a fonte Adobe Garamond Pro em corpo 10,5 e entrelinha de 14,5 pontos.